QUESTIONS SUR LE TRAITÉ *DE L'ÂME* D'ARISTOTE

BIBLIOTHÈQUE DES TEXTES PHILOSOPHIQUES
Fondateur Henri GOUHIER Directeur Emmanuel CATTIN

JEAN BURIDAN

QUESTIONS SUR LE TRAITÉ *DE L'ÂME* D'ARISTOTE

Texte introduit, traduit et annoté
par
Joël BIARD

Ouvrage publié avec le concours du Centre national du livre

PARIS
LIBRAIRIE PHILOSOPHIQUE J. VRIN
6 place de la Sorbonne, V[e]

2019

Imprimé en France

ISSN 0249-7972

ISBN 978-2-7116-2880-3

www.vrin.fr

INTRODUCTION

Tout au long de sa carrière à la faculté des arts de Paris, qui dura près d'un demi-siècle [1], Jean Buridan commenta l'ensemble du corpus aristotélicien, dans les champs de la logique, de la métaphysique, de la philosophie naturelle et de la philosophie pratique. En philosophie naturelle, il commenta tous les traités d'Aristote, de la *Physique* aux petits traités rassemblés sous le nom de *Parva naturalia*, et même des textes pseudo-aristotéliciens tels que la *Physiognomonie* ou *Les Secrets des femmes*. Les œuvres principales furent expliquées à trois ou quatre reprises, et les textes qui nous sont parvenus dépendent de ces « lectures » successives. Bien entendu, le traité *De l'âme* a retenu toute son attention. Il l'a commenté à trois reprises.

1. Jean Buridan est né dans le diocèse d'Arras, en Picardie, vers 1295, et est mort vers 1360. Il est recteur de l'université de Paris (la charge durait trois mois) en 1327-1328 et en 1340 ; ses premiers textes datent probablement du milieu des années 1320. En dépit de nombreuses incertitudes sur la vie de Buridan, l'étude biographique la plus complète reste celle de B. Michael, *Johannes Buridan : Studien zu seinem Leben, seinen Werken und zur Rezeption seiner Theorien im Europa des spät Mittelalters*, PhD Dissertation, 2 Bände, Freie Universität Berlin, 1985 ; voir aussi J. M. M. H. Thijssen, « Buridan, Jean (John) », *in* N. Koertge (ed.), *New Dictionary of Scientific Biography*, Detroit, 2008, vol. I, p. 446-448.

Ce texte relevait alors de la philosophie naturelle, l'âme étant entendue comme principe vital. Cependant, les questions afférentes au statut et aux opérations de l'âme étaient également évoquées dans les œuvres théologiques, où les analyses augustiniennes étaient fortement présentes. Au début du XIIIe siècle, c'était plutôt le *Liber de anima* d'Avicenne qui servait de base. Sur bien des points, notamment pour la description hiérarchisée des facultés, le texte avicennien restera une référence essentielle tout au long du Moyen Âge. Mais lorsque le traité d'Aristote est mis au programme, dès le milieu du siècle, se met en place une véritable tradition de commentaire, avec un certain nombre de problèmes, de concepts clés, de questions qu'on retrouve d'un auteur à l'autre. Jean Buridan prend place dans cette lignée.

Le traité *De l'âme* avait fait l'objet d'une première traduction par Jacques de Venise vers le milieu du XIIe siècle (dite *translatio vetus*), puis d'une traduction à partir de l'arabe attribuée (de façon incertaine) à Michel Scot. Mais c'est la révision de la version de Jacques de Venise par Guillaume de Moerbeke, vers 1266-1267, qui devient la plus utilisée, notamment par Thomas d'Aquin, ainsi que par de nombreux commentateurs ultérieurs tels que Jean Buridan.

Nous retrouvons donc dans les *Questions sur l'âme* de Jean Buridan la plupart des questions soulevées par ses prédécesseurs : sujet de la science de l'âme, caractéristiques épistémologiques de cette discipline, théorie de la sensation, fonctionnement des sens externes et internes, statut de l'âme comme forme du corps, séparabilité, théorie de l'intellect… Son œuvre ne manque pas pour autant d'originalité. En premier lieu, elle présuppose toute la théorie de la science qui est centrale dans l'œuvre buridanienne et qui, à bien des égards, renouvelle l'épistémologie médiévale. En deuxième lieu, elle met en place un dispositif inédit pour traiter la question du statut de l'âme et de sa séparabilité ou non, dispositif qui met en forme une configuration des positions possibles, au sein de laquelle il va souligner la rationalité de la position d'Alexandre d'Aphrodise. Enfin, il déploie toute une psychologie descriptive, qui concerne notamment la perception sensible mais aussi l'articulation entre sensation et intellection, un réinvestissement de la théorie des *species* ou images (sensibles et mentales), et une analyse des aspects actifs et passifs de la connaissance qui renouvelle les théories du sens agent et de l'intellect agent. Comme souvent, le commentaire de Buridan se marque par sa systématicité, la clarté de ses positions, la cohérence avec les aspects fondamentaux de sa doctrine, tels qu'on les trouve dans les commentaires de la *Physique* ou de la *Métaphysique*. Si d'autres commentateurs prendront le relai, le texte de Buridan peut être tenu pour représentatif d'un tournant dans la science de l'âme. Une part de plus en plus importante est dédiée à une psychologie descriptive, notamment avec le très long livre II, mais aussi des questions comme la question 8 du livre III sur le rapport entre connaissance singulière et connaissance universelle. La dimension métaphysique ne disparaît pas pour autant, mais se concentre dans quelques questions, difficiles mais traitées de façon approfondie, sur l'unité de l'âme et de ses puissances, le statut de l'âme comme forme ainsi que son mode d'union avec le corps et de présence en lui, la séparabilité ou la mortalité, questions qui resteront au centre de la science de l'âme jusqu'au XVIIe siècle.

LA SCIENCE DE L'ÂME

Les commentaires de la fin du XIIIe siècle et du XIVe siècle font une place de plus en plus importante à des questions proprement épistémologiques [1]. Cela inclut à la fois une réflexion sur l'objet de la science de l'âme, comparé à l'objet de disciplines voisines, et des rappels ou précisions sur la démarche scientifique elle-même.

Le premier aspect concerne donc la place de la science de l'âme dans l'encyclopédie des sciences, telle que la dessinent le paradigme aristotélicien et le contexte institutionnel de l'université médiévale.

Il est usuel, dans le cadre des commentaires aristotéliciens, de s'interroger au début d'un traité sur le « sujet » de la discipline, ainsi que sur les relations éventuelles de subordination à d'autres traités. Cela vaut pour le *Traité de l'âme.* Cependant, les commentaires du XIIIe siècle attachaient peu d'importance à cette dimension épistémologique, réglant assez rapidement la question du « sujet » de cette science » [2]. C'est chez Raoul le Breton, dont le commentaire date de 1296, que le livre I tend à être consacré principalement aux questions épistémologiques. Cette caractéristique se retrouve chez Jean de Jandun dans les années 1310. De même chez Jean Buridan le livre I est

1. Voir S. De Boer, *The Science of the Soul. The Commentary Tradition on Aristotle's* De anima, *c. 1260-c. 1360*, Leuven, Leuven University Press, 2013, notamment chap. 4, p. 45-122. Cet ouvrage est à ce jour l'étude la plus ample et la plus utile qui existe sur la tradition des commentaires sur le traité *De l'âme*

2. Voir Paul J. J. M. Bakker, Sander W. De Boer, Cees Leijenhorst (eds), *Psychologie and Other Disciplines. A Case of Cross-Disciplinary Interaction (1250-1750)*, Leiden-Boston, Brill, 2012; dans leur « Introduction », p. 2, les éditeurs estiment qu'il y avait traditionnellement peu d'intérêt pour les questions épistémologiques.

constitué presque intégralement de considérations épistémologiques, comme ce sera aussi le cas avec Nicole Oresme, et jusque chez Blaise de Parme à la fin du XIVe siècle [1].

Traditionnellement, le traité de l'âme fait partie des « livres naturels ». Au début de son traité, Aristote estime en effet que la connaissance de l'âme contribue à la science de la nature puisque l'âme est le principe des animaux [2]. Si de nombreux commentaires de la fin du XIIIe siècle et du début du XIVe s'interrogeaient sur la scientificité de cette discipline et sur son appartenance à la philosophie naturelle, pour Buridan ces caractères sont plutôt présupposés [3]. En vérité, ces thèses sont partagées par tous les commentateurs, mais leur exposition est l'occasion de mettre en évidence deux problèmes : celui de la frontière avec la métaphysique, et celui des relations avec les *Parva naturalia*. Les deux ont des implications sur la conception que l'on se fait de l'objet de la psychologie.

En premier lieu donc, on trouve une frontière disputée avec la métaphysique [4]. Ce problème se pose de façon aiguë pour Jean de Jandun, qui l'examine en détail dans le livre I lorsqu'il se demande « est-ce que la science de

1. En revanche, on n'a rien dans le traité, beaucoup plus sommaire, de Pierre d'Ailly.

2. Voir Aristote, *De l'âme*, I, 1, 402 a 4-6.

3. Jean Buridan, *Questions sur l'âme*, I, 1 : « cette science est une partie par soi et principale de la science naturelle » ; il s'agit certes d'un argument en faveur d'une thèse qui ne sera pas acceptée telle quelle ; mais voir aussi la réponse au 5e argument : « je réponds qu'il suffit, pour que cette science soit naturelle, qu'en elle soit considérée quelque partie intégrale de l'étant mobile, en relation à ses opérations naturelles ».

4. Voir Paul J. J. M. Bakker (éd.), *L'Étude de l'âme entre physique et métaphysique : perspectives grecques, arabes et latines de l'Antiquité à la Renaissance*, Turnhout, Brepols, 2008.

l'âme est une science naturelle ? », avec des échos au début du livre III, « Est-ce que le philosophe naturel doit prendre l'intellect en considération » ? La question est bien celle du rapport à la métaphysique, puisque les arguments qui pourraient aller en ce sens concernent tous le statut des substances séparées, ou du moins séparables de la matière. Jean de Jandun commence par évoquer une position selon laquelle il faudrait distinguer deux points de vue : en tant que principe de mouvements et d'opérations dans un corps humain, l'âme serait objet de la science naturelle ; mais considérée en elle-même, *secundum se et absolute*, l'étude de l'âme « n'est pas une science naturelle mais concerne plutôt la métaphysique » [1]. Le partage entre métaphysique et science naturelle passerait alors au sein même de cet objet qu'est l'âme. L'idée selon laquelle il y aurait deux points de vue sur l'âme est d'ailleurs une idée ancienne. On peut la faire remonter à Avicenne, selon qui l'âme peut être considérée ou bien comme perfection du corps ou bien comme substance spirituelle ; et dans ce dernier cas, elle ne relève plus de la science de l'âme ni généralement de la science naturelle, mais bien de la métaphysique [2]. La thèse critiquée par Jean de Jandun fait penser à ce qu'expose

1. Jean de Jandun, *Quaestiones super tres libros de anima*, I, qu. 2, Venetiis, 1483, f° 3ra.

2. Voir Avicenna latinus, *Liber de anima seu sextus de naturalibus*, pars I ª, c. 1, éd. S. Van Riet, intro. par G. Verbecke, Louvain-Leiden, Peeters-Brill, 1972, vol. I, p. 27 : « Et ideo tractatus de anima fuit de scientia naturali, quia tractare de anima secundum hoc quod est anima est tractare de ea secundum quod habet comparationem ad materiam et ad motum. Unde oportet ad sciendum essentiam animae facere alium tractatum ».

un manuel de philosophie de la faculté des arts au XIIIe siècle, la *Philosophica disciplina* [1].

Mais la position adoptée par Jean de Jandun est quelque peu différente : l'âme humaine est clairement un objet de la science naturelle. C'est au sein des substances séparées qu'il convient de faire le partage. Le métaphysicien considère des substances totalement séparées, c'est-à-dire qui ne requièrent un corps ni pour leur subsistance ni pour leurs opérations premières, en l'occurrence intelliger et vouloir, même si elle en requièrent à titre d'objet mû – tel est le cas des intelligences célestes. L'âme intellective quant à elle ne requiert certes pas un corps pour sa subsistance, puisque Jean de Jandun réaffirme clairement le statut séparé de l'intellect ; cependant elle requiert un corps pour son opération première qu'est l'intellection – on sait en effet que pour Jean de Jandun comme pour Averroès il n'y a pas d'intellection en acte sans appropriation d'une image ou fantasme. Ainsi, Jean de Jandun ancre bien la science de l'âme dans la philosophie naturelle, y rapatriant totalement l'intellect humain sans distinction de points de vue, dans la mesure où celui-ci est lié au corps pour ses opérations premières. Mais il était important de définir la frontière avec la métaphysique parce qu'elle passe au sein des substances séparées ou séparables, et que l'étude de l'âme s'inscrit clairement dans la perspective d'une noétique qui implique une théorie de l'intellect agent et de l'intellect possible, y compris dans leur dimension unique et séparée.

1. *Philosophica disciplina*, éd. Cl. Lafleur dans *Quatre introductions à la philosophie au XIIIe siècle*, Montréal-Paris, Institut d'études médiévales-Vrin, 1988, p. 264 : « anima absolute determinare in quantum est aliquid in se non est naturalis philosophi, set potius metaphysici cuius est considerare substantias spirituales separatas ».

Un demi-siècle plus tard, le rapport à la métaphysique n'est pas examiné par Buridan au sein d'une question qui lui serait dédiée. La raison est double : premièrement, Buridan ne cherche aucunement à définir la spécificité de l'intelligence humaine au sein d'une hiérarchie cosmique des intelligences, qui insérerait la science de l'âme dans une théorie générale des intelligences ou substances immatérielles. Certes, le livre III sera très important. Mais il déploiera surtout une psychologie cognitive qui décrit les processus de la connaissance intellectuelle humaine. Deuxièmement, sa théorie de la science comme point de vue (sur laquelle nous reviendrons plus bas) fournit un nouveau cadre à la distinction des sciences au sein de l'encyclopédie. Le naturaliste (*naturalis*, *physicus*) se différencie du métaphysicien (*metaphysicus*) [1] en ce que seul ce dernier considère les substances selon leurs « raisons quiditatives » [2], tandis que la philosophie naturelle envisage toujours les choses en relation à la matière et au mouvement. Or une forme destinée à informer une matière, telle que l'âme dans la théorie aristotélicienne, requiert pour ses opérations ou au moins pour certaines d'entre elles (vie, sensation, locomotion …) une matière déterminée, en l'occurrence un corps. En psychologie [3], on ne considère

1. Voir *Questions sur l'âme*, II, question 1, et déjà, plus allusivement, I, question 1.

2. Voir Buridan, *In Metaphysicen Aristotelis questiones*, Parisiis, 1518, VI, qu 1, f° 33ra-rb.

3. Le terme *psychologia* apparaît pour la première fois au XVIe siècle et se répand surtout au XVIIIe (voir S. De Boer, *The Science of the Soul*, p. 2). Il est donc anachronique. Nous l'employons toutefois, en l'entendant au sens littéral : la science de l'âme (*psychè*), telle qu'elle se fonde sur le *Peri Psychès* d'Aristote. Si les questions afférentes à l'intellect (*nous*) ont pris une importance cruciale à partir de la controverse entre Thomas d'Aquin et Averroès, la psychologie,

donc pas l'âme selon seule raison quiditative (*quid est?*) mais en relation au corps et à ses opérations. Nous aurons bien des définitions de l'âme, cependant elles ne seront pas composées de termes absolus mais de termes connotatifs renvoyant au corps, aux mouvements, aux opérations. Cela ne veut toutefois pas dire qu'une telle définition soit déficiente, simplement elle ne livre pas la « cause formelle », puisque l'âme est elle-même forme. Elle n'en répond pas moins aux réquisits de la discipline.

Mais la place de la science de l'âme au sein même de la philosophie naturelle demande également des précisions. Si la différence avec la physique ou avec la cosmologie ne soulève guère de difficulté, une question surgit : celle du rapport entre le traité *De l'âme* et les *Petits traités naturels* (*Parva naturalia)*, qui le suivent immédiatement dans l'ordre encyclopédique péripatéticien [1]. Les discussions sur le rapport entre le traité *De l'âme* et les *Petits traités naturels* ont pris de l'ampleur dès les années 1270 (Anonyme

telle que l'entend Buridan, ne se réduit nullement à la noétique. Il convient toutefois d'utiliser le terme avec distance, car la science de l'âme ne traite pas seulement de l'âme humaine, même si celle-ci fait l'objet d'un intérêt particulier, mais du principe d'animation de tous les corps vivants.

1. Pour être complet, il faudrait aussi s'interroger sur le rapport au traité sur *La Génération et la Corruption*. Cela a fait l'objet d'une étude de S. De Boer, « Where should we discuss the soul? On the relation between the doctrines of *De anima* and *De generatione et corruptione* » *in* G. Klima (ed.), *Questions on the Soul by John Buridan and Others*. A companion to John Buridan's Philosophy of the Mind, Cham, Springer, 2017, p. 21-43. L'importance prise par l'identité des accidents à travers la génération et surtout la corruption d'un corps animé conduit à des recoupements avec cet autre traité, à tel point que Buridan inclut une question sur l'âme au sein même de ses *Questions sur le génération et la corruption*.

de Giele, Anonyme de Van Steenberghen) jusqu'à faire l'objet de développements conséquents chez Raoul le Breton ou Jean de Jandun. Le problème vient du fait que l'âme est connue à travers ses propriétés et opérations, et que ces opérations sont des opérations naturelles, au moins pour l'âme végétative et l'âme sensitive – voire pour l'âme intellective si l'intellection suppose l'imagination. Mais la question de la relation aux autres traités est également liée à celle du sujet du traité *De l'âme*.

Thomas d'Aquin considérait comme allant de soi que le sujet est tout simplement l'âme, et il semble qu'il y eût alors peu de débats à ce sujet [1]. En revanche, au milieu du XIVe siècle, Nicole Oresme évoque une alternative qu'il présente comme la première question à régler : « Certains disent que l'âme est sujet de cette science, et d'autre que c'est le corps animé » [2]. De fait, l'hypothèse selon laquelle le sujet du traité *De l'âme* serait le « corps animé » a été défendue à Paris notamment par l'Anonyme de Bazan, puis par Raoul le Breton [3]. La question 3 de Raoul sur le livre I s'intitule « Est-ce que dans ce livre le sujet est le corps animé ou l'âme [4] ? »Et dans sa réponse, il opte pour le corps animé. Les arguments sont d'abord que le sujet

1. Voir Sancto Thomae de Aquino, *Sentencia libri de anima*, I, lect. 2, in *Opera omnia* iussu Leonis XIII P. M. edita cura et studio fratrum Praedicatorum, t. XLV-1, Roma-Paris, Commissio leonina-Vrin, 1984, p. 4.

2. Voir Nicole Oresme *Quaestiones de anima*, Livre I, qu. 1, éd. B. Patar, Nicolai Oresme *Expositio et quæstiones in Aristotelis de anima*, Louvain-la-Neuve, Louvain-Paris, Éditions de l'Institut supérieur de Philosophie-Éditions Peeters, 1995, p. 98.

3. Voir S. De Boer, *The Science of the Soul*, p. 86.

4. Raoul le Breton, I, qu. 3, éd. S. De Boer dans « Radulphus Brito's Commentary on Aristotle's *De anima* », *Vivarium*, 50 (2012), p. 245-353, en part. p. 275-277.

d'une science est ce dont on recherche les propriétés, et que les propriétés étudiées ici se trouvent dans le composé ; puis que pour étudier une forme on doit prendre en considération ce dont elle est la forme ; enfin que ce qui est principe d'être est principe d'intelligibilité. Il faut toutefois préciser que le corps animé, ou l'agrégat de corps et d'âme, doit être considéré *ratione animae* ou *sub ratione qua animatum*.

Buridan souligne lui aussi la différence entre la science de l'âme et les *Petits traités naturels*, mais selon des modalités quelque peu différentes. Il réaffirme que c'est l'âme elle-même qui est le sujet du traité. La différence avec les *Petits traités naturels* n'en est pas moins assez subtile. Car l'âme est prise en considération à la fois dans le traité *De l'âme* et dans les *Petits traités naturels*, mais pas de la même manière :

> Cela étant supposé, il faut noter, pour notre propos, une différence entre cette science et la science des *Petits livres naturels* [*parvorum librum naturalium*] : dans cette science, on ne considère que l'âme selon elle-même ainsi que ses puissances et opérations, sous la raison selon laquelle elles se tiennent du côté de l'âme et des objets pour autant qu'ils agissent en cette âme. Ainsi, si quelque chose est dit ici des complexions de corps animés, c'est seulement de façon incidente. Mais dans les *Petits livres naturels*, on traite des propriétés et opérations communes aux êtres animés qui relèvent de tout le composé d'âme et de corps, et de ce qui est requis du côté des corps pour les opérations et propriétés de cette sorte.

Il s'agit bien d'une division *au sein de la philosophie naturelle.* On peut prendre en considération soit les propriétés et prédicat attribuables à l'âme en elle-même (*secundum se*), soit celles qui lui conviennent en tant qu'elle est unie au corps. En vérité, le partage n'est pas si facile à faire, d'autant que considérer l'âme *secundum se* c'est tout aussi bien considérer ses puissances, ses opérations, donc en un certain sens ses objets. Il ne s'agit donc pas tant de deux domaines d'objets séparés que de deux « raisons » ou points de vue conceptuels différents sur les mêmes choses : ici, les propriétés, opérations et objets des vivants sont considérés du côté de l'âme ; dans les *Petits livres naturels*, en revanche, on examine les propriétés requises du côté du corps pour la réalisation de ces opérations vitales. Dans tous les cas, il s'agit des corps vivants, et notamment (quoique pas exclusivement) de l'homme en tant que composé d'âme et de corps.

Ces traités sont donc connexes, au point que Buridan va souvent faire appel à certains d'entre eux à l'appui de son argumentation. C'est le cas non seulement du traité *Du sens et du senti*, mais aussi à de nombreuses reprises des traités sur la mémoire, le sommeil ou le rêve. Car une bonne partie de l'ouvrage de Buridan porte sur la sensation. Or si celle-ci est principalement rapportée à l'âme elle-même, en tant que sensitive elle implique l'usage d'organes corporels, donc l'union avec un corps.

En vérité, l'âme doit être considérée ici d'un point de vue naturel, dans sa situation d'être incorporé. Buridan évoque le passage (assez confus) d'Aristote sur la sphère et le plan, pour poser que l'on considère l'âme et l'animation en elles-mêmes alors qu'elles sont naturellement liées au corps : « Aristote pense que, bien que l'âme soit inséparable du corps et ne puisse exercer ses opérations sans corps, il est cependant possible de considérer l'âme par elle-même, prenant en considération les propriétés et prédicats qui lui conviennent par elle-même et non pas à tout le composé »[1]. À ce stade, il n'est pas question de trancher la question de la séparabilité *post mortem* de l'âme, mais de poser que l'on prend un certain point de vue sur le corps vivant, y compris sur le composé humain. On va donc traiter pour l'essentiel d'opérations qui ne s'exercent pas sans le corps, mais considérées du côté de l'âme en tant que forme du corps et principe d'opérations.

Dès cette mise en place, apparaissent les présupposés épistémologiques de Buridan, conformes à sa démarche habituelle. Il s'agit de conjuguer analyse logico-linguistique et conception de la science comme point de vue conceptuel sur le monde.

Que les sciences ne se définissent pas par le fait qu'elles traiteraient de « genres de l'être » différents, conformément à une lecture possible d'Aristote[2], mais parce qu'elle proposent des points de vue conceptuels (ou *rationes*) différents sur le monde, cela n'est pas une démarche totalement nouvelle, on peut en trouver des anticipations chez Thomas, voire chez Avicenne. Mais Buridan a systématisé une telle approche. Raoul le Breton déjà définissait l'objet de la science de l'âme comme *corpus animatum sub ratione animati*, le corps animé conçu en tant qu'animé. Ici, seule la métaphysique nous livre ce qu'est l'âme en tant que substance, la psychologie nous montrant quelles sont ses propriétés et opérations en relation au corps.

1. *Questions sur l'âme*, I, qu. 1.

2. En vérité, Aristote vise surtout à différencier par là l'arithmétique et la géométrie, mais il est difficile de généraliser.

Si c'est bien, d'un point de vue naturel, du composé humain que l'on parle, la théorie des *rationes* définissant le sujet d'une discipline permet en même temps de poser une forme d'*autonomie de la psychologie*. La psychologie se constitue en *étude du point de vue psychique sur les phénomènes humains* – même si, nous l'avons dit, le champ de la science de l'âme s'étend au delà à tous les vivants en tant qu'animés. C'était sans doute déjà ce que cherchaient à faire les prédécesseurs de Buridan. Mais ici, la formulation permet mieux de définir l'objet spécifique de la psychologie au sein de la nature. Il ne s'agit donc aucunement de nier l'autonomie ou la spécificité des phénomènes psychiques, quoi qu'il en soit de leur origine ou de leur statut ontologique. Si les opérations considérées – et l'on n'accède aux formes que par leurs opérations – ne s'exercent pas sans corps, cependant ces opérations ou ces prédicats « sont attribués de façon appropriée à l'âme » [1] ; il donne comme exemples « être l'acte du corps » ou « être le principe du corps selon la forme, selon l'agent et selon la fin », qui ne sont pas des propriétés du composé mais de l'âme en tant que forme du composé. La psychologie est sans conteste une science naturelle, ou une partie de la science naturelle, mais une partie spécifique.

Le second aspect de l'épistémologie mise en œuvre est l'usage de l'analyse logico-linguistique des énoncés – une démarche que, de façon générale, Buridan partage avec Guillaume d'Ockham, et qui modifie considérablement le style du discours scientifique au XIVe siècle. Certes, cette manière de procéder est beaucoup moins massivement présente qu'elle ne l'est dans les *Questions sur la Physique* ou même dans les *Questions sur la Métaphysique*. Dans

1. *Questions sur l'âme*, I, qu. 1.

la question 1, cependant, Buridan rappelle que pour lui une science est un ensemble de propositions, ou plus précisément de dispositions mentales s'adressant à des propositions, dont l'unité vient de ce que tous les sujets se rapportent, par subordination ou analogie, à un sujet principal. Et la réponse principale à la question posée sur le sujet de la psychologie opère clairement une transposition linguistique : « il faut manifestement répondre à la question que l'âme, c'est-à-dire le terme "âme" [1], doit être posé comme le sujet propre dans cette science puisque dans cette science celui-ci est considéré en premier et principalement, et que rien n'est dit concerner le mode de considération de cette science si ce n'est selon une attribution à ce terme » [2]; et plus loin : « il est concédé que ce n'est pas l'âme mais le terme "âme" qui est le sujet propre de cette science et qui suppose de façon appropriée pour les âmes ». D'autres exemples peuvent être trouvés dans la question 2 sur le livre I (à propos des termes « bien », « utile », « aimable » etc.), la question 5 où il est rappelé que les universels sont des termes vocaux ou mentaux, dans la question 1 sur le livre II à propos des termes de la catégorie de substance, dans la question 3 à propos de la définition de l'âme qui implique des termes relatifs l'un à l'autre (acte et puissance), de même dans les questions 6

1. À strictement parler, le sujet de la science est un terme, auquel on assigne certains attributs, lesquels signifient des propriétés des choses auxquelles se réfère le terme sujet. Buridan rappelle que toute science a pour objet immédiat des propositions, dont on doit analyser la signification. L'ensemble du traité suppose ainsi une démarche d'analyse logico-linguistique, que Buridan explicite moins ici que dans la *Physique*, par exemple, mais qui est néanmoins indispensable pour comprendre de nombreux passages.

2. *Questions sur l'âme*, I, qu. 1.

et 7 sur le terme « animal » et ses divisions, sur le sens catégorématique et le sens syncatégorématique du terme « tout », ou encore la question 14 sur les problèmes logiques posés par la proposition « la couleur est objet de la vue », la question 16 sur l'extension de référence induite par les verbes cognitifs, ou encore dans le livre III, la question 1 à propos des verbes actif et passifs. Ces analyses, appuyées sur le rappel de quelques règles de l'analyse sémantique des termes et des propositions, conforte et précise la théorie de la science comme point de vue, en donnant un sens précis au point de vue conceptuel, abordé sous l'angle des propriétés sémantiques, et conduit à faire de l'analyse des termes et des propositions (parlées ou mentales) de la science de l'âme un préalable à toute réponse aux questions.

Nous avons vu que la scientificité du discours sur l'âme était admise sans véritable discussion. Mais le livre I parcourt plusieurs autres questions sur le statut de cette science, auxquelles chaque commentateur se doit de répondre. La plus importante concerne la difficulté de la science de l'âme, qui recoupe largement celle de la certitude – un caractère central dans les réflexions épistémologiques de l'époque, tant chez les artiens que chez les théologiens. On peut y rattacher la question qui concerne les voies d'accès à la connaissance de l'âme, posée sous une forme plus générale, celle de la connaissance de la substance au moyen de ses accidents. On trouve aussi une première interrogation sur le rapport entre connaissance singulière et connaissance universelle qui sera reprise et amplement développée dans le livre III et, également posée sous forme générale, une interrogation sur le fait de savoir si la possession de la science est un bien. Le livre I ne contient que six questions, beaucoup moins que les deux livres suivants, mais toutes traitent du statut de la science de l'âme ; quatre sont proprement épistémologiques et deux concernent la portée éthique de cette science. Cette inflexion épistémologique s'inscrit dans une tendance qui a pris de l'ampleur depuis Raoul le Breton et qui se prolongera dans les commentaires du siècle suivant.

DÉFINITION, UNITÉ ET MODE DE PRÉSENCE DE L'ÂME AU CORPS

Définition

La définition de l'âme est calquée sur Aristote, sans véritable discussion : l'âme est « l'acte substantiel premier d'un corps organique ayant la vie en puissance ». Toute la difficulté est d'expliquer les termes de cette définition. Jean Buridan y consacre les trois premières questions sur le livre II.

Depuis la traduction du *De anima* d'Avicenne, puis du *De anima* d'Aristote, trois termes se concurrencent ou se complètent pour exprimer ce qu'est l'âme : perfection, forme, acte. L'idée de perfection est progressivement passée au second plan, et elle totalement absente, en ce sens, des développements de Buridan. Que l'âme soit forme, en revanche, c'est présupposé tout au long de l'argumentation ; il s'agit plutôt d'expliciter ce qu'est (ou ce que réalise) une telle forme. À un premier niveau, une équivalence est posée entre les notions de forme et d'acte : « un être animé est substantiellement composé de matière et de forme comme de puissance et d'acte, et il s'agit de la composition de l'âme et du corps. Il faut donc ou que le corps soit forme et acte de l'âme, ce qui ne peut être dit, ou que l'âme soit acte et forme du corps, ce qui est proposé » [1]. Le terme « acte » se prend toutefois en plusieurs sens ; lesquels sont ici pertinents ? Il signifie d'abord que, grâce à l'union avec

1. *Questions sur l'âme*, II, qu. 1

cette forme, le composé, en l'occurrence le corps animé, est dit être en acte ce qu'il est (un homme, un cheval, etc.) ; ensuite que cette forme est cause du mouvement, au sens large, et même fin du composé.

Cet acte est un acte substantiel. La raison principale est que par cet acte ou cette forme, une substance composée subsiste par soi et est tel étant déterminé. Il arrive par conséquent à Buridan de dire que l'âme est elle-même une substance puisqu'elle est un sujet auquel sont rapportées des opérations ou des accidents. À ce stade toutefois, Buridan ne se prononce aucunement sur la question de savoir si cette substance peut subsister seule par soi.

Ensuite, cet acte est dit acte premier. Selon la définition nominale, un acte est premier par rapport à toutes les opérations qui en dépendent, et qui seront dites « actes seconds ». Ainsi, l'âme est acte premier par rapport à toutes les opérations vitales (y compris intellectives) qui procèdent d'elle. Cela suppose que l'on accepte la thèse selon laquelle il y a pour le composé animé une seule forme substantielle, toutes les autres formes étant accidentelles. Nous reprendrons cette question plus bas.

Buridan se lance toutefois dans une longue discussion sur le point de savoir si toute forme substantielle est première par rapport aux dispositions de la matière. Si de nombreuses autorités et de nombreux arguments vont en ce sens, il juge pour sa part que certaines dispositions subsistent dans la matière lors de la génération ou de la corruption, renvoyant pour cela à ses *Questions sur la Génération et la corruption*, et donnant simplement quelques raisons comme la persistance de la chaleur après la mort d'un animal.

Que cet acte, enfin, soit l'acte d'un corps organique, c'est également jugé facile à régler. Puisque l'âme est l'acte d'un corps, le caractère organique vient de la diversité des parties et des fonctions, évidente pour l'âme des plantes et plus encore des animaux. On peut même l'étendre aux cieux, dont les parties peuvent être différenciées en raison de leurs mouvements.

Dans le question 3 où chaque terme de cette définition est repris, on trouve en outre des précisions sur la nature même de cette définition, qui répond à des critères physiques. Il ne s'agit pas d'une définition proprement quiditative qui exprimerait une cause formelle par le genre et la différence spécifique. Mais en tant que définition physique d'une forme matérielle, elle inclut inévitablement des termes relatifs ou connotatifs (tels que « acte » et « puissance »). Cependant, elle contient à la fois des prédicats quiditatifs (« acte premier substantiel »), et des termes qui expriment la cause matérielle (« d'un corps physique organique ») et la cause finale (« ayant la vie en puissance »). C'est pourquoi, après avoir montré que cette définition exprime le défini et rien que le défini, et qu'elle est donc convertible avec lui, Buridan la qualifie de « définition causale », précisant même qu'il s'agit alors d'une définition parfaite.

Unicité et unité

Cette âme est une forme unique. Buridan se situe délibérément du côté de Thomas et de ses successeurs, contre les tenants de la pluralité des formes substantielles. Nous n'allons pas ici retracer toute cette controverse, qui met aux prises Thomas d'Aquin et des augustiniens dès les années 1270 puis se prolonge durant quelques décennies [1].

1. Voir R. Zavalloni, *Richard de Mediavilla et la controverse sur la pluralité des formes*, textes inédits et étude critique, Louvain, Éditions de l'Institut supérieur de Philosophie, 1951.

Il convient toutefois de rappeler que les défenseurs d'une multiplicité de formes en acte n'admettent pas pour autant une pluralité d'âmes. Le corps vivant cumule selon eux une pluralité de principes formels, auxquels vient s'ajouter chez l'homme l'âme intellective, car la forme ne pourrait s'unir à la matière première sans formes intermédiaires. Cette théorie de la pluralité des formes substantielles en acte, notamment chez l'homme, est très répandue chez les théologiens dans les années 1270 mais elle est réfutée par Thomas d'Aquin, pour qui la forme est unie à la matière sans intermédiaire. Toutefois le point discuté par Buridan est plus précis et plus restreint : il s'agit de savoir s'il y a une seule âme en l'homme. La pluralité des âmes était aussi critiquée par Thomas d'Aquin, qui prenait Platon comme représentant de cette doctrine [1]. Il affirmait fortement l'unité numérique de l'âme humaine, cumulant, en plus des fonctions liées à l'intellect spéculatif et pratique, les différentes fonctions assumées dans les autres vivants par les âmes végétatives ou sensitives.

Dans les questions de Buridan, la discussion se déroule en deux temps. En un premier temps, dans le livre II, après avoir admis la difficulté de la question, il affirme l'unité

1. *Summa theologiae* pars prima, qu. LXXVI, art. 3 et 4, Sancti Thomae Aquinitatis doctoris angelici *Opera omnia* iussu impensaque Leonis XIII P. M. edita, t. V, Roma, 1889, p. 220-224 ; trad. J.-B. Brenet dans Thomas d'Aquin, *L'Âme et le Corps*, Paris, Vrin, 2017, p. 173-195 ; *Summa contra gentiles*, II, cap. 57-58, Sancti Thomae Aquinitatis *Opera omnia*, iussu edita Leonis XIII P. M., t. XIII, Romae, typis Riccardi Garroni, 1918, p. 406-410 ; trad. C. Michon, Paris, GF-Flammarion, 1999, p. 230-239 ; *Questiones disputatae de anima*, qu. 11 « Utrum in homine anima rationalis, sensibilis et vegetabilis sit una substantia », *Opera omnia*, t. XXIV-1, Roma, 1996, p. 95-104. Dans la question 7 sur le livre II *De l'âme*, Buridan fera lui aussi de Platon, sur la foi d'Aristote, le tenant d'une localisation différenciée des âmes.

de l'âme végétative et de l'âme sensitive en tout animal. Puis dans le livre III, la question 17 demande « si en l'homme il y a une âme intellective autre que l'âme sensitive » – interrogation qui vaut contre la théorie de la pluralité des âmes, mais aussi indirectement contre le dualisme attribué à Averroès, pour qui l'âme cogitative est la forme de l'homme tandis que l'intellect serait séparé. La conclusion est très nette : « il n'y a pas dans l'homme une âme intellective autre que l'âme sensitive, mais il s'agit de la même » [1]. La même position, considérée globalement pour tous les prédicats quiditatifs, est examinée en détail dans la question 14 sur le livre VII de la *Métaphysique*.

Cette affirmation forte de l'unité doit cependant être confortée par une autre thèse : celle de l'unité de l'âme elle-même et de ses puissances. Dans la question 5 sur le livre II, on se demande si les puissances de l'âme sont identiques avec l'âme, et Buridan affirme l'unité de l'âme avec elle-même à travers ses opérations [2]. Là encore, Buridan semble au premier abord mettre ses pas dans ceux de Thomas d'Aquin. Celui-ci avait distingué entre l'essence de l'âme (forme qui confère l'être au composé) et ses puissances [3] (l'âme en tant que principe d'opérations) ; puis il avait posé une différence de raison entre ces dernières. Buridan va reprendre l'idée que les puissances sont nommées selon différentes raisons ; mais cela prend un

1. *Questions sur l'âme*, III, qu. 17.

2. Une question sur le même sujet se trouve dans les *Questions sur l'Éthique* : voir Buridan, *Quaestiones super decem libros Ethicorum*, VI, qu. 3 : « Est-ce que les puissances de l'âme sont réellement distinctes de l'âme ? », Paris, 1513, f°s 118ra-119va.

3. Voir par exemple Thomas d'Aquin, *Summa contra Gentiles*, II, c. 69, p. 381 ; trad. p. 272.

sens différent conformément à son approche logique des concepts psychologiques.

D'une part il affirme fortement, en un certain sens, l'unité de l'âme et des puissances. Du côté de l'âme on peut poser une pure et simple identité entre l'âme et ses puissances. Un passage des *Questions sur l'Éthique* l'affirme avec force : « Je pense qu'il n'est pas impossible (*non sit inconveniens*) de dire que du côté de l'âme (*ex parte anime*) [...] la puissance sensitive et la puissance intellective sont réellement identiques (*idem realiter*) à l'âme elle-même et entre elles » [1]. Ces puissances considérées comme l'âme en tant que principe d'opérations diverses, c'est ce que Buridan appelle les « puissances principales ». En revanche, si nous prenons en considération les organes ou instruments par lesquels s'exercent ces opérations, autrement dit les « puissances instrumentales », alors il y a différentes puissances, qui vont se distinguer par leurs actes et leurs objets.

On retrouve alors une différence de raison, mais interprétée en un sens logico-linguistique : « Selon un sens impropre, nous considérons qu'en l'homme il y a de nombreuses puissances de l'âme, en ce sens que l'âme peut exercer diverses opérations et que selon des raisons diverses, représentatives de ces opérations, lui sont attribués des noms divers que nous disons différer par la raison. Ainsi nous disons que l'intellect, le sensitif et le végétatif diffèrent selon la raison puisque ces noms signifient la même chose selon diverses raisons » [2].

Cette réinterprétation permet d'accentuer le caractère instrumental du rapport entre l'âme et ses organes, bien

1. Buridan, *Quaestiones super decem libros Ethicorum*, III, qu. 6, Paris, 1513, f° 45rb (à tort noté f° 55). Voir aussi *Questions sur l'âme*, II, qu. 5.

2. *Questions sur l'âme*, II, qu. 5.

au delà de ce que suggère la seule étymologie du terme. Ainsi, par exemple, à propos de la nutrition, on trouve tout un développement sur les « puissances instrumentales que l'âme utilise et dont elle a besoin pour exercer ses opérations ». Ce rapport instrumental au corps, qui n'est pas sans accents augustiniens, permet d'accentuer l'unité et l'identité à soi de l'âme comme puissance principale tout en posant des puissances instrumentales différentes de la puissance principale et différentes entre elles, signifiées par des termes connotatifs.

Mode de présence de l'âme au corps

Est-ce à dire que Buridan réintroduit un rapport extérieur entre l'âme et le corps ? Une extranéité comme celle du pilote dans le navire ? Assurément non, il s'en tient à une lecture stricte de l'âme comme forme, ainsi que le montrent les réflexions sur le mode de présence. Si une âme pensée comme moteur pourrait éventuellement être localisée dans une partie du corps, la thèse de l'âme comme forme, qui a été renforcée par le Concile de Vienne en 1311-1312 mais qui se fonde ici sur la tradition commentariste latine depuis Thomas d'Aquin, suscite des difficultés : si l'âme est dans une partie du corps, comment peut-elle en être la forme en sa totalité ? Si elle dans toutes les parties, ne se trouve-t-elle pas elle-même étendue, quantifiée, divisible ? Ces difficultés s'expriment traditionnellement à travers des paradoxes : est-ce qu'un pied pourrait devenir l'organe de la vue ? Est-ce que si l'on coupe une oreille on coupe une partie de l'âme, etc. ? De surcroît, la question se dédouble, car on peut admettre que l'âme d'une bête (âme végétative et sensitive) soit divisible, tout en posant que l'âme humaine (âme intellective) est indivisible – et c'est évidemment ce qui soulève le plus de difficultés.

La position buridanienne est à nouveau exposée en deux temps, d'abord dans le livre II puis dans le livre III. Dans le livre II, la longue question 7 concerne (excepté quelques remarques incidentes), l'âme de la plante et surtout de l'animal. On admet que l'âme d'une bête est étendue selon l'extension du corps, donc qu'elle peut avoir des parties quantitatives distinctes l'une de l'autre et extérieures l'une à l'autre. La thèse principale est alors que l'âme végétative ou sensitive est présente dans tout l'organisme vivant et non pas seulement dans l'une de ses parties. Cette thèse est validée d'abord pour les plantes, qui peuvent se régénérer à partir de n'importe laquelle de leurs parties, puis pour les animaux les plus simples. Si elle semble moins évidente pour les animaux supérieurs, c'est parce que les opérations vitales de ces derniers requièrent une disposition plus complexe des organes. Cette hétérogénéité est toutefois liée à des dispositions accidentelles. Il faut donc distinguer entre la possibilité d'attribuer de façon quiditative le termes « animal », ou le terme « cheval » à la totalité de l'organisme, auquel cas le pied du cheval est le (ou du) cheval, et une autre utilisation de ces termes qui connote la totalité de l'organisme, auquel cas le pied d'un cheval n'est pas un cheval.

La difficulté majeure posée par la présence de l'intellect au corps est évoquée dans le livre III, en particulier à l'occasion du problème (sur lequel nous reviendrons) du statut de l'âme intellective en tant que forme inhérente au corps. Il faut toutefois souligner que Buridan ne fait pas un examen suivi et approfondi de ce mode de présence. Dans la question 4, les difficultés qui surgiraient de l'union entre un intellect indivisible et un corps divisible sont exposées à l'occasion de la position d'Averroès ! Buridan rappelle que l'intellect est indivisible aussi selon la foi, et il développe alors les conséquences paradoxales qui résulteraient de l'inhérence d'un intellect indivisible à la totalité d'un corps divisible – contradictions qui, du point de vue averroïste, paraissent invalider la thèse de l'inhérence. Ces conséquences sont au nombre de cinq : une même chose serait mue et en repos, une chose serait distante de soi-même, le pied pourrait intelliger, un pied serait un homme, un accident passerait d'un sujet à un autre. Quelles seraient les réponses à ces arguments si l'on admettait à la fois la thèse de l'inhérence et celle de l'indivisibilité ? On nie qu'il y ait contradiction à ce qu'un même intellect soit mû dans la main et en repos dans le pied ; il n'est pas distant de soi car il n'est pas commensurable – ces deux premières réponses étant l'une et l'autre légitimées par des comparaisons avec le corps du Christ – ; le pied peut être considéré comme une partie de ce qui intellige ; on ne doit appeler « homme » que la substance totale en connotant la totalité ; enfin, d'un point de vue surnaturel, un accident peut passer d'un sujet à un autre. On peut faire deux remarques. En premier lieu, dans trois réponses sur cinq, on fait appel à des éléments qui dépassent le cadre du raisonnement naturel puisque les deux premières réponses sont illustrées par le corps du Christ et la cinquième par le fait que « que ce n'est pas de manière naturelle mais surnaturelle que l'intellect est inhérent au corps humain » [1]. La seconde, c'est que Buridan explicite fort peu un tel mode de présence impliquant une inhérence non commensurable. On trouve cependant quelques précisions plus loin.

Dans la question 17, à propos de l'unité de l'âme, une comparaison est faite entre la présence de l'âme au corps

1. *Questions sur l'âme*, III, qu. 4.

et la présence de Dieu au monde : « j'imagine que comme Dieu assiste le monde en totalité et en chacune de ses parties, principalement et sans distance, de même d'une certaine façon l'âme humaine assiste le corps humain en totalité et sans distance » [1]. Par là, Buridan affirme implicitement que l'âme est présente tout entière dans la totalité du corps et en chacune de ses parties. Cette thèse, qui remonte à Plotin et Augustin, est devenue un lieu commun de la science de l'âme médiévale; elle est développée par Thomas d'Aquin dans le *Somme de théologie* [2]. Elle est assumée par Buridan, mais celui-ci la mentionne très rapidement et ne fait que l'illustrer par cette analogie, devenue classique depuis le XIIIe siècle, avec la présence de Dieu au monde. Malgré la différence due au fait que Dieu n'est pas inhérent au monde alors que l'âme est inhérente au corps, c'est donc à nouveau un modèle théologique qui résout ici le paradoxe de l'union entre l'âme immatérielle et le corps matériel. On pourrait s'en étonner puisque Buridan s'aventure le moins possible sur le terrain théologique. Il ne s'agit pas ici cependant de discuter de théologie, mais de reprendre une thèse assez banale sur la présence et l'assistance de Dieu au monde, pour en faire un modèle explicatif qui excède la raison naturelle. La raison de cette procédure surprenante est que la thèse de l'âme comme forme inhérente, on le verra, n'est pas démontrable philosophiquement.

Buridan reprend donc la théorie, largement répandue de la présence de l'âme au corps, en totalité et en chacune des parties. Mais il en explicite fort peu les tenants et aboutissants, sauf dans le cas des âmes matérielles des

1. *Questions sur l'âme*, III, qu. 17.

2. Thomas d'Aquin, *Summa theologiae* pars prima, qu. LXXVI, art. 8, ed. leon., p. 232-233.

plantes et des animaux. En ce qui concerne l'âme immatérielle, la question excède la raison naturelle.

THÉORIE DE LA PERCEPTION

Les species

Une bonne partie des questions sur le livre II, qui est de loin le plus ample, est consacrée comme il se doit à la théorie de la sensation. Cette analyse comprend de nombreux aspects. Elle inclut des développements parfois fort détaillés sur chacun des cinq sens externes, dont le fonctionnement, la portée, les conditions sont examinés, formant ainsi des chapitres de psychologie descriptive très précis sur la vue, l'ouïe, l'odorat, le goût, le toucher. Nous n'avons pas l'intention de restituer ici ces développements, nous nous en tiendrons à quelques aspects généraux.

Un aspect essentiel est que toute sensation suppose la transmission de *species* (que je traduis par « images », à ne pas entendre en un sens seulement iconique, mais plus largement comme ce qui porte une information visuelle, acoustique, tactile, odorante, etc.). Jean Buridan partage ainsi une tendance générale à la psychologie parisienne du XIVe siècle [1]. Il ne se rallie donc pas à la critique des *species* que l'on trouve d'abord chez Olivi, puis surtout chez Guillaume d'Ockham, qui les avait considérées comme des entités à la fois inutiles et dangereuses car portant le risque de faire écran à la saisie des choses mêmes. Cette transmission d'images, cette *multiplicatio specierum* selon l'expression popularisée par Roger Bacon, a pour premier

1. Voir P. Marshall, « Parisian Psychology in the Mid-Fourteenth Century », *Archives d'histoire doctrinale et littéraire du Moyen Âge*, 50 (1983), p. 101-193.

appui textuel le traité d'Aristote, où l'idée de « forme », *eidos*, a dans certains cas été traduite par *species*, notamment dans la formule : « ce n'est pas la pierre qui est dans l'esprit mais sa forme, *non enim lapis in anima est, sed species* » [1]. Si le contexte de ce passage oriente vers l'idée de forme ou d'information *intelligible*, on peut le combiner avec d'autres pour l'étendre à l'information sensible ; par exemple « le sens constitue ce qui est propre à recevoir les formes sensibles sans la matière, *sensus quidem est susceptiuus specierum sine materia* » [2]. Mais à partir de Roger Bacon, ce fondement aristotélicien a été enrichi par l'usage de modèles optiques dans la transmission de la forme, à la manière de la lumière. Cela renforce l'importance des images sensibles, quel que soit leur statut, dans le processus de perception.

Que l'âme sensitive reçoive des images sensibles lors de la sensation, c'est en vérité tenu pour aller de soi, sans faire l'objet d'une discussion, mais seulement d'affirmations récurrentes : « bien que le sens soit bien en puissance de recevoir la sensation, cependant sans image sensible il n'est pas suffisamment en acte pour la produire, image qui pourtant doit nécessairement être produite par l'objet extérieur » [3]. Buridan en souligne le besoin, comme dans la question 17 sur le livre II : il est nécessaire, pour qu'une qualité extérieure soit sentie, que s'imprime en l'âme une autre qualité de nature différente « habituellement appelée image de la qualité sensible extérieure, puisqu'elle en est représentative et que par elle l'âme est destinée à la

1. Aristote, *De l'âme*, III, chap. 8, 431 b 28.
2. Aristote, *De l'âme*, II, chap. 12, 424 a 17.
3. *Questions sur l'âme*, II, qu. 10, p. 276.

connaître »[1], ou encore « [une] qualité extérieure ne serait pas sentie par nous si n'était imprimé en notre sens ou organe sensitif quelque chose qui en soit représentatif puisque, comme l'objet ne reçoit rien du sens, s'il n'imprimait non plus rien au sens, il n'y aurait aucune raison pour qu'il soit senti lorsqu'il est présenté au sens, et non pas avant »[2]. On trouve des analyses longues et détaillées sur le statut des différents types d'images, du milieu aux sens internes, et selon chaque type de sensible.

Nous retiendrons, en premier lieu, que les images sont d'abord transmises par le milieu. Le phénomène est étudié pour la vision, où se trouve mis en évidence le rôle de la lumière, ou plutôt du rayon qui est lui-même l'image de la lumière et qui est requis pour la vision des couleurs. On se réfère à certains phénomènes optiques : vision dans le miroir, illusions visuelles abordées sous l'aspect du fonctionnement anatomique de l'œil, etc. Mais on trouve également, des analyses de phénomènes acoustiques et même de transmission des odeurs. L'un des problèmes (qui donne lieu à une très longue question spécifique) est celui du caractère successif ou instantané de cette transmission. Le caractère temporel est souligné pour le son et l'odeur, mais aussi, ce qui est plus original, pour la lumière. Le caractère instantané de la transmission de la lumière semble en effet attesté chez Aristote, mais Buridan le met en doute (quatrième doute dans la question 18) à l'aide de plusieurs arguments empiriques, concernant tant l'engendrement d'une illumination que sa disparition. Il estime qu'aucun des arguments qui tendent à montrer que

1. *Questions sur l'âme*, II, qu. 17.
2. *Questions sur l'âme*, II, qu. 17.

la transmission de la lumière est instantanée n'est démonstratif.

En ce qui concerne l'image reçue dans le sens, il convient en premier lieu de souligner que l'image n'est pas l'objet de la sensation, ce qui est justifié à partir d'arguments empiriques et récuse par avance l'objection selon laquelle une telle représentation constituerait un écran, un obstacle à la saisie de la chose même. C'est pourquoi elle n'est pas à proprement parler « sensible » – ce sont les choses senties qui sont « sensibles », c'est-à-dire pouvant être senties –, elle est dite sensible seulement selon une relation attributive dans la mesure où par elle, ce dont elle est image est senti. Elle n'est pas non plus produite par l'âme sensitive; elle est une condition de la sensation : « l'image sensible se rapporte à la sensation en tant que disposition nécessaire exigée préalablement pour la sensation » [1].

Mais quel est son statut ontologique ? Le problème est soulevé, dans la question 17, à propos de l'odeur, et d'abord à propos de l'image dans le milieu. Buridan se confronte à l'idée d'un être « diminué » qui serait spécifiquement un être intentionnel distinct de l'être réel. Une telle transmission « spirituelle » dans le milieu vaudrait à plus forte raison pour la réception sensible et intellective des images.

Buridan semble opter pour une approche réaliste, faisant tant des *species in medio* que des *species sensibiles* des qualités (quoique de nature différente dans le milieu et dans le sens), donc des étants réels. Cependant, il ne récuse pas totalement l'usage commun du qualificatif « spirituel » pour ces images, représentations ou similitudes (termes

1. *Questions sur l'âme*, II, qu. 10.

qu'il pose en l'occurrence comme synonymes). Mais il faut distinguer divers usages du terme « esprit ». Le terme peut désigner des substances incorporelles et, par transition, des accidents de ces substances tels qu'un acte ou une disposition intellectuels. Mais le mot « esprit » a aussi, par analogie, été utilisé pour désigner des corps subtils qui échappent à la vue – Buridan évoque l'usage médical des « esprits » vitaux ou animaux. Enfin on peut qualifier de « spirituel » des formes accidentelles des sensibles qui ne sont pas elles-mêmes sensibles. Et c'est en ce sens que les images dans le milieu ou dans les sens sont dites « spirituelles ». Mais c'est un usage vulgaire, fondé sur une assimilation entre le réel et le sensible.

Passivité et activité dans la perception

Tout ce processus semble insister sur la réceptivité de l'âme sensitive. Un autre problème majeur soulevé par Buridan est celui de la passivité ou de l'activité de l'âme dans la sensation, traité dans la question 9 et surtout la question 10 sur le livre II : « Est-il nécessaire, pour sentir, qu'il y ait un sens agent » ?

La question du sens agent est d'actualité depuis la dispute entre Barthélémy de Bruges (qui rédige un *De sensu agente* entre 1307 et 1309) et Jean de Jandun [1]. Les arguments en faveur d'un sens agent, pensé par analogie avec l'intellect agent, viendraient d'Averroès par le biais d'Albert le Grand. Mais l'idée même d'un sens agent était généralement rejetée, comme on le voit chez Thomas

1. Voir A. Pattin, *Pour l'histoire du sens agent. La controverse entre Barthélémy de Bruges et Jean de Jandun. Ses antécédents et son évolution*. Étude et textes inédits, Leuven, University Press, 1988.

d'Aquin [1]. Jean Buridan, lui, va défendre l'existence du sens agent, comme l'avait fait avant lui Jean de Jandun. L'âme sensitive, que ce soit en l'homme ou dans les autres animaux, agit pour produire la sensation et doit en ce sens être dite « sens agent ». La reprise de l'expression prouve que Buridan est familier du débat. On retrouve chez lui un argument omniprésent chez les défenseurs du sens agent, de Jean de Jandun à Nicole Oresme : si l'image sensible suffisait à produire la sensation, un objet matériel serait plus noble que l'âme, ce qui est impossible. Mais la signification du sens agent est transformée, en même temps qu'est affirmée l'unité de l'âme sensitive et de l'âme intellective, contrairement cette fois à ce que soutenait Jean de Jandun. Il y a bien une dimension active de la connaissance dès la sensation. Le sens, étant identique à l'âme, a une dimension active et une dimension passive, c'est-à-dire que sens agent n'est pas une faculté différente du sens patient.

L'âme est certes passive en ce sens qu'elle doit recevoir une image par la médiation d'un organe. Dans la réception par l'organe sensitif, la matière est passive, mais ce n'est pas l'organe qui seul est en jeu dans la sensation, ni même ce qui sent à titre principal. L'âme aussi est sensitive à titre

1. Voir entre autres lieux Thomas d'Aquin, *Questio disputata de spiritualibus creaturis*, ed. J. Cos, Sancti Thomae de Aquino *Opera omnia* iussu Leonis XIII P. M. edita, t. XXIV-2, Roma-Paris, Commissio leonina-Éditions du Cerf, 2000, p. 93 : « Sensus autem qui est in potentia reducitur in actu per sensibilia in actu, que sunt extra animam : unde non est necesse ponere sensus agentem » ; Thomas d'Aquin, *Les créatures spirituelles*, trad. J.-B. Brenet, Paris, Vrin, 2010, p. 213 : « le sens qui est en puissance est conduit à l'acte par les sensibles en acte qui se trouvent à l'extérieur de l'âme, si bien qu'il n'est pas nécessaire d'admettre un sens agent ».

partiel, et dans cette mesure on peut dire « avec probabilité » que la sensation a pour sujet non seulement l'organe matériel mais aussi l'âme sensitive. Dans les réponses aux objections de la question 9, cependant, Buridan infléchit les expressions en posant que l'âme ne pâtit pas à proprement parler du sensible, mais que l'on dit qu'elle pâtit dans la mesure où l'organe en laquelle se trouve (selon le mode de présence indiqué plus haut) pâtit du sensible.

Elle est aussi active en ce que, d'un certain point de vue, elle produit la sensation qui est reçue en elle. À ce propos, Buridan esquisse la comparaison avec l'intellect agent, qui sera rappelée dans le livre III. Il indique dès maintenant que si, en un certain sens, Dieu peut être dit intellect agent, il convient de poser en nous un intellect agent qui concoure activement à l'intellection, et « pareillement que l'âme sensitive, que ce soit en nous ou dans les bêtes, agit pour produire la sensation, et que de la sorte on doit parler d'un sens agent » [1].

Mais ce qui conforte cette thèse, c'est que le sens a une activité de composition et de division. Ce point est illustré de façon récurrente par le comportement du chien ou du cheval. Ainsi le chien qui voit et entend combine les sensations et juge que son maître est ou n'est pas à tel endroit. Certes, on passe immédiatement au niveau du sens commun et de l'estimative. Mais l'essentiel est qu'il y ait activité de l'âme avant l'intellection et indépendamment d'elle. Et c'est ce qui explique l'emploi constant de verbes impliquant une activité lors même que l'on examine un sens particulier. Buridan emploie très souvent le verbe « juger » pour l'activité d'un sens. Le verbe *iudicare* désigne souvent une discrimination, une proto-estimation,

1. *Questions sur l'âme*, II, qu. 10.

que je traduit souvent par « percevoir » (mais il faut noter que l'on a aussi quelquefois *percipere*), parfois par « juger » quand elle débouche sur une combinaison ou une estimation. Le verbe est employé tantôt avec une proposition, ce qui semble impliquer une composition ou une division, tantôt transitivement vis-à-vis de tel ou tel objet sensible. Nous percevons des sons et des couleurs, c'est une activité, qui se manifeste de façon exacerbée dans les cas de modification (affaiblissement de la vision par exemple) ou d'illusion, par exemple « la vue juge que la chose se trouve dans la profondeur du miroir » [1].

Si la question du sens agent fut débattue entre 1307 et 1315, elle est devenue au milieu du siècle un sujet obligé de mise au point. On la trouve dans les *Questions sur l'âme* de Nicole Oresme [2], qui développe, notamment dans la question « Est-ce qu'il y a un sens agent ? » des arguments extrêmement proches de ceux que nous avons ici [3] ; on la trouve dans l'Anonyme de Patar [4] ; on la trouve également dans la *secunda lectura* de Buridan (dite parfois *Questions*

1. *Questions sur l'âme*, II, qu. 16.

2. Nicole Oresme *Quaestiones de anima*, II, qu. 8 et 9, p. 173-189.

3. Oresme qualifie même le sens de *virtus discursiva* (*loc. cit.*, p. 185), en renvoyant à la *Perspective* d'Alhazen, qu'il avait déjà cité dans la question 8, p. 179, à propos de la successivité de la sensation, notamment visuelle.

4. B. Patar, *Le Traité de l'âme de Jean Buridan [de prima lectura]*, Louvain-la-Neuve – Longueuil, Éditions de l'Institut supérieur de Philosophie – Éditions du Préambule, 1991 : *Quaestiones de anima*, II, qu. 10, p. 308-315 ; on y retrouve l'expression « puissance discursive », *virtus discursiva*, cette fois à propos du chien qui combine vision et audition (p. 311). La question précédente avait longuement analysé en quel sens le sens peut être dit « puissance passive ».

brèves) [1], de même, il faut le noter, que dans le texte anonyme du manuscrit de Turin [2]. Enfin un texte attribué à Marsile d'Inghen est très proche de Buridan [3]. Tous ces textes ont un style et défendent des thèses qui s'écartent de la théorie « classique » du sens agent. Avec des arguments souvent semblables [4], il posent que l'âme est agente dans la sensation, et que c'est le même sens (ou la même âme) qui est agent et patient. L'âme, en tant que sensitive, apparaît ainsi comme usant de l'organe et de l'image, une fois celle-ci reçue dans le composé psycho-physique qu'est le sens, afin de produire la sensation. Cette théorie revient à faire de la sensation quelque chose de beaucoup plus complexe que la seule réception d'une impression sensitive, au point que la description effective de la perception implique des éléments de composition, de discursivité, qui rapprochent la sensation de l'estimation, dans le cas des bêtes, et permettront des combinaisons fines avec l'intellection, dans le cas de la connaissance humaine. Un dispositif analogue se retrouvera un demi-siècle plus tard dans les *Questions sur l'âme* de Blaise de Parme.

1. B. Patar, *Le Traité de l'âme de Jean Buridan*, procure aussi une édition d'extraits de la *Secunda lectura* d'après le manuscrit de Vendôme169 : ici, voir p. 757-760.

2. Ms. Torino Naz. H. III, 30, qui recoupe en partie (seulement) le ms. Bruges 477 édité par Patar. La question II, 10 sur le sens agent a été édité par Graziella Federici Vescovini comme « seconde rédaction » du traité de Blaise de Parme, mais plus tard l'auteur est revenu sur cette attribution. Voir G. Federici Vescovini, *Le Quaestiones de anima di Biagio Pelacani da Parma*, Firenze, Olschki, 1974, p. 149-156.

3. Voir P. Marshall, « Parisian Psychology in the Mid-Fourteenth Century », art. cit., p. 128-131.

4. Le texte qui manifeste le plus de différences dans la manière d'argumenter est celui de la « secunda lectura ».

La hiérarchie des facultés

Tout cela conduit à considérer l'organisation des différentes facultés de l'âme. La position de Buridan est fondée une nouvelle fois sur l'unité de l'âme et son rapport instrumental aux organes.

Il est bien connu que depuis le XIIIe siècle domine largement une vision de l'âme plus complexe que celle qui fut livrée par les seuls textes d'Aristote, et puisant au *Liber de anima* d'Avicenne, soit directement soit par Albert le Grand. Cette doctrine a mis en avant et complexifié l'idée de sens interne en hiérarchisant, selon le schéma de base (des variantes peuvent exister) : sens commun, imagination, mémoire, estimative (pour les bêtes) ou cogitative (pour les hommes), intellect (seulement pour les êtres humains, évidemment). Tout en conservant ces diverses appellations, Jean Buridan bouleverse cette organisation.

L'attention portée et l'importance accordée à l'idée de sens commun s'inscrivent bien dans la tradition aristotélicienne. Le point de départ est la question de savoir s'il y a des sensibles communs distincts des sensibles propres. La réponse passe par l'analyse logico-linguistique, qui rappelle que les choses qui sont senties peuvent être désignées par divers concepts ou noms. Par conséquent « le prédicat "sensible propre" est attribué au nom qui signifie les choses conformément au concept selon lequel elles sont perceptibles par un seul sens. Et le prédicat "sensible commun" est attribué au nom qui signifie les choses conformément au concept selon lequel elles sont perçues par plusieurs sens » [1]. C'est sur cette base que sont analysées dans la question suivante le nombre, la grandeur,

1. *Questions sur l'âme*, II, question 12.

la figure, le mouvement et le repos, c'est-à-dire les sensibles communs selon Aristote. Réfléchissant sur le fonctionnement des différents sens dans l'appréhension de ces sensibles communs, Buridan accorde une attention particulière à la perception de l'emplacement de la chose par rapport au sujet qui perçoit – ce qui se fait surtout grâce à la vue –, puisque c'est à partir de l'emplacement des parties que l'on peut percevoir la figure de la chose, l'unité ou la distinction des choses, ainsi que le mouvement. Ces analyses, comme celles qui ont été réservées à l'étude de chaque sens externe, approfondissent donc la théorie de la sensation dans le sens d'une description et une analyse minutieuse du fonctionnement de la perception.

Mais le plus important, c'est d'examiner le nombre et l'organisation des sens internes, ce qui est traité dans les questions 22 à 24 du livre II. Le schéma habituel est grandement simplifié. En premier lieu, Buridan s'interroge sur la nécessité de poser un sens commun en plus des cinq sens externes [1]. Et il répond qu'il est effectivement indispensable de poser une faculté cognitive autre que les sens externes, pour plusieurs raisons. La première est que le sens n'est pas réflexif, il n'est pas perceptif de son acte. Or nous avons bien conscience de voir ou de toucher. Cela requiert donc une autre puissance que la seule vue ou le seul toucher. De même, le fait que nous puissions percevoir les ténèbres ou le silence (en l'absence de sensation) suppose également une puissance capable de percevoir un acte du sens externe ou son absence. D'autres raisons semblent de nature différente : l'imagination de choses qui ne peuvent être senties (une montagne dorée, etc.),

1. Voir P. Sobol, « John Buridan on external and Internal Sensation », *in*. G. Klima (ed.), *Questions on the Soul*, p. 95-106.

ainsi que les images dans le sommeil. Enfin, il convient encore de mettre en avant la combinaison de différentes sensations, y compris, à nouveau, avec l'exemple du chien et de son maître, mis sur le même plan que l'exemple aristotélicien du miel qui est doux et blanc à la fois. Pour toutes ces raisons, il convient de poser une faculté cognitive interne, qui n'est pas l'intellect et qu'on nommera donc « sens commun ». Les *species* sont transmises des sens externes à ce sens commun, et pour les distinguer de celles qui sont reçues dans les sens externes, elles sont parfois appelées parfois « intentions »[1].

Mais combien y a-t-il de puissances internes ? Buridan va s'opposer à toute multiplication de ces sens internes, en même temps qu'il introduit de nouveaux critères de distinction. Les arguments pour la division traditionnelle s'appuient surtout sur les autorités ; les arguments opposés sont au contraire nombreux et développés. Buridan admet en plus du sens commun une autre faculté interne, non cognitive mais conservatrice des images et des intentions. Cette faculté est unique, tout comme est unique le sens interne vers lequel convergent toutes les images. Nous avons donc une puissance cognitive (en laquelle se forment des connaissances actuelles) et sensitive, à laquelle il

1. Comme le fait remarquer Peter Sobol, « Sensations, Intentions, Memories and Dreams », *in* J. M. M. H. Thijssen & Jack Zupko (eds), *The Metaphysics and Natural Philosophy of John Buridan*, Leiden-Boston-Köln, Brill, 2001, p. 182-198, en part. p. 193, le terme « intention » est utilisé par Buridan en des sens différents : le plus souvent, l'intention est la *species* dans le sens commun et le système nerveux ; conformément à un usage hérité d'Avicenne, ce peut être aussi un aspect de l'objet senti qui n'est pas senti par soi mais perçu par l'estimative, comme dans l'exemple classique de la brebis qui perçoit l'intention d'inimitié dans le loup ; enfin, ce peut être la sensation du temps accompagnant un souvenir.

convient de reconduire la remémoration, la fantaisie et le rêve. Et nous avons aussi une puissance conservatrice des images et des intentions.

Il convient par conséquent de redéfinir ou d'utiliser avec précaution un certain nombre de termes. D'une part, certains noms sont équivoques. C'est le cas de la « fantaisie », qui désigne ou bien une puissance conservatrice non cognitive, ou bien le sens commun lui-même lorsqu'il est mû non plus par des sensations reçues immédiatement des sens externes mais par des images ou intentions présentes dans cette puissance conservatrice. D'autre part, certaines puissances peuvent être nommées par des noms différents selon différents points de vue conceptuels. C'est, entre autres, ce qui permet de comprendre que la fantaisie ou la cogitative ne sont pas réellement différentes du sens commun – ce qui nous écarte de la psychologie avicennienne. La même faculté est sens commun pour autant qu'elle est mue par des sensations externes, fantaisie pour autant qu'elle est mue par des intentions conservées, estimative pour autant qu'elle tire « à partir des sensations et des sentis [...] des intentions et appréhensions de choses non senties, à savoir de l'amitié ou de la haine, de l'utile ou du nuisible »[1].

Ce schéma ne peut être pleinement compris sans poser aussi la question de la localisation, ce qui est fait dans la question 24. Celle-ci a un aspect convenu puisqu'il s'agit d'opposer la tradition philosophique (plutôt cardiocentriste à la suite d'Aristote, même si Buridan utilise certains auteurs à contrecourant) à la tradition médicale (généralement céphalocentriste) – une opposition que l'on trouve dans de nombreux textes de philosophie naturelle ou de médecine philosophique. Cependant, il ne s'agit pas de localiser la

1. *Questions sur l'âme*, II, qu. 23.

pensée en général mais bien le sens commun tel qu'il vient d'être redéfini.

Alors que Buridan est généralement soucieux de prendre en compte les enseignements médicaux, ainsi qu'on le voit non seulement dans les *Petits traités naturels*, mais encore dans des textes tels que la *Physiognomonie* ou les questions sur *Les Secrets des femmes*, il se range plutôt du côté d'Aristote : « Et je dis avec Aristote que [l'organe du sens commun] est le cœur dans les animaux ayant un cœur, ou un organe analogue au cœur dans ceux en lesquels il n'y a pas de cœur à proprement parler » [1]. Et il apporte en ce sens des arguments relevant d'expériences immédiates, du fonctionnement réel ou supposé de certaines opérations vitales, sensitives, affectives etc. Cependant, il complique le schéma cardiocentrique. Est-ce pour prendre en compte certains arguments forts des médecins, s'appuyant sur des expériences et sur l'anatomie ? C'est possible. En tout cas, Buridan affirme que le cerveau concourt, activement ou passivement, à ce que se produise une sensation dans le sens commun. Et il invoque pour cela les conséquences résultant des lésions dans partie antérieure du cerveau, ainsi que des phénomènes tels que le sommeil ou l'étranglement, ou d'autres phénomènes physiologiques, qui prouveraient que les images sensibles sont transmises au cœur par l'intermédiaire du cerveau. Donc les nerfs transmettent au cerveau, et plus précisément à la partie antérieure du cerveau, toutes les images sensibles en provenance de différentes parties du corps, mais ensuite un nouvelle transmission d'informations du cerveau au cœur est requise et c'est là que l'âme, qui co-agit, peut produire les sensations, de sorte que « la sensation se fait

1. *Questions sur l'âme*, II, qu. 24.

dans le cœur comme dans un sujet » [1]. Dans la partie antérieure de la tête, les images ou intentions des sensibles sont rassemblées et transmises vers le cœur, mais en sens inverse les esprit sensitifs sont aussi transmis depuis le cœur vers les sens externes par l'intermédiaire du cerveau. Ainsi, le cerveau contribue, mais le sens commun, que certains appellent aussi imagination, a le cœur pour sujet. Un troisième organe se trouve dans la partie postérieure de la tête, il reçoit du cœur les images des sensations qui y sont produites et les conserve ; c'est donc l'organe de la puissance conservatrice, nommée selon le point de vue où l'on se place « mémoire » ou « fantaisie » [2].

L'Intellect

Même si Jean Buridan insiste sur l'origine sensible de la connaissance et l'importance de son élaboration dans les sens internes, il n'en considère pas moins la puissance intellective comme plus noble que la puissance végétative ou sensible. Les questions sur le livre III traitent de plusieurs problèmes cruciaux concernant l'intellect et la connaissance intellective. J'en évoquerai rapidement quatre : la nature et la fonction des images intelligibles, le rapport entre connaissance universelle et connaissance singulière,

1. *Questions sur l'âme*, II, qu. 24.

2. Buridan présente également cette réorganisation des facultés dans ses questions sur le *De memoria*. Voir *Quaestiones super librum de memoria et reminiscentia*, éd. Lockert, Paris, 1516. Une édition critique, que je n'ai pu consulter, a été établie par Maciej Stanek dans une thèse soutenue en 2015 à l'université de Katowice. Voir aussi V. Decaix, « La conception burdanienne de la mémoire », dans Chr. Grellard (éd.), *Miroir de l'amitié*, Paris, Vrin, 2017, p. 309-327.

l'intellect agent et l'intellect patient, enfin la question de la séparation de l'intellect.

L'intellect et les species intelligibiles

Sur la base de l'idée aristotélicienne de forme, la notion de *species intelligibilis* s'est imposée à partir depuis Thomas d'Aquin dans le débat concernant la genèse de l'intellection [1]. Elle donna lieu à de nombreuses controverses. Avec Jean de Jandun, elle devient l'objet de questions spécifiques sur le traité *De l'âme*. Comme de nombreux commentateurs parisiens au milieu du XIVe siècle [2], et contrairement à Henri de Gand, qui acceptait des *species sensibiles* mais pas de *species intelligibiles*, ou à Guillaume d'Ockham, qui refusait toute *species* dans le procès de connaissance, Buridan maintient que la présence d'images intelligibles (*species intelligibiles*) est indispensable pour l'intellection. Et il s'agit d'un aspect essentiel pour comprendre l'ensemble de sa théorie de la connaissance. Cependant, le schéma de l'intellection au sein duquel interviennent ces images (ou « espèces » comme on dit parfois en reprenant l'usage cartésien) est lui-même très différent de la théorie thomiste de l'abstraction, même si Buridan comme Thomas insistent sur le fait que cette image est ce par quoi l'on connaît et

1. Sur l'histoire de cette notion, voir L. Spruit, *Species intelligibilis. From Perception to Knowledge*, vol. I : Classical Roots and Medieval Discussions, Leiden-New York-Köln, Brill, 1994. Cet ouvrage très informé et précieux souffre cependant de quelques imprécisions à propos de Buridan, puisque l'auteur cherche à restituer la doctrine de ce dernier en se fondant à la fois sur la *tertia lectura*, d'authenticité incontestée, sur l'édition Lockert qui compile sans doute différents textes, et enfin sur le texte de l'Anonyme de Patar, qui sur ce sujet défend une position différente.

2. Voir P. Marshall, « Parisian Psychology in the Mid-Fourteenth Century », art. cit., notamment p. 120 *sq*.

non ce que l'on connaît : l'image ou espèce est une condition de la connaissance intellective, elle n'est pas l'objet immédiat de la connaissance et par conséquent pas un obstacle possible, contrairement à ce qu'objectaient, entre autres, Durand de Saint-Pourçain ou Guillaume d'Ockham.

Les *species intelligibiles* apparaissent dès la première question sur le livre III, dans laquelle Buridan se demande si l'intellect est dénué, ou démuni, de ce qu'il intellige. De fait, il est dénué de toute intellection et de toute image avant d'intelliger, ce qui valide l'idée de l'intellect comme table rase [1]. L'existence de l'intellect lui-même et la présence d'une *species* intelligible sont deux conditions requises pour que se produise une intellection, aucune des deux ne suffisant à elle seule. C'est dans la question 15 que l'on trouve le plus de précisions sur la *species intelligibilis*.

Buridan est soucieux de ne pas confondre les entités qui marquent autant d'étapes dans un procès cognitif complexe. En premier lieu, l'image intelligible n'est pas identique à l'acte d'intellection [2]. La thèse porte implicitement contre la primauté ockhamiste de l'acte d'intellection, et surtout contre la théorie de Nicolas d'Autrécourt, assimilant l'acte, l'âme elle-même, et les *habitus*, évoquée dans la question 11. Déjà Jean de Jandun avait insisté sur l'exigence de distinguer l'image intelligible de l'acte mental. L'image intelligible n'est pas non plus une disposition acquise ou un *habitus*, c'est-à-dire quelque chose qui serait laissé dans l'intellect à la suite d'une première intellection, et qui prédisposerait à une nouvelle intellection. L'image doit en effet précéder l'intellection

1. Cette idée de table rase est évoquée dans la question 7 sur le livre III du traité *De l'âme* ; on la trouve développée principalement dans la question 3 sur le livre I des *Seconds Analytiques*.

2. Une telle assimilation se trouve dans l'édition Lockert.

et non en résulter, sans quoi l'on ne pourrait jamais avoir une première intellection de quelque chose.

Puisqu'elle n'est pas causée par l'intellect dans l'acte l'intellection, cette image intelligible, que Buridan désigne aussi comme « représentation de la chose intelligée » [1], est reçue par lui. En revanche, elle présuppose l'activité du sens interne, c'est-à-dire en l'occurrence de la fantaisie ou de la cogitative, qui a reçu les images transmises à partir des sens externes et en a fait la synthèse. La présentation la plus précise que l'on trouve est la suivante : « elle est un acte ou une disposition [*dispositio*, c'est-à-dire une manière d'être transitoire, et non pas un *habitus* qui subsisterait] provenant du sensible au moyen du sens, requis ou requise dans l'esprit, ou nécessaire à la formation de la première intellection, à savoir celle que quelqu'un peut former sans qu'elle provienne d'une autre intellection » [2].

Mais contrairement à ce qu'on pourrait penser, Buridan se montre soucieux d'économie. En tant qu'acte cognitif de la fantaisie ou cogitative (ces deux noms désignant sous un certain point de vue le sens interne cognitif, ainsi que nous l'avons déjà vu), l'image intelligible est la même chose que ce qu'Aristote appelait « fantasme », et qu'il disait nécessaire à l'intellection [3]. Il est inutile de poser d'autres entités. Buridan s'écarte ainsi de la théorie courante

1. *Questions sur l'âme*, III, qu. 15.

2. *Questions sur l'âme*, III, qu. 15.

3. L'adage « nequaquam sine fantasmate intelligit anima » est d'une importance considérable pour la question de savoir en quel sens l'intellect peut être une faculté « séparée ». Il est toutefois lui-même objet d'interprétations diverses, et il est cité par tout le monde. Il sera encore invoqué en un sens très strict par Pietro Pomponazzi pour justifier une lecture mortaliste du traité *De l'âme*.

depuis trois quarts de siècle, selon laquelle l'espèce intelligible était produite par l'intellect agent à partir des fantasmes, mais en était différente. Dans son principe général, ce schéma était encore celui de Jean de Jandun, nonobstant les différences par ailleurs avec Thomas, et malgré les débats avec ses contemporains tel que Barthélémy de Bruges sur les modalités de production de cette image intelligible ; pour Jean de Jandun, le fantasme joue un rôle moteur dans la production d'une image intelligible reçue dans l'intellect [1]. En assimilant ainsi fantasme et image intelligible, Buridan rompt par conséquent avec la tradition et développe une position tout à fait originale.

Cela rend plus aiguë la question de savoir en quoi se trouve subjectivement cette image intelligible. La réponse dominante était : dans l'intellect, qui est immatériel, et particulièrement dans l'intellect possible. Mais un acte produit par la fantaisie ou cogitative, tel que le fantasme, est étendu et corporel, à la différence de l'intellection actuelle. Cependant, en raison de l'unité principielle de l'âme humaine, la puissance intellective utilise ce fantasme pour produire une intellection actuelle, de même que la puissance végétative utilise la chaleur pour ses opérations vitales [2]. L'image intelligible a donc le composé humain

1. Voir J.-B. Brenet, *Transferts du sujet*, Paris, Vrin, 2003, p. 135-144.

2. On retrouve donc clairement un schéma instrumental, qui avait été fermement récusé par Jean de Jandun dans sa question 15 sur le livre III : « Est-ce que le fantasme est le principe actif de l'image intelligible (*species intelligibilis*) ? » En effet, même si le terme « instrument » n'apparaît pas ici, l'expression « agent instrumental » avait bien été utilisée par Buridan à propos de la chaleur, relativement à l'âme (végétative) dans la question 5 sur le livre II.

pour sujet – les modalités d'unité de ce composé psycho-physique ayant été précédemment évoquées dans le livre II.

Intellect agent et intellect patient

Depuis la réception du traité de l'âme d'Aristote et surtout du commentaire d'Averroès, les Latins ont été conduits à donner aux notions d'intellect possible et d'intellect agent une importance qu'elles n'avaient pas de façon aussi manifeste dans le texte original. L'hypothèse d'une assimilation de l'intellect agent soit à une intelligence immatérielle supérieure (d'Alexandre d'Aphrodise à Avicenne), soit à Dieu lui-même (par certains théologiens chrétiens de la première moitié du XIIIe siècle), d'une part, et la controverse sur l'unicité et la séparation de l'intellect possible, d'autre part, ont fait du statut de ces deux intellects des questions inévitables. De surcroît, dans les années 1310, Jean de Jandun a défendu à Paris la lecture averroïste d'Aristote. Jean Buridan ne peut donc éviter quelques mises au point.

En vérité, le point de départ de Buridan n'est pas une réflexion sur la distinction de deux types d'intellects, mais sur l'activité et la passivité de l'intellect, qui donne lieu à une mise au point dès la première question (classique) : « Est-ce que l'intellect humain est une faculté qui pâtit de l'intelligible ? » La précision « intellect humain » atteste que l'on écarte du champ de préoccupation non seulement l'intellect divin (lequel est impassible), mais aussi d'hypothétiques intelligences immatérielles supérieures.

Cette question donne d'abord lieu à d'importantes précisions sur les divers sens de « pâtir », qui permettent de dire en quel sens on peut dire que l'intellect pâtit, notamment en recevant des dispositions intellectuelles qui ne sont pas corruptrices, ou qui ne corrompent que la disposition contraire et non le sujet lui-même. Tout cela reste assez général ; la réceptivité de l'intellect ne semble pas faire de doute et ne requiert que quelques précisions.

Mais celles-ci sont suivies d'une mise au point rappelant que, malgré cela, l'intellect est également une faculté active. Cette activité est toutefois affirmée elle aussi de manière très générale et non pas en détaillant le processus d'intellection. Elle repose d'abord sur l'identité de l'âme intellective avec l'âme végétative et motrice – on pourrait aussi ajouter l'âme sensitive puisque l'on a prouvé qu'elle est aussi active dans la sensation –, puis sur les opérations complexes de l'intellect telles que la composition et la division, le syllogisme, etc. Un peu plus de détails sont donnés dans deux questions concernant respectivement l'intellect possible et l'intellect agent.

La question 7, qui demande si l'intellect possible est pure puissance, fait partie des questions qui sont formulées principalement « pour exposer des autorités ». Les désignations que l'intellect, pour autant qu'il n'est rien en acte avant d'intelliger, a pu recevoir dans la tradition péripatéticienne, notamment celle d'intellect matériel, qui parvient aux Latins par Averroès, ont laissé place à la seule appellation d'intellect possible. Le traitement, rapide, passe par une mise au point sur les différents sens du mot « acte ». Si être en acte signifie exister, alors l'intellect possible et l'intellect agent sont en acte. Si l'acte est une forme inhérente à un sujet, alors l'intellect possible est acte du corps, et il est puissance relativement aux acte d'intellections et aux *habitus* intellectuels. Si l'acte est opération à l'égard de ce qui opère, l'intellect n'est pas un acte de quelque chose d'autre (si ce n'est, comme tout, de Dieu). Mais l'intellect est bien une puissance active et passive puisqu'il possède diverses opérations qu'il effectue ou qu'il reçoit telles que l'intellection, la composition, la division, etc., de même que d'autres actes relevant de l'âme unique, tels que la sensation, l'alimentation, etc. Si l'on parle d'acte relativement à ce qui pâtit ou est susceptible de pâtir, l'intellect est acte du corps, et il est puissance à l'égard du fantasme ou de l'objet. Enfin Buridan note qu'une puissance au deuxième sens, c'est-à-dire comme sujet d'une forme, est parfois dite en acte à l'égard de cette forme quand elle la possède (un mur blanc en acte) et en puissance quand elle ne la possède pas. Et c'est précisément en ce sens qu'Aristote aurait dit que l'intellect n'est rien en acte avant d'intelliger. Ces mises au point, ici résumées, aboutissent à une proposition assez banale, et elle ne sont brièvement restituées que pour montrer à quel point Buridan se livre à une déconstruction (on pourrait presque dire à un dégonflage !) de la problématique de l'intellect possible.

Une autre question, la question 10, s'interroge sur la nécessité d'un intellect agent en plus d'un intellect possible. Pour qu'un homme intellige, comme dans toute action, il est requis que Dieu concoure, et celui-ci peut être dit intellect agent. Pour légitimer cette assimilation, il se réfère à la *Métaphysique* d'Aristote, et donne quelques arguments sur l'exigence d'un agent plus noble que le patient. Il est clair que Buridan veut ici intégrer, avec quelque mise à distance, l'assimilation de l'intellect agent à Dieu qui remonte à Alexandre d'Aphrodise, qui a été reprise par certains Latins au XIIIe siècle, et à laquelle il assimile la théorie avicennienne du Donateur de formes. Mais une autre instance doit concourir activement à l'intellection en nous, et c'est notre intellect. Cette activité est d'abord soulignée à propos des activités complexes (composition, division…) et des intellections qui se fondent sur une première intellection. En ce qui concerne la première intellection de quelque chose, le parallèle avec le sens justifie aussi l'affirmation de son caractère actif. D'autres arguments sont énumérés, qui ne sont pas à proprement parler démonstratifs mais sont considérés comme suffisamment persuasifs.

Mais il convient de préciser d'une part que l'âme humaine est simple, de sorte que seul Dieu est à proprement parler un agent plus noble, d'autre part que relativement à notre âme « c'est la même chose qui est appelée intellect possible, parce qu'elle reçoit en elle des intellections, et qui est appelée intellect agent parce qu'elle agit » [1].

Il en ressort que ce n'est pas principalement par ces notions d'intellect agent et d'intellect possible qu'est expliquée l'intellection, mais par les développements sur la fonction des images intelligibles et leur relation aux images sensibles, aux actes d'intellection ou aux dispositions acquises.

Une question qui permet de décrire et de préciser le fonctionnement de l'intellect et son rapport avec les sensations, c'est celle du rapport entre connaissance universelle et connaissance singulière.

Connaissance universelle et connaissance singulière

Lorsqu'il se demande dans le livre I si l'universel est postérieur aux singuliers ou bien n'est rien, selon une formulation encore ambiguë puisqu'elle peut être entendue sur le plan des concepts ou sur celui des choses, Buridan écarte l'universel par causalité (le seul universel qu'il reconnaît comme réel), et place le débat sur le plan de l'universel par « prédication ou signification ». L'universel est donc un terme prédicable de plusieurs choses : soit un

1. *Questions sur l'âme*, III, qu. 10.

concept, soit un terme écrit ou oral qui a ce terme universel pour signifié immédiat et une pluralité de choses pour signifié ultime. Buridan se situe ainsi dans le cadre d'un nominalisme qui affirme la singularité ontologique [1] et faire refluer l'universel vers les termes, aussi bien conceptuels que parlés ou écrits. Ce principe de base, clairement affirmé dès la question 5 sur le livre I, sera rappelé à titre de présupposition dans la question 8 sur le livre III, et justifie l'infléchissement épistémologique du problème de l'universel [2].

Dès lors qu'il n'y a pas d'universel réel, le rapport entre concept universel et concept singulier devient le rapport entre deux manières de connaître la même chose singulière, ainsi que c'était déjà le cas dans la doctrine ockhamiste, par exemple. Mais Buridan saisit l'occasion du commentaire sur le traité *De l'âme* pour développer une analyse qui cherche à décrire très précisément comment notre intellect saisit les choses en combinant différents types de concepts [3].

1. Voir *Questions sur l'âme*, I, qu. 5 : « Aristote […] a déclaré […] que toute chose existe singulièrement » ; *De differentia universalis ad individuum*, éd. S. Szyller, *Przeglad Tomistyczny*, III (1987), p. 153 : « tout ce qui existe en dehors de l'âme, de soi-même existe individuellement (*quicquid praeter animam existit, in se ipsum individualiter existit*) ».

2. Les textes les plus importants pour la théorie buridanienne de l'universel sont : *Questiones libri Porphyrii*, ed. R. Tatarzyński, *Przeglad Tomistyczny*, II (1986), qu. 4, p. 137-141 ; *Quaestiones super octo libros Physicorum Aristotelis*, I, qu. 7, éd. Michiel Streijger & Paul J. J. M. Bakker, vol. I : libri I-II, Leiden-Boston, Brill, 2015, p. 29-78 ; *In Metaphysicen Aristotelis quaestiones*, VII, qu. 15 et qu. 16 ; et ici même, les questions I, 5, et surtout III, 8.

3. Ici encore, nous ne pouvons donner que quelques indications. Nous nous permettons de renvoyer aux passages concernant Buridan dans notre étude plus détaillée « Le nominalisme au Moyen Âge

La première thèse affirmée dans le livre I est que nous concevons les choses singulièrement avant de les concevoir universellement parce que nous devons d'abord les sentir et que le sens ne connaît pas universellement. À ce stade (les mécanismes de la sensation et de l'intellection n'ayant pas encore été précisés), il semble que l'on ait affaire à un usage très large du mot « concept », incluant tout mode d'appréhension et de saisie cognitive. Il est ensuite posé que les concepts les plus universels sont plus connus dans l'âme que les moins universels. L'affirmation ne va pas de soi mais elle est attestée par le début de la *Physique*, où Aristote pose qu'« il faut aller des universels aux particuliers car la totalité est plus connue selon la sensation » [1]. Cependant, la question doit être reprise plus en détails dans le livre III : dans l'intellect, est-ce que les concepts absolument singuliers précèdent les concepts universels ?

Buridan admet que le sens ne connaît que singulièrement ; en revanche, l'intellect peut connaître à la fois singulièrement et universellement. Le point est important car il s'agit de ne pas opposer connaissance intellectuelle et connaissance sensible comme une connaissance seulement universelle d'un côté et une connaissance seulement singulière de l'autre – cette partition, qui a été défendue majoritairement avant Buridan [2], est récusée avec une argumentation nourrie. Ensuite, il rappelle que l'intellect peut comprendre les

tardif », *in* F. Amerini, L. Cesalli (eds.), *Universals in the Fourteenth Century*, Pisa, Edizioni della Normale, 2017, p. 5-36.

1. Aristote, *Physique*, I, 1, 184 a 24-25, trad. P. Pellegrin, Paris, GF-Flammarion, 2000, p. 70-71

2. La connaissance intuitive du singulier a été admise et défendue par un certain nombre d'auteurs, notamment des théologiens franciscains, et se retrouve, comme il est bien connu, chez Guillaume d'Ockham. Mais la lecture dominante d'Aristote s'y oppose.

choses, qui sont toujours singulières, sur un mode universel parce qu'il les conçoit par la médiation d'images qui en sont des « similitudes représentatives ». Or les choses de même espèce ou de même genre ont entre elles des convenances ou similitudes [1]. Au cours de sa description détaillée des modes de représentation, Buridan est conduit à préciser que pour appréhender une chose singulièrement, il faut l'appréhender *per modum existentis in prospectu cognoscentis*. La chose doit être présente dans le champ de vision, dans la perspective de celui qui connaît – la vision étant ici le modèle, mais on peut élargir à la perception effective par d'autres sens externes.

Il en résulte deux conséquences. La première est que le sens appréhende le singulier « dans son champ de perspective », mais il l'appréhende d'une façon globale (confuse) en mêlant différentes déterminations substantielles et qualitatives, l'emplacement, etc. D'autre part, cela conduit à la thèse paradoxale selon laquelle nous n'avons de concept proprement singulier que de ce que nous percevons (ou avons perçu car cela permet d'enclencher un processus de rétention de l'information) comme existant dans notre champ de perspective. La conséquence en est que nous ne pouvons pas intelliger Aristote, par exemple, sur un mode proprement ou absolument singulier ; nous n'en avons qu'une description qui pourrait correspondre ou avoir correspondu à un autre individu. Sur le plan vocal, ce n'est pas à « Socrate » ou « Aristote », ni non plus à « fils de Sophronisque » que correspond un concept absolument singulier, mais à « cet homme » ou « ce blanc ».

1. Le mot « similitude » est équivoque puisqu'il désigne dans le premier cas une représentation (pas nécessairement iconique d'ailleurs) de la chose, et dans le second cas une convenance, un trait commun à plusieurs choses, qui est appréhendé par l'intellect.

Lorsqu'une chose est perçue singulièrement par le sens, l'intellect reçoit de là un fantasme ou une image intelligible qui lui fait également apparaître la chose sur le mode de l'existant dans la perspective de celui qui connaît, avec la même confusion de propriétés, de grandeur et d'emplacement, et il intellige alors sur un mode singulier. Mais il est à même de séparer les différentes informations et de séparer un concept substantiel ou qualitatif des autres accidents, formant ainsi un concept commun, par lequel on peut concevoir plusieurs choses, permettant de connaître universellement.

En un premier temps, il faut donc répondre que l'on intellige singulièrement avant d'intelliger universellement. Cependant, cette première réponse reste un peu abstraite car elle imagine le premier face à face d'un intellect démuni de tout et d'une seule chose singulière ; le fonctionnement réel de l'esprit humain est plus complexe. La question est alors relancée par la comparaison de plus universel au moins universel. Pour cela, Buridan fait intervenir dans la discussion une distinction reçue d'Avicenne (mais déjà présente chez Philopon) [1], entre deux types de singulier, le singulier vague et le singulier déterminé. Le (concept) singulier vague est celui auquel correspond une expression telle que « cet homme ». Et contrairement à ce que pourrait laisser entendre cette désignation, c'est là le singulier « absolument et proprement », tandis que le (concept) singulier déterminé est celui auquel correspond un nom propre comme « Socrate ». Ce dernier rassemble de façon confuse une collection de propriétés alors que le premier montre une chose sous l'aspect de telle ou telle détermination

1. Voir J. Biard, « Le nominalisme au Moyen Âge tardif », n. 52 p. 22.

(cet homme, ce corps…). Or ce que montre l'expérience, en particulier l'expérience de la vision [1], évoquée en référence à Avicenne, c'est que l'on perçoit un corps avant de percevoir un animal, puis un homme, puis Socrate, etc. On voit donc se compliquer le schéma. Car le sens appréhende bien un singulier dans son champ de perspective, mais c'est d'abord ce singulier vague qui est appréhendé et transmis à l'intellect, lequel en abstrait des concepts universels. En revanche, le singulier déterminé est conçu en dernier, en affinant les informations. En ce sens, il est postérieur à l'universel alors que l'autre est antérieur.

Buridan n'est pas le premier à décrire ainsi le fonctionnement de la connaissance effective, celle d'un intellect déjà équipé de concepts qu'il applique à des choses dans un processus de reconnaissance toujours mêlé à la connaissance. Nicole Oresme, notamment (sans doute une peu avant Buridan, et en tout cas avant la « troisième ou dernière lecture » de ce dernier sur l'âme [2]), développe une argumentation similaire, et décrit différents processus

1. Un auteur proche de Buridan, à savoir Albert de Saxe, renvoie explicitement dans ses *Questions sur la Physique* à l'optique d'Alhazen (*Expositio et quaestiones in Aristotelis Physica ad Albertum de Saxonia attributae*, éd. B. Patar, Louvain-la-Neuve-Louvain – Paris, Éditions de l'institut supérieur de Philosophie – Éditions Peters, 1999 : *Quaestiones*, I, qu. 5, p. 75). Il en va de même pour Nicole Oresme, dont P. Marshall (« Parisian Psychology in the Mid-Fourteenth Century », p. 119) avait déjà noté : « Oresme's treatment of sense perception in general relies heavily on Alhazen's *De aspectibus* ».

2. Ce problème est en effet traité généralement dans les *Questions sur l'âme* et les *Questions sur la Physique*. Les *Questions sur l'âme* de Nicole Oresme sont datées par l'éditeur de 1346-1348, mais elles sont en tout cas postérieures à 1347 ; les *Questions sur la Physique*, qui abordent plus rapidement le problème, sont antérieures à 1347, donc bien antérieures à la dernière lecture de Buridan sur cette même œuvre, et aux questions de celui-ci (du moins dans les versions que nous connaissons) sur le traité *De l'âme*.

impliquant concepts et percepts, le plus universel et le moins universel [1]. Il utilise de façon plus explicite la théorie avicennienne de la vison comme modèle de mise au point dans la perspective de l'esprit qui connait, et insiste sur le fait que cette adaptation peut se faire dans un temps court et imperceptible, ce qui est omis par Buridan. Albert de Saxe décrit des combinaisons encore plus complexes et, comme Oresme, détaille comment se rapportent entre eux les concepts singuliers plus ou moins déterminés, les concepts plus ou moins universels, et les concepts de la première série à ceux de la seconde. Mais à ma connaissance, Buridan, dont le texte est par ailleurs le plus longuement développé, est le premier à faire appel à la distinction des deux types de singulier, ce qui lui permet à la fois de respecter la genèse empirique des concepts à partir de la connaissance sensible (grâce au concept de singulier vague), et de la connaissance progressive du singulier (déterminé) par un procès d'approximation.

Le statut de l'âme intellective : immanence ou séparabilité ?

On ne peut commenter le traité *De l'âme* sans se confronter aux passages du livre III sur le caractère séparable ou non, selon la réalité ou selon la pensée, de l'intellect. Les indications brèves et au premier abord contradictoires qu'on y trouve ont donné naissance dès l'époque des

1. Nicole Oresme, *Expositio et quaestiones in Aristotelis de anima*, III, qu. 14, éd. B. Patar, Louvain-la-Neuve - Leuven, Éditions de l'Institut supérieur de Philosophie – Éditions Peeters, 1995, p. 417-423. *Cf. Questiones super Physicam*, I, qu. 5, ed. St. Caroti, J. Celeyrette, St. Kirchner, E. Mazet, Leiden-Boston, Brill, 2013, p. 31-39 : « Sor, qui sic videt Platonem, habet *habitudinaliter* speciem et conceptum asini in memoria, quia alias vidit vel audivit loqui » (je souligne – J. B.)

commentateurs grecs à toute une série de débats autour de deux problèmes : a) le statut de l'âme comme forme : quelle est son origine, est-elle placée déjà existante dans la matière (infusée) ou tirée (éduite) d'elle, est-ce qu'elle est, et en quel sens, une « forme matérielle » ? b) le statut de l'intellect comme « partie » séparable de l'âme. Dès la première question du livre I, sur le sujet de la psychologie, Buridan évoquait ce problème en attribuant à Aristote la double thèse de l'inséparabilité et de l'impossibilité d'exercer les opérations de l'intellect sans avoir recours au corps : « Aristote pense que, bien que l'âme soit inséparable du corps et ne puisse exercer ses opérations sans corps, il est cependant possible de considérer l'âme par elle-même, prenant en considération les propriétés et prédicats qui lui conviennent par elle-même et non pas à tout le composé » [1]. Une telle question ne peut cependant plus, à l'époque de Buridan, être traitée dans les seuls termes d'Aristote et de son débat avec le platonisme ; une ombre plane : celle d'Averroès, qui a compris en un sens nouveau le caractère éternel et séparé de l'intellect (agent et possible).

La position de Buridan sur cette question fait l'objet de vifs débats historiographiques. Olaf Pluta a jugé que Buridan défendait une position mortaliste, en raison du crédit donné aux arguments d'Alexandre d'Aphrodise [2]. Il représenterait ainsi une forme de matérialisme en matière de psychologie, qui sera reprise et développée par plusieurs

1. *Questions sur l'âme*, I, qu. 1.

2. Voir notamment O. Pluta, *Kritiker der Unsterblichkeitsdoktrin in Mittelalter und Renaissance*, Amsterdam, Verlag Grüner, 1986 ; O. Pluta, « How Matter Becomes Mind : Late Medieval Theories of Emergence », *in* H. Lagerlund (ed.), *Forming the Mind. Essays on the Internal Senses and the Mind/Body Problem from Avicenna to the Medical Enlightment*, Dordrecht, Springer, 2007, p. 149-168.

de ses successeurs. Plusieurs autres commentateurs, comme Jack Zupko notamment, ont souligné les expressions où Buridan admet que seule la position conforme à la foi est qualifiée de vraie, jugeant seulement qu'elle n'est pas démontrable, mais ne consentant pas pour autant à la thèse mortaliste [1].

Buridan ne consacre pas de question particulière au problème de la séparabilité, à la différence de ce que l'on trouve par exemple chez Blaise de Parme un demi-siècle plus tard, mais aussi antérieurement chez Siger de Brabant dans son *Traité sur l'âme intellective* [2]. La question est toutefois posée à travers l'interrogation sur le statut de l'âme comme forme, puis comme forme inhérente, dans les questions 3 et 4 sur le livre III, « Est-ce que l'intellect humain est la forme substantielle du corps humain ? », et « Est-ce que l'intellect humain est une forme inhérente au corps humain ? » Les deux suivantes reprennent le problème, mais seulement par le biais d'un examen de la position averroïste sur la perpétuité et l'unicité de l'intellect.

L'âme est-elle la forme du corps ? D'un point de vue aristotélicien, la réponse paraît ne pas faire de doute ; en tout cas, dans son étude de l'âme, Thomas d'Aquin a résolument privilégié la notion de forme sur celle de perfection, héritée d'Avicenne [3]. Mais d'une part il convenait

1. J. Zupko, « On Buridan's Alleged Alexandrianism », *Vivarium*, 42 (2004), p. 43-57 ; Id. « John Buridan on the Immateriality of the Intellect », *in* Henrik Lagerlund (ed.), *Forming the Mind : Essays on the Internal Senses and the Mind/Body Problem from Avicenna to the Medical Enlightenment*, Dordrecht, Springer, 2007, p. 59-92.

2. Siger de Brabant, *Tractatus de anima intellectiva*, qu. 6, dans *Quaestiones in tertium de anima, De anima intellectiva, De aeternitate mundi*, éd. critique B. Bazán, Louvain-Paris, Publications universitaires-Béatrice-Nauwelaerts, 1972,

3. Avicenna latinus, *Liber de anima seu sextus de naturalibus*, I, c. 1, éd. S. Van Riet, Louvain-Leiden, Peeters-Brill, 1972, p. 29.

de confronter cela avec l'immortalité de l'âme humaine défendue par les grandes religions monothéistes, d'autre part la controverse entre Thomas et Averroès est venue surdéterminer la discussion, d'autant que le texte d'Averroès rapporte les positions et arguments de plusieurs commentateurs grecs et arabes [1].

La démarche de Buridan et surprenante. Après un bref exposé d'arguments préliminaires en un sens et en l'autre, il ne détermine pas la question en exposant sa position ou celle qu'il attribue à Aristote ; il affirme qu'en réalité l'utilité de cette question se réduit à une mise au point sur les différentes opinions : « Cette question a été soulevée afin de distinguer les opinions portant sur l'intellect lui-même, de façon à voir sur quels points elles s'accordent et en quels points elles diffèrent ». La question suivante qui, une fois admis le statut de forme, approfondira celle de savoir si elle est ou non inhérente au corps, s'inscrira dans le cadre ainsi tracé.

Ce qui est décisif, c'est alors la formulation d'une configuration de positions possibles : celle qui est attribuée à Alexandre, celle d'Averroès, et celle de la foi catholique [2]. D'après la problématique, c'est-à-dire l'ensemble structuré de questions qui détermine *a priori* l'analyse, trois types

1. Voir Averroès, *L'Intelligence et la Pensée*, grand commentaire du *De anima*, livre III, éd. A. de Libera, Paris, GF-Flammarion, 1998 ; Thomas d'Aquin, *Contre Averroès [L'unité de l'intellect contre les Averroïstes]*, trad. A. de Libera, Paris, GF-Flammarion, 1994.

2. Dans un article récent, Alain de Libera emploie le terme de « topique » pour désigner cette configuration : voir « Formes assistantes et formes inhérentes. Sur l'union de l'âme et du corps du Moyen Âge à l'Âge classique », *Archives d'histoire doctrinale et littéraire du Moyen Âge*, 81 (2014), p. 197-248. Voir aussi Id., « Logique et anthropologie : averroïsme et platonisme selon Buridan et Nifo », *in* Chr. Grellard (éd.), *Miroir de l'amitié*, Paris, Vrin, 2017, p. 329-352.

de réponses sont possibles à la double question de savoir si l'âme est la forme du corps, puis si cette forme est inhérente. Avant de les examiner, il faut noter que certes, ce n'est pas tout à fait la première fois que ces trois positions sont explicitement [1] mises en regard. Raoul le Breton, notamment, annonçait dans sa question 5 sur le livre III trois opinions sur la question de savoir si l'intellect est forme substantielle du corps [2]. Mais le propos était en vérité très différent. Car Raoul s'intéressait surtout à critiquer la position d'Averroès en lui opposant la thèse conforme à la vérité et à la foi, à savoir celle de l'inhérence de l'intellect. Il évoquait très sommairement Alexandre, critiquait rapidement sa conception de la préparation à l'intellection, et la rejetait tout en notant qu'en revanche Alexandre a raison de dire que l'intellect est une forme inhérente ; puis il n'y revenait pas. Buridan, au contraire, place l'argumentation d'Alexandre est au cœur de l'examen.

La première position est donc celle que l'on attribue à Alexandre, principalement d'après ce qu'en dit Averroès [3].

1. Explicitement, car on pourrait dire que d'une certaine manière tout cela remonte à la controverse thomiste contre Averroès, mais Thomas ne dessine pas une telle configuration des réponses possibles.

2. Voir W. Fauser, *Der Kommentar des Radulphus Brito zu Buch III De anima.* Kristische Edition and philosophisch-historische Einleitung, Münster, 1974, p. 147-149 : « De ista quaestione fuerunt diversae opiniones. Una fuit Alexandri […] Opinio Averrois fuit […]. Ideo dico secundum veritatem et fidem […] ». Le commentaire est daté de 1296.

3. Les philosophes latins du Moyen Âge connaissaient le *De intellectu* attribué à Alexandre, mais non son *Deanima*. Les deux sont utilisés de conserve par Averroès. Voir J.-B. Brenet, « Alexandre d'Aphrodise ou le matérialiste malgré lui : La question de l'engendrement de l'intellect revue et corrigée par Averroès », *in* P. J. J. M. Bakker (éd.), *Averroes'Natural Philosophy and its Reception in the Latin West*, Leuven, Leuven University Press, 2015, p. 37-67.

L'âme est une forme matérielle, non seulement au sens où elle n'aurait d'être que dans le composé, mais au sens où elle est tirée de la matière et non pas induite en elle, engendrable et corruptible, et partageant avec la matière des caractéristiques telles que l'étendue.

La deuxième est celle d'Averroès, ainsi résumée : l'âme intellective est une forme immatérielle, inengendrée et incorruptible ; elle n'a pas les caractères de la matière, elle est séparée en un sens fort et n'est donc pas multipliée. La conséquence en est que l'intellect n'est pas une forme inhérente, mais une forme qui assiste, indispensable pour l'opération de la pensée. Ce dispositif conceptuel a été inauguré par Siger de Brabant dans son *Traité sur l'âme intellective* grâce à la notion d'opérant intrinsèque, distingué à la fois de la forme comme perfection qui donne l'être et d'une forme qui serait simplement motrice [1] ; c'est Thomas qui donne à cette distinction son expression canonique, à propos du rapport entre intellect agent et intellect matériel, dans sa *Question sur l'âme intellective* rédigée entre 1315 et 1317-1319, distinction reprise par Jean de Jandun dans ses *Questions sur le traité De l'âme* en 1317-1319 pour le rapport de l'âme en tant que forme au corps [2].

La troisième est « la vérité de notre foi catholique » : l'intellect est une forme inhérente mais non tirée de la

1. *Tractatus de anima intellectiva*, c. III, dans Siger de Brabant, *Quaestiones in tertium de anima. De anima intellectiva, De aeternitate mundi*, éd. B. Bazán, Louvain-Paris, Publications universitaires-Béatrice-Nauwelaerts, 1972, p. 86.

2. Jean de Jandun, *Questiones super tres libros de anima*, III, 5, Venetiis, 1483, f° 51va : « Uno modo forma corporis dicitur quecumque perfectio dans esse corpori et unita corpori secundum esse, sic quod esse ipsius corporis sit actuale sicut esse illius perfectionis […]. Alio modo sumitur forma corporis pro operante intrinseco appropriato corpori ».

matière ; créée et non engendrée de manière naturelle ; ne possédant pas les caractères d'un étant matériel. Cette position est donc conforme au décret du Concile de Vienne en 1311-1312 [1]. Sans aucun doute, Buridan ne peut la contredire sans être taxé d'hérésie [2], mais il faudra préciser dans quelle mesure il l'assume et surtout quel statut il lui assigne.

Après un assez long exposé des arguments métaphysiques et épistémologiques qui pourraient attester que l'intellect n'est pas une forme tirée de la matière et étendue comme elle, on assiste à un certain renversement.

En premier lieu, il est fondamental de préciser le statut discursif de ces thèses. La thèse, commune à la foi et au Commentateur, selon laquelle « l'intellect humain n'est pas une forme matérielle en ce sens qu'il serait tiré de la

1. Voir *Les Conciles œcuméniques*, 2. Les décrets, t. II-1, de Nicée 1 à Latran V, sous la direction de G. Alberigo, Paris, Éditions du Cerf, 1994, p. 746-749 : « De plus, avec l'approbation du saint concile, Nous rejetons comme erronée et ennemie de la foi toute doctrine ou position qui affirme témérairement ou qui met en doute que la substance de l'âme rationnelle ou intellective n'est pas vraiment et par elle-même (*vere ac per se*) forme du corps humain et, pour que la vérité de l'authentique foi catholique soit connue de tous et que soit barrée la route conduisant à toutes les erreurs et que personne ne s'y engage, Nous définissons que doit être considéré comme hérétique quiconque osera désormais affirmer, soutenir ou tenir avec entêtement (*asserere, defendere seu tenere pertinaciter*) que l'âme rationnelle ou intellective n'est pas forme du corps humain par elle-même et par essence ».

2. Sur la place du Concile de Vienne, puis du concile de Latran V en 1513, dans l'histoire de ce problème voir A. de Libera, « Formes assistantes et formes inhérentes. Sur l'union de l'âme et du corps du Moyen Âge à l'Âge classique », art. cit. On soulignera cependant que Buridan est le premier à formuler cette tripartition des positions philosophiquement possibles avec la valeur épistémique qu'il leur assigne (et qui sera reprise en négatif par le concile de Latran).

puissance de la matière ou étendu par l'extension de la matière » est dite “absolument vraie » et doit être tenue fermement. Mais de quelle vérité s'agit-il ? Les arguments apportés en sa faveur ne sont pas démonstratifs et ils ne résultent pas « de principes ayant une évidence si la foi est mise à part ». Cette vérité n'a rien d'évidente ; elle est produite par des arguments logiques, mais à partir de principes qui ne sont pas évidents (sauf par une grâce spéciale de Dieu, ici hors de propos). D'où le qualificatif de « probable », en ce sens que l'argumentation, aussi rigoureuse soit-elle, repose sur des prémisses admises mais non évidentes. La science (y compris la science de l'âme ici recherchée !), en plus de la certitude, supposerait l'évidence. L'expression « absolument vraie » (*simpliciter vera*) peut évoquer Boèce de Dacie, qui admet que la création du monde est la vérité de la foi « et même la vérité absolue (*simpliciter*) » [1].

Mais précisément parce que ni les prémisses ni les conclusions ne sont nécessaires, on peut leur opposer d'autres raisonnements, notamment ceux qui défendent la position d'Alexandre. Tant dans cette question 3 que dans la question 4, Buridan s'efforce de montrer comment Alexandre pourrait répondre à la thèse de l'immatérialité de l'intellect, et il insiste sur la cohérence d'un ensemble de thèses. Cette cohérence est celle qui serait développée par la « raison naturelle » (une expression qui revient à plusieurs reprises dans la question 4). Cet ensemble de thèses s'imposerait dès lors que l'on ferait « abstraction de la foi » catholique (laquelle relève uniquement du

1. Boèce de Dacie, *L'Éternité du monde*, dans *Thomas d'Aquin et la controverse sur l'éternité du monde*, trad. dirigée par C. Michon, Paris, GF-Flammarion, 2004, p. 196.

magistère). Dans la question 5, une étape supplémentaire est même franchie lorsqu'il est posé que du point de vue de la raison naturelle, la « perpétuité », donc l'immortalité de l'intellect impliquerait son unicité. Ainsi, seule la position alexandriste sauve rationnellement le caractère multiple de l'intellect (et par conséquent, selon Buridan, l'individualité de la pensée humaine). Et seule la foi, « par une infusion spéciale et surnaturelle » permettrait de nier les conditionnelles « si l'intellect est perpétuel, il est unique pour tous les hommes », et « s'il n'est pas tiré de la matière il est unique ».

Si donc on fait un bilan provisoire sur ce problème, on pourra dire

– que le dispositif des réponses possibles se répartit ici en trois positions : la foi catholique, Averroès et Alexandre ;

– que la première est « absolument vraie » mais ni évidente ni démontrable parce que seule l'acceptation de thèses qui échappent au cours de la nature permet d'y croire, et ne repose que sur des arguments probables ;

– que la thèse d'Averroès repose également sur un certain nombre d'arguments probables, mais on peut les critiquer avec un certain nombre de raisons naturelles (incluant les arguments d'Alexandre, mais pas seulement) qui défendent l'inhérence de l'intellect au corps. Buridan ne tient donc pas la balance égale entre les deux positions philosophiques.

– qu'Alexandre est bien le représentant privilégié de la « raison naturelle ».

Buridan représente un moment décisif dans la mise en place d'une telle configuration de positions possibles, qui s'appuie sur des données antiques, arabes et latines provenant du siècle précédent (notamment la critique thomiste d'Averroès), mais qui semble prendre forme au milieu du XIVe siècle, et grâce à lui. On retrouvera ce dispositif (avec une distribution similaire du statut discursif et de la valeur épistémique de chacun de ces discours) chez de nombreux auteurs ultérieurs jusqu'à Pietro Pomponazzi. Ce dispositif est remarquable à plusieurs titre.

Tout d'abord, Buridan donne bien consistance à une certain alexandrisme dans la tradition psychologique tardo-médiévale.

De surcroît on ne saurait se contenter de dire que pour Buridan, c'est simplement la position de l'Église catholique qui est vraie. Prise isolément, cette affirmation n'est pas fausse ; on pourrait même y ajouter que dans nombre de raisonnements, tout au long de son commentaire, Buridan prend à titre de moyen le principe de l'immatérialité de l'intellect. Mais c'est réducteur si l'on omet d'ajouter que pour Buridan, qui fait œuvre de philosophe, dans un texte sur la science de l'âme, cette thèse n'est ni évidente ni conforme à la raison naturelle.

Ce qui est décisif, c'est le déplacement du problème vers une évaluation de la portée (et de la valeur) épistémique de chacune de ces thèses. Sans chercher ici vainement ce que pense, ressent ou croit « l'auteur », notons que le texte déplace la vérité absolue du côté de ce qui n'est pas justifiable selon les raisons naturelles (principes tirés de l'expérience et règles de la démonstration), si bien que l'on peut lui opposer d'autres raisonnements, et notamment ceux qui défendent l'inhérence de l'âme, en tant que forme, au corps sur la base de sa matérialité.

Le propos de Buridan n'est donc aucunement de justifier philosophiquement la position du Concile de Vienne. Il n'est pas non plus de légitimer une capitulation de la raison devant la foi. Il s'agit fondamentalement d'évaluer les types d'argumentation, leur portée, leurs critères de validation.

De ce point de vue, l'immatérialité de l'âme n'est pas explicable d'un point de vue naturaliste. Or c'est seulement cela qui intéresse Buridan dans le présent ouvrage. C'est pourquoi il montre que le statut épistémique et discursif de la position (considérée comme) alexandriste est celui qui s'accorde avec la raison naturelle. On ne nie pas qu'il puisse y avoir quelque chose de miraculeux dans le statut effectif de l'âme humaine, si elle doit être à la fois forme inhérente et immatérielle. Mais le discours de la philosophie telle que la conçoit et la pratique Jean Buridan s'inscrit délibérément, quant à lui, dans le champ de la raison naturelle.

CONCLUSION

Les *Questions sur l'âme* couvrent ainsi un vaste champ, qui concerne le statut et les opérations de l'âme. C'est une âme unique qui est le principe des opérations vitales, motrices, sensitives et intellectives, une âme qui soit exerce ces opérations sans organe, soit utilise certains organes corporels à la manière d'instruments. Le livre I est destiné pour l'essentiel à des questions épistémologiques, qui appliquent au cas de l'âme la conception buridanienne de la science et de son langage, et en tirent toutes les conséquences sur le plan de la certitude, de la difficulté, du mode d'accès aux objets. Le livre II concerne la définition de l'âme et les fonctions sensitives. Le livre III le statut de l'âme comme forme, ainsi que l'intellect et ses opérations. Les opérations vitales de nutrition et de reproduction sont évoquées de façon épisodique, souvent en complément ou comparaison de la sensation.

Certaines de ces questions ont un aspect largement descriptif. Celui-ci n'est pas exclusif de la recherche d'explications, car il s'agit bien de rendre raison des fonctions vitales, psychiques, cognitives, par l'analyse de leurs principes et de leurs causes, totales ou partielles, manifestes ou connues par inférence. Cependant une large part est faite à la description détaillée des processus cognitifs. C'est vrai en particulier des nombreuses et parfois longues questions sur le livre II. L'auteur s'y livre à une exposition minutieuse du fonctionnement des sens, non seulement des différentes instances requises (images ou *species*, sens externes et internes, organes) mais aussi des mécanismes de transmission par les nerfs, de synthèse des informations, etc., ce qui le conduit à rendre compte de phénomènes soit courants soit exceptionnels concernant la vision, l'audition, l'odorat, le toucher. Toutes ces descriptions détaillées qui analysent le mode de transmission des informations dans le milieu, leur réception, le fonctionnement de tel ou tel organe et le rapport aux nerfs, au cœur ou au cerveau, font appel à des expériences quotidiennes ou à des récits de phénomènes surprenants, en même temps qu'elles mobilisent des matériaux textuels variés : non seulement le texte commenté, mais d'autres œuvres d'Aristote, incluant les *Petits traités naturels*, notamment sur le sommeil et le rêve, et à titre secondaire des considérations anatomiques sur l'œil ou les nerfs. Buridan s'appuie implicitement sur des théories optiques (on sait que l'optique d'Alhazen joue un rôle dans la théorie de la perception de tous les auteurs parisiensdu milieu du siècle) ou médicales (Buridan manifestant dans d'autres textes une certaine connaissance des théories médicales aussi bien classiques que contemporaines). La complexité du corps humain, du point de vue anatomique et physiologique, doit nécessairement être prise en compte dans l'explication de nombreuses opérations de l'âme. Dans ces analyses, Buridan ne suit pas toujours Aristote. Par exemple, dans la question 18 du livre II, il met en doute la transmission instantanée de la lumière ; de même, il ne se rallie pas purement et simplement à Aristote dans le débat entre cardiocentrisme et céphalocentrisme, invoqué à propos du sens commun qui inclut des fonctions habituellement assignées à d'autres sens internes. Buridan plaide pour une combinaison, attribuant des fonctions complémentaires au cœur et au cerveau.

Cet aspect à la fois analytique et descriptif peut être étendu à certains chapitres du livre III, en particulier lorsque Buridan analyse longuement la combinaison de concepts singuliers et de concepts universels dans le mécanisme concret de la perception.

Tout cela a pu conduire à qualifier d'empirique la démarche de Buridan. La thèse selon laquelle la philosophie du XIVe siècle se caractériserait par la domination d'une épistémologie empiriste avait été soutenue par Ernst A. Moody [1]. Jack Zupko l'a reprise à son compte et illustrée par la psychologie, opposant de ce point de vue Thomas d'Aquin d'une part à Buridan et Oresme de l'autre [2]. Assurément, il y a une évolution des commentaires sur le traité *De l'âme* vers davantage de descriptions concrètes,

1. E. A. Moody, « Empiricism and Metaphysics in Medieval Philosophy », *Philosophical Review*, 67 (1958), p. 145-163 ; repris dans *Studies in Medieval Philosophy, Science and Logic*, Berkeley, University of California Press, 1975, p. 287-304.

2. J. Zupko, « What is the Science of the Soul ? A Case Study in the Evolution of Late Medieval Natural Philosophy », *Synthese*, 110 (1997), p. 297-334. Sander de Boer, en revanche, est plus réservé sur le caractère de plus en plus empirique de l'étude de l'âme : voir *op. cit.*, p. 297

et Buridan constitue une étape majeure dans cette évolution. Incontestablement, on vient de le voir, une attention croissante est portée aux aspects perceptibles de l'activité psychique, notamment le fonctionnement effectif des activités cognitives d'un esprit humain situé dans le monde, et c'est seulement sur la base de cette évidence naturelle que l'on peut tirer des conclusions concernant le statut et les fonctions de l'âme, conclusions qui valent dans le cadre du cours de la nature. Non seulement le statut de l'âme après la mort, si elle doit survivre, mais encore la quidité de l'âme considérée *per se*, ne sont pas du ressort de la science de l'âme en tant que science naturelle. Et Buridan ancre bien la science de l'âme dans la philosophie naturelle, la rapprochant davantage des écrits biologiques que de la métaphysique. On soulignera toutefois que Buridan ne s'en tient pas à la seule description de phénomènes perceptibles, mais vise, par un certain type d'inférence (légitimé par son épistémologie), à rapporter ces phénomènes ou opérations à leur principe. Il discute la présence ou l'absence de certaines qualités qui ne relèvent pas de la perception sensible comme la question de la divisibilité ou non, celle de la localisation de l'âme et de ses pouvoirs dans telle ou telle partie du corps. On peut assurément voir une dimension empirique à cette volonté de rendre compte des phénomènes, selon une démarche qui apparaît encore plus fortement dans les *Questions sur la Physique* et qui se retrouve dans la science de l'âme. On n'évite cependant pas des questions sur la définition de l'âme, et sur son statut de forme, la relation de la forme et de la matière, dans une recherche qui se porte au delà des phénomènes observables.

Dira-t-on que l'on a une séparation croissante entre une étude physique et anatomique de la sensation d'un côté et l'étude de l'intellect de l'autre ? Dans cette perspective, la psychologie du XIVe siècle préparerait, en dépit des apparences, la rupture qui sera consommée plusieurs siècles plus tard entre une description mécaniste des fonctions corporelles, y compris des aspects physiques de la sensation, et une étude de l'esprit qui relèverait de la métaphysique, du moins au sens où la développe Descartes dans les *Méditations*. C'est d'ailleurs cette séparation qui conduit Descartes à tenir l'idée d'âme pour une idée équivoque [1] – une thèse qui réactualise à sa manière, dans un cadre théorique différent, une interrogation traditionnelle sur le point de savoir si la définition de l'âme habituellement retenue à la suite d'Aristote est univoque et vaut pour toute âme. Ce point n'est pas traité *ex professo* par Buridan, mais il est clair que pour lui, il y a une seule définition de l'âme, qui est unique à travers toutes ses puissances, toutes les fonctions vitales et cognitives. Or cela conforte l'unité du traité.

La science de l'âme s'inscrit chez Buridan dans un naturalisme méthodologique qui explique les aspects descriptifs de ses analyses [2]. La psychologie a bien pour objet l'âme immergée dans un corps, et c'est ce qui légitime sa définition comme « forme d'un corps organique ayant la vie en puissance ». Dès le début de la 1re question, Buridan donne un aspect fortement décisionnel et

1. R. Descartes, *Réponses aux cinquièmes objections*, éd. Adam et Tannery, vol. VII, Paris, Vrin, 1966, p. 355-356 (texte latin) ; et lettres à Régius (n[os] CCXXIX et CCXL), mai 1641, éd. Adam et Tannery, vol. III, p. 169-375.

2. Sur ce point, je rejoins la présentation de J. Zupko dans « John Buridan », in *Stanford Encyclopedia of Philosophy*, URL : http://plato.stanford.edu/entries/buridan. Voir aussi Id., *John Buridan. Portrait of a Fourteenth Century Master of Arts*, p. 181 ; et « What is the Science of the Soul ? ».

méthodologique à la réflexion qu'il mène sur le sujet de la psychologie. Dans le premier argument en faveur de la thèse du corps animé (même s'il ne la fait pas sienne, il est intéressant de voir quel argument pourrait la justifier), il n'exclut pas qu'il puisse exister d'autres points de vue si l'on prend en considération Dieu, l'âme du monde ou les âmes après la mort, mais il déclare que cela est en quelque sorte hors sujet [1]. Par là Buridan ne fait que mettre en œuvre en psychologie la démarche qui est aussi la sienne en physique ou en éthique. Il s'agit là d'une démarche qui s'est développée à la faculté des arts depuis Albert le Grand [2], qui a été à la base de la pratique philosophique des aristotéliciens radicaux à la fin du XIII [e] siècle et qui se prolonge avec des auteurs comme JeanBuridan, Albert de Saxe, Marsile d'Inghen puis Blaise de Parme. L'opposition entre le surnaturel (clairement mis de côté) et le naturel (à explorer) constitue ainsi un cadre général qu'on peut désigner comme *naturalisme méthodologique*.

Cependant un tel naturalisme méthodologique est aussi en cohérence avec des *positions naturalistes*, concernant notamment la conception buridanienne de la connaissance. Les connaissances scientifiques sont des connaissances qui doivent être justifiées du point de vue du « cours

1. *Questions sur l'âme*, I, qu. 1 : « Et même si les intelligences, qui sont parfois appelées les âmes des corps célestes, et Dieu, qui est aussi parfois appelé l'âme du monde, intelligent sans le ministère d'un corps, une telle intellection n'est cependant pas prise en considération dans ce livre. Pareillement, même si l'âme humaine après la mort intellige en étant séparée du corps, cela n'est cependant pas pris en considération ici ».

2. C'est ce qu'a montré Luca Bianchi dans « Loquens ut naturalis », dans L. Bianchi et E. Randi, *Vérités dissonantes*, *Aristote à la fin du Moyen Âge*, Paris, Fribourg, Éditions du Cerf-Éditions universitaires de Fribourg, 1993, notamment p. 60 *sq*.

commun de la nature », ce qui définit un mode particulier de certitude et d'évidence [1]. Le naturalisme de Buridan se manifeste peut-être encore davantage à propos de l'appétit naturel de l'intellect pour le vrai, et sa tendance naturelle à consentir aux principes. Cet appétit naturel pour le vrai joue une fonction essentielle dans la théorie de l'induction. C'est dans le cadre du cours de la nature, sans intervention miraculeuse, que s'exerce la science et que se définit le vrai. C'est dans ce cadre qu'est développée ce qu'on peut décrire par commodité comme une « psychologie cognitive » et qui infléchit l'étude traditionnelle de l'intellect au bénéfice d'une description des opérations de l'intellect humain en situation mondaine.

On pourrait se demander si certaines parties du présent *Traité de l'âme* ne font pas exception à une telle description. Buridan semble non seulement admettre l'existence de certaines explications non naturelles, mais en esquisse même un exposé. Parfois, il s'agit simplement d'arguments non retenus dans la détermination [2]; souvent il s'agit d'opposer deux points de vue possibles, celui qui repose sur la foi et celui de la raison. Si parfois le premier est finalement écarté [3], Buridan expose néanmoins le point de

1. Voir *Qu. Metaph.*, II, qu. 1, f[os] VIIIvb-IXra : « Sed alio modo accipitur evidentia secundum quid sive ex suppositione, ut prius dicebatur, quod observaretur in entibus communis cursus naturae, et sic esset nobis evidentia quod omnis ignis est calidus et quod celum movetur, licet contrarium sit possibile per potentiam Dei. Et huiusmodi evidentia sufficit ad principia et conclusiones scientie naturalis ».

2. Ainsi, dans la question 4 sur le livre I, il argumente à partir du fait que l'âme advient de façon surnaturelle au corps; mais cela n'en fait que mieux ressortir la décision naturaliste de la détermination.

3. Par exemple dans la question 6 : « La détermination de ce doute concerne la métaphysique ou la faculté de théologie ».

vue de la foi sur le statut de l'âme comme forme, et s'interroge sur le sens de la séparabilité. Nous avons vu toutefois que l'objectif de la topique mise en place par Buridan sur ce problème a pour fin d'évaluer le statut et les modalités des différents types de discours que l'on peut soutenir, et la qualité épistémique des thèses auxquelles on parvient, en mettant en avant ce que permet d'établir la raison naturelle.

La présente traduction a été réalisée sur le texte de la *tertia lectura* des *Questiones in Aristotelis De anima* de Buridan, dernière version de son enseignement, donnée dans les dernières années de sa vie à la fin des années 1350. L'édition critique de ce texte est due à une équipe de chercheurs qui ont travaillé depuis des années sous la direction de Gyula Klima. Cette édition inclut le livre I, qui n'avait jamais fait l'objet d'une édition moderne, et elle a amélioré, sur la base de discussions collectives, les premières éditions partielles qui étaient disponibles (deux thèses doctorales dues à Peter Sobol pour le livre II et Jack Zupko pour le livre III). Je remercie les éditeurs pour m'avoir permis d'utiliser ce texte [1]. J'ai par ailleurs grandement bénéficié de leur travail de recherche des sources, même si en quelques rares occasions, j'ai été conduit à modifier ou compléter les références. Je n'ai pas

1. John Buridan, *Questions on Aristotle's "De anima" (third and final redaction) [Johannis Buridani Quaestiones in Aristotelis "De Anima" secundum tertiam sive ultimam lecturam]*, Latin text and English translation, edited by G. Klima (general editor), Book I edited and translated by P. Hartman, Book II edited by P. G. Sobol and translated by G. Klima, Book III edited and translated by J. Zupko, Cham, Switzerland, Springer, 2018.

repris la numérotation des paragraphes, quoique cela eût facilité les renvois internes, car en quelques occasions, j'ai ajouté ou supprimé un alinéa.

L'annotation de la présente traduction s'est voulue assez légère. Elle comprend les sources explicites, en donnant chaque fois le texte latin et une traduction française usuelle. J'y ai ajouté quelques notes explicatives, tout en évitant de longues notes interprétatives. Dans quelques cas, le terme latin est indiqué en note. Seule la présente introduction propose une présentation doctrinale partielle et quelques éléments d'interprétation.

Traduire, ce n'est pas calquer une langue sur une autre, c'est transposer résolument un texte d'un univers linguistique dans un autre. La présente traduction se veut aussi fluide qu'il est possible pour un texte marqué par toute une tradition de commentaires. Si les termes techniques sont (sauf exception indiquée comme telle) traduits le plus univoquement possible, nous nous sommes refusés à surcharger le texte de parenthèses et signes divers.

Il convient, pour terminer, d'attirer l'attention sur quelques concepts difficiles à traduire que l'on trouve de façon récurrente. En premier lieu, j'ai choisi de traduire autant que possible *species* (qui recouvre des *species* dans le milieu, des *species* sensibles et parfois des *species* intelligibles) par « image », et non par « espèce », un terme qui nous vient du XVIIe siècle mais qui est assez inadéquat à l'usage moderne. Le terme ne doit pas cependant être entendu en un sens strictement iconique, il s'étend à toute trace d'une information transmise par une source ; ce peut être une image acoustique, une image visuelle, mais aussi l'impression d'une odeur ou une information tactile, sans parler de l'image intelligible, moyen de l'intellection… En dépit de ce large champ d'application, il a paru nécessaire de garder autant que possible le même terme. En revanche, j'ai transcrit littéralement *fantasma*, le produit de la fantaisie ou imagination, par « fantasme ».

Un autre notion est difficile à traduire est le terme *lumen*, pour autant qu'il est distingué de la *lux*. Cette dernière est la source de lumière et le *lumen* est l'image transmise par le milieu. Le terme est souvent traduit par « rayon de lumière », quelquefois simplement par « rayon », bien que l'on trouve aussi en latin *radius*, employé plutôt en référence à l'optique.

Le terme *habitus* est généralement traduit par « disposition », entendue au sens d'une disposition mentale, sauf quand une ambiguïté peut surgir avec *dispositio*.

Enfin, le terme *iudicare* est souvent employé pour l'activité sensitive et non pas seulement intellective. Lorsqu'il est construit avec une proposition, la traduction par « juger » s'impose ; lorsqu'il gouverne seulement un terme à l'accusatif nous utilisons soit « percevoir » (mais on trouve aussi *percipere*) soit « discerner ». Les autres difficultés ou choix inhabituels seront signalés en note.

JEAN BURIDAN

QUESTIONS SUR LE TRAITÉ *DE L'ÂME* D'ARISTOTE

LIVRE I

QUESTION 1

Est-ce que le sujet propre de la science contenue dans le livre *De l'âme* est l'âme ou le terme « âme », le corps animé, quelque chose d'autre, ou rien ?

Et l'on soutient d'abord que c'est le corps animé, puisque les opérations et propriétés considérées ici sont celles du composé de corps et d'âme, et non pas de l'âme sans le corps ou du corps sans l'âme [1]. Et même si les intelligences, qui sont parfois appelées les âmes des corps célestes, et Dieu, qui est aussi parfois appelé l'âme du monde, intelligent [2] sans le ministère d'un corps, une telle intellection n'est cependant pas prise en considération dans

1. L'hypothèse faisant du corps animé le sujet de la psychologie est en débat depuis le siècle précédent. Elle a été défendue par certains aristotéliciens, comme l'Anonyme de Van Steenberghen ; on la retrouve, avec certaines nuances, chez Raoul le Breton : « je dis que dans cette science, le sujet est le corps animé, sous la raison de l'âme, ou pour autant qu'il est animé (*sub ratione anime vel sub ratione qua animatum*) » (*Questiones super librum de anima*, I, qu. 3), dans Sander W. de Boer, « Radulphus Brito's Commentary on Aristotle's *De anima* », *Vivarium*, 50 (2012), p. 245-353, ici p. 272.

2. Malgré son caractère inusuel en français, nous avoir choisi de garder systématiquement la transcription littérale « intelliger » pour *intelligere*.

ce livre [1]. Pareillement, même si l'âme humaine après la mort intellige en étant séparée du corps, cela n'est cependant pas pris en considération ici [2]. Or on doit poser comme sujet propre de cette science ce dont, à proprement parler, les premières et principales propriétés sont considérées dans cette science. Donc etc.

On soutient encore la même chose, par le même argument, puisque le sujet propre d'une science doit posséder les propriétés considérées en cette science. Or l'âme n'en possède pas de telles, mais les propriétés considérées sont communes à elle et au corps. Donc etc.

Et c'est confirmé parce que cette science est naturelle. Or au livre II de la *Physique*, il est dit que celui qui considère une forme par une considération naturelle doit considérer la matière jusqu'à un certain point [3], et ainsi le composé.

Et derechef à propos du corps vivant : il n'est pas considéré ici en tant que propriété, ni en tant que partie, ni en tant que principe, ni en tant que cause du sujet de cette science, il est donc considéré en tant que sujet.

1. L'étude des substances séparées relève de la métaphysique et non de la philosophie naturelle, dont la psychologie fait partie.

2. D'entrée de jeu, Buridan marque par décision méthodologique les bornes de la discipline dont il traite dans cet ouvrage. Toute intelligence non liée à une matière, ou ne l'informant pas (car les âmes des cieux sont bien liées à une matière, mais comme moteur no comme forme), est exclue de la « science de l'âme ».

3. Voir Aristote, *Physique*, II, 2, 194 a 21-22, trad. P. Pellegrin, Paris GF-Flammarion, 2000, p. 124 : « Mais si, d'un autre côté, l'art imite la nature et qu'il appartient à une même science de connaître la forme et la matière jusquà un certain point » ; *Aristoteles latinus*, 7. 1, *Physica*, Iacobus Veneticus translator (translatio vetus) : « si autem ars imitatur naturam, eiusdem autem scientie est cognoscere speciem et materiam usque ad hoc ».

De même, cette science est une partie par soi et principale de la science naturelle. C'est pourquoi son sujet doit être par soi une certaine partie subjective [1] du sujet total de cette science, à savoir de l'étant mobile. Or l'âme n'est pas par soi un étant mobile, mais le corps animé en est un. Donc etc.

De même n'importe quelle science doit supposer, à propos de son sujet premier, ce qu'il est et qu'il existe, comme on le lit dans le livre Ier des *Seconds Analytiques* [2]. Et ici cela n'est pas supposé de l'âme, mais au livre II de ce traité on cherche ce qu'est l'âme. Donc etc.

De même cette âme-ci n'est pas le sujet de cette science, ni celle-là, et ainsi de suite. Donc aucune ne l'est.

On soutient l'opposé par la dénomination commune de cette science. En effet, Aristote et tous les autres l'appellent science de l'âme et non pas science du corps animé. Ainsi Aristote, au début du livre *Du sens et de la sensation*, en reliant la science des *Petits livres naturels* à

1. La « partie subjective » est l'espèce par rapport au genre ou l'individu par rapport à l'espèce.

2. Renvoi traditionnel mais *ad sensum* aux *Seconds analytiques*, I, 10, 76 b 4-6, trad. P. Pellegrin, Paris, GF-Flammarion, 2005, p. 113 : « Sont aussi principes des choses dont on admet qu'elles sont et dont la science considère les attributs par soi, par exemple l'arithmétique admet l'existence des unités, la géométrie celle des points et des lignes. Ces choses, en effet, on admet à la fois qu'elle sont et ce qu'elle sont » ; *Aristoteles latinus*, 4. 1, *Analytica posteriora*, translatio Iacobi : « Sunt autem propria quidem et que accipiuntur esse, circa que scientia speculatur existentia que sunt per se, ut unitates arithmetica, geometria autem signa et lineas. Hec autem recipiunt esse et hoc esse ». Le texte des *Auctoritates Aristotelis* est plus explicite et Buridan en est plus proche : « Unde iterum habemus quod in qualibet scientia oportet praesupponere subjectum esse et quid significet ipsum » (éd. J. Hamesse, Louvain-Paris, 1974, p. 311).

celle de ce livre dit que dans ce livre il a été traité de l'âme selon elle-même et de n'importe quelle faculté qui lui revient, et que par suite il faut traiter des animaux et de ceux qui possèdent la vie [1].

Dans cette question, je laisse de côté l'opinion de nombreux modernes qui ne veulent pas, dans une science totale agrégée à partir de plusieurs conclusions et démonstrations différentes, assigner quelque sujet unique, propre, mais autant qu'il y a de conclusions démontrées en elle, constituées de termes divers, par exemple dans la géométrie totale, ou dans la métaphysique totale, etc. J'ai suffisamment réfuté cette opinion ailleurs [2]. Et sa réfutation

1. Voir Aristote, *De la sensation et des sensibles*, 1, 436 a 1-5, *Petits traités d'histoire naturelle*, trad. P.-M. Morel, Paris GF-Flammarion, 2000, p. 65 : « Puisque nous sommes précédemment parvenus à des définitions à propos de l'âme en elle-même et à propos de chacune de ses facultés prise à part, il convient d'examiner à la suite, à propos des animaux et de tous les êtres qui possèdent la vie, quelles sont les actions qui leur sont propres et quelles sont celles qui leur sont communes » ; *Aristoteles latinus*, 13. 2, Guillelmus de Morbeka revisor translationis Aristotelis secundum Aquinitatis librum (translatio nova), *De sensu et sensato*, cap. 1 : « Quoniam autem de anima secundum ipsam determinatum est et de uirtute qualibet ex parte ipsius, consequens est facere considerationem de animalibus et uitam habentibus omnibus, que sunt proprie et que communes operationes eorum ».

2. Voir par exemple Jean Buridan, *In Metaphysicen Aristotelis questiones*, IV, qu. 4, Venetiis, 1518, f°s 14vb-15vb ; *Questiones in libros Physicorum*, I, qu. 2, éd. M. Streijger, Paul J. J. M. Bakker, Leiden-Boston, Brill, 2015, p. 14-21 ; *Questiones in Priorum Analyticorum libros*, I, qu. 2, transc. inédite H. Hubien. Cette position évoque celle de Guillaume d'Ockham, qui estime que l'objet d'une science est une proposition, tandis que son sujet est le sujet de la proposition : voir *Expositio in libros Physicorum Aristotelis*, ed. V. Richter et G. Leibold, « Opera philosophica » IV, St. Bonaventure, N. Y., The Franciscan Institute, 1985, « Prologue », p. 6.

relève plus proprement de la science des *Seconds Analytiques*, car dans ce livre on peut voir qu'une telle science doit tirer son unité de l'unité de quelque chose d'un, considéré principalement dans cette science, et que tous les autres termes [1], pour autant qu'ils sont considérés dans cette science, doivent avoir un certain rapport avec lui [2]. Et c'est ce que nous appelons en l'occurrence le sujet propre et adéquat de cette science. Et nous ne l'appelons pas sujet propre et adéquat de cette science parce qu'il serait pris dans n'importe quelle conclusion démontrée ou démontrable, par cette science ou dans cette science. Et ce n'est pas non plus parce que cette science serait inhérente à ce sujet, mais parce que rien n'est pris en considération dans cette science si ce n'est du point de vue [3] selon lequel cela lui est attribué, ou parce que c'en est une partie ou une propriété ou un principe, ou une privation ou le contraire d'une partie ou d'une propriété, à savoir selon une attribution proche ou éloignée.

Cela étant supposé, il faut noter, pour notre propos, une différence entre cette science et la science des *Petits livres naturels* [4] : dans cette science-ci, on ne considère que l'âme selon elle-même, ainsi que ses puissances et opérations, sous la raison selon laquelle elles se tiennent

1. Le latin dit au neutre « tous les autres » ; il s'agit de tous les autres « sujets », qui sont des termes ou concepts.

2. Littéralement : une certaine attribution.

3. Littéralement « par la raison selon laquelle » (*ea ratione qua*), entendue comme un mode de considération ou une manière de concevoir le « sujet » dont on traite.

4. Les *Parva naturalia* comprennent les traités suivants : *De la sensation et des sensibles, De la mémoire et de la réminiscence, Du sommeil et de la veille, Des rêves, De la divination dans le sommeil, De la longévité et de la vie brève, De la jeunesse et de la vieillesse, De la respiration, De la vie et de la mort.*

du côté de l'âme et des objets pour autant qu'ils agissent en cette âme [1]. Ainsi, si quelque chose est dit ici des complexions de corps animés, c'est seulement de façon incidente. Mais dans les *Petits livres naturels*, on traite des propriétés et opérations communes aux êtres animés qui relèvent du composé d'âme et de corps dans sa totalité, et de ce qui est requis par ce qui relève des corps pour les opérations et propriétés de cette sorte.

Alors, il faut manifestement répondre à la question que l'âme, c'est-à-dire le terme « âme » [2], doit être posé comme le sujet propre dans cette science puisque dans cette science celui-ci est considéré en premier et principalement, et que rien n'est dit concerner le mode de considération de cette science si ce n'est selon une attribution à ce terme. Ainsi encore, cette science est dite une en raison de l'unité de ce terme et de l'attribution des autres [3] à celui-ci, comme une armée est dite une en raison de l'unité du prince et de l'ordre des autres par rapport à lui. Et c'est aussi en raison de la distinction entre ce terme et les autres termes qui sont considérés en premier dans d'autres sciences que cette

1. La science de l'âme prend donc bien en considération certaines opérations qui impliquent le corps, mais elle considère l'âme en tant que principe d'animation, et non le corps en tant qu'il est animé, ce qui constitue deux point de vue différents sur le vivant.

2. À strictement parler, le sujet de la science est un terme, auquel on assigne certains attributs, lesquels signifient des propriétés des choses auxquelles se réfère le terme sujet. Buridan rappelle ici que toute science a pour objet immédiat des propositions, dont on doit analyser la signification. L'ensemble du traité suppose ainsi une démarche d'analyse logico-linguistique, que Buridan explicite moins que dans la *Physique*, par exemple, mais qui est néanmoins indispensable pour comprendre de nombreux passages.

3. Des autres termes, mais aussi médiatement des autres choses prises en considération.

science est dite une et distincte des autres. Et cette science ne peut pas être distinguée de la science des *Petits livres naturels* autrement que comme on vient de le dire. Donc etc.

Pour résoudre les arguments il faut noter que, comme l'a bien dit Aristote dans le proème de cet ouvrage, « même si la sphère ou le plan ne peuvent être sans matière ou corps matériel, et sans vertus naturelles » [1], nous pouvons néanmoins considérer la sphère et le plan par eux-mêmes sans considérer ce qu'est ou quelle est la nature de la chose qui est sphérique ou plane, ni quelles sont ses puissances ou vertus naturelles, par exemple lorsque nous nous demandons si la sphère touche le plan en un point [2]. Et ainsi pareillement Aristote pense que, bien que l'âme soit inséparable du corps et ne puisse exercer ses opérations

1. Aristote, *De l'âme*, I, 1, 402 b 12-15, trad. R. Bodeus, Paris, GF-Flammarion, p. 83 : « mais dans le cas où aucune [opération] ne lui est propre, elle ne peut être séparée. Au contraire, elle se présente comme la droite, qui, en tant que telle, est sujette à plusieurs accidents, par exemple être tangente à la sphère de bronze en un point, alors qu'il est hors de question que puisse être ce genre de tangente, la droite séparée » ; *Aristoteles latinus*, 12. 2, Guillelmus de Morbeka reuisor translationis Aristotelis secundum Aquinatis librum *De anima* (translatio noua – Iacobi Venetici translationis recensio) : « Si uero nullum est proprium ipsius, non utique erit separabilis, set sicut recto in quantum rectum multa accidunt, ut tangere eneam speram secundum punctum, non tamen tanget ab hoc separatum rectum ».

2. À partir de cette remarque, toute une tradition s'est instaurée développant pour elle-même, dans ses aspects à la fois physiques et mathématiques, la réflexion sur le problème du contact entre une sphère et un plan. Mais ici il s'agit seulement, en s'appuyant sur la lettre d'Aristote, de poser que naturellement on a affaire à des corps vivants, animés, mais que la science de l'âme définit un champ d'étude qui fait abstraction de cette incorporation pour ne considérer que l'âme et l'animation en tant que telles.

sans corps, il est cependant possible de considérer l'âme par elle-même, prenant en considération les propriétés et prédicats qui lui conviennent par elle-même et non pas à tout le composé [1]. De telles propriétés sont nombreuses : par exemple que l'âme est l'acte d'un corps, car ceci ne convient ni au corps ni au composé de corps et d'âme; que l'âme est le principe du corps selon l'agent, selon la forme et selon la fin; ou encore que l'âme se divise en plusieurs puissances en fonction de diverses opérations vitales, etc.

Et par là se résolvent les arguments énoncés avant la position opposée.

Concernant le premier argument, en effet, on concède que les opérations de l'âme qui sont considérées ici ne s'exercent pas sans corps. Cependant, elles ne sont pas considérées quant à ce qui est requis du côté du corps – comme c'est au contraire le cas dans les *Petits livres naturels* – mais seulement selon leur attribution à l'âme.

On répond de la même façon à l'autre argument : ce sont en effet des propriétés ou prédicats qui sont attribués de façon appropriée à l'âme, même si ce n'est peut-être pas sans rapport au corps, comme être l'acte premier selon lequel nous vivons, et être le principe du corps selon la forme, la fin et l'agent. Et si des opérations de l'âme sont communes au corps et à l'âme, cependant il est dit qu'ici on ne les considère pas de ce point de vue [2].

Concernant l'argument suivant, il est concédé pareillement qu'ici l'âme n'est pas considérée selon sa simple raison quiditative, puisque ce serait une considération

1. Le texte est « à tout le corps »; mais le sens exigerait plutôt « à tout le composé ».

2. Littéralement : selon cette raison.

métaphysique [1], mais en relation au corps et à ses opérations. Cependant, elle est considérée quant aux prédicats qui lui sont attribués, et non au corps ni au composé.

À l'autre argument, je réponds que tout ce qui est pris en considération ici à propos du corps vivant ne l'est que selon une attribution à l'âme elle-même. Ainsi, l'on ne considère pas ici des termes supposant pour le corps, si ce n'est de façon incidente ou oblique, comme le fait que l'âme est l'acte d'un corps, etc. Et la science du corps vivant n'est pas non plus complète en ce livre, mais elle sera complétée par les livres qui suivent et qui considéreront les propriétés qui sont requises du côté du corps pour les opérations vitales.

À l'autre argument, je réponds qu'il suffit, pour que cette science soit naturelle, qu'en elle soit considérée quelque partie intégrale de l'étant mobile, en relation à ses opérations naturelles.

À l'autre, on peut répondre que dans cette science on suppose la définition nominale de l'âme. Et peut-être que l'on ne cherche ici une définition de l'âme que par une disposition mentale [2] supérieure, à savoir par la

1. La métaphysique seule considère les essences ou quidités des choses. Le problème se retrouvera dans la définition de l'âme comme forme d'un corps organique : cette définition ne donne pas seulement un genre et une différence spécifique, mais implique une relation à quelque chose d'extérieur.

2. L'*habitus* est ici cette disposition qui définit une connaissance scientifique possédée par un intellect. Une connaissance métaphysique est une disposition supérieure à une connaissance psychologique puisqu'il existe entre elles une relation de subordination. Le rapport entre science de l'âme et métaphysique (science des substances séparées) était l'autre grande question débattue à l'époque (notamment par Jean de Jandun) ; Jean Buridan lui accorde ici peu d'importance comparativement à celle des relations entre science de l'âme et petits traités naturels.

métaphysique. En effet, les distinctions de l'étant en dix catégories, et de n'importe quelle catégorie selon l'acte et la puissance, qui sont données au livre II préalablement à la définition de l'âme, appartiennent également à la métaphysique, à laquelle il revient d'établir les principes des autres sciences.

Concernant l'autre argument, il est concédé que ce n'est pas l'âme mais le terme « âme » qui est le sujet propre de cette science et qui suppose de façon appropriée pour les âmes. Et si tu demandes où est le terme « âme », je réponds qu'il est dans mon esprit pour ce qui relève de ma science, ou dans ton esprit pour ce qui relève de ta science.

QUESTION 2

Est-ce que toute connaissance est au nombre des biens, autrement dit est-ce que toute connaissance est bonne ?

On soutient d'abord que non, puisqu'il est dit au livre III de la *Métaphysique* qu'en mathématiques il n'y a ni bien ni finalité [1].

De même il est dit au livre V de l'*Éthique* que « les lois ordonnent de vivre selon toute vertu et interdisent toute malice » [2]. Donc elles n'interdisent que le mal, et pourtant elles interdisent plusieurs sciences ou arts, par exemple la nigromancie et celles qui invoquent les démons. Donc etc.

1. Voir Aristote, *Métaphysique*, B, 2, 996 b 1-2, trad. M.-P. Duménil, A. Jaulin, Paris, GF-Flammarion, 2008, p. 122-123 : « Les mathématiques ne tiennent aucun compte des biens et des maux » ; *Aristoteles latinus*, 25. 3. 2, *Metaphysica*, rev. Guillelmi de Morbeka : « mathematicas uero nullam de bonis et malis rationem facere ». Guillaume de Moerbeke a révisé la *translatio media* des livres I à X, puis XII à XIII-2 ; il a traduit le livre XI et les livres XIII-2 et XIV.

2. Aristote, *Éthique à Nicomaque*, V, 5, 1130 b 24, trad. R. Bodeus, Paris, GF-Flammarion 2004, p. 234 : « La loi prescrit en effet chaque vertu dans la vie et interdit toute manifestation de méchanceté » ; *Aristoteles latinus*, 26. 3, *Ethica Nicomachea*, Roberti Grosseteste transl. recensio, Guill. de Morbeka reuisor transl. Aristotelis sec. exempl. Parisiacum : « Secundum unamquamque enim virtutem precipit vivere, et secundum unamquamque maliciam prohibet lex ».

De même, tout comme est bon ce qui, ajouté à un bien, le rend meilleur, ainsi qu'on le lit au livre III des *Topiques*, de même est mauvais ce qui, ajouté à un mal, le rend pire [1]. Or les sciences et les arts, acquises par les hommes mauvais, les rendent plus mauvais d'après cette maxime de la *Politique* : « l'injustice la plus cruelle est celle qui possède les armes » [2]. Or pour l'homme pervers, les sciences et les arts sont des armes, surtout pour commettre l'injustice. Donc etc.

De même, au livre VI de la *Métaphysique* : « le vrai et le faux ne sont pas dans les choses, comme si assurément le vrai était le bon et que le faux était le mal, mais dans l'esprit » [3]. Puisque donc les sciences ne sont pas dans les choses mais dans l'esprit, elles sont vraies ou fausses et non pas bonnes ou mauvaises. Donc etc.

De même, au moins la connaissance erronée est mauvaise, puisqu'il est dit au livre VI de l'*Éthique* que

1. Les *Topiques*, III, 1 à 5 sont consacrés au « lieu du préférable » ; on n'y trouve pas exactement cette formulation; mais celle-ci reprend sans doute *Auctoritates Aristotelis*, *Topica* (56), éd. J. Hamesse, p. 325 : « Tale additum tali facit ipsum magis tale ». Le passage correspondant des *Topiques* est plus embrouillé : voir 119 a 22-24.

2. Aristote, *Les Politiques*, I, 2, 1253 a 33, trad. P. Pellegrin, Paris, GF-Flammarion, 2015, p. 110 : « Car la plus terrible des injustices, c'est celle qui a les armes » ; *Aristoteles latinus*, 29. 2, *Politica*, Guillelmus de Morbeka translator Aristotelis : « saevissima enim iniustitia habens arma ».

3. Aristote, *Métaphysique*, E, 4, 1027 b 25-26, trad. p. 231 : « Car le faux et le vrai ne sont pas dans les réalités, comme si le bien était le vrai et le mal immédiatement le faux, mais ils sont dans la pensée » ; *A. L.* : « Non enim est falsum et uerum in rebus, ut quod quidem bonum uerum quod autem malum falsum, sed in mente ».

« pour l'intellect spéculatif, le vrai est bon et le faux mauvais »[1].

À l'opposé, Aristote semble poser au début de ce livre et au livre Ier de l'*Éthique* que « bon se dit coextensivement à l'étant »[2], et toute connaissance est un étant[3], donc elle est bonne.

Et même, au livre Ier de l'*Éthique*, « est bon ce que vers quoi toutes choses tendent »[4]; et dans le proème de la *Métaphysique*, « tous les hommes désirent naturellement savoir »[5].

Il faut noter que « bon » se dit en un sens absolument, et en un autre sens relativement, comme bon pour celui qui le possède ; ainsi l'eau est absolument bonne mais n'est pas bonne pour le feu puisqu'elle le détruit. Et la mer, qui est absolument bonne, n'est pas bonne pour celui qui tombe

1. Aristote, *Éthique à Nicomaque*, VI, 2, 1139 a 27-28, trad. p. 294 : « La pensée méditative pour sa part [...] fonctionne bien ou mal en affirmant le vrai ou le faux » ; *A. L.* : « Speculative autem mentis [...], bene et male verum est et falsum ».

2. Aristote, *Éthique à Nicomaque*, I, 4, 1096 a 24, trad. p. 60 : « De plus, le bien, de son côté, s'entend en autant de façons que l'être » ; *A. L.* : « Amplius autem quia bonum equaliter dicitur enti ». C'est l'une des autorités régulièrement invoquées en faveur de la théorie médiévale des « transcendantaux », c'est-à-dire des réalités ou des termes coextensifs à l'étant.

3. Toute connaissance est un acte ou une disposition mentale (*habitus*), donc un accident de l'âme qui, comme tel, relève des catégories de l'étant.

4. Aristote, *Éthique à Nicomaque*, I, 1, 1094 a 3, trad. p. 47 : « le bien c'est la visée de tout » ; *A. L.* : « Ideo bene enunciaverunt bonum quod omnia appetunt ».

5. Aristote, *Métaphysique*, A, 1, 980 a 21, trad. p. 71 : « Tous les humains ont par nature le désir de savoir » ; *A. L.* : « Omnes homines natura scire desiderant ».

et se noie en elle. Et le vin est absolument bon, mais n'est pas bon pour celui qui est pris de fièvre.

On pose donc comme première conclusion que tout étant est bon en parlant absolument, puisque tout étant est voulu par Dieu, donc il est bon [1]. La conséquence est patente, puisque la volonté libre se porte sur un objet bon ou qui paraît bon. Mais s'il paraît bon et n'est pas bon, c'est en raison d'une erreur de jugement. Or en Dieu ne peut pas se produire d'erreur. Donc ce qui est voulu par Dieu est absolument bon. L'antécédent est patent puisque tout ce qui est autre que Dieu est dépendant de Dieu lui-même, produit et conservé par lui. Cependant tout ce que Dieu produit ou conserve, il le fait par intellect ou volonté. Cela doit être rendu manifeste au livre XII de la *Métaphysique* [2]. Donc etc.

Mais il reste encore un doute : est-ce que toute connaissance est bonne pour celui qui la possède ? Et en premier lieu, on en doute au sujet de la connaissance fausse. À ce propos, il faut noter que si tu appelles connaissance fausse une proposition fausse formée dans ton esprit [3], il

1. « Bon » a ainsi un sens transcendantal selon lequel il a même extension que « étant » : en un sens, tout étant est bon, comme tout étant est vrai. Voir *In Metaphysicen Aristotelis questiones*, IV, qu. 5, Parisiis, 1518, f°s 15vb-16va.

2. La thèse est en vérité peu conforme à Aristote, si bien que les aristotéliciens radicaux, dans le prolongement d'Averroès, insistent plutôt sur l'impassibilité de Dieu, qui ne connaît que soi ; Buridan pose en revanche dans ses *Questions sur la Métaphysique* que Dieu connaît, intellige et aime : voir *In Metaphysicen Aristotelis questiones*, XII, qu. 7, f°s 70va-71va.

3. La connaissance peut toujours être abordée à deux niveaux, en vérité indissociables : celui de la disposition mentale qui est en l'occurrence un assentiment à telle ou telle proposition, et celui de la proposition elle-même. La proposition n'est pas à proprement parler la science mais son objet immédiat.

n'est pas nécessaire que celle-ci soit mauvaise pour celui qui la possède. Il est en effet possible qu'un homme, aussi bon et parfait soit-il, forme dans son esprit des propositions contradictoires, même s'il donnait son assentiment aux vraies et refusait les fausses ; et ceci n'est pas mauvais pour lui, mais bon et convenable.

Mais si par connaissance fausse tu veux comprendre l'assentiment à une proposition fausse, comme Aristote dit au livre VI de l'*Éthique* que le vrai est bon pour l'intellect et le faux mauvais pour l'intellect [1] car celui-ci est naturellement incliné à la vérité [2], pour cette raison, si par une apparence trompeuse il consent et adhère à une fausseté, c'est une disposition inappropriée. Il ne faut pas pour autant dire que toute connaissance fausse de cette sorte est un péché coupable, puisque alors personne ne devrait étudier la philosophie. En effet tous ceux qui l'étudient, aussi avancés soient-ils, possèdent de nombreuses opinions fausses, et même davantage qu'une petite vieille qui ne réfléchit qu'à peu de choses [3]. Mais puisqu'il n'est pas en notre pouvoir de trouver des démonstrations pour la partie opposée, et de résoudre les arguments qui nous y font assentir, en cela nous ne fautons pas. Car une ignorance

1. Voir référence *supra*.

2. Cette inclination naturelle à la vérité, inscrite dans le cours commun de la nature, joue un rôle fondamental dans la confiance que Buridan accorde au fonctionnement normal (ni empêché ni perturbé) de nos facultés de connaître.

3. La *vetula* est un personnage familier au lecteur de Buridan ; elle représente le bon sens populaire à la fois solidement chrétienne, imperméable aux subtilités de la philosophie, et échappant de ce fait à quelques pièges.

invincible excuse du péché, comme on le lit au livre III de l'*Éthique*[1].

Mais alors subsiste un plus grand doute : est-ce que toute connaissance vraie, donnant son adhésion au vrai[2], est bonne pour celui qui la possède ? Cela soulève en effet une difficulté, aussi bien en ce qui concerne les hommes bons qu'en ce qui concerne les mauvais. Et voyons d'abord à propos des mauvais si toute connaissance vraie que possède un homme mauvais est bonne pour lui.

Il semble que non, puisqu'elle le rend pire et plus nocif pour les hommes bons, par exemple s'il est un grand juriste ou légiste ; et c'est pour lui un mal qu'il devienne pire. Et de tels hommes mauvais convertissent leurs sciences en mauvais usages, alors que ce dont l'usage est mauvais est aussi lui-même mauvais.

Mais on soutient l'opposé puisque toute vertu parfait l'âme intellective[3]. Et il est bon, pour quiconque possède des puissance naturelles, qu'il les possède dans leur perfection, et surtout les puissances principales. Donc ce par quoi elles sont rendues parfaites est bon pour lui.

Je crois et pose comme vraie cette conclusion : toute connaissance vraie est bonne pour celui qui la possède puisque, en ce qui la concerne, elle le dirige vers le bien et l'écarte du mal[4]. Et par elle aucun mal n'est fait si ce

1. Cet adage est mentionné dans les *Auctoritates Aristotelis : Ethica*, III (47) ; il s'agit moins d'une citation précise que d'un renvoi *ad sensum* à l'*Éthique à Nicomaque*, III, 2, 1110 b 31 - 1111 a 3.

2. Tout assentiment à une proposition vraie.

3. On distingue les vertus morales et les vertus intellectuelles ; l'idée de vertu (*aretè* en grec) renvoie à l'excellence, ce qui permet de réaliser pleinement une fonction, une forme. Buridan écrira plus loin « la description de la vertu est qu'elle parfait celui qui la possède ».

4. Ici se manifeste la dimension intellectualiste de l'éthique buridanienne.

n'est pas accident. Mais le mal est fait par une connaissance erronée et fausse mêlée à cette connaissance-là, c'est pourquoi il est dit au livre III de l'*Éthique* que tout homme mauvais et agissant mal est un ignorant [1], puisque avec cette connaissance erronée va la privation de la connaissance vraie qui lui est opposée. Assurément cette privation est appelée ignorance puisque, par exemple, un homme mauvais raisonnera par le syllogisme suivant : « tout ce qui est bon pour moi doit être fait ; voler est bon pour moi afin que j'aie de l'argent ; donc il faut voler ». Et ainsi il commet un vol. La première proposition n'est pas cause d'un péché. Au contraire, par soi elle serait un principe pour se diriger et bien agir. Mais la deuxième proposition, qui est fausse, est cause du péché.

Mais ensuite, on a encore un doute au sujet des hommes bons : est-ce que l'art du cordonnier serait bon pour le roi ?

Il semble que non, d'après le lieu de la cause finale à son effet [2]. Car l'art de la cordonnerie est la cause finale de son apprentissage, et pour apprendre cet art il convient de coudre des chaussures. Et derechef la cause finale de l'art de la cordonnerie est son usage, c'est-à-dire faire des souliers. Donc on argumente ainsi : ce dont la fin est bonne est lui-même aussi un certain bien – c'est là une maxime – ; mais il ne serait pas bon pour un roi de coudre pour

1. Même renvoi *ad sensum* que précédemment, à l'*Éthique à Nicomaque*, III, 2.

2. Le *locus a causa finali* est traité dans les *Summule logicales*, traité V, *De locis*, 4, 13 ; il vaut affirmativement ou négativement (*constructive vel destructive*) avec les prédicats « bon » et « mauvais », par exemple à partir de la maxime « ce dont la fin est bonne, cela même est aussi bon » : voir Johannes Buridanus, *Summulae de locis dialecticis*, ed. N. J. Green-Pedersen, « Artistarium » 10-6, Turnhout, Brepols, 2013, p. 71-74.

apprendre cet art ; donc cet art ne serait pas non plus bon pour lui. Ou l'on argumenterait ainsi : ce dont l'usage est mauvais est lui-même aussi un mal ; or l'usage de l'art de la cordonnerie, à savoir coudre des souliers, ne serait pas bon pour le roi, mais serait mauvais, malhonnête et inutile ; donc etc.

On soutient l'opposé puisque toute vertu est bonne pour celui qui la possède, étant donné que la description de la vertu est qu'elle parfait celui qui la possède, et que son œuvre rend bon. Et tout art est l'une des vertus intellectuelles. Donc etc.

De même, si le roi savait tous les arts, il saurait mieux juger des controverses entre les savants, et cela serait bon pour lui et bon pour toute la communauté.

On peut facilement résoudre cela en disant que ce ne serait pas bon pour le roi d'apprendre cet art, et ce ne serait pas pour bon pour lui de l'utiliser s'il le possédait, car par là il serait empêché de faire des opérations meilleures et plus utiles pour lui et pour son peuple. Mais s'il pouvait posséder cet art ou un art quelconque sans que cela l'occupe et que cela le détourne de meilleures occupations, il serait bon pour lui, bien qu'il ne l'utilisât pas, car d'une certaine façon cela rendrait son âme plus parfaite.

Voyons alors les arguments opposés antérieurement.

Concernant le premier, Aristote dit dans le livre III de la *Métaphysique* que certes le mathématicien considère de nombreux biens, mais il ne les considère pas selon les raisons d'après lesquelles il sont dits des biens [1]. C'est

1. Aristote, *Métaphysique*, B, 2, 996 b 1-2, trad. p. 122-123 : « les mathématiques ne tiennent aucun compte des biens et des maux » ; *A. L.* : « mathematicas uero nullam de bonis et malis rationem facere ».

pourquoi il n'utilise pas les termes « bien » ou « mal », « fin » ou « ordonné à une fin ». Et de nouveau, bien que la mathématique ne considère pas ces termes, elle est cependant bonne car elle rend l'âme plus parfaite.

À l'autre, on répond que les lois n'interdisent pas les sciences pour la raison qu'elles sont des sciences, mais elles interdisent quelques livres que certains ont produits, en raison de la fausseté et des erreurs contenues en eux, et par lesquelles certains seraient conduits à mal agir et à faire le mal. Ou l'on pourrait encore dire que si les lois interdisent d'écouter certaines sciences, c'est parce que des hommes mauvais pourraient peut-être nuire à d'autres, non pas grâce à ces sciences mais à des erreurs qu'ils mêlent à ces sciences.

À l'autre, il est répondu que ce ne sont pas les sciences, pour autant que cela viendrait d'elles, qui rendent pires les hommes mauvais, mais les erreurs que ces hommes mélangent avec leurs sciences.

À propos de l'autorité d'Aristote dans le livre VI de la *Métaphysique* [1], on répond que ce n'est pas l'intention d'Aristote que tout bien soit en dehors de l'âme, mais que ce ne soit pas le cas que tout bien ou tout mal soit dans l'âme, tandis que tout vrai et tout faux est dans l'âme.

En ce qui concerne la connaissance erronée, on en a assez parlé dans l'exposition des arguments [2].

1. Voir référence *supra*.
2. Voir *supra*, dernier argument avant *ad oppositum*.

QUESTION 3

Est-ce que la science compte parmi les biens qu'il faut honorer ?

On soutient que non, puisque alors il s'ensuivrait que tous les savants devraient être honorés. Le conséquent est faux, et cela se prouve de nombreuses façons. D'abord, parce que doivent être honorés les hommes bons et rien qu'eux, comme il est écrit au livre IV de l'*Éthique* [1]. Or beaucoup d'hommes qui possèdent de nombreuses sciences sont dépravés et injustes. Donc etc. Deuxièmement, parce qu'il s'ensuivrait alors que tous les hommes seraient à honorer, ce qui est faux. La conséquence est patente puisque tous savent certaines choses. Donc etc. Troisièmement, parce que nous ne voyons les plus sages être honorés que s'ils sont riches. Donc etc.

De même nombreux sont les arts vils et méprisables, et ceux qui les professent sont abhorrés dans la communauté des hommes, comme les bourreaux ou les nettoyeurs de latrines. Donc de tels arts ne sont pas honorables.

De même au livre II de l'*Éthique* : le bien qui doit être honoré, ou l'honnête, se distingue du bien qui doit être

1. Aristote, *Éthique à Nicomaque*, IV, 8, 1024 a 25, trad. R. Bodeus p. 201 : « Mais, à la vérité, l'homme de bien seul doit être honoré » ; *A. L.*, 26. 3 : « Secundum veritatem autem, bonus solus honorandus ».

aimé et du bien utile [1]. Or de nombreuses sciences, ou toutes, sont utiles et aimables. Dont elles ne sont pas honorables. Donc etc.

De même une question qui commence par « est-ce que ? » porte sur des opposés, comme il est écrit au livre VIII de la *Métaphysique* [2]. Or au livre Ier de l'*Éthique* Aristote demande « est-ce que la félicité est louable ou honorable [3] ? » Donc le louable et l'honorable sont opposés. C'est pourquoi une même chose n'est pas à la fois louable et honorable. Or toutes les sciences sont louables puisqu'elles sont des vertus, et Aristote dit au livre Ier de l'*Éthique* que la louange porte sur la vertu et que nous louons la vertu pour ses œuvres et ses actes [4].

De même, nous pouvons renvoyer à la question précédente puisque tout ce qui est honorable ou honnête est bon. Mais ce n'est pas le cas que toute science soit

1. L'utile et le plaisant, comparés au bien et au beau, sont évoqués en II, 2, 1104 b 29 - 1005 a 1, trad. p. 107.

2. Aristote, *Métaphysique*, I, 5, 1055 b 31-32, trad. p. 332 : « en effet, dans une opposition, nous disons toujours "lequel des deux ?" » ; *A. L.* : « Vtrum enim semper in oppositione dicimus ».

3. Aristote, *Éthique à Nicomaque*, I, 12, 1101 b 10-11, trad. p. 89 : « Jetons par ailleurs un œil sur la question de savoir si le bonheur se range parmi les choses louables ou plutôt parmi les choses honorables » ; *A. L.* : « scrutemur de felicitate utrum laudabilium est vel magis honorabilium ».

4. Aristote, *Éthique à Nicomaque*, I, 12, 1101 b 13-16, trad. p. 89 : « Il apparaît alors que tout objet louable se voit attribuer des louanges pour avoir une certaine qualité et quelque disposition à une certaine chose, car si nous louons le juste et le courageux ou, plus globalement l'homme bon et sa vertu, c'est en raison de leurs actes et de leurs œuvres » ; *A. L.* : « Videtur autem omne laudabile in quale quid esse, et ad aliquid qualiter habere laudari. Iustum enim et virilem et universaliter bonum et virtutem laudamus, propter opera et actus ».

bonne, comme on l'a expliqué dans une autre question. Donc ce n'est pas le cas que toute science soit honorable.

Aristote dit l'opposé.

Et on le soutient par la raison puisque toute science est une vertu intellectuelle, comme il est écrit au livre VI de l'*Éthique* [1]. Et toute vertu doit être honorée. Donc etc. La mineure est patente parce que tout ce dont l'honneur est le signe et la récompense doit être honoré. Mais selon Aristote, au livre IV de l'*Éthique*, « l'honneur est la récompense de la vertu » [2]. Et l'honneur est également décrit par Cicéron comme ce qui est « une manifestation du respect comme signe de vertu » [3]. Donc etc.

Il faut noter que dans le livre II de l'*Éthique* Aristote divise le bien en bien honnête, bien aimable et bien utile [4]. Mais il ne faut pas comprendre que les membres de cette division, à savoir les adjectifs « utile », « aimable » et « honnête », s'opposent l'un à l'autre en ce qui concerne les choses pour lesquelles ils supposent, de sorte qu'aucune chose ne serait honnête et délectable ou utile en même temps, ni inversement. Au contraire, en ce qui concerne les choses pour lesquelles ces termes supposent, les membres

1. Aristote, *Éthique à Nicomaque*, VI, 3.

2. Aristote, *Éthique à Nicomaque*, I, 10, 1099 b 16-17, trad. p. 19-80 : « la récompense de la vertu et sa fin sont manifestement le bien suprême » ; *A. L.* : « virtutis enim premium et finis ».

3. Cicéron, *Brutus*, LXXI, 281, éd. et trad. J. Martha, Paris, Les Belles Lettres, 1966, p. 102 : « Tout honneur étant un prix décerné à la vertu par l'estime et l'attachement des citoyens » ; « Cum honos sit praemium uirtutis iudicio studioque ciuium delatum ab aliquem ».

4. Voir référence *supra*, p. 103-104.

de cette division coïncident [1]. La même chose en effet est délectable, utile et honnête ; ainsi la félicité humaine en cette vie nous est très utile pour la béatitude dans l'autre vie. Et pourtant, parmi les biens humains qui peuvent nous arriver en cette vie, cette félicité est pour nous le plus honnête et le plus délectable, comme cela apparaît dans les livres I et X de l'*Éthique* [2]. Il faut en effet comprendre que ces trois noms [3] se distinguent l'un de l'autre selon les raisons [4] d'après lesquelles ils ont été institués pour signifier les mêmes choses. Car tout ce qui est honnête est délectable et utile, et inversement, comme le déclare Sénèque [5]. Cela doit être vu et expliqué dans le livre II de l'*Éthique* [6]. Cependant la même chose est dite honnête selon une raison, délectable selon une autre et utile selon

1. Buridan place son analyse, comme toujours, sur un plan métalinguistique qui le conduit à considérer l'utile, l'aimable et l'honnête d'abord comme des termes, ou des concepts signifiants ; dès lors rien ne s'oppose à ce qu'il se réfèrent à des choses (des actions) identiques, tout en ayant des connotations différentes.

2. Voir par exemple Aristote, *Éthique à Nicomaque*, I, 6, 1097 b 23-24, trad. p. 68 : « Mais sans doute déclarer ce qu'est le bonheur qui constitue le bien suprême est une déclaration sur laquelle chacun tombe manifestement d'accord » ; *A. L.* : « Set forte felicitatem quidem et optimum dicere confessum quid videtur » ; et X, 7, *passim*.

3. Le nom inclut le substantif et l'adjectif.

4. Les concepts par la médiation desquels ils signifient des choses selon un certain mode.

5. Voir Sénèque, *Lettres à Lucilius*, 71, notamment 4-5, t. III (livres VIII-XIII), texte établi par Fr. Préchac et trad. par H. Noblot, Paris, Les Belles Lettres, 1957, p. 17-18 ; cf. *Les Bienfaits*, V, 12, éd. Fr. Préchac, t. 2, Paris, Les Belles Lettres, 1927, p. 15-17.

6. Voir Jean Buridan, *Super decem libros Ethicorum*, II, qu. 11, Parisiis, 1513, f[os] XXXva-XXXIvb : « Utrum sit bona divisio eligibilis in bonum conferens et delectabile ».

une autre, puisque, en effet, le bien est objet de l'appétit, comme il était dit dans une autre question, et que l'on ne parle pas de l'appétit qui est la volonté divine – dans ce cas le bon serait dit de façon équivalente à l'étant – mais de l'appétit humain. Alors nous disons que quelque chose est désirable pour nous selon une triple raison, et selon n'importe laquelle d'entre elles il est dit bon. En un premier sens, quelque chose est dit désirable par nous parce la droite raison [1] nous dicte qu'il doit être désiré, et comme tel il est appelé un bien honnête. En un deuxième sens, quelque chose est dit désirable parce qu'il est appréhendé en tant qu'il convient à l'appétit et à celui qui le désire, et en ce sens il est appelé délectable. Mais chacun de ces modes peut être compris en deux sens. En un sens, de sorte qu'il soit désirable pour lui-même, c'est-à-dire en faisant abstraction de ce qu'il est ordonné à l'obtention d'un autre désirable, et ainsi il n'est dit qu'honnête ou désirable. En un second sens il est dit désirable du fait qu'il est saisi comme ordonné à l'obtention d'un autre désirable, et selon cette raison il est dit utile.

On pose alors des conclusions.

La première est que toute science est un bien honnête ou un bien honorable, puisque la droite raison nous dicte qu'elle est désirable et bonne afin que l'intellect, qui est perfectible, soit perfectionné par elle. Plus, quiconque possède une science ou un art, même mécanique, jugerait qu'il doit être aimé en tant que bon et approprié à l'homme, puisqu'il perfectionnerait son intellect et ne ferait obstacle à nul autre bien obtenu ou à obtenir. Un roi en effet ne serait pas pire ou plus vil s'il possédait tous les arts

1. L'argument est fourni ici par la raison pratique (ou prudence).

mécaniques. Il serait même plus parfait que beaucoup, bien que pour lui il ne soit pas désirable, selon la droite raison, qu'il agisse selon eux par une opération extérieure [1].

La deuxième conclusion est que toute science est un bien délectable puisque toute science convient à l'intellect, comme il a été dit ; donc aussi à l'appétit, à savoir à la volonté, puisque c'est la même chose que l'intellect et la volonté, comme on le suppose à présent.

La troisième conclusion est la suivante : toute science est utile, puisque si elle est pratique elle peut être ordonnée et utile à un ouvrage, et si elle est spéculative elle est encore utile pour spéculer, ce qui est meilleur qu'exister sans spéculer, toutes choses égales par ailleurs. Et si chez un roi ou un pape possédant l'art du cordonnier, cet art ne serait pas utile pour faire ou coudre des souliers, cependant à l'occasion il serait utile pour pouvoir mieux juger des controverses de cette sorte d'artisans entre eux ou avec d'autres, à savoir dans le cas où il faudrait renvoyer cette controverse à des supérieurs [2]. Plus, de manière générale, toute perfection nous est utile pour notre ordonnancement à Dieu. En effet, nous nous assimilons d'autant plus à Dieu, grâce auquel nous existons et que nous devons désirer par dessus tout, que nous sommes davantage perfectionnés par chacune des perfections.

On répond alors aux arguments.

Concernant le premier, on concède que tous ceux qui savent doivent être dignement honorés si rien d'autre n'y fait obstacle. Mais des erreurs et des vices mêlés avec de nombreuses sciences peuvent s'y opposer. En effet, tout

1. Qu'il exerce ces arts mécaniques.

2. Il faut sans doute comprendre : à des arguments ou à des principes supérieurs.

ce qui possède quelque degré de blancheur n'est pas dit blanc. De même tout homme ayant quelque chose d'honorable n'est pas dit honorable ou n'est pas digne d'être honoré, mais parfois il convient de le critiquer en raison de vices qui y sont joints. De la même façon il est patent que l'on ne peut pas inférer « tous savent certaines choses, donc tous sont dignes d'être honorés ». Mais à propos du fait que les plus sages, même sans vices mêlés, ne sont pas honorés, il faut répondre que, même s'ils ne sont pas honorés par les hommes mauvais, ils le sont cependant par les bons et les savants, si ceux-ci savent qu'ils sont tels. Et il ne faut pas se soucier de ce que les mauvais ne les honorent pas puisque l'on ne doit pas tenir pour un honneur ou un respect ce qui est dispensé par des gens dépravés.

À l'autre argument, on répond que ces arts ne sont pas méprisables ni vils par soi, mais sont considérés comme vils en raison d'un ouvrage extérieur qui est immonde par une saleté corporelle. Mais si l'opération est licite et opportune, alors n'en provient aucune saleté de l'âme, et par conséquent elle ne doit pas être dite absolument saleté, d'après ce qu'écrit Sénèque : « Je ne crois pas que l'âme est avilie par la laideur du corps mais que le corps est orné par la beauté de l'âme » [1].

Comment doit être entendue cette division du bien, cela a été dit dans la position de la question [2].

1. Sénèque, *Lettres à Lucilius*, livre VII, lettre 66, 4, éd. François Préchac, trad. H. Noblot, Paris, Les Belles Lettres, t. II (livres V-VII), 1947, p. 115-116 : « la laideur du corps n'entache pas l'âme mais [...] de la beauté de l'âme le corps reçoit ornement » ; « non deformitate corporis foedari animum, sed pulchritudine animi corpus ornari ».

2. Voir *supra*, arguments initiaux *quod non*.

Au sujet de la félicité, il faut dire qu'elle est elle-même très louable et très honorable. Mais alors qu'elle est dite louable, de même qu'utile, par la raison selon laquelle elle est appropriée à obtenir un autre bien, elle est dite tout à fait proprement honorable puisque la raison droite juge qu'elle est un bien par soi. Aristote demande si la félicité fait partie des choses louables ou honorables en ces divers sens, c'est-à-dire si elle est dite félicité sous la raison par laquelle est elle dite louable et valant pour autre chose, ou sous la raison par laquelle elle est dite honorable et bonne par elle-même. Et ce serait une question faite au moyen de « est-ce que… ? » par une division suffisante entre des opposés si l'on complétait, à savoir, en supposant que la félicité soit dite félicité par quelque aspect du bien : est-ce que c'est le cas en raison du seulement honorable ou du seulement louable ou du seulement utile, ou du seulement délectable ou de tous ou de plusieurs en même temps ?

Le dernier argument peut être reconduit à la question précédente.

QUESTION 4

Est-ce que la science de l'âme est au nombre des plus difficiles [1] ?

Et l'on soutient premièrement que non puisque « ce qui est dit au superlatif [2], comme le dit Aristote dans les *Topiques*, convient à un seul » [3]. Donc il n'y a pas plusieurs sciences qui soient la plus difficile. Donc rien n'est à compter parmi elles [4].

1. Voir Aristote, *De l'âme*, I, 1, 402 a 10-11, trad. p. 76 : « Mais, de quelque façon qu'on s'y prenne, il est de toute manière extrêmement malaisé d'atteindre une quelconque position convaincante à son propos » ; *A. L.*, 12. 2 : « Omnino autem et penitus difficillimorum est accipere aliquam fidem de ipsa ».

2. Littéralement : par surabondance. *Superabundantia* est un terme repris de la traduction de Boèce ; le traducteur anonyme du XIIe siècle dira, plus correctement « secundum superlativum » pour traduire *kath'uperbolèn*. Aristote donne comme exemple : « le plus léger » pour le feu ; ici, « le plus difficile » pour une science.

3. Aristote, *Topiques*, V, 5, 134 b 24-25, trad. J. Brunschwig, Paris, Les Belles Lettres, 2007, t. 2, p. 24 : « en effet, un propre donné au superlatif n'est le cas que pour une seule de ces choses » ; *A. L.*, 5. 1, *Topica* (Boethius translator Aristotelis), « nam secundum superhabundantiam uni soli inerit ».

4. Un n'étant pas un nombre (mais le principe des nombres), il faut pour faire nombre, ou pour que l'on puisse compter, qu'il y ait plusieurs choses.

Deuxièmement de la manière suivante : les plus faciles sont les plus certaines, et les plus difficiles sont les moins certaines et nous doutons davantage d'elles. Or la science de l'âme précède les autres sciences naturelles quant à la certitude, comme le dit Aristote [1]. Donc elle est plus facile que les autres et non pas la plus difficile.

De même l'enseignement [2] doit commencer par les choses les plus faciles, comme il est dit au livre V de la *Métaphysique* [3]. Et l'on a l'habitude d'apprendre cette science en premier parmi les sciences naturelles [4]. Donc elle est plus facile que les autres.

1. Voir Aristote, *De l'âme*, I, 1, 402 a 1-4, trad. p. 75 : « telle de ses formes [*sc.* du savoir] peut prendre le pas sur telle autre, soit sous le rapport de la précision, soit du fait qu'elle porte sur des objets supérieurs et plus admirables. Et pour ce double motif, nous aurions une raison de placer aux premiers rangs l'enquête qui s'intéresse à l'âme » ; *A. L.* : « Bonorum et honorabilium noticiam opinantes, magis autem alteram altera aut secundum certitudinem aut ex eo quod meliorum quidem et mirabiliorum est, propter utraque hec anime ystoriam rationabiliter utique in primis ponemus » ; *cf.* aussi *Topiques*, VIII, 1, 157 a 9-10. La précision ou l'exactitude est ici l'*akribeia* ; mais les traductions latines glissent à *certitudo*.

2. *Doctrina*, la connaissance que l'on enseigne.

3. Voir Aristote, *Métaphysique*, Δ, 1, 1013 a 3-4, trad. p. 179 : « par exemple, pour apprendre, il faut parfois partir non du début et du principe de la chose, mais d'où l'on apprendra le plus facilement » ; *A. L.* : « ut doctrine non a primo et rei principio aliquando inchoandum est, sed unde facillime utique addiscet ».

4. Voir Aristote, *De l'âme*, I, 1, 402 a 4-5, trad. p. 75-76 : « Par ailleurs, l'opinion veut que la connaissance de l'âme contribue beaucoup à une vérité globale, mais surtout concernant la nature, car il y va comme du principe des êtres animés » ; *A. L.* 12. 2 : « Videtur autem et ad ueritatem omnem cognitio ipsius multum proficere, maxime autem ad naturam. Est enim tanquam principium animalium ».

De même c'est à partir des opérations que nous parvenons à la connaissance de la substance. C'est pourquoi la connaissance de la substance dont les opérations sont pour nous les plus faciles à apprendre est la plus facile. Or tel est le cas des opérations de l'âme puisque nous les expérimentons en nous. Donc etc.

De même si elle était au nombre des plus difficiles, ce serait en raison de l'âme intellective, comme on le concède communément. Or cela ne doit pas être. Preuve : lorsque un intelligible a été présenté de façon suffisante à l'intellect, l'intellection doit se produire. Or l'intellect est intelligible et est toujours le plus présent à lui-même. Donc il doit toujours s'intelliger. C'est pourquoi cela ne doit pas lui être difficile.

Aristote dit le contraire [1].

Toute la difficulté de cette question semble consister en cela : comment peut-il se faire, en même temps, que la science de l'âme soit plus certaine que les autres sciences, comme le pose Aristote, et avec cela la plus difficile puisque la difficulté est cause d'incertitude ; ou encore comment cela peut-il se trouver que cela se produise ensemble ? À cela, on répond de plusieurs façons.

D'une première manière par la distinction que pose Aristote au livre II de la *Métaphysique*, à savoir que dans la connaissance d'une chose, la difficulté à deux origines [2].

1. Aristote, *De l'âme*, I, 1, 402 a 11-12, trad. p. 76 : « Mais de quelque façon qu'on s'y prenne, il est de toutes manières extrêmement malaisé d'atteindre une quelconque position convaincante à son sujet » ; *A. L.* : « Omnino autem et penitus difficillimorum est accipere aliquam fidem de ipsa ».

2. Aristote, *Métaphysique*, α, 1, 993 b 7-9, trad. p. 113 : « Peut-être aussi, la difficulté étant de deux sortes, la cause en est-elle non dans

D'une part, du côté de la chose à connaître, à savoir parce que son mode d'être [1] est petit et faible ; ainsi la matière première est difficilement connaissable, mais Dieu et les intelligences sont au plus haut point connaissables. D'autre part, du côté de la chose qui connaît, puisqu'en raison de sa faiblesse et de son degré inférieur, elle ne peut appréhender immédiatement et sans difficulté des connaissables grands et élevés. Ainsi, Dieu et les intelligences sont pour nous d'une connaissance difficile, puisque notre intellect, en raison de sa faible puissance, requiert le ministère des sens, c'est pourquoi il ne peut comprendre ce qui est non sensible sans raisonnement et déduction à partir de la connaissance des sensibles [2].

Alors sont posées deux conclusions.

La première est que, du côté de celui qui connaît, la science de l'âme est pour nous la plus difficile et par conséquent la plus incertaine parmi les autres sciences naturelles (à savoir en faisant abstraction de Dieu et des intelligences), puisque notre intellect est non sensible, et que pourtant, en ce qui nous concerne et par la faiblesse de notre intellect, nous ne pouvons comprendre que les sensibles ou par déduction à partir des sensibles, comme il a été dit [3]. Donc etc.

les choses mais en nous » ; *A. L.* : « Forsan autem et difficultate secundum duos existente modos, non in rebus sed in nobis est eius causa ».

1. Littéralement : son étantité.

2. Ce point est essentiel pour la théorie buridanienne de la connaissance : il n'y a pas pour lui, ne serait-ce qu'en droit, de connaissance directe par l'intellect humain.

3. Il n'y a donc pas chez Buridan d'appréhension directe de l'esprit par lui-même.

La seconde conclusion est que, du côté de la chose à connaître, la science de l'âme est la plus certaine et la plus facile, puisque parmi les autres choses naturelles l'âme est de la plus haute forme d'être, et est de la plus grande connaissabilité [1].

Mais immédiatement, à l'encontre ce qui vient d'être dit s'élèvent deux doutes. Le premier est qu'en ce qui concerne notre science de l'âme, la même chose est le connaissable et le connaissant, à savoir notre âme intellective. C'est pourquoi s'il y a une difficulté du côté de la chose à connaître, il y a aussi une difficulté du côté du connaissable, et s'il y a une facilité et une certitude du côté du connaissable, elles sont aussi du côté du connaissant, puisque l'un et l'autre sont identiques.

Le second doute est que si l'âme est d'une connaissance plus facile et plus certaine du côté de la chose à connaître, je demande alors pour quel esprit connaissant elle est d'une connaissance plus facile.

Au premier doute, on répond que même si le connaissant et le connu sont la même chose, cependant elle est dite connaissante selon un point de vue [2] et connue ou connaissable selon un autre. Je dis donc que selon la raison d'après laquelle cette âme a une forme d'être supérieure aux autres étants naturels, elle est plus connaissable, et selon la raison d'après laquelle elle ne peut connaître qu'au moyen du sens, elle peut plus difficilement s'appréhender.

Au second doute, on peut répondre d'une première manière que c'est à Dieu que l'âme est ainsi connue et certaine, non pas au sens où en Dieu il y aurait quelque

1. Le raisonnement suppose une division entre certitude subjective et certitude objective, cette dernière renvoyant à la solidité et la dignité de l'objet.

2. *Ratio*.

connaissance moindre ou incertaine, mais parce qu'il sait que l'âme est plus étant, à savoir plus parfaitement, et qu'elle est supérieure, à savoir en dignité. Ou l'on peut dire d'une autre manière que les choses meilleures et plus nobles sont les causes finales des autres, d'après ce propos du livre VII de la *Politique*, que « toujours le pire », c'est-à-dire le moins bon, « est en vue du meilleur » [1]. C'est pourquoi l'âme est cause finale des autres choses. Pour cette raison, il est aussi dit dans le livre II de la *Physique* que « nous sommes la fin de toutes les choses qui sont produites et que nous utilisons pour nous » [2]. Or dans le processus qui concerne la connaissance de raison [3], les causes, pour autant qu'il s'agisse de l'ordre des choses à connaître, sont pour nous plus connues et plus certaines que ce qui est causé. Et cela – à savoir comment les causes sont absolument, et même selon la nature, plus connues et plus certaines que ce qui est causé – doit être vu dans le proème de la *Physique* [4].

1. Aristote, *Les Politiques*, VII, 14, 1333 a 22-23, trad. p. 503 : « Car le pire est toujours en vue du meilleur » ; *A. L.*, 29. 2, *Politica*, transl. G. de Morbeka, « semper enim quod deterius melioris gratia est ».

2. Aristote, *Physique*, II, 2, 194 a 34-35, trad. P. Pellegrin p. 125 : « nous nous servons de tout ce qui existe comme si cela existait pour nous (car nous aussi sommes d'une certaine manière un but) » ; *A. L.*, 7. 1, *Physica*, transl. Jacobus Venetus (transl. vetus) : « et utimur tamquam propter nos omnibus que sunt (sumus enim quodammodo et nos finis) ».

3. La connaissance *propter quid* est la connaissance qui fournit les causes ou raisons.

4. Voir Buridan, *Quaestiones in octo Physicorum libros Aristotelis*, I, qu. 6, éd. cit., p. 55 : « Utrum sunt eadem natura nobis et nature » ; *cf.* Aristote, *Physique*, I, 1, 184 a 16-18, trad. p. 70 : « Mais le chemin naturel va de ce qui est plus connu et plus clair pour nous à ce qui est plus clair et plus connu par nature ; en effet, ce ne sont pas les

En un second sens, on répond plus facilement que, par certains aspects, la science de l'âme est pour nous plus facile et plus certaine que la science des autres formes naturelles, à savoir en ce qui concerne ce que nous expérimentons en nous au sujet des opérations et puissances de l'âme, et en ce qui concerne les choses qui en sont facilement déductibles. Mais elle est plus difficile et incertaine en ce qui concerne l'âme intellective, comment celle-ci se rapporte au corps et à la matière, parce qu'elle est inétendue et n'est pas tirée de la puissance de la matière mais lui advient sur un mode surnaturel et est inhérente au corps [1].

En un troisième sens on répond encore qu'en ce qui concerne de nombreuses questions, chacune d'elles est pour nous connaissable et démontrable plus facilement et plus certainement, en raison de l'expérience des opérations, que ne le sont les questions sur beaucoup d'autres formes dont nous ne pouvons pas expérimenter ainsi les opérations. Cependant, la science de l'âme peut être dite plus difficile que la science des autres formes naturelles par un plus grand nombre des questions douteuses parce que, davantage que les autres formes, l'âme requiert dans le corps des organisations très diverses, et elle a des puissances et des

mêmes choses qui sont connues pour nous et absolument » ; *A. L.*, 7. 1 : « Innata autem est ex notioribus nobis via et certioribus in certiora nature et notiora; non enim eadem nobis que nota et simpliciter » ; voir aussi *Seconds Analytiques*, I, 2, 71 b 34 - 72 a 1.

1. La science de l'âme remonte des opérations aux puissances ou facultés de l'âme. Les questions sur l'essence de l'âme, son statut et sa relation au corps, notamment pour ce qui est de l'âme intellective, ne sont pas hors du champ de la recherche, mais beaucoup plus difficiles. Sur bien des points, on ne peut parvenir à une connaissance scientifique mais seulement à des connaissances probables. On notera par ailleurs qu'ici, Buridan utilise à titre d'argument le caractère immatériel de l'âme (correspondant à la position de la foi catholique).

opérations nombreuses et diverses. Et il est bien plus difficile de savoir beaucoup, que peu. Et c'est peut-être ce qu'entendait Aristote qui, pour expliquer la difficulté de cette science, a énuméré une abondante multitude de questions au sujet de l'âme [1].

Et ces solutions ne sont pas toutes incompatibles entre elles, mais sont à tenir simultanément. C'est encore de cette façon que dans le Proème de la *Métaphysique* Aristote dit que la métaphysique est en même temps la plus certaine et la plus difficile, comme cela devra être vu à cette occasion [2].

On répond alors aux arguments.

Au premier il est répondu que la science la plus difficile de toutes est absolument unique, il s'agit de la métaphysique. Nonobstant cela, la science de l'âme peut être la plus difficile en son genre, à savoir parmi les sciences naturelles.

En ce qui concerne le second argument, il en a été assez dit dans la position [3].

Concernant l'autre, on peut répondre que cette science ne serait pas à apprendre en premier parmi les sciences naturelles, selon la voie de la doctrine, commençant par les choses les plus faciles et les plus communes ; mais c'est

1. Voir Aristote, *De l'âme*, I, 1, 402 a 22 - b 14.

2. Aristote, *Métaphysique*, A, 2, 982 a 24-26, trad. p. 76 : « c'est presque ce dont il est le plus difficile aux humains d'acquérir la connaissance, le plus universel, car c'est ce qui est le plus éloigné des sensations ; d'autre part, les sciences les plus exactes sont celles qui traitent au plus haut point des objets premiers » ; *A. L.* : « Fere autem et difficillima sunt ea hominibus ad cognoscendum que maxime sunt uniuersalia ; nam a sensibus sunt remotissima. Scientiarum uero certissime sunt que maxime primorum sunt » ; *cf.* Buridan, *In Metaphysicen Aristotelis Questiones*, I, qu. 3 : « Utrum metaphysica sit omnium scientiarum certissima », Parisiis, 1518, f°s 4rb-5ra.

3. Dans les conclusions.

le livre de la *Physique* qui pour cette raison est dit premier parmi les livres naturels. Cependant cette science, à savoir la science de l'âme, est habituellement apprise en premier en raison de sa grande utilité et noblesse.

Concernant l'autre argument, il est concédé qu'elle est la plus facile d'une certaine façon et par certains aspects.

Au dernier il est répondu que notre intellect n'est pas de lui-même suffisamment actualisé pour former une intellection, mais qu'il a besoin d'être d'abord actualisé par des images sensibles reçues du sens, ainsi qu'on devra mieux le voir au livre III [1].

1. Voir *Questions sur l'âme*, III, qu. 15.

QUESTION 5

Est-ce que l'universel n'est rien ou bien est postérieur aux singuliers [1] ?

On soutient d'abord que l'universel est antérieur aux singuliers, et le plus universel antérieur aux moins universels, d'après Porphyre, qui dit souvent cela [2].

De même, « est antérieur ce par quoi, quant à la subsistance, la conséquence n'est pas convertible »,

1. Voir Aristote, *De l'âme*, I, 1, 402 b 8, trad. p. 79 : « l'animal, dans sa généralité, soit n'est rien, soit est secondaire » ; *A. L.*, 12. 1, Iacobus Veneticus translator : « animal autem universale aut etiam nichil est aut posterius ». Cette question est également traitée dans la *Physique* : voir *Quaestiones super octo libros Physicorum*, I, qu. 7 : « Utrum universalia sunt nobis notiora singularibus », éd. cit., p. 59-78 ; elle est aussi abordée dans la *Métaphysique* : voir *In Metaphysicen Aristotelis questiones*, VII, qu. 15 : « Utrum universalia sint separata a singularibus », Parsiis, 1508, f^os L rb – LI ra, et qu. 16 : « Utrum universalia sint distincta a singularibus », f°s 51ra-52rb. Elle sera surtout reprise plus complètement ici-même dans le livre III, question 8. Je ne mentionne pas les lieux où l'universel fait l'objet d'une analyse logique et sémantique ; ici, il s'agit d'une approche épistémologique sur le rapport de la connaissance universelle à la connaissance singulière.

2. Voir Buridan, *Questiones libri Porphyrii*, qu. 4, éd. R. Tatarzyński, p. 137 : « genera, species et differentiae sunt priora ipsis individuis ».

comme il est dit dans les *Catégories* [1] et au livre V de la *Métaphysique* [2]. Or on ne peut pas convertir de l'universel au singulier. On peut en effet inférer « Socrate existe, donc un homme existe », mais l'inverse ne s'ensuit pas.

De même les parties de la définition doivent être antérieures au défini, comme il est dit au livre VII de la *Métaphysique* [3]. Or elles sont plus universelles. Donc etc.

De même, ce qui est perpétuel est antérieur à ce qui est corruptible. Or l'universel est perpétuel, comme il est dit au livre Ier des *Seconds Analytiques* [4]. Donc etc.

1. Voir Aristote, *Catégories*, 13, 14 a 30-31, trad. P. Pellegrin : « On appelle antérieur ce qui ne se convertit pas quant à l'implication d'existence » ; *A. L.*, 1. 1, *Categoriae*, transl. Boethii, c. 12 : « prius autem videtur esse illud a quo non convertitur subsistentiae consequentia ».

2. Voir Aristote, *Métaphysique*, Δ, 11, 1019 a 2-4, trad. p. 200 : « antérieur et postérieur [...] se disent aussi, selon la nature et selon la substance, de toutes les choses qui peuvent exister sans d'autres tandis que celles-là ne peuvent exister sans les premières » ; *A. L.* : « Alia uero secundum naturam et substantiam, quecumque contingit esse sine aliis et illa non sine illis ».

3. Voir Aristote, *Métaphysique*, Z, 10, 1035 b 11-14, trad. p. 258-259 : « Il s'ensuit que toutes les parties qui sont comme une matière et auxquelles la division aboutit comme à une matière sont postérieures ; au contraire, toutes les parties qui sont comme des parties de l'énoncé de définition et de la substance selon l'énoncé sont antérieures, soit toutes soit certaines » ; *A. L.* : « Quare quecumque sunt partes ut materia et in que diuiditur ut in materiam, sunt posteriora ; quecumque uero ut rationis et substantie secundum rationem, priora aut omnia aut quedam ».

4. Voir Aristote, *Seconds Analytique*, I, 8, 75 b 21-24, trad. p. 107 : « si les prémisses à partir desquelles se fait le syllogisme sont universelles, il est nécessaire que la conclusion d'une telle démonstration [...] soit éternelle » ; *A. L.*, 4. 4, *Analytica posteriora*, Guillelmus de Morbeka reuisor translationis Aristotelis (Iacobi Venetici translationis recensio), « Manifestum est autem et si sint

De même, au livre II de la *Métaphysique* : les mêmes choses sont principes d'être et de connaître [1]. Donc celles qui sont antérieures dans la connaissance sont aussi antérieures dans l'être. Or les universels sont antérieurs dans la connaissance, et plus connus, et c'est pour cela qu'il est dit au dans le Proème de la *Physique* qu'« il faut procéder des universels aux singuliers » [2]. Donc etc.

Aristote dit l'opposé, à savoir que « l'universel ou bien n'est rien ou bien est postérieur ».

Et l'on argumente par raison, puisque les singuliers sont bien des substances, comme Socrate et Platon, et que les universels ne sont pas des substances, comme Aristote le prouve au livre III [3] de la *Métaphysique*, mais ce sont des termes significatifs dans l'âme ou dans la voix. Or les substances sont antérieures aux accidents, comme il est établi dans le livre VII de la *Métaphysique* [4]. Donc etc.

propositiones universales ex quibus est sillogismus, quod necesse est […] conclusionem esse perpetuam demonstrationis huiusmodi ».

1. Voir Aristote, *Métaphysique*, α, 1, 993 b 30-31, trad. p. 114 : « chaque chose a autant de vérité que d'être » ; *A. L.* : « Quare unumquodque sicut se habet ut sit, ita et ad ueritatem ».

2. Aristote, *Physique*, I, 1, 184 a 24-25, trad. p. 70 : « C'est pourquoi il faut aller des universels aux particuliers » ; *A. L.*, 7. 1, *Physica*, Iacobus Veneticus translator Aristotelis (translatio uetus) : « Unde ex universalibus in singularia oportet provenire ».

3. Le texte latin renvoie au livre VII, mais les éditeurs donnent la référence exacte au livre III ; voir *Métaphysique*, B, 6, 1003 a 7, trad. p. 143 : « S'ils sont universels, ils ne seront pas des substances » ; *A. L.* : « Nam si uniuersalia, non erunt substantie »

4. Aristote, *Métaphysique*, Z, 1, 1028 a 32-33, trad. p. 234 : « dans tous les sens la substance est première par l'énoncé, par la connaissance et chronologiquement » ; *A. L.* : « sed substantia omnium primum, ratione et notitia et tempore ».

Cette question est facile pour ce qui regarde ce qui est proposé, si l'on distingue les singuliers et les universels.

En un sens on parle d'universel selon la causalité, parce qu'il est cause de beaucoup [1]. De la sorte, en effet, Dieu, les intelligences et les corps célestes sont dits universels et causes universelles puisqu'ils sont les causes de tous ces inférieurs. C'est donc à de tels universels, à savoir Dieu et les intelligences, que pensait Aristote dans le Proème de la *Métaphysique* quand il a dit que « les plus universels sont les plus difficiles à connaître puisqu'ils sont les plus éloignés des sens » [2]. Or les singuliers correspondant à ces universels sont désignés comme ces inférieurs, qui sont les causés ultimes et qui, s'ils sont causes, sont causes de peu de choses. C'est ainsi qu'est le mieux établie cette conclusion que les universels sont naturellement antérieurs aux singuliers. Car les universels pris en ce sens sont les causes des singuliers, et les causes sont naturellement antérieures à leurs causés. Et même, en ce sens, le plus universel est le premier de tous, et c'est Dieu lui-même.

En un deuxième sens, on parle d'universel selon la prédication ou la signification, à savoir pour un terme prédicable de plusieurs et signifiant plusieurs indifféremment, comme le terme « homme » ou « animal ». Et un terme

1. On trouve un bon exposé des différente sens de l'universel dans les *Questions sur Porphyre*, qu. 4, éd. R. Tatarzyński, *Przeglad Tomistyczny*, II (1986), p 138-139.

2. Aristote, *Métaphysique*, A, 2, 982 a 23-25, trad. p. 76 : « c'est presque ce dont il est le plus difficile aux humains d'acquérir la connaissance, le plus universel, car c'est ce qui est le plus éloigné des sensations » ; *A. L.* : « Fere autem et difficillima sunt ea hominibus ad cognoscendum que maxime sunt uniuersalia, nam a sensibus sunt remotissima ».

est d'autant plus universel qu'il est prédicable de plus de choses et en signifie plus. Quant au singulier qui lui correspond, c'est un terme prédicable d'une seule chose et supposant pour une seule, comme le terme « Socrate », « Platon », « cet homme », ou « celui qui vient » comme le dit Porphyre [1]. C'est ainsi en effet que celui-ci traite des universels et des singuliers. Et les universels et les singuliers de cette sorte sont dans l'âme, dans la voix ou dans l'écriture [2]. En premier assurément il y a dans l'âme les concepts par lesquels nous concevons de manière déterminée Socrate et Platon, et ils sont appelés « concepts singuliers » [3]. D'autres sont des concepts par lesquels nous concevons indifféremment tous les hommes et tous les animaux, et pour les désigner sont créés par imposition les noms « homme » et « animal », et ils sont dits « concepts universels ». Et de tels concepts universels et singuliers sont des termes à partir desquels sont formés dans l'âme des propositions mentales. Ensuite, à ces termes mentaux correspondent des termes vocaux que, au moyen de ces concepts, nous instituons pour signifier les choses conçues, comme les termes « homme », « animal », « Socrate », « Platon ». Et pour finir, dans l'écriture aussi il y a des termes universels et singuliers correspondant aux termes vocaux, comme il est établi dans le livre I du *Peri*

1. Porphyre, *Isagoge*, II, 15, Paris, Vrin, 1998, p. 9 : « On appelle "individu" Socrate, et ce blanc-ci, et celui qui vient » ; transl. Boethii : « individuum autem dicitur Socrates et hoc album et hic veniens » (*ibid.*, p. 9) ; Buridan, *Questions sur Porphyre*, qu. 9, p. 158.

2. Excepté l'universel par causalité, il n'y a pas d'universel en dehors du langage ou de la pensée.

3. Le problème sera repris dans la question 8 sur le livre III ; là, Buridan introduira une distinction entre « singulier vague » et « singulier déterminé ».

hermeneias [1]. Mais les termes vocaux et écrits doivent être ordonnées selon l'exigence des termes mentaux, puisqu'ils ne sont formés que pour représenter les termes mentaux.

On peut alors se demander si, dans l'âme, les termes mentaux universels sont antérieurs aux termes mentaux singuliers. Cela revient à se demander si nous concevons les choses d'abord universellement avant de les concevoir singulièrement, ou inversement, et d'abord plus universellement avant de le faire moins universellement [2]. Déterminer cela ne concerne pas le présent passage, mais le livre III et le Proème de la *Physique* [3]. C'est pourquoi à ce propos je poserai seulement des conclusions dont les preuves seront vues en temps voulu.

La deuxième conclusion dans cette question est donc la suivante : les concepts singuliers sont antérieurs aux concepts universels, parce qu'il nous est nécessaire de sentir avant d'intelliger, et qu'avec le sens il n'y a que des

1. Aristote, *De l'interprétation*, 1, 16 a 5-8, trad. C. Dalimier, Paris, GF-Flammarion, 2007, p. 261 p. 78 : « De même que tout le monde n'utilise pas les mêmes lettres, tout le monde n'utilise pas non plus les mêmes vocables; en revanche, ce dont ces symboles sont en premier lieu des signes – les affections de l'âme – sont identiques pour tous, comme l'étaient déjà les choses auxquelles s'étaient assimilées les affections » ; *A. L.*, 2. 1, *Peri hermeneias vel de interpretatione*, Boethius translator : « Et quemadmodum nec litterae omnibus eaedem, sic nec eaedem voces; quorum autem hae primorum notae, eaedem omnibus passiones animae sunt, et quorum hae similitudines, res etiam eaedem ».

2. La question logico-sémantique de l'universel s'infléchit ici en question de psychologie cognitive. Tout cela sera développé dans le livre III

3. Voir *Questions sur l'âme*, III, qu. 8; Jean Buridan, *Quaestiones super octo libros Physicorum Aristotelis*, I, qu. 7, p. 59-78.

concepts singuliers puisque le sens le connaît pas universellement [1].

La troisième conclusion est que les concepts plus universels sont plus connus dans l'âme que les concepts moins universels. Et cela doit être expliqué dans le Proème de la *Physique* : il y est dit en effet que les universels sont plus connus que les singuliers. Ce qui doit être expliqué ainsi : les plus universels que les moins universels. C'est pourquoi il est encore dit « dans les sciences il faut aller des universels aux singuliers » ; ce qui doit être expliqué ainsi : des plus universels aux moins universels, puisque les sciences ne descendent pas aux purs singuliers.

Mais il reste un doute qui doit être traité dans le livre III : dans l'intellect, est-ce que les concepts absolument singuliers précèdent les concepts universels ? Je pose en quatrième conclusion que oui. Et cela sera prouvé dans le livre III.

Mais concernant le propos d'Aristote déterminant à ce propos que « l'universel ou bien n'est rien ou bien est postérieur » [2], il faut encore noter que Platon considère autrement les universels et les singuliers, à savoir les choses correspondant en dehors de l'âme aux concepts universels et singuliers [3]. Il dit en effet qu'au nom « homme » et au concept commun qui lui correspond, correspond en dehors de l'âme une certaine nature humaine commune à tous les hommes singuliers, qu'il disait être la quidité formelle de

1. Le domaine des concepts ne se réduit donc pas aux connaissances intellectives, mais inclut ici certaines connaissances sensibles, pour autant qu'elles permettent d'appréhender les choses extramentales.

2. Voir Aristote, *De l'âme*, I, 1, 402 b 8, cité *supra*, n.1, p. 119.

3. Buridan évoque ici Platon à partir de ce qu'en dit Aristote dans le livre Z de la *Métaphysique*.

tous ces singuliers. Parfois il l'appelait « idée », et il disait qu'elle était signifiée à titre premier par ce terme commun « homme » et conçue à titre premier par ce concept commun dont est tiré le nom « homme ». Et il disait aussi qu'il y avait une idée des chevaux, une idée des ânes. Il posait en effet des choses existant singulièrement en dehors de l'âme qu'il appelait « singuliers », comme Socrate Platon, Brunel; et aussi d'autres choses existant universellement en dehors de l'âme, qu'il appelait « idées » et « quidités » des singuliers.

Aristote a détruit cette opinion dans le livre VII de la *Métaphysique* et il a déclaré que toute chose existe singulièrement [1]. Même le concept commun dont est tiré le nom « homme » existe aussi singulièrement dans ton âme que cette blancheur dans ce mur, et le mot « homme » existe aussi singulièrement dans l'air que le nom « Socrate ». C'est ainsi qu'Aristote comprend que « l'universel n'est rien ». On voit donc comment doit être exposé le propos d'Aristote selon lequel « l'universel ou bien n'est rien ou bien est postérieur ». Car cet universel idéal que posait Platon n'est rien. Mais l'universel, en le prenant pour le concept, est postérieur aux choses qui existent singulièrement en dehors de l'âme. Ou encore parce que le concept universel est postérieur au concept singulier, ainsi qu'il a été dit.

Il faut donc répondre aux arguments contraires.

Au premier, à propos de l'autorité de Porphyre, on verra dans le livre III [2]. Les termes singuliers sont en effet

1. Voir notamment *Métaphysique*, Z, 3, 1029 a 28-29, trad. p. 237 : « on est d'avis que être séparable et être un ceci sont au plus haut point des propriétés de la substance » ; *A. L.* : « et enim separabile et hoc aliquid inesse uidetur maxime substantie ».

2. *Questions sur l'âme*, III, qu. 8.

divers, comme le note Porphyre. Certains sont comme « Socrate », « Platon », « Brunel », d'autres comme « cet homme », « cet animal », « celui qui vient ». Or les concepts singuliers correspondant aux termes tels que « cet homme » sont bien dans l'âme antérieurs aux concepts universels, puisqu'ils sont nés immédiatement du sens. Mais des concepts universels sont antérieurs dans l'âme aux concepts qui correspondent aux noms « Socrate », « Platon ». Il est difficile en effet d'appréhender les choses selon ces concepts, comme nous l'expérimentons. Ainsi, si quelqu'un voit Socrate venant de loin, tout de suite en effet il percevra par le sens que c'est ce corps, et par conséquent aussitôt l'intellect formera un concept singulier. Ensuite de celui-ci il pourra facilement abstraire le concept commun de corps, même s'il ignore encore si celui-ci est un animal ou un autre corps. Mais lorsqu'il s'approchera et verra que ce corps se meut par lui-même, il jugera par le sens, et immédiatement, que c'est un animal. Et l'intellect pourra encore, de ce concept singulier, abstraire un concept universel d'animal. Et il restera encore un doute, si c'est un homme ou une bête. Ensuite celui qui s'approche davantage jugera que c'est ici un homme et ignorera encore que c'est Socrate. Enfin, quand il sera plus près de lui, il connaîtra que c'est Socrate ou Platon. Et ainsi l'universel est bien antérieur à un tel singulier.

Mais quand on dit qu'est premier naturellement ce dont la conséquence ne se convertit pas lorsqu'il subsiste [1], je dis qu'à proprement parler ceci est vrai au sens où, si deux termes supposent pour deux choses différentes, et que ces

1. Ce qui est tel qu'il implique quelque chose, sans que la conséquence inverse soit vraie. Dans les arguments initiaux, Buridan a renvoyé aux *Catégories* et à la *Métaphysique*.

termes sont A et B, si de ce que A est suit que B est, et non l'inverse, alors la chose pour laquelle suppose B est antérieure. En effet, puisque A ne peut pas être sans B et que B peut être sans A, il s'ensuit que A dépend de B et non l'inverse. C'est pourquoi B est cause de A. Mais si les termes supposent pour la même chose, il n'est pas nécessaire que la règle tienne, par exemple s'il s'ensuit « un homme existe donc un animal existe », et non l'inverse, il ne faut pas en conclure que l'animal serait antérieur à l'homme puisque cette convertibilité de la conséquence ne provient pas de la priorité de l'animal sur l'homme mais de ce que le terme « animal » signifie plusieurs choses. Mais si tu argumentais ainsi : il s'ensuit « si le concept singulier existe, alors le concept universel existe, et non l'inverse ; donc le concept universel est antérieur au concept singulier », tu proposerais une conséquence valide mais l'antécédent serait faux. En effet, puisque tu peux avoir un concept singulier bien que tu n'aies pas ou que tu n'aies pas eu un concept universel, mais que l'inverse n'est pas possible, pour cette raison le concept singulier est antérieur.

Concernant l'autre argument, il a bien été accordé que les concepts universels sont antérieurs aux concepts moins universels, à savoir le genre à l'espèce.

À l'autre, je réponds que le concept universel n'est pas perpétuel [1]. Au contraire, il est formé à partir de rien dans ton esprit, comme le concept singulier. Mais l'universel, et non le singulier, est dit perpétuel puisque toujours le terme universel supposerait, chaque fois qu'il serait placé dans une proposition en raison de la perpétuité dans la

1. *Perpetuus* est utilisé par Buridan comme synonyme d'éternel, c'est-à-dire sans début ni fin, sauf lorsqu'est précisé *a parte ante* ou *a parte post* – le terme *eternus* étant plutôt réservé à Dieu.

génération successive des singuliers [1]. Mais il n'en irait pas de même du terme singulier.

Au dernier il a été répondu que la chose est connue singulièrement avant d'être connue absolument de façon universelle, bien qu'elle soit connue de façon plus universelle avant de l'être de façon moins universelle.

1. Nous nous situons ici dans la perspective aristotélicienne de l'éternité des genres et des espèces.

Question 6

Est-ce que les accidents contribuent pour une grande part à la connaissance de ce qu'une chose est [1] ?

Et l'on soutient d'abord que non puisque s'ensuivrait une circularité dans les démonstrations, ce qui va contre Aristote qui dit au livre Ier des *Seconds Analytiques* « il est aussi impossible de démontrer par un cercle » [2]. Il s'ensuivrait encore qu'il y aurait une pétition de principe, ce qui ne convient pas. La conséquence est manifeste puisque ce que c'est, c'est-à-dire la définition, est un principe de la démonstration ; c'en effet le moyen dans la démonstration la plus puissante, comme c'est clair dans

1. Cette formulation traduit une évolution par rapport à la question classique de savoir si on connaît la substance à travers les accidents, ou par les accidents. Buridan admet que l'on parvient à une certaine connaissance indirecte de la substance. La question est de savoir selon quelle procédure et si cette connaissance et complète. Mais cette interrogation générale est destinée à être appliquée au cas particulier de l'âme. Buridan rejetant toute appréhension directe de l'âme par elle-même, il est de toute première importance de savoir dans quelle mesure et comment nous pouvons parvenir à une connaissance de l'âme à travers ses opérations.

2. Aristote, *Seconds Analytiques*, I, 3, 72 b 25-26, trad. p. 77 : « Et qu'il soit impossible de démontrer, au sens absolu, en cercle, c'est clair » ; *A. L.* : « Circuloque quod inpossibile sit demonstrare simpliciter, manifestum est ».

le livre II des *Seconds Analytiques* [1]. Et ainsi, comme les accidents sont connus par une démonstration, par laquelle ils sont démontrés de leurs sujets, il apparaît que les accidents sont connus par ce que c'est. Il est donc patent que si inversement ce que c'est était connu par les accidents, il y aurait circularité. Et de même, puisque c'est par ce que c'est que les accidents sont démontrés, il faut que ce que c'est soit plus connu qu'eux, sinon il y aurait une pétition de principe. Donc si inversement par les accidents nous voulions faire connaître ce que c'est, nous procéderions du moins connu au plus connu, et ce serait faire une pétition de principe. On argumente encore ainsi : les choses qui sont moins connues ne peuvent pas faire connaître ce qui est plus connu. Or les accidents sont moins connus puisqu'il est dit au livre VII de la *Métaphysique* que « la substance est antérieure à l'accident dans l'ordre de la connaissance, du temps et de la raison » [2].

De même, au livre II de la *Métaphysique* : les mêmes choses sont principes d'être et de connaître [3]. Or les accidents ne sont pas principes d'être de la substance elle-même et de ce que c'est. Donc ils ne sont pas non plus principes de connaître.

1. Aristote n'affirme pas explicitement ce qui lui attribue ici Buridan ; il évoque les différentes sortes de démonstration dans les *Seconds Analytiques*, I, chap. 13, et II, chap. 16. Mais depuis le XIIIe siècle, il y a tout un débat parmi les médiévaux pour savoir si dans la démonstration la plus puissante, le moyen doit être la définition du sujet ou la définition du prédicat. Le texte le plus complet consacré par Buridan à ce problème est dans les *Questions sur les Seconds Analytiques*, II, qu. 7 « Est-ce que dans toute démonstration la plus puissante (*demonstratio potissima*) le moyen est la définition du sujet ou la définition de la propriété ? ».

2. Aristote, *Métaphysique*, Z, 1, 1028 a 33-34 ; voir *supra*. qu. 5.

3. Aristote, *Métaphysique*, α, 993 b 30, voir *supra*, qu. 5.

De même, rien n'agit au delà de son espèce, c'est-à-dire ne produit ce qui est plus noble et plus parfait que soi. Or la connaissance de la substance est plus noble et plus parfaite que la connaissance des accidents. Donc la connaissance des accidents n'est pas à même de produire la connaissance de la substance et de la quidité.

De même, grâce à l'accident, la substance n'est pas connue par une représentation directe, puisque l'accident et la substance sont très divers. Ni par un discours. Preuve : il ne peut y avoir de conséquence évidente de l'être de l'un à l'être de l'autre, puisqu'elle ne peut être reconduite au premier principe, qui se fonde sur la contradiction [1] ; jamais en effet il ne peut y avoir de contradiction entre l'être de ceci et le non-être de cela, puisque la contradiction doit être l'affirmation et la négation du même à l'égard du même. De plus cela, à savoir qu'on ne peut démontrer un être par un autre être, est confirmé puisque ce serait par un syllogisme affirmatif et que les syllogismes affirmatifs tiennent par l'union des extrêmes dans un moyen, d'après la règle : toutes les choses qui sont identiques à une même troisième sont identiques entre elles. Or des choses diverses ne peuvent être identiques à une seule et même chose. Donc etc.

De même, si l'accident conduisait à la connaissance de la substance, ou bien ce serait en raison d'une convenance ou en raison d'une opposition. Or aucune de ces hypothèses n'est possible. En effet, ils ne sont pas opposés puisque

1. Argument inspiré de Nicolas d'Autrécourt. Voir Nicholas of Autrecourt, *His Correspondence with Master Giles and Bernard of Arezzo*, ed. et trad. angl. L. M. De Rijk, Leiden - New York - Köln, 1994, 2 e Lettre à Bernard, § 10-11, p. 64.

l'un est inhérent à l'autre. Et ils ne conviennent pas puisqu'ils sont principalement divers. Donc etc.

Aristote dit l'opposé dans ce proème : « les accidents contribuent pour une grande part à connaître ce qui est » [1]. Et dans le livre III de la *Physique* : « si le mouvement est ignoré, nécessairement la nature est ignorée » [2]. Et dans le livre Ier de ce traité, il faut déterminer les opérations de l'âme avant de traiter de ses parties ou puissances [3]. Au livre VIII de la *Physique* [4] et au livre XII de la *Métaphysique* [5], les substances séparées sont recherchées par les mouvements perpétuels. Toute transmutation fait connaître la matière, comme il apparaît au livre Ier de la *Physique* [6]. C'est pour cette raison que souvent les différences accidentelles sont mises dans les descriptions des substances pour cerner les différences essentielles.

1. Voir Aristote, *De l'âme*, I, 1, 402 b 22-23, trad. p. 81 : « Les accidents contribuent, pour une grande part, à savoir ce qu'est une chose » ; *A. L.*, 12. 1, Jacobus Veneticus transl. : « accidentia conferunt magnam partem ad cognoscendum quod quid est »

2. Aristote, *Physique*, III, 1, 200 b 13-14, trad. p. 159 : « En effet, l'ignorer c'est nécessairement aussi ignorer la nature » ; *A. L.* : « necessarium enim est ignorato ipso [motu] ignorari et naturam ».

3. Aristote, *De l'âme*, I, 1, 802 b 12, trad. p. 80 : « Et faut-il d'abord prendre pour objet de recherche les parties ou leurs opérations ? » ; *A. L.* : « utrum partes congruit querere prius aut opera ipsarum, ut intelligere aut intellectum et sentiri aut sensibile ». Mais au delà, c'est toute la démarche d'Aristote et de ses commentateurs qui récuse l'introspection directe : nous connaissons l'âme par ses opérations, c'est-à-dire par les fonctions qu'elle exerce.

4. Voir Aristote, *Physique*, VIII, 6, *passim*, en particulier 258 b 17 - 259 a 8.

5. Voir Aristote, *Métaphysique*, Λ, 6, *passim*, 1071 b3 - 1072 a 18.

6. Voir Aristote, *Physique*, I, chap. 6 et 7.

Tout le monde concède que la connaissance des accidents fait beaucoup pour procurer la connaissance de la substance [1]. Et tout le monde expérimente cela, car par les couleurs, les saveurs et les figures on sait que ceci est une pomme et que cela une poire. De même par les pelages et les formes [2], on connaît que ceci est un mouton et cela un loup, que ceci est un bœuf et cela un cheval. Mais comment cela se produit, c'est bien objet de doute.

Certains posent que cela se fait de la manière suivante. Il supposent d'abord que, pour comprendre, l'intellect a besoin d'être mû par un fantasme, la fantaisie par le sens, et le sens par un objet extérieur. Et cette supposition est vraie. Il supposent deuxièmement que le sens et la fantaisie ne portent que sur les accidents. Ainsi le Commentateur, au livre II de ce traité, dit que le sens n'appréhende pas les quidités des choses [3]. Ils supposent troisièmement, comme le pose Avicenne, que la vertu imaginative ou estimative tire des images [4] et intentions senties une intention non sentie, comme la brebis tire de la forme, de la couleur et du mouvement du loup une intention d'hostilité [5]

1. Buridan admet donc sans grande discussion que l'on peut passer de la connaissance des accidents à celle de la substance. La question est de savoir si l'on peut parvenir à une connaissance complète, ainsi que du caractère plus ou moins discursif de ce passage.

2. Les figures ou forme extérieures, non les quidités.

3. Averroès, *Commentarium magnum in Aristotelis de anima libros*, II, 63, éd. F. Stuart Crawford, Cambridge Mass., 1953, p. 225, l. 41-42 : « non intendebat quod sensus comprehendit essentias rerum ».

4. *Species*.

5. *Intentio* est le terme classiquement utilisé pour désigner cet état mental qui conduit la brebis, sur la base d'une perception singulière mais aussi d'une estimation universalisante (mais non d'un jugement

et le fuit [1]. Et de la même façon l'intellect, puisqu'il est une faculté supérieure, peut derechef tirer des intentions imaginées une intention non imaginée. C'est pourquoi de la sorte, des intentions des accidents tombant sous l'imagination, l'intellect peut tirer une intention de la substance. Et c'est ce que semble vouloir dire Aristote dans ce proème, en disant : « En effet, lorsque nous avons quelque chose à transmettre à propos des accidents, tous ou la plupart, selon la représentation [2], alors nous serons le plus à même de parler de la substance aussi » [3].

Mais il me semble que la deuxième de leurs suppositions est fausse, à savoir que le sens et la fantaisie n'appréhendent pas les substances. Ainsi le Commentateur, qu'il dise vrai ou faux, dit au IIe livre de ce traité que l'estimative ou cogitative appréhende les intentions des dix catégories [4].

universel), à fuir le loup – l'idée provient d'Avicenne et est devenue courante. On pourrait légitimement traduire ici *intentio* par « estimation » mais nous avons choisi de garder la continuité avec le concept plus large d'intention.

1. Voir Avicenna latinus, *Liber de anima seu sextus de naturalibus*, IV, 1, éd. S. Van Riet, vol. II, Louvain-Leiden, Peeters-Brill, 1968, p. 6-8.

2. *Secundum phantasiam de accidentibus*.

3. Aristote, *De l'âme*, I, 1, 402 b 24, trad. p. 81 : « Car, lorsque nous sommes en position de rendre compte, selon les apparences, de ses accidents, soit de leur totalité soit de leur grande majorité, nous pouvons être alors en position de formuler parfaitement quelque idée de la substance aussi » ; *A. L.*, 12. 2, Guillelmus de Morbeka reuisor translationis (translatio noua – Iacobi Venetici translationis recensio) : « Cum enim habeamus tradere secundum fantasiam de accidentibus, aut omnibus aut pluribus, tunc et de substancia habebimus aliquid dicere optime ».

4. Averroès, *Commentarium in librum de anima*, II, 63, p. 225, l. 44-55 : « sensus […] comprehendunt […] intentionem uniuscuiusque decem predicamentorum individualium. […] Et ista intentio individualis est illa quam distinguit virtus cogitativa a forma ymaginata ».

Et Aristote concède que les substances sont sensibles par accident [1]. Mieux, je crois que le sens perçoit le blanc et le doux plutôt que la blancheur et la douceur. Ainsi le chien perçoit par l'ouïe celui qui l'appelle, et il perçoit le même par la vue ; il juge en effet que celui qui l'appelle est celui qu'il voit [2]. C'est pourquoi par la vue il se dirige vers celui qui l'appelle. Et le chien ne juge pas que la voix est une couleur, mai que celui-ci qui appelle est ce qui est coloré ; et il ne se dirige pas vers la voix, mais même si la voix cesse il se dirige vers celui qui l'a appelé. Et je crois que, puisque l'accident et le sujet sont unis, il est plus facile de connaître en même temps et confusément l'accident et le sujet que l'accident distinctement du sujet ou inversement. En effet, il est toujours plus difficile de distinguer que d'appréhender confusément. Ainsi je ne crois pas que le chien juge au sujet de la blancheur abstraite de la substance, mais du blanc ; le blanc, effet, est la substance qui est blanche. Avec cela il faut concéder, comme ils le disent à juste titre, que l'intellect peut tirer de nombreuses intentions non imaginées à partir des espèces et intentions imaginées, et ainsi il peut intelliger de nombreuses choses qui ne peuvent pas tomber sous l'imagination.

Une autre façon de dire est que le sens, comme il a été dit, appréhende confusément et en même temps la substance et l'accident, tandis que l'intellect possède la nature et la puissance d'abstraire de cette confusion des concepts

1. Aristote, *De l'âme*, II, 6, 418 a 20-21, p. 166 : « On parle enfin de sensible par accident dans le cas par exemple, où le blanc se trouve être le fils de Diarès » ; *A. L.* : « Secundum accidens autem dicitur sensibile, ut si album sit Diarris ».

2. Cet exemple est souvent invoqué pour attester l'existence de proto-jugements au niveau du sens commun, si bien que certains animaux en sont capables.

propres et distincts, et que par l'un d'eux il conçoit une substance sans accident et par un autre un accident sans substance.

Une troisième façon de dire est qu'une chose est connue et représentée par sa similitude. Mais l'effet porte en lui d'une certaine façon la similitude de la cause. Il est même une certaine similitude participée de sa cause. Donc l'effet peut représenter la cause, et la cause l'effet, c'est pourquoi chacun est à même d'être connu par l'autre, l'un par connaissance du fait, l'autre par connaissance de la raison. Or la substance et l'accident se rapportent l'une à l'autre comme la cause à l'effet. De la sorte par les accidents sont connues les substances, par les substances inférieures les substances séparées et enfin Dieu, et inversement.

Une quatrième façon de dire est que, de même que la matière première ne peut recevoir les formes substantielles que si elle est prédisposée et préparée par des accidents, de même l'intellect ne peut recevoir les connaissances des substances, qui sont les connaissances principales, s'il n'a pas été prédisposé par les connaissances des accidents ; et de même que, de la matière prédisposée, la forme est conduite [1] à l'acte par la vertu de l'agent, de même, de la puissance de l'intellect prédisposé, la connaissance de la substance est conduite à l'acte par la vertu de l'intellect agent.

Et il faut savoir que ces quatre modes ne sont pas incompatibles l'un avec l'autre. Mieux, c'est par conjonction de tous qu'est constitué un mode parfait total selon lequel la connaissance des accidents contribue à la connaissance de la substance.

1. *Extrahitur*.

Il ne reste donc qu'à résoudre les arguments.

Concernant le premier argument, il a été dit que ce n'est pas une circularité absurde, mais nécessaire. Ce n'est pas non plus une pétition de principe, puisque chacun des raisonnements se fait à partir de plus connus pour nous, l'un concernant la connaissance du fait, l'autre la connaissance de la raison. Et ainsi il peut être répondu à l'autorité du livre VII de la *Métaphysique* qui est alléguée. Mais il faut répondre que lorsqu'Aristote dit « que la substance soit antérieure à l'accident selon la connaissance », son intention était seulement que la connaissance de la substance soit antérieure en perfection à la connaissance des accidents, puisque, comme le disait Aristote au même endroit, « nous croyons savoir une chose plus parfaitement si nous savons ce qu'elle est, que si nous savons comment elle est ou combien elle est » [1].

Concernant l'autre argument, on concède qu'en ce qui concerne le raisonnement causal, les mêmes choses sont principes d'être et de connaître, mais il n'est pas requis qu'il en soit de même dans le raisonnement et la démonstration de fait.

Concernant l'autre argument, on répond que l'agent ne produit pas quelque chose de plus noble que soi, à moins que cela soit en vertu d'un agent plus noble concourant avec l'agent principal. Mais de cette façon cela se peut, comme la chaleur peut produire le feu. Si donc la

1. Aristote, *Métaphysique*, Z, 1, 1028 a 36 - b 1, trad. p. 234 : « D'autre part nous estimons connaître chaque chose surtout quand nous savons ce qu'est l'être humain ou le feu, plutôt que quand nous en savons la qualité, la quantité ou le lieu » ; *A. L.* : « Et scire autem tunc singula maxime putamus, quando quid est homo cognoscimus aut ignis, magis quam quale aut quantum aut ubi ».

connaissance de l'accident contribue à la connaissance de la substance, un autre agent plus principal concourt, à savoir l'intellect agent.

À l'autre on peut répondre que les substances avec leurs accidents se représentent confusément au sens par une représentation directe, puis par la médiation du sens à l'intellect, qui déjà peut abstraire, etc. Je dis aussi que nous pouvons savoir discursivement l'un à partir de l'autre. C'est pourquoi cet argument suppose quelque chose de faux, à savoir que rien n'est évident s'il n'est expliqué ou prouvé par le premier principe [1]. Au contraire, il y a autant de principes indémontrables qu'il y a de conclusions démontrables, comme on peut le voir au livre I des *Seconds Analytiques* [2]. L'argument suppose encore quelque chose de faux dans ce qui est dit à propos du syllogisme affirmatif, à savoir qu'il ne faut procéder que par des démonstrations à partir de prémisses catégoriques. Au contraire on peut argumenter d'une chose à une autre hypothétiquement : si A est, B est ; or A est ; donc B est. Cela doit être vu dans la logique.

Au dernier argument, on répond qu'il y a une grande convenance des accidents envers les substances ; en effet la chaleur convient très bien et naturellement au feu. Mais quand on dit que la substance et l'accident sont d'abord divers, cela se dit en ce qui concerne les modes de prédication selon lesquels on distingue les catégories. Et s'ils sont très éloignés selon les degrés d'être et de perfection, cependant différents accidents engendrent bien des ressemblances et représentations de différentes substances, pour autant que ce sont leurs dispositions naturelles. Ainsi l'argument ne

1. Buridan refuse de suivre sur ce point Nicolas d'Autrécourt.
2. Voir Buridan, *Questions sur les Seconds Analytiques*, I, 31.

s'oppose en rien à la deuxième manière de répondre qui a été donnée. Si en effet la substance et l'accident diffèrent beaucoup, l'intellect semble d'autant plus capable de les distinguer quand ils sont confondus.

LIVRE II

QUESTION 1

À propos du livre II on demande premièrement : est-ce que toute âme est un acte substantiel [1] ?

On soutient d'abord que ce n'est pas un acte puisque la puissance de l'âme est l'âme, comme on le dira ensuite [2]. Or une puissance n'est pas un acte, puisque Aristote dit dans le Proème de ce traité que l'acte et la puissance

1. Les premières questions du livre II s'interrogent sur la définition aristotélicienne de l'âme, en examinant méthodiquement chacun de ses termes.

2. À la différence de Thomas d'Aquin, qui posait une différence entre l'essence de l'âme et ses puissances, Buridan soutient l'identité réelle de l'âme et de ses puissances, même si ces termes ont des connotations différentes. Voir *Questiones super decem libros Ethicorum*, III, qu. 6, Parisiis, 1523, f° 45rb : « Etiam puto quod non sit inconveniens dicere quod ex parte anime […] potentia sensitiva et potentia intellectiva sunt idem realiter ipse anime et inter se » ; « je pense aussi qu'il ne serait pas sans pertinence de dire que, du côté de l'âme […] la puissance sensitive et la puissance intellective sont réellement identiques à l'âme elle-même et entre elles ». Il s'agit de noms se référant à la même puissance mais ayant des connotations différentes, ainsi que cela sera exposé dans la question 5 sur le livre II *De l'âme*.

diffèrent grandement [1]. Et pareillement le Commentateur dit que ce sont des opposés [2].

De même, dans le livre *La Substance de l'orbe* le Commentateur dit que recevoir est incompatible avec un acte [3]. Et à ce propos, Aristote dit dans le livre I *De la génération* qu'il revient à la forme d'agir et que pâtir ou recevoir relève d'une autre puissance [4]. Mais c'est un fait que l'âme reçoit des images sensibles et intelligibles ; donc etc.

De même, un composé substantiel d'acte et de puissance n'est pas un acte mais est en acte, comme un cheval ou une pierre. Or notre âme intellective est composée de cette manière, à savoir de l'intellect agent et de l'intellect possible ; donc etc.

Ensuite, si l'on concédait que ce soit un acte, on soutiendrait cependant que ce ne serait pas un acte

1. Aristote, *De l'âme*, I, 1, 402 a 26-27, trad. R. Bodeus p. 78 : « De plus est-elle au nombre des choses qui sont en puissance, ou bien s'agit-il plutôt d'une certaine réalisation [*entelecheia*] ? Car la différence est importante » ; *A. L.*, 12. 2 : « Adhuc autem utrum eorum que in potencia sunt, an magis endelichia quedam sit ; differt enim non aliquid paruum ».

2. Averroès, *Commentarium magnum in Aristotelis De anima libros*, I, comm. 6, éd. F. Stuart Crawford, Cambridge Mass., 1953, p. 10, l. 20-21 : « Potentia enim et actus sunt differentie que contingunt omnibus predicamentis, et sunt valde oppositi ».

3. Averroès, *De substantia orbis*, Venetiis apud Junctas, 1562, vol. IX, f° 34 B : « Quod enim est actu non recipit aliquid quod est in actu ».

4. Aristote, *De la génération et de la corruption*, II, 9, 335 b 30-31, éd. et trad. M. Rashed, Paris, Les Belles Lettres, 2005, p. 75 : « Car à la matière il appartient d'être affectée et mue, tandis que mouvoir et agir appartiennent à une autre puissance » ; *A. L.*, 9. 2, *De generatione et corruptione* (Burgundii transl. recensio), Guillelmus de Morbeka reuisor transl. Aristotelis : « Materie enim pati et moveri, movere autem et facere alterius potentie ».

substantiel, puisque toute acte substantiel est une substance, mais l'âme n'est pas une substance, donc etc. On prouve la mineure de plusieurs façons. D'abord parce qu'il est commun à toute substance de ne pas être dans un sujet, comme on le lit dans les *Catégories* [1], et que l'âme est dans un sujet [2] ; donc etc. Deuxièmement, parce que la définition de l'accident lui convient. Elle est en effet inhérente à la matière première comme à son sujet, elle lui advient et elle s'en sépare sans que celle-ci soit corrompue. Donc elle est un accident et non pas une substance.

De même le Commentateur, dans ce livre II, pose une différence entre les formes substantielles et les formes accidentelles, en ce que la forme accidentelle a un sujet en acte et la forme substantielle non [3]. Cependant, il est dit au livre V de la *Métaphysique* que l'âme est une substance dans un sujet en acte [4], au contraire des formes

1. Aristote, *Catégories*, 5, 3 a 7, trad. p. 119 : « Un trait commun à toutes les substances est de n'être pas dans un sujet » ; *A. L*, 1. 1, *Categoriae [uel Praedicamenta]*, Boethius translator Aristotelis : « Commune est autem omni substantiae in subiecto non esse ».

2. Dans *De l'âme*, II, 1, Aristote, après avoir écrit que c'est le corps qui possède la vie, en déduit que le corps ne saurait être l'âme. Il ajoute que le corps ne fait pas partie des réalités qui se disent d'un sujet mais est plutôt sujet ou matière. Cela revient à poser implicitement le corps comme sujet de l'âme. Voir trad. p. 136. Mais cet argument comme le suivant feraient de l'âme un accident du corps, position que Buridan refuse ici d'attribuer à Aristote comme le montrent la détermination et les réponses aux arguments.

3. Averroès, *Comm. magnum*, II, comm. 4, p. 133, l. 28 - 134 l. 41.

4. La référence ne semble pas littérale ; voir toutefois Aristote, *Métaphysique*, Δ, 18, 1022 a 31-32, trad. p. 211 : « l'âme, partie de l'humain, est le premier contenant de la vie » ; *A. L.*, 25. 3. 2, *Metaphysica*, recensio et translatio Guillelmi : « anima namque pars quedam est hominis, in qua prima est ipsum uiuere » ; *cf. Métaphysique*,

des choses simples, à savoir celles des éléments. Et l'on trouve encore ceci dans le livre VIII de la *Physique*, où il est dit qu'un corps grave inanimé ne se meut pas par soi, comme un animal, puisqu'il n'est pas divisible en une partie qui se meut par soi et une partie qui est mue par soi [1]. Mais l'animal est divisible de cette façon, à savoir en une âme, qui se meut par soi, et un corps, qui est mû par soi. Donc ce corps est un sujet en acte, puisqu'il est dit dans le livre III de la *Physique* qu'un étant en puissance n'est pas mû par soi, mais seulement un étant en acte [2]. Donc l'âme est une forme accidentelle.

De même, on lit dans le livre VII de la *Métaphysique* que les substances ne sont pas définies par addition [3]. Or

H, 3, 1043 a 35, p. 286 : « l'âme est la substance et l'acte d'un certain corps » ; *A. L.* : « anima [...] namque substantia et actus corporis alicuius ». *Cf.* Averroès, *Comm. Metaphys.*, V, f° 118 E : « Dicitur substantia [...] de forma per quam [individuum] fit substantia, sicut anima in animato ».

1. Aristote, *Physique*, VIII, 4, 255 a 6-8, trad p. 401 : « En effet, dire que ces choses se meuvent elles-mêmes d'elles-mêmes, c'est impossible. Cela, en effet, est quelque chose de vital, c'est-à-dire propre aux êtres animés » ; *A. L.*, 7. 1 « Et namque ipsa a se ipsis dicere inpossibile est; animale que enim hoc est et animatorum proprium ».

2. Aristote, *Physique*, III, 1, 201 a 10-11, trad. p. 162 : « l'entéléchie de l'étant en puissance en tant que tel est un mouvement » ; *A. L.* : « potentie existentis entelecheia secundum quod huiusmodi est, motus est ».

3. Aristote, *Métaphysique*, Z, 5, 1031 a 1-2, trad. p. 243 : « Ainsi donc, à l'évidence, il n'y a de définition que de la seule substance. Si, en effet, il y en a aussi des autres prédications, c'est nécessairement par addition » ; *A. L.* : « Palam itaque quia solius substantie est diffinitio. Nam et si aliarum cathegoriarum, necesse est ex additione esse ». La « définition par addition » est plutôt à proprement parler une description (laquelle n'est une définition qu'en un sens élargi) ; elle consiste à énumérer soit des parties, soit, comme ici, des propriétés

l'âme est définie par quelque chose qui lui est ajouté, à savoir par le corps [1], qui ne fait pas partie de son essence ; donc etc.

De même, la génération de l'âme n'est pas une génération substantielle ; donc l'âme n'est pas une substance. L'antécédent se prouve puisque la génération substantielle doit être « une transmutation d'un tout en un autre tout, sans que rien de sensible ne subsiste » [2]. Or ce n'est pas le cas dans la génération de l'âme, mais dans la matière préexistent des dispositions telles que la chaleur, l'humidité et l'organisation, qui ne sont pas détruites mais plutôt perfectionnées ; donc etc.

Aristote établit l'opposé [3].

On pose donc quelques conclusions.

La première est celle-ci : l'âme est une substance. Le Commentateur le prouve ainsi : « l'âme est plus noble que

de la chose définie : voir *Summulae de demonstrationibus*, 8. 2. 2, éd. L. M. De Rijk, Groningen-Haren, Artistarium, 2001, p. 30 ; et 8. 2. 6, p. 56-60.

1. Elle est en effet définie comme la forme d'un corps organique, etc.

2. Aristote, *De la génération et de la corruption*, I, 4, 319 b 14-18, trad. p. 20 : « mais, quand il y a changement dans la totalité, sans que rien de perceptible, comme substrat, ne subsiste identique à soi [...], c'est alors nécessairement la génération qui se produit, et la corruption d'autre chose » ; *A. L.*, 9. 2, *De generatione et corruptione* (Burgundii transl. recensio), Guillelmus de Morbeka reuisor : « Quando autem totum transmutatur non manente aliquo sensato ut subiecto eodem [...], generatio iam quod tale, huius autem corruptio ».

3. Aristote, *De l'âme*, II, 1, 412 a 19-20, trad. p. 136 : « Il faut donc nécessairement que l'âme soit substance comme forme d'un corps naturel qui a potentiellement la vie » ; *A. L.*, 12. 2 : « Necesse est ergo animam substanciam esse, sicut speciem corporis phisici potencia uitam habentis ».

tout accident qui se trouve dans l'animé, pour autant que la connaissance naturelle nous donne à savoir » [1], comme il dit. Donc elle n'est pas un accident, mais une substance.

De même, elle est une partie à partir de laquelle, avec le corps, est constituée une substance subsistant par soi, à savoir un animal ou une plante [2]. Et toute partie d'une substance est une substance. Donc etc.

De même si à propos d'un suppôt subsistant par soi on demande simplement « qu'est-ce que cela ? », on ne s'interroge que sur la substance. Les accidents seraient en effet cherchés par « comment est-ce ? », « combien ? », ou « où ? ». Est donc substance ce par la survenue ou la suppression de quoi la réponse à la question « qu'est-ce que cela ? » est modifiée. C'est en effet de cette façon qu'Aristote a voulu distinguer des accidents les transmutations et formes substantielles. Mais par la survenue ou la suppression de l'âme une réponse de cette sorte est modifiée. Dans la génération d'un cheval ou d'un âne, en effet, nous disons que ceci est un âne ou un cheval, et qu'avant ce ne l'était pas. Et à la séparation de l'âme nous ne répondons plus que c'est un cheval ou un âne, mais que c'est un cadavre.

De même, les opérations principales des substances ne doivent pas être rapportées à quelque accident comme à leur principe principal, mais à la substance Or les opérations principales des êtres animés, comme se nourrir, sentir, etc., sont rapportées à l'âme comme à leur principe premier, donc etc. Et c'est confirmé d'après Aristote, puisque les opérations vitales ne sont pas reconduites de façon suffisante

1. Averroès, *Comm. magnum*, II, comm. 2, p. 130, l. 16-17 : « opinamur enim quod substantia est nobilior omnibus accidentibus existentibus hic ».

2. Dans cette thèse comme dans la suivante, la seule vraie substance, subsistant par soi, est le composé.

à des accidents, comme à la lourdeur ou à la légèreté, puisque alors, en l'animal, tous les os seraient en bas et par conséquent les nerfs et toute la chair seraient au dessus [1]. Et elles ne sont pas reconduites de façon suffisante aux quatre qualités premières, à savoir le chaud, le froid, etc., parce qu'alors ce serait surtout au chaud. Cela ne peut être dit puisque le chaud, de soi-même, n'a pas la nature de donner telle ou telle figure aux différents membres, pas plus qu'il n'a, de soi-même, la nature de terminer la croissance, puisque le feu augmenterait à l'infini si on lui ajoutait du combustible, comme le dit Aristote [2]. Donc il faut reconduire principalement les dispositions naturelles des êtres animés à un autre principe substantiel, et celui-ci est l'âme, donc etc.

La deuxième conclusion est que l'âme est un acte ou une forme, puisque ce par quoi quelque chose est dit un ceci déterminé [3] en acte, qui auparavant n'était qu'en puissance, lorsque cela advient à une matière ou à un sujet présupposé, est un acte. C'est notoire par la définition nominale. Or par l'âme du cheval ou de l'âne, advenant à une matière, un cheval est dit être actuellement un cheval, alors qu'auparavant il n'était pas un cheval, si ce n'est en puissance. Et de même pour un âne : avant, nous ne disions pas que c'était un âne, mais que ce pourrait être un âne, donc etc.

De même, puisqu'un être animé est une substance subsistant par soi et un ceci déterminé, mais que la matière n'est pas un ceci déterminé, ni subsistante par soi, comme

1. Nous n'avons pu trouver cette référence

2. Aristote, *De l'âme*, II, 4, 416 a 16, trad. p. 154 : « Car la croissance du feu s'étend à l'infini, tant que le combustible est disponible » ; *A. L.* « Ignis enim augmentum in infinitum est, quousque fuerit combustibile ».

3. *Hoc aliquid*, transcription latine du *todè ti* d'Aristote.

dit Aristote [1], il s'ensuit qu'un être animé n'est pas une simple matière. Donc un être animé est substantiellement composé de matière et de forme comme de puissance et d'acte, et il s'agit de la composition de l'âme et du corps. Il faut donc ou que le corps soit forme et acte de l'âme, ce qui ne peut être dit, ou que l'âme soit acte et forme du corps, ce qui est proposé.

Ainsi suit la troisième conclusion : l'âme est un acte substantiel. En effet, tout acte est ou bien un acte substantiel ou bien un acte accidentel. Or elle n'est pas un acte accidentel puisqu'elle n'est pas un accident, donc etc.

De même, par un acte substantiel, une substance subsistant par soi est en acte ce qu'elle est, et par un acte accidentel elle est en acte telle, ou de telle quantité, ou en tel lieu. Or par l'âme un être animé est en acte ce qu'il est, par exemple un homme ou un cheval ; donc etc.

Mais alors il faut noter que « acte » et « puissance », de façon corrélative et correspondante, diffèrent l'un de l'autre en plusieurs sens [2], comme on peut le voir au livre IX de la *Métaphysique* [3].

En un sens, « acte » signifie pour une chose qu'elle existe [4] et non pas seulement qu'elle peut être, et « puissance » signifie qu'elle peut être. Et ainsi tout étant

1. Aristote, *De l'âme*, II, 1, 412 a 6-7, trad. p. 135 : « Mais celle-ci s'entend soit comme matière (chose qui, par soi, ne constitue pas une réalité singulière) […] » ; *A. L.* : « Huius autem aliud quidem sicut materiam, quod secundum se quidem non est hoc aliquid ».

2. Après avoir établi que l'âme est bien un acte, Buridan relance la réflexion, car « acte », et corrélativement « puissance », peuvent se dire en plusieurs sens

3. Aristote, *Métaphysique*, Θ, 6, 1048 a 25 - b 4, trad. p. 304.

4. *Existere rem*. Voir *Métaphysique*, Θ, 6, 1048 a 32, trad. p. 304 : « Donc l'acte est, pour la chose, le fait d'exister » ; *A. L.*, 25. 3 : « Est autem actus existere rem ».

est en acte. Donc en ce sens la matière première est un acte et est en acte, et non pas seulement une puissance ou en puissance. En effet, non seulement elle peut être, mais de fait elle est. En ce sens, en revanche, l'Antechrist est seulement puissance, ou en puissance. Et dans ce qui est en question, ce n'est pas en ce sens que l'on parle de l'acte et de la puissance.

En un deuxième sens, une forme inhérente à une matière ou à un sujet est dite acte relativement à ce sujet, puisque c'est seulement par cette forme que le sujet est en acte tel, ou de telle quantité ou se tenant de telle manière. Ou encore, s'il s'agit d'une forme substantielle, celle-ci est appelée acte parce que selon elle le composé est dit en acte ce qu'il est. Et la matière ou le sujet auquel elle inhère est appelé, en regard de cette forme, puissance subjective. Et en ce sens, dans tous les corps animés le corps est dit puissance en regard de l'âme et l'âme est dite acte en regard de celui-ci.

En un troisième sens, on appelle acte un mouvement ou une opération relativement à ce qui opère, qu'il soit actif ou passif. Et cet opérant, qu'il soit actif ou passif, est appelé puissance active ou passive relativement à cette opération. C'est en ce sens que l'on dit au livre III de la *Physique* que le mouvement est acte du mobile et de ce qui meut selon que le mobile est mû [5]. Et en ce sens il n'est pas requis que l'âme soit un acte. Au contraire, en ce sens,

5. Aristote, *Physique*, III, 3, 202 a 13-15, p. 167 : « Il est manifeste, et c'est une difficulté bien connue, que le mouvement est dans le mobile. En effet, le mouvement est l'entéléchie de celui-ci du fait de ce qui meut. Et l'acte de ce qui meut n'est pas autre chose » ; *A. L.*, 7. 1 : « Et dubium autem manifestum est, quod est motus in mobili ; actus enim est huius et ab hoc ; et motivi autem actus non aliud est ».

toute âme est puissance relativement à ses opérations vitales.

En un quatrième sens, l'agent ou le moteur est dit acte en regard du patient et du mû. Mais le patient ou le mû est dit puissance en regard d'eux parce que l'agent contient dans un acte formel ou virtuel la similitude de ce que le patient est en puissance de recevoir. Et ainsi toute âme est acte du corps car, comme le dit Aristote dans le livre II de ce traité, l'âme n'est pas seulement cause du corps comme forme et substance, mais encore comme cause efficiente et fin [1].

Et il faut savoir en outre que si les intelligences sont dites être les âmes des cieux, ici l'âme n'est pas, selon Aristote, l'acte d'un corps en tant que forme inhérente, mais seulement au quatrième sens, à savoir en tant qu'agent d'un patient et moteur d'un mû, comme Aristote l'a noté au livre II lorsqu'il a dit « comme un pilote dans un navire » etc. [2] Et c'est aussi en ce sens que le Commentateur a cru

1. Aristote, *De l'âme*, II, 4, 415 b 7-12, p. 152-153 : « Mais l'âme est, pour le corps vivant, cause et principe. Or ce sont là des choses qui s'entendent de plusieurs façons, et l'âme constitue ainsi une cause dans les acceptions qu'on a définies, à trois titres : c'est en effet l'origine du mouvement et la fin poursuivie, et, en sa qualité de substance des corps animés, l'âme tient aussi un rôle causal », *A. L.* : « Est autem anima uiuentis corporis causa et principium. Hec autem multipliciter dicuntur, at tamen anima secundum determinatos tres modos causa dicitur : et enim unde motus ipsa est, et cuius causa, et sicut substancia animatorum corporum anima causa ».

2. Aristote, *De l'âme*, II, 1, 413 a 9, p. 140 : « Cependant, on ne voit pas encore si l'âme est réalisation du corps, en ayant avec lui la relation du navigateur au navire » ; *A. L.* : « Amplius autem inmanifestum si sic corporis actus anima, sicut nauta nauis ». On notera qu'Aristote est ici très interrogatif, et n'évoque pas les intelligences célestes (seulement la possibilité de « séparation »). Ultérieurement, cette image a été utilisée en divers sens. C'est dans la controverse anti-averroïste que le rapprochement a pu être fait

que l'intellect est l'acte de l'homme [1]. C'est pourquoi il a posé en l'homme une autre âme, à savoir une âme sensitive et corruptible, informant la matière. Mais on s'interrogera sur ce point au livre III [2].

Il faut maintenant répondre aux arguments.

Au premier, il est répondu que l'âme est bien dite puissance relativement à l'opération et acte relativement au corps.

Concernant le deuxième, on concède qu'il est impossible à un acte substantiel de recevoir un acte substantiel, mais il n'est pas impossible à un acte substantiel de recevoir un acte accidentel. C'est seulement la matière qui reçoit des formes substantielles.

Au troisième, on répond que l'âme intellective humaine est une forme simple. Et on parlera dans le livre III de l'intellect possible et de l'intellect agent [3].

On devra parler de l'autre argument dans les *Catégories* [4]. Certains expliquent que cette propriété doit être entendue des substances totales, en appelant « substance totale » celle qui n'est pas une partie d'une autre substance ; mais une substance partielle, comme une forme matérielle, est bien dans un sujet. On explique encore autrement la propriété : par « substance » nous n'entendons que des termes de la catégorie de substance et par « être dans un

avec l'analogie cosmologique (l'intellect comme moteur, à la manière des intelligences célestes).

1. *Ad sensum*. Nous n'avons pas trouvé de référence littérale ; voir *ad sensum* le commentaire 5 sur le livre III. Buridan veut dire que selon Averroès, l'intellect n'est acte qu'à titre de moteur au cours de l'intellection, et non une forme donnant l'être.

2. Voir *Questions sur l'âme*, III, qu. 5.

3. Voir *Questions sur l'âme*, III, qu. 10

4. Voir Jean Buridan, *Summulae in praedicamenta*, 3. 2. 1, éd. E. P. Bos, Nijmegen, Ingenium Publishers, 1994, p. 21-24.

sujet » il entendait les prédications dénominatives. Et ainsi il entendait qu'aucun terme substantiel n'est prédicable dénominativement d'un autre qui se rapporterait à lui sur le mode du sujet. Au contraire, c'est là le mode de prédication des accidents.

Concernant l'autre argument, il se trouve que l'on doit examiner la définition de l'accident chez Porphyre [1]. En effet, cette définition était donnée des termes prédicables accidentellement. Et par « survenir » et « s'en aller » on doit entendre la prédication affirmative ou négative et non une véritable inhérence, comme la forme est inhérente à la matière. Mais cet argument est hors sujet, donc on verra cela à propos de Porphyre.

Concernant l'autre argument, on répond que cette différence faite par le Commentateur [2] doit être comprise ainsi : l'accident a un sujet en acte, c'est-à-dire qu'en faisant abstraction de l'accident le reste est encore dit en acte un ceci déterminé ; mais si l'on fait abstraction de la forme substantielle, le reste n'est pas dit un ceci déterminé. Et la matière, par elle-même, n'est pas un ceci déterminé. Et selon un accident elle n'est pas dite un ceci déterminé mais telle, ou de telle quantité. Pareillement, l'autorité d'Aristote au livre V de la *Métaphysique* et au livre VIII de la *Physique* [3] doit être exposée non pas au sens où le corps, sujet de l'âme, abstraction faite de l'âme serait un ceci déterminé en acte, mais au sens où il serait encore en acte moteur et résistant, en vertu des éléments qui demeurent

1. Voir Porphyre, *Isagoge*, V, texte grec et latin, trad. A de Libera et A. Segonds, Paris, Vrin, 1998, p. 15 ; *cf.* Jean Buridan, *Summulae de predicabilibus*, 2. 6. 1, éd. L. M. De Rijk, Nijmegen, Ingenium Publishers, 1995, p. 47 ; Id., *Questiones Porphyrii*, qu. 13, éd. R. Tatarzyński, *Przeglad Tomistyczny*, II (1983), p. 177-181.

2. Voir *supra*, n. 3, p. 143.

3. Voir *supra*, n. 4, p. 143 et n. 1, p 144.

dans le mélange. Mais dans le cas d'un élément simple, abstraction faite de la forme substantielle et de ses facultés propres, ce qui reste ne serait pas quelque chose qui soit, en acte, moteur et résistant. C'est pourquoi il ne se meut pas de soi-même, puisque la résistance doit être celle du mobile relativement au moteur, et elle n'est pas dans l'élément simple si ce n'est par quelque chose d'extrinsèque. Mais dans l'animal elle est bien par quelque chose d'intrinsèque. Et ceci doit être examiné davantage au livre VIII de la *Physique* [1].

À l'autre argument je réponds que dans le livre VII de la *Métaphysique*, l'intention d'Aristote était que les substances, c'est-à-dire les termes de la catégorie de substance, s'ils doivent être définis de façon purement quiditative, ne doivent pas être définis par quelque chose d'ajouté, mais seulement par des prédicats essentiels, qui ne connotent rien d'extérieur à ce pour quoi ils supposent. Mais de telles définitions ne conviennent pas aux termes accidentels et connotatifs. En outre, l'intention d'Aristote est que le physicien doit définir ces termes substantiels par des ajouts et non pas de façon purement quiditative puisqu'il ne les considère pas de façon absolument quiditative, comme le métaphysicien, mais en relation au mouvement. Il est même nécessaire qu'il définisse par le mouvement et par la matière apte au mouvement, comme il est noté dans le livre II de la *Physique* [2],

1. Voir Buridan, *Questiones super octo Physicorum libros Aristotelis*, Parisiis, 1509, VIII, 4, f°s 92va-93va.

2. Aristote, *Physique*, II, 1, 192 b 20-23, trad. p. 116 : « La nature est un certain principe, à savoir une cause du fait d'être mû et d'être en repos pour ce à quoi elle appartient immédiatement par soi et non par accident » ; *A. L.* : « natura principium alicuius et causa movendi et quiescendi in quo est primum per se et non secundum accidens ».

dans le livre VI de la *Métaphysique* [1], et dans le proème de ce traité [2].

À l'autre argument il est répondu que, dans une génération substantielle les dispositions accidentelles sensibles demeurent bien les mêmes dans l'engendré et le corrompu. Mais le sujet ne reste pas le même, en prenant « sujet » pour « suppôt subsistant par soi », ce qui est appelé « ceci déterminé ». Et dans la description de la génération, Aristote ne dit pas qu'aucun sensible ne demeure identique, mais il ajoute la précision, « aucun sensible ne restant comme le même sujet » [3], en entendant « sujet » comme cela a déjà été dit.

1. Aristote, *Métaphysique*, E, 1, 1025 b 19-20, trad. p. 224 : « La science physique [...] traite d'une sorte de substance qui contient en elle le principe du mouvement et du repos » ; *A. L.* : « phisica scientia est circa [...] substantiam in qua est principium motus et status in ea ».

2. Aristote, *De l'âme*, I, 1, 402 a 4-6 : « L'opinion veut que la connaissance de l'âme contribue beaucoup à une vérité globale, mais surtout concernant la nature car il y a va du principe des êtres animés » ; *A. L.* : « Videtur autem et ad ueritatem omnem cognitio ipsius multum proficere, maxime autem ad naturam. Est enim tanquam principium animalium ».

3. Voir citation dans n. 2, p. 145.

QUESTION 2

Est-ce que toute âme est l'acte premier d'un corps organique [1] ?

Et l'on soutient d'abord que ce n'est pas un acte premier [2], puisque seul Dieu est acte premier; en effet, toutes les autres choses sont postérieures à lui. Et les formes des éléments sont aussi antérieures par nature aux autres formes; c'est pourquoi les formes mixtes, telles que les âmes, ne sont pas des actes premiers. Et de plus, toute âme requiert dans un sujet, afin d'être reçue en lui, plusieurs dispositions premières qui sont certaines formes et actes. C'est pourquoi l'âme n'est pas un acte premier.

De même, Aristote dit dans ce livre II que l'âme végétative est première par rapport aux autres âmes [3]. Donc

1. Aristote, *De l'âme*, 412 b 4-5, trad. p. 137 : Et si l'on a besoin d'une formule qui s'applique en commun à toute âme, ce sera : la réalisation première d'un corps naturel pourvu d'organes » (Tricot : « entéléchie première »); *A. L.* : « Si autem aliquod commune in omni anima oportet dicere, erit utique actus primus corporis phisici organici ».

2. Dans cette question la discussion se déroule à nouveau en deux temps : d'abord à propos de l'idée d'acte *premier*, ensuite à propos de l'idée de *corps organique*.

3. Aristote, *De l'âme*, II, 4, trad. p. 151 : « En effet l'âme végétative [...] est la première faculté de l'âme et la plus commune, celle en vertu de laquelle la vie appartient à tous » ; *A. L.* : « uegetatiua enim anima et aliis inest prima. Et maxime communis potencia est anime, secundum quam inest uiuere omnibus ».

au moins les autres âmes ne sont pas des actes premiers, mais seulement l'âme végétative [1].

Dans le même sens vaut l'autorité du livre V de la *Métaphysique*, selon laquellel'âme est une substance dans un sujet en acte [2]. Et aussi cette autorité du Commentateur dans le livre III *Du ciel* [3], selon laquelle la matière ne reçoit les formes des mixtes que par la médiation des formes des éléments.

Ensuite encore on soutient que toute âme n'est pas l'acte d'un corps, par l'autorité d'Aristote dans ce livre II, posant que rien n'empêche qu'une certaine âme soit séparée du corps, à savoir l'âme intellective puisqu'elle n'est l'acte d'aucun corps [4].

1. Or cette définition est censée valoir pour l'âme en général ou pour toute âme.

2. Aristote, *Métaphysique*, Δ, 8, 1017 b 15-16, trad. p. 195 : « on appelle substance ce qui est cause de l'être, présent dans toutes les choses telles qu'elles ne se disent pas d'un substrat, par exemple l'âme pour l'animal » ; *A. L.* : « Alio uero modo quodcumque fuerit causa essendi, inexistens in talibus quecumque non dicuntur de subiecto, ut anima animali ».

3. Voir Averroès, *De caelo*, dans *Aristotelis opera cum Averrois commentariis*, Venetiis apud Junctas, MDLXII, vol. V, f° 200 F-K. Dans son *De intellectu contra Averroistas*, Thomas d'Aquin attribue clairement cette thèse aux averroïstes, à propos de la discussion sur le statut de forme de l'intellect : « ils objectent que toute forme d'un corps mixte est causée par ces éléments » (Thomas d'Aquin, *Contre Averroès*, trad. A. de Libera, Paris, GF-Flammarion, 1994, p. 119).

4. Aristote, *De l'âme*, II, 1, 413 a 7-8, trad. p. 140 : « Mais bien évidemment, en certaines parties, rien n'empêche la séparation, parce qu'elle ne sont réalisation d'aucun corps » ; *A. L.* : « At uero secundum quasdam nichil prohibet, propter id quod nullius corporis sunt actus ».

Ensuite encore, même en ayant admis que toute âme est l'acte d'un corps, on soutient cependant que toute âme n'est pas l'acte d'un corps organique, d'abord parce que les corps célestes, dont les intelligences sont dites les âmes, ne sont pas organiques puisqu'ils n'ont pas de membres consacrés à différentes opérations.

De même, puisque l'âme est une forme simple, elle doit avoir un sujet simple. Or un corps organique n'est pas simple mais de forme complexe, composé de divers membres.

De même dans le corps du cheval prenons une partie homogène parmi d'autres parties, qui ne soit pas déjà composée de parties quantitatives de diverses natures, comme un petit bout de chair. Et ainsi, cette petite chair n'est pas un corps organique [1]. Alors, puisque l'âme du cheval est étendue dans tout le corps du cheval, il faut qu'il y ait quelque partie de l'âme qui informe adéquatement cette petite partie de chair et soit adéquatement son acte. Et cette partie de l'âme est âme. En effet, comme n'importe quelle partie de blancheur est blancheur, de même n'importe quelle partie de l'âme est âme, et non pas une autre forme. Appelons donc cette âme partielle *b*; je dis que *b* est une âme est n'est pas l'acte d'un corps organique. Donc etc.

Aristote dit l'opposé [2].

En ce qui concerne le fait que l'âme soit un acte premier, il faut en donner la définition nominale et ce que l'on veut dire apparaîtra. Si nous parlons de l'acte absolument, en premier lieu il est manifeste que seul Dieu est un acte

1. Au sens strict un corps organique est une totalité.

2. Voir citation *supra*, n. 1, p. 155.

premier. Tous les autres en effet, qu'ils soient actes ou puissances, lui sont postérieurs. Mais en un second sens on peut entendre que l'âme est l'acte premier parmi tous les actes qui sont des actes de ce corps dont cette âme est l'acte. Par exemple, alors qu'il y a plusieurs actes et formes du corps humain ou du corps de l'âne, à savoir des qualités ou des quantités, l'âme est dite, parmi tous ces actes, l'acte premier.

Notez qu'on peut bien douter qu'il en soit ainsi. Si en effet dans un même corps plusieurs formes substantielles étaient posées, comme les formes des éléments avec la forme du mixte et avec l'âme, il faudrait dire que les formes des éléments sont naturellement, et même par le temps, antérieures. Et ainsi l'âme ne serait pas un acte premier. De plus, si plusieurs âmes étaient posées dans un même individu, telles que la végétative, la sensitive, etc., tous estimeraient que l'âme végétative serait naturellement antérieure aux autres, et ainsi de nouveau toute âme ne serait pas un acte premier.

Mais si dans tous les suppôts il y a une unique forme substantielle [1], alors il ne reste plus de comparaison qu'avec les formes accidentelles existant avec elle dans ce sujet : est-ce que cette forme substantielle est antérieure à ces formes accidentelles, ou est-ce que certaines d'entre elles sont, dans ce sujet, antérieures à l'âme ?

À ce propos, il existe une opinion selon laquelle toute âme, et même toute forme substantielle, est un acte premier. Ils disent en effet que, même si des nombreuses dispositions premières sont requises dans la matière afin que dans cette matière soit produite et reçue quelque forme substantielle,

1. Buridan reprendra et défendra la thèse de l'unicité de la forme substantielle.

cependant lors de l'advenue de cette forme substantielle toutes ces dispositions accidentelles premières sont corrompues [1]. Et par conséquent, pour l'introduction de la forme substantielle, d'autres formes accidentelles, semblables aux formes antérieures, sont introduites. Par exemple, si à partir de l'eau est produit du feu, il faut que la matière soit prédisposée par la chaleur et la sécheresse. Mais à l'advenue de la forme substantielle du feu, cette chaleur est corrompue [2]. Et par conséquent, après la forme du feu est engendrée une autre chaleur, semblable mais numériquement différente.

Et pour poser cela, ils s'appuient sur des autorités.

L'une est Aristote, au livre Ier *De la génération*, selon qui la génération (à savoir la génération substantielle), est « transmutation d'un tout en un autre tout, tandis qu'aucun sensible ne demeure » [3].

1. Cette thèse selon laquelle toutes les dispositions accidentelles doivent corrompues lors du changement substantiel est considérée comme une conséquence de la thèse de l'unicité de la forme substantielle, puisque les accidents ne peuvent migrer ou être transportés d'un sujet à un autre. C'est Raoul le Breton (*Questiones super librum de anima*, II, qu. 3, éd. Sander De Boer dans *Vivarium* 50 (2012) p. 318-324) qui, le premier, développe longuement cette conséquence. La description qui suit, avec l'idée de dispositions numériquement différentes mais semblables, reprend l'exposé de Raoul.

2. La chaleur est en effet un accident de telle forme ou substance, en l'occurrence de l'eau, et elle disparaît avec celle-ci.

3. Aristote, *De la génération et de la corruption*, I, 4, 319 b 14-18, trad. p. 20 : « quand il y a un changement dans la totalité, sans que rien de perceptible, comme substrat, ne subsiste identique à soi [...], c'est alors nécessairement la génération qui se produit, et la corruption d'autre chose » ; *A. L.*, 9. 2, « Quando autem totum transmutatur non manente aliquo sensato ut subiecto eodem [...], generatio iam quod tale, huius autem corruptio ».

Une deuxième est Aristote, au livre II de la *Physique* : la matière, avec la forme, est cause de tous les accidents qui se produisent en elle [1].

Une troisième est Aristote, au livre VII de la *Métaphysique*, disant que la substance est antérieure à l'accident [2].

Une quatrième est qu'il ne faut pas chercher une cause pour laquelle à partir de l'âme et du corps est fait quelque chose d'un [3]. Et il ne veut pas dire qu'il ne faut pas chercher la cause efficiente produisant cette forme dans la matière ; mais il semble vouloir dire qu'il ne faut pas chercher une cause intermédiaire entre la forme et la matière, mais que cette forme substantielle est reçue immédiatement par cette matière. Et ceci semble pouvoir être confirmé par la raison puisque de la matière et de la forme substantielle est fait quelque chose d'un par soi. Mais quelque chose d'un par soi n'est pas fait de la sorte à partir de la matière et d'un accident. Pourtant il semble que quelque chose d'un par soi devrait être fait davantage à partir de la matière et d'un

1. On ne trouve pas de référence littérale dans le livre II, bien que l'on puisse discerner l'idée en certains passages de II, 2 ; voir peut-être *Physique*, I, 9, 192 a 13-14, trad. p. 112 : « En effet la nature qui demeure est cause, conjointement avec la forme, des choses qui adviennent, comme une mère » ; *A. L.* : « Subiecta quidem enim cum forma causa est eorum que fiunt, sicut mater ».

2. Aristote, *Métaphysique*, Z, 1, 1028 a 32-33, trad. p. 234 : « dans tous les sens, la substance est première par l'énoncé, par la connaissance et chronologiquement, car aucun de tous les autres prédicats n'est séparable, seule la substance l'est » ; *A. L.* : « substantia omnium primum, ratione et notitia et tempore. Aliorum enim cathegoreumatum nullum est separabile, hec autem sola ».

3. Aristote, *De l'âme*, II, 1, 412 b 6, trad. p. 138 : « C'est pourquoi l'on n'a même pas besoin de chercher si le corps et l'âme font un » ; *A. L.* : « Vnde non oportet querere si unum est anima et corpus ».

accident que de la matière et d'une forme substantielle, si l'accident était reçu dans la matière plus immédiatement que la forme substantielle.

Et c'est cela même que semble affirmer le Commentateur dans ce livre II [1], en disant que la forme accidentelle a un sujet en acte qui est composé de la matière et d'une forme substantielle, et que la forme substantielle a un sujet en puissance, d'après ce qui est dit au livre Ier *De la génération*, à savoir que *hyle*, c'est-à-dire la matière première, est au plus haut point le sujet propre de la génération substantielle, et par conséquent de la forme substantielle [2], puisque au livre Ier de la *Physique* il doit être montré que la génération de la forme substantielle est la forme substantielle elle-même [3].

Et derechef on dit communément qu'il est impossible qu'un accident passe d'un sujet dans un autre sujet. C'est

1. Averroès, *Comm. magnum*, II, 4, p. 133, l. 33 - 134, l. 39 : « subiectum enim accidentis est corpus compositum ex materia et forma, et est aliquod existens in actu […] ; subiectum autem forme non habet esse in actu, secundum quod est subiectum, nisi per formam, et indiget forma ut sit in actu ; et maxime primum subiectum, quod non denudatur a forma omnino ».

2. Aristote, *De la génération et de la corruption*, I, 4, 320 a 2-4, trad. p. 21 : « La matière est le substrat capable d'accueillir éminemment et proprement la génération et la corruption » ; *A. L.*, 9. 2, « Est autem materia maxime quidem proprie subiectum generationis et corruptionis susceptibile ».

3. Voir Buridan, *Quaestiones super octo libros Physicorum Aristotelis*, I, qu. 17, éd. M. Streijger & P. J. J. M. Bakker, Leiden-Boston, Brill, 2015, p. 169-173 : « Utrum generatio substantialis sit forma substantialis vel materia vel compositum vel aliquod accidens eis additum » ; « Est-ce que la génération substantielle est la forme substantielle, la matière, le composé ou un accident qui leur est ajouté ? ». Certaines dispositions qualitatives ne sont pas corrompues à l'advenue de l'âme.

pourquoi il est nécessaire que les accidents soient corrompus lors de la corruption de leurs sujets. Or le sujet d'un accident est une substance subsistant par soi, comme l'eau est le sujet de la chaleur ou de la froideur, ou de l'altération et du mouvement local. Plus, c'est elle-même qui est vraiment chaude ou froide, qui est vraiment altérée ou mue. Mais avec la corruption de la forme substantielle, la substance subsistant par soi, comme l'eau ou le cheval, est corrompue. Donc tous ses accidents sont aussi corrompus.

Nonobstant ces arguments, je crois le contraire ; et il revient au livre *De la génération* de démontrer [1], c'est pourquoi je passe rapidement là-dessus, en touchant seulement un mot de deux justifications.

La première est : si un cheval est tué et que, lors de la corruption de son âme, toute sa chaleur est corrompue, une fois qu'il est mort on trouve encore une grande chaleur dans sa poitrine. Qu'est-ce donc qui engendrerait cette chaleur nouvelle ? Non pas ce qui tue, puisque cela n'a pas par nature le pouvoir d'engendrer la chaleur plus que la froideur ; et cette chaleur n'est pas engendrée non plus par voie de conséquence à partir de la forme du cadavre, puisque celle-ci, par elle-même, produirait plutôt de la froideur qu'une telle chaleur.

Deuxièmement, si à partir d'eau on fait du feu, l'eau chauffe. On voit que même si cette chaleur est tirée

1. Buridan refuse, en un certain sens, la thèse selon laquelle toute âme, et même toute forme substantielle serait un acte *premier*. Il avance deux arguments selon lesquels des qualités accidentelles peuvent préexister dans la matière à la forme substantielle. Pour le statut de l'âme dans le commentaire sur *La Génération et la Corruption*, voir Jean Buridan, *Quaestiones super libros De generatione et corruptione*, I, qu. 8, éd. M. Streijger, P. Bakker et J. Thijssen, Leiden-Boston, Brill, 2010, p. 80-89.

naturellement de la puissance de la matière qui est naturellement inclinée à la forme du feu, à laquelle cette chaleur dispose, elle n'est cependant pas tirée de la forme substantielle de l'eau, parce qu'elle ne convient pas par nature à la forme substantielle de l'eau. Et la forme substantielle de l'eau résisterait à la génération de la chaleur plutôt qu'elle n'y contribuerait. C'est pourquoi il n'est aucunement nécessaire, si la forme substantielle de l'eau est corrompue, que cette chaleur soit corrompue puisque la matière, de la puissance de laquelle elle était tirée, subsiste.

Ces raisons et d'autres doivent être supposées et établies dans le livre *De la génération* [1].

Et les arguments en faveur de l'opinion précédente [2] ne sont pas persuasifs.

Que la génération soit une transmutation d'un tout en un autre tout, on a déjà parlé dans la question précédente [3]. On concède que la forme est la cause de tous les accidents qui conviennent à une substance composée et à cette forme elle-même. Si elle n'en est pas la cause subjective et effective, elle en est cependant la cause finale. La forme est en effet la fin des dispositions de la matière, qui la prédisposent à la réception de cette forme.

À propos de l'autorité du livre VII de la *Métaphysique*, il a été répondu dans le Proème du présent traité, à la question 6 [4].

Quant à l'autorité selon laquelle il ne faut pas chercher de cause intermédiaire pour laquelle, à partir de le matière

1. Voir référence précédente, ainsi que I, qu. 10, sur la transmutation du tout au tout, p. 95-99.

2. L'opinion à laquelle Buridan s'oppose.

3. Voir p. 145 et p. 154.

4. Voir *supra*, *Questions sur l'âme*, I, qu. 6, p. 138.

et d'une forme, il est produit quelque chose d'un, celle-ci est posée par Aristote dans le livre VIII de la *Métaphysique* au sujet des formes accidentelles et de leurs sujets, comme au sujet des formes substantielles [1]. Aristote dit en effet cela pour écarter l'opinion de certains, qui disent que toute forme est unie à une matière ou à un sujet par une union ajoutée, que quelques-uns appellent « composition », d'autres « participation », « inhérence » ou « coexistence », comme il apparaît au livre VIII de la *Métaphysique*.

À propos de l'autre argument, il apparaît qu'Aristote dit bien dans le livre II du présent ouvrage [2], et dans le livre VII [3] et le livre VIII de la *Métaphysique* [4] que quelque

1. Plusieurs passages de la *Métaphysique*, H, 6, sont combinés dans les *Auctoritates Aristotelis* (voir éd. J. Hamesse, p. 132-133, n° 211) ; par exemple 1045 b 20-22, trad. p. 294 : « il revient au même de chercher ce qu'est la cause de l'unité et la cause de l'être un. En effet, chaque chose est une : ce qui est en puissance et ce qui est en acte sont un d'une certaine manière, de sorte qu'il n'y a aucune autre cause de l'unité, si ce n'est comme ce qui meut de la puissance à l'acte » ; *A. L.* : « Quare simile est querere unius que causa et unum essendi ; unum enim aliquid unumquodque, et quod potentia et quod actu unum aliqualiter est ».

2. Aristote, *De l'âme*, II, 1, 412 b 6, trad. p. 138 : « C'est pourquoi l'on n'a même pas besoin de chercher si le corps et l'âme font un exactement comme on ne demande plus de la cire et de la figure » ; *A. L.* : « Vnde non oportet querere si unum est anima et corpus, sicut neque ceram et figuram ».

3. Aristote, *Métaphysique*, Z, 3, 1029 a 2-5, trad. p. 236 : « par matière j'entends par exemple le bronze, par aspect la forme extérieure de l'idée, par ce qui résulte des deux la statue, le composé » ; *A. L.* : « Dico autem materiam quidem es, formam autem figuram speciei, quod autem ex hiis statuam totam ».

4. Aristote, *Métaphysique*, H, 6, 1045 a 27-28, trad. p. 293 : « l'objet de la recherche est : quelle est la cause de l'unité de la forme ronde et du bronze ? » ; *A. L.* : « Quod queritur est : quid causa est unum essendi rotundum et es ».

chose d'un par soi est fait à partir de la cire et de la figure, et en général à partir d'un sujet et d'un accident, comme d'une matière et d'une forme substantielle, sans qu'on ait besoin de chercher une cause intermédiaire. Mais c'est seulement à partir de la matière et d'une forme substantielle qu'est produite une substance qui est quelque chose d'un et un ceci déterminé ; à partir de la matière et d'un accident est produit un composé accidentel.

De l'autorité du Commentateur [1], on a parlé dans une autre question [2]. À propos de l'autorité d'Aristote, on dit que, bien que préexistent dans la matière des dispositions pour engendrer la forme, cependant cette forme n'est pas reçue dans ces dispositions mais dans la matière ainsi disposée, et elle est tirée de la puissance de la matière.

Au dernier argument, on répond que, en raison de l'ignorance de la matière [3] et de la connaissance d'une substance composée, selon une manière commune de parler tous les accidents sont attribués à la substance composée et non à la matière ; cependant ils ne sont tirés que de la puissance de la matière, du moins ceux qui se trouvent être semblables dans des composés de différentes espèces.

Alors certains ont voulu expliquer que toute forme substantielle, parmi toutes les autres formes inhérentes à son sujet, est première et acte premier, du point de vue de la dignité et de la perfection. Et ceci est vrai, mais n'apparaît pas concerner le propos d'Aristote puisqu'il pose aussi

1. Voir *supra*, n. 2, p. 3.

2. Voir *Questiones de anima*, II, qu 1, p. 143 (arguments contre l'âme comme acte substantiel).

3. Nous n'avons pas de connaissance directe de la matière, mais seulement d'une substance composée.

que la science est un acte premier [1]. C'est pourquoi il faut dire que, dans ce qui est en question, on parle d'acte « premier » et « second », en comparant la forme ou la disposition à l'opération qui procède d'elle, de sorte que toute forme ou disposition, de laquelle est à même de procéder une opération, est dite un acte premier, à savoir relativement à une telle opération; et cette opération est dite « acte second » relativement à la forme elle-même ou à la disposition. Ainsi en effet, Aristote pose toujours que la science est un acte premier, et prendre en considération est un acte second. Et ainsi universellement toute âme est un acte premier en regard des opérations vitales qui sont à même de procéder d'elle. Cela est facile.

Ensuite, comment l'âme est l'acte d'un corps, c'est dit dans une autre question. Mais à propos de ce que l'on demande, à savoir si l'âme est l'acte premier d'un corps organique, on peut dire que oui. Et ce n'est pas douteux au sujet des âmes totales des corps corruptibles, à savoir des animaux et des plantes. Dans ces corps apparaissent en effet des parties très dissemblables et servant à des opérations diverses. Mais au sujet de l'âme partielle de ce petit morceau de chair, on peut dire que cette chair est encore dite corps organique instrumental, non pas parce qu'il serait composé de parties dissemblables ni d'instruments dissemblables, mais parce que par elle-même la chair est un organe ou un instrument, distinct instrumentalement de l'os et du nerf, et remplissant une autre fonction auprès de l'âme.

1. Aristote, *De l'âme*, II, 1, 412 a 27, trad. p. 137 : « la première des deux à naître chez un même sujet, c'est la science »; *A. L.* : « Prior autem generatione in eodem sciencia est ».

Du ciel aussi on peut dire probablement que, bien qu'il soit de figure semblable et régulière, cependant pour le mouvement par lequel l'intelligence meut, les pôles servent d'une certaine façon et les autres parties autrement. Et Aristote, au livre II *Du ciel*, pose dans le ciel le droit et le gauche [1]. Et les étoiles aussi servent à autre chose que l'orbe qui les porte.

À propos des arguments. Il est manifeste que tous ceux qui portaient sur le corps organique et l'acte premier ont été résolus par ce qui a été dit.

Mais à propos de ce que dit Aristote, « certaines âmes ne sont l'acte d'aucun corps », on peut répondre qu'il pensait à l'acte tiré de la puissance du corps et de la matière, puisqu'en ce sens l'âme intellective n'est pas l'acte d'un corps [2]. Ou encore il pensait à un acte inhérent au corps, puisqu'en ce sens les âmes des cieux, à savoir les intelligences, ne sont pas des actes de corps ; cependant elles sont bien leurs actes, comme il a été dit dans une autre question.

1. Aristote, *Du ciel*, 285 a 29-31, trad. C. Dalimier et P. Pellegrin, Paris, GF-Flammarion, 2004, p. 197 : « puisque le ciel est animé, c'est-à-dire qu'il a un principe de mouvement, il est alors clair qu'il y a à la fois un haut et un bas et une droite et une gauche » ; *A. L.*, 8. 2, *De caelo et mundo*, Guillelmus de Morbeka translator Aristotelis : « Nobis autem quoniam determinatum est prius quod in habentibus principium motus tales virtutes existunt, est autem celum animatum et habet motus principium, manifestum quoniam habet sursum et deorsum et dextrum et sinistrum ».

2. On se situe dans l'hypothèse où l'âme intellective n'est pas tirée de la matière mais subsiste par soi et y est infusée – voir *Questions sur l'âme*, III, qu. 3 et qu. 4.

QUESTION 3

Est-ce que la définition de l'âme dans laquelle il est dit que l'âme est l'acte substantiel premier d'un corps physique organique ayant la vie en puissance est bonne [1] ?

On soutient d'abord que non, puisque l'absolu ne peut pas être défini par le relatif, parce qu'un terme absolu n'inclut pas dans sa raison quelque relatif. Pourtant l'âme est quelque chose d'absolu et le terme « âme » est un terme absolu. Les termes « acte » et « puissance » sont des termes relatifs l'un à l'autre comme il est clair au livre IX de la *Métaphysique* [2].

De même, la première partie d'une bonne définition doit être le genre du défini, comme il est clair dans le livre VI des *Topiques* [3]. Or les noms « acte » et « puissance »

1. Aristote, *De l'âme*, 412 b 4-5, trad. p. 137 : « Et si l'on a besoin d'une formule qui s'applique en commun à toute âme, ce sera : la réalisation première d'un corps naturel pourvu d'organes » (Tricot : « entéléchie première ») ; *A. L.* : « Si autem aliquod commune in omni anima oportet dicere, erit utique actus primus corporis phisici organici ».

2. Aristote, *Métaphysique*, Θ, 6, 1048 b 5-6, trad. p. 304 : « Posons que l'acte est défini par un des deux côtés de cette différence et que l'autre côté est ce qui a la puissance » ; *A. L.* : « Et huius differentie alteri parti sit actus determinatus, alteri autem possibile ».

3. Aristote, *Topiques*, VI, 5, 142 b 27-29, trad. J. Brunschwig, t. II, Paris, Les Belles Lettres, 2007, p. 54 : « C'est le genre qui tend

ne sont pas des genres, puisqu'ils sont des noms transcendants, qu'on peut trouver dans plusieurs ou dans toutes les catégories, donc etc.

De même, si l'âme est l'acte d'un corps, on demande de quel corps. En effet, ce n'est pas d'un corps du genre de la quantité, à savoir ce qui est une dimension [1], puisque celui-ci est un accident [2] et que l'âme n'informe pas un accident. Ni un corps du genre de la substance, puisque le nom « corps », pour autant qu'il est du genre de la substance, suppose pour une substance composée subsistant par soi, sinon il ne se prédiquerait pas quiditativement d'un homme, d'un animal, d'un âne et d'une pierre. Or l'âme n'est pas l'acte d'un composé puisque ce n'est pas celui-ci qu'elle informe mais seulement la matière qui lui est subjectée, donc etc.

De même c'est inutilement qu'on précise « physique » puisque tout corps est physique, même si certains sont aussi artificiels ; par exemple une statue est un corps physique, puisque c'est un étant. Et ainsi « physique » ne restreint en rien « corps », c'est pourquoi ce terme est mis en vain puisque, s'il était mis à juste titre, ce serait pour écarter le corps artificiel et le corps mathématique. Et ce n'est pas bien dit puisque ni le corps artificiel ni le corps

à signifier ce que c'est qu'une chose, et il est posé à la base, en premier parmi les éléments mentionnés dans la formule définitionnelle » ; *A. L.*, 5. 1, *Topica*, Boethius translator Aristotelis : « genus autem vult quid est significare, et primum ponitur eorum quae in diffinitione dicuntur ».

1. Un objet mathématique à trois dimensions.

2. Les objets mathématiques n'ont pas de subsistance propre mais sont abstraits à partir des choses physiques, ou de leurs accidents quantitatifs tels que la dimension.

mathématique ne diffèrent du corps naturel [1], comme on peut le voir dans le livre II de la *Physique* [2].

De même, on dit de façon incorrecte « ayant la vie en puissance », puisque tout ce qui a une âme a la vie en acte et non pas seulement en puissance. Ainsi, bien que dans le sommeil l'âme n'exerce aucune opération, cependant tant que l'âme subsiste l'animal n'est pas dit mort mais vivant.

De même, un acte ne doit pas être défini par une puissance mais inversement, comme il est clair dans le livre IX de la *Métaphysique* [3]. C'est pourquoi encore il est dit dans ce livre II qu'il faut traiter des opérations avant de traiter des puissances, puisque les actes et les opérations sont antérieures aux puissances selon la raison, c'est-à-dire selon la définition, comme le dit Aristote [4]. Donc puisque l'âme est un acte, elle n'est pas bien définie par une puissance. C'est pourquoi ce terme est mis de façon incorrecte dans la dernière clause.

1. Cela vient d'être justifié pour le corps artificiel, qui est physique ; en ce qui concerne le corps mathématique, nous avons rappelé plus haut qu'il n'est distingué des corps physiques que par la pensée.

2. Aristote, *Physique*, II, 2, 193 b 32, trad. p. 122 : « Or le mathématicien lui aussi s'occupe de ces choses, mais non en tant que chacune est limite d'un corps naturel » ; *A. L.*, 7. 1 : « De his quidem igitur negotiatur mathematicus, sed non in quantum phisici corporis terminus est unusquisque ».

3. Aristote, *Métaphysique*, Θ, 8, 1049 b 12, trad. p. 308 : « Donc, par l'énoncé, il est évident que l'acte est antérieur » ; *A. L.* : « [actus] ratione quidem igitur quia prior, palam ».

4. Aristote, *De l'âme*, II, 4,415 a 19-20, trad. p. 150 : « les facultés sont précédées par les actes et les actions, selon l'ordre logique » ; *A. L.* : « priores enim potenciis actus et operationes secundum rationem sunt ».

De même pour les vivants vivre est la même chose qu'être. C'est pourquoi la vie est la même chose que l'âme et une chose ne doit pas être définie par elle-même. Donc l'âme ne doit pas être définie par la vie.

De même la forme de la graine, de l'œuf ou du froment n'est pas une âme, et cependant cette définition lui convient. Donc elle n'est pas bonne puisqu'elle convient à d'autres choses qu'au défini. Et j'explique que cette définition convient à la forme substantielle de l'œuf, et ainsi de suite : un œuf a la vie en puissance, bien que non pas en acte, et il est un corps physique et organique, composé de parties dissemblables et dédiées à diverses fonctions, par exemple d'albumine et de jaune. Cependant la forme de l'œuf est son acte substantiel premier ; donc etc.

L'opposé est soutenu par Aristote, qui donne cette définition comme bonne [1].

Notez que ce n'est pas le naturaliste qui considère les substances selon leurs raisons simplement quiditatives, mais seulement le métaphysicien. Au contraire, le physicien ne considère les substances qu'en relation au mouvement et à leurs opérations. Et puisque les formes matérielles [2], pour leurs opérations, requièrent une matière déterminée et appropriée par des dispositions qualitatives ou quantitatives, il faut que le naturaliste définisse les formes par leurs matières propres. C'est pourquoi selon sa définition naturelle l'âme doit être définie par le corps physique organique.

1. Voir *supra*, n. 1, p. 168.

2. Les formes qui n'ont d'être que pour autant qu'elles informent une matière. Cela n'implique aucunement qu'elles aient les caractéristiques de la matière ou qu'elles y soient réductibles.

Je dis donc que c'est une bonne définition naturelle de l'âme puisqu'elle indique de façon explicite et convertible ce qu'est l'âme au sens naturel. Je dis « de façon explicite » puisqu'il a été dit que l'âme est un acte, et qu'elle est une substance, et un acte premier. Et la totalité de cette expression explicite cette définition. Et puisque l'acte est dit acte de quelque chose, c'est pourquoi il est dit explicitement ce dont elle est un acte : d'un corps physique organique. Et il est explicité aussi selon quelle puissance elle est un acte : selon la puissance de vivre. C'est pourquoi il est dit « ayant la vie en puissance ».

De même certaines définitions sont nominales, d'autres purement quiditatives, et d'autres causales explicitant non seulement ce qu'est une chose mais aussi pourquoi elle est [1]. Cette dernière est la plus parfaite. Or cette définition est de cette sorte. En effet, puisque l'âme est une forme, il n'est pas requis qu'elle ait une cause formelle, si ce n'est dans la mesure où nous appelons improprement le prédicat quiditatif forme du sujet, comme Aristote dit dans le livre II de la *Physique* que les parties de la définition sont des formes [2], à savoir que le genre est la forme commune et la différence la forme propre, comme dit le Commentateur

1. Sur les différentes espèces de définition, voir *Summulae de demonstrationibus*, 8. 2. 2 à 8. 2. 7, p. 30-61 ; sur la définition causale, 8. 2. 5, p. 52-56.

2. Voir peut-être Aristote, *Physique*, II, 1,193 a 35 - b 2 trad. p. 120 : « En effet, la chair et l'os en puissance ne sont pas encore des natures ni ne sont des natures avant qu'ils n'aient reçu la forme selon la définition, par laquelle nous disons dans des définitions que ce sont la chair et l'os » ; *A. L.*, 7. 1 : « potentia enim caro aut os neque habet adhuc sui ipsius naturam, priusquam accipiat speciem secundum rationem, qua diffinientes dicimus quid est caro aut os, neque natura est ».

au même endroit [1]. Pour exprimer une telle forme de l'âme, il est dit que l'âme est un acte premier substantiel. Pour exprimer sa cause matérielle et subjective, il est dit « d'un corps physique organique ». Et pour exprimer sa cause finale, il est dit « ayant la vie en puissance », si par « vie » nous entendons ici une opération vitale. En effet, l'opération est d'une certaine façon la fin de ce qui opère, comme la félicité est la fin de l'homme.

De même cette définition est bien convertible avec le terme « âme » puisqu'elle convient à toute âme et à elle seule. Je dis « à toute » puisqu'il a été expliqué plus haut que toute âme est l'acte substantiel premier d'un corps physique organique. Et c'est aussi l'acte de ce qui a la vie en puissance selon deux bonnes expositions [2]. La première est qu'elle est « l'acte de ce qui a la vie » ; et on arrête là, et par là elle diffère de la forme de l'œuf ou de la graine. Ensuite, « en puissance », comprenez des opérations vitales, c'est-à-dire de ce qui peut, par une vie et une âme de cette sorte, exercer des opérations vitales. Une autre exposition est : « l'acte de ce qui a la vie en puissance », c'est-à-dire l'acte par lequel un corps est dit vivant en acte puisque, sans cela, il ne serait vivant qu'en puissance. Et ainsi encore par cette clause l'âme diffère de la forme substantielle de l'œuf ou de la graine.

Ensuite encore cette définition convient à l'âme seulement, puisque, en ce que je dis « acte », l'âme diffère de la matière première et du composé. En ce que je dis « premier », elle diffère des actes seconds qui sont les

1. Averroès, *De Physico auditu*, dans *Aristotelis opera cum Averrois commentariis*, t. IV, f° 59 : « definitiones componuntur ex forma universali, que est genus, et propria, que est differentia ».

2. Explicitations d'une expression.

opérations vitales. En ce que je dis « substantiel », elle diffère de la science et des dispositions de cette sorte qui sont des accidents. Et lorsque je dis « corps » je ne restreins pas les termes précédents, mais j'explique la cause matérielle de l'âme. Et lorsque je dis encore « physique » je ne restreins pas, mais j'indique que l'âme n'est pas dite « acte du corps » selon la raison d'après laquelle il serait dit artificiel, mais selon la raison d'après laquelle il est par nature ; ou l'on pourrait encore dire que les noms « naturel » et « nature » ne signifient pas la substance absolument, mais en relation au mouvement ou à l'opération, comme cela doit être vu dans le livre II de la *Physique*. C'est en effet la même chose que signifie « *physis* » en grec et « *natura* » en latin, et pareillement « physique » et « naturel ». C'est pourquoi on met « physique » pour faire connaître la relation au mouvement ou aux opérations naturelles, puisque le naturaliste doit définir ses termes par le mouvement et le rapport au mouvement, comme il est dit dans le livre II de la *Physique* [1] et le livre VI de la *Métaphysique* [2]. Mais en ce que ce corps est dit « organique », l'âme diffère des formes substantielles des corps simples ou homogènes, comme des quatre éléments et des minéraux. Et par « ayant la vie en puissance », l'âme diffère des

1. Aristote, *Physique*, II, 1, 192 b 22-23, trad. p. 116 : « la nature est un certain principe, à savoir une cause du fait d'être mû et d'être en repos pour ce à quoi elle appartient immédiatement par soi et non par accident » ; *A. L.* : « quod est natura principium alicuius et causa movendi et quiescendi in quo est primum per se et non secundum accidens ».

2. Aristote, *Métaphysique*, E, 1, 1025 b 19-20, trad. p. 224 : « La science physique [...] traite d'une sorte de substance qui contient en elle le principe du mouvement et du repos » ; *A. L.*, : « phisica scientia [...] circa talem est substantiam in qua est principium motus et status in ea ».

formes des œufs et des graines, selon les explications données plus haut.

Concernant les arguments. Au premier il est répondu que les âmes et les autres formes substantielles ne sont pas définies par le naturaliste selon des concepts quiditatifs et absolus, mais relativement à la matière, au mouvement et aux opérations naturelles.

Au deuxième il est répondu que la définition purement quiditative doit être donnée par le vrai genre et les différences essentielles. Mais de bonnes descriptions et des définitions causales contiennent bien certains termes plus communs à la place du genre et des propriétés, et même des noms causaux à la place des différences. Souvent en effet, dans les bonnes descriptions, sont contenus de nombreux termes qui ne sont pas vraiment et proprement des genres et des différences, pour exprimer [1] les genres et les différences.

Au troisième, il est répondu que l'âme est l'acte d'un corps, c'est-à-dire de la matière corporelle à laquelle elle inhère, et aussi de la substance corporelle subsistant par soi en tant que partie formelle de celle-ci.

Concernant le quatrième, il ressort de ce qui a été dit que « physique » n'est pas posé en vain.

Le cinquième est résolu par les explications de « ayant a vie en puissance » qui ont été données plus haut.

Au sixième, le Commentateur répond que, puisqu'un acte et une puissance sont relatifs, il n'est pas gênant qu'ils soient définis l'un par l'autre [2]. Et Porphyre dit la même

1. Littéralement : cerner par le discours.

2. Averroès, *Metaphysicorum libri XIIII*, dans *Aristotelis opera cum Averrois commentariis*, t. VIII, Venetiis apud Junctas, 1562, f° 238 G.

chose du genre et de l'espèce [1]. Et Aristote, dans les *Catégories* : celui qui connaît par définition l'un des relatifs, connaît par définition l'autre, comme si chacun était défini par l'autre, ou du moins par son fondement [2].

Au septième, il est répondu que même si un homme et un animal sont la même chose, cependant le terme « homme » n'est pas le terme « animal », mais il est défini par lui. Et on peut dire la même chose de la vie et de l'âme.

De la forme de la graine, on a parlé dans la position de la question [3].

1. À notre connaissance, Porphyre ne dit pas littéralement ceci, même s'il compare les prédications de l'espèce au genre et du genre à l'espèce dans la chapitre X – voir édition-trad. A. de Libera, p. 19.

2. Aristote, *Catégories*, 7, 8 a 36-37, trad. P. Pellegrin et M. Crubellier, Paris, GF-Flammarion, 2007, p. 157 : « À partir de là, il est clair que si l'on connaît de façon déterminée un terme relatif, on connaîtra également de façon déterminée ce relativement à quoi il est dit » ; *A. L.*, 1. 1, *Categoriae [uel Praedicamenta]*, Boethius translator Aristotelis : « Ex his ergo manifestum est quod, si quis aliquid eorum quae sunt ad aliquid definite sciet, et illud ad quod dicitur definite sciturus est ».

3. Buridan semble renvoyer ici à l'exposé de sa détermination, avec les précisions liminaires requises.

QUESTION 4

Est-ce que dans un animal l'âme végétative et l'âme sensitive sont la même [4] ?

On soutient d'abord que non, mais que ce sont des formes et des âmes diverses, puisque nous ne pouvons soutenir la diversité des formes substantielles que par la diversité des opérations, étant donné que nous ne sommes conduits à la connaissance des substances que par les accidents et leurs propriétés. Or on voit que sentir, qui est l'œuvre de l'âme sensitive, et se nourrir, qui est l'œuvre de l'âme végétative, sont des opérations très différentes

4. Cette question et, indirectement, la suivante abordent le problème de la pluralité des formes qui a été objet de vifs débats au siècle précédent. Ce problème recouvre en vérité plusieurs questions différentes : celle de la préexistence d'une forme de corporéité avant l'information par l'âme, celle de la superposition de formes correspondant à chaque fonction ou à chaque étage du vivant (végétatif, sensitif, intellectif), et, plus récemment, celle de la dualité entre l'âme intellective et une âme à la fois végétative, sensitive et cogitative dans une perspective averroïste. La question posée ici par Buridan est la plus simple : y a-t-il dualité ou identité entre ce qui régit les fonctions vitales et sensitives telles qu'on les trouve chez tout animal ? Dans sa réponse, il exposera longuement, avant de la refuser, la position pluraliste, dans une expression maximale qui accumulerait les formes depuis la substantialité jusqu'à l'intellect.

selon l'espèce, et même selon le genre puisque d'après Aristote se nourrir est agir [1] et sentir est pâtir [2].

De même, des opérations plus différentes doivent provenir de formes et de principes plus différents. Or on constate que voir et se nourrir sont, pour ce cheval, des opérations plus différentes que voir pour un cheval et voir pour un âne ; c'est clair puisque aussi bien les organes que les sujets présentent une plus grande différence. Donc si voir, pour un âne, et voir, pour un cheval, proviennent d'âmes différentes selon l'espèce, il s'ensuit que pour un cheval, voir et se nourrir proviennent d'autant plus d'âmes spécifiquement différentes.

De même, être inhérent à quelque chose en tant que soi-même, c'est y être inhérent par sa nature ou son essence. C'est pourquoi être inhérent à un animal en tant qu'animal, c'est lui être inhérent par la nature grâce à laquelle il est un animal. Et de même être inhérent à un vivant en tant que vivant, c'est lui être inhérent par la nature grâce à laquelle il est vivant. Mais être sensitif est inhérent à Brunel en tant qu'animal et non en tant que vivant, et être végétatif est inhérent à lui en tant que vivant et non en tant qu'animal. Donc être sensitif est en lui par la nature grâce à laquelle il est un animal et non par la nature grâce à laquelle il est

1. *Ad sensum* ; voir peut-être Aristote, *De l'âme*, II, 4, 415 a 22-23, trad. p. 151 : « De sorte qu'il faut commencer par parler de la nourriture et de la reproduction, parce que l'âme nutritive appartient aussi aux êtres vivants autrement animés et qu'elle est la première faculté de l'âme et la plus commune, celle en vertu de laquelle la vie appartient à tous » ; *A. L.* : « Quare primum de alimento et generatione dicendum est : uegetatiua enim anima et aliis inest prima. Et maxime communis potencia est anime, secundum quam inest uiuere omnibus ».

2. Aristote, *De l'âme*, II, 4, 416 b 34, trad. p. 159 : « Or la sensation réside dans le fait de recevoir un mouvement » ; *A. L.* : « Sensus autem in moueri aliquid et pati accidit ».

vivant, et c'est l'inverse pour l'être végétatif. Donc en Brunel, la nature selon laquelle il est un animal est autre que celle selon laquelle il est vivant, et ce sont l'âme végétative et l'âme sensitive ; donc etc.

De même, dans le livre Ier *Du ciel*, il est dit que d'un corps simple unique il doit y avoir un mouvement simple unique par nature [1]. Donc aussi d'une âme simple unique il doit y avoir une opération simple unique. Mais l'âme végétative est une forme simple dont l'opération est de nourrir, donc sentir n'est pas son opération, mais celle d'une autre âme.

De même, la puissance de l'âme n'est pas distincte de l'âme, comme on le dira ensuite [2]. Or dans un cheval, le végétatif et le sensitif sont des puissances distinctes. Donc ce sont aussi des âmes distinctes.

On soutient l'opposé par l'autorité du Commentateur dans *La Substance de l'orbe* : « il est impossible qu'un sujet ait plusieurs formes substantielles » [3].

De même il s'ensuit qu'un cheval serait plusieurs êtres animés puisque n'importe quelle âme donne l'être animé [4], et ceci semble absurde

1. Aristote, *Du ciel*, I, 2, 269 a 1, trad. p. 77 : « Les mouvements des corps simples sont simples » ; *A. L.*, 8. 2, *De caelo et mundo*, Guillelmus de Morbeka translator Aristotelis : « necesse et motus esse hos quidem simplices hos autem mixtos aliqualiter ; simplicium quidem simplices ».

2. Voir la question suivante.

3. Averroès, *De substantia orbis*, dans *Aristotelis opera cum Averrois commentariis*, Venetiis apud Junctas, MDLXII, t. IX, f° 3 K-L : « Unum enim subiectum habere plus quam unam formam est impossibile ».

4. Confère l'animation.

De même, quelque chose d'un par soi n'est pas produit à partir de plusieurs choses en acte, comme on le lit dans le livre VII de la *Métaphysique* [1]. Et n'importe quelle âme donne l'être en acte. Donc un animal, s'il avait ainsi plusieurs âmes, ne serait pas quelque chose d'un par soi, ce qui est faux.

De même, Aristote, dans le livre Ier de la *Physique* [2], et partout où il parle de cette question, reproche aux anciens d'avoir posé que le sujet premier des transmutations naturelles était une substance en acte, comme l'air, l'eau, le feu, ou quelque chose d'intermédiaire entre eux, car l'idée d'Aristote est que ce ne serait plus absolument une génération mais seulement une altération [3]. En effet, on n'aurait pas absolument une génération mais une altération si le même sujet subsistait dans un acte substantiel ; et ce ne serait pas une forme substantielle qu'il acquerrait, mais une forme accidentelle. Donc, cela étant supposé, il est manifeste que l'âme sensitive dans un cheval ne serait pas une forme substantielle, et que sa génération ne serait pas une génération substantielle mais une altération, puisque,

1. Aristote, *Métaphysique*, Z, 13, 1039 a 3-4, trad. p. 269 : « il est impossible qu'une substance soit composée de substances constituantes qui soient en état accompli » ; *A. L.* : « Impossibile enim substantiam ex substantiis esse inexistentibus sic ut actu ».

2. Voir Aristote, *Physique*, I, 4, *passim*, mais aussi *De la génération et de la corruption*, I, 1.

3. Voir Aristote, *De la génération et de la corruption*, I, 1, 314 a 9-11, trad. M. Rashed, Paris, Les Belles Lettres, 2005, p. 1 : « tous ceux en effet qui disent que le tout est un et engendrent toutes choses à partir d'une seule sont contraints d'affirmer que la génération est une altération » ; *A. L.*, 9. 2 : « Quicumque enim unum aliquid dicunt esse omne et omnia ex uno generant, his quidem utique necesse est generationem alterationem dicere ».

par l'âme végétative, elle aurait un sujet en acte substantiel. Et cela ne convient pas ; donc etc.

Cette question est bien difficile, car il est difficile de démontrer l'un ou l'autre côté.

En effet, ceux qui tiennent pour plusieurs âmes et formes substantielles dans le même suppôt fondent leur opinion sur le fait que, selon le degré et l'ordre des prédicats quiditatifs, à savoir des genres et des espèces subordonnés les uns aux autres, il y a dans le même suppôt plusieurs formes substantielles subordonnées ; ainsi dans Socrate il y a une première forme par laquelle il est une substance, une autre par laquelle il est un corps, une autre par laquelle il est un animal et une autre par laquelle il est un homme. Et de même que la matière première est naturellement en puissance à l'égard de la première d'entre elles, à savoir la plus générale, et que celle-ci est le premier acte de cette matière en raison duquel, à partir d'eux, est produit quelque chose d'un par soi, de même la deuxième forme se rapporte au composé fait de matière et de la première forme, c'est-à-dire que ce composé est par soi puissance relativement à cette deuxième forme. Et celle-ci est l'acte formel de ce composé. C'est pourquoi est produit à partir d'eux quelque chose d'un par soi, comme c'était le cas à partir de la matière première et de la première forme. Et ainsi de suite, pour la même raison, d'une troisième forme et de ce qui est composé de la matière et des deux premières formes est produit quelque chose d'un par soi. Et ainsi jusqu'à la forme finale et spécialissime, qui n'est alors pas en puissance d'une forme substantielle ultérieure. C'est pourquoi toute disposition qui lui adviendrait ensuite serait une forme accidentelle. Et si elle subsiste, toute transmutation serait une altération et non une génération substantielle. Et ils imaginent que, en ce qui concerne l'âme sensitive, tous les animaux sont de même raison substantielle, de laquelle est pris le genre animal, et selon les formes spécifiques ultérieures ils sont des hommes, des chevaux, des chiens, de différentes raisons substantielles spécifiques.

Ils résolvent alors les raisons et autorités qui allaient en sens opposé.

À propos du Commentateur [1], ils affirment que celui-ci voulait dire qu'un sujet ne peut avoir qu'une seule forme substantielle finale, à savoir celle dont est prise son espèce dernière dans la catégorie de substance, mais qu'il a bien plusieurs formes substantielles générales antérieures.

Au deuxième argument, ils répondent qu'il n'est pas impossible d'accepter qu'un animé soit plusieurs animés, car tout l'animé est ses parties quantitatives, dont chacune est animée [2]. Et bien qu'elles soient plusieurs, la totalité du composé forme cependant un seul être animé, puisque à partir d'elles est produit quelque chose d'un par soi, de la façon qui a été dite.

Au troisième, ils concèdent qu'à partir de plusieurs choses prises dans leur acte substantiel spécifique et final n'est pas produit quelque chose d'un par soi, mais qu'à partir de formes subordonnées dont l'une est puissance à l'égard de l'autre est produit quelque chose d'un par soi, comme il a été dit.

Au quatrième, ils répondent qu'Aristote critiquait ceux qui posaient que ce sujet serait dans un acte substantiel selon une forme spécifique et finale; car il s'ensuivrait

1. Voir *supra*, n. 3, p. 179.

2. Le tout est équivalent à ses parties prises ensemble. Et ce n'est pas seulement l'homme, par exemple, qui est animé, mais chacune de ses parties.

que, alors que celui-ci subsisterait, il n'y aurait pas de génération substantielle mais seulement une altération.

Nonobstant ces arguments, je crois l'opposé, à savoir que dans un cheval il y a une âme unique, et qu'il n'y a pas en lui une âme végétative distincte de l'âme sensitive ni une âme sensitive distincte de la végétative. Il est vrai que rejeter de façon générale cette multiplication des formes selon la multiplication des prédicats quiditatifs relève du livre VII de la *Métaphysique* [1]. C'est pourquoi, cela étant supposé, je ne dirai rien ici en dehors de ce qui concerne en particulier les âmes et les choses animées.

Je pose donc des raisons probables pour prouver qu'il n'y a pas de cette façon dans un cheval une âme sensitive et une âme végétative différentes.

La première raison est que si dans un cheval on dissociait l'âme sensitive de l'âme végétative ou inversement – Dieu pourrait en effet les séparer de cette façon si elles étaient différentes – donc une fois enlevée l'âme sensitive resterait l'âme végétative, et ce qui resterait serait une plante. En effet tout être animé ayant une âme végétative sans âme sensitive est une plante. Mais dans le cas inverse, une fois enlevé la végétative et si la sensitive subsistait, ce qui resterait serait un animal. Et un cheval serait actuellement

1. Voir Buridan, *Questiones in Metaphysicen Aristotelis*, VII, qu. 14, f°s 49ra-50rb : « Utrum in eodem supposito sint plure forme substantiales, ut in Sorte, correspondentes pluribus predicatis quiditativis subordinatis » ; « Est-ce que dans un même suppôt, tel que Socrate, il y a plusieurs formes substantielles correspondant à plusieurs prédicats quiditatifs subordonnés entre eux ? » La formulation buridanienne suggère que les tenants de la pluralité, malgré la difficulté de la question, sont victimes d'une illusion multipliant les formes réelles logiques selon la pluralité des prédicats.

composé des deux. Donc il est composé d'un animal et d'une plante, ce qui est absurde.

De même il s'ensuivrait que la végétative dans un cheval serait plus noble que la sensitive, même celle qui est dans ce cheval, ce qui semble absurde. La conséquence est patente puisque son œuvre est plus noble, étant donné que l'œuvre de la végétative est d'agir à l'égard de la substance par la nutrition et la génération, et que l'œuvre de la sensitive n'est que de recevoir les images sensibles de l'extérieur au moyen de la sensation, qui n'est rien qu'un certain accident. Or agir est plus noble que pâtir, et produire un effet plus noble est plus noble que produire un effet moins noble, s'il s'agit d'agents divers.

De même on argumente plus difficilement : ceux-ci posent que selon l'âme sensitive le cheval et le chien sont de même raison substantielle, et que cependant ils diffèrent selon des raisons substantielles spécifiques, c'est-à-dire par différentes formes substantielles spécifiques ajoutées à l'âme sensitive ou aux âmes sensitives. Je demande donc si cette forme substantielle spécifique qui est dans le cheval en plus de l'âme sensitive et de l'âme végétative est une certaine âme ou une autre forme. Et aucune de ces hypothèses ne conviendra. Le premier inconvénient serait que cette forme ne soit pas une âme puisque alors elle serait moins noble que l'âme. Et cela n'est pas acceptable puisque, selon eux, la forme spécifique se rapporte à la forme générale comme l'acte et la perfection substantielle à la puissance, et comme la forme générale à la matière. Or la perfection substantielle doit être plus noble que ne l'est une puissance perfectible, de même que la forme générale est considérée comme plus noble que la matière elle-même. Deuxièmement, il apparaît que cette forme serait moins noble que l'âme puisque, parmi toutes les formes naturelles, les âmes sont tenues pour les plus nobles de toutes. Et derechef, que cette forme spécifique soit une âme ou non, ou elle serait une forme cognitive ou elle serait une forme non cognitive. S'il ne s'agit pas d'une forme cognitive, alors elle sera moins noble que l'âme sensitive car toute forme cognitive semble être plus noble qu'une forme non cognitive. Et il n'est pas acceptable, comme il a été dit, que selon cette opinion la forme spécifique soit moins noble que la forme générale. Si cette forme est cognitive, alors elle sera sensitive ou intellective puisque toute connaissance est sensation ou intellection. Et dans le cheval elle n'est pas intellective, donc elle serait sensitive et elle ne serait pas distincte de l'âme sensitive. Et pareillement l'on demande, puisqu'un poirier et un pommier ne diffèrent pas selon la raison substantielle par l'âme végétative mais par d'autres formes qui leur sont spécifiques, si ces formes spécifiques sont des âmes ou non, et il s'ensuit le même inconvénient que précédemment.

De même ils posent que l'âme végétative est de même nature dans l'homme, le cheval, le poisson et le vers, et ceci est tout à fait absurde, puisque alors ils devraient prendre leur nourriture de façon semblable, produire une chair semblable et former des membres semblables, ce qui est manifestement faux. La conséquence est patente puisque si l'on pose d'autres âmes que la végétative, alors parmi elles aucune n'œuvrerait à la nutrition, à la croissance, et pareillement à la génération, et par conséquent n'œuvrerait à engendrer la chair ou les os et à former les membres, excepté l'âme végétative par ses puissances. Cependant, celle-ci serait de même raison et de semblable nature dans tous ces animaux ; elle devrait même avoir en eux des puissances semblables et des opérations semblables. Mais si quelqu'un voulait dire que l'âme végétative n'était pas de même raison ni de nature semblable dans les animaux mentionnées, alors ceux-ci, par leurs âmes végétatives, diffèrent entre eux spécifiquement, selon les raisons substantielles, et non pas seulement des choses inanimées. Et ainsi, pour rendre compte des différences spécifiques des animaux et des plantes il ne serait pas nécessaire qu'il y ait en l'un d'eux une forme substantielle autre que l'âme végétative.

De même, on ne poserait dans un cheval une âme sensitive distincte de l'âme végétative qu'en raison de la diversité des opérations. Mais cela n'impliquerait pas une diversité de formes substantielles dans un même suppôt, puisque la même âme intellective a des opérations très diverses, comme comprendre et vouloir, de même qu'appréhender, composer et diviser, et même mouvoir le corps et les puissances corporelles. Et il n'y a pas d'âme végétative – même dans une plante, aussi imparfaite soit-elle – qui n'ait des opérations dissemblables comme attirer la nourriture par les racines, assimiler l'aliment, se nourrir, croître, émettre des feuilles et porter des fruits, ou engendrer son semblable. Et même la forme d'un élément, comme celle de l'eau, meut vers le bas par la pesanteur, refroidit par la froideur, humidifie par l'humidité. Et si elle était réchauffée, une fois ce qui réchauffe enlevé, elle se refroidirait.

On peut alors répondre aux arguments.

Au premier, quand on dit que nous ne pouvons soutenir la diversité spécifique des formes substantielles dans ces êtres matériels qu'à partir de la diversité des opérations, cela est concédé ; cependant ce n'est pas n'importe quelle diversité spécifique d'opérations qui implique une diversité de formes substantielles. En effet, cela ne l'implique pas en un suppôt parce qu'une forme de degré supérieur et de plus grande actualité peut exercer plusieurs opérations et de plus nobles [1], et contient potentiellement les formes inférieures, comme le mixte contient et retient des éléments certaines vertus et opérations semblables à ses opérations, du fait que le mixte est mû selon la nature de l'élément prédominant, bien que, je suppose, les formes substantielles des éléments ne subsistent pas. Et c'est ce que veut dire Aristote dans ce livre II, qu'il en est des âmes comme des figures [2]. Toujours en effet, dans ce qui est postérieur se trouve la puissance qui est antérieure, comme le trigone dans le tétragone et le végétatif dans le sensitif. Mais si divers suppôts parfaits et complets [3] en ce qui concerne leurs natures se rapportent l'un à l'autre de telle manière que l'un soit naturellement, et non par acquisition, destiné à telle opération à laquelle (ou à une opération semblable) l'autre n'est pas destiné, ces suppôts sont jugés avoir des formes substantielles spécifiquement différentes. Et cela se juge surtout dans les vivants, à partir des configurations différentes des corps et des membres ; par exemple un cheval a naturellement des pieds pour marcher, et non un poisson. Cela s'argumente aussi beaucoup à partir des générations ; ainsi la semence du cheval ou du froment n'engendrera jamais un chien ou de l'orge. Pour cette raison, il apparaît que le premier et le deuxième arguments ne sont pas nécessairement concluants.

Au troisième, on répond que Brunel, par la même essence et nature qui est la sienne, est Brunel, un âne, un

1. Tel est le principe de base des tenants de l'unicité : une forme (âme) supérieure peut assumer les fonctions d'une forme (âme) inférieure

2. Aristote, *De l'âme*, II, 3, 414 b 29, trad. p. 149 : « les données psychiques se présentent à peu près comme le cas des figures » ; *A. L.*, « Similiter autem se habent ei quod de figuris est et que secundum animam sunt ».

3. Littéralement : non diminués

animal et un vivant, et cela selon ce qu'il est, puisque c'est par son essence. Et lorsque l'on dit que l'être sensitif inhère à Brunel selon qu'il est un animal et non pas selon qu'il est vivant, par là nous entendons que la proposition « un animal est sensitif » est vraie par soi et à titre premier et non pas « un vivant est sensitif ». De telle sorte que par « être selon ce qu'il est » est comprise une prédication convertible des termes, qu'elle soit première, immédiate ou de cette sorte, dans la mesure où l'on explicite la réduplication. Ainsi cette expression ne porte pas sur une inhérence réelle.

Au quatrième argument, on peut répondre que les formes des éléments sont les premières et les plus basses parmi les formes substantielles, et qu'elles n'incluent pas virtuellement, de quelque manière que ce soit, les qualités et puissances des corps premiers. Donc il est raisonnable qu'ils n'aient pas une diversité d'opérations, du moins dans un même genre de mouvement. Mais cela n'est pas raisonnable des formes plus parfaites de degrés supérieurs. Et cet argument sera considéré plus complètement dans le livre Ier *Du ciel* [1].

Au cinquième et dernier argument, on répond que la puissance sensitive est l'âme sensitive et que la puissance végétative est l'âme végétative. Ainsi, je dis que dans un cheval, la même âme est puissance sensitive et puissance végétative, mais qu'elle est nommée par différents noms, par lesquels on comprend qu'elle est le principe de différentes opérations, comme on le dira davantage plus loin.

1. Jean Buridan, *Quaestiones in Aristotelis de caelo*, I, qu. 6, éd. B. Patar, Louvain-la-Neuve - Louvain - Paris, Institut supérieur de philosophie - Peeters, 1996, p. 255-259.

QUESTION 5

Est-ce que les puissances de l'âme sont distinctes de l'âme elle-même [1] ?

Et l'on soutient que oui, car sinon elles ne seraient pas distinctes l'une de l'autre. Or je prouve qu'elles sont distinctes l'une de l'autre, même dans un même suppôt, où cependant il a été dit qu'il n'y a qu'une seule âme [2]. Et je prouve cela de plusieurs façons. D'abord parce qu'elles ont des actes divers et que les puissances se distinguent par les actes, donc etc.

Deuxièmement encore parce qu'elles ont différents organes et différents objets, comme on le voit à propos de la vue et de l'ouïe ; et il en va de même de la végétative et de la sensitive, puisque l'objet de celle-ci est le sensible et de celle-là l'aliment.

1. Thomas d'Aquin, en affirmant l'identité essentielle de l'âme, soulignait la diversité de ses puissances, dans la mesure où l'âme n'est pas par essence le principe *immédiat* de toutes ses opérations (voir *Quaestiones disputatae de anima*, éd. C. Bazan, dans Sancti Thomas de Aquino *Opera omnia*, t. XXIV-1, Rome-Paris, 1996, qu. 11 à 13. Buridan infléchira cette thèse grâce à une interprétation sémantique de cette diversité. *Cf.* Johannes Buridanus, *Super decem libros Ethicorum*, VI, qu. 3 : « Utrum potentie anime sint ab anima realiter distincta », Parisiis, 1513, f°s 118ra-119va.

2. Voir question précédente.

Troisièmement parce que là où n'est pas l'une, il y a l'autre, comme la puissance de voir est dans l'œil et non pas dans le pied ni dans l'oreille. En effet si la puissance de voir était dans le pied ou dans l'oreille, elle y serait en vain puisqu'elle ne pourrait exercer son opération, et la nature ne fait rien en vain.

Quatrièmement parce que le cœur a une puissance, le cerveau une autre, le foie une autre, qui sont ordonnées à différentes opérations.

Cinquièmement Aristote distingue entre ces puissances – y compris dans un même suppôt – puisqu'il dit que certains les possèdent toutes, d'autres plusieurs, d'autres une seule. Et il dit que l'une est incluse potentiellement dans une autre, comme la végétative dans la sensitive.

Sixièmement parce que quelque chose n'est pas opposé à soi-même. Or il est dit au livre Ier de l'*Éthique*, que le sens s'oppose et fait obstacle à la raison [1].

Septièmement parce que l'intellect n'est pas une vertu organique ni étendue, et que les autres sont organiques et étendues ; et parce que l'intellect est séparé des autres comme le perpétuel du corruptible.

Huitièmement parce que certaines puissances sont des puissances cognitives, comme la sensitive et l'intellective,

1. Aristote, *Éthique à Nicomaque*, I, 13, 1102 b 16-19 et 23-24, trad. p. 97 : « Mais manifestement, il y a aussi en eux une autre chose, naturellement distincte de la raison, qui est en conflit avec elle et lui résiste » ; « Mais il n'en reste sans doute pas moins que, dans le cas de l'âme aussi on puisse penser qu'il y a quelque chose, à côté de la raison, qui lui est contraire et marche contre elle » ; *A. L.* : « Videtur autem in ipsis aliud quidem preter racionem innatum, quod adversatur et obviat racioni » ; « in anima existimandum esse aliquid preter racionem, contrarians huic et obvians ».

et d'autres non; certaines sont conservatrices des images [1], comme la fantaisie, et d'autres non.

De même, à la question principale : la puissance de l'âme se rapporte à l'âme comme la puissance de la matière se rapporte à la matière. Or la puissance de la matière ne relève pas de l'essence de la matière, comme le dit le Commentateur au livre Ier de la *Physique* [2]. Pour le prouver, il apporte trois raisons; d'abord que la matière est substance et que la puissance est relative [3], et la même chose peut être dite de l'âme et de la substance de l'âme; deuxièmement parce que de la même matière il y a plusieurs puissances, et la même chose peut être dite de l'âme; troisièmement parce que la puissance, comme il dit, est corrompue à l'arrivée de la forme, alors que la matière subsiste; donc etc.

De même, l'âme exerce différentes opérations par la médiation de différentes puissances, et le moyen n'est pas identique à l'un des extrêmes; donc etc.

De même une chose ne se dénomme pas elle-même, par exemple le blanc n'est pas blancheur [4]; or l'âme est

1. *Specierum*.

2. L'exigence de distinguer entre la nature de la matière et sa puissance est constante chez Averroès; voir *ad sensum*, Averroès, *De physico auditu*, II, comm. 70, f° 40 E-F. Jean de Jandun a consacré une question de son commentaire sur la *Physique* à ce problème : voir Jean de Jandun, *Questiones de Physico auditu*, I, qu. 25, Venise, 1519 : « Utrum potentia materie sit idem essentialiter cum essentia materie vel cum substantia materie »; « Est-ce que la puissance de la matière est essentiellement la même que l'essence de la matière ou que la substance de la matière ? »

3. *Ad aliquid*.

4. Une chose blanche possède la blancheur, elle n'est pas (la) blancheur; il s'agit d'une prédication dite dénominative, et non pas essentielle. Selon cet argument, l'âme posséderait telle puissance comme le mur possède la blancheur.

« pouvant », à savoir qu'elle peut exercer ses opérations. Donc elle n'est pas une puissance.

De même, dans le livre II de l'*Éthique*, Aristote dit qu'il y a trois choses dans l'âme, à savoir les passions, les puissances et les dispositions [1]. Et une chose n'est pas en elle-même. Donc ces puissances sont distinctes de l'âme.

On soutient l'opposé puisque la puissance de l'âme se rapporte à l'âme comme la puissance de la matière à la matière. Or au début de ce livre II Aristote dit que la matière est puissance [2].

De même, si la puissance était un accident de l'âme, l'âme serait en puissance à l'égard d'elle-même, puisqu'un sujet est en puissance à l'égard de tous ses accidents. Donc ou bien elle serait elle-même en puissance à l'égard de cette puissance et alors, pour la même raison, nous pourrions affirmer cela dès le début, ou bien elle serait en puissance à l'égard de cette puissance par une autre puissance, et l'on procéderait ainsi à l'infini, ce qui ne convient pas.

De même Aristote décrit l'âme comme ce par quoi nous vivons, sentons et intelligeons. Or la puissance végétative, la puissance sensitive, la puissance intellective, sont ce par quoi nous vivons, sentons et intelligeons ; donc etc.

1. Aristote, *Éthique à Nicomaque*, II, 4, 1105 b 20, trad. p. 110 : « l'âme donne lieu à trois choses : des affections, des capacités et des états » ; *A. L.* : « que in anima fiunt tria sunt, passiones, potencie et habitus ».

2. Aristote, *De l'âme*, II, 1, 412 a 9, trad. p. 135 : « La matière est puissance » : *A. L.* : « est autem materia quidem potencia ».

De même, dans le livre III de cet ouvrage, Aristote dit que ce qui désire n'est pas autre que ce qui fuit, et que ce n'est pas autre chose que ce qui sent [1].

Il faut dire brièvement que toute âme est une puissance, puisque tout principe actif ou passif de quelque mouvement ou opération est une puissance active ou passive : active s'il s'agit d'un principe actif, passive s'ils s'agit d'un principe passif. Or toute âme est principe soit actif soit passif de son opération, comme tout le monde le concède. La majeure est manifeste par les définitions de la puissance active et de la puissance passive au livre IX de la *Métaphysique* [2]. La puissance active et la puissance passive y sont en effet définies ainsi : la puissance active est principe de transformation d'autre chose, et la puissance passive principe d'être transformé par autre chose. De là vient que Dieu est la première puissance active et la matière est la première puissance passive, du moins dans les transmutations substantielles.

De même tout agent, ou tout ce qui est actif, est une puissance active puisque lui convient la définition de la puissance active. Or toute âme est un agent, ou est active, puisque comme Aristote l'explique dans le livre II de ce

1. Aristote, *De l'âme*, III, 7, 431 a 12, trad. p. 235 : « il n'y a pas de différence entre les facultés d'appétit et d'aversion; elles ne se distinguent ni l'une de l'autre ni de la faculté sensitive » ; *A. L.* : « Et non alterum appetitiuum et fugitiuum neque ab inuicem nequea sensitiuo ».

2. Aristote, *Métaphysique*, Θ, 1, 1046 a 9, trad. p. 296 : « toutes les puissances relatives à la même forme sont sans exception des principes » ; *A. L.* : « Quecumque autem ad eandem speciem, omnes principia quedam sunt » ; la suite du passage évoque la puissance de produire et la puissance d'être affecté.

traité, toute âme, du moins dans les choses corruptibles, est cause du corps non seulement en tant que forme et fin, mais encore en tant qu'agent [3]. Il est donc manifeste qu'en tout vivant corruptible l'âme est puissance végétative puisqu'elle est principe actif de nutrition. En tout animal, l'âme est puissance sensitive, puisqu'elle est principe, actif ou passif, de sensation. Et en tout homme l'âme est puissance intellective puisqu'elle est principe, actif, passif ou les deux, d'intellection. Et s'il n'y a qu'une seule âme en un suppôt unique, alors en l'homme cette âme est puissance intellective, puissance sensitive, puissance végétative, puissance motrice selon le lieu et puissance appétitive, d'après ce qui a été dit. Elle est en effet principe actif et passif de nutrition, d'intellection et de sensation.

On peut alors se demander : dit-on à juste titre qu'en l'homme il y a plusieurs puissances de l'âme ?

Je crois que non, en parlant des puissances principales selon ce que nous distinguerons plus tard à propos des puissances, et en parlant selon la valeur des mots [4]. En effet, si quelqu'un est père de plusieurs, il n'est pas requis qu'il soit plusieurs pères ; et si quelque chose est différent de nombreuses choses, ce n'est pas pour autant qu'il est de nombreuses différences. Mais selon un sens impropre, nous concédons qu'il y a en l'homme de nombreuses puissances de l'âme, au sens où l'âme peut exercer de

3. Aristote, *De l'âme*, II, 4, 415 b 9-11, trad. p. 152-153 : « l'âme constitue ainsi une cause dans les acceptions qu'on a définies, à trois titres : c'est, en effet, et l'origine du mouvement et la fin poursuivie, et, en sa qualité de substance des corps animés, l'âme tient aussi un rôle causal » ; *A. L.* : « anima secundum determinatos tres modos causa dicitur : et enim unde motus ipsa est, et cuius causa, et sicut substancia animatorum corporum anima causa ».

4. En les prenant au sens littéral ou premier.

nombreuses opérations différentes ; et selon des raisons diverses et représentatives de ces opérations, lui sont attribués différents noms, que nous disons différer selon la raison. Ainsi nous disons que l'intellect, le sensitif et le végétatif diffèrent selon la raison puisque ces noms signifient la même chose selon différentes raisons [1].

Nonobstant ce qui précède, et qui est vrai, je pose une autre conclusion, à savoir que les puissances de l'âme sont distinctes de l'âme et distinctes entre elles, puisque je suppose à partir des définitions des puissances actives et passives que tout actif est une puissance active et que tout passif est une puissance passive, et qu'ils reçoivent leurs dénominations propres des opérations, de sorte que tout ce qui est actif pour la nutrition est une puissance nutritive, et tout ce qui est actif pour la chaleur est une puissance chauffante. Et de la sorte, si voir était agir, toute puissance active de vision serait une puissance visuelle.

En outre, bien que l'âme soit l'actif principal dans la nutrition, cependant la chaleur naturelle et plusieurs dispositions de l'âme ou du corps coagissent à la nutrition en tant qu'agents instrumentaux que l'âme utilise pour produire la nutrition, comme le forgeron utilise du feu et un marteau. Et ainsi, pour sentir, l'âme sensitive utilise une image [2] sensible et certaines dispositions de l'organe. Et de même pour l'âme motrice selon le lieu. L'intellect aussi utilise une image [3] intelligible pour former l'intellection. Donc les dispositions que l'âme utilise instrumentalement pour nourrir sont des puissances nutritives

1. Ces différentes *rationes* sont différents points de vue conceptuels sur une même réalité.

2. *Species*.

3. *Species*.

instrumentales, et elles diffèrent de l'âme nutritive. Et de même les dispositions pour sentir sont des puissances sensitives instrumentales, et elles diffèrent de l'âme sensitive. Et puisqu'il s'agit de dispositions, les unes pour nourrir, les autres pour sentir – et certaines encore pour voir et d'autres pour entendre –, il est manifeste que, en parlant des puissances instrumentales qui sont appelées de puissances de l'âme parce que ce sont des instruments de l'âme, elles diffèrent de l'âme et elles diffèrent entre elles.

De cette façon, il est clair que cette conclusion et la première ne sont pas incompatibles. Elles sont en effet subcontraires et vraies en même temps. Mais la première conclusion s'entend des puissances principales de l'âme, à savoir celles qui sont les principes principaux par lesquels s'exercent les opérations vitales. Et cette seconde conclusion s'entend des puissances instrumentales que l'âme utilise et dont elle a besoin pour exercer ses opérations. Tout se résout donc en distinguant entre puissance principale et puissance instrumentale ou dispositive.

Il faut alors répondre aux arguments.

Au premier et au deuxième, je réponds que la même âme a bien différentes objets et différents actes qu'elle exerce par différents organes, et ensuite lui sont donnés divers noms correspondant aux noms de ces actes. On parlera davantage de cela dans une autre question [1].

Concernant le troisième argument, quand on dit que l'âme végétative, ou l'âme tactile, se trouve là où ne se trouve pas l'âme visuelle dans l'homme ou dans le cheval, je le concède des puissances instrumentales, mais non pas

1. Voir *Questions sur l'âme*, II, qu. 6.

des puissances principales. Mais tu peux, rationnellement, demander si l'âme, dans le pied du cheval, est visuelle. Et je dis que oui, en parlant de la puissance principale et lointaine, puisque par elle-même elle est destinée à voir, et elle verrait, dans le pied, si Dieu et la nature formaient pour elle un œil dans le pied. Cependant, elle n'est pas, dans le pied, la puissance proche de voir puisque par « puissance proche » nous devons comprendre ou bien les dispositions requises avec l'agent principal ou bien cette puissance principale elle même ayant les dispositions requises pour opérer. Et lorsqu'elle est sans ces dernières, elle est appelée « puissance éloignée ». Et cette puissance ne se trouve pas en vain dans le pied, puisqu'elle y exerce d'autre opérations [1].

Concernant le quatrième argument, on concède que le cœur et le cerveau ont des puissances instrumentales de l'âme très différentes, et dans le cheval aussi elles ont des parties quantitatives de l'âme différentes, mais cependant de nature semblable et d'espèce semblable, qui sont des parties simples d'une âme totale simple.

Au cinquième, je réponds que l'intention d'Aristote est de distinguer entre les noms et les raisons par lesquels une même chose est nommée en relation à différentes opérations.

Concernant le sixième, il est certain que souvent le jugement des sens est erroné jusqu'à ce que la raison le corrige : par exemple j'ai vu le soleil et j'ai jugé qu'il était de deux pieds, et par la raison on sait qu'il est plus grand que toute la terre. Mais il ne peut se trouver en même temps

1. La puissance principale, qui est toujours l'âme unique, exerce d'autres opérations telles que la marche, à l'aide d'autres organes ou puissances instrumentales.

que l'âme juge et assentisse à chacune de ces propositions. Et même parfois le sens juge que ce qui est délectable doit être recherché alors que la raison juge, parce que c'est malhonnête, que cela doit être fui. Mais jamais un homme ne juge et n'assentit en même temps que cela doive être recherché et fui, ce qui cependant pourrait se produire s'il n'y avait pas une seule âme sensitive et intellective. Or il ne le peut pas, parce que des jugements contraires ne peuvent se trouver en même temps dans le même esprit. Au contraire, s'il juge selon une apparence, le jugement selon l'autre disparaît. Je dis donc que dans de nombreux cas, le jugement selon la raison et le jugement qu'on ferait selon le sens, si un raisonnement ne s'y opposait pas, se confrontent car ils ne sont pas compatibles. Et de même l'appétit, suivant le jugement du sens, est parfois fort au point d'incliner à ne pas raisonner à propos du contraire et à ne pas consentir à ce que la raison, si elle prenait le dessus, dicterait qu'il faut consentir. Mais tout cela n'implique pas que le sens et la raison soient des choses différentes, mais plutôt qu'ils sont une même chose vers laquelle ou en laquelle peuvent se trouver successivement des jugements et des inclinations contraires, non pas cependant en même temps. Et cela doit être vu dans le livre VII de l'*Éthique* [1].

Au septième argument, je réponds que dans l'homme les facultés instrumentales de l'âme sont bien étendues et diverses, mais en lui aucune faculté principale de l'âme n'est étendue, à savoir ni la faculté principale sensitive ni la faculté végétative. Je dis aussi que la faculté principale

1. Voir notamment dans *Questiones super decem libros Ethicorum*, VII, qu. 3, Parisiis, 1513, f[os] CXLI, la différence entre l'incontinence et l'intempérance.

sensitive et végétative est aussi perpétuelle et séparable du corps que la puissance intellective. Mais il est possible qu'elle intellige séparément, alors qu'il n'est pas possible que naturellement elle nourrisse ou sente organiquement de façon séparée, en raison du manque de puissances instrumentales. Mais dans les vivants autres que les hommes, les puissances sensitives et végétatives sont corruptibles et inséparables [1].

Au huitième, pareillement, on répond que dans l'homme certaines puissances instrumentales sont cognitives et d'autres non, certaines conservatrices et d'autres non. Mais en l'homme toute puissance principale de l'âme est cognitive, visuelle, auditive et conservatrice, mais elle ne peut pas voir, entendre ou conserver des images par n'importe lequel de ses organes.

Au neuvième, on répond que pareillement la puissance principale de la matière, à savoir celle par laquelle elle pâtit principalement, est la matière elle-même. Mais il y a bien d'autres dispositions diverses pour recevoir diverses formes. Et à propos des arguments du Commentateur [2], que l'on voie au livre Ier de la *Physique* [3].

Au dixième, on répond que ce n'est pas la puissance principale qui est le moyen, mais bien la puissance instrumentale.

1. Il y a donc une différence entre les puissances végétatives et sensitives de l'homme d'une part, et les puissances végétatives et sensitives des bêtes d'autre part.

2. Voir *supra*, n. 2, p. 191.

3. Voir Buridan, *Quaestiones super octo libros Physicorum Aristotelis*, I, qu. 22, p. 217-224 : « Utrum materia est potentia ad formam generanda » (« Est-ce que la matière est la puissance d'engendrer la forme ? »), Parisiis, 1509, f°s 25vb-26vb.

Au onzième, on répond que ce ne sont pas les choses signifiées mais les termes signifiants qui servent à dénommer, et que dans de nombreux cas le concret se prédique de son abstrait, par exemple l'unité est une, l'étantité est étant, la déité est Dieu, la privation est privée, de même la puissance est pouvant. Mais il n'en va pas de même dans tous les cas, à savoir lorsque l'abstrait suppose pour une disposition ajoutée à ce pour quoi le concret suppose [1].

Au dernier argument on répond qu'Aristote, au livre II de l'*Éthique* [2], pensait aux puissances instrumentales par lesquelles les organes de l'âme sont disposés de diverse façon, de sorte que l'âme, selon les dispositions de cette sorte, est en différents hommes inclinée à différentes opérations et passions, et à différentes dispositions.

1. C'est ainsi que « blancheur » signifie une qualité qui est inhérente à la chose à laquelle se réfère le terme concret « blanc » ; il n'en va pas de même de « Dieu » et de « déité », ni (pour Ockham ou Buridan) de « homme » et « humanité ».

2. Voir *supra*, n. 2, p. 192.

QUESTION 6

Est-ce que les puissances de l'âme doivent être distinguées par les actes ou par les objets ?

On soutient d'abord qu'elle ne se distinguent pas par les actes, puisque les puissances sont des principes [1], à savoir un principe actif ou un principe passif. Donc ils sont naturellement antérieurs aux actes et les choses antérieures ne tirent pas leur distinction des postérieures.

De même, à différentes puissances de genre contraire, à savoir actives et passives, correspond un même acte, comme il est patent d'après le livre III de la *Physique* [2].

De même, puisqu'un homme, avec le soleil, engendre un homme selon Aristote [3], et plus encore avec Dieu, il apparaît qu'aux puissances de Dieu, du soleil et de l'homme, qui sont très différentes, correspond un même acte, à savoir la génération d'un homme. Et à des hommes [4] différents

1. Je supprime *activa* dans le texte latin.

2. Il est difficile de trouver une référence précise dans le livre III, qui toutefois insiste sur la réciprocité de la puissance de mouvoir et de la puissance d'être mû.

3. Aristote, *Physique*, II, 2, 194 b 14, trad. p. 127 : « Car c'est un homme qui engendre un homme, et aussi le soleil » ; *A. L.* : « Homo enim et hominem generat ex materia, et sol ».

4. Le texte dit simplement *diversorum et plurium*. On peut donc imaginer qu'il s'agit d'animaux de trait ou bien d'hommes. Mais le sens du raisonnement ne change pas.

et nombreux qui tirent un navire correspond un seul acte, à savoir le mouvement par lequel le navire est mû. Donc à des puissances différentes correspond un même acte.

De même il est manifeste qu'à une même puissance correspondent des actes très divers. Tous les étants autres que Dieu, aussi divers soient-ils, sont des actes et des opérations de Dieu, qui est un et absolument simple. Et la puissance rationnelle est puissance des contraires, comme on le lit au livre IX de la *Métaphysique* [1]. Et encore la même chaleur chauffe, raréfie et allège. Et la puissance végétative, la puissance sensitive et la puissance intellective sont en l'homme une même puissance, bien que les actes soient très différents, à savoir intelliger, sentir et nourrir.

Pareillement, on soutient que les puissances ne se distinguent pas par les objets, puisque la même vue voit des couleurs contraires ; et même plus, elle voit la couleur, la grandeur et la figure. Et le même intellect intellige tous les étants aussi divers soient-ils. Et encore, la même couleur est vue par la vue de l'homme et par la vue du cheval, et même plus, elle est intelligée par l'intellect. Et le même aliment est l'objet de la puissance nutritive, de la puissance de croître, et de la puissance générative.

De même, parfois, un objet n'existe pas alors que la puissance est en acte, et même est opérante ; par exemple s'il n'existe aucune rose, néanmoins nous pouvons penser à des roses. Comment donc par des objets de cette sorte, qui n'existent pas, seraient distinguées des puissances qui existent ? On ne voit pas bien que cela soit possible.

1. Aristote, *Métaphysique*, Θ, 2,1046 b 4-5, trad. p. 297 : « Et toutes les puissances rationnelles sont puissances de contraires en étant les mêmes » ; *A. L.* « et que quidem cum ratione omnes contrariorum sunt eedem ».

On dit communément l'opposé, et cela semble être la pensée d'Aristote dans ce livre II [1], au livre II de l'*Éthique* [2] et au livre IX de la *Métaphysique* [3].

Et on ne peut savoir que dans l'homme il y a une puissance intellective, une puissance sensitive et une puissance végétative, que parce qu'apparaissent en nous ces actes divers que sont intelliger, sentir et se nourrir.

Si nous exposons les termes, nous pourrons rapidement voir la vérité dans cette question. En effet, la puissance est ce qui peut être, ou mouvoir ou être mû, ou faire ou être fait, ou connaître ou être connu, et ainsi de suite des autres prédicables. Mais on appelle acte ce à quoi est ordonnée la puissance, à savoir ce par quoi ce qui peut être est, ce par quoi ce qui peut connaître ou être connu connaît ou est connu, et de même pour changer et être changé, agir et pâtir, et ainsi de suite. C'est pourquoi l'acte est dit de l'actif, la passion du passif, le mouvement du mobile et du mû, la cognition du connaissant et du connaissable. Mais à propos des objets, il faut dire que nous appelons passif l'objet de ce qui est actif et inversement, mû l'objet

1. Aristote, *De l'âme*, II, 4, 415 a 9, trad. p. 150 : « les facultés sont précédées par les actes et les actions, selon l'ordre logique » ; *A. L.* : « priores enim potenciis actus et operationes secundum rationem sunt ».

2. Aristote, *Éthique à Nicomaque*, II, 5, 1105 b 24, trad. p. 111 : « Par capacités : ce qui fait dire que nous sommes enclins à ces affections » ; *A. L.* : « Potencias autem secundum quas passibiles horum dicimur » (référence peu explicite).

3. Aristote, *Métaphysique*, Θ, 6, 1048 b 35-36, trad. p. 306 : « Ainsi, ce qu'est l'acte et quel il est, cela doit être évident pour nous d'après ces considérations » ; *A. L.* : « Quod quidem igitur actu et quid est et quale, ex hiis et similibus manifestum erit nobis » ; dans les lignes qui précèdent, Aristote étudie le rapport de l'acte et du mouvement.

du mobile et inversement, cognitif l'objet du connaissable et inversement, et ainsi de suite.

Ensuite, il faut encore noter que la question peut porter soit sur la distinction des noms signifiant les choses sur le mode des puissances et des actes, soit sur la distinction des choses signifiées par ces noms.

Cela étant noté, on pose des conclusions.

La première est que toutes les choses, quelle qu'elles soient, qui sont distinctes entre elles, sont distinctes par soi, essentiellement et intrinsèquement [1]. Car si l'on pose, que ce soit possible ou impossible, que toutes les choses autres que celles qui sont maintenant distinctes entre elles, étaient mises de côté et annihilées, alors que celles-ci existeraient encore, alors elles seraient encore distinctes entre elles, donc par elles-mêmes. De même tout étant est étant essentiellement et non par quelque mode qui lui serait ajouté, et ainsi encore par lui-même il est un et identique à soi, comme on doit le voir dans le livre IV de la *Métaphysique* [2] ; de même tous les étants sont par eux-mêmes des étants et beaucoup sont différents les uns des autres,

1. À sa manière, Jean Buridan refuse toute distinction qui ne soit pas réelle ou essentielle (à moins qu'il ne s'agisse que d'une différence dans la manière de concevoir la chose). Il refuse également que l'identité ou la différence soient des relations réelles, qui se surajouteraient à la chose singulière.

2. Aristote, *Métaphysique*, Γ, 2, 1003 b 32, trad. p. 147 : « l'un n'est rien de différent de l'être. De plus, la substance de chaque chose est, non par coïncidence, une unité et, de la même manière aussi, elle est ce qui est précisément un être » ; *A. L.* : « et nichil aliud unum preter ens. Amplius autem cuiusque substantia unum est non secundum accidens, similiter autem et quod quidem ens aliquid ».

comme on doit voir tout cela dans le livre IV de la *Métaphysique* [1].

La deuxième conclusion est que, malgré cela, de nombreuses choses sont distinctes entre elles par certaines autres [2], à savoir par des choses qui leur sont extrinsèques puisque, par quoi quelque chose est, par cela même il est étant, un et même que soi. Un effet, bien qu'il soit par lui-même essentiellement et intrinsèquement, est toutefois en même temps, à titre d'effet, par quelque chose d'extrinsèque, bien que, du point de vue de la fin, il soit également par quelque chose d'extrinsèque ; par exemple, tout étant est par Dieu lui-même et en vue de Dieu, donc etc. Et de la même manière, les choses qui sont par elles-mêmes intrinsèquement, sont bien cependant, effectivement et finalement, par d'autres et en vue d'autres choses, par lesquelles aussi, effectivement et finalement, elles sont multiples et distinctes.

La troisième conclusion est que nombreuses sont les puissances qui ne sont pas distinguées par leurs actes ; ainsi, supposons que maintenant l'intellect de Socrate et l'intellect de Platon aient été créés et n'aient pas encore exercé d'acte ; ils sont distincts et ce n'est pas par leurs actes, de même que toutes les puissances qui sont des principes actifs ou passifs de leurs actes, et qui devancent

1. Aristote, *Métaphysique*, Γ, 2, 1003 b 32, trad. p. 147 ; voir Buridan, *In Metaphysicen Aristotelis questiones*, IV, qu. 7, f°s 17vb-18va : « Utrum isti termini "ens" et "unum" convertuntur quantum ad significationes suas » ; « Est-ce que les termes "étant" et "un" sont convertibles quant à leur signification ? »

2. Dans cette deuxième conclusion, on n'envisage plus une relation qui serait ajoutée à l'être même de la chose, mais des rapports extrinsèques entre choses diverses.

même ces actes. Donc elles ne reçoivent d'eux ni l'être ni la distinction, mais ce sont plutôt ces actes qui reçoivent l'être et la distinction de ces puissances. Et de manière semblable il apparaît que nombreuses sont les puissances qui ne sont pas distinctes par leurs objets ; ainsi les intelligences, qui selon Aristote sont diverses puissances motrices, ne sont pas distinctes par les corps célestes, mais c'est plutôt l'inverse, puisque les corps célestes ne sont pas leurs causes mais l'inverse [1].

La quatrième conclusion est que de la diversité des actes et des objets de certaines puissances, et du rapport de ceux-ci à ces puissances, nous pouvons bien déduire que ces puissances sont différentes entre elles. Car si la puissance *a* est, si la puissance *b* est, et si l'acte *c* provient de la puissance *a* et non de la puissance *b*, il s'ensuit que *a* et *b* sont des puissances distinctes. En outre si, toutes choses égales par ailleurs, un acte *c* est à même de provenir de *a*, et que ni lui-même ni un acte qui lui soit semblable n'est à même de provenir de *b*, il s'ensuit que *a* et *b* sont des puissances distinctes selon la raison et l'espèce. Et il en va de même des objets : si en effet une puissance *a* agit en *c* et non une puissance *b*, il s'ensuit qu'elles sont distinctes. Et si, toutes choses égales par ailleurs, *a* agit en *c* et que *b* ne peut pas agir en *c* ni en quelque chose de semblable à *c* selon l'espèce, il s'ensuit que *a* et *b* se distinguent selon la raison et l'espèce ; en effet, toutes les

1. Voir Aristote, *Du ciel*, II, 8, trad. p. 235-243 : Aristote montre que les astres ne se meuvent pas par eux-mêmes ; et en II, 12, 292 a 14 - b 28, il montre que le mouvement des astres se comprend en vue de la fin. Dans *Métaphysique*, Λ, 8, en particulier 1037 a 26 - b 3, trad. p. 395-396, Aristote pose qu'il faut autant de substances motrices que d'astres.

puissances qui sont de même espèce sont de même raison [1] et, toutes choses égales par ailleurs, peuvent produire des effets semblables selon l'espèce.

La cinquième conclusion est qu'il n'est pas nécessaire que des puissances soient distinctes en fonction de la distinction de leurs actes ou de leurs objets ; et presque toutes les raisons qui ont été apportées au début de la question prouvent cela.

La sixième conclusion est que les noms signifiant des choses sur le mode des puissances et des actes, ou sur le mode des puissances et de leurs objets, doivent être distingués en proportion de cela ; c'est d'abord patent par induction, ainsi ce qui peut faire [2] correspond au faisable et à l'acte de faire [3], l'actif à ce qui est agissable et à l'action, le moteur au mobile et au mouvement, le voyant [4] au visible et à la vue, et ainsi de suite. Cependant, il ne faut pas en conclure que si le ce qui peut faire est, le faisable est, ou que si le productif est, le produisible est. Mais il faut bien conclure que si quelque chose peut faire ou est productif, alors quelque chose est aussi faisable ou produisible. En effet, ces noms élargissent la supposition aux possibles [5].

De plus, il est encore vrai qu'en prenant le passif proprement, pour autant qu'il reçoit ou est à même de recevoir, subjectivement en soi, l'action d'un agent, il n'est

1. Le terme *ratio*, ici rendu littéralement par « raison » est proche dans ce cas de « nature ».

2. *Factivum*.

3. Le latin dit *factio* ; aucune traduction ne peut rendre le parallélisme *factivum/factibile/factio* et *activum/actibile/actio*, en gardant chaque fois le même radical.

4. Ce qui voit.

5. Propriété sémantique de l'ampliation, signifiée ici par le verbe *ampliare*.

pas requis que dans toute action un passif ou un pâti corresponde à un agent ou à un actif, puisque Dieu peut créer sans sujet présupposé ; plus, il fait et crée le sujet premier. Mais en parlant des productions naturelles, il est nécessaire qu'à tout actif corresponde un passif, à tout moteur un mobile, à tout ce qui peut faire quelque chose faisable dans un sujet, et ainsi de suite.

De même d'après les modes de signifier grammaticaux, il faut qu'à tout verbe actif corresponde un verbe passif, et que le passif soit prédicable ; par exemple si quelqu'un crée, quelque chose est créé, si quelqu'un reçoit, quelque chose est reçu, et ainsi de suite. Et de là aussi provient la correspondance déjà mentionnée entre les noms signifiant sur le mode des puissances et des actes.

Et selon ce qui a été dit dans la dernière conclusion et dans les remarques qui ont suivi, on doit comprendre que les puissances se distinguent par leurs actes et leurs objets, c'est-à-dire proportionnellement à eux en ce qui concerne les prédicats et leurs raisons.

Mais quelqu'un pourrait demander pourquoi nous avons l'habitude de dire que les puissances se distinguent par leurs actes plutôt que de dire que les actes se distinguent par les puissances, puisqu'ils se distinguent proportionnellement. Je réponds que c'est parce que, bien que de fait les puissances actives et passives précèdent leurs actes, et que nous les voyons même si nous ne percevons aucun de leurs actes, cependant nous ne savons pas que ce sont des puissances actives ou passives jusqu'à ce que nous percevions que leurs actes proviennent d'elles. En effet, nous ne saurions pas que la lumière du soleil réchauffe si nous ne percevions pas que de la chaleur provient d'elle ; d'après cela, on lit dans le livre III de l'*Éthique* que les plus forts ne sont pas couronnés, mais ceux qui combattent [1], puisque ce n'est que par les actes qui en proviennent que nous savons quelle est la puissance, et combien grande elle est. Ainsi en effet on comprend que les actes sont plus connus que les puissances, et antérieurs par nature, comme il est écrit au livre II de ce traité et au livre IX de la *Métaphysique* [2], à savoir que par la distinction des actes nous concluons à la distinction des puissances, bien que du point de vue causal les distinctions des actes proviennent plutôt de la distinction des puissances.

Et il apparaît manifestement que, d'après ce qui vient d'être dit, tous les arguments qui avaient été avancés ont été résolus.

1. Voir plutôt Aristote, *Éthique à Nicomaque*, I, 9, 1099 a 4-5, trad. p. 76 : « aux épreuves olympiques, ce ne sont pas les plus beaux ou les plus forts que l'on couronne mais ceux qui participent aux concours » ; *A. L.* : « in Olympiadibus non optimi et fortissimi coronantur, set agonizantes ».

2. Voir *supra*, citation, n. 1 et n. 3, p. 203.

QUESTION 7

Est-ce que toute l'âme est en n'importe quelle partie du corps animé [1] ?

Et l'on soutient d'abord que non, puisqu'il s'ensuivrait que le pied du cheval serait un animal, et aussi que le pied de l'homme serait un homme, ce qui est faux puisque l'on ne pourrait pas dire rationnellement que le pied d'un cheval serait un animal [2], s'il n'était lui-même un cheval, ou le pied d'un homme s'il n'était un homme, et il serait absurde de dire que le pied du cheval serait un cheval ou le pied d'un homme serait un homme. La conséquence est patente parce que au pied du cheval conviendrait la définition de

1. Ce problème surgit dès lors que l'âme (du moins l'âme intellective) est tenue pour une forme immatérielle, donc inétendue. La question de la jonction entre une substance immatérielle et le corps, matériel et étendu, sera récurrente jusqu'à Descartes compris. Les Médiévaux sont, du moins initialement, face à une aporie : si l'âme est dans une partie du corps, comment peut-elle en être la forme en sa totalité ? si elle dans toutes les parties, ne se trouve-t-elle pas elle-même étendue ? La première série d'arguments cherche à montrer que l'âme ne peut être présente en totalité dans chaque partie sans que des contradictions en résultent ; les arguments opposés que l'âme doit être présente en chaque partie.

2. La formulation buridanienne est inverse : un animal est le pied d'un cheval, mais c'est pour souligner que « animal » est pris ici selon la signification première (et totale) de ce terme.

l'animal : ce serait en effet une substance animée sensible, et même sensitive, du fait qu'en lui serait toute l'âme sensitive. Et au pied de l'homme conviendrait la définition de l'homme, à savoir une substance animée sensible rationnelle mortelle, ce serait en effet une substance rationnelle du fait qu'en elle serait toute l'âme rationnelle.

De même dans un cheval l'âme est étendue selon l'extension du corps. C'est pourquoi elle a une autre partie d'elle dans une autre partie du corps, et ainsi il n'est pas possible qu'elle soit toute dans n'importe quelle partie du corps.

De même il s'ensuit que si l'oreille d'un cheval était coupée et corrompue, toute l'âme de ce cheval serait corrompue ; donc le reste ne resterait pas vivant, ce qui est faux. La conséquence principale est manifeste, puisque si l'oreille du cheval est coupée et corrompue, il faut que soit corrompu tout ce qui relevait de la forme substantielle dans l'oreille. Puisque les formes matérielles ne passent pas de sujet en sujet, si elle était toute dans l'oreille elle serait toute [1] corrompue.

De même si toute l'âme de Socrate est dans la main et toute dans le pied, alors il s'ensuit qu'une même chose, en même temps, est mue et est en repos, ce qui est impossible puisque de se reposer suit ne pas se mouvoir. En effet, se reposer est défini comme être à même par nature de se mouvoir et ne pas se mouvoir. Mais la conséquence principale est manifeste puisqu'il est possible qu'en même temps un pied soit au repos et qu'une main soit mue. Et si le pied se mouvait, ce qui est en lui selon tout ce qu'il est

1. Dans tous les raisonnements de ce chapitre, *totus* signifient « tout entier » ; cependant, nous réservons cette expression pour la fin du chapitre, lorsque Buridan distinguera *tota anima* et *anima tota*, distinction difficile à rendre en français.

se mouvrait avec lui. Et si encore la main se repose, ce qui est en elle selon tout ce qu'elle est se repose avec elle. C'est pourquoi puisque l'âme est toute dans le pied, elle se meut dans le pied et comme elle est toute dans la main elle se repose dans la main.

De la même façon, il s'ensuit qu'une même chose se meut en même temps de mouvements contraires, à savoir vers le haut et vers le bas, et selon le même aspect, ce qui paraît impossible. La conséquence est manifeste puisque, en même temps, tu peux mouvoir la main droite vers le haut et la main gauche vers le bas, et, d'après chacun de ces mouvements, tout ce qui est en elles bouge.

On soutient l'opposé d'après Aristote qui pose cette question : si l'âme était divisible, est-ce que ses parties seraient séparables l'une de l'autre seulement par la pensée ou aussi selon le lieu [1], à savoir qu'une partie serait dans la tête et l'autre dans le cœur, comme certains l'ont dit? Et il répond qu'elles ne sont pas séparables localement mais seulement par la pensée, mis à part un doute qui subsiste au sujet de l'âme intellective. Donc il pense aux autres puissances et aux âmes qui sont dans leur totalité dans n'importe quelle partie du corps.

1. Aristote, *De l'âme*, II, 2, 413 b 13-16, trad. p. 143 : « Est-ce que, cependant, chacun de ces principes constitue une âme ou bien un parcelle d'âme. Et, dans ce dernier cas, est-ce que cela implique une séparation uniquement de raison ou bien aussi de lieu » ; « Vtrum autem unumquodque horum est anima aut pars anime, et si pars, utrum sic ut sit separabilis ratione solum aut et loco » Mais alors l'interrogation d'Aristote porte principalement sur l'unité des « parties » de l'âme, définies par leur fonction, les Médiévaux ont greffé dessus le problème du mode de présence de l'âme au corps.

De même on argumente à propos de l'âme intellective : ou elle est toute dans n'importe quelle partie du corps, ou toute dans une partie et rien d'elle n'est dans une autre partie, ou elle est partiellement dans une partie et partiellement dans une autre, ou elle n'est en aucune partie et n'est rien de cela. Le Commentateur soutient la quatrième hypothèse [1]. Mais celle-ci est contre la foi et contre la philosophie, comme on le verra dans le livre III [2]. Et l'on ne peut pas défendre la troisième puisque nous supposons que l'âme intellective est indivisible et simple, n'ayant pas de parties. Ni la deuxième hypothèse puisque l'on ne peut pas rationnellement assigner cette partie du corps dans laquelle elle serait. Et la question resurgirait : est-ce qu'elle serait toute dans n'importe quelle partie de cette partie ? et l'on aurait la même difficulté qu'avant. En outre, avec cela, les autres parties seraient sans âme : par exemple si elle était toute dans le cœur et non pas ailleurs, alors la tête, les pieds, les mains seraient sans âme, ce qui est absurde. Reste donc la première hypothèse.

De même on argumente au sujet de l'âme du cheval, puisque, comme celle-ci est tirée de la puissance de la matière, elle est coextensive de manière continue avec la matière, et n'importe quelle de ses parties est âme puisque l'on ne peut pas poser que ce soit une autre forme. Donc une partie de l'âme existant dans le pied est l'âme et est toute l'âme puisqu'elle a des parties. Donc dans le pied se trouve toute l'âme, et l'on raisonnera de la même façon pour n'importe quelle partie du corps du cheval. Donc

1. Averroès, *Commentarium magnum*, III, comm. 5, p. 387-413 ; trad. p. 57-81. C'est la thèse de l'intellect séparé.

2. Voir *Questions sur l'âme*, III, qu. 3 à 6.

dans n'importe quelle partie du corps du cheval se trouve toute l'âme.

De même, ou bien toute l'âme est dans n'importe quelle partie, ou bien quelque chose d'elle est dans le pied, autre chose dans le cœur et ainsi de suite des autres parties. Dans le premier cas, on a ce qui est proposé. Dans le second cas, alors, si l'on coupe une oreille du cheval, quelque chose sera enlevé au corps du cheval et aussi quelque chose de l'âme ; et ainsi, ce qui restera ne sera pas le même selon l'âme, ni le même selon le corps, que ce qui était auparavant un cheval. Et ainsi ce ne sera pas le même animal qu'avant, ni le même cheval qui existait auparavant, et un cheval sera corrompu et un autre engendré de nouveau. De la sorte, en découlent beaucoup de choses impossibles.

Cette question contient de nombreuses difficultés, qui ont été abordées par les arguments apportés en faveur de chaque partie de la question.

La première est : puisque l'âme d'une plante ou d'un animal est étendue selon l'extension du corps ou de la matière, et par conséquent a des parties situées les unes en dehors des autres, comment Aristote comprend-il que les parties de l'âme ne diffèrent pas l'une de l'autre selon le lieu ou le sujet mais seulement par la pensée [1] ?

La deuxième difficulté est : en supposant que l'âme intellective soit indivisible et non étendue, informe-t-elle tout le corps humain et n'importe quelle de ses parties ?

Le troisième doute qui en découle est difficile : est-ce que n'importe quelle partie quantitative d'une plante est une plante, et est-ce que n'importe quelle partie d'un animal

1. Voir *supra*, citation, n. 1, p. 212.

est un animal, de même enfin est-ce que le pied d'un cheval est un cheval ?

La quatrième difficulté est semblablement à propos de l'homme : est-ce que le pied ou la main d'un homme sont un homme ?

Le cinquième doute est : si d'un arbre, on coupe une branche, ou bien d'un homme ou d'un cheval, un pied, ou pareillement si dans un arbre pousse une nouvelle branche, ou qu'en un homme ou un cheval soit engendré à partir de l'aliment une portion nouvelle de chair, est-ce que cet arbre que je montre maintenant, en tant que suppôt subsistant par soi, est le même qu'il était avant, l'arbre étant montré en tant que suppôt substantiel subsistant par soi, et de même pour le cheval et pour l'homme.

Le dernier doute est : comment répondra-t-on directement à la question qui était proposée au début ?

Et n'importe lequel de ces doute pourrait constituer une question longue et difficile.

Mais je passe rapidement et je réponds au premier que sans doute les parties quantitatives de l'âme d'un cheval sont distinctes l'une de l'autre et extérieures l'une à l'autre selon le site et le sujet, de sorte qu'une partie existant dans le pied est autre qu'une partie existant dans l'oreille, et qu'elle serait corrompue si une oreille était coupée alors que l'autre subsisterait. Et Aristote ne voulait pas dire à propos de celles-ci qu'elle diffèrent seulement par la pensée ; mais Aristote voulait dire ici que c'est le terme commun pris absolument que nous appelons le tout, relativement à lui-même pris avec une détermination ; ainsi, nous appelons le terme commun « animal » le tout universel, relativement à « animal rationnel » et à « animal irrationnel », et par conséquent aussi aux espèces « homme » et « bête », et ainsi encore nous appelons le terme « homme » le tout *in modo* relativement aux termes « homme blanc », « homme noir », « homme grammairien ». Et de même encore le terme « âme du cheval » serait dit le tout, et les termes « âme végétative du cheval » et « âme sensitive du cheval » seraient dits ses parties. Alors la question d'Aristote était : est-ce que ces parties, à savoir ces deux noms, supposent pour les mêmes choses ou non [1] ? C'est-à-dire : est-ce que l'âme sensitive du cheval est l'âme végétative du cheval ou non ? Et si non, alors on se demande si l'une est dans une partie du corps et l'autre dans une autre, ou si les deux sont ensemble étendues dans tout le corps. Ensuite de nouveau si l'on pose que c'est la même âme, on se demande en outre si les noms « âme sensitive du cheval » et « âme végétative du cheval » sont des noms synonymes ou s'ils diffèrent par la raison, de sorte qu'ils auraient été institués selon divers concepts [2] pour signifier la même chose.

Et il dit qu'à propos de ces questions, Platon pensait qu'il s'agissait de différentes âmes, situées dans divers organes ou parties du corps, à savoir que l'âme sensitive serait dans le cerveau, la nutritive dans le foie, la vitale ou appétitive dans le cœur, et la générative dans les parties

1. Buridan transpose la question qui était posée par Aristote en reformulant les problèmes dans le langage logique du XIVe siècle (rapport d'un terme universel à des termes plus spécifiques, signification et supposition des termes), et en introduisant la distinction technique entre *totum in modo* et *pars in modo*, qui concerne le rapport entre terme pris absolument et ce terme pris avec une détermination qui en restreint la signification.

2. *Rationes*. La *ratio* est le mode de concevoir une chose, le concept d'après lequel lui est conféré un nom.

génitales [1]. Mais contre cela, Aristote pose des conclusions que nous posons également [2].

La première est que l'âme sensitive et l'âme végétative, dans une cheval, ne sont pas distinctes selon diverses parties du corps mais que l'âme végétative et l'âme sensitive sont étendues dans tout le corps de l'animal. Et il le prouve clairement en ce qui concerne les puissances de l'âme qui se trouvent dans les plantes [3]. Il y a en effet dans les plantes une puissance de prendre l'aliment, qui est pris par les racines ; et il y a une puissance de produire des feuilles, des fleurs et des fruits qui viennent sur les branches. Toutefois, chacune de ces puissances se trouve dans les racines et dans les branches ; cela apparaît parce que si l'on coupe un arbre, alors la vie végétative subsiste dans chacune de ses parties et sur les racines prolifèrent de

1. Voir Platon, *Timée*, 69c-71d. Dans le livre Ier *De l'âme*, 403 b 26 - 407 b27, Aristote évoque la théorie platonicienne mais non la question de savoir s'il y a plusieurs âmes ou plusieurs parties d'une âme. En revanche, il évoque le problème, sans citer Platon, en I, 5, 411 b 7-8 : « Certains déclarent, de leur côté, que l'âme est morcellement et qu'une partie pense, mais une autre désire » ; *A. L.* : « Dicunt itaque quidam partibilem ipsam, et alio quidem intelligere, alio autem concupiscere ».

2. Il s'agit de réponses que Buridan juge conformes à la pensée d'Aristote, plus que des thèses repérables dans le texte original. On note toutefois une tendance à considérer dans leur unité les différentes facultés de la plante et de l'animal : II, 2 et 3, 413 a 28 - 415 a 13.

3. Voir Aristote, *De l'âme*, II, 2, 413 b 17-19, trad. p. 143 : « De même en effet que chez les plantes, certaines parties segmentées ont manifestement la vie, même lorsqu'on les sépare l'une de l'autre, comme si l'âme qui se trouve en elles était réellement unique en chaque plante et potentiellement multiple [...] » ; *A. L.* : « Sicut enim in plantis quedam diuisa uidentur uiuencia et separata ab inuicem, tanquam existente in hiis anima actu quidem una in unaquaque planta, potencia autem pluribus ».

nouveaux rejets et de nouvelles branches portant des feuilles et des fruits, ce qu'elles ne feraient pas si en elles ne se trouvait pas la puissance de produire des fleurs et des fruits. Et pareillement dans l'autre partie : si les branches coupées sont replantées, elles reforment des racines, ce qui ne se produirait pas si en elles ne se trouvait pas une puissance semblable à celle qui se trouve dans les racines, en ce qui concerne l'âme, bien que l'organisation soit dissemblable.

Ensuite, Aristote explique encore à propos des animaux qu'il y a beaucoup d'animaux qui, s'ils sont divisés, vivent longtemps selon chacune des parties, sentent et se meuvent localement [1]. On en fait facilement l'expérience avec de nombreuses espèces de vers. Et dans chaque partie aussi ils ont une âme sensitive puisqu'ils paraissent souffrir si on les pique. Donc ce n'est pas seulement dans la tête ou dans la partie qui est analogue à la tête que se trouve la puissance sensitive mais dans tout le corps. Et il en va pareillement de l'appétitive et de l'âme motrice. Et cela apparaît davantage encore de l'âme végétative, puisque selon n'importe quelle de ses parties l'animal se nourrit et croît proportionnellement. Et si ces points sont concédés à propos des animaux imparfaits, ils doivent être concédés de la même façon à propos des animaux parfaits, bien que ceux-ci ne puissent vivre divisés puisque leur âme, en raison de leur plus grande perfection, requiert pour sa permanence une organisation plus noble et plus parfaite ;

1. Voir Aristote, *De l'âme*, II, 2, 413 b 20-23, trad. p. 143 : « [...] de la même façon, nous voyons que c'est aussi ce qui se produit, avec d'autres traits distinctifs de l'âme, dans le cas des insectes, lorsqu'on les sectionne : chacun des segments est en effet doué de sensation ainsi que de mouvement local » ; *A. L.* : « sic uidemus et circa alias differencias anime accidere, ut in entomis decisis : et cnim sensum utraque partium habet et motum secundum locum ».

c'est pourquoi, si l'on enlève un des principaux organes, ils meurent tout de suite dans tout le corps ; de même dans les animaux hétérogènes qui sont plus parfaits que les plantes, leurs parties, une fois divisées, meurent plus vite que les parties des plantes. Nous voyons en effet manifestement qu'un cheval sent [1] et souffre s'il est piqué dans le pied et dans l'oreille et ainsi des autres parties. Donc cette première conclusion d'Aristote doit être concédée [2]. Mais une fois cela concédé – à savoir que dans le cheval il n'y a pas une âme sensitive séparée selon le site de l'âme végétative – il reste encore un doute : est-ce qu'il y a une âme sensitive et une autre végétative, et inversement ? Et dans la question précédente, il a été dit que non.

La deuxième conclusion d'Aristote est que les noms « sensitif » et « végétatif », attribués à un cheval, ne sont pas synonymes mais diffèrent selon la raison [3] puisque autre est la raison selon laquelle nous comprenons que l'âme est principe de sensation, selon laquelle elle est dite sensitive, et autre celle selon laquelle nous comprenons que l'âme est principe de nutrition, selon laquelle elle est dite nutritive, et ainsi de suite. Que cela soit dit au sujet du premier doute.

1. Je supprime *nutritur*, se nourrit, qui ne convient pas dans cette phrase.

2. Aristote, *De l'âme*, II, 2, 413 b 27-28, trad. p. 144 : « Avec le reste des parcelles de l'âme, toutefois, il est clair d'après ce qui précède qu'on n'a pas affaire à des choses séparables, comme certains le prétendent » (Aristote a mis à part le cas de l'intellect) ; *A. L.* : « Relique autem partes anime, manifestum ex hiis quod non separabiles sint, sicut quidam dicunt ».

3. Aristote, *De l'âme*, II, 2, 413 b 29, trad. p. 144 : « Mais en raison elles sont évidemment différentes » ; *A. L.* : « Ratione autem quod altere, manifestum ».

Le deuxième doute et ses circonstances concernent le troisième livre, c'est pourquoi je le laisse de côté à présent [1].

Et le quatrième qui fait partie des circonstances du deuxième, Aristote le laisse sous forme de doute jusqu'au troisième livre.

Mais le troisième est bien difficile. Et je dis d'abord que ce n'est pas une bonne définition ni même une bonne description de l'animal, que l'animal soit une substance animée sensible, puisque cela convient manifestement à la plante. En effet, une plante est une substance animée, puisqu'elle est vivante, et elle est aussi sensible puisqu'elle peut être sentie, touchée et vue. Même une pierre est sensible.

Mais on dira peut-être que ceux qui posent cette définition prennent « sensible » à la place de « sensitif », et il est certain que cette définition serait meilleure, ou moins mauvaise, au sujet de l'animal, à savoir qu'un animal est une substance animée sensitive. Mais alors je dirai que si l'on veut prendre cette définition comme propre au terme « animal » – que l'on dise qu'elle est une définition quiditative, une définition nominale ou une description –, il est nécessaire de concéder que le pied d'un cheval est de l'animal [2], que la queue d'un cheval ou son oreille est de l'animal, et ainsi de suite des autres parties quantitatives du cheval, puisque cette définition convient à n'importe quelle de ces parties. En effet, n'importe laquelle de ces parties est une substance animée sensitive, puisqu'elle est composée de corps et d'âme, et pas d'une autre âme que

1. Voir *Questions sur l'âme*, III, qu. 4.

2. Ainsi que cela apparaîtra plus loin, cette interprétation revient à traiter les noms de substances comme des noms de masse. Il est difficile de rendre en français toutes les équivoques de ces passages, en raison de l'usage de l'article.

sensitive. Et il a déjà été dit avant par Aristote, et il a été prouvé, que dans n'importe quelle partie du corps d'un animal, il y a une âme sensitive et végétative [1]. C'est pourquoi n'importe quelle partie quantitative d'un animal est une substance animée sensitive.

De même nous ne posons pas que l'âme sensitive du cheval soit composée de parties entendues comme des substances de diverses natures, mais de parties de même nature, comme le serait la forme de l'air. Mais en raison de l'homogénéité, dans de telles choses homogènes les parties reçoivent la prédication du tout, en ce qui concerne les prédicats quiditatifs [2]. Ainsi en effet n'importe quelle partie de la matière est de la matière, n'importe quelle partie de la forme est forme, n'importe quelle partie quantitative d'air est de l'air, d'eau est de l'eau, et ainsi de suite. Mais en outre il est manifeste que, si un animal est composé seulement de matière ayant des parties de même nature et d'âme ayant des parties aussi de même nature, c'est un tout homogène en ce qui concerne les parties quantitatives, comme l'air. Donc si le terme « animal » est un prédicat quiditatif et substantiel, montré d'un cheval ou d'un homme, il s'ensuit que n'importe quelle partie quantitative d'un animal est de l'animal, et de même aussi n'importe quelle partie quantitative d'un cheval serait du cheval si le prédicat « cheval » était un prédicat quiditatif et substantiel.

Mais si l'on dit que le corps d'un animal est organique, hétérogène, et a des parties quantitatives dissemblables,

1. Voir le passage cité plus haut sur les plantes et les « insectes » (les vers).

2. Les prédicats (quiditatifs) dits du tout peuvent être dits des parties.

je concéderai cela en ce qui concerne les dispositions accidentelles ajoutées à la substance de l'animal ; si nous disons qu'un animal est seulement constitué substantiellement de matière première et d'une forme substantielle qui n'ait pas de parties substantiellement dissemblables et de diverse nature, alors le terme « animal », si c'est un terme vraiment substantiel, ne signifie pas ni ne connote des organisations de cette sorte. C'est pourquoi, alors, elles ne font pas obstacle à ce que n'importe quelle partie d'un animal soit de l'animal, puisque toutes les parties quantitatives d'un animal sont entre elles de même nature, abstraction faite de la diversité des accidents ajoutés à la substance.

Et de nouveau ceci est confirmé parce que si un animal était constitué d'une matière et d'une âme dont les parties sont de même nature, alors en posant, ce qui est possible par la puissance divine, que Dieu conserve cette constitution, avec tous les accidents restant semblables, ou même sans accidents, alors ce composé serait un animal, si « animal » est vraiment un nom substantiel et non pas connotatif d'accidents. Et alors rien n'empêcherait que n'importe laquelle de ses parties soit de l'animal, comme n'importe quelle partie de l'air est de l'air.

Et derechef, il faut inévitablement concéder qu'un animal est deux ou trois animaux, si le nom « animal » est un nom substantiel. Car je prends un animal dont chaque moitié peut vivre en étant séparée de l'autre ; que ces deux moitiés soient *A* et *B*, et l'animal total *C*. Alors il est manifeste que, si le tout est ses parties, *C* est *A* et *B*. Or il se trouve que *A* est un animal et que *B* est un autre animal, de sorte que *A* et *B* sont deux animaux différents l'un de l'autre. Donc *C* qui est un animal, est plusieurs animaux. Maintenant donc j'explique la mineure, à savoir que *A* est un animal et que *B* est un animal puisque de tout étant il est vrai de dire que tout ce qu'il sera une fois, ou a été, il l'est. Et inversement, tout ce qu'il est, il le sera toujours, aussi longtemps qu'il sera, et le fut, aussi longtemps qu'il fut, même s'il sera bien tel [1] qu'il n'est pas, ou de telle quantité qu'il n'est pas. Or *A* sera un animal et *B* sera un autre animal, quand ils seront séparés l'un de l'autre. Alors en effet, chacun sera un suppôt subsistant par soi, vivant et sentant ; et tout ce qui est tel est un animal. Donc chacun maintenant est un animal, en admettant que le nom « animal » soit un nom purement substantiel. De cette façon en effet, on ne commet pas une fallacie dans l'argument en changeant le *ce que* en *tel* ou en *tant* [2], ou en une autre catégorie. Mais si on a concédé que *A* et *B* sont des animaux et que chacun est un animal, de là on doit concéder que chacun est composé d'un corps et d'une âme sensitive, et une fois cela concédé la même chose s'ensuit de n'importe quelle partie quantitative de cet animal, ou même d'un cheval.

Donc, pour ce qui est de ce troisième doute, une première conclusion est prouvée : n'importe quelle partie quantitative d'un animal, à savoir composée d'un corps et d'une âme ou d'une partie de l'âme, est de l'animal, et n'importe quelle partie d'un cheval est du cheval, et ainsi le pied d'un cheval est du cheval, si les termes « animal » et « cheval » sont vraiment des termes substantiels non connotatifs, et que toutes les parties de l'âme du cheval sont entre elles de même espèce et de même raison substantielle.

1. De telle qualité.

2. On ne passe pas subrepticement d'une catégorie à une autre.

Je pose une deuxième conclusion : si les noms « animal », « cheval », « âne », etc., ne sont pas des noms vraiment substantiels mais connotatifs, à savoir connotant la totalité, alors n'importe quelle partie d'un animal ou d'un cheval n'est pas un animal ou un cheval, et le pied d'un cheval n'est pas cheval.

Cette conclusion s'explique facilement. J'entends en effet par « étant total » ce qui est un étant et n'est pas une partie d'un autre étant, et par « substance totale » celle qui est une substance et n'est pas une partie d'une autre substance. Si donc le terme « animal » signifie une substance animée sensitive et connote que celle-ci est totale, et non pas une partie d'une autre substance, alors, à propos de l'exemple donné plus haut – que *A* et *B* sont des parties d'un animal *C* –, il est manifeste que *A* est bien (de l')animal quand il est séparé de *B*, mais il n'est pas (un) animal quand il est uni à lui, puisqu'il n'est pas une substance totale mais une partie d'une substance. En effet, si la connotation fait défaut, la prédication aussi.

Et de la même manière il faut soutenir que si le terme « air » ou « eau » connotaient la totalité sur le mode indiqué, aucune partie de l'air ou de l'eau ne serait de l'air ou de l'eau. Et ainsi, il est encore manifeste que, si le pied du cheval est appelé *A* et le reste *B*, *B* n'est pas (un) cheval. Mais si le pied est coupé, aussitôt *B* est (du) cheval. Cependant, il n'est pas autre qu'il était avant, mais il se rapporte autrement à ce pied. En effet l'être total ou partiel ne signifie pas seulement être quelque chose mais se rapporter ou ne pas se rapporter de telle manière à autre chose. C'est pourquoi il y aurait une fallacie de la figure du discours si l'on raisonnait ainsi : « tout ce que *B* est maintenant il l'était auparavant, *B* est maintenant un animal, donc auparavant il était un animal ». En effet, on modifie

« ce que » en « se rapporter de telle manière à autre chose » [1].

Alors, dans la définition donnée plus haut de l'animal, il faut dire qu'un animal est une substance totale animée sensitive. Et il semble que souvent Aristote a utilisé dans ses propos cette connotation de la totalité. C'est pourquoi souvent il dit que les parties sont en puissance dans le tout, non en acte, à savoir qu'aucune n'est quelque chose de total en acte, mais qu'elle peut l'être, à savoir si elle était séparée d'une autre partie. Et ainsi encore dans ce livre II il dit que dans chaque plante il y a une seule âme en acte et plusieurs en puissance, puisque l'âme totale est unique, mais qu'il peut par division y avoir plusieurs âmes totales [2]. Et cet usage est aussi commun parmi les gens du peuple. Car si l'on s'interrogeait sur le nombre de pierres qu'il y a dans le tas, ils diraient qu'il y en a dix et pas plus, puisqu'il y a seulement dix pierres entières bien qu'en nombre infini soient les pierres partielles. Et ainsi tu peux voir comment une petite équivocité, si on ne la voit pas, trompe les hommes.

Et que cela soit dit du troisième doute, si ce n'est que l'on peut encore rationnellement ajouter la cause pour laquelle nous avons davantage l'habitude de dire que n'importe quelle partie de l'air est de l'air et n'importe quelle partie de l'eau est de l'eau, plutôt que n'importe

1. On passe de « être quelque chose » (ce que B est, par exemple un animal au sens d'un prédicat quiditatif) à « se rapporter ou non de telle ou telle manière à autre chose » (être un animal en tant que substance totale).

2. Aristote, *De l'âme*, II, 2, 413 b 19, trad. p. 143 : « comme si l'âme qui se trouve en elles était réellement unique en chaque plante et potentiellement multiple » ; *A. L.* : « tanquam existente in hiis anima actu quidem una in unaquaque planta, potencia autem pluribus ».

quelle partie d'un cheval est du cheval, ou n'importe quelle partie d'une chèvre de la chèvre. Il me semble en effet que la cause réside en ceci que le vulgaire et de nombreux philosophes pensent que les membres d'un animal sont de nature diverse substantiellement, et non pas seulement en ce qui concerne les accidents, et que le terme « animal » a été institué de façon appropriée afin de supposer pour un composé fait de parties de natures ainsi dissemblables, comme ce serait le cas d'une maison. Et s'il en était ainsi, n'importe quelle partie d'un animal ne serait pas de l'animal, comme non plus n'importe quelle partie d'une maison n'est pas une maison. Mais s'il n'en est pas ainsi, il faut s'exprimer comme il a été dit plus haut.

Quant au cinquième doute, j'en ai traité suffisamment dans le livre Ier de la *Physique*, où j'ai dit que maintenant Socrate n'est pas totalement le même qu'il était hier [1]. Mais j'ai dit qu'il est « le même » selon la dénomination prise du côté de la partie tout à fait principale, puisque l'on utilise couramment ces façons de parler. En raison de l'usage commun, nous concédons absolument et sans précision supplémentaire que Socrate est le même, bien que ce ne soit pas un usage propre, selon le sens propre des mots, et bien qu'une identité de cette sorte ne suffise pas pour le moyen terme d'un syllogisme affirmatif. En effet, bien que tout camus soit un nez, et que, selon une dénomination prise d'une partie, nous concédions qu'un homme soit camus, personne cependant ne concède qu'un homme soit un nez. Et si aujourd'hui les pieds de Socrate

1. Buridan, *Quaestiones in octo libros Physicorum Aristotelis*, I, qu. 10, p. 107-111 : « Utrum Socrates sit hodie idem quod fuit heri » ; « Est-ce que Socrate est aujourd'hui le même qu'il fut hier ? » Les deux paragraphes qui suivent résument des thèses développées dans cette question sur la *Physique*.

étaient amputés, le syllogisme suivant ne vaudrait pas : « Hier Socrate était des pieds, des mains, un cœur et une tête ; et Socrate est aujourd'hui le même qu'il était hier selon la dénomination prise de la partie principale ; donc Socrate est aujourd'hui des pieds, des mains, une tête, etc. »

Et là il a encore été dit que nous utilisons un autre mode d'identité moins propre qui est pris à partir de la seule succession continue des différentes parties, comme nous dirions que la Seine est numériquement le même fleuve depuis mille ans ; et en ce sens nous pourrions davantage dire que Brunel est numériquement le même cheval depuis le début de sa naissance jusqu'à sa mort [1]. Et je n'en dis pas plus à présent, que celui qui le veut recoure à ce passage.

Maintenant, enfin, il faut voir comment on répond directement à la question qui était formulée au début, et pour cela il faut faire une distinction à propos de « tout ». Le mot « tout » tantôt est pris catégorématiquement et tantôt syncatégorématiquement [2]. Syncatégorématiquement, il doit être exposé [3] ainsi : « toute l'âme » veut dire « de l'âme, n'importe quelle partie », ou bien « toute l'âme »

1. Bien que le corps se transforme continuellement par assimilation et par perte.

2. La distinction entre catégorème (terme qui a une signification directe) et syncatégorème (terme qui modifie la signification ou la référence des autres termes de la proposition) s'est redoublée au XIVe siècle de la distinction entre usage catégorématique et usage syncatégorématique d'un même terme (tout, infini, etc.). Dans son usage catégorématique, « tout » doit désigner une totalité comme ensemble de parties. Buridan va longuement détailler les usages syncatégorématiques.

3. L'exposition explicite une structure conceptuelle sous-jacente à une expression.

veut dire « n'importe quelle partie de l'âme » [1]. S'il était exposé au second sens, alors il faut manifestement nier qu'en quelque animal il y ait toute l'âme, ou en quelque maison tout l'homme, ou encore que tu marcheras pendant toute une heure ; cependant on concède que toute l'âme du cheval est dans tout le corps du cheval parce que les termes « corps » et « cheval » sont confondus [2]. Mais s'il est exposé au premier sens, alors dans le corps du cheval se trouve toute l'âme du cheval puisque dans le corps du cheval se trouve, de l'âme du cheval, n'importe quelle partie. On concéderait aussi que dans tout cheval serait toute l'âme du cheval. Et même plus, qu'en n'importe quelle partie quantitative du corps d'un cheval serait toute l'âme puisque, quelle que soit la partie du corps que tu voudras désigner – que ce soit *A* –, en elle est quelque partie de l'âme totale du cheval, qui est l'âme, quoique non totale mais partielle – et qu'elle soit appelée *B*. Alors en *A* est l'âme *B* et n'importe quelle partie d'elle. Donc en *A* est de l'âme, n'importe quelle partie, mais non de l'âme totale, n'importe quelle partie. Donc en *A* est toute l'âme, bien que pas toute l'âme totale.

Quelqu'un pourrait demander comment, au sens propre de mots, devrait être exposée l'expression « toute l'âme ». Il me semble que « toute l'âme » est différent de « l'âme tout entière » [3]. « Toute l'âme » veut dire « n'importe quelle partie de l'âme », et « l'âme tout entière », « de l'âme,

1. Quelle est la différence entre ces deux explicitations ? Dans la première interprétation (« de l'âme, n'importe quelle partie »), il semble que l'on puisse prendre l'une quelconque des parties pour vérifier ce qui est dit de l'âme ; la seconde (formulée « quelibet pars anime », « n'importe quelle partie de l'âme) » implique que chaque partie vérifie ce qui est dit de l'âme.

2. Pris en supposition confuse.

3. *Tota anima* et *anima tota*.

n'importe quelle partie ». Mais selon aucune de ces expositions il est vrai qu'en l'homme soit toute l'âme, parce qu'il n'y a pas de partie de l'âme humaine, puisqu'elle est indivisible.

Mais le terme « tout », pris catégorématiquement, signifie la même chose que « ayant des parties », et ainsi encore en l'homme il n'y a pas toute l'âme [1], mais dans un cheval il y a toute l'âme. Et même plus, en n'importe quelle partie quantitative du corps d'un cheval il y a toute l'âme, comme il est apparu plus haut.

Nous utilisons d'une autre façon le terme « tout », en partie catégorématiquement et en partie syncatégorématiquement, de sorte que nous exposons « tout *A* est *B* » ainsi : « *A* est *B* et rien n'est de *A* lui-même qui ne soit pas *B* ». Ainsi « tout » se dit bien des indivisibles, comme toute l'essence divine est Dieu et toute l'âme intellective informe le corps humain, et même tout le corps humain. Mais ainsi toute l'âme d'un cheval n'est pas dans n'importe quelle partie du corps d'un cheval, mais dans n'importe quelle partie de l'âme d'un cheval il y a toute l'âme d'un cheval comme il a été dit plus haut. Et c'est en ce sens qu'Aristote prend « tout » dans le livre VI de la *Physique*, lorsqu'il dit que s'il y avait des points indivisibles dans une ligne et qu'ils se touchaient, il serait nécessaire que le tout touche le tout [2]. Et « tout » est encore pris autrement pour le total, et il est distingué du partiel, comme on l'a déjà dit plus haut à propos de cette signification.

1. Puisque le raisonnement présuppose ici que l'âme humaine soit indivisible donc qu'elle n'ait pas de parties.

2. Aristote, *Physique*, VI, 1, 231 b 3, trad. p. 308 : « Or puisque l'indivisible est sans parties, il est nécessaire dans le cas des indivisibles qu'ils soient en contact de totalité à totalité » ; *A. L.* : « Quoniam autem inpartibile indivisibile est, necesse totum totum tangere ».

À partir de ce qui vient d'être dit, il apparaît que tous les arguments qui ont été avancés au début de la question sont résolus, excepté ceux qui traitaient de l'intellect. Mais ceux-ci sont réservés au livre III.

QUESTION 8

Est-ce que dans les vivants l'œuvre la plus naturelle consiste à engendrer quelque chose de semblable à soi ?

Et l'on soutient d'abord que non puisque les opérations les plus propres aux vivants leur sont plus naturelles que les autres. Or la nutrition est plus propre au vivant, puisqu'elle convient à tout vivant et même toujours, tout au long de sa vie, et elle ne convient à nul autre qu'à un vivant. Donc elle en est à proprement parler le propre, puisqu'elle convient à tout vivant et à lui seul, et toujours [1]. Mais il ne convient pas à tout vivant d'engendrer quelque chose de semblable à soi, par exemple à la mule, ni toujours puisque cela ne se produit ni durant l'enfance ni durant la vieillesse. Et cela ne convient pas aux seuls vivants puisque le feu engendre du feu, etc.

De même ce par quoi la nature est conservée et prolongée est plus naturel que ce par quoi elle est abrégée. Or par la nutrition elle est sauvegardée et prolongée, et par la

1. Voir *Auctoritates Aristotelis*, Auctoritates Porphyrii (21), *op. cit.*, p. 301 : « Proprium dicitur quadrupliciter. [...] quarto quod inest omni, soli et semper » ; *Cf.* Porphyre, *Isagoge*, trad. Boèce, p. 15 : « [...] quartum vero, in quo concurrit et soli et omni et semper » ; trad. A. de Libera, p. 16 : « [...] quatrièmement les cas où coïncident appartenir à une seule espèce, à l'espèce tout entière et toujours ».

génération du semblable elle est abrégée. Ainsi il est écrit dans le livre *De la longueur et de la brièveté de la vie* que les animaux aux coïts nombreux ont une vie plus brève [1]. C'est parce que le coït fréquent dessèche, et, en raison de l'émission de sperme, refroidit. Et ce sont les causes de la vieillesse et de la mort. Le signe en est que de nombreuses plantes se dessèchent lorsqu'elles parviennent à la maturation du fruit, et on le voit avec ceux qui cultivent de la marjolaine, et qui enlèvent les semences qui poussent afin que les plantes ne se dessèchent pas.

De même, est plus naturel ce qui est le plus désirable naturellement, et même selon la droite raison, puisque celle-ci n'est pas contre la nature. Mais ainsi la nutrition est plus désirable que la génération de son semblable, puisque la droite raison dicte et la nature incline à ce que ce que l'on s'aime davantage soi-même qu'un autre. Donc il est plus désirable de se conserver, ce qui se fait par la nutrition, que de procréer, ce qui se fait par la génération du semblable.

De même, ce dont la nature est plus soucieuse est le plus naturel. Or cela concerne davantage la nutrition que la génération du semblable. Cela apparaît premièrement parce la nutrition s'exerce de façon plus continue, deuxièmement parce que, comme disent les médecins, la nature prend d'abord comme aliment ce qui lui est nécessaire pour la nutrition et que ce qui est ensuite superflu, non pas en qualité mais en quantité, elle l'assigne à la génération.

1. Aristote, *De la longévité et de la vie brève*, 5, 466 b 8, trad. P.-M. Morel, Paris, GF-Flammarion, 2000, p. 169 : « Aussi les animaux enclins au coït et qui ont une semence abondante vieillissent-ils plus vite » ; *A. L.*, 16. 2. 1. 1, *De longitudine*, Guillelmus de Morbeka reuisor translationis Aristotelis (Iacobi Venetici translationis recensio) : « Propter quod coitiua et multisperma senescunt cito ».

Il est manifeste que pour cette raison les enfants n'engendrent pas, non plus que les vieillards. Les enfants, parce qu'il n'y a pas d'aliment en quantité superflue, ils ont même besoin de tout pour la nutrition et la croissance. Les vieillards, en raison d'un défaut de chaleur naturelle, peuvent digérer peu d'aliments, c'est pourquoi encore il n'y en a pas en eux qui soit quantitativement superflu.

De même, les opérations les plus nobles de la nature sont les plus naturelles. Or l'opération la plus noble d'un vivant n'est pas d'engendrer son semblable mais d'intelliger et de savoir, en quoi consiste la félicité humaine, donc etc. Et la majeure est patente puisque ce qui est visé le plus par la nature est le plus naturel. Or l'opération le plus noble est davantage visée par la nature. La preuve en est qu'elle est la fin des autres opérations. Car comme il est dit au livre VII de la *Politique*, toujours le pire est en vue du meilleur [1], mais il se trouve que c'est en raison de la fin que les autres choses sont visées. Et, comme il est dit au livre Ier des *Seconds Analytiques*, « ce pour quoi quelque chose est tel, est davantage cela » [2]. Donc ce qui est plus

1. Aristote, *Les Politiques*, VII, 14, 1333 a 21-22, trad. p. 503 : « Car le pire est toujours en vue du meilleur » ; *A. L.*, 29. 2, *Politica*, Guillelmus de Morbeka translator Aristotelis : « semper enim quod deterius melioris gratia est ».

2. Le texte tel qu'il est cité par Buridan (« propter quod unumquodque tale et illud magis ») est peu explicite ; le passage d'Aristote l'est davantage, même dans l'Aristote latin (version de Jacques de Venise) : voir Aristote, *Seconds Analytiques*, I, 2, 72 a 29-30, trad. p. 71 : « Toujours en effet, ce à cause de quoi une chose appartient à un sujet appartient plus au sujet que celle-ci, par exemple ce à cause de quoi nous aimons, cela est plus aimé que l'objet aimé » ; *A. L.*, 4. 1, *Analytica posteriora*, Iacobus Veneticus translator Aristotelis : « semper enim propter quod est unumquodque, illud magis est, ut propter quod amamus, illud amicum magis est ».

noble, puisque c'est la fin, est davantage visé par la nature, donc c'est plus naturel.

Aristote dit l'opposé, et soutient particulièrement que la génération du semblable est une œuvre plus naturelle que la nutrition puisque, parmi les œuvres de la nature, ce qui est le plus parfait doit être dit le plus naturel [1]. Or engendrer son semblable est plus parfait que se nourrir, ce qui apparaît parce que se nourrir est premier dans l'ordre de la génération, et cela est postérieur dans l'ordre de la perfection, comme Aristote l'établit souvent [2].

Deuxièmement on soutient que ce qui procède d'une nature parfaite et rien que d'une nature parfaite est plus parfait que ce qui procède d'une nature imparfaite. Or la génération de son semblable dans les vivants ne procède que de ce qui est parfait en quantité et en qualité. Mais se nourrir convient non seulement aux êtres parfaits mais aussi aux imparfaits, comme les bébés, les enfants et les vieillards, donc etc.

Troisièmement autant la génération est plus parfaite que la nutrition, autant un animé total subsistant par soi est plus parfait que les petites parties du corps animé. Or par la génération un vivant complet subsistant par soi est produit, et par la nutrition sont engendrées seulement

1. Aristote, *La Génération des animaux*, II, 1, 735 a 16-19; *A. L.*, 17. 2. 5, *De generatione animalium*, translatio Guillelmi de Moerbeka : « Hoc autem est generativum alterius quale ipsum : hoc enim omnis natura perfecti opus et animalis et plante »

2. Aristote, *Les parties de animaux*, II, 1, trad. P. Louis, Paris, Les Belles Lettres, 2002, 646 a 25-26 : « Car ce qui est postérieur dans l'ordre du devenir est antérieur par nature, et ce qui est premier par nature est dernier dans l'ordre de la génération »; *A. L.*, 17. 2. 4 : « posteriora enim generatione priora natura sunt, et primum generatione ultimum ».

certaines petites parties qui sont ajoutées à un corps vivant préexistant.

Quatrièmement, comme on le lit dans le livre IV de l'*Éthique*, donner est un acte de libéralité plus noble que recevoir [1], du fait que donner provient de la perfection et de la complétude, tandis que recevoir provient d'un défaut et d'un manque. Or engendrer est donner et vient de la perfection ; mais se nourrir est recevoir, ou se fait en vue de recevoir, à partir d'un manque, à savoir pour restaurer quelque chose de perdu.

Cinquièmement, on soutient encore que, par la génération, nous nous assimilons davantage à Dieu. En effet, engendrer ne connote rien d'une diminution, c'est pourquoi cet acte est attribué à Dieu qui, en répandant sur les autres sa bonté, engendre, fait ou crée toutes choses. Mais se nourrir connote une diminution, c'est pourquoi nous ne l'attribuons pas à Dieu. Or plus noble est ce par quoi nous nous assimilons davantage à Dieu lui-même, le plus noble.

Cette question m'apparaît de toutes parts très difficile. D'abord parce qu'on ne peut pas bien savoir si engendrer est plus parfait ou convient davantage à la nature ou est davantage visé par la nature que se nourrir, et ainsi des autres opérations, ou encore la génération que la nutrition, si l'on ne sait pas en premier lieu pour quelles choses ces

1. Aristote, *Éthique à Nicomaque*, IV, 1, 1120 a 10-12, trad. p. 182 : « La caractéristique du généreux est plutôt de donner à ceux qu'il doit que de tirer profits de ceux qu'il doit ou n'en pas retirer de ceux qu'il ne doit pas » ; *Aristoteles latinus*, 26. 3, *Ethica Nicomachea*, Roberti Grosseteste transl. recensio, Guill. de Morbeka reuisor transl. Aristotelis sec. exempl. Parisiacum : « magis est liberalis dare quibus oportet quam accipere unde oportet et non accipere unde non oportet ».

noms supposent. Et il est bien difficile de le savoir. Mais à ce propos, pour ce qui concerne engendrer, nourrir, intelliger et sentir, je renvoie à ce que j'ai dit dans le livre Ier de la *Physique*, à savoir qu'engendrer est l'engendrant et qu'être engendré est ce qui est engendré, nourrir est le nourrissant, être nourri le nourri, de même à propos de sentir et être senti, intelliger et être intelligé [1]. Il en va pareillement d'être blanc ou doux : en effet, être blanc est la même chose que le blanc, et ainsi de suite [2]. Et je suppose ici cela; je parlerai par la suite de la génération et de la nutrition.

Ensuite, comme le note Aristote, ce par quoi quelque chose est nourri activement, c'est-à-dire le nourrissant, est double : à savoir le principal, qui est l'âme végétative, et l'instrumental, qui est la chaleur, l'esprit et les autres dispositions qui concourent activement avec l'âme pour nourrir. Donc lorsque l'on demande si engendrer est plus naturel ou plus parfait que se nourrir, cela revient à se demander si ce qui engendre est plus naturel est plus parfait que ce qui nourrit. Et cette question peut porter sur l'engendrant principal et le nourrissant principal, ou nous pouvons la poser en comprenant par engendrer et engendrant l'agrégat formé de l'âme et de tous les autres facteurs qui,

1. Buridan, *Quaestiones in octo libros Physicorum Aristotelis*, I, qu. 18, vol. I, p. 174-195 : « Utrum generare sit generans vel generatio vel quid aliud » ; « Est-ce que engendrer est l'engendrant, l'engendrement, ou quelque chose d'autre ? » Buridan y défend, après élimination d'autres hypothèses, l'identité de l'engendrer (*generare*) et de l'engendrant (*generans*) : voir p. 182.

2. Buridan ne nie pas que les termes de la catégorie de qualité désignent des réalités différentes de la substance (une qualité particulière : telle blancheur). Mais le nom concret « blanc » se réfère à la même chose que le terme substantiel qui nomme le sujet de la blancheur.

du côté du corps animé, doivent concourir à la génération du semblable, et pareillement, par nourrir, l'agrégat de l'âme et de tous les autres facteurs qui, pareillement, concourent nécessairement à la nutrition. Et cette mise en rapport doit être faite relativement à un suppôt identique, qu'est l'animal ou la plante. En effet, je concéderais immédiatement que se nourrir, pour un animal, est plus parfait qu'engendrer pour une plante, et aussi engendrer pour un animal que se nourrir pour une plante. Et pareillement, pour la même raison, aussi bien engendrer que se nourrir est plus parfait dans un cheval qu'engendrer ou se nourrir dans une souris, puisque l'âme du cheval est plus noble que l'âme de la souris. Et s'il y a d'autres façons de comprendre cette question, ici cependant je n'entends parler que de ce qui précède, en ce qui concerne engendrer et se nourrir.

Je pose donc des conclusions.

La première est que dans le même vivant, par exemple Brunel, l'engendrer principal n'est pas plus noble ou plus naturel que le se-nourrir principal, ni inversement, puisque les deux sont la même chose, à savoir la même âme [1]. Et même, pareillement, le fait que Socrate intellige et sache ne serait pas plus noble que le fait que Socrate marche ou soit blanc, quand il intelligerait, marcherait et serait blanc en même temps, puisque ce serait la même chose, bien que cependant l'intellection soit plus noble que la marche ou la blancheur [2]. Il doit cependant être concédé que si Socrate maintenant intellige en ne marchant pas, et qu'avant il marchait en n'intelligeant pas, il est maintenant plus

1. Ces deux opérations ont pour seul référent réel l'âme végétative et sensible de ce cheval.

2. Cette seconde affirmation suppose en outre l'identité en l'homme de l'âme intellective et de l'âme motrice (ou sensitive).

noble et plus parfait qu'il était avant. Ainsi, Aristote comprend que la félicité humaine et la bonté suprême de l'homme consistent en une opération selon la sagesse parfaite, non parce que cette opération serait plus noble que l'âme humaine elle-même, mais parce que l'âme opérant ainsi est plus noble et meilleure qu'elle serait en n'opérant pas ainsi [1]. Et de cette façon encore, qu'un cheval engendre un semblable à soi est plus noble, plus parfait et participant davantage à l'être divin, que le fait que lui-même n'engendre pas, toutes choses égales par ailleurs.

La deuxième conclusion est qu'en Brunel, engendrer est plus noble, plus parfait, plus désirable et par conséquent plus naturel, que se nourrir le serait, si par engendrer nous comprenons l'agrégat de tous les facteurs qui en lui concourent nécessairement pour qu'il engendre son semblable, et si pareillement par nourrir nous comprenons l'agrégat de tous les facteurs qui, en lui, concourent nécessairement pour qu'il se nourrisse ; cela veut dire que davantage de perfections, ou des plus grandes, sont requises en Brunel pour qu'il engendre quelque chose de semblable à soi, que pour qu'il se nourrisse. Et c'est clair puisque les choses requises pour se nourrir sont aussi requises et présupposées pour engendrer, et quelques autres en plus, puisque des dispositions imparfaites suffisent dans le

1. Aristote, *Éthique à Nicomaque*, I, 6, 1098 a 15-18, trad. p. 71 : « si nous posons que l'office de l'homme est une certaine forme de vie […], mais que, s'il est homme vertueux, ses œuvres seront parfaites et belles […] dans ces conditions donc, le bien humain devient un acte de l'âme qui traduit la vertu, et s'il y a plusieurs vertus, l'acte qui traduit la plus parfaite et la plus finale » : *A. L.*, 26.3 : « Si autem hoc, humanum bonum anime operacio fit secundum virtutem. Si autem plures virtutes, secundum perfectissimam et optimam. Amplius autem in vita perfecta ».

premier âge à se nourrir et qu'elles ne suffisent pas à engendrer son semblable. Et je crois que c'est en ce sens que doit être comprise cette fameuse autorité : ce qui est postérieur du point de vue de la génération est antérieur du point de vue de la perfection, et inversement [1]. Ainsi, bien que du point de vue de la génération, la nutrition, la croissance et la marche soient antérieures en l'homme, il n'est pas pour autant requis que la marche soit une chose plus noble que la nutrition ou la croissance, ou encore que l'âme, qui fut engendrée avant. Mais l'agrégat des choses requises pour la marche est plus parfait que l'agrégat des choses requises pour la nutrition ou la croissance. Et il me semble aussi que la pensée d'Aristote n'était pas que la félicité humaine et la plus grande bonté de l'homme soient seulement l'opération selon la sagesse parfaite, mais l'agrégat composé de celle-ci et de toutes choses requises pour une opération de cette sorte, conformément à ce que dit Boèce, à savoir que la félicité est un état parfait par agrégation de tous les biens [2].

Mais on se demande alors, à propos de l'intelliger, s'il est plus noble et plus parfait pour l'homme d'intelliger et de savoir en n'engendrant pas que d'engendrer sans savoir.

1. Voir *supra*, n. 1, p. 234.

2. Boèce, *La Consolation de la philosophie*, III, 2, trad. J.-Y. Guillaumin, Paris, Les Belles Lettres, 2002, p. 64-65 : « Il est donc clair que le bonheur est l'état de perfection dans le rassemblement de tous les biens » ; *Philosophiae Consolatio*, ed. Ludovicus Bieler, « Corpus Christianorum. Series latina » XCIV, Turnholti, Brepols, 1957 (1984 [2]), p. 38 : « Quod quidem est omnium summum bonorum cunctaque intra se bona continens ». En reprenant cette thèse, d'origine aristotélicienne, Buridan évite une conception désincarnée de la sagesse philosophique reposant sur la seule félicité intellectuelle ; celle-ci est bien l'opération la plus parfaite, mais présuppose d'autres facteurs, naturels ou physiques, du bonheur.

Et je réponds que oui, puisque même si nous posons en l'homme une unique âme indivisible, qui est engendrer, intelliger, sentir et se nourrir, cependant les dispositions requises avec cette âme pour engendrer sont toutes matérielles et tirées de la puissance de la matière, tandis que l'intellection et la sagesse ne sont pas tirées de la puissance de la matière mais seulement de la puissance de l'âme intellective, et celles-ci sont plus nobles et rendent l'âme et l'homme plus parfaits que n'importe quelle disposition tirée de la puissance de la matière. C'est pourquoi un homme intelligeant et sachant, mais n'engendrant pas, est plus parfait qu'un homme engendrant et n'intelligeant pas ni ne sachant, puisque cet acte de savoir, en raison de sa noblesse et de son excellence, atteint davantage l'objet le plus noble qui est Dieu lui-même.

Donc lorsque Aristote a dit que l'œuvre la plus naturelle pour les vivants est d'engendrer le semblable à soi, il ne considérait cette opération que par rapport aux autres œuvres de la puissance végétative et non aux œuvres de la puissance sensitive ou intellective. Et il ne faut pas dire qu'Aristote pensait que, selon une manière propre de parler, engendrer serait une opération de l'âme, mais c'est l'âme opérant, comme il a été dit. Souvent en effet Aristote et d'autres parlent en dehors du sens propre des mots pour abréger le discours, cependant les mots sont à comprendre comme il faut selon la matière traitée, comme il est dit au livre Ier de l'*Éthique* [1]. Le sens était en effet, conformément à ce qui a été dit, que le vivant est dans un état plus parfait

1. Aristote, *Éthique à Nicomaque*, II, 2, 1104 a 3-4, trad. p. 103 : « Il faut exiger les arguments propres à la matière » ; *A. L.*, 26. 3 : « Quoniam sermones secundum materiam sunt expetendi ». Déterminer le sens des mots ou des arguments selon la *materia subiecta* est une particularité de la sémantique et de la théorie buridanienne de la science.

selon la nature quand il est capable d'engendrer quelque chose de semblable à soi que quand il est seulement capable de se nourrir ou de croître.

Mais à partir de cela on ne voit pas encore si la génération de son semblable est une opération ou une chose plus parfaite que la nutrition, ou inversement. Pour cela, il faut en effet savoir pour quoi supposent ces noms. Et il est dit à propos du livre de la *Physique* que le nom « génération substantielle » suppose pour la forme substantielle qui est engendrée [1]. Or la nutrition est une certaine génération substantielle du vivant, bien que partielle et non totale. Mais quelle chose est la génération de son semblable à partir de la semence, c'est manifeste si l'on voit ce qui y concourt avant que soit engendré ce semblable. Il faut d'abord en effet que le vivant engendre la semence et il n'agit pas au-delà ; mais en outre la semence, par la vertu qu'elle reçoit du vivant, engendre quelque chose de semblable à ce vivant. Et il y a ainsi une double génération substantielle : l'une est la génération de la semence, et elle est la forme substantielle de la semence, qui n'est pas une âme puisque nous ne posons pas que la semence est animée ; l'autre est la génération totale du vivant, qui est déjà, ou sera, l'âme totale.

Et l'on pose alors brièvement deux conclusions. La première est que la nutrition est plus noble que la génération de la semence, puisque toute âme est plus noble qu'une forme matérielle, qui n'est pas une âme. La deuxième conclusion est que la génération du vivant à partir de la semence est plus noble que la nutrition, puisque la forme totale du vivant semble être plus noble que ne l'est la forme partielle de petites parties, comme l'est la nutrition. Et

1. Jean Buridan, *Quaestiones super octo libros Physicorum*, I, qu. 18, p. 182.

dans les choses naturelles je tiens toujours pour plus naturel et plus recherché par la nature ce qui est plus noble et plus parfait, puisque cela a le statut de fin par rapport aux autres, et ainsi cela est visé davantage pour soi, et les autres pour lui, et « ce pour quoi quelque chose est tel, est davantage cela ».

Ce qu'il faut répondre directement à la question et aux arguments qui ont été apportés est donc clair à partir de ce qui précède. Il faut noter pour cela que si quelque chose est plus nécessaire parmi les choses naturelles, ou les opérations et passions naturelles, et plus inséparable, il ne s'ensuit pas pour autant que cela doive être dit plus naturel, puisque dans le livre II de la *Physique* il est montré que la forme est plus nature que la matière [1], et il y est aussi montré que la matière est plus nécessaire. En effet, elle est absolument nécessaire, et il est plus impossible qu'elle ne soit pas, et elle est absolument nécessaire pour toutes les transmutations et opérations des choses engendrables et corruptibles. Il n'en est pas de même de la forme, c'est pourquoi dans le livre II de la *Physique*, Aristote établit qu'à la matière est attribuée la nécessité, et à la fin ou à la forme la raison et cause de la nécessité [2]. Et Aristote appelle

1. Aristote, *Physique*, II, 1, 193 b 7, trad. p. 120 : « La forme est nature de la matière »; mais le traducteur rappelle en note l'interprétation traditionnelle (qu'il juge plus difficile grammaticalement) : « la forme est plus nature que la matière »; *A. L.*, 7. 1 : « Forma itaque natura est »; dans les *Auctoritates Aristotelis*, en revanche, on lit bien « Forma dicitur natura, materia dicitur natura, sed forma dicitur magis natura quam forma » (éd. J. Hamesse, p. 145).

2. Voir Aristote, *Physique*, II, 9, 199 b 34 - 200 a 15, sur la nécessité dans la nature, chapitre introduit par la question « Est-ce que la nécessité existe dans les choses naturelles hypothétiquement, ou aussi absolument ? » (p. 156).

la nécessité provenant de la matière « nécessité absolue », et la nécessité de la forme ou de la fin « nécessité conditionnée ». Et s'il ne faut pas que du fait d'une plus grande nécessité, une chose ou une opération soit dite plus naturelle, il faut que, du fait d'une plus grande perfection et noblesse, quelque chose soit dit plus naturel. Et ceci est raisonnable, puisque doit être dit plus naturel ce qui convient davantage à la nature, ce qui est le plus désirable selon la nature ou davantage visé par la nature. Or tel est ce qui est plus parfait ; en effet autant quelque chose est meilleur et plus parfait selon la nature, autant il convient davantage à la nature et autant il est plus désirable. Puisqu'une chose est désirable pour la raison par laquelle elle est bonne, puisque aussi le plus parfait a la raison du meilleur, il faut qu'elle soit comme la fin des autres puisque toujours le pire est en vue du meilleur, comme il est dit au livre VII de la *Politique* [1]. Or la fin est désirée et visée pour soi, et les autres pour elle, par un ordre naturel, et « ce pour quoi quelque chose est tel, etc. ». Et c'est ce que veut dire Aristote lorsqu'il dit que « toutes choses désirent l'être divin », et toutes les choses qui agissent selon la nature agissent en vue de lui, « pour participer à lui par assimilation, autant qu'elles peuvent » [2]. Et puisque par cela, tout ce qui est parmi les choses naturelles s'assimile davantage à Dieu lui-même, qui est le plus noble et le plus parfait, c'est ce

1. Aristote, *Les Politiques*, VII, 14, 1333 a 21-22, trad. p. 503 : « car le pire est toujours en vue du meilleur » ; *A. L.*, 29. 2, *Politica*, Guillelmus de Morbeka translator Aristotelis : « semper enim quod deterius melioris gratia est ».

2. Aristote, *De l'âme*, II, 4, 415 a 30 - 415 b 1, trad. p. 151 : « de manière à participer à l'éternel et au divin autant que possible » ; *A. L.* : « quatinus ipso semper et diuino et inmortali participent secundum quod possunt ».

que vise principalement et désire la nature. Et sans doute, puisque toute nature postérieure tient son être et son ordre de Dieu, lui-même, qui est comme la forme première et la première nature du monde, bien que non inhérente, il faut que soit plus noble ce qui est visé principalement par Dieu lui-même, et c'est cela qui est le meilleur et le plus noble.

Concernant les arguments.

Au premier on répond qu'au vivant est certes plus nécessaire la nutrition, et qu'elle en est bien plus inséparable que la génération de ce qui est semblable à soi. C'est pourquoi selon la prédication le prédicat « se nourrir » est plus propre à ce sujet vivant. Mais il a été dit qu'il ne suit pas de cela que cela doive être dit plus naturel.

Au deuxième on répond que, bien que par un excès de coït la nature soit affaiblie, cependant elle n'est pas affaiblie par un coït modéré, selon ce qui convient à la nature. Et aussi, si la nature de cet individu est sauvegardée par la nutrition, la nature d'un autre individu est produite par la génération, et ainsi le monde est perpétué selon la succession des individus, ce que la nature première vise davantage que la permanence d'un seul individu.

Au troisième il est répondu que la nutrition est plus désirable en cas de nécessité et d'indigence. Et même plus, la chaleur naturelle ou la santé serait alors plus désirable que la sagesse ou l'œuvre de sagesse, en laquelle consiste la félicité humaine. Mais ce qui est en ce sens plus désirable n'est pas dit absolument plus nécessaire et plus désirable, puisque du point de vue de la fin, il est désirable en vue d'autre chose qui est meilleur. Donc ce meilleur est absolument plus désirable.

Au quatrième, il est répondu simplement que la nature est plus soucieuse de la nutrition, non parce qu'elle serait meilleure mais en raison de la nécessité, à savoir pour autant que ce qui est désirable à titre de fin et principalement ne peut être atteint sans elle.

Le dernier argument est concédé, à savoir que l'intellection est une opération plus naturelle.

Et on voit encore d'après ce qui précède comment sont résolus les arguments en faveur de l'autre partie.

QUESTION 9

Est-ce que le sens est une faculté [1] passive [2] ?

On soutient que non puisqu'il revient à la matière de pâtir et à la forme d'agir ; en effet l'agent agit pour autant qu'il est en acte et le patient pâtit pour autant qu'il est en puissance, comme il est clair dans le livre III de la *Physique* [3], dans le livre Ier *De la génération* [4], et partout où Aristote parle de ce sujet. Or le sens est forme et non matière. Donc etc.

1. *Virtus* désigne une capacité, ici traduite par faculté ; la *potentia* est plutôt la puissance de l'âme (puissance végétative, sensitive, ou intellective), en tant qu'elle se distingue (réellement ou non) de son essence. En réalité, dans la suite de la question Buridan emploie parfois comme équivalents *virtus* et *potentia*.

2. Cette question et la suivante forment un ensemble sur la passivité ou l'activité du sens, question devenue d'actualité notamment avec Jean de Jandun. Les arguments *quod non* de cette question esquissent déjà les raisons qui peuvent conduire à poser l'activité du sens.

3. Voir Aristote, *Physique*, III, 3, *passim*, par exemple 202 a 23-24, trad. p. 168 : « il y [a] un certain acte de ce qui peut agir et un autre de ce qui peut pâtir, l'un étant l'action, l'autre la passion » ; *A. L.*, 7. 1 : « necessarium est enim fortassis esse quendam actum activi et passivi ; hoc quidem enim actio, illud vero passio ».

4. Nous n'avons pas trouvé de référence littérale et explicite ; voir peut-être Aristote, *De la génération et de la corruption*, I, 9, 29-33, trad. p. 44. Mais l'aphorisme « nihil agit nisi secundum quod est in actu » était devenu un lieu commun de la pensée médiévale.

De même, Aristote pose dans le livre II de ce traité que l'âme est cause du corps selon un triple genre de cause, à savoir celui de la forme, de la fin et de l'agent [1]. Or le sens principal est l'âme elle-même, donc le sens est une puissance active et le corps une puissance passive. Et le commentateur expose cette autorité en disant que l'âme est la cause mouvant le corps selon tous les modes de mouvement, que ceux-ci soient vrais ou estimés tels [2]. Et il semble qu'il entendait par ces mouvements « estimés » sentir et intelliger. Et il est manifeste qu'Aristote, voulant expliquer que l'âme est cause du corps en tant qu'agent, dit qu'elle est cause de la nutrition, de la croissance et de la sensation, ce qui ne serait pas à propos si elle n'était pas une faculté active en ce qui concerne la sensation, selon laquelle elle est appelée sens. Donc il faut dire que le sens est une vertu active.

De même sentir est agir, donc la vertu sensitive est une vertu active. La conséquence tient par le lieu des apparentés [3].

1. Aristote, *De l'âme*, II, 4, 415 b 10-11, trad. p. 152-153 : « l'âme constitue ainsi une cause dans les trois acceptions qu'on a définies, à trois titres : c'est en effet, et l'origine du mouvement, et la fin poursuivie, et, en sa qualité de substance pour les corps animés l'âme tient aussi un rôle causal » ; *A. L.* : « anima secundum determinatos tres modos causa dicitur : et enim unde motus ipsa est, et cuius causa, et sicut substancia animatorum corporum anima causa ».

2. Averroès, *Commentarium magnum*, II, comm. 37, p. 188, l. 65-67 : « declaravit etiam eam esse causam moventem secundum omnes modos motuum existentes in animato, sive veros aut existimatos esse motus »

3. *Locus a coniugatis* : voir Cicéron, *Topiques*, III, 12, trad. H. Bornècque, Paris, Les Belles Lettres, 1960, p. 70 : « On appelle apparentés (*coniugatis*) les arguments tirés de mots de la même famille. Sont de même famille ceux qui, se rattachant à la même racine, ont des formes différentes » ; *cf.* Boèce, *In Topica Ciceronis*, PL 64, col. 1065 B : « conjugata voco quaecunque ab uno nomine varia prolatione flectuntur, ut a *justitia justus*, *justum*, *juste* ».

L'antécédent est prouvé puisque le verbe « sentir » est de voie active, et puisque les modes de signifier grammaticaux doivent être pris à partir des propriétés des choses et être en accord avec elles, sinon elles seraient fictives ou fausses, ce qui ne convient pas [1]. Et il ne serait pas en accord avec ce propos que sentir soit être affecté [2] et non pas agir.

Et c'est patent aussi parce que, communément, tout le monde pose que la sensation et l'intellection sont des actions immanentes. Et si la sensation est une action, il faut que sentir soit agir par le lieu des apparentés. Et il n'y aurait pas de raison pour que ce soit dit un acte immanent plus qu'une construction, si elle ne restait pas en son agent. Et elle reste dans le sens ; donc le sens est agent de la sensation [3], donc c'est une faculté active.

De même dans le livre III de ce traité il est dit que ce sont le sens et l'appétit, ou l'intellect et l'appétit qui meuvent l'animal selon le lieu [4]. Or ce qui meut [5] est une faculté active, donc le sens, l'intellect et l'appétit sont des faculté actives.

De même si le sens était une faculté passive et non pas active, il s'ensuivrait que la puissance végétative serait plus noble que la puissance sensitive, ce qui est faux. La conséquence est patente puisque la puissance végétative est active, et agir est plus noble que pâtir. Cependant, de

1. Argument emprunté ici à la grammaire spéculative.

2. Littéralement « pâtir », mais le verbe doit lui-même être à une voie passive.

3. *Agens sensationem*, produisant la sensation.

4. Aristote, *De l'âme*, III, 9, 433 a 9, trad. p. 244 : « Cependant, il est au moins manifeste qu'il y a là deux principes qui, alternativement, sont à l'origine du mouvement : l'appétit et l'intelligence », *A. L.* : « Videntur autem duo hec mouencia, aut appetitus aut intellectus ».

5. *Movens*.

la noblesse de l'opération se déduit la noblesse de la puissance.

De même il s'ensuivrait que le sensible serait plus noble que le sens, par exemple la couleur que la vue, ce qui est faux. Et la conséquence apparaît comme avant, puisque son opération serait plus noble, étant donné qu'agir est plus noble que pâtir. Et le sensible produirait la sensation à laquelle le sens ne se rapporterait que passivement.

De même certains argumentent par des expériences : une femme ayant ses règles, par la vue, tache un miroir, et le basilic [1], par la vue, tue un homme, ce qui ne se produirait pas si la vue n'était pas une puissance active.

Aristote explique l'opposé dans le livre II de ce traité [2], et pareillement à propos de l'intellect dans le livre III.

Il est bon de dire quelques mots des noms que nous utilisons dans cette question et dans les suivantes. Il faut donc noter que « sensible » signifie ce dont il est possible qu'il soit senti, et « sensitif » la même chose que pouvant sentir.

Alors on se demande premièrement si l'image de la couleur produite dans l'air ou celle qui est dans l'œil doivent être dite sensibles. Et je réponds que non, selon le

1. La basilic est un animal légendaire, considéré dans l'Antiquité comme le roi des serpents. Au Moyen Âge et à la Renaissance on lui adjoint une tête de coq puis il revêtit diverses apparences chimériques. Il peut tuer par son seul regard.

2. Voir Aristote, *De l'âme*, II, 5, 416 b 33, trad. p. 159 : « Or la sensation réside dans le fait de recevoir un mouvement et d'être affecté », *A. L.* : « Sensus autem in moueri aliquid et pati accidit » ; III, 5, 430 a 14, trad. p. 228 : « il y a d'un côté, l'intelligence caractérisée par le fait qu'elle devient toutes choses » ; *A. L.* : « et est huiusmodi quidem intellectus in quo omnia fiunt ».

sens propre, puisqu'elles ne peuvent pas être senties. Cependant, selon une façon analogique de parler, nous l'appelons sensible du fait que par elle, ce dont elle est image est senti, comme l'urine est dite saine non pas selon la signification propre de « sain » mais parce qu'elle signifie que l'animal est sain [1].

Deuxièmement on se demande ce que nous devons comprendre par « sensitif » : s'agit-il de l'animal ou de l'organe, à savoir du corps sujet de l'âme ou de l'âme elle-même ? Et je réponds qu'Aristote établit au livre I de ce traité que c'est proprement l'animal qui sent ou peut sentir. C'est pourquoi il est proprement dit sensitif. Il dit en effet : « il est peut-être mieux de ne pas dire que ce n'est pas l'âme qui a pitié, apprend ou intellige, mais l'animal » [2]. Donc l'animal sent, en tant que sensitif total. Mais il ne faut pas nier que l'âme sente en tant que sensitif partiel et qu'aussi le corps ou l'organe sente en tant que sensitif partiel. C'est pourquoi Aristote qualifie souvent aussi l'organe de sensitif, et souvent aussi il qualifie de sensitive la puissance de l'âme, qui est l'âme.

Le troisième doute concerne ce qui doit être appelé « sens ». Je réponds que parfois « sens » est pris pour la sensation, mais que proprement c'est l'âme sensitive qui est dite sens. Ainsi ce n'est pas tout sensitif (pouvant sentir) qui est dit sens, ni non plus l'animal qui est proprement dit sens, ni le corps. Donc nous prenons « sens » pour l'âme qui peut sentir.

1. Exemple classique de l'analogie comme signification focale.

2. Voir Aristote, *De l'âme*, I, 4, 408 b 14-15, trad. p. 118 : « Il vaudrait mieux, en effet, ne pas dire que c'est l'âme qui a pitié, apprend ou réfléchit, mais que c'est l'homme qui le fait, par son âme » ; *A. L.* : « Melius enim fortassis est non dicere animam misereri aut addiscere aut intelligere, set hominem anima ».

Le quatrième doute est : que signifie proprement « sentir » ? Et il me semble que « sentir » ne signifie pas adéquatement la même chose que « avoir en soi une image du sensible lui-même », parce que alors l'air sentirait, à savoir verrait, humerait [1] et entendrait. Et il ne signifie pas non plus adéquatement « produire cette image » puisque alors la couleur verrait et le son entendrait. Et il ne signifie pas non plus la même chose que « produire une sensation », puisque Dieu la produit, ainsi que toutes les choses qui sont requises, et cependant il ne sent pas. Et il pourrait la produire sans autre agent concourant, et cependant il ne sentirait pas mais intelligerait. De même « sentir » ne semble pas signifier adéquatement la même chose que « recevoir une sensation » puisque même si une forme, quand elle est produite, est reçue dans le sujet où elle est produite, toutefois quand elle a été faite et est devenue permanente, elle n'est plus produite, elle n'est plus reçue et elle n'agit plus non plus pour autant que « agir » signifie la même chose que produire [2], et cependant c'est encore sentir. Il semble donc que sentir a lieu parfois sans que cela revienne à agir ni pâtir, en prenant « agir » pour « produire » et « pâtir » pour « recevoir ». Mais lorsque se produit [3] une sensation, sentir est bien pâtir et aussi agir. Et quand elle est produite, il est vrai de dire que sentir fut pâtir et agir. En effet, sentir est le sentant, pâtir est le patient,

1. Le latin comporte *odoraret*, sentirait au sens de percevrait une odeur ; mais dans ce contexte le terme « sentir » serait équivoque.

2. Dans les lignes qui précèdent, Buridan emploi le terme *agere*, que je traduis par « agir » quand il est intransitif mais par « produire » quand il est transitif (*agere sensationem*) ; dans cette dernière occurrence toutefois, Buridan emploie bien le terme *producere* : « prout agere idem est quam producere ».

3. *Fit*.

et agir est l'agent. Mais le sens sentant, lorsque la sensation se produit, est agent et patient, et lorsqu'elle est faite et permanente, le sens est sentant et fut agent et patient. Donc finalement on dit que « sentir » signifie la même chose que « avoir une sensation qui lui est inhérente ». C'est pourquoi si nous posons qu'aussi bien l'animal que l'âme, l'organe ou le corps ont une sensation qui leur est inhérente, alors il a été dit à juste titre, plus haut, que n'importe lequel d'entre eux sent.

On pose alors des conclusions.

La première est que le sens, c'est-à-dire l'âme sensitive, est une faculté active et passive. Je dis « une faculté active » parce qu'elle est la puissance végétative et motrice selon le lieu, et aussi parce qu'elle agit pour produire la sensation, comme on le dira plus loin [1]. Je dis aussi « faculté passive » puisqu'elle reçoit la sensation, comme on le dira ensuite.

Deuxième conclusion : l'organe sujet de l'âme se rapporte passivement à l'image sensible dans la sensation, à savoir en recevant cette image, et l'objet se rapporte alors à elle activement, à savoir en la produisant, puisque ou l'âme ou l'organe se rapporte à elle passivement ; mais ce n'est pas l'âme, comme on le dira plus loin, donc c'est l'organe. Pareillement, ou l'objet se rapporte à elle activement, ou l'âme. Mais ce n'est pas l'âme comme on le dira plus loin, donc c'est l'objet. Mais est-ce que le sens ou l'âme sensitive se rapportent à la sensation activement, et comment se rapportent l'une et l'autre l'image sensible et la sensation, on en parlera dans une autre question.

Maintenant, pour voir comment le sens est une vertu passive et selon quelle disposition, il faut voir comment il se rapporte à l'image sensible et s'il se rapporte passivement à la sensation.

1. Dans la question suivante.

Je pose donc une troisième conclusion : l'âme n'agit pas pour la production de l'image sensible dans l'organe du sens extérieur, comme dans l'œil ou l'oreille. Et on se persuade de cette conclusion puisque de la même manière la lumière ou l'image de la couleur semble être produite dans le milieu ou l'organe à savoir en raison de la diaphanéité, et rien de plus n'est requis ici que là. Mais tout le monde concède généralement que la lumière ou encore l'image de la couleur se produisent dans le milieu, à savoir dans l'air à partir du lumineux et du coloré, activement, et que l'air en cela se comporte seulement passivement, de telle sorte que l'air ou sa forme substantielle ne coproduisent pas quelque chose. Donc il en va pareillement pour le rayon lumineux, qui est l'image de la lumière [1], et pour l'image de la couleur dans l'organe sensitif.

De même la lumière et la couleur, avec l'agent principal qui est Dieu, suffisent à produire activement leurs images dans le sujet diaphane qui leur est joint de la façon qui convient. Ainsi, elle le feraient chaque fois que le diaphane a été informé par une forme substantielle, et même s'il n'était informé d'aucune forme substantielle comme c'est le cas dans un corps céleste. Donc il n'est pas nécessaire que la forme substantielle d'un corps diaphane, qu'il s'agisse d'une âme ou de quelque autre forme, fasse activement quelque chose pour produire cette image sensible dans l'organe sensitif.

1. Classiquement, la *lux* est la lumière comme source et le *lumen* la lumière produite par cette source. Les deux pourraient être traduits par « lumière », et le sont quelquefois, quand il n'y a pas d'ambiguïté ; mais on trouve parfois, comme ici, les deux termes dans la même phrase, d'où la nécessité de trouver une autre terme, tel que « rayon lumineux » ou « rayon de lumière ». Parfois cependant, Buridan introduit aussi le terme *radius*.

Une quatrième conclusion m'apparaît probable : l'âme ne fait rien passivement pour recevoir l'image sensible dans l'organe sensitif, non plus que la forme substantielle du milieu, par exemple celle de l'air, pour recevoir le rayon de lumière ou l'image de la couleur ; pour cela la matière seule opère passivement, pour autant qu'elle est disposée à la diaphanéité, ou un corps sujet à la diaphanéité lorsqu'il n'y a pas de matière ou de forme substantielle, comme dans le ciel. Pour prouver cette conclusion, il faut noter que si dans un même sujet sont reçues diverses formes l'une après l'autre, et qu'elles restent simultanément dans ce sujet, il ne faut pas que la première reçoive la seconde de telle sorte qu'elle soit son sujet, de la puissance duquel la seconde sortirait [1] ; par exemple, si le chaud noircissait ou si le noir chauffait, il ne faudrait pas pour autant que la noirceur soit sujet de la chaleur, ni inversement. Si en effet la chaleur était sujet de la noirceur, il faudrait, pour la corruption de la chaleur, que la noirceur soit corrompue, ce qui est faux. La conséquence est patente, puisqu'un accident ne passe pas d'un sujet à un autre sujet. De même il ne faut pas non plus que, si une forme substantielle et une forme accidentelle sont en même temps dans une même matière, que ceci soit le sujet de cela ni inversement. Par exemple la froideur de l'eau n'est pas le sujet de la forme substantielle de l'eau, auquel inhérerait cette forme substantielle, puisqu'elle peut être corrompue alors que la forme substantielle subsiste, et une chaleur être engendrée. Et ensuite de nouveau une autre froideur peut être engendrée dans la même eau, qui n'était pas le sujet de la forme de l'eau puisqu'elle advient postérieurement ; donc la froideur

1. Il n'y a pas une pluralité de formes superposées, parmi lesquelles l'une deviendrait le sujet de la suivante.

antérieure n'était pas non plus son sujet. Mais la forme substantielle de l'eau n'est pas non plus le sujet de cette froideur de la puissance de laquelle elle est sortie, puisque peut-être que la froideur était dans la matière, avant qu'en elle fût reçue la forme substantielle de l'eau. Il faut en effet que la matière, pour recevoir cette forme, soit prédisposée par l'humidité et la froideur. Et il ne faut pas que ces dispositions soient corrompues, puisque les qualités qui conviennent entre elles restent bien les mêmes dans l'engendré et le corrompu, comme on doit le voir dans le livre II *De la génération* [1]. Si donc l'eau chauffe et de nouveau refroidit, il ne faut pas pour autant que cette chaleur ou cette froideur soit reçue subjectivement dans la forme substantielle de l'eau, mais dans la matière sujette de cette forme.

De même, nous pouvons dire pareillement que si le rayon de lumière ou l'image de la couleur est reçue dans l'organe animé, il ne faut pas pour cela qu'elle soit reçue subjectivement dans l'âme, mais dans la matière sujette de cette âme. Et que cela se passe ainsi, on le prouve puisque, comme la même chaleur qui lui est liée [2] subsiste si à partir de l'air est produite de l'eau, parce qu'aucune de ces formes substantielles ne doit être dite sujet de cette chaleur, de la puissance duquel elle serait sortie, de même si un cheval était tué et que la diaphanéité restait dans son œil mort, en lui resterait un rayon de lumière ou une image de la couleur comme avant, si restait présent un corps

1. Voir Aristote, *De la génération et de la corruption*, II, 1 et II, 4; par exemple 331 b 33-34 : « en tous les corps consécutifs résident une marque identique et une contraire »; *A. L.*, 9. 2 : « in omnibus enim his que per consequentiam existit hoc quidem idem, hoc autem contrarium ».

2. *Caliditas eadem symbola.*

brillant [1] ou coloré. C'est pourquoi l'âme n'était pas le sujet de ce rayon ou de cette image de la couleur, et la forme substantielle semble absolument ne rien faire pour les recevoir, puisqu'une telle réception existerait pareillement, aussi modifiées que soient les formes substantielles, si le sujet diaphane subsistait. Il faut même imaginer que si, par la puissance divine, il y avait une matière quantifiée et diaphane sans forme substantielle, elle recevrait encore le rayon de lumière et l'image de la couleur comme maintenant. Donc l'âme n'intervient en rien pour l'image sensible, ni activement ni passivement.

On pose une cinquième conclusion principale : l'organe sujet de l'âme, ou la matière, reçoit la sensation, de sorte que la sensation est tirée de la puissance de cette matière puisque la sensation est un acte, ou une forme étendue par l'extension de l'organe et de la matière. En cela, en effet, diffèrent en l'homme la sensation et l'intellection. Or toute forme dans un organe matériel est coextensive à la matière, et il est raisonnable qu'elle soit tirée de la puissance de la matière et lui soit inhérente, donc etc. De même, puisque nous posons une seule âme en l'homme, qui est indivisible et inétendue, il faut que la sensation ou bien soit tirée de la puissance de la matière ou bien soit seulement tirée de la puissance de l'âme intellective qui est indivisible. Dans le premier cas on a ce qui est proposé. Dans le second cas, ceci semble impossible, à savoir que ce qui serait tiré de la puissance d'un sujet indivisible et inétendu soit divisible et étendu. Pourtant, la sensation est en nous de façon divisible et étendue, comme on le disait, si elle doit différer de l'intellection.

1. *Lucidum.*

On pose une sixième conclusion probable : cette sensation a pour sujet non seulement un organe matériel, à savoir cette matière, de la puissance duquel sont tirées les sensations, mais encore l'âme sensitive elle-même ; car si ce n'était pas le cas, il s'ensuivrait que la matière connaîtrait et sentirait plus proprement que l'âme, et cela tous répugnent à le concéder. La conséquence est patente puisque Aristote dit très souvent que sentir est pâtir [1], et c'est pourquoi il a été dit plus haut que sentir est avoir une sensation qui soit inhérente à soi. Si donc l'âme ne pâtissait pas ni ne recevait une sensation, mais la produisait seulement dans la matière, et que cette matière en pâtissait et la recevait, il est manifeste que l'âme, à proprement parler, ne sentirait pas ni ne connaîtrait.

De même, le sujet d'un accident, de la puissance duquel est tiré cet accident, de telle sorte qu'il n'est pas tiré de la puissance d'autre chose à titre de sujet, doit recevoir principalement quelque dénomination de cet accident. Mais, comme dirait un adversaire, c'est la matière qui reçoit ainsi la sensation et non l'âme, donc la matière doit recevoir quelque dénomination principalement de cette sensation. Cela ne semble pas vrai, sauf si on la disait être principalement ce qui sent [2], ce que tous répugnent à dire, ou principalement sentie, ce qui est faux puisque si je vois une couleur, pour autant je ne vois pas ni ne connais par le sens sa matière.

De même, on peut se persuader de la même chose parce que aucun intellect n'intellige autrement que formellement

1. Voir par exemple Aristote, *De l'âme*, II, 5, 416 b 33, trad. p. 359 : « Or la sensation réside dans le fait de recevoir un mouvement et d'être affecté » ; *A. L.* : « Sensus autem in moueri aliquid et pati accidit ».

2. *Sentiens*.

par son essence ou par l'intellection qui lui est inhérente [1] ; donc un sens lui aussi ne sent que par son essence ou par une sensation qui lui est inhérente.

Certes, il est vrai qu'il y a un grand doute sur la question de savoir s'il y a en l'homme une seule âme. Il faut en effet que celle-ci soit intellective et indivisible, non étendue de quelque extension de la matière ou du sujet. Et alors cette âme inétendue est l'âme sensitive et végétative. Comment donc, puisque la sensation est posée comme étendue selon l'extension de l'organe et de la matière, celle-ci pourra-t-elle être dans un sujet indivisible de façon inhérente, et comme tirée de sa puissance ? Cela semble merveilleux, puisqu'une forme n'a d'extension que par l'extension de son sujet. Et comment encore ce qui est divisible et étendu pourra-t-il être inhérent à l'indivisible et à l'inétendu ? Assurément, je réponds que c'est merveilleux, puisque c'est sur un mode merveilleux et surnaturel que l'âme humaine, qui n'est pas étendue ni tirée de la puissance de la matière à laquelle elle inhère, inhère au corps étendu [2], et que cependant elle inhère à tout le corps et à n'importe laquelle de ses parties. En effet ceci est bien merveilleux et surnaturel.

C'est pourquoi il faut encore, par suite, répondre aux conclusions. Je dis donc que la sensation n'est pas tirée seulement de la puissance de la matière ni seulement de la puissance de l'âme, mais en même temps de la puissance du composé, et en raison de tout le composé et de chacune de ses parties, que ce soit dans le cheval ou dans l'homme.

1. L'intellect divin intellige formellement pas son essence ; l'intellect humain par une intellection qui lui est inhérente.

2. Comme cela sera expliqué au début du livre III, la thèse de l'âme humaine immatérielle ne peut être soutenue qu'en s'appuyant sur la foi et non sur des arguments naturels.

Et selon la raison par laquelle, en l'homme, elle est tirée de la puissance de l'âme et l'âme la produit aussi en elle, l'âme connaît; et selon la raison par laquelle elle est tirée de la puissance de la matière, elle est étendue de la puissance de la matière.

Et il n'est pas gênant qu'elle soit en un sujet indivisible, à savoir en l'âme intellective, puisque l'âme intellective n'est pas indivisible comme ce qui a une position dans un continu, comme on l'imagine du point, mais de telle sorte qu'elle soit indifféremment dans n'importe quelle partie du corps, aussi étendu soit-il. Donc de même qu'il n'est pas contradictoire qu'un tel indivisible soit dans tout le corps étendu, de même il n'est pas contradictoire qu'une telle sensation étendue soit dans la totalité d'un tel sujet indivisible.

Mais alors, avec raison, on se demande si la matière du cheval sent et si ma matière intellige. En effet, puisque la sensation du cheval est inhérente à la matière du cheval et est tirée de sa puissance, qu'est-ce qui empêcherait que cette matière sente par cette sensation, comme le sujet auquel inhère la blancheur est blanc par cette blancheur? Et pareillement mon intellection est inhérente à mon âme, et mon âme est inhérente à ma matière; il s'ensuit que l'intellection est inhérente à la matière. Qu'est-ce donc qui empêcherait que ma matière intellige par cette intellection?

On peut répondre à cela que nous estimons que de nombreux accidents sont inhérents immédiatement à la matière première, et non par la médiation d'une forme substantielle, comme la chaleur, la froideur, la blancheur, la noirceur et ainsi de suite. Et cependant, le vulgaire, en les nommant, en raison de l'ignorance de la matière, n'attribue pas ces accidents à la matière mais à tout le composé qui est connu de lui. En effet, il ne dit pas que la matière de l'eau est chaude ou froide, mais l'eau. Et cependant, selon la vérité des choses, la matière est chaude ou froide. Ainsi, si par la puissance divine nous supprimons de l'eau la forme substantielle de l'eau, toutes les autres choses étant conservées, la matière serait vraiment chaude ou froide, par la chaleur ou la froideur qui lui sont inhérentes. Et elle n'est pas moins chaude si, avec cette chaleur, la forme substantielle est inhérente à elle, parce que la chaleur est posée comme lui inhérant.

Mais pour notre propos, est-ce qu'il ne faut pas concéder que la matière est animée parce que l'âme est une forme qui lui est inhérente, comme le mur est blanc par la blancheur qui lui est inhérente, bien que celle-ci ne relève pas de l'essence du mur, pas plus que l'âme ne relève de l'essence de la matière ? Cependant, le vulgaire n'a pas l'habitude de dire que c'est la matière première qui est animée, mais la plante ou l'animal. Chacun cependant est animé mais diversement. La plante est en effet animée par une âme qui appartient à son essence ; mais la matière est animée par la même âme qui lui est inhérente. Quant à la sensation, maintenant, nous dirions que la sensation non seulement inhère à la matière, non seulement est tirée de la puissance de la matière, mais inhère au composé de matière et d'âme, et qu'elle est tirée de sa puissance en raison de chacune, et principalement et plus immédiatement en raison de l'âme. C'est pourquoi ni l'âme ni la matière ne sont dites sentir en tant que sujet total de la sensation. Et c'est ce que voulait dire Aristote au livre I de ce traité en disant : « dire en effet que l'âme se fâche, c'est comme si quelqu'un disait qu'elle tisse ou qu'elle construit. Il serait peut-être meilleur de ne pas dire que l'âme souffre, apprend ou comprend, mais l'homme » [1]. Alors, il ne me paraît pas gênant de dire que l'âme sent ou se fâche en tant que sujet partiel d'opérations ou de passions de cette sorte, et que même la matière ou le corps sujet est pareillement dit se fâcher ou sentir en tant que sujet partiel, moins proprement toutefois que l'âme, puisque l'âme est posée comme sujet pour la sensation et pour l'intellect de façon plus principale et plus immédiate que le corps [2]. Cependant, ni la matière sans l'âme ni l'âme sans la matière ne sentiraient, puisque de la puissance d'aucune des deux la sensation n'est extraite suffisamment, à moins que Dieu ne veuille miraculeusement conserver la sensation sans le sujet de la puissance duquel elle était sortie.

Mais à propos de l'intelliger, dans l'autorité alléguée, Aristote pose encore que nous disons plus proprement que c'est l'homme qui intellige plutôt que l'âme, cependant il est plus propre de dire que l'âme intellige que de dire qu'elle sent, et moins propre de dire que le corps intellige plutôt qu'il sent, du fait que, bien que l'intellection soit inhérente à tout le composé et à chaque partie, toutefois elle est seulement tirée de la puissance de l'âme et non de

1. Aristote, *De l'âme*, I, 4, 408 b 12-16, trad. p. 118 : « dire que l'âme est en colère, c'est comme si l'on disait que l'âme est en train de tisser ou de bâtir. Il vaudrait mieux, en effet, ne pas dire que c'est l'âme qui a pitié, apprend ou réfléchit, mais que c'est l'homme qui le fait, pas son âme » ; *A. L.* : « Dicere autem irasci animam, simile est et si aliquis dicat eam texere uel edificare. Melius enim fortassis est non dicere animam misereri aut addiscere aut intelligere, set hominem anima ».

2. Buridan s'écarte en cela de Thomas d'Aquin qui opposait plus nettement le sujet de l'intellection, qui est l'âme intellective, et le sujet de la sensation, à savoir le composé ; voir *Summa theologiae*, I, qu. 77, art. 5, ed. leon. p. 244-245.

la puissance de la matière, pas plus que l'âme intellective elle-même.

Alors il est manifeste qu'il ne faut pas résoudre les arguments qui avaient été avancés au début de la question, puisqu'il a été concédé à bon droit – et il est concédé davantage dans une autre question – que la puissance sensitive, qui est l'âme sensitive et végétative, est une puissance active ; et même plus, c'est une puissance active pour la sensation. Et ce n'est pas un obstacle qu'elle soit aussi une puissance passive, à savoir réceptive de la sensation. C'est pourquoi, bien que les arguments avancés, ou certains d'entre eux, ne soient pas complètement faux, cependant ils ne concluent rien contre ce qui a été dit puisqu'ils concluent seulement qu'elle est une puissance active.

Mais il reste encore un doute contre ce qui a été dit : est-ce qu'il faut concéder que le sens pâtit du sensible ? Car il est manifeste qu'Aristote dit que oui, mais l'opposé semble suivre manifestement de ce qui a été dit. En effet, puisque le sensible ne produit rien d'autre qu'une image sensible et que l'âme ne la reçoit pas, mais que seul un organe la reçoit, il semble que le sensible ne fasse rien dans l'âme, qui est le sens, et ainsi le sens ne pâtit en rien du sensible. Pareillement je crois que le sensible ne fait rien dans le sens, à proprement parler. Et ainsi aussi le sens, c'est-à-dire l'âme sensitive, ne pâtit en rien du sensible. Et même, en supposant que l'âme et la vie soient corrompues par un chaud extrême, ce n'est encore pas l'âme qui pâtirait mais la matière. En effet, ce qui pâtit vraiment et proprement est le sujet, dans lequel une forme est produite, ou dont une forme est séparée. Mais la forme qui est ainsi produite ou séparée est la passion même ou l'action. Ainsi être produit ou être corrompu, à titre de sujet, est bien pâtir ; mais être produit ou être corrompu, à titre de terme, n'est pas pâtir, si ce n'est d'après une façon impropre de parler, que cependant nos utilisons souvent. Mais je pose que le sensible soit proportionné, de sorte que se produise en un animal une image sensible et une sensation, sans aucune corruption ; l'âme encore ne pâtit pas proprement du sensible, mais on dit qu'elle en pâtit selon une façon impropre de parler et par attribution, à savoir du fait seulement que le sujet en lequel elle est, à savoir l'organe, pâtit du sensible, comme par exemple nous disons parfois qu'une jarre aigrit parce que le vin qui est en elle aigrit, ou encore en pensant que l'image sensible que le sensible produit concourt par nécessité, en tant que disposition active ou passive, à la formation de la sensation qui est reçue en l'âme.

Je n'ai pas beaucoup vu que ces doutes aient été traités en détail. C'est pourquoi il m'est difficile de bien en parler, peut-être toutefois cela donnera-t-il à d'autres des indications sur la voie à suivre pour penser et mieux parler de ces sujets. De la sorte, « s'interroger sur chaque chose n'est pas inutile » comme dit Aristote [1].

1. Aristote, *Catégories*, 7, 8 b 24, trad. p. 159 : « il n'est pas inutile d'avoir examiné les difficultés qui se présentent à propos de chacun [des cas] » ; *A. L.*, 1. 1 : « dubitare autem de singulis non erit inutile ».

QUESTION 10

Est-ce qu'il est nécessaire, pour sentir, qu'il y ait un sens agent [1] ?

Et il semble que oui puisque le sens se rapporte au sensible comme l'intellect se rapporte aux intelligibles, ainsi qu'on le verra dans le livre III de ce traité [2]. Et il apparaît que c'est là une proportion qui convient. Mais pour intelliger il est nécessaire que concoure un intellect agent, comme on le voit au livre III [3], donc etc.

1. La théorie du sens agent a été défendue par Jean de Jandun, d'abord dans sa polémique contre Barthélémy de Bruges, puis dans ses *Quaestiones super tres libros de anima*, II, qu. 16, Venetiis, 1552, f°s 32ra-37va. C'est sans aucun doute à Jean de Jandun que Buridan doit l'importance accordée à cette question. Il attribue cependant « à beaucoup » l'acceptation d'un sens agent, en raison de la proportionnalité entre sens et intellect. Dans la question précédente, il a déjà exposé et justifié de nombreux arguments sur l'activité du sens, et comment celle-ci doit être comprise.

2. Aristote, *De l'âme*, III, 4, 429 a 16-17, trad. p. 222 : « Et la relation du sensitif aux sensibles doit être celle de l'intelligence aux intelligibles » ; *A. L* : « sicut sensitiuum ad sensibilia, sic intellectum ad intelligibilia ».

3. Aristote, *De l'âme*, III, 5, 430 a 14-15, trad. p. 228 : « Et c'est ainsi qu'il y a […] [l'intelligence] qui se caractérise par le fait qu'elle produit toutes choses » ; *A. L.* : « ille uero quo omnia est facere ». Sur l'intellect agent, voir en particulier *Questions sur l'âme*, III, qu. 10.

On soutient l'opposé parce que s'il y avait un sens agent, Aristote serait très déficient et diminué, puisqu'il n'a pas beaucoup traité de celui-ci, et que s'il existait il serait plus noble que le sens passif ou passible, de même qu'Aristote estime que l'intellect agent est plus noble que l'intellect possible [1].

Sur cette question il y eut des opinions très diverses. À beaucoup, il est apparu qu'à ce propos, il faut parler proportionnellement du sens et de l'intellect puisque Aristote, partout où il s'enquiert de l'intellect agent, a posé une raison commune au sens et à l'intellect, en disant universellement que dans toute nature où se trouve un nouvel effet il est nécessaire qu'il y ait deux principes, l'un actif et l'autre passif, et que toujours il faut que l'agent soit plus honorable que ce qui pâtit [2]. Et il n'apparaît pas que, de ce principe universel nous devions conclure davantage à l'intellect agent en plus de l'intellect passif qu'au sens agent en plus du sens passif.

Et ceux-ci utilisaient un tel raisonnement comme une démonstration tout à fait claire.

En premier lieu, ils supposaient que l'on ne pouvait déduire la noblesse d'une puissance ou d'un sujet que de la noblesse de l'opération ou du mode d'opérer.

Deuxièmement, il supposaient que la sensation est une opération plus noble que ne l'est la végétation puisque,

1. Aristote, *De l'âme*, III, 5, 430 a 17-19, trad. p. 228 : « Toujours, en effet, ce qui produit surpasse en dignité ce qui subit » ; *A. L.* : « Semper enim honorabilius est agens paciente et principium materia ».

2. Cette thèse est centrale chez Jean de Jandun, qui estime que ce qui agit est plus noble que ce qui pâtit, et que la *species* de la chose ou de l'image sensible ne saurait être plus noble que l'âme sensitive : voir II, qu. 16, *secunda suppositio*, f° 32vb.

selon cette opération, le degré [1] des animaux excède le degré des plantes. C'est pourquoi l'on conclut que la sensation est l'œuvre la plus noble de l'âme sensitive qui n'est pas intellective.

Troisièmement ils supposaient que l'âme sensitive est plus noble dans une bête, comme dans un cheval ou un chien, que quelque forme ou disposition d'une chose inanimée comme une pierre, du fer, de l'eau ou de l'air.

Quatrièmement il supposaient qu'il est toujours nécessaire que l'agent soit plus honorable que ce qui pâtit, comme on le lit dans le livre III de ce traité [2], ce qui paraît vrai s'il s'agit de l'agent principal, et non pas seulement quelque chose qui est une disposition ou un instrument pour l'agent principal, et que ce qui pâtit n'a pas d'opération plus noble que ne l'est la passion selon laquelle il pâtit de cet agent.

Ces points étant sauvegardés, il ne paraît pas qu'il doive y avoir d'objection contre cette règle d'Aristote, puisque l'on ne peut déduire la noblesse d'un sujet ou d'une puissance que de la noblesse de son opération, comme l'a dit la première supposition.

Alors à partir de là ils argumentent ainsi. Ou bien l'âme sensitive produit la sensation, ou bien non mais elle ne fait que pâtir et la reçoit. Si elle la produit, alors elle doit être dite sens agent, et l'on a ce qui est proposé, à savoir qu'il faut se donner un sens agent pour la sensation. Si l'on dit qu'elle ne la produit pas mais que seulement elle pâtit et la reçoit, alors il faut dire que l'objet la produit [3] en tant

1. Le degré de perfection.

2. Aristote, *De l'âme*, III, 5, 430 a 18-19, trad. p. 228 : « Toujours, en effet, ce qui produit surpasse en dignité ce qui subit » ; *A. L.* : « Semper enim honorabilius est agens paciente ».

3. Produit la sensation.

qu'agent principal. Cependant on ne peut soutenir à partir de la sensation la plus grande noblesse de l'âme sensitive parce que celle-ci serait sa plus noble opération, comme le disait la deuxième supposition. Et cependant dans ce cas, il faut que l'agent soit plus noble que ce qui pâtit, comme le disait la quatrième supposition. Donc il faut qu'un agent inanimé, comme la pierre, soit plus noble que l'âme elle-même, ce qui est faux comme le disait la troisième supposition. Donc il est faux de dire que l'âme sensitive n'agit pas [1].

Et c'est confirmé parce qu'il n'apparaît pas que par un autre mode d'argumentation vaudrait l'argument d'Aristote dans le livre III de ce traité, pour conclure à un intellect agent.

Mais bien que cet argument soit bien construit et semble valable, certains chicanent cependant contre lui en disant d'abord que dans une bête la sensation n'est pas plus noble que la nutrition ou la génération de son semblable, puisque la sensation n'est qu'un accident et la nutrition est la conversion de l'aliment en substance de ce qui se nourrit, et c'est ainsi que se produit la génération substantielle, qui est la substance, et même qui est l'âme sensitive, et celle-ci est plus noble qu'un accident [2]. Et même plus, bien que la sensation nous soit donnée pour servir l'intellect en ce qui

1. La construction du raisonnement est un peu contournée, mais le sens général est clair. Si la sensation était passive, l'agent étant plus noble que le patient, la pierre serait plus noble que l'âme sensitive. Or on a conclu à la plus grande noblesse de l'âme sensitive par rapport à l'âme végétative à partir du degré de noblesse de leurs opérations. Il faut donc que l'âme sensitive soit active.

2. L'idée selon laquelle la substance est plus noble que l'accident, qui remonte à Averroès (*Commentarium magnum*, II, 2, éd. Crawford, p. 130), est introduite dans la tradition latine par l'Anonyme de Giele et devient un lieu commun au XIVe siècle.

concerne l'acte d'intelliger, cependant elle ne semble donnée aux bêtes que pour la nutrition, la croissance et la génération du semblable, et tout à fait pour la nécessité d'exercer et de procurer la vie, c'est pourquoi aux plantes n'a pas été donnée la sensation, puisque, par l'apport de l'aliment, la plante peut suffisamment être nourrie et engendrer son semblable sans sensation. Et à quelques animaux a été donné seulement le sens du toucher car celui-ci leur suffit pour la nourriture et les besoins de la vie. Mais aux animaux ayant besoin de chercher les aliments au loin ont été donnés les sens qui sont nécessaires pour cela, c'est pourquoi en eux la nutrition et la génération du semblable semble être la fin de la sensation, et la fin est plus noble que ce qui est ordonné à elle. C'est pourquoi même si nous disions que l'âme sensitive se rapportait de façon purement passive à la sensation et que l'objet concourait à la sensation sur un mode plus noble que l'âme sensitive, cependant il ne s'ensuivrait pas qu'il soit plus noble, puisque l'âme sensitive est elle-même l'âme végétative, qui possède une opération plus noble que ne l'est quelque opération d'un objet sensible inanimé. Et pour cette raison il ne s'ensuit pas non plus que l'âme d'un cheval n'aurait pas d'opération plus noble que l'âme d'une plante, puisque la nutrition du cheval est beaucoup plus noble que la nutrition de la plante, tout comme un cheval est plus noble qu'une plante.

Un deuxième chicane serait de dire la même chose que ce nous disons des choses engendrées par putréfaction, puisqu'il faut que l'engendrant principal soit plus noble que l'engendré, ou du moins aussi noble, parce que l'agent ne peut pas, par sa vertu propre, donner plus qu'il n'a, et puisqu'il ne paraît pas y avoir dans la génération d'une grenouille d'agent corporel qui soit plus noble que la grenouille elle-même, étant donné que tous les corps qui sont proches de cette génération sont inanimés. En effet un corps céleste, s'il produit cela, ne le fait que par la vertu qu'il influe dans l'air ou dans l'eau contenant la matière de la génération de la grenouille, et encore cette vertu, puisqu'elle n'est qu'un accident, n'est pas plus noble que la substance de la grenouille, à savoir que l'âme sensitive. C'est pourquoi il faut conclure que pour la génération de la grenouille concourt un autre agent plus principal, incorporel et plus noble, qu'Avicenne appelle donateur des formes, qui est Dieu lui-même (que son nom soit béni !) ; et par lui, agissant seul ou principalement, se produit dans la matière disposée tout ce qui se produit [1].

On pourrait alors dire que le sens et l'intellect reçoivent de tous les sensibles et les intelligibles des images intelligibles et sensibles par lesquelles ils sont disposés à recevoir les sensations et les intellections que, sans autre agent, ce donateur de formes produit en eux lorsqu'ils sont ainsi disposés. Et celui-ci est l'intellect agent, auquel conclut Aristote dans le livre III de ce traité, et qu'il loue en disant « et aussi cet intellect séparable, impassible et sans mélange, est substance étant en acte, et plus honorable » [2] – à savoir que notre intellect possible. Et

1. Voir Avicenne, *Liber de philosophia prima sive scientia divina*, IX, 5, éd. S. Van Riet, vol. II, Louvain, Peeters, 1980, p. 493, l. 95. L'expression est cependant rare chez Avicenne. Elle a surtout été popularisée en latin par Albert le Grand, notamment dans son commentaire aux *Noms divins*, qui l'attribue généralement à Platon et parfois à Avicenne.

2. Aristote, *De l'âme*, III, 5, 430 a 17, trad. p. 228 : « Et cette intelligence est séparée, sans mélange et impassible puisqu'elle est substantiellement activité » ; *A. L.* : « Et hic intellectus separabilis et inpassibilis et inmixtus, substancia actu ens ».

immédiatement il ajoute à propos de lui « le même en effet est selon l'acte la science de la chose » [1] ; en effet, celui-ci intellige tout par son essence simple, sans intellection ou science ajoutée. Ainsi donc il faut se donner un intellect agent, non seulement pour la formation de notre intellection, mais encore pour la formation de la sensation et universellement pour la production de toute autre chose. Mais il ne faut pas se donner de la même façon un sens agent puisque ce donateur de formes, étant donné qu'il connaît toutes choses par son essence simple et sans organe corporel, ne doit pas être dit sens, mais intellect et pur acte d'intelliger. Telle est l'opinion de certains, qui n'est pas improbable.

Mais d'autres ont posé différemment l'intellect agent comme une partie ou une puissance de l'âme humaine, ne posant cependant pas de sens agent. Ils ont dit en effet que l'intellect agent est requis pour abstraire les images intelligibles des fantasmes, ou les universels des singuliers, ce qu'a pas besoin de faire le sens puisque le sens ne connaît pas universellement. On verra cela dans le livre III [2].

Je crois et je pense démontrable que, pour notre intellection et pour tout autre chose qui est produite, il est nécessaire que concoure activement, et même qu'agisse principalement ce premier intellect agent qui donne assurément à toutes choses l'être et la vie, « à celles-ci

1. Aristote, *De l'âme*, III, 5, 430 a 19, trad. p. 229 : « La science en exercice, d'autre part, s'identifie à ce dont elle traite » ; d'après R. Bodeus, ce passage soulève des difficultés (authenticité, localisation) dans les manuscrits grecs, mais quoi qu'il en soit, on le trouve dans la version latine de Guillaume de Moerbeke commentée par Thomas d'Aquin et il est cité ici littéralement par Buridan – *A. L.* : « Idem autem est secundum actum sciencia rei ».

2. *Questions sur l'âme*, III, qu. 10.

plus clairement, à celles-là plus obscurément », comme dit Aristote dans le livre Ier *Du ciel*[1].

Mais je crois en outre que notre âme est une puissance active dans l'intellection et qu'ainsi elle doit être dite intellect agent, et pareillement que l'âme sensitive, que ce soit en nous ou dans les bêtes, agit pour produire la sensation, et que de la sorte on doit parler d'un sens agent.

Il faut noter en effet que, bien que l'agent universel qui est Dieu puisse faire de façon déterminée n'importe quelle chose sans autre agent déterminé, cependant cette action ne serait pas dite naturelle mais miraculeuse[2]. Mais dans les actions naturelles il faut, outre l'agent universel, que concourent les agents particuliers, déterminant que ceci soit fait plutôt que cela, comme le feu agent détermine que soit produit du feu et non de l'eau, et la semence du cheval que soit produit un cheval et non une chèvre.

Or il se trouve que, les mêmes choses concourant, notre intellect peut librement former une proposition affirmative ou négative. Ainsi je peux former dans mon esprit que ceci est un âne, ou bien que ceci n'est pas un âne, et qu'un homme n'est pas un animal ou bien qu'un homme est un animal. Et que je forme une affirmative et non une négative, ce n'est pas l'objet ou le fantasme qui le détermine. Donc notre âme agit pour cela comme un agent particulier et déterminant.

1. Aristote, *Du ciel*, I, 9, 279 a 28-30, trad. C. Dalimier et P. Pellegrin, Paris, GF-Flammarion, 2004 : « De là aussi dépendent, pour les autres êtres, pour les uns de manière plus exacte, pour les autres de manière plus indistincte, l'être et la vie » ; *A. L.*, 8. 2, *De caelo et mundo*, Guillelmus de Morbeka translator Aristotelis : « Unde et aliis communicatum est hiis quidem clarius, hiis autem obscurius esse et vivere ».

2. On ne saurait expliquer l'intellection par la seule illumination divine, par exemple.

En outre, non seulement l'intellect mais encore le sens compose et divise – même dans un cheval et un chien [1]. Celui-ci juge en effet que celui qu'il voit ou celui qui l'appelle est son maître, et il vient vers lui. Et s'il a vu que la voie directe est mauvaise, il juge qu'il ne faut pas aller par elle et en cherche une autre. Et comme le dit ensuite Aristote, le sens commun discerne que le doux est le même que le blanc ou est différent [2]. Donc, comme pour composer ou diviser ainsi, il doit y avoir outre l'agent universel un autre agent particulier déterminant, et que l'objet ne suffit pas pour cela, il faut accorder que l'âme exerce en cela une action.

De même, comme le disent Avicenne et d'autres commentateurs d'Aristote, la faculté estimative, même chez les bêtes, à partir d'intentions senties par les sens externes, en fait surgir [3] d'autres, non senties, comme chez la brebis l'intention d'inimitié à la vue du loup, et l'intention d'amitié à la vue du berger; et pour les faire surgir activement et les former, les sensibles externes ne suffisent pas [4]. Donc avec cela l'âme agit.

Et avec ces raisons, en sont ajoutées d'autres qui ont été énoncées et posées antérieurement comme probables

1. Première occurrence d'un thème qui va revenir de façon récurrente : il y a une forme de jugement dans le sens, et cela se manifeste par la comportement de certains animaux.

2. Aristote, *De l'âme*, III, 2, 426 b 17-19, trad. p. 209-210 : « on ne peut admettre qu'avec des sens séparés l'on puisse juger de la distinction du doux par rapport au blanc. Ce doit être au contraire une instance unique qui voit clairement les deux »; *A. L.*, 12. 2 : « Neque utique separatis contingit discernere quod alterum sit dulce ab albo, set oportet aliquo uno utraque manifesta esse ».

3. *Elicere*.

4. Avicenne, *Liber de anima seu sextus de naturalibus*, IV, 3, éd. S. Van Riet, Louvain-Leiden, Peeters-Brill, 1968, p. 38-39.

et persuasives. En effet, de telles raisons suffisent peut-être en la matière ; il ne faut pas en toutes choses espérer une démonstration [1]. Ainsi, je concède un sens agent, que je crois former activement la sensation en lui-même.

Mais alors on se demande comment il est possible que la même chose en soi-même agisse et de soi-même pâtisse, puisque Aristote semble nier cela en de nombreux endroits [2]. Et je dis que cela doit être examiné ailleurs. C'est pourquoi je dis seulement pour l'instant qu'il n'est pas possible qu'une chose agisse en elle-même de telle sorte que rien d'autre ne concoure à cela, ou activement ou passivement, ou principalement ou à titre de disposition ; par exemple le grave, la forme du grave ou la gravité elle-même se meut, mais autre chose concourt activement qui n'est pas l'un d'eux, comme quelque chose qui engendre le mouvement ou qui ôte un obstacle. Et aussi autre chose passivement qui n'est pas l'un d'eux, comme la matière ou le milieu, ainsi qu'on doit le voir dans le livre VIII de la *Physique* [3].

Mais à partir de ce qui vient d'être dit ici et dans la question précédente, quelqu'un peut soulever un doute qui n'a pas été résolu dans l'autre question, à savoir dans la précédente : comment se rapporte l'image sensible à la sensation ? Car si ce qui a été dit dans cette question-ci et

1. Même s'il n'y renvoie pas explicitement, Buridan évoque à l'évidence un célèbre passage de la *Métaphysique*, α, 995 a 15, trad. p. 118, selon lequel « L'exactitude rigoureuse des mathématiques ne doit pas être recherchée en tout ».

2. Nous ne voyons pas de lieu où Aristote le nie explicitement de façon générale. Mais voir par exemple à propos du mouvement *Physique*, VIII, 4, 255 a 6, trad. p. 401 : « En effet, dire que ces choses se meuvent elles-mêmes d'elles-mêmes, c'est impossible » ; *A. L.* : « Et namque ipsa a se ipsis [movere] dicere inpossibile est ».

3. Sur tout cela, voirAristote, *Physique*, VIII, 4, *passim*.

dans la précédente est vrai, il s'ensuit manifestement que la sensation diffère de l'image sensible, puisque l'image sensible n'est pas tirée de la puissance de l'âme mais seulement de l'organe ou de la matière, et n'est pas reçue subjectivement en l'âme. Mais la sensation est tirée de la puissance de l'âme et est reçue en elle subjectivement, bien que ce ne soit pas en tant que sujet total, comme il a été dit dans une autre question [1].

De même l'âme n'agit pas dans la production de l'image sensible. Et elle agit dans la production de la sensation, comme il vient d'être dit, donc etc. Et aussi, on peut se persuader que dans quelque organe ou dans l'âme elle-même, comme dans l'organe de la fantaisie ou de la mémoire, se trouve conservée l'espèce sensible, et en lui il n'y a pas de connaissance. Et Aristote, dans le livre II de ce traité, demande, lorsque quelqu'un qui ne sent [2] pas et ne voit pas pâtit d'une odeur et d'une couleur en recevant son image : « qu'est-ce que sentir [3], outre pâtir d'une odeur [4] ? » Et il répond que sentir [5] est ressentir [6] ou connaître une odeur, comme s'il disait que sentir est l'acte de ressentir advenant en plus de la passion de l'odeur, à savoir en plus de la réception de l'image olfactive depuis l'odeur.

1. *Questions sur l'âme*, II, qu. 9, p. 66.

2. *Odorat* : « sentir » doit être entendu ici au sens de l'odorat, et non de façon générique pour la sensation.

3. *Odorare*.

4. Aristote, *De l'âme*, II, 12, 424 b 16, trad. p. 197 : « Qu'est-ce donc que saisir une odeur, en dehors de subir quelque effet ? », et de façon générale tout le passage 41 b 4-21 ; *A. L.* : « Quid igitur est odorare, preter pati aliquid ? ».

5. *Odorare*.

6. *Sentire* : sentir au sens générique.

Deuxièmement, il est aussi manifeste que l'image sensible se rapporte à la sensation en tant que disposition nécessaire exigée préalablement pour la sensation, puisque l'on expérimente qu'il n'y a pas de sensation si un organe n'a pas reçu d'un sensible extérieur une représentation de celui-ci, que nous appelons image sensible. Et c'est pour cela, comme dit Aristote, que ce n'est pas selon n'importe quelle partie de son corps qu'un animal peut voir ou entendre, par exemple selon le pied, bien que s'y trouve l'âme [1]. C'est en effet parce que, dans le pied ou dans la main, l'objet ne peut causer son image, à savoir l'image acoustique ou l'image de la couleur, qui est exigée préalablement pour former la sensation.

Mais alors on soulève un doute : est-ce que cette image est requise en tant que disposition de ce qui est passif pour recevoir la sensation, ou en tant que disposition de ce qui est actif pour produire cette sensation ? Et à ce sujet, il m'apparaît probable de dire que, de même que l'âme utilise la chaleur comme instrument pour produire la nutrition, de même elle utilise cette image sensible ou intelligible pour produire la sensation ou l'intellection. Ainsi comme le feu, bien que par lui-même il soit calorifère et enflammant, n'est pas suffisamment en acte pour faire cela sans chaleur, de même l'âme, bien que par elle-même elle soit le principal

1. Sous cette forme imagée, l'interrogation est devenue classique dans les commentaires depuis le XIII [e] siècle, afin d'examiner le mode de présence de l'âme (incorporelle) dans le corps. Pour l'arrière-plan aristotélicien, voir par exemple *De l'âme*, II, 12, 424 b 8, p. 197 : « chacun des sujets capables de perception n'est affecté que dans les limites de sa capacité perceptive », ou b 14-15, p. 197 : « n'importe quel corps n'est pas sujet à subir l'effet d'une odeur ou d'un son » ; *A. L.* : « set in quantum unumquodque sensitiuum », « Aut non omne corpus passiuum ab odore et sono ».

formateur de la sensation après Dieu, n'est cependant pas suffisamment en acte pour faire cela sans image sensible. Mais l'agrégation [1] d'elle et de l'image sensible est déjà suffisamment en acte pour le faire, comme il sera dit dans le livre III de l'intellect pour l'intellection [2]. En effet, lorsqu'il est en acte premier, avec les dispositions qui lui conviennent il peut se faire acte second, s'il n'y a aucun obstacle. Et c'est ce que semblait vouloir dire Aristote dans ce livre II, lorsqu'il soulevait cette question : pourquoi la sensation ne se fait pas sans objet extérieur, puisque les sensibles sont joints au sens dans son organe, à savoir à la chaleur, à la froideur et ainsi de suite, dont l'organe n'est jamais dépourvu ? Et il répond en disant que la cause est en cela que le sensitif n'est pas en acte mais seulement en puissance [3]. Cela revient à dire que, bien que le sens soit bien en puissance de recevoir la sensation, cependant il n'est pas, sans image sensible, suffisamment en acte pour la produire, image qui pourtant doit nécessairement être produite par l'objet extérieur.

À partir de ce qui vient d'être vu, on peut répondre à l'argument selon lequel s'il y avait un sens agent, Aristote serait très diminué. Je dis qu'il détermine assez à ce propos puisqu'il dit que l'âme est cause selon un triple genre de

1. *Congregatum.*

2. *Questions sur l'âme*, III, qu. 15, 3 ᵉ conclusion.

3. Aristote, *De l'âme*, II, 5, 417 a 2-6, trad. p. 160 : « Or si l'on se demande [...] pourquoi, sans les objets extérieurs, les sens ne produisent pas de sensation (alors qu'ils contiennent la terre, le feu et les autres éléments qui sont objet de sensation [...]), c'est donc évidemment que le sensitif n'est pas alors en activité, et n'existe que potentiellement » ; *A. L.* : « Habet autem dubitationem [...] quare sine hiis que sunt extra non faciunt sensum, inexistente igne et terra etaliis elementis quorum est sensus [...], manifestum igitur est quod sensitiuum non est actu, set potencia tantum ».

cause [1]. Et, expliquant cela de la cause agente, il dit qu'elle est le principe d'où provient le mouvement, et quant au mouvement local, et quant à la nutrition et la croissance, et aussi quant à l'altération qui est le sens, c'est-à-dire sensation. Et ainsi il exprime assez que l'âme est agent pour la sensation et non pas seulement ce qui reçoit. Mais puisque le sens agent n'est pas autre chose que le sens patient, mais est la même âme, et dans le même organe produisant la sensation et la recevant, il suffisait de distinguer les organes dans lesquels se font les sensations, et les objets à partir desquels sont produites les images sensibles dans ces organes, images par lesquelles l'âme exerce les œuvres de sentir.

Ce qui restait en outre à dire du sens, était proportionnel à l'intellect agent. C'est pourquoi lorsque Aristote, dans le livre III de ce traité, traite de l'intellect agent, il croit, en raison de cette proportion, que cette détermination suffit pour parler du sens agent avec ce qui avait été dit à ce sujet dans le livre II. Et en vérité cela suffisait, comme il apparaîtra lorsqu'il sera traité de l'intellect agent au livre III [2].

1. Aristote, *De l'âme*, II, 4, 415 b 10-11, trad. p. 152-153 : « l'âme constitue ainsi une cause dans les trois acceptions qu'on a définies, à trois titres : c'est en effet, et l'origine du mouvement, et la fin poursuivie, et, en sa qualité de substance pour les corps animés l'âme tient aussi un rôle causal » ; *A. L.* : « anima secundum determinatos tres modos causa dicitur : et enim unde motus ipsa est, et cuius causa, et sicut substancia animatorum corporum anima causa ».

2. Voir *Questions sur l'âme*, III, qu. 10.

QUESTION 11

Est-ce qu'un sens peut se tromper à propos du sensible qui lui est propre ?

On soutient que oui puisque l'intellect est d'une vertu beaucoup [1] plus puissante et plus certaine que le sens ; or il peut se tromper à propos de son objet propre ; donc le sens peut se tromper plus encore. La conséquence tient par le lieu du plus petit [2]. En effet, il semble qu'une vertu plus puissante et plus certaine doive moins se tromper qu'une puissance ou vertu moins certaine. La première proposition est manifeste puisque l'intellect corrige par la raison de faux jugements des sens, comme au sujet de la grandeur du soleil, ce qu'il ne ferait pas s'il n'était pas une vertu plus excellente et plus certaine. La deuxième proposition est aussi manifeste puisque Dieu, les intelligences et tous les universels sont les objets propres de l'intellect, puisqu'ils ne sont connus par aucune autre faculté, et cependant, en de nombreuses questions et

1. La *virtus* est ici une faculté, qui se manifeste par une certaine puissance, qui a une certaine force de réalisation.

2. Une maxime topique pose que ce que peut le grand, le plus petit le peut ; ici, la maxime est renversé car il s'agit non de puissance mais de manque : ce qui manque au plus grand manque *a fortiori* au plus petit.

opinions à leur sujet, la plupart des savants sont en défaut et se trompent.

De même la couleur et la lumière [1] sont les objets propres de la vue puisqu'ils ne sont sentis par aucun autre sens, et cependant à leur propos la vue est trompée de nombreuses façons, et juge autrement de près et de loin. Et même plus, à la même distance et la couleur étant la même, ce sur quoi tombe un rayon de lumière [2] paraît blanc tandis que dans l'ombre il paraît noir. Et parfois un rayon lumineux [3] qui tombe sur une surface polie noire et est réfléchi vers l'œil est si intense que ce noir paraît blanc. De même, on lit au livre III des *Météores* [4] que les couleurs moyennes, près du noir paraissent plus blanches et près du blanc plus noires. Il est donc manifeste que, de ces façons, la vue est trompée à propos des couleurs.

De même elle est trompée autrement puisque au lever du soleil celui-ci paraît rouge, et ainsi une rougeur est perçue [5], alors qu'il n'y a aucune rougeur qui soit vue. Et

1. Voir *infra*, qu. 14.

2. *Radius luminis*.

3. *Lumen*. Il semble que dans ce passage, *radius luminis* et *lumen* soient équivalents.

4. Voir Aristote, *Météorologiques*, III, 4, 375 a 4-17, trad. P. Louis, Paris, Les Belles Lettres, 1982, rééd. 2002, vol. II, p. 17-18.

5. Buridan parle constamment de « jugement » pour le sens. Le terme sera gardé quand il régit une expression complexe (juger que…) ou un attribut du complément d'objet (juger ceci de telle qualité), ou si un tel complexe peut être sous-entendu (juger à propos de…) ; quand il est régit un complément d'objet simple (comme *iudicare rubedinem*), le terme « juger » ne peut pas convenir en français ; il sera donc généralement traduit par « discerner », quand il suppose une discrimination des informations, quelquefois par « percevoir », afin de signifier ce proto-jugement sensible. Notons toutefois que dans certains passages, on trouve aussi le terme *percipere*.

si deux verres sont posés l'un sur l'autre, l'un bleu ou azur, et l'autre jaune, ce qui sera vu par eux paraîtra tout vert, et ainsi une verdeur sera perçue, alors qu'il n'y a aucune verdeur qui soit vue.

Et c'est manifeste au sujet du toucher, puisque celui qui entre dans le bain juge l'eau assez chaude et après qu'il est resté dans le bain un certain temps, il juge à propos d'eau plus chaude qu'elle n'est pas chaude. Et pareillement pour le goût : en effet à un malade, souvent, les choses douces et de bonne saveur paraissent amères, et celui qui mange de l'ail ne perçoit pas l'odeur de l'ail.

De même encore, la nuit, nous jugeons brillants de nombreux corps, ce qui ne pourrait se faire s'ils n'étaient pas brillants puisqu'ils ne mouvraient pas le sens. Et pourtant le jour, aussi bien disposé que soit le milieu, nous jugeons qu'ils ne sont pas brillants.

Et lorsque nous apparaît un arc-en-ciel, nous discernons de nombreuses couleurs différentes alors qu'il n'y a aucune couleur qui soit vue ; c'est clair puisque s'il y avait là une couleur, alors en nous en rapprochant nous la verrions, étant donné que nous voyons mieux de près que de loin. Cependant le conséquent est faux puisque, si nous y étions, nous ne verrions aucune couleur [1].

1. Depuis l'Antiquité, les traités sur l'arc-en-ciel (*De iride*) sont un des lieux majeurs de réflexion sur l'optique. Les auteurs du Moyen Âge tardif utilisent généralement comme manuel la *Perspectiva communis* de Jean Peckham, condensé de la tradition perspectiviste développée au XIIIe siècle à Oxford. Celle-ci a été elle-même influencée par le *De radiis* attribué à al-Kindi, puis par le *De aspectibus* d'Alhazen (Ibn al-Haytham). Mais dans la philosophie naturelle aristotélicienne, les *Météorologiques* (qui seront cités dans les réponses aux arguments) proposent également une explication de l'arc-en-ciel.

Et les ténèbres nous apparaissent comme une couleur quasiment noire, cependant ce n'est pas une couleur mais seulement le diaphane privé de lumière.

Aristote dit l'opposé. En effet, en décrivant le sensible propre, il dit « j'appelle sensible propre ce qui ne peut être senti par un autre sens, et à propos duquel on ne peut pas se tromper » [1]. Et il dit la même chose [de la fantaisie] [2] dans le chapitre sur la fantaisie, posant en cela la différence entre le sens et la fantaisie.

La difficulté est bien de savoir comment doit être entendue cette fameuse autorité, puisqu'il ressort des arguments précédents que nombreuses sont les erreurs des sens à propos de leurs objets propres. Aristote lui-même semble gloser ce passage en disant que chacun des sens juge d'eux, à savoir des sensibles propres, et ne se trompe pas sur le fait que c'est une couleur ou un son, mais sur ce qui est coloré, ou bien où il se trouve. Mais cette explication semble encore imparfaite à certains, premièrement, parce que cette condition des sensibles propres semble avoir été posée pour faire la différence avec les sensibles communs. Cependant, si on l'explique ainsi, les sensibles propres ne diffèrent pas des sensibles

1. Aristote, *De l'âme*, II, 6, 418 a 11-13, trad. p. 165 : « Or j'appelle [sensible] propre ce qui ne se laisse percevoir par aucun autre sens, et qui ne laisse pas de place à l'illusion » ; *A. L.* : « Dico autem proprium quidem quod non contingit altero sensu sentiri, et circa quod non contingit errare ».

2. Je propose de supprimer ces mots qui se trouvent dans le texte latin ; il semble en effet qu'Aristote parle du sens et non de la fantaisie. Voir *De l'âme*, III, 3, 428 a 11, trad. p. 217 modifiée : « Et puis les sens sont toujours vrais alors que les fantaisie ont une allure toujours trompeuse » ; *A. L.* : « Postea hii quidem veri semper, fantasie autem fiunt plures false ».

communs. Nous jugeons en effet de la grandeur et du mouvement, et nous ne sommes pas trompés sur le fait que c'est un mouvement ou une grandeur. Par exemple, si quelqu'un se trouve dans un bateau qui se meut sur un fleuve, il jugera peut-être que l'arbre qui se trouve sur la rive se meut, et ainsi il se trompera en jugeant où est le mouvement ou ce qui se meut. Mais il ne se trompera pas en jugeant qu'il y a un mouvement, puisqu'il y a vraiment un mouvement, non de l'arbre mais du bateau et de celui-là même qui voit. On pourrait toutefois répondre à cette objection que cette condition ne fut pas posée pour faire la différence avec les sensibles communs, mais avec les sensibles par accident.

Mais on objecte encore que si la vue n'est pas trompée, à propos de la couleur, sur le fait que c'est une couleur, quant au jugement général, elle est cependant trompée quant au jugement particulier sur le fait que c'est une blancheur, une noirceur ou une verdeur. Car comme on l'a argumenté précédemment, voyant le soleil le matin nous percevons une rougeur, et il n'y a pas de rougeur. Et par ces deux verres nous percevons une verdeur, et il n'y a pas de verdeur. Et encore, regardant le ciel, si l'air est très pur, aussi pur qu'il puisse être naturellement, nous percevons dans le ciel la couleur la plus belle, bleue ou azur, alors qu'il n'y a aucune couleur de cette sorte que nous voyons, puisque le ciel est sans couleur. Mais il est manifeste que de prèsaussi, bien que tout le mur soit blanc, cependant de nuit, quand tu étudies, en dehors du rayon de la chandelle, à savoir dans l'ombre, t'apparaît une noirceur. C'est pourquoi tu t'es trompé, soit au sujet de la blancheur en tant que blancheur, soit au sujet de la noirceur en tant que noirceur, puisque tu perçois la blancheur comme une non-blancheur et la non-noirceur comme une noirceur.

Et il apparaît encore manifestement que nous nous trompons beaucoup à propos des sensibles propres, quant au degré d'intensité et de faiblesse [1], puisqu'il est manifeste que la couleur paraît plus blanche dans une plus grande lumière, et moins blanche dans une lumière plus faible. Et à celui qui entre dans le bain la chaleur paraît si intense que peut-être il ne peut pas supporter une eau si chaude, et ensuite, lorsqu'il aura été réchauffé, elle lui apparaîtra moins chaude et il en demandera de la plus chaude.

Et ainsi, à partir de là, il semble à nouveau que par la propriété ainsi exposé les sensibles propres ne diffèrent pas des sensibles par accident, puisque au sujet des sensibles par accident nous ne semblons pas être trompés en ce qui concerne le jugement général, mais en ce qui concerne les jugements particuliers, comme il a été dit des sensibles propres. En effet, lorsque nous voyons nous ne trompons pas en jugeant que le coloré est quelque chose ou est quelque part ; mais nous nous trompons particulièrement en jugeant que c'est du bois ou une pierre, et qu'il se trouve en ce lieu-ci ou en celui-là.

On peut même encore se demander si nous nous trompons à propos des sensibles propres aussi quant aux jugements généraux, par exemple au sujet de la couleur sur le fait que c'est une couleur, du son sur le fait que c'est un son, etc. Car un son ou une odeur peuvent être si faibles

1. Quant à l'intensité, par exemple de la blancheur. Le texte dit littéralement : quant au degré d'intension et de rémission. Ces deux concepts techniques servent à quantifier l'intensité des qualités (comme ici la blancheur) et ses variations. Buridan développe toute une théorie de l'intension et de la rémission des formes (qualitatives) dans sa *Physique*. Mais comme ici ces concepts n'apparaissent que ponctuellement à titre d'argument, nous préférons une traduction plus accessible.

que nous jugeons que ce n'est pas un son mais le silence, pas une odeur mais quelque chose d'inodore. Et aussi, dans la vision de l'arc-en-ciel, nous percevons une couleur alors qu'il n'y a pas de couleur, mais seulement la réflexion des rayons de lumière du soleil, depuis les gouttes de pluie vers notre vue. Cependant ni la lumière du soleil n'est une couleur, ni le rayon lumineux, et dans une petite goutte de pluie il n'y a pas non plus de couleur. En effet, l'eau et l'air sont diaphanes, non colorés, réceptifs de toutes les images des différentes couleurs, et si peut-être il y avait en eux une couleur, elle serait tellement faible qu'est ne serait pas saisissable par la vue. Pareillement, celui qui est en dehors d'une maison et qui regarde par une fenêtre dans cette maison, s'il y a à l'intérieur de l'obscurité, sans beaucoup de lumière [1], et si à l'extérieur où il est en train de regarder, il y a une grande lumière, juge qu'il fait noir dans le fenêtre et au delà. Et en discernant une noirceur, il juge qu'il y a une couleur, bien que, ici et plus loin, il n'y ait aucune couleur, mais un pur diaphane obscur sans lumière. C'est pourquoi les peintres, voulant sur un mur peindre des fenêtres, y peignent du noir; on jugera donc qu'il y a une couleur bien qu'il n'y ait pas de couleur. Donc par la vue nous nous trompons en jugeant qu'il y a une couleur.

Mais Themistius donne l'explication suivante [2] : par la mauvaise disposition de l'organe nous nous trompons

1. *Lumen.*

2. Voir *Themistii Paraphrasis*, III, *in* Gérard Verbeke, *Thémistius. Commentaire sur le traité de l'âme d'Aristote*. Édition critique et étude sur l'utilisation du commentaire dans l'œuvre de saint Thomas, Louvain-Paris, Publications universitaires de Louvain-Éditions Béatrice Nauwelaerts, 1957, p. 132-136. Les trois conditions posées par Thémistius pour une bonne perception sensible sont fréquemment invoquées dans les théories médiévales.

bien à propos du sensible propre. En effet, celui qui a la langue chargée ne jugerait pas bien des saveurs. Nous nous trompons aussi en raison de l'impureté du milieu. Ainsi en effet, en raison de fumées noires qui s'élèvent sur la terre, le soleil nous apparaît rouge le matin. Et tout ce qui est vu à travers un verre rouge nous apparaît rouge. Nous nous trompons aussi en raison d'une certaine distance. Mais nous ne nous trompons pas s'il s'agit d'une distance appropriée, d'un milieu pur et d'un organe du sens bien disposé.

Mais contre cela on objecte premièrement que cela ne fait pas une différence entre les sensibles propres et les sensibles communs, puisque de cette façon aussi nous nous ne trompons pas non plus au sujet de la grandeur et de la figure. Et si nous nous trompons au sujet du mouvement en raison de beaucoup de lenteur ou d'une très petite rapidité, jugeant au repos ce qui se meut, ainsi sans aucun doute nous nous trompons en jugeant qu'il y a du silence là où il y a du son, si le son est assez faible, et en jugeant qu'il n'y a pas d'odeur si l'odeur est très peu intense. Et peut-être que Themistius aurait concédé que par là on ne fait pas la différence entre les sensibles communs et les sensibles propres.

On argumente encore contre Themistius, puisque si cette mauvaise disposition de l'organe ou cette impureté du milieu supprimaient la certitude du jugement, il s'ensuivrait que jamais au sujet de ces sensibles nous ne pourrions juger avec une parfaite certitude, ce qui est faux. La conséquence est patente puisque jamais nos organes ne sont disposés au mieux, si ce n'est peut-être un moment, parce que toujours notre complexion change continuellement, de sorte que jamais ne peut être donnée durant un certain temps une complexion parfaitement tempérée. De même jamais ne nous est donné un air, qui est le milieu pour voir et entendre, qui soit parfaitement pur ; toujours en effet sont mélangées en lui quelques fumées ou vapeurs qui s'élèvent de la terre ou de l'eau. Et je crois que Themistius aurait bien dit que, sans pureté extrême du milieu ou disposition parfaite de l'organe, nous jugeons certainement et sans défaut que ceci est blanc et cela noir, que ceci est doux et cela amer. Mais jamais, aussi bien disposé que soit l'organe et aussi pur que soit le milieu, nous ne pouvons discerner ponctuellement le degré d'intensité et de faiblesse. En effet, deux blancs peuvent ne pas être tout à fait ponctuellement similaires sans que nous puissions distinguer le degré de dissemblance entre eux, en raison de l'infinité de la division et de la finitude de la puissance visuelle.

Mais le Commentateur explique que le sens ne se trompe pas à propos du sensible propre « dans la plus grande partie » [1], ou à un degré élevé, bien qu'il puisse se tromper à un degré faible. Et Aristote donne cette explication à la fin du livre II, en disant des sensibles propres, qu'assurément le sens « est vrai ou ayant très peu de fausseté » [2]. Et cette explication est vraie, avec les conditions que lui ajoutait Themistius, à savoir qu'il y ait une distance appropriée, un milieu et un organe qui conviennent et qui soient bien disposés.

Et ainsi lorsque Aristote a dit au livre II de cet ouvrage que le sensible propre est « ce qui ne peut pas être senti

1. Averroès, *Commentarium magnum*, II, 63, p. 225, l. 28-30 : « unusquisque sensuum iudicat suum sensatum proprium et non errat in eo in maiori parte ».

2. Aristote, *De l'âme*, III, 3, 428 b 18-19, trad. p. 220 : « Le sens, lorsqu'il porte sur ses objets propres, est vrai ou ne contient qu'infiniment peu d'erreurs », *A. L.* : « sensus propriorum quidem est uerus aut quam paucissimum habens falsum ».

par un autre sens »[1], il entendait par là la différence entre le sensible propre et le sensible commun. Et lorsqu'il a dit « à propos duquel il ne peut pas se tromper », il entendait par là la différence entre le sensible propre et le sensible par accident, à propos duquel il arrive qu'il se trompe non seulement en peu de choses mais aussi en totalité, jugeant que c'est du miel quand c'est du fiel, ou de l'or quand c'est du cuivre.

Réponses aux arguments.

Au premier, on répond que, à propos de certaines choses que le sens ne peut pas certifier, l'intellect ne peut pas se tromper. Cependant, dans de nombreux cas et à propos de nombreuses choses, l'intellect peut davantage se tromper que le sens à propos du sensible propre, parce que l'intellect intellige ces intelligibles en leur absence, au moyen des images et des intentions conservées, une fois que les choses extérieures ont changé ou ont été détruites. Et le sens ne sent les sensibles propres qu'en leur présence.

Au deuxième, on concède que la vue peut se tromper beaucoup en raison d'une distance non appropriée, et à propos de ce qui est dans un milieu ombragé, en raison de la mauvaise disposition du milieu qui n'est pas suffisamment éclairé. Et si une surface polie noire, par laquelle beaucoup de rayonnement lumineux est réfléchi[2] vers l'œil, apparaît blanche, c'est en raison d'une mauvaise disposition de l'organe puisque l'organe est occupé par trop de rayonnement

1. Aristote, *De l'âme*, II, 6, 418 a 11, trad. p. 165 : « J'entends par sensible propre ce qui ne se laisse pas percevoir par un autre sens et qui ne laisse pas de place à l'illusion » ; *A. L.* : « Dico autem proprium quidem quod non contingit altero sensu sentiri, et circa quod non contingit errare ».

2. *Refrangitur*, mais il s'agit bien de réflexion, non de réfraction.

lumineux, et ce rayon représente assurément la lumière [1] qui apparaît blanche, plus fortement que l'image de cette couleur ne représente cette couleur. Qu'une même chose apparaisse aussi plus blanche à côté du noir et plus noire à côté du blanc, c'est vrai surtout s'il y a une grande distance. Et ceci n'implique qu'une erreur de degré ou sur la faible intensité.

Au troisième, on répond que le soleil paraît rouge le matin en raison de l'impureté du milieu dans lequel se trouvent des fumées noires qui s'élèvent de la terre. Mais une chose lumineuse [2], qui à travers un milieu pur paraît blanche, si elle est vue à travers du noir ou mêlé à du noir, paraît de couleur moyenne, à savoir rouge. C'est pourquoi le charbon enflammé paraît rouge alors que, une fois éteint, il est manifestement noir. Et ainsi encore, puisque le vert est intermédiaire entre le jaune et le bleu, les deux ensemble, vus confusément, apparaissent verts. Et un milieu coloré n'est pas un milieu qui convient pour bien juger de la couleur qui existe à l'extérieur.

Mais on dirait [3] : si un verre jaune est proche de l'œil, et si un verre bleu est plus loin, pourquoi l'œil ne perçoit-il pas bien le bleu ? Qu'est-ce qui fait obstacle ? Je réponds que l'organe n'est pas bien disposé, puisque si l'œil devait bien juger à propos de quelque couleur il devrait être bien disposé par l'image de cette couleur, et ne doit pas, au même endroit, être ainsi porté à la confusion [4] par l'image d'une autre couleur. Mais dans le cas ci-dessus, la vue est portée à la confusion, et au même endroit, aussi bien par

1. *Lux*.
2. *Lucidum*.
3. Correction de *tunc dicens* en *tu diceres*.
4. Littéralement : disposé confusément.

les images de la couleur jaune que par l'image du bleu [1]. Donc il ne peut juger d'aucune avec certitude, mais, en raison de la confusion de ces images, il perçoit ce qui est intermédiaire entre ces couleurs [2].

À propos de ce qui est dit du toucher et du goût, il apparaît que cela vient de différentes dispositions de l'organe.

Au cinquième, il faut répondre que la différence est grande entre la lumière et la couleur. En effet la lumière est destinée à mouvoir le diaphane, à savoir le ténébreux [3], et à illuminer celui-ci par son rayon. Mais ce n'est pas le cas d'une couleur, sans autre rayon lumineux tombant sur elle. Et donc le milieu qui convient pour voir la lumière est un milieu qui n'apparaît pas illuminé par un rayon lumineux. C'est pourquoi de petites lumières ne sont pas bien vues de jour mais le sont de nuit. Pour cette raison, en effet, les étoiles ne sont pas vues de jour, ni les exhalaisons enflammées, ni d'autres petites choses ayant une lumière, sauf si elles sont vues sous leur couleur et non sous leur lumière.

Concernant le sixième argument, il est manifeste que la détermination de l'arc-en-ciel doit être renvoyée au livre III des *Météores* [4]. Cependant, en ce qui concerne ce qu'il faut dire maintenant, la lumière, bien qu'elle ne soit pas à proprement parler une couleur, est pourtant dite blanche en prenant communément le nom « couleur ».

1. Dans tout ce passage la confusion vient de ce que deux images sensibles (en l'occurrence visuelles) sont reçues ensemble.

2. Donc du vert.

3. Le diaphane n'est pas à proprement parler noir, mais sans couleur.

4. Voir Aristote, *Météorologiques*, III, 4, *passim*, trad. vol. II, p. 12-20.

Ainsi le soleil paraît blanc, bien qu'il n'ait pas d'autre couleur que la lumière. Ainsi une blancheur éclatante [1] serait dite lumière, et une blancheur non éclatante est dite proprement couleur. Ainsi, certains appellent la blancheur une lumière éteinte et disent que la blancheur diffère de la noirceur en ce que la blancheur participe davantage la lumière et moins de l'opacité, tandis que c'est l'inverse pour la noirceur. Et puisque les couleurs intermédiaires proviennent du mélange des extrêmes, de la manière qui est établie dans le livre *Du sens et du senti*, pour cela, du mélange de la lumière avec l'opacité ou le noir, ou l'obscur, selon diverses proportions, nous apparaissent différentes couleurs [2]. Et ainsi pareillement, si un rayon lumineux provenant d'un corps éclatant traverse du noir ou de l'obscur, ou a été réfléchi par du noir ou de l'obscur, il sera jugé de telle ou telle autre couleur en raison de l'affaiblissement [3] de la lumière et de sa confusion, dans l'œil, avec les images des autres visibles participant à quelque opacité ou obscurité, comme il a été dit plus haut au sujet de différents verres.

Concernant le dernier argument, on peut concéder que de loin nous sommes trompés, et que nous prenons les ténèbres pour de la noirceur. Mais si nous sommes dans un lieu purement ténébreux nous ne percevons rien par la

1. *Lucens*. Le terme latin est de même radical que *lux*.

2. Voir Aristote, *De la sensation et des sensibles*, 439 b 20 - 440 a 6, trad. P.-M. Morel dans *Petits traités d'histoire naturelle*, Paris, GF-Flammarion, 2000, p. 75-76. Tant la traduction anonyme du XIIe siècle que sa révision par Guillaume de Moerbeke s'intitulent *De sensu et sensato*, titre utilisé par Jean Buridan, d'où notre traduction dans le texte par *Du sens et du senti*; la traduction française est publiée sous le titre *De la sensation et des sensibles*.

3. *Remissio*.

vue, mais par une vertu interne nous jugeons qu'il y a les ténèbres en percevant, les yeux ouverts, que nous ne voyons rien par la vue extérieure, et en concluant que cela se produit par un défaut de lumière. Il est vrai cependant que parfois nous appelons improprement le noir ou l'opacité « ténèbres », pour la raison que la ténèbre est privation de rayons lumineux ou de lumière, lumière qui paraît blanche. C'est pourquoi nous disons ainsi que la ténèbre est privation de blancheur, et toujours avec la noirceur il y a privation de blancheur ; c'est pourquoi nous nous permettons d'utiliser improprement les noms « ténèbre » et « noirceur », « ténébreux » et « noir ».

Et de la sorte, la question apparaît bien déterminée.

QUESTION 12

Est-ce que les sensibles communs sont des sensibles par soi ?

On soutient que non, puisque n'est pas sensible par soi ce qui ne peut être senti que par autre chose ou avec autre chose qui ne le détermine pas, mais auquel il est joint par accident et de façon contingente. Or tel est le cas des sensibles communs. Par exemple, jamais une grandeur n'est vue sans rayon lumineux [1] ou sans couleur, jamais non plus par le toucher une grandeur ne serait sentie si elle n'était avec une chaleur ou une froideur, avec une dureté ou une mollesse, ou quelque chose de tel. Et même plus, on ne juge pas par le toucher combien il y a d'air ou comment il est figuré [2].

De même une substance n'est pas sentie par soi, donc la grandeur et la figure non plus. L'antécédent est concédé comme étant posé par Aristote [3]. La conséquence se prouve puisque, pour autant que cela regarde la question, la

1. *Lumine*.

2. Quelle est sa forme.

3. Aristote ne formule pas cela exactement de cette manière ; mais voir *De l'âme*, II, 12, 424 a 17-20, trad. p. 195 : « Mais de toute sensation, en général, on doit concevoir l'idée que le sens constitue ce qui est propre à recevoir les formes sensibles sans la matière » ; *A. L.* : « Oportet autem uniuersaliter de omni sensu accipere quoniam sensus quidem est susceptiuus specierum sine materia ».

substance et la grandeur conviennent en cela qu'elle ne sont senties que lorsqu'elles sont unies à des qualités sensibles. Donc, parmi elles, doit davantage être tenu pour sensible par soi ce qui, pour soi, détermine davantage ces qualités sensibles. Or chaque substance détermine davantage pour soi les qualités sensibles que la grandeur ou la figure. Donc il semble qu'elle est plus (ou en tout cas pas moins) sensible par soi que la grandeur. Donc par le lieu du plus grand [1], si elle ne l'est pas la grandeur ne l'est pas non plus.

De même les étants mathématiques sont abstraits de la matière, du mouvement et des qualités sensibles, comme il est écrit dans le livre II de la *Physique* et le livre VI de la *Métaphysique* [2]. Donc ce ne sont pas des sensibles par soi. Mais la grandeur, le nombre et la figure sont des étants mathématiques, donc etc.

De même on cherche en quel sens de « par soi » ils seraient dits : au premier ou au deuxième. Et l'on ne peut pas dire que ce n'est en aucun des deux, puisque au premier sens le prédicat doit se trouver dans la définition du sujet, et inversement dans le deuxième, comme il apparaît dans

1. Voir Buridan, *Summulae de locis dialecticis*, 6. 5. 6, lemme, éd. N. J. Green-Pedersen, Brepols, Turnhout, 2013, p. 103-104 : « Locus a maiore est habitudo ipsius ad minus [...]. Locus a maiore tenet destructive, ut "rex non potest expugnare tale castrum, ergo nec comes" ; maxima : quod maius non potest minus non potest. »

2. Aristote, *Physique*, II, 2, 193 b 34-35, p. 122-123 : « [les choses dont s'occupe le mathématicien] sont séparables du mouvement par la pensée, et cela ne produit aucune différence, et on ne produit même pas d'erreur en les séparant » ; *A. L.* : « De his quidem igitur negotiatur mathematicus [...] abstracta enim intellectu a motu sunt, et nichil differt neque fit mendacium abstrahentium » ; *Métaphysique*, E, 1, 1026 a 7-10 : « La mathématique [...] étudie certains objets mathématiques en tant qu'immobiles et en tant que séparables » ; *A. L.* : « mathematica theorica [...] quedam mathematica in quantum immobilia et in quantum separabilia speculatur ».

le livre I des *Seconds Analytiques* [1]. Cependant, le sensible n'est pas défini par le mouvement ou le repos, ni l'inverse. Et si ce ne sont pas des sensibles par soi en l'un de ces deux sens, il s'ensuit que ce ne sont pas des sensibles par soi, puisque Aristote dit au livre Ier des *Seconds Analytiques* que tout ce qui n'appartient pas à l'un de ces deux modes est un accident [2].

On soutient l'opposé par l'autorité d'Aristote dans le chapitre sur le nombre des sens externes [3].

Il y a un grand doute sur ce que nous devons comprendre par les expressions « par soi » et « par accident », « propre » et « commun ». Et il semble à certains que cela tient beaucoup à la diversité des opinions au sujet de la grandeur – si c'est une chose distincte de la substance et de la qualité – et du mouvement local – si c'est une chose distincte du mobile et du lieu [4]. En effet, si une grandeur est une substance, elle n'est sensible que par accident, comme la substance. Si c'est une chaleur, elle est sentie par le toucher

1. Voir Aristote, *Seconds Analytiques*, I, 4, 73 a 34 - b 2, trad. p. 83 : « Est dit appartenir par soi à une chose tout ce qui lui appartient comme élément de son *ce que c'est* [...]. On parle aussi d'appartenance par soi dans tous les cas où des choses appartiennent à d'autres, lesquelles sont contenues dans la formule qui montre ce que sont les premières » ; *A. L.* : « Per se autem sunt quecumque sunt in eo quod quid est [...] et quibuscumque eorum que insunt ipsis ipsa in ratione insunt quid est demonstranti ».

2. Voir Aristote, *Seconds Analytiques*, I, 4, 73 b 4, trad. p. 83 : « toutes les choses qui n'appartiennent à d'autres d'aucune de ces deux manières, je les appelle des accidents » ; *A. L.* : « quecumque vero neutro modo insunt, accidentia sunt ».

3. Aristote, *De l'âme*, III, 1, 424 b 22 - 425 b 10.

4. Sur le rapport entre grandeur et chose étendue, voir Buridan, *Quaestiones super octo libros Physicorum*, I, qu. 8, vol. I p. 79-92 ; et sur le statut du mouvement local, voir III, qu. 7, vol. II p. 73-80.

et aucun autre sens. Si c'est une blancheur, elle est sentie par la vue et non par un autre sens, donc elle n'est pas un sensible commun. Et pareillement si le mouvement du Soleil n'est pas une chose distincte du Soleil ou de la grandeur ou de la lumière, qui se meuvent, on ne voit pas pourquoi le mouvement devrait être considéré comme un sensible distinct des précédents, ou pourquoi il faudrait poser qu'il soit sensible autrement que les précédents.

Mais sans aucun doute, il me semble que la diversité de ces opinions ne doit pas susciter de différence dans ce qui est en question. Car même si le mouvement était une chose distincte de ce qui est mu, cependant le repos n'est pas une chose distincte de ce qui est en repos, pas plus que la privation du privé, ou que la figure n'est distincte de la grandeur. C'est pourquoi à propos du repos et de la figure reviendraient les doutes qui avaient été soulevés plus haut à propos du mouvement et de la grandeur. Et communément, aussi, le nombre n'est pas considéré comme distinct des choses nombrées. Donc si la grandeur n'était pas distincte de la substance ou de la qualité proprement sensible, non plus que le mouvement, il faudrait encore dire d'eux ce qu'on dirait du nombre.

Et il faut noter, me semble-t-il, que puisque la qualité et son sujet, comme la blancheur et la substance qui lui est sujette, sont ensemble confusément selon le site, le sens n'a pas la puissance de distinguer entre elles et ne perçoit [1] pas la blancheur elle-même, distinctement de la

1. Ici, Buridan emploi bien le terme *percipere* (dont les occurrences sont plus rares que *iudicare*). Mais les paragraphes qui suivent vont, à travers interrogations et doutes, analyser en quel sens on parle de « jugement » pour le sens, et quels sont ses objets. La solution des difficultés passera une fois de plus par une analyse logico-linguistique, posant à un premier niveau une différence de noms ou de concepts.

perception de cette substance, ni cette substance distinctement de la perception de cette blancheur [1]. Et il ne perçoit donc pas la blancheur conformément au concept selon lequel elle est dite blancheur. Ainsi le sens commun est dit poser une différence et une convenance entre les sensibles propres des différents sens, en jugeant que le blanc qu'il voit est doux ou non doux. Et le chien juge qui il voit l'appeler et, par la vue, il va vers lui, ou encore il juge que celui qui appelle n'est pas celui qu'il voit, c'est pourquoi il ne va pas vers celui qu'il voit mais cherche quelqu'un d'autre. Et le chien ne juge pas si la voix est identique à la blancheur ou est différente, pas plus que le sens ne juge si la blancheur est le mouvement ou le repos, mais il juge que ce blanc-ci est au repos ou se meut.

Et de nouveau, comment jugerait le sens en faisant ainsi abstraction des convenances et des différences entre les sensibles, puisque cela est très difficile à l'intellect ? Par exemple, si cette pierre grande, blanche et ronde était mue, est-ce que la grandeur, la blancheur, la rotondité et le mouvement seraient la même chose ou autre chose ? Mais le sens juge immédiatement que le même est blanc, grand, rond et en mouvement. Si l'on disait qu'Aristote dit souvent, en termes abstraits, que les couleurs et les grandeurs sont des sensibles par soi, je dirai que de même il dit souvent cela du blanc et du doux, et, ne se souciant généralement pas beaucoup des noms puisqu'ils signifient à plaisir, il prend souvent l'abstrait pour le concret et inversement, comme dans le livre *De la génération* où il

1. Cette situation sera la base de l'analyse de la perception telle qu'elle sera développée dans la longue questions 8 sur le livre III.

dit toujours que les qualités premières sont le chaud, le froid, etc. [1].

Alors le doute s'accroît : puisque la même chose est une pierre, blanc, grand, rond et mouvement, comment peut-on dire véridiquement qu'une pierre est sensible par accident et non par soi, mais que le blanc et le grand sont des sensibles par soi ? Et comment peut-on dire que le blanc est un sensible propre et non commun, mais que le grand et le rond sont des sensibles communs et non propres ? Et encore, si la grandeur et la figure sont la même chose, comment sont-ils posés comme des sensibles distincts ? Toutes ces choses semblent impossibles.

Donc pour les résoudre, il faut noter que la même chose est nommée par des noms nombreux et divers, non synonymes, mais institués selon divers concepts par lesquels cette chose est conçue, par exemple que cette pierre est une pierre blanche et ronde. Et bien que, selon tous ces concepts, je puisse intelliger et juger à son sujet, cependant par le sens je ne le peux pas, à moins que ne survienne une connaissance intellective. Je ne peux pas juger que ceci est du bois, une pierre ou du fer, ou que c'est une substance ou un accident, ou que c'est une chose composée de matière

1. Et non pas la chaleur, la froideur, etc. Voir Aristote *De la génération et de la corruption*, II, 2, 330 a 24-26, trad. p. 56 : « Il est clair, dès lors, que toutes les autres différences se réduisent à ces quatre premières, mais que celles-là ne se réduisent plus à un nombre inférieur » ; *A. L.*, 9. 2 : « Manifestum igitur quoniam omnes alie differentie reducuntur ad primas quatuor. Hee autem non amplius in minores ». Cependant Aristote vise dans ce texte à poser les quatre qualités premières, que sont le chaud, le froid, l'humide et le sec, comme les qualités auxquelles se réduisent les autres (le friable, le visqueux, le mou, etc.) mais qui sont elles-mêmes irréductibles ; il n'y est pas question du rapport entre l'abstrait et le concret.

et de forme, ou une chose simple. Mais je juge bien que c'est blanc ou noir, grand ou petit, rond ou long, en mouvement ou en repos. Et ceci est manifeste puisque s'il y avait un changement tel qu'une pierre commence à être du fer, sans que les accidents soient changés, pour cela la sensation ne varierait pas dans le sens, et le sens ne percevrait pas ce changement. Mais si elle changeait de telle sorte qu'elle cesserait d'être blanche et commencerait à être noire, sans que se produise un changement selon la substance ou selon d'autres accidents, le jugement dans la vue varierait, ce changement serait perçu et la vue en jugerait. Et il en irait de même si de grand il devenait petit, de rond oblong, ou s'il cessait de se mouvoir et commençait à être en repos. Et cela est manifeste.

Je dis donc que lorsque nous affirmons que quelque chose est un sensible par soi, autre chose un sensible par accident, nous n'entendons pas une division ou une altérité des choses qui sont senties, mais nous entendons une diversité ou une altérité des noms ou concepts par lesquels les choses qui sont senties sont nommées ou conçues. En effet, la même chose qui est sentie est dite sensible par soi selon le nom qui est imposé à partir du concept conformément auquel elle est sentie, et elle est dite sensible par accident selon le nom qui lui est imposé à partir d'un concept conformément auquel elle n'est pas sentie, de sorte que, au nom pris du concept conformément auquel elle est sentie est attribuée la prédication « sensible par soi » pour désigner qu'elle est sentie selon ce concept, et au nom pris du concept conformément auquel elle n'est pas sentie est attribué le prédicat « sensible par accident » pour désigner qu'elle est sentie, mais non conformément à ce concept lui-même. Par exemple, puisqu'une pierre est blanche, on dit que le blanc est senti par soi, c'est-à-dire que le blanc est senti conformément au concept selon lequel il est dit blanc, et la pierre est sentie par accident, c'est-à-dire qu'elle n'est pas sentie conformément au concept selon lequel elle est dite pierre.

Et il faut savoir que, selon ce qui vient d'être dit, on voit clairement comment Aristote a conclu à bon droit que les sensibles communs sont sensibles par soi, parce qu'ils sont sentis par mouvement [1]. Cela revenait à dire que le sens perçoit les mouvements ou les changements des choses, selon lesquels il faut changer les noms des sensibles communs. Il perçoit donc les choses selon les concepts par lesquels sont imposés ces noms. C'est pourquoi le prédicat « sensible par soi » dont être attribué aux termes « grand », « mouvoir », « être en repos », « circulaire », « triangulaire », « un », « nombreux », « proches », « éloignés », « avant », « arrière » et ainsi de suite. Ainsi, il ne faut pas croire que, lorsque Aristote énumère les cinq noms « grandeur », « figure », « nombre », « repos », « mouvement », il ait voulu énumérer de façon suffisante tous les noms auxquels doit être attribué le prédicat « sensible commun ». Mais il énumère ces cinq comme des exemples [2]. Ou encore, ce raisonnement d'Aristote s'explique de la manière suivante et équivaut à ceci : à

1. Aristote, *De l'âme*, III, 1, 425 a 13-16 : « Mais il ne saurait y avoir non plus, pour les sensibles communs, quelque organe sensoriel propre. Ce sont des déterminations que chaque sens nous permet de percevoir accidentellement, comme le mouvement, la stabilité, la figure, la grandeur, le nombre, l'unité. Tout cela, en effet, nous le percevons grâce au mouvement » ; *A. L.* : « At uero neque communium potest esse sensitiuum aliquod proprium, que unoquoque sensu sentimus non secundum accidens, ut motus, status, figure, magnitudinis, numeri, unius. Hec enim omnia motu sentimus ».

2. Une telle interprétation s'éloigne à l'évidence de la lettre du texte aristotélicien.

partir du changement selon lequel les noms des sensibles communs, comme « grand », « mouvoir » « être en repos », etc., changent, les sensations changent aussi dans le sens, puisque le sens perçoit les choses selon les concepts d'après lesquels ces noms sont imposés. C'est donc ce qu'il veut dire lorsqu'il dit que ces choses sont senties par le mouvement. Et que cela soit dit du sensible par soi et du sensible par accident.

Il faut s'exprimer de la même manière à propos du sensible propre et du sensible commun. Car le prédicat « sensible propre » est attribué au nom qui signifie les choses conformément au concept selon lequel elles sont perceptibles par un seul sens. Et le prédicat « sensible commun » est attribué au nom qui signifie les choses conformément au concept selon lequel elles sont perçues par plusieurs sens ; si bien que si une pierre est blanche et ronde, et que je dis que le blanc est un sensible propre et non commun, je veux signifier que le blanc est senti par un seul sens, à savoir la vue, et non par plusieurs sens, conformément au concept selon lequel elle est dite blanche. Et lorsque je dis « rond est un sensible commun », je dis que le rond est senti ou peut être senti par plusieurs sens, à savoir la vue et le toucher, conformément au concept selon lequel il est dit rond. Et il apparaît que cette façon de parler est plus claire, et que toutes les autres souffrent de tromperies si elles ne coïncident pas avec celle-ci.

Et il apparaît aussi que les arguments apportés au début de la question ne portent pas contre cette manière de s'exprimer. Il est vrai toutefois que ces arguments peuvent faire douter si les propositions « la grandeur est sensible », « le nombre est sensible », ou encore « la substance est sensible » sont vraies par soi. Et je dis que oui, puisqu'elles sont nécessaires, bien que peut-être les universelles soient fausses. Donc elles ne sont pas vraies et par soi au premier sens, mais elles sont vraies au deuxième sens de « par soi », puisque le prédicat « sensible » se prédique de ces autres termes comme une propriété de son sujet [1], mais non pas cependant comme de son sujet propre et premier [2]. C'est pourquoi elles ne sont pas par soi et à titre premier, comme cela a été dit. Mais, si l'on assignait à une propriété un sujet premier et propre, alors dans la définition complète de la propriété devrait être mis le sujet ou son genre, ou quelque terme relevant de la raison de ce sujet, parce que la propriété contient dans sa signification, par quelque connotation, la signification du sujet. Cela doit être vu dans le livre Ier des *Seconds Analytiques* [3]. Et ainsi la question est claire.

1. Ce qui est la définition aristotélicienne, reprise par Buridan du « par soi ».

2. Le sujet propre et premier ne serait pas le concept de substance ou de grandeur, mais un terme singulier.

3. Voir notamment *Quaestiones in duos Aristotelis libros Posteriorum Analyticorum*, I, qu. 19 : « Utrum omnis propositio per se sit necessaria et econverso » ; « Est-ce que toute proposition par soi est nécessaire et inversement ? »

QUESTION 13

Par suite on se demande si le nombre, la grandeur, la figure, le mouvement et le repos sont des sensibles communs et par soi.

On soutient d'abord au sujet du nombre que non, puisqu'il est dit au livre IV de la *Physique* que seule l'âme peut nombrer, et non pas n'importe quelle âme mais l'âme intellective [1]. Mais elle ne peut pas nombrer en ne connaissant pas le nombre conformément à la raison selon laquelle il est dit nombre. Donc le sens ne connaît pas le nombre de cette façon [2]. C'est pourquoi, d'après ce qui a été dit dans la question précédente, au nom « nombre » n'est pas attribué le prédicat « sensible par soi ».

De même, puisque le nombre n'est pas une chose distincte des choses nombrées, comme le veut Aristote qui dit ce même livre IV de la *Physique* « le nombre en effet est ou ce qui est nombré ou ce qui est nombrable » [3], si

1. Aristote, *Physique*, IV, 14, 223 a 25-26, trad. p. 268 : « rien d'autre ne peut naturellement nombrer que l'âme et, plus précisément, l'âme intellective » ; *A. L.* : « nichil aliud aptum natum est quam anima numerare et anime intellectus ».

2. La « raison » est le concept selon lequel une chose est signifiée, donc une manière de concevoir.

3. Aristote, *Physique*, IV, 11, 219 b 7, p. 252 : « en effet nous appelons "nombre" ce qui est nombré et ce qui est nombrable » ; *A. L.* : « namque quod numeratur et numerabile numerum dicimus ».

donc ce sont des substances qui sont nombrées, ce nombre sera sensible par accident ; et si ce sont des saveurs ou des couleurs qui sont nombrées, ce nombre sera un sensible propre. Et si ce sont des grandeurs qui sont nombrées, pourquoi, en énumérant les sensibles communs, distinguons-nous le nombre de la grandeur ?

On argumente donc à propos de la grandeur. Et l'on pourrait argumenter comme pour le nombre si la grandeur était posée comme étant une substance ou une blancheur, etc. Mais on argumente autrement : rien n'est senti par soi si cela ne peut pas imprimer son image dans le sens ou dans l'organe du sens. Or cela, la grandeur ne le peut pas, puisque ce qui reçoit doit être démuni de la nature de ce qui est reçu, de sorte que, selon Aristote, le sens réceptif de l'image de la couleur et connaissant la couleur doit être sans couleur [1]. C'est pourquoi, comme il dit, le toucher, puisqu'il ne peut pas être tout à fait démuni de qualité tangibles mais les possède ramenées à une certaine proportion moyenne, ne sent pas ce qui est pareillement chaud ou pareillement froid, mais ce qui excède [2], puisqu'il

Buridan utilise ce passage pour défendre sa théorie selon laquelle le nombre ne saurait être une réalité séparée. Le concept de nombre ne se réfère à rien d'autre qu'à une multitude de choses. Mais comme cela sera expliqué dans les réponses aux arguments, il y ajoute une connotation, à savoir la mesurabilité.

1. Aristote, *De l'âme*, II, 7, 418 b 26, trad. p. 169 : « ce qui est susceptible de couleur, c'est l'incolore, tandis que ce qui est susceptible d'être bruyant c'est l'insonore » ; *A. L.* : « Est autem coloris susceptiuum quod sine colore ; soni autem absonum ». Cependant, dans ce passage, Aristote ne se réfère pas au sens, mais au milieu, et notamment au diaphane.

2. Ce qui est au dessus ou en dessous du rapport moyen de chaud et de froid qui caractérise le sens du toucher.

est démuni de ces excès [1]. Mais le sens n'est pas démuni de grandeur, au contraire il possède une grandeur aussi parfaitement et autant en acte que son objet. Donc il ne peut pas recevoir l'image de la grandeur ; donc il s'ensuit que la grandeur n'est pas sensible par soi.

Ensuite, on argumente encore au sujet de la figure : puisqu'elle n'est pas distincte de la grandeur [2], pourquoi donc la grandeur et la figure sont énumérées comme des sensibles différents ?

Ensuite on argumente encore au sujet du mouvement : s'il était senti par soi, il semble que ce serait surtout par la vue. Or c'est impossible puisque la vision se fait instantanément, comme le dit Aristote au livre X de l'*Éthique* [3]. Et le mouvement ne peut se faire instantanément, comme il est patent dans le livre VI de la *Physique* [4]. Plus encore, comme le soutient Aristote au livre IV de la *Physique* dans

1. Aristote, *De l'âme*, II, 11, 424 a 3-4, trad. p. 194 : « Aussi ne sentons-nous pas ce qui est chaud ou froid, dur ou tendre au même degré que nous, mais bien les excès » ; *A. L.* : « Vnde similiter calidum et frigidum, aut durum et molle non sentimus, set excellencia ».

2. Thèse déjà présupposée lors de questions précédentes.

3. Aristote, *Éthique à Nicomaque*, X, 3, 1174 a 14, trad. p. 509 : « Il semble en effet que l'acte de voir, considéré à quelque moment que ce soit de sa durée, est un acte achevé » ; *A. L.*, 26. 3 : « Videtur enim visio quidem secundum quodcumque tempus perfecta esse ». Ou 1174 b 12-13, trad. p. 511 : « Ni la vision, ni le point ni l'unité n'ont de génération et aucune d'elles [*sic*] n'est non plus mouvement ou génération » ; *A. L.* : « neque enim visionis est generacio, neque puncti, neque unitatis, neque horum nichil motus ; neque utique delectacionis ; totum enim quoddam ». Plus généralement, selon Aristote, l'illumination du milieu diaphane par la lumière (illumination qui permet le transmission de la couleur) est instantanée.

4. Aristote, *Physique*, VI, 3, 234 b 8, trad. p. 322 : « Il est donc nécessaire que ce qui se meut se meuve dans le temps » ; *A. L.* : « Necesse ergo est […] moveri quod movetur in tempore ».

le chapitre sur le temps [1], le mouvement n'est pas puisque ses parties ne sont pas, mais l'une a été et n'est plus, tandis que l'autre est future et n'est pas encore. Et il n'est pas possible de sentir ce qui n'est pas, donc etc.

Ensuite, on argumente au sujet du repos : nulle privation n'est sensible par soi, mais elle doit être connue par une relation [2] ; or le repos est privation de mouvement, donc etc.

De même, selon ce qui a été dit dans une autre question [3], si le repos est dit sensible par soi, il faut qu'une chose soit sensible conformément à la raison selon laquelle elle est dite être en repos. Or ceci est faux, puisque le concept de repos inclut en soi le concept de mouvement et, si une chose est en repos, le sens externe n'a pas de concept de mouvement, puisqu'il ne sent pas un sensible en son absence. Donc il ne peut alors pas juger qu'une chose est en repos. Mais il ne juge pas non plus qu'elle est en repos quand il perçoit qu'elle se meut, donc il ne peut pas juger qu'une chose est en repos. Donc être en repos ou le repos ne doit pas être dit sensible par soi.

De même, si le mouvement et le repos étaient sensibles par soi, alors le sens, s'il est bien disposé, s'il se trouve à une distance appropriée, et si le milieu est bien disposé,

1. Aristote, *Physique*, IV, 10, 217 b 32-33, trad. p. 246 : « Que donc le temps n'est absolument pas, ou est à peine et confusément, on pourrait le présumer à partir de ce qui suit. En effet, quelque chose de lui est passé et n'est plus, alors que quelque chose de lui est à venir et n'est pas encore ». ; *A. L.* : « Quod quidem igitur [tempus] omnino non sit aut vix et obscure sit, ex his aliquis concipiet. Hoc quidem enim ipsius factum est et non est, illud vero futurum et nondum est ».

2. Par rapport à ce dont elle est privation, comme le repos par rapport au mouvement.

3. *Questions sur l'âme*, II, qu. 12.

ne jugerait pas que le sensible se meut quand il est en repos et qu'il est en repos quand il se meut. Or c'est ainsi que juge le sens dans le cas où deux hommes sont sur un fleuve, dans deux bateaux assez proches l'un de l'autre, et ne considèrent qu'eux-mêmes et leurs bateaux, de sorte qu'il ne font pas attention aux rives qui sont en repos. Que ces bateaux soient *A* et *B*. Alors si [1] ces bateaux se mouvaient en même temps uniformément et à une rapidité égale, chacun jugerait par la vue que ces deux bateaux sont en repos. Mais si le bateau *A* commence à être en repos et que le bateau *B* se meut rapidement, celui qui est dans le bateau *B* jugera que le bateau *A* se meut rapidement.

On soutient l'opposé grâce à Aristote.

La solution de cette question ressort de la précédente. Premièrement, il est manifeste que les éléments dont on vient de parler doivent être dits sensibles par soi au sens qui a été donné dans l'autre question puisque, au sujet des choses, les sens jugent conformément aux concepts selon lesquels ces noms les signifient. Et si les choses se transforment de telle sorte que l'on doive changer leurs noms, le sens percevra cette mutation – par exemple si la chose vue, qui est petite, devient grande, ou inversement. Pareillement, si la chose vue est ronde et devient oblongue ou inversement, en mettant de côté les autres changements, le sens le percevra et dans le sens le jugement sera modifié ; il jugera en effet grand ou oblong ce qu'avant il jugeait petit ou rond. Et si une chose mue localement commençait à être en repos ou inversement, le sens lui-même restant en place et n'étant pas mû localement, le sens perçoit cela. Et si une pierre continue est divisée et que ses parties sont

1. Je retiens la leçon *si* qui est dans un manuscrit.

séparées l'une de l'autre, le sens le percevra [1] et jugera d'abord qu'il y en a une, puis qu'il y en a non pas une mais beaucoup. Et discerner ainsi une multitude, c'est ce qu'Aristote entend par sentir le nombre. Mais il faut noter que, bien que le sens perçoive les choses susdites et les discerne, cependant il peut souvent être trompé à leur propos selon des circonstances diverses et nombreuses; par exemple, à travers un certain verre une chose apparaît plus grande qu'elle n'est. Par réflexion sur un miroir qui a une bosse, elle apparaît plus petite, et sur un miroir concave plus grande. Et si le milieu ou ce qui réfléchit est de figure difforme, la figure d'une chose apparaîtra très différente de ce qu'elle est. C'est la même chose pour le mouvement. Le mouvement peut être si lent que le sens ne le perçoit pas mais juge que c'est en repos. Et si l'œil se mouvait uniformément et ne le percevait pas, l'imagination ou l'intellect jugerait par l'œil que la chose vue est en repos. Et des pierres nombreuses et discontinues peuvent se tenir tellement proches que le sens ne perçoit pas leur distinction, mais juge qu'elles font un. Et par le croisement des doigts un petit caillou sera perçu comme étant deux, et par deux yeux une chose paraîtra double à des vieillard, ou bien si un œil était soulevé au dessus de sa place. Et ainsi de nombreuses autres façons.

Deuxièmement, il est aussi manifeste que les éléments dont on a parlé doivent être dits des sensibles communs parce que nous les jugeons et percevons conformément aux concepts dont ces noms sont pris, non pas par un unique sens externe, mais par plusieurs. En effet le toucher et la vue jugent que ces pierres sont grandes ou petites, rondes ou angulaires, en mouvement ou en repos, et différentes

1. Dans tout ce paragraphe et les suivants, Buridan emploie le terme *percipere*.

les unes des autres. Et nous percevons que le tonnerre se meut puisque nous l'entendons tantôt à gauche, tantôt à droite. Et n'importe quel sens perçoit tout à fait la multitude et la distinction de nombreux sensibles qui sont les siens, bien que chacun ne perçoive pas de façon aussi claire leur multitude numérique, comme la vue et le toucher et ensuite l'ouïe.

Mais on peut bien se demander pourquoi nous discernons les grandeurs et les figures par le toucher et la vue, et non pas par les autres sens. Ainsi si quelqu'un dit que nous jugeons de la grandeur ou de la petitesse d'une cloche par l'ouïe, par exemple en jugeant de la grandeur à partir d'un son grave, et de la petitesse à partir d'un son aigu, on constate que ce jugement ne se fait pas grâce à l'ouïe par soi, mais par accident, parce que la vue y concourut autrefois. Car nous voyons communément que les objets ayant des sons graves sont plus grands, et que ceux qui ont des sons aigus sont plus petits. C'est pourquoi, en entendant des sons graves nous discernons la grandeur, comme Aristote dit dans le livre II de ce traité qu'un sens juge par accident du sensible propre d'un autre sens, comme la vue du doux, du fait que, par deux sens, nous percevons que se retrouvent dans une même chose en même temps la douceur et la rougeur [1].

Reste donc un doute : pourquoi discernons-nous la grandeur et la figure seulement par le toucher et la vue? On peut répondre à cela premièrement que le toucher ne

1. Aristote, *De l'âme*, III, 1, 425 a 22-23, trad. p. 202 : « […] nous percevons effectivement par la vue ce qui est sucré. Mais cela, c'est parce qu'il se trouve que nous avons une perception de deux choses, laquelle nous permet de les connaître ensemble lorsqu'elles coïncident » ; *A. L.* : « […] nunc uisu dulce sentimus : hoc autem est quoniam amborum habentes existimus sensum, quo cum conciderint cognoscimus ».

perçoit les figures et les grandeurs des corps chauds ou froids que s'ils ont quelque solidité, selon laquelle ils subsistent, ne cédant pas à la main ou au toucher. En effet, on ne percevra pas par le toucher la grandeur ou la figure de l'air, mais celle du bois ou d'une pierre puisque, en la touchant, on peut bouger la main sur la surface de cette pierre de haut en bas, et autour de la pierre. De cette façon, en effet, par un mouvement long ou bref, ou parce que la pierre occuperait une grande ou une petite partie de la surface de ta main, tu jugerais que la pierre est grande ou petite. Ainsi aussi, en touchant, tu percevras les élévations et les creux de la surface extérieure de la pierre et tu jugeras de sa figure.

Mais la vue [1], parmi les autres sens, juge bien mieux de telles choses, si le milieu est uniforme, parce que les images de la lumière ou de la couleur sont transmises à la vue depuis chaque partie du corps coloré ou lumineux par des rayons directs, de manière régulière et ordonnée, de telle sorte que de la partie droite du corps vu est reçue une image dans la partie droite de l'œil, de la partie gauche dans la partie gauche et de la partie supérieure dans la partie supérieure. Et ainsi l'image est figurée dans l'œil de façon semblable à la couleur dans le corps coloré. C'est pourquoi la vue juge bien de la figure. Et ainsi encore, pour la même raison, l'image occupe d'autant plus de grandeur dans l'œil que le visible est plus grand, à savoir plus étendu vers la droite, la gauche, le haut et le bas, toutes choses égales par ailleurs; et elle occupe d'autant moins de la quantité de l'œil que le visible est plus petit. C'est pourquoi de la sorte l'œil peut juger de la grandeur ou de la petitesse d'un objet. Mais si le milieu était difforme, ou

1. À partir de là, la théorie de la perception va inclure des éléments rudimentaires d'optique et même d'anatomie de l'œil.

si se produisait une réflexion de l'image sur un obstacle difforme, alors les images sont transmises des diverses parties du visible selon des rayons se comportant de façon difforme et irrégulière. Nous ne pourrons donc pas bien juger de la grandeur ou de la figure du visible, comme nous en faisons l'expérience manifeste dans l'eau. En effet lorsqu'elle est au repos et présente une surface lisse et régulière, en regardant en elle nous percevons par une réflexion régulière les grandeurs et les figures des astres, du soleil et des nuages. Et si nous regardions cela directement [1] lorsque l'eau se meut, nous ne pourrions pas le faire [2] en raison d'une réflexion irrégulière des images à partir de la surface irrégulière de l'eau. Or les images acoustiques [3] ne sont pas transmises de cette façon à partir de l'air dans lequel se produit un son régulier, puisque cet air, lorsqu'il résonne, est mu, divisé et scindé, se comportant de façon continûment difforme dans ses parties, et aussi parce qu'il y a dans l'oreille des tortuosités avant que les images acoustiques [4] ne parviennent à l'intérieur jusqu'à l'organe de l'ouïe. Ainsi encore à travers les tortuosités du nez sont transmises les images d'une odeur pour parvenir à l'intérieur de l'organe de l'olfaction. Et il n'est pas nécessaire que l'image olfactive soit transmise par des rayons rectilignes, comme l'image de la couleur ou de la lumière ; le signe manifeste en est qu'un petit obstacle posé sur la voie directe entre nous et le sensible nous empêche de le voir mais n'empêche pas d'en ressentir le son ou l'odeur. Et peut-être y a-t-il encore d'autres différences,

1. Si nous regardons vers l'eau.

2. Nous ne pourrions pas discerner les figures et les grandeurs des astres

3. Les *species* du son.

4. Buridan dit simplement *species*.

dont nous parlerons plus loin, entre les images des sons et des odeurs, en ce qui concerne leur engendrement et leur transmission, en comparaison des images des couleurs, différences en raison desquelles il n'y a pas de transmission ordonnée dans les images acoustiques ou olfactives comme dans celles de la couleur.

Mais maintenant, pour résoudre les arguments il faut parler de la manière dont se font les sensations de ces sensibles communs. En effet, leur sensation ne se fait pas parce que l'on y recevrait des images autres que les images des sensibles propres. Mais il faut premièrement imaginer que le sens perçoit en premier, parmi les sensibles communs, la place [1] du sensible par rapport au sens, à savoir si de tels objets sont à droite ou à gauche, en haut ou en bas, devant ou derrière, ce qui apparaît plus manifestement à la vue qu'aux autres sens puisque c'est la vue qui en juge le plus manifestement. En effet, les images visibles se trouvant à droite de l'œil sont reçues dans la partie droite de l'œil et les images se trouvant à gauche dans la partie gauche. C'est pourquoi l'œil perçoit que ceci se trouve à droite, cela à gauche. Il suit de là que celui qui voit son visage par réflexion dans un miroir perçoit par la vue ce qu'il voit être dans le miroir puisque par le miroir l'image est transmise dans l'œil selon une ligne droite. Donc il occupe dans l'œil une place selon ce qu'exige la place du miroir par rapport à l'œil. Donc la chose paraît être où est le miroir. Et ainsi encore, lorsqu'une cloche est sonnée, selon la première transmission du son on juge où elle se trouve, à savoir à droite si elle se trouve à droite, et selon la réflexion qu'on appelle l'écho, on juge qu'elle se trouve du côté opposé puisque l'image est reçue ici, dans l'ouïe, depuis différents endroits.

1. *Situs*.

Ensuite, à partir de la perception de la place des parties du visible, est encore perçue par la vue la grandeur et la figure de ce visible, puisque, comme les images de la partie droite de l'objet sont reçues dans la partie droite de l'œil et les images de la partie gauche dans la partie gauche, il s'ensuit aussi que l'image est figurée dans les parties de l'œil comme l'objet est figuré. Et si l'objet est grand, de telle sorte que dans le champ de la vue il s'étend jusqu'à la partie droite de l'œil et jusqu'à la partie gauche, alors l'image de celui-ci occupe toute la grandeur de l'œil, et il est jugé grand. Et s'il est petit, son image n'occupe qu'une petite partie de l'œil, que ce soit vers la droite ou au milieu, et la vue jugera ainsi de la grandeur et de la figure ; non parce qu'elle recevrait quelque image de la grandeur distincte de l'image de la couleur, mais parce qu'elle reçoit l'image de la couleur dans la partie droite de l'œil et s'étend à cette partie par l'extension de grandeur de cette partie, comme nous disons que tous les accidents corporels sont étendus dans le sujet corporel en même temps que cette grandeur par laquelle le sujet est étendu.

Ensuite encore, pour la même raison, nous percevons l'unité ou la distinction des choses visibles. En effet, lorsque deux pierres sont séparées et distinctes l'une de l'autre, alors leurs images occupent dans l'œil des parties distinctes de l'œil et ne forment pas une continuité dans l'œil. C'est pourquoi la vue juge qu'elles sont séparées. Mais si elles étaient contiguës de telle sorte que leurs images seraient jointes dans la vue, la vue ne jugerait pas qu'elles soient séparées mais percevrait une unité, sauf si en raison d'une dissimilitude des accidents elle percevait une division. Il arrive en effet souvent que la vue soit trompée en de tels sujets.

Mais il y a alors un doute. Si une petite pierre était posée entre deux doigts, alors en chaque doigt se produirait une image tactile de cette pierre. Et ces doigts sont séparés et distants. Et ainsi sont produites des images distantes [1]. Donc le toucher devrait juger qu'il y a deux pierres séparées, ce qui est faux, à moins que cela ne se produise par permutation des doigts. Pareillement dans les deux yeux des images du même visible sont reçues séparément et à distance. Donc nous ne devons pas juger qu'il s'agit d'un seul objet visible mais de deux objets séparés et distants, ce qui est faux.

Je réponds qu'il y a bien un doute : est-ce que dans un organe extérieur, par exemple dans un œil, un pied ou une main, se produit un jugement, ou est-ce que ce n'est pas cas mais que les images sont reçues d'abord dans un organe extérieur et aussitôt transmises à l'organe du sens commun, et que là se fait le jugement ? Cependant, quelle que soit l'hypothèse que l'on retienne parmi ces deux, cela revient au même pour notre propos. Car les parties de deux doigts proches l'un de l'autre dans la main, qui dans l'ordre naturel sont juxtaposées l'une à l'autre, sont réunies dans la main. C'est pourquoi si une pierre se trouve entre ces deux doigts, les images produites dans ces doigts, selon ces parties, sont transmises par la main à l'organe du sens commun, et par la conjonction de ces deux doigts dans la main ces images sont unies, et unies de la sorte elle parviennent au lieu du jugement. Si nous disons que les jugements ne sont produits que dans le sens commun, nous devons donc bien juger que la pierre est une et qu'il ne s'agit pas de deux pierres séparées et distantes. Mais si les doigts sont croisés,

1. Résultat de deux sensations tactiles distinctes et distantes l'une de l'autre.

alors nous jugeons qu'il y a deux pierres séparées et distinctes puisque alors les parties de ces doigts selon lesquelles cette pierre est touchée ne se réunissent pas dans la main, c'est pourquoi les images reçues dans ces parties sont transmises au sens commun selon des lieux différents et distants l'un de l'autre. C'est pourquoi il faut juger qu'il y a deux pierres séparées. Mais si nous soutenons que le jugement se fait dans l'organe extérieur, par exemple dans le doigt, alors il faut concéder qu'aussitôt l'image ou l'intention est transmise au sens commun et il s'ensuit à nouveau un jugement aussi dans le sens commun. Mais il faut alors noter que le jugement d'une faculté supérieure annule et corrige le jugement qu'il y aurait dans la faculté inférieure. Par exemple, selon l'apparence qui se produit dans la vue, suit le jugement que le soleil est grand de deux pieds et pas plus, et c'est ainsi que juge une petite vieille. Mais en astrologie ce jugement est totalement rejeté puisque l'intellect juge par un raisonnement qu'il est plus grand que la terre. Puisque donc le sens commun est une faculté supérieure aux sens externes, bien que selon les apparences qui se produisent dans les sens externes, si ne survenait pas le jugement d'une faculté supérieure, nous jugerions que les pierres sont deux, cependant, puisque survient le jugement du sens commun, nous jugeons simplement que la pierre est une.

Il faut s'exprimer de manière semblable au sujet des deux yeux en raison de leur jonction dans un certain nerf intérieur, selon ce que savent les anatomistes. Et pareillement, si on soulevait un œil au dessus de sa place naturelle, l'autre n'étant pas élevé, une chose apparaîtrait manifestement double, comme c'était le cas avec le croisement des doigts.

Ensuite, il faut dire aussi que, puisque par le mouvement local d'une chose vue la place de son image est modifiée dans l'œil, si l'œil est en repos on juge que la chose vue se meut, et qu'elle est d'abord à droite et ensuite passe de façon continue à gauche. De là aussi pour la même raison nous jugeons qu'une chose vue se meut si elle est en repos et que l'œil se meut ; imaginons cependant que l'œil soit en repos, comme si un homme se déplaçait sur un bateau, il jugerait que l'arbre sur la rive se meut puisque cette image de l'arbre changera de place dans l'œil si l'œil se meut, comme si c'était l'inverse. Et ainsi nous jugeons que quelque chose est en repos parce qu'il nous apparaît continûment au même endroit par rapport à nous, du fait que son image ne change pas de place dans la vue. C'est pourquoi il arrive, lorsque deux bateaux se meuvent l'un à côté de l'autre sur la mer avec une rapidité égale, que n'importe qui, étant sur un bateau, jugera par la vue que son bateau et l'autre bateau sont en repos, puisque leur images ne changent pas de place dans l'œil.

Par là sont résolus tous les arguments qui étaient avancés au début de la question.

Concernant le premier argument je concède que, à proprement parler, le sens ne nombre pas mais seulement l'intellect. Cependant le sens perçoit la multitude et la division. Et c'est cela qu'Aristote appelle « sentir le nombre », en ne prenant pas le terme « nombre » au sens propre, mais de façon commune au lieu du terme « multitude ». Car le concept [1] du nombre ajoute au concept de la multitude la mesure ou la mesurabilité. Ainsi il est manifeste que l'on perçoit tout de suite la multitude des hommes et que cependant on ignore leur nombre, à savoir combien ils sont. Ainsi donc il y a un nombre que l'on

1. *Ratio*.

connaît mais on ne connaît pas le nombre [1]. Or que seul l'intellect nombre, bien que le sens perçoive la multitude, cela apparaît par un signe, puisqu'une poule ayant dix poulets ne les compte pas et ne juge pas combien ils sont. Donc s'il en manque deux ou trois, elle ne les cherche que si elle les entend piailler puisque, si elle ne perçoit pas le piaillement, elle ne les perçoit pas. Mais si elle les entend, alors elle les cherche avec un grand élan et une grande agitation. Et il en est de même pour une truie ayant plusieurs porcelets, et pareillement des autres animaux ; puisqu'ils n'ont pas d'intellect, ils ne nombrent pas [2].

Le deuxième argument, selon lequel le nombre n'est pas une chose distincte des choses nombrées, a suffisamment été résolu à partir de ce qui précède.

Au troisième, il est répondu que la grandeur n'est pas sentie si ce n'est selon ce que requiert la chose et sa place par rapport au sens ; l'image du sensible propre occupe dans le sens une grandeur déterminée et une place déterminée dans l'organe.

Ce qui a été soutenu au sujet de la figure a été résolu à partir de ce qui a été déterminé antérieurement. En effet, une même chose est conçue par divers concepts, et bien que la figure ne soit pas distincte de la grandeur, cependant

1. Dans ces deux propositions, il y a une différence dans l'appellation du terme « nombre », puisque dans la seconde occurrence le terme appelle sa « raison » telle qu'elle vient d'être explicitée dans le paragraphe. Voir à ce sujet Buridan, *Summulae de practica sophismatum*, éd. Fabienne Pironet, Turnhout, Brepols, 2004, chap. 4, 3 [a] pars, p. 79-99 ; *Sophismes*, trad. J. Biard, Paris, Vrin, 1993, p. 144-167 ; et *Summulae de suppositionibus*, 4. 5. 3, éd. Ria Van der Lecq, Nijmegen, Ingenium Publishers, 1998, p. 83-87.

2. Ainsi, la multitude est perçue, mais le nombre est pensé (intelligé).

le jugement qu'elle est de trois côté et le jugement qu'elle est triangulaire sont différents. Mais au sujet du mouvement, quand on dit que la vision se fait instantanément, on verra plus loin si c'est vrai [1]. Et si l'on concède qu'est produite en toute simultanéité la vison ou le jugement que ceci est blanc ou noir, cependant ne se produirait pas en toute simultanéité le jugement que ceci est à droite, et qu'avant ceci était à gauche ; ceci serait plutôt jugé successivement selon que, successivement, les images changeraient de place dans l'œil.

Au sujet de l'autre argument, cela doit être vu dans le livre IV de la *Physique* [2]. En effet tout le mouvement est, mais non pas tout en même temps, mais une partie avant et l'autre après. Cependant aucune des parties n'est passée ou future, mais n'importe laquelle est présente si nous utilisons comme présent la totalité du temps de ce mouvement [3].

Au sixième argument il est répondu que nous percevons le repos seulement parce que le sensible nous apparaît dans la même place durant un certain temps total. Et ce n'est pas un obstacle si ceci est connu par ce d'après quoi il est dit sensible par soi, si le sens juge de la chose conformément au concept selon lequel elle est ainsi nommée, comme cela a été dit plus haut.

Au septième argument avancé, qui va contre cela, il faut répondre que peut-être le sens ne perçoit [4] pas le repos

1. *Questions sur l'âme*, II, qu. 18.

2. Voir Aristote, *Physique*, IV, 11, sur le rapport entre temps et mouvement.

3. Puisqu'il n'existe pas d'instant indivisible, nous pouvons prendre comme « présent » un laps de temps déterminé conventionnellement.

4. *Iudicat*.

conformément à la raison selon laquelle il est dit repos, mais il juge que la chose est durant un certain temps dans le même lieu ou la même place ; et c'est ce qu'Aristote entend ici par percevoir le repos. Et peut-être peut-on bien dire que certains de ces sensibles communs sont dits être sentis par soi, non parce que leur jugement serait accompli dans un sens externe, mais dans le sens commun avec l'aide du sens externe. Ainsi par la vue nous percevons les ténèbres parce que le sens commun juge que la vue n'est pas affectée par la lumière.

À l'autre on répond que souvent il arrive que le sens soit trompé à propos des sensibles communs, et la cause de cette erreur a été dite plus haut. Et ainsi la question est claire.

QUESTION 14

Est-ce que la couleur est l'objet propre de la vue ?

On soutient que oui puisque le Commentateur dit que la couleur est visible comme l'homme est capable de rire [1]. Cependant on pose aussi communément que l'homme est par soi et à titre premier capable de rire.

De même au livre IV de la *Métaphysique*, il est dit que tout sens doit être d'un seul genre de sensible, et toute science une d'un seul genre de connaissable [2]. Et il n'apparaît pas qu'il pourrait y avoir de genre plus approprié à la vue que la couleur.

De même, tout sens déterminé [3] doit porter par soi et à titre premier sur un seul type de contraires. C'est pourquoi plus loin, le sens du toucher est dit double [4], puisqu'il porte sur deux types de contraires. Et il n'apparaît pas d'autre contrariété parmi les choses visibles qu'entre les couleurs.

1. Averroès, *Commentarium magnum*, II, 67, p. 233, l. 74-76 : « Aristoteles enim posuit principium quod color est visibilis per se, et quod simile est dicere colorem visibilem et hominem risibilem ».

2. Aristote, *Métaphysique*, Γ, 2, 1003 b 20, trad. p. 147 : « De chaque genre qui est un il y a une seule sensation et une seule science » ; *A. L.* : « Omnis autem generis et sensus unus uniuset scientia ».

3. Littéralement : tout sens qui est un.

4. Voir *Questions sur l'âme*, II, qu. 19.

Donc il semble que la vue porte par soi et à titre premier sur les couleurs.

Ensuite on soutient que la lumière est visible par soi et à titre premier, et est par conséquent l'objet premier de la vue. Car est le premier visible ce qui est sans autre visible, et rien d'autre n'est visible que par lui ou avec lui, comme c'est le cas de la lumière, puisque sans rayon lumineux, qui est l'image de la lumière, on ne voit pas la couleur.

Ensuite on soutient qu'aucun des deux [1] n'est l'objet premier de la vue puisque l'objet premier de la puissance doit être adéquat à cette puissance. Or ni la lumière ni la couleur ne sont l'objet adéquat de la puissance visuelle, puisque chacun des deux est visible. Et même plus, les deux ensemble pris disjonctivement ne sont pas non plus adéquats à la puissance visuelle, puisque beaucoup d'autres choses sont visibles, à savoir le rayon lumineux, le diaphane, l'air, etc.

Il faut noter que nous entendons la même chose par « objet de la vue » et « visible » ou « ce qui est vu ».

Alors il faut tout de suite se demander si l'Antechrist est visible et s'il est un objet de la vue. Et je réponds que l'Antechrist est proprement visible, puisque « être visible » signifie la même chose que « pouvoir être vu ». Et l'Antechrist peut être vu puisqu'il sera vu. Et je concède aussi que l'Antechrist est un objet de la vue en exposant « objet de la vue » comme « ce qui peut être vu », et non pas en l'exposant comme « il est vu » ou « il est objecté [2] à la vue ».

1. Ni la couleur ni la lumière.

2. Donné comme objet.

Ensuite il faut encore noter que la question peut être comprise selon la supposition matérielle ou personnelle [1]. Si elle est prise selon la supposition matérielle, il s'agit de savoir si la proposition « la couleur est objet de la vue » est vraie per soi et à titre premier, ou encore si le prédicat « objet de la vue » se prédique par soi et à titre premier du sujet « couleur ». Et le sens est personnel pour autant qu'aucun terme dans cette prédication ne suppose matériellement mais significativement [2] pour le sens.

1. Cette division est, depuis le XIIIe siècle, la principale division de la « supposition », propriété qu'a un terme en situation propositionnelle de se référer à quelque chose. Voir *Summulae de suppositionibus*, 4. 3. 2, lemme, p. 38 : « Et vocatur suppositio personalis quando subiectum vel praedicatum propositionis supponit pro suis ultimatis significatis vel pro suo ultimato supposito, ut iste terminus "homo" pro hominibus in ista propositione "homo currit". Sed suppositio materialis dicitur quando vox supponit pro se aut sibi simili aut pro suo significato immediato quod est conceptus secundum quem imposita est ad significandum, ut iste terminus "homo" in ista propositione "homo est species" » ; « La supposition est dite personnelle quand le sujet ou le prédicat d'une proposition suppose pour ses signifiés ultimes ou pour son signifié ultime, comme le terme "homme" pour les hommes dans la proposition "un homme court". Mais la supposition est dite matérielle quand le son vocal suppose pour lui-même, ou quelque chose qui lui est semblable, ou pour son signifié immédiat qui est le concept selon lequel il a été institué pour signifier, comme le terme "homme" dans la proposition "homme est une espèce" ». Dans la théorie buridanienne, la supposition matérielle comprend la référence du terme vocal à lui-même (tel que « "homme" est un mot de deux syllabes ») ou à son signifié premier qu'est le concept (exemple donné).

2. La supposition personnelle est fréquemment qualifiée de « significative » dans la mesure où elle est la référence au signifié ultime du terme (la chose signifiée et non le concept selon lequel elle est signifiée).

Donc selon le sens matériel [1] il faut dire que ni la couleur ni la lumière ne sont l'objet propre de la vue. Et la proposition « cette couleur est visible » n'est pas vraie par soi et à titre premier, ni « la lumière est visible », puisque dans de telles propositions dénominatives, pour qu'elles soient vraies par soi et à titre premier, il faut que le prédicat soit convertible avec le sujet. Or les termes « visible » et « couleur » ne se convertissent pas [2] puisque autre chose que la couleur, à savoir la lumière, est visible. Et ainsi les termes « lumière » et « visible » ne sont pas non plus convertibles puisque autre chose que la lumière, à savoir la couleur, est visible. Et peut-être que, s'il y avait un nom commun à la lumière et à la couleur – que ce soit *A* –, les termes « *A* » et « visible » ne se convertiraient encore pas puisque autre chose serait vu, à savoir le lumineux et le coloré après que la lumière et la couleur ont été vues, et avec eux la grandeur et la figure. Mais derechef, selon le sens propre des mots, même si rien d'autre que la couleur n'était visible, les termes « couleur » et « visible » ne seraient toujours pas convertibles selon de simples propositions universelles d'inhérence puisque, bien que toute couleur soit visible, cependant tout visible n'est pas une couleur. En effet, l'Antechrist est visible puisqu'il sera vu, et cependant il n'est pas une couleur. De cette façon « homme » et « capable de rire » ne se convertissent pas, bien que tout homme soit capable de rire, cependant ce n'est pas le cas que tout individu capable de rire soit un homme, puisque l'Antechrist, qui n'est pas un homme, est capable de rire.

1. C'est-à-dire selon la supposition matérielle, acception d'un terme pour lui-même et non pour son signifié premier.

2. Ne sont pas d'extension équivalente.

Il faut en effet que l'ampliation [1] soit restreinte dans la conversion : tout homme qui est, est capable de rire, et inversement tout étant capable de rire qui est, est un homme. Et ainsi encore, parfois, nous utilisons le terme « couleur » de façon commune et indifféremment pour la couleur et le coloré, la lumière et le lumineux. On pourrait cependant concéder que la proposition « la couleur est visible » soit par soi et vraie à titre premier, au sens où toute couleur qui serait serait visible, et tout visible qui est est une couleur. Et ainsi, en un tel sens, on pourrait concéder que la couleur est le premier objet de la vue ; et ce serait de façon similaire que la couleur est visible, et que l'homme est capable de rire.

Mais pour le sens personnel, il faut noter que la couleur, la lumière et le rayon lumineux diffèrent puisque la vue se termine [2] à la lumière et à la couleur, si bien qu'elles ne sont pas transparentes de telle manière qu'à travers elles nous verrions un autre corps. Et si la vue ne se termine pas absolument à elles, c'est parce qu'il s'agit d'une couleur faible et d'une lumière faible. Et la lumière et la couleur sont vues proprement, mais le rayon lumineux ne termine pas la vue et n'est pas vu proprement, mais il est l'image de la lumière par laquelle la lumière est vue, comme la couleur est vue par l'image de la couleur, qui n'est pas vue. Cependant la lumière et la couleur diffèrent, puisque la lumière peut à partir de soi engendrer son image dans le diaphane, mais la couleur ne le peut pas, à moins qu'un

1. L'ampliation est l'extension de la référence du terme, généralement à d'autres déterminations temporelles au delà de la référence actuelle.

2. Comprendre : s'adresse ou s'applique à ; l'expression latine courante est : « la lumière et la couleur terminent la vue ».

rayon lumineux ne tombe sur elle, comme on le dira plus loin dans une autre question [1].

Et l'on pose brièvement des conclusions.

La première est que la lumière se voit par soi, c'est-à-dire toute seule, sans aide d'autre chose. Mais la couleur ne se voit pas par soi de cette façon, c'est-à-dire toute seule, puisqu'elle a besoin d'un rayon lumineux par lequel, avec la vision de la couleur, est vue la lumière, comme il sera dit ensuite [2].

La deuxième conclusion est que chaque fois que sont vues ensemble la lumière et la couleur, naturellement la lumière est vue avant la couleur puisque Aristote dit dans les *Catégories* que si quelque chose est en quelque façon [3] cause d'autre chose, il est naturellement dit premier en dignité [4]. Or la lumière, par son rayon, est cause dans le fait de voir [5] des couleurs, puisque les couleurs ne peuvent pas être vues sans rayon lumineux, et la couleur n'est pas cause dans le fait de voir la lumière, donc etc.

Mais en ce qui concerne ce qui est premier selon le temps, on pose une troisième conclusion : en un sens, rien n'est visible en premier [6]. Et en un autre sens, tout visible est visible en premier, car si nous exposons « en premier » comme « rien avant lui », alors tout visible a été visible

1. Voir *Questions sur l'âme*, II, qu. 15.

2. *Ibid.*

3. *In hoc.*

4. Aristote, *Catégories*, 12, 14 b 9-12, trad. P. Pellegrin et M. Crubellier, p. 203 : « celui qui est pour l'autre en quelque façon cause de son être est par nature antérieur » ; *A. L.* : « quod alterius quomodolibet causa est digne prius natura dicitur ».

5. *In videndo*, qui reprend le *in hoc* de la phrase précédente.

6. *Primo*, qui est généralement traduit par « à titre premier », mais ici « en premier » d'un point de vue chronologique.

en premier ; ainsi, rien ne fut visible avant toi, bien que de nombreuses choses fussent vues avant, car de toute éternité tu étais visible. En effet, le terme « visible », puisque c'est un terme signifiant une puissance, étend la supposition aux futurs et aux possibles. Or de toute éternité tu étais futur et possible à voir. Mais si nous exposons « en premier » comme « avant tout autre », alors rien n'est ou ne fut visible en premier, puisque rien ne fut visible avant que tu fusses visible, alors cependant que de toute éternité tu étais visible.

De ce qui a été dit, ressort suffisamment comment procèdent les arguments. Car la couleur et le coloré, quand ils sont pris au sens large, s'étendent à la lumière et au lumineux, et alors c'est un genre propre qu'on appelle la vue, et c'est la vue d'un seul type de contraires, à savoir le blanc et le noir, puisque vue par soi la lumière apparaît quasiment blanche. Donc en prenant en ce sens large la couleur et le blanc, la lumière et le lumineux, ils sont contenus sous cette opposition. Et la question est claire.

QUESTION 15

Par suite on demande si afin de voir les couleurs, un rayon de lumière [1] est requis en raison de la couleur ou du milieu.

On soutient que c'est en raison des couleurs d'après l'autorité d'Avempace [2], et son argument est que les couleurs sont engendrées selon une certaine participation à la lumière ou au rayon lumineux, même si c'est d'une manière obscurcie ou éteinte par ce qui est opaque. Et en cela elle a la nature et la condition de mouvoir le diaphane et la vue, comme disait Avempace. Car ce qui peut à titre premier et au plus haut point mouvoir le diaphane, en tant que diaphane, et la vue, c'est la lumière. Donc la condition de mouvoir le diaphane et la vue ne convient à quelque chose que selon une certaine participation à la lumière ; c'est ce que supposait Avempace.

Ensuite, il supposait aussi que ce qui reçoit doit être dénué de la nature de ce qui est reçu. Ainsi, comme le dit Aristote, ce qui est susceptible de recevoir la couleur, ou l'image de la couleur, doit être sans couleur, et ce qui est

1. *Lumen*, le rayon de lumière.

2. Les théories d'Avempace sont probablement rapportées d'après ce qu'en dit Averroès.

réceptif du son doit être sans son [1]. En effet, dans la mesure où un sujet a plus de couleur ou de saveur, il peut d'autant moins, et moins distinctement, recevoir une autre couleur ou saveur, ou une image de l'une d'elles. On conclut donc que plus le milieu possède de lumière ou de rayon lumineux, moins distinctement il sera susceptible de recevoir l'image de la lumière ou une image participant à la lumière, telle que la couleur, comme il a été dit. Donc le rayon de lumière n'est pas requis en raison du milieu, afin qu'il soit mieux réceptif de l'image de la couleur, mais en raison de la couleur, afin qu'elle puisse mouvoir le diaphane avec le rayon, ce qu'elle ne pouvait en raison d'une assez faible participation à la lumière et en raison de la lumière ou de la puissance de la lumière dans la couleur, obscurcie par ce qui est opaque.

Troisièmement, Avempace appuie cette opinion, en ce qui concerne le fait, sur des expériences. Car si tu es dans un rayon de lumière et que la couleur est dans un lieu ombragé, tu ne la verras pas parce que la couleur, sans adjonction d'un rayon de lumière, ne peut produire son image dans le milieu. Mais elle le peut bien si le rayon tombe sur la couleur, aussi ténébreux et sans lumière que soit le milieu en direction de l'œil. L'œil peut encore bien voir cette couleur puisque la couleur, avec l'adjonction d'un rayon de lumière, peut produire son image dans le

1. Aristote, *De l'âme*, II, 11, 424 a 8-10, trad. p. 194 : « et s'il faut, quand on veut percevoir le blanc et le noir, n'être ni l'un ni l'autre, mais l'un et l'autre à la fois potentiellement (et cela vaut pour les autres sens), il faut aussi, dans le cas du toucher, n'être ni chaud ni froid » ; *A. L.*, 12. 2 : « et oportet sicut debens sentire album et nigrum neutrum ipsorum esse actu, potencia uero utrumque, sic autem et in aliis, et in tactu neque calidum neque frigidum ».

milieu et que le milieu, aussi dépourvu de rayon de lumière qu'il soit, peut recevoir cette image.

De même cette expérience est confirmée parce que selon la même disposition, à savoir la diaphanéité, le milieu et l'organe sont réceptifs de l'image de la couleur. Or l'œil qui est dans un lieu obscur reçoit l'image de la couleur, même mieux que s'il est dans un lieu bien illuminé, si un rayon de lumière tombe sur la couleur ; c'est pour cela que celui qui est dans une chambre fermée sans lumière voit clairement à travers un trou une couleur illuminée qui est loin dehors.

On soutient l'opposé par l'autorité d'Averroès ; et son argument est que, si un rayon lumineux est requis pour la couleur, il s'ensuit que la couleur ne serait pas motrice du milieu et de l'organe par soi mais par le rayon qui lui advient [1]. Or c'est faux, puisqu'elle ne serait pas sensible par soi mais par accident, ce qui est faux et contraire à Aristote [2]. Et cette dernière conséquence est patente, puisqu'elle est sensible en ce qu'elle est motrice du milieu et de l'organe. Donc si elle n'était pas motrice par soi, elle ne serait pas sensible par soi.

De même un rayon de lumière semble requis pour ce qui est informé par la lumière [3]. Or les couleurs ne sont

1. Averroès, *Commentarium magnum*, II, comm. 67, p. 232, l. 64 - 233, l. 74 : « Sed manifestum est per se quod lux necessaria est in colores essendo visibiles […]. Et est manifestum quod, quando conservaverimus quod dicit Aristoteles […], tunc necesse erit ut lux non sit necessaria in essendo colores moventes diaffonum nisi secundum quod dat diaffono formam aliquam qua recipit motum a colore, scilicet illuminationem ».

2. Voir Aristote, *De l'âme*, II, 7, sur la vue et le visible, 418 a 26 - b 14.

3. *Lumen* dans les deux occurrences.

pas informées par la lumière, mais c'est le milieu diaphane qui l'est, donc etc.

En premier lieu, on suppose par expérience qu'un rayon lumineux est requis pour la vision de la couleur. Et si quelqu'un objectait contre cela que si dans une chambre fermée sans lumière étaient placés des genres plus ou moins nombreux de pierres précieuses, ou d'écailles de poissons, elles seraient vues, on répond que c'est parce que de telles choses ont une certaine lumière propre, qui peut transmettre son rayon jusqu'à l'œil. Ainsi de telles choses apparaissent alors plus lumineuses que colorées à proprement parler; cependant, par un rayon de lumière extérieur, elles apparaissent plus colorées que lumineuses.

Deuxièmement, il faut encore concéder que le rayon n'est pas requis de la sorte pour la vision de la couleur en ce qu'il devrait informer le couleur ou le sujet de la couleur, mais qu'il informe le diaphane qui touche la couleur, en tant que tombant sur la couleur ou le corps coloré, puisque le corps coloré doit être opaque et non diaphane. Et si quelque diaphane est coloré, ce n'est pas en raison de la diaphanéité, mais plutôt parce qu'il possède quelque chose de l'opacité. Mais le rayon lumineux n'est pas destiné à informer l'opaque en raison de ce qu'il est opaque, mais le diaphane en raison de ce qu'il est diaphane. Le rayon est réfracté ou réfléchi par l'opaque vers un autre côté, plutôt qu'il ne serait transmis par lui.

Troisièmement, il me semble que l'opinion d'Avempace est vraie, à savoir que le rayon lumineux n'est pas requis dans le milieu pour que celui-ci soit disposé par le rayon à recevoir l'image de la couleur, puisqu'il peut la recevoir sans être illuminé par lui, comme le prouvent les expériences, ou du moins sans illumination notable il peut recevoir notablement l'image de la couleur, suffisamment pour causer une vision manifeste et certaine de la couleur.

Quatrièmement encore, il s'ensuit selon Avempace que le rayon lumineux serait requis pour la vision de la couleur afin de produire, avec la couleur, la même image de la couleur dans le diaphane récepteur de cette image. En effet, il est nécessaire, puisqu'un rayon lumineux est requis, qu'il soit requis en tant qu'il reçoit l'image de la couleur, ou en tant qu'il dispose le récepteur à la recevoir, ce qui est faux selon ce qui a été dit, ou qu'il soit requis en tant qu'il dispose la couleur à produire cette image, ou en tant qu'agent, avec la couleur, ce qui reste à concéder. Et il a déjà été dit que le rayon n'informe pas la couleur mais lui est joint extrinsèquement. Il semble donc s'ensuivre qu'il agit avec la couleur, comme la chaleur naturelle et l'esprit, bien qu'ils n'inhérent pas à l'âme, produisent avec l'âme la digestion et la nutrition, et que l'âme ne pourrait pas le faire sans eux.

Et pour les chicaneurs j'ajoute des expériences en raison desquelles il faut selon Avempace concéder ces conclusions. Certains en effet, feignant vouloir suivre la voie du Commentateur [1], disent que l'œil ne pourrait recevoir l'image de la couleur à travers un milieu complètement ténébreux qui lui serait joint, aussi bien illuminés que soient la couleur et le milieu à côté de cette couleur. Mais si, dans le cas évoqué précédemment, un homme qui est dans une chambre obscure voit par un trou une couleur illuminée se trouvant loin à l'extérieur, c'est parce que ce rayon lumineux, réfléchi par un corps coloré, est transmis, quoique de façon très affaiblie, jusqu'au trou et par le trou jusqu'à l'organe qu'est l'œil. Donc ni le milieu ni l'organe ne manquent totalement dc lumière, mais ils sont illuminés,

1. Celle-ci a été exposée dans les arguments *ad oppositum*.

quoique de façon affaiblie, et pour cela ils peuvent recevoir l'image de la couleur. Et de la sorte l'œil peut voir cette couleur.

Contre cette chicane on objecte d'abord que si le diaphane avait besoin de rayon de lumière pour recevoir l'image de la couleur, alors il devrait recevoir d'autant plus l'image de la couleur qu'il serait plus illuminé, et d'autant moins qu'il serait moins illuminé. Donc s'il était illuminé très faiblement, il devrait recevoir l'image de la couleur très faiblement, et ainsi la vue ne pourrait percevoir la couleur que de façon très ténue. C'est totalement faux dans le cas mentionné précédemment, puisque l'œil voit intensément et clairement cette couleur par le trou.

De même une autre expérience est immédiatement manifeste. Si nous concédons que le rayon de lumière réfléchi par ce corps coloré est transmis à travers ce trou dans la chambre, cela ne suffit cependant pas pour voir quelque couleur qui serait dans la chambre. Or cela devrait suffire si pour cela n'étaient requis que deux facteurs : que le milieu soit réceptif de l'image de la couleur, et que la couleur soit suffisante pour produire de soi-même cette image dans le milieu qui en est réceptif. En effet, puisque l'air dans cette chambre est illuminé si faiblement, pourquoi suffirait-il davantage pour recevoir l'image de cette couleur éloignée à l'extérieur que l'image de la couleur qui est à l'intérieur de la chambre, et plus proche ? En outre, s'il faisait une nuit obscure et ténébreuse, et qu'un homme soit au milieu entre une couleur illuminée, appelée A, et de l'autre côté une couleur sombre appelée B, et que soit placé un obstacle entre la couleur B et une chandelle, de sorte qu'un rayon [1] direct de la chandelle ne parvienne pas à la couleur B mais illumine la couleur A, alors cet homme,

1. *Radius*.

en tout l'espace intermédiaire entre A et B et en n'importe quelle partie de cet espace, verra clairement la couleur A et ne verra pas la couleur B. Et il y a une infinité d'expériences de cette sorte. Toujours en effet, autant qu'un homme soit entouré de toutes parts par un air également ténébreux, il percevra cependant en toute direction clairement et distinctement des couleurs bien illuminées, et il ne percevra que faiblement ou obscurément des couleurs non illuminées.

Alors, cinquièmement, il s'ensuit qu'un rayon de lumière est requis afin de voir les couleurs, en raison de ces couleurs qui ne suffisent pas, sans un rayon qui leur soit conjoint, pour produire leurs images dans le diaphane qui en est réceptif, de même que l'âme nutritive ne suffit pas, sans chaleur et sans esprits, à nourrir ou à mouvoir le corps de l'animal ; mais avec eux, bien qu'ils ne soient pas inhérents en elle, elle produit la nutrition, l'augmentation, le mouvement local etc. De même l'homme, avec le soleil, engendre l'homme [1], cependant qu'aucun d'eux n'y suffit pas lui-même. Et l'argument du Commentateur ne vaut pas, puisque selon ce qui a été dit auparavant, bien que le mouvement, la grandeur et la couleur aient besoin d'air pour être vus, ils sont cependant dits être vus par soi parce que le sens juge des choses signifiées par ces noms, selon les concepts dont ces noms sont tirés. Et avec cela, la proposition « la couleur est sensible et visible » est vraie par soi parce qu'elle est vue nécessairement et non parce qu'elle est vue toute seule, comme aussi l'âme végétative est nutritive par soi, bien qu'elle ne nourrisse pas sans

1. Aristote, *Physique*, II, 2, 194 b 14, trad. p. 127 : « Car c'est un homme qui engendre un homme, et aussi le soleil » ; *A. L.* : « Homo enim et hominem generat ex materia, et sol ».

chaleur. Et si la couleur et le rayon lumineux agissent en même temps pour engendrer l'image de la couleur, il n'est pas requis cependant que l'un inhère à l'autre, de même que l'esprit [1] et l'âme agissent ensemble pour la nutrition, l'homme et le soleil pour l'engendrement de l'homme, or il n'est pas requis que l'un inhère à l'autre. Ainsi la question est claire.

1. L'esprit vital, selon la médecine de Galien ; voir *infra*, p. 350.

QUESTION 16

À propos du chapitre sur l'audition, on demande si, quand je parle, c'est le même son qui est entendu par chacun de vous.

On soutient que non puisque, lorsque Socrate et Platon sont séparés selon le lieu et le site, ce n'est pas la même chose qui parvient à l'oreille de Socrate et à l'oreille de Platon [1]. Cependant, chacun n'entend que ce qui parvient et est transmis à son oreille. Et c'est confirmé par comparaison avec le rayon de lumière ; en effet, ce n'est pas le même rayon qui parvient à mon œil et à ton œil.

De même, si Socrate était proche d'un corps qui résonne et Platon loin, Socrate entendrait un son intense et Platon un son faible, or l'intense et le faible ne sont pas identiques, de même que ne sont pas identiques un rayon proche d'un corps lumineux et celui qui est loin, puisque proche il est intense, et éloigné il est faible.

De même, dans ce cas, Socrate entend le son avant Platon, et le son auprès de Socrate a déjà disparu quand Platon l'entend. En effet, il ne faut pas croire que le son qui était auprès de Socrate se déplace vers Platon puisque le son est un accident, qui ne passe pas de sujet en sujet.

1. Ce n'est pas la même partie de l'air qui est ébranlée et transmet l'information.

De même il s'ensuit que l'écho et le premier son seraient la même chose, ce qui semble faux. La conséquence est patente puisque l'écho ne diffère du son précédemment entendu de loin, que selon une transmission directe et réfléchie, et cela ne fait pas une différence puisqu'un brin de paille est le même qu'il soit plié ou étendu droit.

On soutient le contraire puisque le rapport de la couleur à la vue est proportionnel à celui du son à l'audition. Or c'est la même couleur dans ce mur que chacun de vous voit, donc etc.

De même chacun de vous entend la voix [1] que je profère, puisqu'il m'entend, et ma voix est unique, donc ce n'est aussi qu'une seule et même voix que chacun de vous entend.

Il faut noter que, selon une façon usuelle de parler, on a coutume de dire que les sensibles ont un être double, à savoir réel, et spirituel ou intentionnel [2]. Or le visible selon l'être réel est la couleur, ou la lumière existant dans un corps coloré ou lumineux, et c'est cela qui est proprement dit visible. Mais le visible selon l'être spirituel ou intentionnel est l'image de la couleur ou de la lumière transmise à travers le milieu diaphane jusqu'à l'œil. Et cela n'est pas proprement le visible mais est représentatif

1. *Vox* signifie à la fois la voix et le mot (son vocal).

2. Attribuer un *esse intentionale* ou un *esse spirituale* aux *species* est un choix qui, depuis le XIIIe siècle, a suscité des discussions. Albert le Grand a attribué au sensible un être matériel dans les choses, mais la *species* (sensible) aurait quant à elle un être *spirituel*. La notion d'*esse intentionale* est parfois utilisée comme synonyme, notamment par Thomas d'Aquin. Si ce statut est facilement accepté pour l'image reçue dans le sens, le débat porte surtout sur le statut, matériel ou spirituel, de l'image telle qu'elle est transmise dans le milieu.

du visible, par quoi le visible est vu. Car, comme il est dit au livre II de ce traité, le sensible placé sur le sens n'est pas lui-même senti [1]. Or l'image de la couleur ou de la lumière est placée dans l'organe du sens ou dans le sens. Donc ce n'est pas elle qui est sentie, mais l'objet dont elle est la représentation.

Et l'on dit communément que le sensible, en ce qui concerne son être intentionnel, qui est l'image susdite, n'est pas dit proprement sensible. En effet, tu ne perçois pas l'image de la couleur qui est dans l'air ou dans ta vue, mais la couleur qui est à l'extérieur. C'est pourquoi si un tel être spirituel est dit sensible, c'est selon une manière attributive de parler, à savoir parce qu'il est représentatif du sensible [2].

De même encore on dit que ce n'est pas le rayon lumineux qui est proprement sensible, mais la lumière. En effet, le rayon est l'image de la lumière qui est transmise jusqu'à l'œil comme l'image de la couleur. C'est pourquoi cette image n'est pas vue, pas plus que l'image de la couleur, mais par elle c'est la lumière qui est vue, comme la couleur par l'image de la couleur. Je parlerai davantage de cela plus loin.

Je dirai donc à propos du son, selon une façon commune de parler, qu'il faut considérer le son selon son être réel,

1. Voir texte Aristote, *De l'âme*, II, 7, 419 a 12-13, trad. p. 170 : « si l'on vient, en effet, à placer l'objet coloré sur la vue elle-même, il ne se verra pas » ; *A. L.*, 12.2 : « si quis enim ponat habens colorem super ipsumuisum, non uidebitur ».

2. Selon ce schéma, c'est la chose (en l'occurrence la couleur réelle) qui est sentie, donc qui est sensible (au sens de pouvant être sentie), ou visible. L'image transmise par le milieu représente l'objet visible sans être elle-même vue. On lui attribue pour l'instant un être « intentionnel » ; cela n'a rien à voir avec le fait d'être visé, mais Buridan se réserve de revenir ultérieurement sur l'interprétation d'une telle désignation.

qui est vraiment le son et est proprement audible, et il faut considérer le son selon son être intentionnel qui n'est pas le son ni proprement audible, mais qui est l'image du son transmise à travers le milieu, depuis les corps qui résonnent jusqu'à l'ouïe, et par laquelle le son est entendu comme la couleur est vue par l'image de la couleur.

Et tu peux remarquer une grande différence entre le son et l'image acoustique puisque, pour engendrer le son, il faut que l'air soit mu et divisé rapidement et violemment entre quelque chose qui percute et autre chose qui est percuté. Et un son notable ne peut être engendré que par une telle division violente et rapide de l'air. Mais l'image acoustique n'a pas besoin d'une telle rapidité et violence du mouvement de l'air dans lequel elle est engendrée. Elle est en effet engendrée à une très grande distance des corps qui résonnent, là où l'air n'est pas divisé de façon aussi notable et violente, de même qu'est requis plus et autre chose pour un nouvel engendrement de quelque chose de lumineux que pour l'engendrement d'un rayon par le corps lumineux, et pour l'engendrement de la couleur que pour l'engendrement de l'image de la couleur par la couleur.

Je dis donc brièvement que c'est identiquement ma voix que chacun de vous entend car vous entendez ma voix ou le son provenant de moi, qui est mû rapidement dans l'air, et fragmenté par ma gorge, et non pas son image transmise jusqu'à vos oreilles.

Deuxièmement je dis que ce n'est pas la même image de ma voix qui est reçue dans l'oreille de Pierre, et par laquelle il entend ma voix, et dans l'oreille de Jean, et par laquelle il entend ma voix.

Mais alors, puisque l'on argumentait à propos de l'écho, il faut noter qu'il en va de même de l'écho et du miroir. En effet, lorsque je regarde un miroir, la couleur de mon visage, selon sa forme, produit son image qui est transmise au miroir et réfléchie par lui jusqu'à mon œil. Et alors par cette image je vois ma couleur et mon visage, puisque je vois ce dont j'ai, dans la vue, l'image représentative. Et il se trouve que j'ai, dans la vue, l'image de mon visage transmise par réflexion. Cependant la vue, en raison de la réflexion, est trompée au sujet de la place de la chose vue, puisqu'elle juge que ce qu'elle voit se trouve dans la profondeur du miroir, parce que l'œil, ne percevant pas la réflexion, juge que la chose vue se trouve à l'endroit à partir duquel l'image est transmise à l'œil par une ligne directe, et c'est le miroir.

De même, pareillement, le son d'une cloche transmet son image acoustique à travers le milieu jusqu'à un obstacle par lequel il est réfléchi et revient vers moi. Et ainsi j'entends d'abord ce son par son image transmise directement de la cloche vers moi. C'est pourquoi je juge que le son est là où se trouve cette cloche. Et deuxièmement j'entends le même son par l'image acoustique qui est renvoyée vers moi par l'obstacle, et je juge que ce son est dans l'obstacle ou vers l'obstacle. Cependant c'est le même son que j'entends la première et le deuxième fois.

De là sont inférés plusieurs autres corollaires extérieurs.

Le premier est que, à l'aurore, avant le lever du soleil sur notre hémisphère, je vois la lumière du soleil qui est subjectivement dans le soleil. Ou encore, me trouvant dos au soleil et regardant du côté opposé, je vois cette lumière du soleil puisque le rayon lumineux est l'image de la lumière, que j'ai dans mon œil, bien que ce soit par une transmission réfléchie. Et je vois ce dont j'ai l'image représentative dans mon œil.

Ainsi, si un rayon du soleil tombe directement sur un miroir bien poli et propre, et qu'une réflexion se produit vers ton œil, un corps très lumineux t'apparaîtra dans le miroir ; et il n'est pas ici, mais il s'agit du soleil et de sa lumière.

Mais lorsque le rayon de lumière réfléchi par le mur est plus faible, nous jugeons que nous voyons seulement le mur, et ce qui est dans le mur et sur le mur. Et puisque nous savons que le rayon du soleil n'est pas ici, nous nous trompons et jugeons que nous ne voyons pas la lumière du soleil mais un rayon tombant sur le mur, comme nous jugeons que nous voyons l'image [1] dans le miroir. Mais nous ne voyons rien du rayon lumineux qui soit dans le mur ou près du mur, nous voyons en même temps la couleur du mur et la lumière du soleil ; c'est pourquoi, puisque la lumière, vue par soi, paraît blanche quand elle est vue si elle n'est pas obscurcie par une autre opacité ou vue confusément en même temps qu'un corps opaque, la couleur du mur paraîtra d'autant plus blanche que le rayon lumineux est réfléchi plus intensément du mur vers l'œil, puisque la blancheur de la lumière du soleil est vue en même temps qu'elle.

Il est vrai que nous concédons et croyons plus facilement que nous voyons le soleil ou la lumière du soleil par réflexion à partir du miroir que par réflexion à partir du mur puisque, par la réflexion à partir du miroir nous voyons ensemble la forme du soleil et sa splendeur, puisque les rayons [2] sont reflétés de façon ordonnée vers la vue en raison de la régularité de la surface du miroir. Et depuis le

1. *Imaginem*. Il ne s'agit pas ici de la *species*, mais de ce qui apparaît à la surface du miroir.

2. *Radii*.

mur n'apparaît pas de la même façon la forme du soleil puisque les rayons sont reflétés de façon dispersée et irrégulière du mur vers la vue en raison de l'aspérité et de l'irrégularité de la surface du mur.

De même, j'infère un autre corollaire, à savoir que le son est entendu quand il n'est pas, puisque son image acoustique est transmise temporellement et non pas instantanément comme le rayon de lumière. C'est pourquoi, lorsque tu vois de loin les lavandières sur la Seine frappant leurs linges, tu vois le deuxième coup avant d'entendre le premier. Et c'est pourquoi tu vois l'éclair avant d'entendre le tonnerre.

Mais le son qui, dans l'air, est mû rapidement et divisé par le coup de la lavandière – ou encore cet air – ne se meut pas vers toi puisque tu es très distant. Ainsi en effet, il se mouvrait en toute direction, mais par suite l'image de ce son est transmise vers toi par un certain engendrement dans l'air, et avant qu'il te parvienne l'air est déjà en repos et ne résonne pas. C'est pourquoi il n'est plus entendu par celui qui est proche, et cependant il a été dit que celui qui est loin de la sorte n'entend pas l'image acoustique qui parvient jusqu'à lui, mais le son réel dont cette image est une représentation, et qui est déjà corrompu.

C'est étonnant puisque je comprends principalement ce qui n'est pas, mais qui est corrompu.

Et les choses que j'ai vues m'apparaissent à nouveau en songe par leurs images conservées dans la fantaisie. Il faut donc concéder que des verbes tels que « je comprends », « je connais », « je sens », « j'entends » et « je vois » étendent les termes à supposer [1] pour les choses passées,

1. Les verbes cognitifs (et plus généralement signifiant des actes de l'esprit) ont pour propriété d'étendre de façon indistincte (confuse)

qui peut-être ne sont plus. En effet, si l'image de la lumière a été conservée un certain moment dans l'œil après la suppression du corps lumineux, comme le disent les perspectivistes [1], alors je vois la lumière cependant qu'elle est corrompue. Et c'est possible.

Et ce que l'on dit communément, à savoir que le sens externe n'appréhende rien en l'absence du sensible extérieur, n'y fait pas obstacle. En effet, cela n'est pas vrai absolument et selon la valeur des mots, mais c'est concédé au sens où le sens externe ne sent pas longtemps après, puisqu'il ne conserve pas longtemps l'image sensible ou la sensation quand elle est devenue absente, comme le fait la fantaisie.

Alors, en réponse aux arguments. Au premier, on répond que ce n'est pas le son que je fais qui parvient à vos oreilles, mais son image acoustique. Et cette image est autre en l'oreille de Socrate et en l'oreille de Platon, et elle est intense près du son et faible loin. Donc le même son, également intense, est entendu intensément de près et faiblement de loin. Et le même son est entendu plus tôt de près que de loin.

Et l'écho n'est pas le son, mais une image acoustique réfléchie par un obstacle, par laquelle le son qui avait d'abord été entendu au moyen d'une image transmise directement depuis le lieu d'engendrement du son vers l'ouïe est entendu une seconde fois.

Et ainsi se termine la question.

la référence des termes qu'ils gouvernent, même quand ils sont employés au présent, au delà du seul présent, à savoir au passé, au futur et au possible : voir à ce sujet *Summulae de suppositionibus*, 4. 3. 8. 4, p. 65-68.

1. Les théoriciens de l'optique (*perspectiva*).

QUESTION 17

On demande à propos du chapitre sur l'odorat, si l'odeur est transmise réellement par le milieu, ou bien spirituellement ou intentionnellement.

On soutient qu'elle est réellement dans le milieu puisque, du fait qu'elle-même est dans le milieu, il faut qu'elle y soit quelque chose, et c'est cela être réellement [1].

De même l'être spirituel n'est pas mû ni empêché par le vent, comme il apparaît des rayons de lumière et des images de la couleur. Or l'odeur et la transmission de l'odeur sont empêchées par le vent. C'est pourquoi nous sentons les odeurs de beaucoup plus loin sous le vent que contre le vent.

De même ce qui est spirituel doit être transmis instantanément par un sujet apte par nature à le recevoir. Or la transmission de l'odeur par le milieu n'est pas instantanée ; donc etc. La majeure est patente par comparaison avec le rayon de lumière et les images de la couleur. Et la cause paraît en être que la succession semble être en raison de la résistance, et l'être spirituel n'a pas de résistance parce qu'il n'a pas de contraire. Je le montre puisque si le spirituel avait une résistance et un contraire, les images de la blancheur et de la noirceur devraient être contraires et

1. Le latin formule quasiment une tautologie : *aliqua res, realiter*.

résister l'une à l'autre. Cependant, elles ne sont pas contraires et ne résistent pas l'une à l'autre, puisqu'elle peuvent parfaitement se trouver dans un même sujet en même temps, comme dans l'air en totalité, et en n'importe quelle partie de l'air de cette maison existe parfaitement l'image de la noirceur de ce mur-ci et l'image de la blancheur de celui-là. C'est pourquoi partout où un homme se trouve, il voit parfaitement et distinctement cette blancheur et cette noirceur. Donc puisque c'est le cas que les formes spirituelles n'ont pas de contrariété ni de résistance, et qu'il n'apparaît pas de cause pour laquelle il devrait y avoir génération d'une chose ou transmission successive lorsqu'un agent est appliqué de manière appropriée au patient, si ce n'est en raison d'une contrariété ou d'une résistance qu'il possède, ou selon ce qu'il est lui-même [1] ou selon des dispositions nécessairement requises pour son existence, il est manifeste que l'engendrement et la multiplication des formes spirituelles doivent être instantanés. Et c'était la majeure de l'argument. La mineure est évidente puisque celui qui est le plus proche d'un corps odorant sent plus vite une odeur que celui qui est le plus éloigné, par exemple si dans un feu des poils sont brûlés, celui qui est le plus proche du feu sent la puanteur avant celui qui est le plus loin. Et aussi, lorsque quelqu'un est assez loin, il sent d'abord la puanteur faiblement, puis après un laps de temps, plus intensément. Et encore, si l'odeur transmettait instantanément son image, alors elle se transmettrait de façon égale et aussi intense en toute direction, malgré le vent qui souffle, toute choses égales par ailleurs, ce qui est faux ; donc etc.

De même une forme spirituelle doit cesser immédiatement avec la suppression de son agent, comme le rayon de

1. *Secundum se*.

lumière avec l'éloignement du corps lumineux. Pourtant l'odeur ou la puanteur ne sont pas supprimées immédiatement avec la suppression du corps puant ou odorant, mais l'odeur est sentie longtemps après.

De même, nous devons parler de façon semblable et proportionnelle du son et de l'odeur. Cependant le son est réellement dans l'air, et non dans les corps durs qui sont frappés. Ainsi encore il est engendré et multiplié par le mouvement réel de l'air, donc etc.

Le commentateur dit l'opposé [1].

Et on le soutient par raisonnement, puisque, si l'odeur était transmise réellement par le milieu, elle serait aussi de la même façon transmise réellement dans l'organe de l'odorat. Et alors elle ne serait pas sentie, puisqu'un sensible placé sur le sens ne produit pas de sensation comme on le dit souvent dans ce livre II [2]. Puisque donc elle est sentie, il faut qu'elle soit transmise spirituellement.

Maintenant, dans les raisons apportées pour cette question, selon mon jugement, plusieurs doutes très difficiles sont soulevés, à savoir si les images des qualités sensibles, par lesquelles elles sont senties, ont entre elles une contrariété et une incompatibilité ; s'il y a une certaine résistance du milieu dans leur engendrement et leur transmission ; si leur transmission à une longue distance

1. Averroès, *Commentarium magnum*, II, comm. 97, p. 276-278, en part. p. 277, l. 32 : « ita odor habet duplex esse, scilicet esse in corpore odorabili et esse in medio, et illud est esse corporale et hoc spirituale ».

2. Voir texte Aristote, *De l'âme*, II, 7, 419 a 12-13, trad. p. 170 : « si l'on vient, en effet, à placer l'objet coloré sur la vue elle-même, il ne se verra pas » ; *A. L.* : « si quis enim ponat habens colorem super ipsumuisum, non uidebitur ».

est instantanée ; si dans ces questions cela se passe pareillement pour les images de toutes les qualités sensibles ou si cela se passe d'une façon en certaines et autrement dans d'autres et, si cela ne se passe pas pareillement en toutes, quelle est en elles la cause et la raison de la différence ; si ces images peuvent être mues par le vent avec les sujets en lesquels elles sont inhérentes ; que devons-nous appeler être spirituel ou intentionnel et être réel ; et si un sensible qui est dans la vue ou dans un organe des sens doit être senti. En effet, toutes ces questions sont très difficiles.

Je suppose maintenant, comme je l'expliquerai ensuite, qu'un sensible qui est dans un organe sensitif, ou qui lui est immédiat, n'est pas senti [1]. C'est pour cette raison qu'Aristote a assigné un milieu, qu'il pose comme nécessaire pour sentir, non seulement à la vue ou à l'ouïe, mais encore au toucher [2]. Et cela semble manifeste par expérience : en effet, dans chacun de nos membres il y a de la chaleur que pourtant nous ne sentons pas, dans le cœur il y a une chaleur intense et celui-ci ne la sent pas, une froideur se trouve dans le cerveau et celui-ci ne la sent pas, la langue est bien savoureuse comme d'autres viandes, et elle ne sent pas cette saveur.

Deuxièmement, je suppose que nous sentons les qualités qui sont en dehors de nous et subjectivement dans les corps extérieurs, comme la couleur qui est dans le mur, la froideur

1. Voir *Questions sur l'âme*, II, qu. 21.

2. Aristote, *De l'âme*, II, 11, 423 b 4-6, trad. p. 192 : « le dur et le mou nous sont également sensibles au travers d'autres choses, exactement comme le sonore, le visible et l'odorant » ; *A. L.* : « set durum et molle per altera sentimus, sicut et sonabile et uisibile et odorabile ».

de la pierre, la saveur du vin. Tout le monde concède, croit et dit cela.

Troisièmement je suppose que cette qualité extérieure ne serait pas sentie par nous si n'était imprimé en notre sens ou organe sensitif quelque chose qui en soit représentatif puisque, comme l'objet ne reçoit rien du sens, s'il n'imprimait non plus rien au sens il n'y aurait aucune raison pour qu'il soit senti lorsqu'il est présenté au sens, et non pas avant [1]. Et cela aussi tout le monde le concède, et les Perspectivistes posent des expériences visuelles en faveur de cela [2].

Quatrièmement, il est manifeste que ces qualités extérieures ne sont pas reçues dans le sens ou dans l'organe du sens puisqu'un accident ne passe pas d'un sujet à un autre et puisqu'elles semblent subsister extérieurement en leurs sujet.

Cinquièmement, encore, ces qualités extérieures n'impriment pas dans nos sens quelques qualités qui leur seraient en tout similaires et de même espèce dernière, par lesquelles elles seraient senties. C'est manifeste par expérience, si l'on fait bien attention. Car si tu entres dans le bain, tu sens aussitôt de façon aiguë la chaleur de l'eau et tu la juges bien forte. Et il est vrai que, lorsque tu restes un certain temps dans ce bain, la chaleur de l'eau engendre

1. Justification générale de la nécessité de *species* dans le processus de la sensation. Nous sommes loin de l'idée aristotélicienne de la sensation comme acte commun du sens et du sensible. Ici, il s'agit de deux réalités hétérogènes, et une transmission d'informations doit avoir lieu de l'une (le senti) à l'autre (le sentant).

2. Le manuel le plus courant est la *Perspectiva communis* de Jean Peckham, éditée dans David C. Lindberg, *John Pecham and the Science of Optics*, The University of Wisconsin Press, Madison-Milwaukee-London, 1970.

à l'intérieur de ton corps une autre chaleur qui lui est semblable et de même espèce, comme elle ferait dans un autre corps. Mais alors tu ne sens plus cette chaleur de l'eau, à moins que tu ne la sentes beaucoup plus faiblement que tu la sentais avant. Donc cette chaleur, engendrée en toi, semblable à la chaleur de l'eau, ne fait pas sentir la chaleur de l'eau mais plutôt y fait obstacle et l'empêche ; c'est pourquoi Aristote disait bien que nous ne sentons pas pareillement le chaud et pareillement le froid [1].

De même encore, si ton camarade mange de l'ail et toi non, tu sentiras fortement l'odeur de cet ail qu'il a mangé. Mais si toi aussi tu en manges, assez pour que l'effluve odoriférante parvienne à ton organe de l'odorat, tu ne sentiras plus l'odeur de cet ail que ton camarade a mangé, ni de celui que tu as mangé. Et c'est parce que déjà dans ton organe il y a une odeur semblable à l'odeur extérieure que tu sentais. Donc la réception dans le sens d'une qualité semblable à cette qualité extérieure ne contribue pas à sa perception, mais l'empêche plutôt.

Sixièmement, il s'ensuit que pour sentir une qualité extérieure il est nécessaire que dans l'organe du sens soit imprimée une autre qualité par laquelle elle est sentie et qui est dissemblable par nature et par espèce de cette qualité extérieure qui est sentie. En effet, cela suit des points quatre et cinq qui précèdent et des suppositions. Et cette qualité qui est ainsi imprimée dans l'organe est habituellement appelée image de la qualité sensible extérieure, puisqu'elle en est représentative et que par elle l'âme est destinée à la

1. Aristote, *De l'âme*, II, 11, 424 a 3-4, trad. p. 194 : « Aussi ne sentons-nous pas ce qui est chaud ou froid, dur ou tendre au même degré que nous, mais bien les excès » ; *A. L.* : « Vnde similiter calidum et frigidum, aut durum et molle non sentimus, set excellencias ».

connaître. Et on a l'habitude de l'appeler similitude, non parce qu'elle serait de même nature que celle-ci, ni de même nature selon l'espèce, mais elle est bien dissemblable en essence et en vertu. Par elle en effet se fait la sensation, et par une autre, telle que la qualité extérieure, celle-ci ne serait pas produite mais empêchée.

Mais septièmement il me semble que cette image qui est dans le sens externe n'est pas sentie dans le sens externe, comme certains le pensent. Et cela semble d'abord être l'intention d'Aristote quand il dit que le sensible placé sur un sens n'est pas senti par l'organe de ce sens.

De même si l'image de la couleur qui est dans la vue était sentie ou était vue, il s'ensuivrait que la vue jugerait aussi certainement et aussi évidemment – et même de façon plus certaine et plus évidente – de ces images que des couleurs extérieures. Le conséquent est faux ; donc aussi l'antécédent. J'explique la conséquence d'abord parce que ceux qui disent que la vue perçoit cette image disent qu'elle la perçoit par soi et à titre premier, à savoir antérieurement à cette couleur extérieure, parce qu'elle représente davantage, plus vraiment et plus proprement, elle-même que cette couleur. C'est pourquoi le sens doit appréhender cette image de façon plus certaine et évidente. Or il est rationnel que le sens juge de façon plus certaine et plus évidente ce qu'il appréhende plus proprement et davantage par soi. Cette conséquence est encore prouvée du fait que, puisque aussi bien cette image que cette couleur sont destinées à être vues dans la vision, cependant la couleur ne serait pas destinée à être vue, si ce n'était par l'image et l'image serait vue par elle-même, non par la couleur. Mais la vue doit juger de façon plus certaine et plus évidente au sujet de ce qu'elle connaît non par autre chose mais par soi, qu'à propos de ce qu'elle connaît par autre chose ;

donc etc. Il faudrait même qu'elle juge à propos de cette image avec tant de certitude qu'elle ne pourrait être trompée à son sujet, si l'organe du sens est bien disposé, puisqu'il la verrait non à travers quelque milieu, ni par quelque chose de représentatif, mais par elle-même. C'est pourquoi ne paraît intervenir aucune cause de tromperie. Ainsi donc est prouvée cette conséquence principale.

Mais on prouve alors la fausseté du conséquent. Je montre en effet que nous voyons et jugeons la couleur extérieure de façon plus certaine et plus évidente que son image, si nous sentons les deux. D'abord parce que, en raison de la vision manifeste de la couleur, une petite vieille [1] sait qu'elle voit cette couleur et ni elle ni nous ne savons que nous voyons cette image. Au contraire, si elle est interrogée, elle dira qu'elle ne voit rien d'autre que les choses extérieures qui sont devant nos yeux.

Deuxièmement, parce que s'il y a une distance appropriée, et que le lieu et l'organe sont bien disposés, nous voyons la couleur et l'objet coloré si manifestement que nous percevons aussi sa grandeur, sa forme [2] et où il se trouve, et par la vue nous nous dirigeons droit vers lui, en le montrant par le doigt sur le mur. Mais nous ne percevons pas et ne jugeons pas de cette façon par la vue qu'il y a cette image dans notre vue, ni ne percevons sa grandeur et sa forme. Et il est tout à fait étonnant que, si nous percevions cette image par elle-même, immédiatement et à titre premier, nous ne percevions ni où elle est ni

1. Figure récurrente chez Buridan pour incarner un bon sens populaire qui n'est pas obscurci par les raisonnements trompeurs de certaines théories philosophiques ou théologiques.

2. Forme au sens de figure.

combien et comment elle est figurée, et qu'il nous soit caché que nous la percevions.

De même le sens, à propos de ses sensibles propres et par soi, doit percevoir les différences naturelles, si ce sont des sensibles de diverses espèces et de natures dissemblables. Cependant il a été dit que la couleur et son image sont dissemblables par l'espèce, la nature et la vertu. Cependant, ma vue ne perçoit aucune différence entre une couleur et son image, donc etc.

J'en viens donc à dire ce que nous comprenons, dans ce qui est en question, par « spirituel » et par « réel ». Et il me semble que le nom « esprit » est dit premièrement et proprement des substances incorporelles, à savoir indivisibles et inétendues, telles que Dieu et les intelligences, les anges, l'âme humaine intellective. Et ainsi la substance, par sa première division, serait divisée en substances spirituelles et corporelles. Et par conséquent, toutes les formes accidentelles inhérentes aux substances spirituelles de cette sorte sont dites spirituelles, comme l'acte d'intelliger et les dispositions intellectuelles. Ensuite, puisque ces substances qui sont dites en premier spirituelles, et des esprits, sont insensibles, par similitude le nom « esprit » est élargi pour signifier des corps qui, en raison de leur subtilité, ne sont pas visibles ou auxquels la vue ne s'applique pas. Ainsi pour cette raison nous appelons « esprit » le vent, et parfois l'air. Ainsi nous disons que la respiration est une attraction de l'air et, en nous, nous appelons « esprits vitaux » les corps chauds subtils, produits à partir de la nourriture digérée, par lesquels l'âme exerce les opérations de la vie [1]. Par une ressemblance encore plus lointaine

1. Notion médicale ; les esprits naturels, vitaux et animaux sont une matière subtile.

avec ce qui précède, les formes accidentelles que nous trouvons insensibles dans les corps sensibles, et représentatives des sensibles, sont dites spirituelles. Et c'est ainsi que, dans ce qui est en question, est pris « être spirituel ».

Et puisque le vulgaire n'estime pas qu'il y a dans ce monde autre chose que ce qui peut être senti, et que même, absolument, si ce n'était d'après la foi acquise par la prédication ou d'après la philosophie acquise par l'étude, le vulgaire penserait que rien n'existe que ce qui peut être senti, pour cette raison le vulgaire n'appelle « choses » ou « réalités » que les sensibles. Et de là est née, conventionnellement, cette distinction selon laquelle il y a certains étants réels, à savoir sensibles, et d'autres spirituels, à savoir non sensibles, de sorte que selon cette estimation vulgaire, nous n'entendons par choses réelles que les sensibles. Cependant, en dépit de cela, lorsque nous disons que les noms « étant » et « chose » sont équivalents selon leurs significations principales, nous savons aussi par la philosophie que de nombreux étants insensibles sont davantage étants, et plus parfaits, que les sensibles. Nous ne devons pas nier qui ce soient bien des choses en parlant absolument, bien que ce ne soit pas le cas selon l'intention vulgaire.

Ensuite, selon une manière impropre et attributive de parler, comme nous disons l'urine saine, nous appelons parfois les images représentatives des qualités sensibles par les noms de ces qualités sensibles, comme nous appelons « couleur » l'image de la couleur, « son » l'image du son, et « lumière » le rayon lumineux. Ne percevant pas bien, en effet, la nature et la condition de ces images, nous ne pouvons pas bien distinguer entre elles et ces qualités sensibles. Et ainsi il faudrait poser, selon une équivocité, des couleurs réelles et des couleurs spirituelles, des sons réels et des sons spirituels.

Il faut alors répondre directement à la question que l'odeur est bien transmise réellement par l'air et parfois à une longue distance, puisque d'un corps odorant se dégage une certaine exhalaison qui se mêle à l'air et est mue par l'air, exhalaison dans laquelle se trouve une véritable odeur, réelle et sensible. Cependant, en plus d'une telle effluve, est transmise dans l'air, sans une telle effluve, une image olfactive, et par celle-ci, quand elle parvient à l'odorat, est sentie cette véritable odeur distante et éloignée, et non pas cette image qui est reçue dans le sens. Et à ce propos, le Commentateur donne un argument persuasif plausible [1] : en son temps, se produisit une guerre dans laquelle de très nombreux hommes furent tués, et, en sentant l'odeur, vinrent vers les cadavres des tigres et des vautours de cinquante milles [2], ce qui n'aurait pas été le cas si l'image olfactive, transmise à cette distance, n'avait été sans une telle effluve, puisque si ces cadavres étaient tout à fait dissous dans des corps très subtils, cela ne suffirait pas pour que ceux-ci se mélangent, d'une façon qui puisse suffisamment se remarquer, dans autant d'air qu'il y en a de tous côtés sur une telle distance. Toutefois, cet argument persuasif n'est pas démonstratif puisque l'air peut être déplacé par le vent et porter à une très grande distance une effluve qui est mélangée avec lui. Mais l'argument persuasif aurait une certaine probabilité si l'air était en repos et n'était pas déplacé ainsi au loin par le vent.

1. Averroès, *Commentarium magnum*, II, comm. 97, p. 277, l. 39-43.

2. Le mille romain faisait cinq mille pieds, soit un peu moins d'un kilomètre et demi.

Cependant un autre argument persuasif est valable : nombreux sont les corps qui, bien qu'ils soient très petits, sont cependant très odorants pendant longtemps, par exemple pendant un an ou deux. Bien qu'ils soient portés de lieu en lieu, dans un air nouveau, leur odeur est sentie assez longtemps et ne paraît pas être notablement diminuée durant cette longue période. Si donc leur odeur n'était pas sentie sans une telle exhalaison, il faudrait qu'elle se dégage continûment durant toute l'année, du fait que toujours leur odeur est sentie notablement bien qu'ils soient placés dans un air nouveau. Et s'ils sentaient [1] ainsi continûment, il faudrait que durant tout le temps apparaissent notablement leur décomposition et division, ce qui est faux pour beaucoup, quoique ce soit vrai pour beaucoup d'autres qui dégagent facilement beaucoup d'odeur.

Il faut alors répondre aux arguments.

D'abord en effet on concède à bon droit que l'image d'une odeur ou d'une autre qualité sensible, que ce soit dans le milieu ou dans l'organe du sens, est vraiment une certaine chose. Mais, d'après une façon usuelle de parler, elle est dite non pas réelle mais spirituelle parce qu'elle n'est pas sensible, mais insensible. Et c'est de cette manière aussi que l'on parle de l'image olfactive transmise par l'air.

Mais les autres arguments s'interrogent sur le mode d'engendrement et de transmission de ces images et des certaines de leurs propriétés ; à ce sujet, il faut chercher davantage et proposer une détermination particulière [2].

1. Au sens de dégager une odeur.
2. C'est ce qui est fait dans la question suivante.

Question 18

Est-ce que les images des qualités sensibles, proprement et par soi, sont engendrées et transmises instantanément dans le milieu ou dans l'organe ?

Et l'on soutient d'abord que oui, puisque nous devons imaginer au sujet des images des autres qualités sensibles, la même chose que ce que nous voyons de la lumière et des images des couleurs, ou bien il faut que nous assignions une cause de la diversité, ce qui ne paraît pas facile. Or le rayon de lumière et les images des couleurs sont engendrés et transmis par le milieu diaphane en un instant. C'est prouvé d'abord par des autorités et ensuite par des raisons.

Le première autorité est Aristote dans le livre II *De l'âme* où il reproche à Empédocle d'avoir dit que la lumière est diffusée par le milieu temporellement, mais que cela nous est caché en raison de la brièveté du temps [1]. Contre cela, Aristote dit que « c'est contre la vérité de la raison et étranger à ce que nous voyons. En effet, cela nous serait

1. Aristote, *De l'âme*, II, 7, 418 b 21-23, trad. p. 169 : « D'où le tort d'Empédocle et de quiconque, par ailleurs, aurait professé son opinion, d'après laquelle la lumière se déplacerait et couvrirait en un moment l'espace entre la terre et la périphérie, mais sans que nous nous ne apercevions » ; *A. L.* : « Et non recte Empedocles, neque si aliquis alius sic dixit quod feratur lumen et extendatur medio terre et continentis, nos autem lateat ».

peut-être caché sur une petite distance. Mais que ce soit caché d'Orient en Occident, ce serait une grande difficulté et c'est une question inutile » [1].

La deuxième autorité est celle du Commentateur dans le livre VI de la *Physique*, contre Alexandre qui nie les transformations indivisibles [2]. Le Commentateur dit qu'en cela Alexandre contredit le grand maître, à savoir Aristote, puisque Aristote et tous les péripatéticiens disent que les transformations qui ne se font pas dans le temps sont indivisibles ; et c'est manifeste, dit-il, dans les illuminations.

La troisième autorité est celle d'Aristote dans les livres VII et X de l'*Éthique*, où il dit que la vision et la délectation se font en un instant et non dans le temps [3]. Cependant la vision ou la délectation ne se font pas plus dans l'instant que l'illumination. Donc etc.

1. Aristote, *De l'âme*, 418 b 24-27, p. 169 : « C'est, en effet, à la fois déroger à l'évidence de la raison et mépriser l'enseignement des phénomènes. Car, sur une courte distance, le déplacement peut bien échapper, mais qu'il échappe sur la distance du levant au couchant, c'est demander beaucoup trop » ; *A. L.* : « hoc enim est et extra eam que in ratione ueritatem et extra ea que uidentur : in paruo enim spatio lateret nos, ab oriente autem in occidens latere, magna quidem multum questio est ».

2. Voir Averroès, *De physico auditu*, VI, c. 34, *Aristotelis opera cum Averrois commentariis*, t. IV, Venetiis apud Junctas, MDLXII, f° 265 I-M.

3. Aristote, *Éthique à Nicomaque*, X, 3, 1174 b 5, trad. p. 511 : « Le plaisir, lui, à chaque moment de sa durée, est une chose dont la forme est achevée » ; *A. L.* : « Delectacionis autem in quocumque tempore perfecta species ». Comme nous l'avons vu plus haut, Aristote introduit des comparaisons avec la vue pour établir que le plaisir n'est pas un mouvement, qui supposerait du temps. Nous n'avons pas trouvé de référence dans le livre VII. Signalons que dans la réponse, Buridan parle, à tort semble-t-il, des livres VII et X de la *Métaphysique*.

Ensuite on argumente aussi par des raisons. Le rayon lumineux ou l'image de la couleur sont engendrés et transmis dans le milieu instantanément puisque l'on ne voit pas qu'il y ait de succession dans le mouvement ou dans le changement, si ce n'est en raison de la résistance. Donc où il n'y a pas de résistance, il faut que la mutation soit instantanée. Mais dans la diaphane [1], récepteur du rayon de lumière, il n'y a pas de résistance puisque la résistance est en raison de la contrariété et que le rayon n'a pas de contraire. En effet les ténèbres ne sont pas contraires au rayon de lumière puisqu'elles ne sont que le diaphane, récepteur du rayon, manquant de rayon lumineux. Et pareillement l'image de la couleur n'a pas de contraire puisque l'on ne pourrait poser qu'elle a un contraire que si l'on posait l'image du blanc comme contraire à l'image du noir. Et ce n'est pas le cas, comme on l'a soutenu au début de la question précédente.

De même on doit concéder qu'est engendré et corrompu instantanément ce qui n'a de durée qu'instantanée. Or tel est le rayon de lumière, donc etc. La majeure est connue de soi, s'il existe quelque chose de tel. La mineure se

1. Le diaphane, milieu requis par la vision, n'est pas l'air ou l'eau, mais y est en puissance et est en acte par la lumière ou les couleurs. Voir *De l'âme*, II, 7, 418 b 4-6, et 418 b 9, trad. R. Bodeus modifiée (je remplace « transparent » par « diaphane ») : « Il y a donc du diaphane. Or par diaphane j'entends ce qui, bien que visible, ne l'est pas de soi, pour dire les choses simplement, mais en raison d'une couleur qui lui est étrangère. [...] Quant à la lumière, c'est l'acte de ce diaphane, en tant que tel » ; *A. L.* : « Est igitur aliquid dyafanum. Dyafanum autem dico quod est quidem uisibile, non autem secundum se uisibile ut simpliciter est dicere, set propter extraneum colorem. [...] Lumen autem est huius actus dyafani secundum quod est dyafanum ».

prouve en supposant que du soleil, selon une ligne droite, est transmis un rayon [1] dans l'air de cette maison. Alors il est manifeste que si l'air de cette maison, dans lequel est reçu ce rayon, était mû rapidement par le vent, ce n'est pas pour autant qu'il apparaîtrait changer de place par rapport au soleil, à la fenêtre et aux autres parties en repos. Il suit alors de cela que ce rayon ne reste pas identique durant la totalité d'un certain temps puisque, s'il restait identique, alors ou bien il se mouvrait avec l'air dans lequel il est reçu subjectivement, ou bien non. Si oui, alors il faut qu'il change de place par rapport au soleil et à la fenêtre, alors qu'on a dit le contraire. Et s'il ne se meut pas avec lui, alors il faut qu'il demeure sans sujet ou qu'il passe de sujet en sujet, ce qui est contraire à la condition et à la nature de l'accident. Donc ce rayon ne dure aucune totalité de temps, et c'est cela n'avoir de durée qu'instantanée.

On soutient cependant l'opposé comme on argumentait au début de la question. En effet, nous devons juger à propos des autres sensibles comme nous voyons au sujet de l'un d'eux, puisqu'il ne serait pas facile d'assigner la raison d'une diversité. Or au sujet des images acoustiques il apparaît manifestement que la transmission est successive puisque celui qui est plus près des corps qui résonnent entend le son avant celui qui est plus loin. Et au début de la question précédente on soutenait aussi à propos de l'odeur que sa transmission était temporelle et successive. Donc etc.

De même la chaleur s'accroît continûment dans un sujet parce que en lui la chaleur est engendrée continûment

1. *Radius*.

partie par partie, comme ceci doit être vu ailleurs [1] ; donc etc. Pareillement, une qualité quelconque qui s'accroît ou décroît continûment dans un sujet, est corrompue et engendrée successivement. Or on constate que, dans notre hémisphère, la lumière du soleil s'accroît continûment de l'aurore jusqu'à la plus grande partie du jour et ensuite, le soir, décroît continûment. Donc le rayon de lumière a dans l'air une génération et une corruption continue, temporelle, successive, et non pas instantanée.

De même, puisque rien n'est un instant indivisible, comme c'est prouvé ailleurs [2], il est nécessaire que tout ce qui est, tout ce qui est fait et tout ce qui se corrompt soit, soit fait et soit corrompu dans un temps divisible, et par conséquent temporellement et non pas instantanément. C'est pourquoi Aristote établit dans le livre VI de la *Physique* que tout ce qui se meut se meut dans le temps et qu'il n'est pas possible que quelque chose se meuve dans l'instant [3]. Et il dit en outre que tout ce qui se meut se

1. Voir Buridan, *Quaestiones super octo libros Physicorum Aristotelis*, III, qu. 13, vol. II p. 37-44 : « Utrum qualitas secundum quod est alteratio per se et proprie dicta, continua et temporalis, acquiratur tota simul vel pars post partem » ; « Est-ce qu'une qualité, selon laquelle se produit une altération par soi et proprement dite, continue et temporelle, est acquise toute en même temps ou une partie après l'autre ? ».

2. Voir Buridan, *Quaestiones super libros de generatione et corruptione Aristotelis*, I, qu. 6, ed. M. Streijger, P. J. J. M. Bakker et J. M. M H. Thijssen, Leiden-Boston, Brill, 2010, p. 70-71, où l'auteur explique ce qu'il faut entendre par « instant », à propos précisément de l'hypothèse d'un changement instantané.

3. Aristote, *Physique*, VI, 3, 234 a 31, trad. p. 321 : « Il n'y a donc pas de mouvement dans le "maintenant" » ; *A. L.* : « Non ergo est moveri in ipso nunc ».

mouvait antérieurement, que tout ce qui devient devenait avant, et que tout ce qui se corrompt se corrompait avant.

Cette question, pour moi, n'est pas facile car elle contient de nombreuses difficultés. La première est : est-ce que les images sensibles des contraires sont contraires entre elles, ou d'une certaine manière incompatibles, ou comment se rapportent-elles les uns aux autres ? La deuxième est : est-ce que les milieux à travers lesquels ces images se transmettent ont une certaine résistance à l'engendrement et à la transmission de ces images, et d'où provient cette résistance ? La troisième est : est-ce qu'il peut y avoir une succession temporelle dans un changement sans résistance, à supposer que l'agent soit suffisamment approché de ce qui en pâtit ? La quatrième concerne particulièrement le rayon lumineux : comment est-il transmis à travers le milieu, une fois posé un corps lumineux [4] ? La cinquième concerne particulièrement l'image acoustique. La sixième concerne l'image olfactive. La septième concerne les images des qualités tangibles, à savoir de la chaleur, de la froideur, etc. Cela fait sept grandes questions.

À propos de la première, il me semble au premier abord que l'image de la plus grande blancheur et l'image de la plus grande noirceur n'ont pas entre elles de contrariété puisque, comme on l'a soutenu antérieurement, elles sont ensemble dans le même air et selon n'importe laquelle de ses parties, et n'importe laquelle est également intense et parfaite puisque moi, où que je sois dans une maison, je jugerai ceci le plus blanc et autre chose, qui est à côté, le

4. On suppose un corps lumineux (*lucidus*) source de ce rayonnement.

plus noir. Or de telles formes, qui sont ensemble dans le même sujet selon l'être parfait et intense, n'ont pas entre elles de contrariété ou d'incompatibilité. Et derechef ces images sont ensemble dans la vue, puisque tu juges en même temps ceci le plus blanc et cela le plus noir. En même temps, encore, elles sont produites et sont conservée dans l'organe de la fantaisie, de la mémoire ou du sens commun. Et l'une n'empêche pas ni ne diminue pas l'autre, puisque nous nous imaginons ou nous nous rappelons, et que par la mémoire ou l'imagination nous jugeons qu'une chose est le plus blanc et une autre le plus noir. Et même plus, dans l'intellect qui est indivisible elles sont parfaitement conservées en même temps. Donc nous intelligeons en même temps la plus haute blancheur et la plus haute noirceur, et nous formons la proposition mentale que la plus haute blancheur diffère de la plus haute noirceur.

Cependant, il y a de grands doute contre cela, premièrement parce que, comme les causes des contraires sont contraires, comme il est dit au livre II *De la génération* [1], de même il semble rationnel que de causes contraires résultent des effets contraires. Et puisque l'image de la blancheur et l'image de la noirceur sont des effets de causes contraires, à savoir la blancheur et de la noirceur, elles sont donc contraires.

Deuxièmement parce que, comme parmi les couleurs il y a des couleurs extrêmes, telles que le blanc et le noir, et des intermédiaires, tels que le vert, le jaune et le rouge, de même parmi les images il y a des extrêmes, comme l'image du blanc et l'image du noir, et des images

1. Aristote, *De la génération et la corruption*, II, 10, 336 b 9, trad. p. 77 : « Les contraires ont en effet des causes contraires » ; *A. L.* 9. 2 : « contrariorum enim contraria est causa ».

intermédiaires, comme l'image du jaune, du rouge et du vert. Mais dans le livre X de la *Métaphysique*, Aristote établit que « tous les intermédiaires sont intermédiaires entre certains opposés »[1]. Et ensuite au même endroit il établit que tous les intermédiaires sont intermédiaires de contraires[2]. Donc il faut que les images des couleurs extrêmes soient contraires.

Troisièmement, parce que les formes qui sont à même d'être produites successivement dans le même sujet selon un être parfait et intense ont entre elles une contrariété et une incompatibilité. Mais elles ne peuvent pas être produites de façon parfaite et intense en même temps, sauf suivant différentes parties de ce sujet et en différentes places. Mais on constate qu'il est impossible que, dans l'œil, en la même place, soit produite une image parfaite de la blancheur et une image parfaite de la noirceur, bien que ce soit possible successivement. La majeure est patente puisque, comme la blancheur et la douceur n'ont pas de contrariété entre elles, non plus que la chaleur et la sécheresse, l'une n'empêche pas l'autre, ni ne la diminue, si elle advient dans le même sujet, mais elles se tiennent toutes les deux ensemble sous l'être intense et parfait. Il n'apparaît donc absolument aucune raison pour laquelle une forme devrait diminuer une autre et ne pas permettre qu'elle soit en même temps qu'elle, si ce n'est en raison de leur contrariété ou

1. Aristote, *Métaphysique*, I, 7, 1057 a 30, trad. p. 337 : « Les intermédiaires sont tous intermédiaires entre des opposés » ; *A. L.* : « At uero omnia media sunt oppositorum quorundam ».

2. Aristote, *Métaphysique*, I, 7, 1057 b 33-34, trad. p. 339 : « Donc les intermédiaires sont tous dans le même genre, ils sont intermédiaires entre les contraires et ils sont tous composés de contraires » ; *A. L.* : « igitur media et in eodem genere omnia et intermedia contrariorum et componuntur ex contrariis omnia ».

incompatibilité, ou du moins en raison de la contrariété ou de l'incompatibilité de dispositions requises pour qu'elles soient.

Quant à la mineure, elle est manifeste si l'on fait attention, puisque l'on accorde très bien que les images d'une blancheur et d'une noirceur parfaites, situées l'une en dehors de l'autre, soit parfaitement reçues dans l'œil suivant différentes parties de l'œil et différentes places. Ainsi encore, il est vrai que d'un miroir sont réfléchies les images parfaites de la blancheur et les images parfaites de la noirceur. Mais c'est à partir de parties différentes du miroir, situées l'une en dehors de l'autre. Mais à supposer que cela se produise à la même place dans l'œil et qu'elles soient transmises selon la même ligne depuis les objets jusqu'à l'œil par le milieu, on constatera qu'aucune n'est reçue dans l'œil selon son être parfait et intense. Au contraire, elles sont mélangées de telle sorte qu'à partir d'elles est produite une image moyenne, comme à partir de la chaleur et de la froideur est produite la tiédeur moyenne, si bien que par aucune nous ne percevrons une blancheur parfaite ou une la noirceur parfaite, mais nous percevrons une couleur intermédiaire. Cela apparaît par expérience car la lumière vue par soi apparaît comme blanche. Et lorsque des fumées qui s'élèvent de la terre sont noires, et que le matin, la lumière du soleil transmet à l'œil son image, à savoir le rayon lumineux, à travers ces fumées qui sont dans l'intervalle, de sorte que selon la même voie et à la même place sont transmises en même temps à l'œil l'image de la blancheur de la lumière et l'image de la noirceur des fumées, alors nous ne percevons ni la blancheur ni la noirceur, mais la rougeur. Et ainsi encore, comme il a été dit ailleurs, si nous regardons par une vitre jaune et une vitre bleue superposées, nous ne percevons ni du jaune ni du bleu mais du vert, puisque le vert est intermédiaire entre le jaune et le bleu, comme le gris le serait entre le blanc et le noir. De cette façon les peintres, en mettant du blanc sur du noir, font que n'apparaissent ni du blanc ni du noir mais du gris, à moins que le corps blanc posé dessus soit d'une bonne épaisseur. Et donc, selon ce qui a été dit, il semble que ces images ont vraiment la condition de formes contraires, à savoir qu'il est incompatible qu'elles existent dans un même sujet, au même endroit, et qu'elles peuvent, dans un même sujet, être mélangées selon un être affaibli, de sorte que, du mélange et de l'affaiblissement, résulte une image intermédiaire représentant une couleur moyenne.

Nonobstant cela, il me semble qu'elles ne sont pas des contraires, pour la raison énoncée plus haut, à savoir qu'elles sont transmises totalement par le même air en même temps, et que chacune garde ici son être complet et intense. Mais je n'accorde pas foi à ce qui est ajouté ensuite à propos de la présence simultanée dans l'organe de la fantaisie ou du sens commun ou encore dans l'intellect, en ce qui concerne les images qui sont reçues dans le milieu ou dans un organe du sens externe, puisque je ne crois pas que ces images soient de même nature et espèce que les images ou intentions qui parviennent à la fantaisie, au sens commun ou à l'intellect. Le rayon en effet, qui est l'image de la lumière, reçue dans l'œil et dans l'air intermédiaire, requiert la diaphanéité dans les sujets où elle est reçue et transmise. En effet, elle n'est pas transmise par un corps non diaphane, c'est pourquoi il faut que l'œil soit fait de matière diaphane. Mais il n'y a pas une telle diaphanéité dans l'organe de la fantaisie, de la mémoire, du sens commun, ou dans l'intellect. Et pour cela il y a une raison qui paraît probable puisque, par l'interposition d'un obstacle devant un corps lumineux ou coloré, le rayon est empêché ou cesse, de même que l'image de la couleur, selon l'être qu'ils ont dans le milieu ou dans l'organe après l'obstacle, de sorte que ces images ne peuvent pas subsister, du moins longtemps, sans la présence [1] d'un corps lumineux ou coloré ; cependant dans la fantaisie ou dans le sens commun elles ne requièrent pas la présence d'un corps lumineux ou coloré, ni même diaphane, pour leur génération ou pour leur permanence. C'est pourquoi l'image des couleurs dans l'œil et la représentation de la couleur dans la fantaisie ou dans l'intellect ne semblent pas être de même nature, ou de nature semblable, ni de même raison et espèce.

Mais peut-être cet argument n'est-il pas démonstratif, puisque l'on pourrait dire que cela provient d'une disposition différente du sujet qui reçoit, différence d'après laquelle il a ou n'a pas le pouvoir de conserver la qualité qui est imprimée en lui. Ainsi encore, par expérience, il semble vrai que l'image de la lumière ne reste durant aucun temps sensible dans l'air après la suppression du corps lumineux, mais elle reste durant un temps sensible, bien que bref, dans l'organe de l'œil ; cela apparaît dans les expériences des Perspectivistes [2], et par Aristote qui l'explique à plusieurs reprises dans le livre *Du sommeil et de la veille* [3],

1. Je retiens *presentia* au lieu de *potentia* – leçon minoritaire d'après l'apparat, mais on retrouve le terme dans un passage parallèle quelques lignes plus bas.

2. Des théoriciens de l'optique.

3. Aristote, *Des rêves*, 2, 459 b 5-6, trad. P.-M. Morel dans *Petits traités d'histoire naturelle*, p. 143 : « l'affection n'est pas seulement dans les organes sensoriels lorsqu'ils exercent la sensation, mais également après qu'ils ont cessé de le faire » ; *A. L.* 15. 2. 2, *De insomniis*, Guillelmus de Morbeka reuisor translationis Aristotelis (translatio noua, Anonymi saec. XII translationis recensio) : « passio est non solum sentientibus in sensiteriis, set quiescentibus, et in profundo et superficie tenus ».

et puisque si un bâton enflammé est mû rapidement d'un point à un autre, ou circulairement, apparaît un feu continu selon une longue ligne droite ou circulaire, suivant la manière dont le bâton est mû.

Cependant, ces objections ne sont pas encore démonstratives, puisqu'il ne m'est pas manifeste que les représentations des objets visibles, qui subsistent après la suppression de ces objets visibles, subsistent dans l'organe de la vue, mais plutôt dans le sens commun ou dans la fantaisie, où il a déjà été posé qu'il n'y a pas d'être représentatif de nature semblable ou d'espèce semblable à l'image reçue dans l'organe du sens extérieur ou dans le milieu. Et il apparaît que ces questions sont difficiles et qu'il est difficile de démontrer quelque chose à ce propos. Mais les raisons qui ont été avancées valent autant qu'elles peuvent valoir.

Je réponds aux arguments qui soutenaient que l'image de la blancheur et celle de la noirceur sont contraires.

Au premier, il faut répondre qu'il n'est pas universellement vrai qu'il y a des causes contraires de tous les effets contraires, ni des effets contraires de toutes les causes contraires, bien que des propositions particulières ou indéfinies à ce sujet soient vraies. Car des corps célestes, dans lesquels il n'y a pas de contrariété comme il apparaît dans le livre Ier *Du ciel*[1], proviennent en ce monde inférieur des effets contraires, comme parfois une grande chaleur,

1. Voir *Auctoritates Aristotelis*, s. *De caelo et mundo*, éd. J. Hamesse, n° 8 p. 160 : « Motus circularis non habet contrarium », qui résume plusieurs passages et notamment I, 4, 270 b 32-33, trad. p. 91 : « Qu'il n'existe pas une autre translation qui soit contraire à la translation en cercle, on pourrait s'en convaincre de plusieurs manières ». Mais l'affirmation de Buridan a une portée plus large, incluant aussi l'incorruptibilité par absence de contraires, évoquée en I, 3, 273 a 13-19, p. 83-85.

parfois un froid intense. Et si quelqu'un dit que les complexions ou qualités de certaines étoiles sont contraires, cependant leurs causes ne sont pas contraires, ou du moins les causes de leurs causes, puisque l'on ne procède pas à l'infini dans les causes. Il faut donc finalement parvenir à des contraires dont il n'y a pas, au-delà, de causes contraires. Et encore, si la chaleur est cause de la génération du feu, et la froideur de la terre, ce n'est pas pour cela qu'il faut que la terre et le feu soient contraires. Mais dans ce qui est en question, bien que l'on concède que la blancheur et la noirceur soient causes d'images contraires, ce qui cependant est faux, et aussi que l'on concède que ces images soient causes de sensations contraires, ce qui est aussi faux, il ne faut pas cependant concéder en outre que ces sensations soient causes d'intentions contraires, à savoir celles par lesquelles sont intelligées absolument la blancheur et la noirceur, puisque celles-ci se trouvent tout à fait dans un même sujet indivisible quand il forme en lui la proposition mentale « la plus haute blancheur et la plus haute noirceur sont contraires ».

Concernant l'autre argument, il apparaît à celui qui considère Aristote dans les livres VII et X de la *Métaphysique* [1], qu'Aristote y parlait des intermédiaires dans les transformations d'un extrême en l'autre extrême. Ainsi, il soutient que tous les intermédiaires sont entre des opposés puisqu'il est nécessaire que la transformation se

1. Aristote, *Métaphysique*, I, 7, 1057 a 30-32, trad. p. 337 : « Mais, d'autre part, les intermédiaires sont tous intermédiaires entre des opposés, car un changement est possible à partir de ceux-là seuls suivant leur propre nature » ; *A. L.* : « At uero omnia media sunt oppositorum quorundam ; ex hiis enim solis secundum se est permutari ». On ne trouve pas, plus haut dans la question, de référence semblable au livre Z.

fasse entre des opposés. Mais les images des sensibles n'ont pas entre elles de transformation, ni d'action ni de passion. Il faut donc dire que ces images ne sont pas des extrêmes ni des intermédiaires à proprement parler, mais seulement selon une manière attributive de parler, à savoir parce qu'elles sont représentatives de qualités contraires et intermédiaires, comme l'urine est dite saine ou malade parce qu'elle signifie la santé ou la maladie.

Concernant l'autre, il me semble que, comme les images de la blancheur et de la noirceur sont en même temps dans le même air selon la place et selon des rayons [1] qui se coupent entre eux et ne s'affaiblissent pas mutuellement, de même elles peuvent être en même temps par des rayons qui ne se recoupent pas entre eux. Soient en effet la plus grande blancheur sur le mur de droite et la plus grande noirceur sur le mur de gauche; chacune transmet, par la même ligne droite, son image vers l'autre et elles ne s'affaiblissent pas mutuellement. De même je crois que le rayon lumineux venant du soleil, transmis à la vue avec l'image de la noirceur de fumées, n'affaiblit pas cette image de la noirceur, mais aide à sa génération et à sa transmission puisque les images des couleurs ne peuvent pas être engendrées par la couleur sans rayon de lumière. Il est vrai cependant que l'opacité de ces fumées affaiblit bien le rayon de lumière puisque ce rayon est transmis d'autant plus intensément que le milieu est plus pur et plus diaphane. Pareillement, je crois que la noirceur, superposée à la blancheur dans les peintures, et la transmission de son image n'empêchent pas et n'affaiblissent pas la génération ou la transmission de l'image de la blancheur, et même que l'image de la blancheur est transmise plus parfaitement

1. *Radios*.

avec l'image de la noirceur. Et il en va de même dans l'œil, sans qu'elle soit affaiblie par l'image de la noirceur, lorsqu'elle celle-ci est présente en même temps à la même place.

Et alors il ne reste pas de doute, si ce n'est pourquoi nous ne percevons pas, par cette image, la blancheur, et pourquoi nous percevons une couleur intermédiaire alors qu'il n'y a pas ici d'image de couleur intermédiaire mais seulement les images des couleurs extrêmes, à partir desquelles n'est pas produite une image unique puisque les premières ne sont pas affaiblies, pas plus que n'est produite une qualité unique à partir de la blancheur et de la douceur.

Et il m'apparaît que pour résoudre ce doute il faut poser en préalable et supposer quelques points bien connus. Le premier est que, bien que les propositions que nous appelons contradictoires ou contraires ne soient pas proprement contraires ni incompatibles quant à leur être, puisqu'elles peuvent être en même temps dans ton intellect qui est indivisible, cependant les jugements par lesquels nous y assentirions seraient vraiment contraires et ne peuvent pas exister en même temps dans un intellect. Aristote en donne en effet la cause dans le livre IV de la *Métaphysique* : il n'est pas possible à un esprit de nier le premier principe [1], parce qu'il faudrait avoir en même temps dans un intellect des jugements par lesquels nous assentirions à des contradictoires. Et c'est impossible parce que les opinions portant sur des contradictoires sont contraires, donc elles ne peuvent pas être en même temps dans un même sujet.

1. Aristote, *Métaphysique*, Γ, 3, 1005 b 29-30, trad. p. 153 : « il est manifestement impossible à la même personne de croire en même temps que le même est et n'est pas » ; *A. L.* : « Impossibile simul existimare eundem esse et non esse idem ».

Et, pour cette raison, de même qu'un intellect ne peut pas juger avec assentiment que la même chose est et n'est pas, ou encore que la même chose est blanche et non blanche, ou possède la blancheur et la noirceur, bien qu'il juge en même temps que ceci est blanc et que cela est non blanc, de même le sens ne peut pas juger avec assentiment en même temps que ceci est blanc et noir, ou encore que la même chose est blanche et noire, ou possède la blancheur et la noirceur. En effet ces jugement sont incompatibles, comme il est incompatible que la même chose soit blanche et noire, bien que les images ne soient pas incompatibles de même que les propositions ne sont pas incompatibles.

Deuxièmement, il faut noter que la vue juge de l'unité et de la pluralité, comme il a été dit dans les questions précédentes, à savoir de telle sorte que si les images sont reçues dans l'œil en des places diverses, la vue juge que les objets sont plusieurs et divers bien que ce qui est vu soit unique, comme cela se produit dans la surélévation d'un œil. Et si les images viennent vers l'œil à la même place, la vue perçoit un tout unique, bien que les objets soient divers, et juge que tout est dans le même lieu ou à la même place, ici ou là, comme au lever du soleil nous jugeons que quelque chose d'unique est rouge, et non pas plusieurs choses.

Troisièmement, il faut noter que le sens juge toujours avec assentiment et sur un mode déictique [1], par exemple que ceci soit blanc, que ceci soit noir. En effet, il ne juge pas universellement mais toujours sur le mode de l'existence dans la perspective, selon l'emplacement, et c'est surtout le cas de la vue. Et qu'il juge avec assentiment, à savoir qu'il en est ainsi ou du moins que cela semble être ainsi, c'est ce que dit Aristote dans le livre II de ce traité, et cela

1. *Modo demonstrativo : demonstrare* veut dire ici montrer.

apparaît par expérience. En effet, lorsque nous ne voyons pas de façon claire nous disons que cela nous paraît [1] être ainsi ; cependant, lorsque nous voyons clairement, nous disons non seulement que cela nous paraît être ainsi, mais encore que c'est cela.

Quatrièmement, il faut noter que des qualités non contraires sont bien productrices de contraires, par exemple la froideur et le rayon du soleil sont reçus en même temps dans le même air, donc ils ne sont pas contraires. Pourtant le rayon lumineux produit de la chaleur, et la froideur de la froideur, qui sont des contraires. Mais lorsqu'elle arrivent en même temps dans le même réceptacle [2], le rayon ne peut pas produire un chaud intense, ni la froideur un froid intense. C'est pourquoi elles produisent un effet moyen, et il en est ainsi dans ce qui est en question. Ces images de blanc et de noir sont ensemble dans la vue, à des places non distinctes. C'est pourquoi le sens juge que c'est une seule chose, et ne peut percevoir ceci blanc et cela noir. L'image du blanc cause le jugement que c'est blanc, et l'image du noir le jugement que c'est noir. Et aucune ne peut ici susciter le jugement achevé correspondant puisqu'elles agissent en même temps dans le même sujet, qui ne peut recevoir en même temps ces jugements en raison de leur contrariété. Elles causent donc un jugement intermédiaire, à savoir que c'est sombre ou pâle. Et voilà ce qui concerne le premier doute.

Quant au deuxième doute, il m'apparaît qu'on peut imaginer de plusieurs façons la résistance dans un mouvement ou un changement. En un premier sens, cette mutation ne peut exister sans corruption de quelque chose

1. *Videtur*, même verbe que « voir ».
2. *Passum*, littéralement ce qui pâtit.

d'autre, et alors cela résiste à un tel changement puisque tout étant, comme dit le Commentateur au livre Ier de la *Physique*[1], désire subsister, comme un contraire résiste à la génération de l'autre contraire en son sujet.

En un deuxième sens, encore assez proche, s'il y a deux agents destinés à produire des effets contraires et qu'ils sont appliqués au même patient, l'un résiste à l'autre ou à son action. Il empêche en effet que l'autre n'agisse ou du moins n'agisse aussi intensément qu'il agirait si le premier était éloigné. Et il m'apparaît que dans les milieux ou dans les organes récepteurs de ces images sensibles, on ne trouve pas de telles résistance à la génération ou à la transmission de ces images.

En un troisième sens, il y a une résistance à partir de la continuité du corps. En effet, lorsque un corps est naturellement continu, il désire naturellement rester dans cette continuité, afin d'être par là d'une vertu et permanence plus fortes. Il résiste donc à l'agent ou à l'action requise pour qu'il soit divisé. Et de la sorte, la milieu résiste au corps mû en ligne droite.

Et en un quatrième sens assez proche, s'il ne fallait pas que le corps soit divisé mais s'il faut qu'il cède ou qu'il soit déplacé du lieu où il se trouve, alors, s'il y est naturellement en repos, il résiste au changement selon lequel il faut qu'il soit enlevé de son lieu. Ainsi, lorsqu'un corps est projeté contre un mur, le mur fait obstacle et résiste. Et il m'apparaît aussi que ce mode de résistance n'a pas lieu dans la génération et la transmission des images sensibles, puisqu'il n'est pas nécessaire que le sujet en lequel elles sont reçues soit divisé, ni qu'il cède ou soit déplacé du lieu dans lequel il est destiné à être en repos,

1. Averroès, *De Physico auditu*, I, comm. 81, f° 46 F : « Omne enim ens, ut dictum est, diligit se permanere ».

à moins peut-être que ceci n'ait de quelque façon lieu dans la transmission du son, si l'on disait que, pour la transmission du son, il y aurait besoin d'un certain mouvement du milieu dans lequel il est engendré. Mais on a parlé de cela plus haut en particulier [1].

En un cinquième sens moins propre, on imagine la résistance à partir d'une absence de disposition [2] du sujet à recevoir l'action de l'agent. Par exemple, si le sujet a besoin de quelque disposition pour recevoir une forme, sans laquelle il ne peut pas la recevoir, ou ne peut pas la recevoir facilement ou intensément, alors la disposition opposée serait dite résister à la génération de cette forme, et empêcher qu'elle ne soit engendrée, ou qu'elle ne soit engendrée rapidement ou parfaitement. Et ainsi il est manifeste que les milieux résistent bien à la génération et à la transmission des images sensibles, de même que les organes. En effet, puisque la diaphanéité est requise pour la réception d'un rayon de lumière ou de l'image d'une couleur, il est manifeste que l'opacité, si elle est forte, empêche totalement la transmission ultérieure du rayon, et il faut que la transmission soit réfléchie de l'autre côté. Et si l'opacité n'est pas complète, mais que le sujet participe de la diaphanéité et de l'opacité, alors, d'autant plus il participera de l'opacité, d'autant le rayon de lumière sera transmis moins intensément par ce sujet, et à une plus petite distance. C'est pourquoi l'eau serait ainsi dite résister davantage à la lumière que l'air, et l'air troublé que l'air pur. Et ainsi, quoique les objets bien aptes à produire des sons doivent être solides, cependant le sujet récepteur du son ou de son image doit être subtil, facilement mobile, et

1. *Questions sur l'âme*, II, qu. 16.
2. *Indispositio*.

divisible. Donc les conditions opposées ou la participation à ces conditions, résisteront à la génération et à la transmission du son ou de l'image acoustique. Et ainsi peut-être encore la dureté, l'opacité et la densité résisteraient à la transmission des images olfactives. Voilà pour le deuxième doute.

Ensuite, au sujet du troisième doute, il me semble devoir être dit que toute résistance ne provient pas d'une succession, et que toute succession ne provient pas d'une résistance. Donc je montre d'abord que de toute résistance ne provient pas une succession. Et ceci serait tout de suite manifeste si nous posions, comme le fait Aristote, la génération et la transmission instantanée de la lumière [1], et pareillement la génération de la vision et de la délectation, puisque, malgré cela, il y aurait bien une résistance à la génération de la lumière et à la génération de la vision et de la délectation, à savoir une résistance au cinquième sens mentionné plus haut. En effet, cette résistance ne produit pas la lenteur de la transmission ou de la génération, mais engendre seulement la diminution ou la petitesse de la forme ou de la disposition qui est engendrée. De telle sorte que tout l'air d'une maison serait illuminé aussi rapidement par la présence d'une chandelle, si elle fumait et était grossière que si elle était pure, mais non pas aussi intensément. De même aussi, si deux pierres, égales en poids et en quantité, étaient retenues en haut par des corps qui les bloquent, l'une dans l'air, l'autre dans l'eau, et si nous posions que le mouvement local est une chose distincte

1. Du rayon lumineux. Voir la critique d'Empédocle dans *De l'âme*, II, 7, 418 b 20-22, trad. p. 169; voir aussi *Du sens et de la sensation*, 446 b 27 - 447 a 6, p. 95-96, où Aristote oppose l'illumination au transport, lequel suppose la successivité.

du mobile et du lieu, alors, en enlevant les corps qui retiennent, se produirait un mouvement dans l'eau aussi rapidement [1] qu'un mouvement dans l'air, bien que l'eau résiste davantage que l'air. Mais dans l'air il y aurait un mouvement plus intense et plus rapide. Et ainsi la plus petite résistance de l'air fait bien que le mouvement serait plus grand intensivement, et qu'un espace égal serait traversé avant, mais non qu'il y ait du mouvement plus tôt.

De même, si ces raisons ne concluent pas, puisque je ne les pose que dialectiquement [2], un autre cas établit pourtant que la résistance peut dépasser l'activité, comme une colonne résiste à une pierre afin qu'elle ne tombe pas, et comme chaque bras d'une balance résiste à l'autre afin qu'il ne descende pas. Alors, d'une résistance de cette sorte ne provient pas une succession, mais elle l'empêche tout à fait puisqu'il n'y a pas de succession sans mouvement. Et de cette façon la résistance empêche qu'il y ait mouvement.

Mais je montre en outre que toute succession ne provient pas d'une résistance, puisque rien n'a de résistance contre la volonté efficace de Dieu, et pourtant Dieu peut, sans autre moteur, mouvoir une pierre successivement et engendrer une chaleur successivement. Plus, en supprimant tout ce qu'on peut imaginer résister, Dieu pourrait engendrer une chaleur successivement et continûment, une partie après l'autre. Et à nouveau il est vraisemblable, comme cela doit être considéré ailleurs, que les corps célestes, dans leurs mouvements, ne résistent pas à leurs moteurs, à savoir aux intelligences, et cependant ils sont mus

1. C'est-à-dire que ces deux mouvements apparaitraient de façon simultanée.

2. *Disputative*.

successivement. Et à nouveau, si l'on posait qu'un sujet illuminable était purement diaphane sans aucun degré d'opacité, alors il n'y aurait pas en lui de résistance à la génération de la lumière. Et cependant, par un rapprochement ou un éloignement continu d'un corps lumineux, un rayon de lumière serait produit continûment et successivement, de façon plus intense ou plus faible, dans ce sujet, et serait aussi transmise continûment et successivement à une plus ou moins grande distance. Et aussi, si la lumière [1] était augmenté ou diminué continument, le rayon serait augmenté ou diminué continument.

De même je soutiens, pour plaisanter, qu'aucune succession ne provient d'une résistance, selon la raison par laquelle elle est résistance, puisque nous voyons quelle chose est la succession : on constate qu'elle est un mouvement ou un changement. Donc l'engendrement successif de la chaleur est une succession, et cette succession n'est pas autre chose que l'engendrement de la chaleur, qui aussi n'est autre que cette chaleur. Et l'on voit que cette chaleur provient de ce qui chauffe et non d'un corps réfrigérant qui résiste. En effet, de ce qui selon soi serait corrupteur de la chaleur, ou empêchement de son engendrement, ne provient pas une chaleur mais une froideur. Le corps résistant est de cette sorte ; donc etc.

De même la lenteur ou la rapidité ne diffèrent pas de la succession et du mouvement, puisque dire qu'ils diffèrent serait trop multiplier les étants sans nécessité. Et cela apparaît : si quelqu'un concédait que la définition du mouvement convienne à la rapidité et à la lenteur, la rapidité d'un mouvement ne serait donc pas autre que sa lenteur. En effet c'est la même chose que le rapport entre la rapidité d'un mouvement à un mouvement plus lent d'une part, et

1. *Lux*, la source de lumière

le rapport de la lenteur à un mouvement plus rapide d'autre part [1]. Mais personne ne dirait que la résistance proviendrait de la rapidité du mouvement, ou que la résistance serait cause de la rapidité du mouvement, donc pas non plus de la lenteur ou de la succession.

Et il me semble que l'on doit probablement s'exprimer comme on le fait à propos de la terre interposée entre le soleil et la lune, lorsque l'on dit qu'elle est la cause de l'éclipse. Il est en effet certain que si la privation n'est que la chose privée, et que l'éclipse de lune n'est que la privation de lumière de la lune, l'éclipse de lune n'est que la lune. Et ainsi la terre interposée n'est pas la cause de la lune, et la lune n'en provient pas. Donc, selon une façon propre de s'exprimer, la terre ainsi interposée n'est pas la cause de l'éclipse de lune, et l'éclipse de lune ne provient pas d'elle. Cependant, selon une façon attributive de parler, assez éloignée de la façon propre, la terre ainsi interposée est dite cause de l'éclipse de lune, ou de la privation de la lumière par la lune, ou de la lune par la lumière, comme il te plaît de dire, du seul fait qu'elle empêche ou interdit la génération de la lumière par le soleil dans la lune, au sens où, si la terre était enlevée, la lumière serait faite sur la lune par le soleil [2]. Si donc la terre est dite cause de l'éclipse, on ne peut pas dire qu'il s'agit de causalité dans un autre genre de cause que la cause efficiente. Et pourtant elle ne produit rien dans la lune mais empêche que cela n'y soit fait. Et si la terre n'était pas tellement opaque qu'elle empêche tout à fait l'illumination de la lune par le soleil, mais avait de la diaphanéité avec l'opacité, de sorte

1. De point de vue ontologique, un rapport n'est pas une réalité autre que les termes du rapport.

2. Tout au long de ce raisonnement, il s'agit de *lumen*, la lumière comme rayon produit par une source de lumière.

qu'à travers elle la lune serait illuminée par le soleil, mais toutefois de manière très faible et peu intense, on voit que la terre ne produirait pas cette lumière affaiblie sur la lune, mais serait cependant dite cause de la faiblesse ou de la petitesse de la lumière, même dans le genre de la cause efficiente en ce sens impropre, à savoir parce qu'elle empêcherait une plus forte illumination de la lune par le soleil, d'une telle manière que si elle ou son opacité étaient supprimées, le soleil causerait une lumière plus intense dans la lune. Et il m'apparaît que c'est en de tels sens, ou en des sens analogues, qu'il faut comprendre que les affaiblissements, les lenteurs ou les petitesses des effets proviennent des corps [1] dans lesquels se trouvent des résistances et que les diminutions de cette sorte, qui ne sont que de petits effets, proviennent vraiment et effectivement des agents auxquels ces résistances résistent. Et voilà pour le troisième doute.

Il faut poursuivre en parlant du quatrième doute, dont la solution ne m'est pas manifeste. Je n'entends pas disputer maintenant au sujet de l'instant, s'il est une chose divisible ou indivisible ; mais par « que quelque chose soit engendré instantanément » je veux entendre qu'il est engendré tout en même temps, de telle sorte qu'aucune de ses parties, ni une partie quantitative ni une partie graduelle, ne soit engendrée avant une autre. Et je me rappelle avoir dit dans les questions sur le livre VI de la *Physique* que ce fut l'intention d'Aristote et du Commentateur, pour autant qu'il apparaît dans leurs écrits, que la génération du rayon de lumière et sa transmission seraient instantanées si se faisait instantanément, par la puissance divine, l'application

1. Je me permets de corriger le texte qui est : « des résistances dans lesquelles se trouvent des résistances ».

suffisante d'un corps lumineux à un sujet illuminable [1]. Et j'ai encore dit la même chose dans le livre VII de l'*Éthique*, mais je n'ai pas démontré que c'était vrai [2]. Et il ne me semble pas que ce soit vrai ou que cela ait été démontré par moi. Et je ne saurais pas le démontrer. En effet, ce qu'Aristote dit contre Empédocle au livre II de ce traité, à savoir que, aussitôt que le soleil se lève nous le voyons, n'est pas une démonstration [3]. Un adversaire dirait en effet que le soleil est d'abord élevé tout entier sur notre hémisphère avant que nous commencions à le voir, et nous paraît se lever quand il est déjà levé tout entier, et se coucher quand il est déjà tout entier sous l'horizon, de sorte que jamais il ne nous apparaît être où il est, mais toujours avant, puisqu'il ne nous apparaît jamais être au levant que quand les rayons engendrés depuis le lieu du lever parviennent jusqu'à nous, alors que plus tôt déjà il est élevé au dessus du levant, de même qu'un son ne nous apparaît pas exister et être produit quand il est produit et quand il est, mais après. Et on peut persuader que c'est possible avec l'exemple d'un bâton enflammé mû rapidement. Le feu de ce bâton nous apparaîtra ailleurs que là où il se trouve, à savoir là où il se trouvait, puisqu'il nous apparaît être sur toute la longueur d'une ligne. Et quand il sera à l'extrémité de cette ligne, il apparaîtra encore être à la première extrémité.

1. Voir Buridan, *Questiones super octo Physicorum libris Aristotelis*, VI, qu. 5, « Utrum sit aliqua mutatio instantanea » ; « Y a-t-il un changement instantané ? », Parisiis, 1509, f°s 98va-99ra.

2. Buridan, *Questiones super decem libros Ethicorum*, VII, qu. 24, « Utrum delectatio sit motus » (« Est-ce que le plaisir est un mouvement ? »), Parisiis, 1613, f° 159rb-160va ; dans cette question comme dans le livre X, Buridan compare la lumière au plaisir (*delectatio)*, du point de vue de l'instantanéité ou de la successivité.

3. Voir Aristote, *De l'âme*, II, 7, 418 b 20-26, trad. p. 169.

De même, l'argument qui soutient que la génération de la lumière [1] est instantanée puisque la lumière n'a pas de contraire qui lui résiste ne semble pas démonstratif. Premièrement, en effet, d'après ce qui a été dit, bien que le rayon de lumière n'ait pas de contraire, cependant le sujet illuminable, de par sa grossièreté, présente une résistance. Ainsi dans le livre II de ce traité, lorsqu'il parle de l'écho [2], Aristote dit que se produit toujours une réflexion du son et de la lumière, car si la lumière n'était pas réfléchie par l'air, il y aurait de pures ténèbres en dehors du rayon [3] direct [4]. Et il semble même que le ciel réfléchit ainsi la lumière, puisque quand la lune est éclipsée, lorsqu'au début le rayon direct du soleil lui fait défaut, sa lumière apparaît encore d'une certaine façon. Et elle apparaît colorée jusqu'à ce qu'elle tombe profondément dans l'ombre, et alors elle n'apparaît plus. Et cela ne peut être que parce qu'il y a là une certaine réflexion des rayons de la lumière [5] qui atteignait la lune au début et ne peut l'atteindre elle quand elle est assez plongée dans l'ombre de la terre.

Et derechef, si cet argument était valide, alors dans la génération d'une disposition intellectuelle non plus il ne devrait pas y avoir de succession ; au contraire tout de suite, quand on aurait la conclusion d'un raisonnement

1. *Lumen.*

2. Aristote, *De l'âme*, II, 8, 419 b 25-27, trad. p. 173 : « Il y a par ailleurs écho lorsque est constituée une masse d'air qui, en raison de la cavité qui la borne et l'empêche de se dissiper, vient faire rebondit l'air ambiant comme une balle » ; *A. L.*, 12.2 : « Echon autem fit cum ab aere uno facto propter uas determinans et prohibens diffundi, iterum aer repellitur, sicut spera ».

3. *Radius.*

4. Aristote, *De l'âme*, 419 b 29, trad. p. 174 : « le son donne lieu au même phénomène que la lumière » ; *A. L.* : « accidit in sono sicut et in lumine ».

5. *Radiorum luminis.*

démonstratif et quand on aurait une considération actuelle à son propos, la disposition scientifique devrait être parfaite, elle ne devrait plus s'accroître et être complétée par la répétition de la lumière [1] et par une longue et fréquente spéculation à son propos. Et nous expérimentons que tout ceci est faux. Et de même, dans la faculté remémorative, la disposition remémorative n'est pas tout de suite parfaite par un seul acte de connaître mais par une fréquente méditation.

De même, si cet argument était valable, alors la vision devrait se faire dans l'instant de telle sorte que, une fois le visible convenablement présenté, la vision ne devrait pas être accrue et perfectionnée à travers un long moment de présence du visible, ce qui apparaît faux. En supposant en effet que Dieu présente instantanément devant ta vue quelque visible puis, tout de suite, l'enlève sans délai, si ce n'est très bref, tu ne peux pas l'appréhender parfaitement. Ainsi, nous expérimentons souvent que, de cette manière, nous ne pouvons pas juger parce que les objets passent ou disparaissent trop vite.

De nouveau cet autre argument ne paraît pas non plus être démonstratif, qui dit que le rayon de lumière est corrompu en un instant et n'a de durée qu'instantanée, parce qu'il faudrait qu'il passe d'un sujet en un autre. D'abord, assurément, il est absolument impossible que quelque chose ne dure qu'un seul instant indivisible puisque nous supposons – ce qui doit être expliqué ailleurs – qu'il n'y a pas dans le temps des instants qui soient des choses de durée indivisible, pas plus qu'il n'y a de points dans

1. *Luminis*. Le terme est surprenant ; peut-être s'agit-il de la lumière de l'intellect ; autre leçon dans l'apparat : *lectionis*.

une ligne. Donc être et durer un seul instant indivisible serait ne jamais être et ne jamais durer.

Deuxièmement il ne faut pas non plus concéder que le rayon de lumière ou l'image de la couleur, engendré dans quelque sujet, n'a aucune permanence dans ce sujet après la suppression du corps lumineux, puisque l'expérience semble aller en sens contraire, comme l'explique Aristote dans *Du sommeil et de la veille* [1]. En effet, lorsque tu as regardé longtemps quelque chose de resplendissant, si tu te tournes pour regarder du noir, une image imprimée par ce corps lumineux reste pour un temps dans ton œil, et elle diminue continûment et temporellement jusqu'à ce qu'elle s'évanouisse totalement et, pour cette raison, comme le dit Aristote et comme on en fait l'expérience, ce vers quoi tu regardes t'apparaîtra d'abord de cette couleur, à savoir lumineux, jusqu'à ce que cela se change en pourpre, puis en violet, et jusqu'à cela devienne de couleur noire et disparaisse. Or cela ne se produit qu'en raison de la permanence de l'image de la lumière, qui ne semble être que le rayon. Et alors on pourrait dire probablement que les sujets qui sont les récepteurs du rayon ou d'autres formes de nature permanente, selon leurs diverses natures ou complexions, sont à même de conserver ces formes, l'un longtemps, l'autre brièvement, et un autre tellement brièvement qu'elle ne sera pas perçue distinctement. Par exemple, les formes ou images sont conservées assez longtemps dans l'organe de la fantaisie ou celui de la mémoire, mais souvent sont conservées brièvement dans l'organe du sens commun ou celui d'un sens externe,

1. Aristote, *Des rêves*, 2, 459 b 5-24, trad. P.-M. Morel dans *Petits traités d'histoire naturelle*, p. 143-144 – où Aristote multiplie les exemples de persistance de l'impression visuelle.

comme on le disait il y a peu. Et dans l'air tellement brièvement qu'elles ne sont pas senties distinctement.

Donc quand on dit que la rayon de lumière [1], reçu dans l'air qui est mû, n'est pas mû avec lui, on pourrait dire qu'au contraire il est mû pendant le temps durant lequel cet air conserve cette lumière, mais qu'en raison de la petitesse du temps nous ne percevons pas cela distinctement. Et ainsi encore, en raison de la génération très rapide de la lumière dans l'air, il semble toujours que tout l'air directement orienté vers le soleil, et rien que lui, soit illuminé par le rayon principal, comme produit instantanément par le soleil, ce qui ne doit pas être concédé.

De même l'argument qui dit que la génération et la transmission de la lumière ne sont pas empêchées par les vents, alors qu'elles le seraient si elles n'étaient pas instantanées, n'est pas démonstratif. Empédocle dirait en effet que comme la génération et la transmission du son ou de l'image du son sont diminuées et abrégées par le vent, de même aussi la génération de la lumière. Mais en raison de la génération et de la transmission très rapides de la lumière, cette diminution ou abréviation n'est pas notable. Par exemple, si la transmission d'une image olfactive n'est pas plus rapide que le mouvement de l'air par le vent, il s'ensuit qu'elle ne se prolongera pas contre le vent puisque autant l'air serait engendré autant il serait déporté par le vent. Mais si la transmission du son était deux fois plus rapide que le mouvement de l'air produit par le vent, alors la transmission contre le vent serait plus brève et plus courte de la moitié. Et autant la transmission du son est plus rapide, autant, toutes choses égales par ailleurs, le son sera entendu à une plus grande distance. Et si la transmission du son était plus rapide que celle de

1. *Radius luminis*.

l'odeur, contre le vent on entendrait le son à une plus grande distance que l'on sentirait l'odeur. En effet, si l'on pose que la transmission de la lumière est cent fois plus rapide que le mouvement du vent, il s'ensuit que, contre le vent, elle ne sera réduite ou abrégée que du centième, et ceci ne serait pas perçu. Et peut-être que la transmission de la lumière est plus rapide que le mouvement du vent non seulement au centuple, mais plus que cent onze fois [1]. Donc cela ne sera absolument pas notable.

Mais il y a encore un autre argument fort au sujet de la lumière [2] pour prouver qu'elle aurait une corruption instantanée si un corps lumineux était enlevé instantanément. Et, par conséquent, elle devrait avoir aussi une génération instantanée si, instantanément, un corps lumineux lui était convenablement présenté. Et cet argument est que si la lumière restait dans l'air durant un certain temps, aussi petit soit-il, une fois enlevé le corps lumineux, on se demanderait par quoi elle serait ensuite corrompue. Il suit en effet qu'elle ne serait jamais corrompue. Le conséquent est faux, comme il est manifeste. La conséquence se prouve puisque, comme rien n'est engendré sans engendrant, de même rien n'est corrompu sans corrompant, surtout que « tout étant aime à persévérer », comme le dit le Commentateur dans le livre I de la *Physique* [3] ; et puisque, comme tout ce qui est mû est mû par quelque chose, de même tout ce qui est changé est changé par quelque chose, or la corruption est un certain changement. Donc jamais elle ne serait corrompue si l'on ne pouvait assigner quelque chose qui la corrompt, puisque ce qui corrompt ne serait

1. *Undecies centuplo.*

2. Dans tout le paragraphe qui suit, il s'agit de *lumen*, la lumière comme trace ou image d'une source lumineuse.

3. Voir *supra*, n. 1, p. 371.

pas le corps lumineux ni ce qui l'écarte, puisqu'ils passent et sont peut-être déjà annihilés, pendant que cette lumière est encore posée comme subsistante. Et cette lumière ne se corromprait pas elle-même puisqu'il a été dit que tout étant aime naturellement à persévérer. Elle résisterait plutôt à ce qui la corrompt. Ni l'air, sujet de cette lumière, ne la corromprait puisque celle-ci est une certaine perfection [1] et disposition qui convient à l'air. Or le sujet n'est pas corrupteur, mais plutôt conservateur, d'une disposition qui lui convient. De là, même si l'on disait que la matière ayant une forme qui la parfait, en désire cependant naturellement une autre, à l'advenue de laquelle suit la corruption de la forme précédente, de telle sorte que la matière serait cause de la corruption de la première forme qui en était la perfection naturelle, nous disons que cela ne vaut pas pour ce qui est en question puisque l'air, dans la corruption de la lumière, n'acquiert en lui aucune forme qu'il désirerait étant donné que les ténèbres ne sont pas une forme inhérente à l'air mais absolument le manque de lumière dans l'air. Et en raison de l'appétit passif de la matière, sa forme n'est corrompue que si advient quelque chose qui la corrompt. Donc sans autre chose qui corrompt, cette lumière ne devrait pas être corrompue dans cet air.

Cependant, contre cet argument, on oppose premièrement cette image de la lumière qui, une fois imprimée dans l'œil, reste un certain temps, une fois le corps lumineux enlevé, et diminue continûment jusqu'à ce qu'elle s'évanouisse totalement. Donc elle pourrait être dite exister dans l'air, même si son évanescence était plus rapide. Deuxièmement, on oppose les images ou intentions des sensibles qui, après l'absence de ces derniers, subsistent longuement dans la

1. Quelque chose qui est actualisé dans l'air.

fantaisie ou dans la mémoire, et pourtant sont bien finalement diminuées et corrompues, et l'oubli se produit à moins que souvent les pensées ne reviennent sur de tels objets, pensées qui conservent et confirment ces imaginations et ces souvenirs. Il semble donc que des formes, subsistant par nature dans leurs sujets durant un certain temps, sont finalement corrompues et s'évanouissent par défaut ou absence de ce qui est conservé, sans autre chose qui corrompe. Il est vrai que l'on répond à ces objections que ces images, dans l'œil et dans la fantaisie, subsistant par nature après la suppression de l'objet, sont ensuite corrompues parce que sont modifiés dans l'œil les esprits et les humeurs dans lesquels l'image de la lumière était imprimée. Ainsi donc se produit une grande commotion des esprits et des humeurs dans l'œil, quand l'œil pâtit d'un objet excellent, à savoir fortement lumineux, ce dont le signe est que l'œil en pleure. Et ainsi il faut que l'image de la lumière s'évanouisse et soit changée avec le changement de ces esprits et humeurs qui en sont les sujets, et cela n'a pas lieu dans l'air au repos. Et l'on s'exprimerait encore de la même façon au sujet de l'organe de la fantaisie et de la mémoire. En effet, ils sont modifiés continuellement du fait de la dissolution [1] du corps par le chaud et par l'arrivée d'une nouvelle nourriture pour restaurer ce qui est perdu.

Mais l'objection au sujet de l'intellect est plus difficile. Car par la démonstration de quelque conclusion, par exemple que tout triangle a trois angles égaux à deux droits, est engendrée dans l'intellect une certaine disposition, qui est destinée à subsister dans le temps. Et elle subsiste dans

1. Il ne s'agit évidemment pas d'une dissolution totale mais d'une disparition de certaines parties.

l'intellect lorsque cesse l'acte d'intelliger et en l'absence de l'objet. Cependant cette disposition aussi, après un temps assez long, se perd et s'affaiblit, si n'est pas réitérée la considération de cette conclusion ou des conclusions qui en sont proches ; et cela ne vient pas d'un tel flux ou changement des esprits ou humeurs, puisque ni l'intellect ni la disposition ne sont tirés de la puissance de la matière, et ils ne dépendent pas d'un organe corporel. Ainsi donc il semble que cet argument au sujet de la lumière n'était pas démonstratif puisque, comme on demandait par quoi est corrompue ce rayon de lumière, de même on demande par quoi est corrompue cette disposition, qui pourtant est corrompue puisque Aristote dit au livre II de l'*Éthique* que les dispositions morales sont plus stables que sciences [1], et l'on ne pourrait pas plus assigner un élément corrompant ici que là. Donc cet argument demande seulement que soit résolu le doute général.

On pourrait donc dire avec probabilité que, même si, aussi fortement que ce soit, les étants autres que Dieu sont de nature permanente et désirent naturellement persévérer, cependant ils ne peuvent pas subsister sans quelque chose qui les conserve. Ainsi, si Dieu soustrayait des étants l'influence générale par laquelle il conserve le ciel, les intelligences et le monde, toutes choses seraient annihilées. Et bien que Dieu puisse conserver toutes choses sans d'autres choses particulières qui les conservent, cependant, pour subsister sur le mode naturel, de nombreuses choses exigent en plus de Dieu des choses particulières qui conservent, et si ces dernières étaient supprimées, elles s'écouleraient continûment vers la diminution et la corruption. Ainsi, comme tu aurais dit que le rayon de

1. Voir Aristote, *Éthique à Nicomaque*, II, 1, trad. p. 99-102, où Aristote fait reposer la vertu non sur la nature mais sur l'habitude.

lumière aurait besoin d'un corps lumineux conservant, lequel étant supprimé la lumière périrait instantanément sans autre chose qui corrompt, bien que tout étant aime naturellement à persévérer, de même on pourrait dire que le rayon de lumière a besoin d'un corps lumineux conservant, lequel étant enlevé, la lumière est corrompue continûment sans aucune autre chose qui corrompe. De là, par la suppression du corps lumineux en raison de son mouvement local, le rayon de lumière est corrompu dans un lieu éloigné, alors que l'action de ce qui supprime le corps lumineux n'atteint pas ce lieu éloigné. Ainsi donc on dirait qu'il y a bien une modification, à savoir une corruption, en quelque chose, et cependant il n'y aurait pas de chose modifiante ni corrompante, mais il y a eu une chose modifiante et corrompante par accident, à savoir une chose supprimant ce qui conserve, qui cependant ne faisait rien dans ce en quoi il y a la corruption, comme dans le livre VIII de la *Physique* [1], à propos du mouvement vers le bas d'un corps grave préalablement retenu en haut, Aristote assigne un moteur extrinsèque par accident, à savoir ce qui supprime ce qui empêchait la chute, moteur qui cependant ne fait rien quand ce grave se meut vers le bas.

Et ces choses que j'ai dites, je n'entends pas les établir mais seulement disputer, pour donner à d'autres l'occasion d'étudier et de trouver démonstrativement la vérité. Toutefois je crois absolument que Dieu, par un mode

1. Aristote, *Physique*, VIII, 4, 255 b 24-26, trad. p. 404 : « Mais celui qui a mû l'obstacle qui empêchait le mouvement en un sens est celui qui meut, mais en un autre sens ne l'est pas, par exemple celui qui enlève la colonne ou qui retire la pierre de sur l'outre qui est dans l'eau. Car il meut par accident […] » ; *A. L.* 07.1 : « et prohibens movens est sicut movet est autem sicut non, ut est columpnam divellens aut lapidem removens a vase in aqua ; secundum accidens enim movet ».

surnaturel, pourrait faire instantanément une lumière [1] intense, et même sans puissance lumineuse [2]. Mais cette dispute portait sur le mode naturel de génération de la lumière, en posant le cas miraculeux que Dieu présenterait ou supprimerait instantanément le corps lumineux. Mais je dirais, comme je l'ai dit ailleurs, qu'il est impossible que naturellement et sans miracle, une lumière soit engendrée nouvellement ou une lumière soit corrompue instantanément en quelque sujet. Plus, étant donné une lumière engendrée en ce sujet, il est nécessaire qu'il y eût d'abord en lui une lumière moindre ou plus faible, et transmise à une plus courte distance. Et je crois avoir démontré cela dans le livre VII de l'*Éthique* et dans la cinquième question du livre VI de la physique [3]. Que celui qui veut se reporte à ces lieux. Voilà pour le quatrième doute.

À propos du cinquième doute, il a déjà été dit plus haut que le son est engendré par un mouvement rapide et un fractionnement violent de l'air, et que les images acoustiques sont ensuite transmises temporellement et non pas instantanément. Mais certains posent en cela une différence entre la transmission des images de la lumière et du son puisque, comme le son est engendré par un certain mouvement de l'air, il y a besoin que son image soit transmise par un certain mouvement ou avec un certain mouvement du sujet dans lequel elle est transmise et reçue,

1. *Lumen*, Dieu étant ici la source, *lux* par excellence.

2. Sans autre source de lumière.

3. Voir Buridan, *Questiones super decem libros Ethicorum*, VII, qu. 24, « Utrum delectatio sit motus », Parisiis, 1613, f°s 159rb-160va ; *Questiones super octo Physicorum libros Aristotelis*, VI, qu. 5, f°s 28va-29ra.

ce qui n'est pas le cas de la lumière. Et pour cela ils disent que l'image acoustique est transmise temporellement, puisqu'il ne peut y avoir de mouvement que dans le temps bien que la lumière soit considérée comme se transmettant dans l'instant. Il y a donc pour moi un grand doute : est-ce que les images acoustiques ont besoin, pour que cela se produise dans le milieu, à savoir dans l'air, que cet air qui reçoit soit mû, je veux dire à toute distance à laquelle l'image acoustique est transmise. Et il semble tout de suite qu'Aristote pense que oui. Il dit en effet de l'écho : « mais l'écho se produit lorsque, une fois le son produit dans l'air, en raison d'un vase qui le limite et empêche qu'il soit diffusé, de nouveau l'air est repoussé comme une balle »[1]. Il veut dire qu'il y a une image du son réfléchi parce que l'air mû est repoussé par un obstacle. Ensuite, peu après, il dit que « celui-ci », à savoir l'air, « fait entendre lorsqu'il est mû de façon continue et unique »[2]. Et de nouveau, aussitôt après, il dit « est donc sonore le mouvement d'un même air continu jusqu'à l'ouïe. Mais l'ouïe est connaturelle à l'air parce que ce qui dans l'air est mû par un mouvement extérieur, y est mû à l'intérieur »[3].

1. Aristote, *De l'âme*, II, 8, 419 b 26-27, trad. p. 173 : « Il y a par ailleurs écho lorsque est constituée une masse d'air qui, en raison de la cavité qui la borne et l'empêche de se dissiper, vient faire rebondit l'air ambiant comme une balle » ; *A. L.*, 12. 2 : « Echon autem fit cum ab aere uno facto propter uas determinans et prohibens diffundi, iterum aer repellitur, sicut spera ».

2. Aristote, *De l'âme*, II, 8, 419 b34-35, p. 174 : « toutefois c'est l'air qui fait qu'on entend, chaque fois qu'il est ébranlé dans sa masse unique et continue » ; *A. L.* : « Hic autem est faciens audire, cum moueatur continuus et unus ».

3. Aristote, *De l'âme*, II, 8, 420 b 3-5, p. 174-175 : « Donc est susceptible de produire un son ce qui peut ébranler une unité d'air en continu jusqu'à l'ouïe. Or celle-ci présente la même nature que

Pour moi, cependant, ces sujets sont très difficiles et ignorés. En effet, que l'image acoustique soit transmise successivement et temporellement, cela n'est pas un signe suffisant de ce qu'elle devrait être transmise avec un mouvement local de l'air, puisque l'image olfactive n'a pas besoin d'être transmise avec un tel mouvement du milieu, et pourtant elle est transmise successivement et plus lentement que l'image acoustique. C'est pourquoi elle est aussi plus empêché par le vent, comme cela a été dit antérieurement [1]. Il est aussi manifeste que la transmission de l'image acoustique n'est pas due à ce que l'air fractionné dans lequel le son est engendré serait mû jusqu'à tout lieu où le son est entendu, ou même l'air proche de cet air, puisqu'il serait impossible qu'il divise aussi rapidement un autre air, et puisqu'il faut qu'il soit mû de façon circulaire, par des mouvements en tous sens, à savoir en avant, en arrière, à droite, à gauche etc. C'est pourquoi ceux qui soutiennent que la transmission d'une image acoustique ne se transmet qu'avec un mouvement de l'air imaginent que l'air fractionné, dans lequel est réellement produit le son, ébranle l'air proche et, celui-ci cédant, ébranle par conséquent un autre, et ainsi de suite jusqu'à une longue distance ; mieux, il faudrait que cela se prolonge à l'infini si l'air était infini, à moins que n'intervienne quelque condensation. Et l'on pose un exemple : si dans les fleuves ou dans un grand étang quelqu'un projetait une pierre au milieu, on voit, par l'ébranlement de l'eau, se faire près

l'air. Et du fait qu'elle est située à l'air, le mouvement de l'air externe s'accompagne d'un mouvement de l'air interne » ; *A. L.* : « Sonatiuum quidem igitur quod motiuum unius aeris continuitate. Auditus autem connaturalis est aeri ; propter id autem quod in aere est moto exteriori quod infra mouetur ».

1. *Questions sur l'âme*, II, qu. 17.

de la chute de la pierre de petits cercles et par suite de plus en plus grands jusqu'aux rives, et alors, des rives repoussant l'eau, on verra les cercles se retourner. Et pareillement, autant l'air est plus mobile et subtil, autant se produisent plus rapidement des ébranlements de cette sorte, et il sont renvoyés par un obstacle ; et c'est ainsi que se produit l'écho.

Mais cette imagination, bien qu'elle soit vraie en ce que se produisent des ébranlements dans l'air comme dans l'eau, à savoir qu'une partie poussée en pousse une autre et celle-ci une autre jusqu'à une certaine distance, cependant il ne faut pas croire que ceci se fasse dans l'air aussi rapidement, ni à une aussi grande distance, que dans l'eau. Que cela ne se fasse pas rapidement, comme l'image acoustique est transmise rapidement, cela apparaît par expérience. En effet, quand tu souffles pour éteindre une chandelle, tu meus l'air beaucoup plus fort et plus rapidement que quand tu chantes, bien qu'en chantant tu fractionnes l'air en plus petites parties dans le canal de l'artère, en la refermant. De là, si tu poses ta main à une distance d'un demi-pied devant la bouche de quelqu'un qui souffle, tu remarques le mouvement de l'air, que tu ne sens pas en dehors de la bouche de celui qui chante. Donc en dehors de la bouche devraient se faire de plus grands ébranlements de l'air en soufflant qu'en chantant. Et cependant, ces ébranlements apparaissent lentement. Par exemple, si une plume flottait dans l'air, distante de huit à dix pieds d'une bouche qui souffle, il y aurait un temps notable avant que, les ébranlements parvenant à la plume, tu voies la plume se mouvoir. Et dans la transmission de l'image acoustique il n'y aurait pas un temps aussi notable pour parvenir à une distance décuple.

De même, s'il y a des gens qui chantent d'une voix forte dans une maison, et s'il y a des toiles, très légères et facilement mobiles, tendues à la porte ou aux fenêtres, elles ne paraîtront pas se mouvoir. Cependant elles se mouvraient notablement si l'air de la maison, poussé à travers ces toiles par la voix de ceux qui chantent, devait pousser l'air extérieur si rapidement que l'impulsion durerait jusqu'à ce lieu très distant où leur voix est clairement entendue.

De même, si on sonne une cloche, il est vrai que de près il y a une forte impulsion de l'air. Mais il parvient à peine à une distance de cent pieds, ou il arrive si faiblement que par là ne semble pas être mue la lumière d'une chandelle ou une plume qui vole dans l'air, alors qu'elle apparaît être mue notablement par un faible ébranlement de l'air. Donc, si dans ce petit espace l'impulsion est si notablement diminuée qu'elle ne soit pas perçue, il faut concéder qu'elle serait totalement arrêtée avant d'arriver à une lieue, où toutefois le son d'une cloche serait entendu.

De même, on pourrait, par un organe ou un autre instrument, durant toute une heure ou une journée, produire un son continu et régulier qui en tous sens circulairement serait entendu à une longue distance. Donc il faudrait qu'en tous sens l'air aussi soit poussé continûment et régulièrement. Et ceci est impossible. En effet, il faudrait alors que reste un vide près du corps qui sonne à moins qu'un autre air, d'un autre côté, n'y revienne. Et s'il y revenait, alors de ce côté le son ne serait pas entendu, ce qui est faux.

De même, si le lieu *a* et le lieu *b* sont distants de cent pieds, et que dans chacun de ces lieux soit produit tel son continu et uniforme durant une heure, et que ces sons soient de différents tons pour que leur différence soit perçue, on constate que dans chaque lieu chaque son serait entendu continûment. Mais alors, comment pourraient continûment se faire des ébranlements de l'air du lieu *a* vers le lieu *b* et inversement ? Il faudrait en effet que l'air intermédiaire soit mû en même temps, continûment, de mouvements contraires, ce qui est impossible, et les ébranlements, faits depuis des lieux opposés, l'un contre l'autre, s'empêcheraient tout à fait l'un l'autre. Donc il n'y aurait pas de transmission du son à une grande distance, ce qui apparaît faux, malgré une grande perturbation de l'air en sens contraire.

Mais maintenant, il faut voir pourquoi il est raisonnable que les ébranlements de l'air ne se meuvent pas aussi longtemps ni aussi vite à une grande distance que nous voyons, à partir d'une percussion, se mouvoir les ébranlements de l'eau. Pour cela, en effet, il faut voir que l'air est facilement condensable et raréfiable, à savoir beaucoup plus que l'eau, par compression ou dilatation sans réfrigération ou réchauffement. On expérimente en effet que si on a une outre à moitié pleine de vin, qu'elle est parfaitement bouchée et qu'on la perfore en dessous, il en sort bien un quart du vin ou deux. Et ainsi il faudra que l'air se trouvant à l'intérieur de l'outre soit raréfié jusqu'à la quantité de ce quart, pour qu'il n'y ait pas de vide. Mais si l'outre était pleine d'eau ou de vin et était parfaitement bouchée, il ne pourrait en sortir la moitié d'un quart, puisqu'il n'y a pas d'air à l'intérieur qui soit ainsi raréfiable.

Ensuite, si une chambre était parfaitement fermée et obstruée, de la paille pourrait pourtant y être enflammée en quantité notable, et finalement il faudrait que les flammes s'éteignent et qu'elles ne puissent plus s'enflammer. Dans un premier temps en effet, il y avait un embrasement parce que l'air qui entoure subissait autant de condensation qu'il y avait d'inflammation. Et finalement, puisqu'il ne pourrait plus se condenser, il fallait que la flamme cessât. Et j'ai vu dans une chambre profonde, n'ayant pas de soupirail, qu'au début étaient portées des chandelles enflammées, mais que finalement, comme l'air ne pouvait plus être condensé, elles s'éteignaient.

Et ainsi, par de nombreuses expériences, il est manifeste que l'air est rapidement et facilement raréfiable sans être réchauffé, ou condensable sans être refroidi. En outre, comme il est expliqué dans le livre IV de la *Physique* [1], si ici du rare est fait à partir du dense, comme si de la paille est enflammée, il faut que l'air qui entoure s'écarte afin qu'il n'y ait pas de pénétration des corps. Et de cette façon encore, cet air s'écartant, il faudrait qu'un autre s'écarte, et ainsi enfin le ciel, à moins que l'air compressé ne se condense autant que le rare engendré occupe davantage ce qui était occupé par le dense. Donc autant un corps est davantage et plus facilement condensable, autant il est plus raréfiable, de sorte que l'impulsion successive du corps mû en premier cesse plus vite, et atteint une moindre distance. Donc si je vocifère fortement et émets peu d'air de ma bouche, il ne faudra pas que l'impulsion de l'air parvienne circulairement et aussi rapidement à la distance à laquelle ma voix est entendue. Mais pour causer l'impulsion suffit une petite condensation d'un peu d'air, qui est plus facile et requiert une puissance moindre que le mouvement circulaire d'une même quantité d'air.

Et de nouveau, du fait qu'un bois long et épais ne peut pas facilement être plié s'il est poussé à un bout, et que ses parties antérieures ne peuvent être divisées et séparées latéralement, il se produit une impulsion de tout le bois en même temps, et pas moins notablement ou moins vite dans

1. Aristote, *Physique*, IV, 9, 217 a 15-19, trad. p. 243.

les parties éloignés de la première poussée que dans les parties proches. Mais puisque l'eau est séparable et divisible, et que ses parties peuvent facilement s'écarter, il n'est pas nécessaire, si quelqu'un pousse une partie de l'eau au bout d'une grande surface d'eau, que l'impulsion s'étende jusqu'à l'autre bout et même jusqu'à une grande distance. Donc ceci est moins nécessaire dans l'air pour autant que l'air est séparable et divisible.

On semble donc devoir conclure que les images acoustiques sont transmises dans l'air et par l'air alors que celui-ci est en repos. Le signe de cela est que la voix ou le son fait par quelqu'un à l'extrémité d'un bout de bois, disons d'une longueur de soixante pieds comme certains bois qui sont dans l'église de Sainte-Marie, est entendu par celui qui a l'oreille à l'autre extrémité. Et il est mieux entendu par lui que par celui qui est seulement distant de quatre pieds de celui qui parle et du morceau de bois. Et il ne semble pas que l'air mû en dehors du bois par cette faible voix pousse de l'air qui se trouve dans le bois, puisque cet air ne peut pas entrer dans le bois. Cependant, il ne pousserait cet air intérieur que s'il entrait dans le bois puisqu'il faut que ce qui pousse soit uni à l'impulsion.

Ensuite on semble encore devoir conclure que l'image acoustique est engendrée dans l'air en repos, et dure en lui un certain temps, bien que pas très longtemps, puisque si la voix de Socrate est entendue à une distance de mille pieds, cette voix ne produit pas une image qui est reçue dans le dernier pied, puisque la voix qui produit cette espèce est corrompue avant, et que ce qui est corrompu n'agit plus. Donc cette image dans le dernier pied est produite par l'image qui était dans l'avant-dernier, donc l'image qui est dans l'avant-dernier pied n'est pas corrompue quand est produite l'image dans le dernier. Cependant, avant, il n'y avait aucune image dans l'avant-dernier pied. Donc, une fois produite, elle reste un certain temps dans l'avant-dernier pied. Alors, il est en outre probable de conclure que cette image est corrompue sans corrupteur propre et par soi, puisque n'apparaît pas alors quelque chose qui meuve en acte ou agisse, si ce n'est cette image elle-même qui, en outre, produit une image semblable à elle dans le dernier pied. Et il ne faut pas dire qu'elle se corrompait elle-même. Ainsi, comme on disait de la corruption de la disposition intellectuelle par l'oubli, il ne paraît pas impossible que quelque chose soit corrompu par une défection de l'agent ou de ce qui le conserve, sans autre chose corruptrice particulière qui agirait alors en acte. Cela suffit pour le cinquième doute.

On a assez parlé du sixième doute de la question. Il est en effet manifeste que si d'un corps odorant se produit une exhalaison ou une évaporation fumeuse, cette fumée a en soi réellement une odeur. Mais en outre sans une telle fumée l'image de cette odeur se transmet, puisque, comme il a été dit plus haut, certaines choses sont très odorantes qui sont très peu fumantes ou vaporeuses. Et pourtant cette fumée est un corps, et on ne voit pas comment il pourrait en tous sens se mélanger à l'air si rapidement qu'on sente partout son odeur, puisqu'il faudrait que le corps de la fumée divise en tous sens le corps de l'air. Et l'air, par une continuité naturelle, résiste à être divisé, c'est pourquoi une plume, dans l'air, ne peut pas tomber vite. Donc il semble que l'air résisterait à de petites exhalaisons de sorte qu'elles ne pourraient [1] pas aussi vite, en tous sens, parvenir à une telle distance. Et il est encore vraisemblable que

1. Je propose de corriger *posset* en *possent*.

l'image olfactive produite dans le milieu ou dans l'organe de l'odorat demeure, une fois le corps odorant éloigné, même plus longuement que l'image du son, de l'éclat ou de la couleur. Ainsi, lorsque nous recevons l'image d'une forte odeur, alors pendant longtemps nous ne pouvons plus sentir des odeurs faibles, parce que les images olfactives demeurent longtemps dans l'organe. Mais plus rapidement après la réception d'un son fort ou d'une lumière intense, nous percevons des sons ou des couleurs faibles, puisque l'image de la lumière, de la couleur ou du son s'évanouissent plus rapidement que l'image olfactive. En fin de compte, cependant, l'image olfactive s'évanouit du milieu et de l'organe, et elle est corrompue, comme on le disait de l'image acoustique, et peut-être de l'image de la lumière ou de la couleur.

Finalement il faut parler des images des qualités tangibles par soi, comme la chaleur et la froideur, l'humidité et la sécheresse [1]. Et d'abord, je dis qu'il faut concéder qu'il y a des images qui sont représentatives de ces qualités, qui sont d'une autre raison et nature que ces qualités, de sorte que l'image de la chaleur n'est pas la chaleur, ni l'image de la froideur la froideur, pas plus que l'image de la couleur n'est la couleur, sinon on ne sentirait pas la chaleur qui est en dehors de soi. En effet, pour sentir cette chaleur, il faut que dans l'organe du sens parvienne une chaleur semblable par laquelle tu la sens, ou une image dissemblable en nature et raison. Or ce n'est pas une chaleur semblable en raison et nature puisque le sensible placé sur

1. Le terme d'image est sans doute ici moins approprié que celui d'*impression*, mais nous le conservons autant que possible pour harmoniser la traduction du terme *species*, utilisé pour ses différentes sortes.

le sens ne produit pas de sensation, comme le dit souvent Aristote [1]. C'est pourquoi nous ne sentons pas pareillement le chaud et pareillement le froid, comme dit Aristote [2]. Mais ces images apparaissent encore par certains autres effets. Je pose en effet qu'il y a un bon feu dans la cheminée, et que tu es assis sur un banc à une table distante de cinq ou six pieds du feu. On constate que tes vêtements chauffent si fort que peut-être ils sont portés à la combustion, à moins que tu n'y mettes un obstacle. Et le banc vers le feu chauffe tellement que tu ne pourras par tenir ta main sur lui. On expérimente cela quotidiennement. Ensuite encore, il apparaît dans le cas précédent que l'air intermédiaire ne sera pas aussi chaud. Au contraire, les hommes vont et viennent en lui, y restent, et n'y sentent pas une chaleur intense, à moins qu'ils n'y restent longtemps ; et cependant, s'ils te touchent ou touchent le banc, il sentent une chaleur vive. Donc il est manifeste par expérience que le banc et tes vêtements chauffent vivement au delà du degré de chaleur de l'air qui se trouve entre toi et le feu. En effet, cet air intermédiaire, par le vent ou le mouvement des hommes, se meut souvent, et une partie de cet air sort et une nouvelle partie entre. Donc cet air intermédiaire ne chauffe pas aussi intensément que le font, malgré cela, le banc et tes vêtements.

1. Aristote, *De l'âme*, II, 7, 419 a 12-13, trad. p. 170 : « si l'on vient, en effet, à placer l'objet coloré sur la vue elle-même, il ne se verra pas » ; *A. L.*, 12. 2 : « si quis enim ponat habens colorem super ipsumuisum, non uidebitur ».

2. Aristote, *De l'âme*, II, 11, 424 a 3-4, trad. p. 194 : « Aussi ne sentons-nous pas ce qui est chaud ou froid, dur ou tendre au même degré que nous, mais bien les excès » ; *A. L.* 12. 2 : « Vnde similiter calidum et frigidum, aut durum et molle non sentimus, set excellencias ».

Mais on ne peut assigner de causes rationnelles à ces effets qu'en posant de tels rayons [1] de chaleur. Et, en les posant, peuvent être assignées les causes de tous. Donc il faut poser de tels rayons ou images de la chaleur. Que l'on ne puisse pas rendre raison de tels effets sans de tels rayons, cela s'explique puisque le feu, par sa chaleur, à moins que n'intervienne un autre agent, n'agit sur tes vêtements que parce qu'il a chauffé préalablement l'air intermédiaire, et derechef cet air réchauffé, par sa chaleur, te chauffe. Mais le chaud, par sa chaleur même [2], ne chauffe pas plus intensément qu'il n'est lui-même chaud. Au contraire, en ce qui concerne la chaleur et la froideur, un corps moins chaud à côté d'un corps plus chaud diminuerait la chaleur de ce plus chaud. Donc jamais cet air, chauffé à un degré faible, ne chauffe le banc et tes vêtements à un degré aussi intense par sa chaleur même.

Et l'on ne peut pas dire qu'il te chauffe aussi intensément par sa lumière [3] puisque parfois un feu est fort et pas très lumineux, de sorte qu'une petite chandelle ferait une plus grande lumière grâce à laquelle tu pourrais lire un livre, ce que tu ne peux pas à la lumière de ce feu. Et cependant la lumière de cette chandelle ne te chauffe pas aussi intensément. Donc outre la lumière et la chaleur du feu ou de l'air, il faut qu'un autre agent concoure à te chauffer aussi intensément. Or que les causes de tels effets puissent être convenablement assignées en posant des rayons ou images de la chaleur distincts de la chaleur, cela s'explique puisque nous disons que les rayons de chaleur, bien qu'ils ne soient pas formellement chaud ni de la chaleur, ont

1. *Radios*.
2. Littéralement : par sa chaleur par soi.
3. *Lumen*.

cependant la nature de chauffer beaucoup plus et plus fortement que la lumière. Et comme il est possible que les rayons de la lumière soient réfléchis [1] et fortifiés au lieu de la réflexion, de même pour les rayons de la chaleur. Puisque donc depuis le banc ou tes vêtements, les rayons de chaleur sont réfléchis, ils chauffent aussi fortement le banc que le fait la lumière du soleil. Et bien que l'air intermédiaire soit changé, cependant des rayons qui sont transmis au banc et reçoivent de lui la réflexion sont engendrés continuellement par la chaleur du feu. C'est pourquoi ils chauffent le banc aussi intensément, bien au delà de la chaleur de l'air qui l'entoure.

De même, nous voyons par expérience que beaucoup de choses souvent, grâce à un corps chaud qui les entoure, se refroidissent par antipéristase, ou encore inversement, grâce à un corps froid qui les entoure, se réchauffent. Et on ne peut assigner de cause à cela, de façon rationnelle, que par les rayons ou les images de la chaleur ou de la froideur, alors que la cause est donnée manifestement si l'on pose des rayons et images de cette sorte. Donc ils doivent être posés.

Je déclare donc qu'on ne peut assigner les causes des phénomènes suivants sans de tels rayons. Si en hiver une caverne profonde dans la terre était remplie d'air chaud, et que par la chaleur venant de l'extérieur en été celui-ci était refroidi, ce n'est pas parce que cet air déjà chaud s'écarterait [2] du chaud plus fort survenant de l'extérieur,

1. *Refractio* (ou *refractus*) indique ici simplement une réflexion et non pas une réfraction.

2. Dans tout le raisonnement qui suit, le texte dit littéralement « fuit » ou « fuirait ».

s'agglomèrerait avec lui-même [1] et se comprimerait [2] puisqu'une telle compression ne devrait pas rendre froid le chaud, ni chaud le froid, comme nous voyons, à savoir que dans la caverne l'air devient chaud en hiver, froid en été et inversement. Au contraire, par cette compression le chaud devrait plutôt devenir plus chaud et le froid plus froid. Et l'on ne peut pas dire non plus que l'air extérieur qui est plus froid l'hiver descend dans la terre ou dans cette caverne l'été, fuyant la chaleur, puisque la caverne est déjà pleine d'un autre air. Il y aurait donc pénétration des corps. Et peut-être la caverne est-elle bien obstruée de sorte que l'air extérieur ne puisse entrer. Cependant, cet air intérieur qui était d'abord chaud n'en refroidirait pas moins. Et l'on ne peut pas dire que la froideur de l'air extérieur descend dans l'air intérieur, puisqu'un accident ne passe pas d'un sujet dans un autre sujet Ainsi, on ne voit pas d'où une telle chaleur serait engendrée dans les profondeurs de la terre en hiver si l'on ne posait une action par les rayons de la chaleur et de la froideur, comme on l'a dit plus haut.

De même, sans rayons de cette sorte, on ne voit pas comment on pourrait bien assigner la cause et le mode d'engendrement des plus fortes grêles dans l'été le plus chaud, qui ne se font pas dans la région moyenne de l'air mais dans la région inférieure qui est très chaude, comme on peut le voir dans le livre I des *Météores* [3]. Car si, en raison de l'éloignement du chaud qui les entoure, les parties

1. Se condenserait.

2. Littéralement : s'unirait (à lui-même).

3. Voir l'explication de la formation de la grêle dans Aristote, *Météorologiques*, I, 11, 374 b 28 - 349 a 8, trad. P. Louis, Paris, Les Belles Lettres 1, 2 vol., 1982, vol. I p. 31-35 ; il explique pourquoi : « [la] congélation [des gros grêlons] s'effectue à proximité du sol » (348 a 33-34).

aqueuses d'un nuage s'agglomeraient avec des parties semblables, il ne s'ensuivrait pas pour cela qu'elles devraient se refroidir aussi fortement, alors qu'elles étaient chaudes auparavant, puisque nous voyons dans la mer, dans les fleuves, dans les entrailles de la terre, se faire une très grande agglomération d'eau, quasi infinie, en été et en hiver. Cependant, nous ne voyons pas ici l'eau agglomérée geler aussi fortement. Il faut donc que concoure quelque chose d'autre, qui soit une cause réfrigérante par soi. Et il ne faut pas imaginer que la froideur environnante, éloignée par la chaleur, entre dans ces parties agglomérées du nuage, puisqu'un accident ne passe pas d'un sujet dans un autre sujet et ne se meut localement que par le mouvement de son sujet. Donc il ne faut pas imaginer que les degrés de froideur d'un sujet soient séparés des degrés de chaleur du même sujet et s'éloignent vers d'autres parties de l'eau, mais ils doivent toujours rester dans leurs sujets, à moins d'être absolument corrompus. Mais encore, si nous concédions qu'un autre air froid descend de la région intermédiaire dans ce gros nuage aqueux, toutefois cet air n'est pas d'une telle froideur que par lui cette grosse quantité d'eau pourrait aussi rapidement et aussi fortement geler.

En effet, il faut considérer comment doit se produire une congélation très rapide. Il est en effet nécessaire que les parties du nuage soient d'abord agglomérées, condensées et converties en eau, qui est ainsi congelée. Les parties agglomérées ne peuvent en effet être ainsi congelées et unies que si d'abord elles ont été converties en eau. Et lorsque ces parties du nuage ont été converties en eau, aussitôt l'eau tombe rapidement en raison de sa pesanteur. Donc il faut que la congélation soit tellement prompte et rapide qu'elle précède la chute de l'eau. Et la froideur de l'air de la région moyenne touchant ce nuage ne suffirait pas, si l'on admettait qu'elle descende en lui, puisque cette froideur de l'air n'est pas si intense ; c'est clair puisque nombreux sont ceux qui montent fréquemment, en été, sur le mont Ventoux, qui est à sept lieues d'Avignon, et ils ne trouvent pas un froid si intense qu'il congèlerait aussi rapidement l'eau, bien qu'il y ait là une grande froideur et qu'il gèle. Et pourtant l'altitude de ce mont excède de beaucoup le lieu d'engendrement de telles masses de grêle, de sorte que se produit bien ici de la neige, mais non des grêlons. Et moi, lorsque j'étais à Carpentras, à deux lieues de ce mont, j'ai vu un nuage épais plein de tonnerre et de gros grêlons, comme cela apparut ensuite, nuage qui était sous le sommet, entre le mont et moi, et cependant nous voyions clairement, sur le nuage, luire le soleil au sommet du mont, jusqu'à ce que le nuage s'approche de nous. Il faut donc, en plus de ce qui a déjà été mentionné, assigner une autre cause de cette congélation aussi rapide et véhémente de gros grêlons.

Je montre maintenant comment par des rayons ou des images de chaleur ou de froideur, tous ces phénomènes et d'autres semblables peuvent être sauvés. Pour cela, il faut noter que jamais on ne doit imaginer que des qualités contraires s'éloignent l'une de l'autre sans leurs sujets. Il est en effet absurde d'imaginer qu'un accident se meuve localement sans son sujet. Pourtant nous expérimentons bien que des corps chauds et froids, lorsqu'ils sont subtils et légers ou très facilement mobiles, s'éloignent les uns des autres. Mais nous devons aussi imaginer que, sans éloignement corporel, les rayons de chaleur et de froideur n'ont pas seulement la nature d'être réfléchis par les corps solides et denses, mais que les rayons de chaleur sont encore réfléchis par un corps froid, même s'il est rare et subtil, et les rayons de froideur par un corps chaud. Mais les rayons de chaleur ne sont pas réfléchis de cette manière par un corps chaud, à moins qu'il ne soit épais et solide, mais sont transmis en lui. De là vient qu'un feu ample chauffe plus fort ceux qui sont près que ne le ferait un petit feu, même à égale distance. En effet, une plus grande transmission des rayons leur parvient, puisque les parties du feu les plus éloignées leur transmettent leurs rayons à travers les parties du feu les plus proches. Puisque donc l'air qui est sous la terre dans la caverne a quelques degrés de chaleur et quelques degrés de froideur, en hiver il transmet à l'extérieur les rayons de chaleur et les rayons de froideur. Mais les rayons de chaleur sont réfléchis par la froideur extérieure et non pas de la même façon les rayons de froideur. Donc, ainsi réfléchis, ils chauffent l'air sous la terre. Et de cette façon l'air chauffé de nouveau transmet continuellement des rayons de chaleur qui sont réfléchis quand ils trouvent à l'extérieur un air froid qui fait obstacle. Mais inversement, l'été, si de la terre et de l'air qui est sous la terre sont transmis extérieurement quelques rayons de chaleur et quelques-uns de froideur, les rayons de chaleur, trouvant du chaud à l'extérieur, ne sont pas réfléchis par lui. Mais les rayons de froideur sont réfléchis, donc l'air à l'intérieur de la terre refroidit, de même que les autres choses contenues dans la terre.

Mais quelqu'un pourrait objecter que, selon ce qui est dit, l'air qui est dans la caverne sous la terre devrait être refroidi très fortement en été, jusqu'à une très forte congélation de l'eau, et en hiver, être chauffé aussi fortement jusqu'à ébullition. Puisque si en été, par réflexion des rayons de froideur, l'air refroidit, il doit à nouveau produire des rayons de froideur d'autant plus forts qui, de nouveau réfléchis, refroidissent plus fortement. Et ainsi de nouveau, par conséquent, il émet des rayons plus forts. Et ainsi par conséquent, réciproquement, les choses qui sont dans la caverne sous la terre doivent être refroidies jusqu'au plus haut degré de froideur qui puisse être en elles. Et pareillement il devrait chauffer en hiver, ce qui est totalement faux.

Mais il faut répondre qu'il convient d'imaginer d'une certaine façon que cela se passe comme pour un rayon de lumière. En effet, bien que la lumière soit réfléchie d'une certaine manière par l'air, ce n'est cependant pas totalement, sans que soit en outre transmise directement beaucoup de lumière. Et aussi la lumière est beaucoup plus réfléchie par l'eau, mais encore pas totalement, sans que beaucoup de lumière ne soit transmise en elle, de même que les rayons de froideur sont réfléchis par le chaud mais pas totalement, sans que beaucoup de rayons de cette froideur ne soient aussi transmis dans ce chaud et inversement. Il en est encore ainsi des rayons de la chaleur vers le froid, c'est pourquoi le chaud chauffe ainsi le froid et le froid refroidit le chaud, même à quelque distance. Et donc si le chaud et le froid étaient approchés, et que les rayons qui sont transmis par la chaleur dans le froid étaient plus forts que les rayons de froideur qui sont réfléchis par le chaud, en ce froid ils corrompent ou affaiblissent alors cette froideur. Mais si l'inverse se produit, alors cette froideur augmente. Donc si la caverne n'est pas très profonde dans la terre, elle ne pourra pas être très froide en été puisque les rayons de la chaleur extérieure se transmettent en elle et repoussent les rayons de froideur réfléchis en eux-mêmes. Mais lorsqu'elle est très profonde, les rayons de froideur réfléchis en eux se conservent et ainsi la caverne devient très froide.

Mais on demande en outre pourquoi alors le refroidissement ne va pas jusqu'à une forte congélation. On répond que l'air est naturellement déterminé à la chaleur, donc il résiste au refroidissement, et lorsque en lui la chaleur a été corrompue, il est incliné à sa régénération. Et peut-être encore n'est-ce pas une disposition naturelle de la terre ou de l'eau que d'être froides au plus haut point, c'est pourquoi tout cela empêche que la caverne puisse être refroidie au delà d'un certain degré. Et ainsi encore en hiver l'air ne peut pas être réchauffé à un degré élevé dans une cave, car les pierres dans la terre, qui sont naturellement déterminées à la froideur et résistent au réchauffement, y font obstacle, et leurs rayons de froideur se mêlent avec les rayons de chaleur réfléchis.

Mais à propos des gros grêlons, il faut concéder que le nuage doit être compris dans l'air chaud de cette région inférieure. Et il faut dire que dans le nuage avec les vapeurs aqueuses, s'élève une multitude d'exhalaisons sèches, chaudes et inflammables. Mais quand par une exhalaison multiple tant ces vapeurs que ces exhalaisons se renforcent et s'épaississent, alors, en raison de la contrariété, les parties de vapeur aqueuse et les parties de l'exhalaison sèche s'écartent les unes des autres. Et les parties de vapeur s'agglomèrent ensemble dans de grosses boules, comme, de l'autre côté, les parties d'exhalaison. Alors les rayons de froideur transmis à partir des boules de vapeur vers les parties contraires de l'exhalaison, sont réfléchies sur cette vapeur qui, puisqu'elle est de la nature de l'eau, est bien réceptive d'eux et de la froideur. Et ainsi cette vapeur est fortement refroidie et coagulée. Et ainsi de nouveau elle engendre de plus forts rayons de froideur, qui, de nouveau réfléchis en elle, la congèlent rapidement en pierre grosse et dure. Et inversement, les parties de l'exhalaison agglomérées transmettent les rayons de chaleur aux parties aqueuses qui, par cette eau, sont réfléchis en cette exhalaison et ainsi cette exhalaison chauffe et enfin s'enflamme, et apparaît un éclair. Et je ne dis pas que d'autres causes ne concourent pas aussi au refroidissement de la vapeur et à la combustion des exhalaisons ; il faut les examiner dans le livre des *Météores*.

Mais pour la génération des gros grêlons de cette sorte, il faut que la région de l'air qui environne soit très chaude pour que le nuage aqueux, s'éloignant en tous sens de la chaleur de cet air, soit davantage aggloméré et épaissi. Ainsi, au printemps, se produisent des grêlons mais pas aussi gros, puisqu'il n'y a pas autant d'exhalaisons du nuage mélangées, et que l'air qui environne n'est pas assez chaud pour que le nuage, en s'éloignant, soit beaucoup épaissi. Mais en hiver la vapeur aqueuse s'élève sans beaucoup d'exhalaison. Et cette vapeur est répandue dans tout l'air qui est froid et humide, et qui ne repousse pas cet air par antipéristase. Ainsi, il n'y a pas de cause pour laquelle les parties de vapeur s'éloigneraient pour former ensemble des gouttes grosses et solides. Mais dans sa rareté et sa dilatation, beaucoup gèlent et deviennent de la neige.

De même encore, en raison de cette réflexion des rayons, la région moyenne de l'air est toujours froide. En effet, bien que d'autres causes concourent, dont on devra parler au livre Ier des *Météores*, cette cause est cependant importante puisque, même si maintenant cette région était chaude comme l'est la région inférieure, en fin de compte toutefois, et rapidement, elle deviendrait froide. En effet, comme en elle il y a quelques degrés de froideur, les rayons seraient transmis par eux à la région supérieure et à la région inférieure qui, par la chaleur de la région supérieure proche du feu, et la chaleur de la région inférieure, chaude grâce à la réflexion de la lumière du soleil, seraient réfléchis vers cette région moyenne et la refroidiraient. Et ainsi de nouveau cette région refroidie transmettrait des rayons de froideur plus forts. Et ainsi de nouveau elle deviendrait froide, comme elle est maintenant, autant que le permettrait la nature de l'air. Voilà ce qu'il faut dire du septième doute et par conséquent de toute la question qui était proposée au début.

Il ressort en effet de ce qui a été dit comment peuvent être résolus les arguments qui étaient proposés au début de la question. Pour cela, on peut encore ajouter à ce qui précède que, même s'il n'y avait aucune résistance de l'agent, il reviendrait cependant à une puissance plus forte de produire un plus grand effet, soit intensivement soit extensivement, toutes choses égales par ailleurs. Et ainsi, produire plus rapidement son effet, toutes choses égales par ailleurs, reviendrait à une plus grande puissance. Pour cette raison, c'est une grande absurdité de dire que s'il y avait une intelligence qui ne serait pas de plus grande puissance qu'une mouche, elle pourrait mouvoir le ciel plus rapidement qu'il est mû maintenant, puisqu'il ne résiste pas. On pourrait donc dire avec probabilité qu'il appartient à Dieu seul, qui est absolument d'une puissance infinie, de pouvoir produire un effet infini, soit intensivement soit extensivement, soit instantanément, et d'un seul coup produire un effet aussi grand soit-il. Et cela serait difficile à réfuter démonstrativement.

Mais je ne crois pas que les images de ces qualités tangibles aient une génération ou une transmission instantanées, au contraire elles prennent plus de temps et sont moins rapides que les images olfactives ou auditives. Et je crois que ces images engendrées ont une permanence durant quelque temps, une fois supprimé l'agent ou ce qui proprement conserve. Ainsi, si une étincelle de feu tombe sur la main, on ne la sent pas aussitôt puisque les images sensibles ne parviennent pas aussitôt à notre organe sensitif. Mais lorsque l'on commence à la sentir et qu'on l'enlève rapidement de la main, la sensation ne cesse pas tout de suite puisque cette image ne cesse pas tout de suite.

Que cela soit dit des images des sensibles propres, sur le mode d'une certaine digression. Mais ce n'est pas inutile, pour ce qu'il me semble. Les arguments avancés au début de la question sont résolus selon ce qui a été déterminé, ici et ailleurs. Que les autorités soient glosées selon ce qui vient d'être déterminé, comme chacun l'aura voulu.

QUESTION 19

Est-ce que le toucher est formé d'un seul sens ou de plusieurs ?

On soutient d'abord qu'il est unique, à savoir unique dans un même homme, puisque du côté de l'âme il n'est pas multiplié, étant donné qu'il est une âme, une et indivisible. Et pareillement, du côté du corps, il est un puisque le corps est un continu bien qu'il soit divisible [1].

De même, sans cela il y aurait plus de cinq sens externes, ce qui est contraire à Aristote [2].

De même, la vue est posée comme une, donc le toucher aussi doit être posé comme un. La conséquence est claire puisqu'il ne semble pas que le toucher soit davantage multiplié que la vue, ni du côté de l'organe, puisque nous avons deux yeux, ni du côté de l'objet, puisque la vue perçoit par soi et proprement la lumière céleste et les couleurs matérielles, qui semblent davantage différer l'une

1. Tout continu est divisible, mais l'idée est ici que le corps forme un tout, même si on peut en séparer plusieurs parties.

2. Aristote, *De l'âme*, III, 1, 424 b 22-23, trad. p. 198 : « C'est un fait, par ailleurs, qu'il n'est pas d'autre sens que les cinq que j'appelle la vue, l'ouïe, l'odorat, le goût, le toucher » ; *A. L.* : « Quod autem non sit sensus alter preter quinque (dico autem hos uisum, auditum, olfactum, gustum, tactum) […] ».

de l'autre que les quatre qualités premières, à savoir le chaud, le froid, l'humide et le sec ; donc etc.

De même si le toucher était considéré comme un sens double, ce serait parce qu'il serait capable de percevoir plusieurs contrariétés. Mais il ne faut pas dire cela pour cette raison, puisque, comme dit Aristote, l'ouïe, qui est considérée comme une, perçoit bien dans la voix plusieurs contrariétés, comme l'aigu et le grave, le grand et le petit, le rugueux et le suave, le rauque et le clair [1]. Et avec cela si le sens était dit être plusieurs parce qu'il perçoit plusieurs contrariétés, alors le toucher serait non pas seulement un sens double, mais très nombreux, puisqu'il perçoit le chaud et le froid, l'humide et le sec, le lourd et le léger et même plusieurs autres contrariétés.

De même il ne faut pas multiplier les sens en raison de la multiplication des objets puisque la même vue perçoit le blanc et le noir, le rouge et le diaphane.

L'intention d'Aristote semble opposée. Il soulève en effet au sujet du sens du toucher cette question : « est-ce qu'ils sont plusieurs ou un [2] ? » Et ensuite il semble trancher la question en disant : « En effet tout sens semble être d'une contrariété, comme le vue du blanc et du noir ; l'ouïe du grave et de l'aigu, le goût de l'amer et du doux. Mais dans ce qui est tangible se trouvent de nombreuses

1. Aristote, *De l'âme*, II, 11, 422 b 29 - 31, trad. p. 189 : « Ainsi, dans la voix, il y a non seulement l'aigu et le grave, mais aussi la force et la faiblesse, la douceur et la rugosité ou d'autres caractères semblables » ; *A. L.* : « ut in uoce non solum acumen et grauitas, set etiam magnitudo et paruitas, et leuitas et asperitas uocis, et similia alia ».

2. Aristote, *De l'âme*, II, 11, 422 b 19, trad. p. 189 : « Or on se le demande : est-ce qu'il s'agit de plusieurs sens ou de plusieurs ? » ; *A. L.* : « Habet autem dubitationem utrum plures sint aut unus ».

contrariétés : chaud, froid, humide, sec, dur, mou et n'importe quelles autres qualités sont de cette sorte »[1].

De même, tout sens doit concerner un seul genre sensible approprié, comme toute science une concerne un seul genre connaissable, comme il est dit dans le livre IV de la *Métaphysique*[2], par exemple la vue de la couleur, l'ouïe du son, l'odorat de l'odeur, le goût de la saveur. Mais il n'y a pas de cette façon un seul genre sensible approprié au toucher, et c'est parce que d'un seul genre il n'y a pas immédiatement plusieurs contrariétés entre images. C'est pourquoi il n'y a pas un seul genre approprié au chaud et au froid, à l'humide et au sec. Donc le toucher, qui est capable de les percevoir, n'est pas non plus un seul sens. Et Aristote semblait noter cette raison au livre II de ce traité, en disant « mais qu'il y ait sujet unique, comme le son pour l'ouïe, ce n'est pas manifeste pour le toucher »[3].

1. Voir Aristote, *De l'âme*, II, 11, 422 b 23-25, trad. p. 189 : « Chaque sens paraît en effet, saisir une seule contrariété. Ainsi, pour la vue le blanc et le noir, pour l'ouïe l'aigu et le grave ou, pour le goût, l'amer et le doux. Or le tangible implique plusieurs contrariétés : chaud-froid, sec-humide, dur-mou et toutes celles de ce genre qu'on peut identifier par ailleurs » ; *A. L.*, 12. 2 : « Omnis et enim sensus unius contrarietatis esse uidetur, ut uisus albi et nigri, auditus grauis et acuti, gustus amari et dulcis; in tangibili autem multe insunt contrarietates, calidum frigidum, humidum siccum, durum molle, et aliorum quecunque sunt huiusmodi ».

2. Aristote, *Métaphysique*, Γ, 2, 1003 b 20, trad. p. 147 : « De chaque genre qui est un, il y a une seule sensation et une seule science » ; *A. L.* : « Omnis autem generis et sensus unus unius et scientia ».

3. Aristote, *De l'âme*, II, 11, 422 b 33, trad. p. 190 : « Mais quel objet unique, tel le son pour l'ouïe, serait sous-jacent au toucher, c'est ce qu'on ne voit pas clairement » ; *A. L.* : « Set quid sit unum subiectum, sicut auditui sonus, sic tactui non est manifestum ».

Et par un seul sujet il entend un seul genre sensible. En effet, il a souvent l'habitude d'appeler « sujet » le genre [1].

Il faut dire d'abord que tout toucher, au sens où nous parlons ici du toucher, est un seul sens. En effet nous ne parlons pas du toucher au sens où deux pierres se touchent, mais pour autant que le nom « toucher » signifie de façon appropriée un sens ou des sens, perceptif ou perceptifs du chaud, du froid, de l'humide et du sec. Donc en prenant ainsi le toucher, cette conclusion paraît prise au sens propre des mots, puisque tout sens est un seul sens, et que tout toucher est un sens, donc tout toucher est un seul sens. La majeure est patente d'après le livre IV de la *Métaphysique* : la même chose est en effet *un homme* et *homme*, *étant homme* et *homme* [2]. Et même encore tout peuple est un peuple, bien que ce ne soit pas quelque chose d'un, et toute armée est une armée.

Nonobstant cela, une deuxième conclusion peut cependant être posée : le toucher est plusieurs sens puisqu'un tout est ses parties. Le sens du toucher dans un cheval est étendu et divisible quantitativement, c'est-à-dire qu'il est chaque partie du sens. Donc de cette manière ce sens est plusieurs sens, comme une eau est plusieurs eaux.

Mais il faut savoir que ce n'est pas ce qu'Aristote entendait chercher en formulant la question posée. L'interrogation était : est-ce qu'il y a un seul et même sens par lequel nous pouvons percevoir le chaud et le froid, l'humide et le sec, le dur et le mou et les autres qualités

1. Ainsi qu'on le voit dans la note précédente, le texte de l'Aristote latin porte bien *subiectum* (ce qui n'apparaît pas d'après la traduction française).

2. Aristote, *Métaphysique*, Γ, 2, 1003 b 26-27, trad. p. 147 : « car il y a identité entre un humain et humain, être humain et humain » ; *A. L.* : « Idem enim unus homo et homo, et ens homo et homo ».

tangibles ? Et l'on répond communément qu'il y en a bien un seul matériellement mais non pas un seul formellement, puisque c'est le même organe selon la matière et la quantité, mais selon une certaine disposition qualitative il est capable de percevoir le chaud et le froid et selon une autre l'humide et le sec.

Mais en examinant davantage la vérité, je pose une troisième conclusion : si nous prenons le nom « sens » [1] pour l'âme ou une partie de l'âme, ainsi par le même sens nous sentons bien le chaud et le sec, l'humide et le froid, le dur et le mou et les autres qualités tangibles. Qui plus est, de cette façon par le même sens nous sentons le chaud et le froid, le doux et l'amer. C'est en effet une seule et même âme ou partie de l'âme qui, dans la langue, sent toutes ces choses-là.

La quatrième conclusion est que si le nom « sens » était considéré comme supposant pour le composé substantiel d'âme et de corps, c'est encore par le même sens que nous sentons les sensibles, et ceci est assez manifeste.

Mais la cinquième conclusion est que si nous prenions « sens » pour l'agrégation d'un tel composé substantiel et de la disposition qualitative par laquelle un organe est réceptif d'une image sensible et selon laquelle un composé substantiel de cette sorte est cognitif du sensible lui-même, alors ce n'est pas par le même sens que nous sentons de tels sensibles, mais par l'un le chaud et le froid, par un autre l'humide et le sec, par un autre le doux et l'amer. Car dans tout le corps se trouvent des dispositions qualitatives pour connaître le chaud, le froid, l'humide et

1. Le latin porte *tactus* ; mais *sensus* serait préférable, en parallèle avec les lignes suivantes.

le sec, mais d'autres sont des dispositions spéciales pour connaître le doux et l'amer, qui se trouvent seulement dans la langue ou pas loin d'elle. C'est pourquoi l'on ne doute pas qu'il n'y ait un sens différent du toucher et du goût. Mais, c'est aussi selon certaines dispositions qualitatives que sont reçues les images du chaud et du froid dans l'organe du sens, et selon d'autres les images de l'humide et du sec ; ou encore, l'âme juge du chaud et du froid selon une certaine disposition qualitative de l'organe, et de l'humide et du sec selon une autre. Le toucher en effet, comme le veut Aristote [1], puisqu'il ne peut pas être totalement dénué du chaud et du froid, de l'humide et du sec, doit consister, quant à l'organe, en un rapport moyen de ces qualités, de sorte qu'il soit dénué de leurs extrêmes afin qu'il puisse percevoir ces extrêmes. Il faut en effet que le sens soit dénué du sensible qu'il doit appréhender ou dont il doit recevoir l'image, selon la détermination d'Aristote [2] et du Commentateur [3].

1. Aristote, *De l'âme*, II, 11, 424 a 4-5, trad. p. 194 : « le sens présente une sorte d'état moyen entre les contraires qu'on trouve dans les sensibles » ; *A. L.* : « tanquam sensu uelut medietate quadam existente eius que in sensibilibus contrarietatis ».

2. Aristote, *De l'âme*, II, 7, 418 b 26, trad. p. 169 : « ce qui est susceptible de couleur, c'est l'incolore, tandis que ce qui est susceptible d'être bruyant c'est l'insonore » ; *A. L.* : « Est autem coloris susceptiuum quod sine colore; soni autem absonum ».

3. Averroès, dans *L'Intelligence et la Pensée*, Grand commentaire du *De anima* livre III, trad., intro. et notes de A. de Libera, Paris GF-Flammarion1998, p. 55 : « tout ce qui reçoit quelque chose est nécessairement dénué de la nature de ce qui est reçu [...]. C'est pourquoi le sens recevant la couleur, doit être dépourvu de couleur, et celui recevant le son dépourvu de son » ; *Commentarium magnum*, III, comm. 4, p. 385, l. 67-73 : « omne recipiens necesse est ut sit denudatum a natura recepti [...]. Unde necesse est ut sensus recipiens colorem careat colore, et recipiens sonum careat sono ». C'est ce

Maintenant donc nous voyons que le sens du toucher, ou son organe, n'est pas dénué des extrêmes du chaud et du froid parce qu'il est dans un rapport moyen de l'humide et du sec, mais parce qu'il est dans un rapport moyen du chaud et du froid. C'est pourquoi ce n'est pas selon un rapport moyen de l'humide et du sec que le toucher est capable de connaître les excès du chaud et du froid et n'est pas réceptif de leurs images, mais selon un rapport moyen de chaud et de froid. Et inversement, pour la même raison, ce n'est pas selon un rapport moyen de chaud et de froid que le toucher est capable de connaître les excès de l'humide et du sec, mais un rapport moyen de l'humide et du sec. Mais on constate que c'est une certaine disposition qualitative qui est un rapport moyen du chaud et du froid et une autre qui est un rapport moyen de l'humide et du sec, bien qu'il arrive qu'elles soient en même temps dans un même sujet. Il s'ensuit donc ce qui est proposé, à savoir que selon une certaine disposition qualitative une puissance capable de toucher est d'une part perceptive du chaud et du froid, d'autre part de l'humide et du sec. C'est pourquoi il y a ainsi deux sens du toucher, en prenant « toucher » pour l'agrégation d'un composé substantiel et d'une disposition qualitative, comme on le supposait au début.

Mais pour la solution des arguments il faut noter d'abord que c'est selon la même disposition qualitative de l'organe que nous percevons le chaud qui, dans la chaleur, excède la disposition ou proportion moyenne et le froid qui aussi, dans la froideur, excède cette proportion moyenne. C'est

passage d'Averroès, reprise libre du passage de *De anima*, II, 7 cité plus haut, qui est devenu un adage commun au Moyen Âge : *cf. Auctoritates Aristotelis*, éd. J. Hamesssc, n° 212, p. 191 : « Omne recipiens debet esse denudatum a natura recepti ».

pourquoi, pour la perception des contraires, il n'est pas nécessaire de poser que des sens différents les perçoivent l'un et l'autre, ni selon une autre forme ni selon une autre matière, ni selon une disposition qualitative ou quantitative de l'organe.

Il faut noter deuxièmement que les choses qui sont senties sur le mode des sensibles communs ont d'abord été réduites à la grandeur ou à la situation. C'est pourquoi ils ne requièrent pas une diversité qualitative dans l'organe, mais seulement que l'organe soit quantifié [1], de sorte que les sensibles, selon leurs situations différentes, puissent mouvoir l'organe du sens selon différentes situations.

Il faut donc résoudre les arguments.

Le premier argument est concédé, conformément à l'argumentation, puisque le toucher n'est pas autre du côté de l'âme ni autre du côté du corps, quant à sa substance.

En ce qui concerne le deuxième, on en parlera dans la question suivante.

Au troisième, il faut répondre que les couleurs participent d'une certaine manière à la nature de la lumière bien que de manière obscurcie en raison de l'opacité. C'est pourquoi dans un même sujet, selon la même disposition qualitative de ce sujet, en raison de la diaphanéité, elles produisent leurs images. C'est pourquoi il n'est pas nécessaire que l'organe de la vue soit réceptif de l'image de la lumière et de l'image de la couleur selon différentes dispositions qualitatives. Et ce n'est pas la même chose pour le chaud, l'humide et leurs images. Et quand il est dit que nous avons deux yeux, il apparaît que ceux-ci, en jugeant des visibles, sont de même nature en ce sens que tout ce dont un œil juge, l'autre en juge aussi, et selon une disposition qualitative

1. C'est-à-dire en l'occurrence étendu.

similaire, à savoir la diaphanéité, bien qu'il y ait une diversité selon la quantité et la situation.

Et ainsi, il faut aussi concéder que ce n'est pas absolument un seul et même toucher dans le pied du cheval et dans l'oreille, mais qu'il y a en eux une diversité quantitative des parties du corps et de l'âme, et des qualités [1]. En effet, on ne s'interroge pas sur cette multitude mais sur la diversité spécifique des dispositions qualitatives des organes dans lesquels l'âme exerce ses actes de connaître et de sentir.

Au quatrième, on répond que le toucher est dit être un sens double puisqu'il est perceptif d'une double contrariété, dont l'une est destinée à être perçue par une disposition qualitative de l'organe et l'autre par une autre. Mais si elles étaient perceptibles par la même, alors on ne parlerait pas ainsi de plusieurs sens. C'est pourquoi l'ouïe ne sera pas dite non plus plusieurs sens puisqu'elles perçoit toutes les contrariétés des sons selon même disposition qualitative de l'organe. Et le toucher n'est pas dit de cette façon être un sens triple ou quadruple puisque ces contrariétés – lourd et léger, dur et mou – sont perçues sur le mode des sensibles communs et ne requièrent pas d'autres dispositions qualitatives dans l'organe que celles selon lesquelles sont sentis le chaud, le froid, l'humide et le sec.

Au dernier il faut répondre de le même manière, à savoir que le sens n'est pas multiplié de la façon susdite en raison de la multiplication des objets, s'il n'y a pas une telle diversité des objets qui, pour leur perception, requiert diverses dispositions qualitatives des organes.

Ainsi la question est claire.

1. Le texte latin est : « des qualités et des quantités », mais ces derniers mots me semblent devoir être supprimés.

QUESTION 20

Par suite on demande, vingtièmement, s'il y a seulement cinq sens externes.

Et l'on argumente qu'il y en a plus, puisqu'il vient d'être dit que le sens du toucher est double. Et outre celui-ci il y en a quatre autres, à savoir la vue, l'ouïe, l'odorat et le goût; donc ils sont six.

De même, Aristote fait une distinction au sujet de la vue et pose que la vue est double, en disant dans le chapitre du sens commun que « sentir par la vue n'est pas unique » [1].

De même, le toucher non plus n'est pas un sens unique, ni la vue, ni l'ouïe, puisque aucun d'eux n'est le sens d'un genre unique de sensibles, ou d'une unique contrariété, comme on l'a soutenu dans une autre question.

De même, ou bien tu cherches en divers suppôts ou bien en un seul. Si c'est en divers suppôts, il s'ensuit que les sens sont plus nombreux que cinq, puisqu'ils sont cinq en moi, et cinq autres en toi, donc dix, et ainsi des autres suppôts. Si tu cherches en un seul suppôt, ou bien tu les distingues du point de vue des objets et alors ils sont très nombreux; ou du point de vue des milieux et alors la vue, l'ouïe et souvent l'odorat sont identiques, et dans la langue

1. Aristote, *De l'âme*, III, 2, 425 b 20 : « Il est toutefois manifeste que percevoir par la vue ne se réduit pas à une seule chose »; *A. L.*, 12. 2 : « Manifestum igitur quoniam non est unum uisu sentire ».

le toucher et le goût font un ; ou encore du point de vue des organes, et alors la vue est double et l'ouïe est double puisque nous avons deux oreilles et deux yeux, et le toucher et le goût sont le même sens dans la langue.

De même, s'il y en a cinq, ils sont cinq numériquement, par l'espèce, par le genre ou par analogie, puisqu'Aristote établit cette division dans le livre V de la *Métaphysique* [1]. Et il dit au même endroit que le nombreux se dit en autant de sens que l'un [2]. Or il ne faut pas dire qu'ils sont seulement cinq numériquement puisqu'ils sont différents en moi et en toi ; et les deux yeux d'un même cheval sont divers en nombre, et des choses dont l'une est dans un œil et l'autre dans un autre sont diverses en nombre. Et ils ne sont pas cinq seulement par l'espèce, puisque le sens est principalement l'âme elle-même qui en l'homme, dans le cheval, dans la chèvre, dans l'âne, et ainsi de plusieurs autres, est d'espèce diverse. Donc en ce sens ce n'est pas seulement la vue qui est d'une autre espèce que l'ouïe, mais encore la vue dans le cheval qui serait d'une autre espèce que la vue dans l'âne. Et ils ne peuvent pas être

1. Aristote, *Métaphysique*, Δ, 9, 1018 a 12-13, trad. p. 196 : « Sont dites différentes toutes les choses qui sont autres tout en ayant quelque identité, non seulement par le nombre, mais aussi par l'espèce, ou par le genre, ou par analogie » ; *A. L.* : « Differentia uero dicuntur quecumque diuersa sunt idem aliquid entia, et non solum numero sed aut specie aut genere aut proportione » ; je n'ai trouvé le terme *analogia* dans aucune version latine de la *Métaphysique*.

2. Aristote, *Métaphysique*, Δ, 9, 1018 a 35-39, trad. p. 197-198 : « Puisque l'être et l'un se disent en plusieurs sens, il s'ensuit nécessairement aussi pour tout le reste de ce qui se dit aussi d'après eux, avec la conséquence logique que le même, l'autre et le contraire sont différents selon chaque prédication » ; *A. L.* : « Quoniam autem ens et unum multipliciter dicitur, sequi est necesse et alia quecumque secundum hec dicuntur, quare et idem et diuersum et contrarium, ut sit diuersum secundum unamquamque cathegoriam ».

cinq par le genre ou par analogie mais tous [1] sont un, car le genre est un pour tout sens, à savoir le nom « sens ».

De même on argumente avec quelque difficulté, que les membres génitaux, par leurs natures et complexions propres, sentent des qualités appropriées que les autres membres ne sentent pas, ni les autres organes. Donc il y a en eux un autre sens, et d'une autre nature que ceux qui se trouvent dans les autres membres. La conséquence est patente, puisque sinon on ne pourrait pas donner de raison pour laquelle le sens du toucher et celui du goût seraient différents. Mais l'antécédent est manifeste puisque les membres génitaux sentent les qualités du sperme, dont ils jouissent, que ne sentiraient pas d'autres membres comme la main ou le pied, ce qui est patent puisque ceux-ci n'en jouissent pas de la même manière.

Aristote établit l'opposé quand il dit « mais qu'il n'y ait pas d'autre sens que ces cinq (je parle de la vue, de l'ouïe, de l'odorat, du goût et du toucher) on le penserait à partir de ceci etc. » [2].

Il faut noter que nous comprenons à présent cette question à propos des sens externes seulement ; puisque c'est seulement d'eux que parlait Aristote dans l'autorité alléguée. Mais ceux-ci sont dit « sens externes » non parce qu'ils sont sur la surface extérieure du corps – la vue en effet n'est pas dans l'extrémité de la pupille, comme Aristote

1. Corriger *omnis* en *omnes*.

2. Aristote, *De l'âme*, III, 1 424 b 22-24, trad. p. 198 : « C'est un fait, par ailleurs, qu'il n'est pas d'autre sens que les cinq que j'appelle la vue, l'ouïe, l'odorat, le goût, le toucher. On peut s'en persuader par les arguments que voici » ; *A. L.*, 12. 2 : « Quod autem non sit sensus alter preter quinque (dico autem hos uisum, auditum, olfactum, gustum, tactum), ex hiis credet aliquis ».

le dit dans le livre *Du sens et du senti* [1] – mais ils sont dits « externes » parce qu'ils sont affectés par des sensibles qui leurs sont extérieurs, sans la médiation d'un autre sens.

De là, quelqu'un pourrait se demander, quand nous sentons une douleur dans les membres intérieurs, comme lors d'une colique, ou une douleur dans les reins, par un calcul dans la vessie, ou dans un mal de tête, si nous sentons une telle douleur par un sens externe ou interne. Et je dis que c'est par un sens externe, au sens où nous parlons ici de sens externe puisque le sensible est en dehors de l'organe affecté, bien qu'il ne soit pas complètement en dehors de notre corps, puisque le sensible posé sur le sens ne doit pas être senti, comme on le dira ensuite [2]; et ainsi je dis ce n'est pas au moyen de l'affection d'un autre organe que ce sensible affecte cet organe-ci. Mais nous appelons « sens interne » le sens commun et la fantaisie puisque leur affection se fait au moyen de l'affection d'autres organes sensitifs, comme par la vue, l'ouïe, l'odorat, le goût et le toucher.

Et il faut encore noter que nous ne nous interrogeons pas sur la multitude des sens selon la distinction individuelle, puisque personne excepté Dieu ne saurait combien il y en a; ils sont en effet différents dans les différents suppôts des animaux [3]. Mais nous nous interrogeons sur la multitude

1. Aristote, *De la sensation et des sensibles*, 2, 438 b 8-9, trad. p. 72 : « Ce n'est pas en effet à la surface de l'œil que se trouve l'âme ou la fonction sensitive de l'âme » ; *A. L.*, 13. 2 : « Non enim in ultimo oculi anima aut anime sensitiuum est ».

2. *Questions sur l'âme*, II, qu 21 – toute cette question sera consacrée à ce sujet.

3. Dans les différents animaux individuels. L'expression utilisée ici est assez étrangère au vocabulaire de Buridan, comme si la nature de tel animal était présente en tel et tel « suppôt ».

selon la distinction spécifique des sens. Je ne dis pas selon la distinction spécifique des autres animaux, mais je dis selon la distinction des espèces contenues sous le genre « sens externe », puisque nous considérons cette distinction selon la diversité des sensibles qui ne peuvent être sentis qu'au moyen de la même disposition qualitative de l'organe. De la sorte, nous tenons la vue d'un homme et la vue d'un cheval pour le même sens, et le toucher d'un ver et le toucher d'un homme pour le même sens, puisque ce que peut sentir le toucher du ver, le toucher de l'homme peut le sentir, au moyen d'une disposition qualitative spécifiquement similaire, quoi non au même degré, à savoir selon une proportion moyenne de chaud et de froid, d'humide et de sec.

Ainsi, il faut noter que, comme le dit le Commentateur [1], bien que le sens du chaud et du froid soit autre que le sens de l'humide et du sec, selon ce qui a été dit dans la question précédente [2], cependant dans cette énumération des cinq sens, Aristote prend ces deux sens du toucher comme un seul, conformément à la manière courante de parler. Le vulgaire en effet ne distingue pas entre eux puisque dans aucun membre l'on ne trouve l'un sans l'autre. C'est pourquoi aussi on ne leur a pas attribué des noms différents. Cependant, ce n'est pas l'intention d'Aristote que, au sens précédent, ils ne soient pas six selon la vérité des choses, mais il est dans son intention qu'ils soient seulement cinq si ces deux ne font qu'un, comme le pose le vulgaire.

Il faut donc poser comme première conclusion avec Aristote qu'au sens précédent, et s'il n'y avait qu'un sens

1. Voir Averroès, *Comm. magnum*, II, comm. 107 (sur 422 b 20-27), p. 295, l. 29-47.

2. Voir Buridan, *Questions sur l'âme*, II, qu. 19, concl. 5.

unique du toucher, il faut poser seulement cinq sens externes, au sens où sous le genre « sens externe » sont contenues cinq espèces qui supposent pour tous les sens externes, pris en cette acception, et qui ne coïncident pas en supposant pour l'un d'eux [1]. Et outre ces cinq-là, il n'y a pas d'autres espèces ou d'autres termes supposant pour des sens de cette sorte, qui ne coïncideraient pas avec l'une des espèces précédentes ou avec plusieurs lorsqu'ils supposent pour l'un ou pour plusieurs d'entre eux. Et ces cinq espèces sont nommées de façon appropriée et distincte par les cinq noms « vue », « ouïe », « odorat » « goût » et « toucher ». Et pour prouver cette conclusion, ainsi exposée, me semble suffire le raisonnement d'Aristote qu'en effet ce sont ces cinq sens externes, distingués de la sorte, que [2] nous expérimentons en nous [3]. En effet, la vision de la couleur se fait par les yeux et non par d'autres membres, puisqu'il n'y a pas dans d'autres membres de disposition qualitative suffisante pour la sensation des couleurs et la réception de leurs images. Et de la même façon, deuxièmement, l'audition des sons se fait par les oreilles, troisièmement le sentir des odeurs par les narines, et quatrièmement le goût des saveurs par la langue et cinquièmement le toucher du chaud, du froid, de l'humide et du sec, qui se fait selon des dispositions qualitatives autres que celle qui précèdent puisqu'on les trouve là où l'on ne trouve pas celles de la vue, de l'ouïe, de l'odorat, et du goût, comme dans le pied ou dans la main.

1. Les ensembles de choses auxquelles se réfèrent ces termes spécifiques n'ont pas d'interférence.

2. Il convient d'ajouter *quod* avant *experimur*.

3. Dans tout ce paragraphe, Buridan s'appuie sur *De l'âme*, III, 1, 424 b 24 - 425 a 13, trad. p. 198-201.

Mais que, outre ceux-ci, il n'y ait pas d'autre sens, on le prouve parce que outre ces cinq nous n'en avons pas un autre, ou d'autres, car si nous en avions un autre, il ne nous serait pas caché. Et puisqu'il ne nous manque aucun sens d'après la distinction précédente, il ne nous faut donc pas en poser d'autre.

Qu'aucun ne nous manque, Aristote le prouve bien du côté des milieux, des objets et des organes [1]. Premièrement, c'est patent du côté des organes puisque, bien qu'aucun organe ne doive être fait d'élément simple, du fait que l'âme n'est pas destinée à informer un tel corps simple, il faut par conséquent que l'organe du sens soit un mélange d'éléments et soit dominé par l'un des éléments. Mais nous avons manifestement un organe sous la domination de l'eau, à savoir l'organe de la vue. Et pareillement un organe sous la domination de l'air, à savoir l'ouïe. Mais la terre, si elle dominait suffisamment, serait inapte à sentir en raison de sa trop grande grossièreté, parce que même les os et les plantes ne sentent pas puisqu'ils sont trop terrestres. Si cependant l'organe devait être fait de terre reconduite à d'autres éléments selon une certaine proportion, alors nous avons un tel organe, à savoir le goût ou le toucher. Ensuite encore le feu, s'il dominait, ne vaudrait rien puisqu'en raison de son activité excessive il détruirait la proportion [2] en laquelle doit consister la vie. Mais le feu, reconduit à un certain rapport avec les autres éléments, est commun à tous les organes des sens puisque l'âme ne peut exercer aucune opération vitale sans chaleur. S'il fallait que quelque organe soit approprié au feu, ce serait l'odorat,

1. Voir en particulier *De l'âme*, III, 1, 425 a 3-9, trad. p. 199-200.

2. Plus précisément le rapport équilibré entre les éléments.

comme il est dit dans *Du sens et du senti* [1], et nous le possédons. Donc il ne nous manque aucun sens du côté des organes.

Deuxièmement, on montre encore qu'il ne nous manque aucun sens du côté des milieux, puisque pour sentir est requis ou un milieu intérieur, à savoir qui fait partie de la nature de l'animal dans sa totalité, ou un milieu extérieur. Si c'est un milieu intérieur qui est requis, on constate que nous en avons, à savoir la chair dans le sens du goût et du toucher. Et s'il devait y avoir un milieu extérieur, il apparaît encore que par de tels milieux, par exemple par l'eau ou par l'air, nous sentons, à savoir nous voyons, nous entendons, nous sentons. Et encore s'il devait y avoir un milieu extérieur il devrait nous atteindre [2]. Et toutes les choses, ou des choses semblables, qui peuvent atteindre un animal peuvent aussi nous atteindre. Donc il est manifeste qu'aucun sens ne nous manque du côté du milieu.

Troisièmement on montre qu'il ne nous manque aucun sens du côté des sensibles, puisque ce n'est le cas ni du côté des sensibles communs, ni du côté des sensibles propres. On prouve d'abord que ce n'est pas le cas du côté des sensibles propres puisqu'il apparaît que par nos sens nous percevons toutes les images, extrêmes et intermédiaires, de n'importe quel genre de sensible ; par exemple par la vue toute image de la couleur : le blanc, le noir, et les intermédiaires comme le rouge ou le jaune. Par l'audition tous les sons, comme l'aigu, le grave, et les intermédiaires.

1. Aristote, *De la sensation et des sensibles*, 2, 438 b 19-21, trad. p. 72 : « dans l'œil ce qui voit est constitué d'eau alors que ce qui perçoit les sons est constitué d'air et que l'odorat est du feu » ; *A. L.*, 13. 2 : « oculi quidem uisiuum aque existimandum, aeris uero sonorum sensitiuum, ignis autem odoratum ».

2. À savoir nous être contigu.

Et de même les odeurs en ce qui concerne l'odorat, les saveurs en ce qui concerne le gout, et aussi le chaud et le froid, l'humide et le sec, et leurs intermédiaires en ce qui concerne le toucher.

Mais contre cette induction, il peut y avoir trois chicanes. La première est qu'il est faux que notre toucher perçoive le chaud, le froid et tous leurs intermédiaires, puisque Aristote dit qu'il ne perçoit pas le chaud qui lui est semblable ni le froid qui lui est semblable [1].

La deuxième chicane est que notre odorat n'est pas perceptif de toutes les odeurs puisqu'il nous apparaît que les chiens de chasse suivent, grâce à leur sens de l'odorat, des animaux par leurs passages et leurs traces, alors que nous ne sentons aucune de ces odeurs.

La troisième chicane est de dire que, bien que nous sentions toutes les images de n'importe quel genre de sensible pour nous, peut-être cependant tout un genre de sensible nous est caché en raison du manque d'un sens auquel ce genre serait approprié.

Mais on répond aux chicanes de cette sorte. À la première on répond que si par ma main je ne sens pas ce qui lui est également chaud, je peux cependant le sentir par le pied que j'ai plus froid ; et ce même chaud, au même degré, tu le sentiras par la main, quand ta main sera plus froide. De là, celui qui a mal à la tête, ayant le front chaud et la main froide, expérimente que, en posant la main sur le front, sent la chaleur du front, et par le front la froideur de la main.

1. Aristote, *De l'âme*, II, 11, 424 a 3, trad. p. 194 : « Aussi ne sentons-nous pas ce qui est chaud ou froid, dur ou tendre au même degré que nous, mais bien les excès » ; *A. L.*, 12. 2 : « Vnde similiter calidum et frigidum, aut durum et molle non sentimus, set excellencias ».

À la deuxième chicane on répond que l'homme, comme le veut Aristote, a l'odorat plus mauvais que beaucoup d'animaux, et l'organe moins bien disposé [1]. Pour cette raison il ne perçoit pas des odeurs faibles et très éloignées que d'autres animaux peuvent percevoir ; cependant il peut percevoir toute image olfactive, si les odeurs sont intenses. Et ainsi on concéderait bien que nous n'avons pas de sens perceptif de tous les sensibles distincts en nombre, mais de tous distincts selon l'espèce.

Mais contre la troisième chicane il est objecté qu'il n'y a ni ne peut y avoir naturellement aucun sens qui ne doive convenir à quelque espèce d'animaux, mais seulement si l'animal est par nature destiné à posséder ce sens. Cependant nous ne trouvons aucun animal que nous voyons poursuivre ce qui lui convient et fuir ce qui lui est nocif, si ce n'est à cause du sens de ces sensibles par lesquels nous sommes aptes par nature à sentir. Donc il est faux et fictif de dire qu'il y aurait ainsi un autre genre de sensibles.

Ensuite, on prouve encore qu'il ne nous manque pas de sens du côté des sensibles communs puisque, pour les sentir, il n'est pas requis d'autre sens que ceux que nous avons, du fait que nous les sentons par nos sens. Plus, d'aucun sensible commun il ne peut y avoir un sens propre, puisque ce qui est le sensible propre à un sens n'est pas senti par soi par un autre sens, et ainsi les sensibles communs sont sentis par soi par nos sens. C'est pourquoi, pour ces sensibles, il n'est pas nécessaire de poser un autre sens. Telle est la détermination d'Aristote et son raisonnement, comme il peut apparaître dans le livre.

1. Aristote, *De l'âme*, II, 9, 421 a 11 et 20 : « L'homme, en effet, a un mauvais odorat […] l'homme le cède à bien des animaux » ; *A. L.* : « Praue enim odorat homo […] eficit ab animalibus multis ».

Et alors il est facile de répondre aux arguments qui ont été formulés au début de la question.

Au premier, il a été répondu dans la troisième remarque.

Au deuxième, on répond qu'Aristote comprend comme deux vues la vue extérieure, dont l'organe est l'œil, et le sens commun qui ne concerne alors pas les sens externes, mais que parfois nous appelons « vue » pour autant qu'il sent au moyen de la vue extérieure. Et en ce sens, nous pouvons aussi l'appeler « ouïe interne » pour autant qu'elle sent au moyen de l'ouïe externe. Et c'est cela qu'Aristote appelle « sens commun » dans le chapitre du sens commun [1].

On a parlé du troisième argument à la fin de la question précédente et dans l'avant-dernier paragraphe.

Ce qu'il faut répondre au sujet du quatrième argument est également clair grâce à la deuxième remarque et par ce qui a été dit dans une autre question.

Et pareillement au sujet du cinquième, c'est encore clair par la deuxième remarque.

Mais au dernier, on répond que ce sens, dans les membres génitaux est le sens du toucher, ce qui est clair puisque ce n'est pas par un milieu extérieur qu'il sent en touchant. Cependant, dire cela ne résout pas le doute, parce que de cette façon le goût est aussi un certain toucher. Donc ou bien tu ne distingues pas le goût du toucher, et alors il y aura seulement quatre sens, ou, si tu distingues le goût du toucher, ainsi tu distingues aussi du toucher le sens qui est de façon appropriée dans les parties génitales, et ainsi il y aura six sens. Et c'est totalement contraire à Aristote. Et il apparaît que l'on formera aussi un argument semblable à propos de l'estomac par lequel nous percevons que nous avons faim et soif, ce que nous ne percevons pas

1. Voir Aristote, *De l'âme*, III, 1, 424 a 14 - 425 b 11.

par la main ou par le pied dans lesquels se trouve pourtant le sens du toucher. Et le doute grandit puisqu'en éjaculant le plaisir est aussi intense, et il n'y a de plaisir ou de tristesse qu'au moyen d'une cognition non intellective dans ce qui est en question, étant donné que ce plaisir convient aux bêtes. Donc c'est une cognition sensitive, et non pas seulement selon le sens commun ou la fantaisie, puisque le sens commun et la fantaisie ne sont portés à l'acte qu'au moyen d'un autre sens antérieurement venu en acte, à savoir au moyen d'un sens que nous appelons externe. Donc Aristote décrit la fantaisie ainsi : elle est un mouvement produit par un sens pour autant qu'il a été porté à l'acte [1]. Donc c'est par un sens autre que le sens commun que nous sentons dans l'éjaculation. Et nous ne le sentons pas sur le mode du sensible commun ni sur le mode du sensible seulement par accident, puisque nous ne sentons ainsi que par concomitance avec le sensible par soi et propre. Jamais en effet, nous ne jugerions la grandeur, le mouvement ou la figure par la vue extérieure si ce n'est avec la sensation d'une couleur ou bien d'une illumination [2] ou de la lumière, ni par audition si ce n'est avec la sensation d'un son.

Il y a donc un grand doute concernant ce que nous sentons sur le mode du sensible propre dans l'émission du sperme. Si en effet nous répondons que nous sentons ou percevons le chaud ou le froid, l'humide ou le sec, cela apparaît faux ; en effet bien que le sperme soit chaud, nous

1. Aristote, *De l'âme*, III, 3, 428 b 11-12, trad. p. 219 : « La représentation semble être pour sa part, une sorte de mouvement, qui ne va pas sans le sens, mais, au contraire, implique des sujets sentants et des objets qui sont ceux du sens » ; *A. L.* : « fantasia autem motus uidetur esse et non sine sensu fieri, set in hiis que senciunt et quorum sensus est ».

2. Je traduis ainsi, exceptionnellement, *lumen*, dans le contexte : *lumen vel lux*.

ne jugeons pas qu'il est chaud, de même nous ne le jugeons pas froid, ni humide ni sec, sauf peut-être lorsqu'il a déjà été émis à l'extérieur. Alors en effet, lorsqu'il serait placé sur ces membres, nous jugerions qu'il est chaud ou froid, comme nous jugerions de telles choses par le pied ou par la main. Mais ce n'est pas là-dessus que nous nous interrogeons, puisque ce n'est pas de ce jugement que suivait ce plaisir principal. Si en effet nous sentons le sperme non pas selon la raison du chaud ou du froid, de l'humide ou du sec, qui seuls sont dits les sensibles propres du toucher pour autant qu'il se distingue de la vue, du goût et des autres sens, il s'ensuit que ce sens dans les membres génitaux est autre que le toucher, comme du goût. Ainsi, pour résumer ce qui précède, on peut argumenter de la façon suivante : ce sens doit être considéré comme distinct du toucher, comme nous disons que le goût en est distinct, qui sent en ne jugeant pas le chaud ni le froid, ni l'humide ni le sec. Or il en est ainsi de ce sens dans les membres génitaux, donc etc. Ou l'on argumente : bien que le sens du toucher soit répandu dans tout le corps, cependant ce sens doit être dit formellement distinct du sens du toucher pris au premier sens, puisqu'il perçoit dans l'organe un sensible propre que le toucher ne percevrait pas dans un autre de ses organes disposé au mieux pour connaître proprement les qualités tangibles. Or il en est ainsi du sens dans les membres génitaux, donc etc. La majeure est patente puisque celui qui la nierait n'aurait pas de moyen pour prouver que le goût serait distinct du toucher. Et la mineure apparaît puisque, dans ces membres, le sens perçoit une qualité selon laquelle se produit ce plaisir intense qui est le sensible propre dans cet organe, autre que le chaud, le froid, l'humide et le sec. Cependant là il ne perçoit pas ces derniers, et le toucher ne percevrait pas ce sensible dans la main ou dans la chair du doigt, qui cependant est considéré comme l'organe le plus apte et le mieux disposé pour discerner le tangibles propres, à savoir le chaud, le froid, l'humide et le sec.

Peut-être que si quelqu'un voulait soutenir que dans ces membres il y a un sens formellement distinct du sens du toucher, comme au sujet de la langue nous posons le goût distinct du toucher, il serait difficile de démontrer le contraire, puisque l'autorité d'Aristote ou d'un autre philosophe n'est pas une démonstration. Et si quelqu'un cherchait, en disant « indique moi donc cette qualité qui est le sensible propre à ce sens, du fait qu'elle n'est ni chaleur ni froideur, ni humidité ni sécheresse », on répondrait à cela qu'on ne lui a pas attribué de nom, mais on dit par circonlocution ce qu'est cette qualité, de la perception de laquelle suit un tel plaisir intense dans ces membres : la nature a produit cette qualité et sa sensation pour que suive ce plaisir, en raison duquel l'animal serait incliné à exercer l'opération d'où proviendrait la génération du semblable, visée comme fin par la nature.

Cependant, puisque les philosophes ne se sont pas exprimés ainsi, moi non plus je ne dis pas cela, mais je dis avec d'autres qu'il n'y a pas ici un sens, dans l'acception dite précédemment, qui soit distinct du toucher, et qu'il n'y a pas ici une telle qualité que ces membres sentiraient et que la main ou le pied ne sentiraient pas, parce que celle-ci est sentie manifestement, du fait que de sa sensation suit un plaisir si intense. Et ce serait étonnant qu'elle soit ainsi sentie manifestement et qu'aucun nom ne lui ait été donné. Donc toute l'interrogation est la suivante : puisque le sperme n'est pas senti ici en tant qu'il est chaud et froid, ou humide, selon quoi est-il donc senti, dont la sensation est suivie par ce plaisir ? Et pourquoi un tel plaisir suit-il, alors qu'il ne suit pas lorsque l'on sent par la main ? Que sentent ces membres ?

On répond à cela que le toucher, soit dans la main, soit dans le pied, soit dans d'autres membres, perçoit bien certaines choses sans juger pour cela de leur chaleur, froideur, humidité ou sécheresse. Par le toucher en effet, par exemple par la main, nous percevons le dur puisqu'il résiste à la main en ne cédant pas lui-même mais en faisant plutôt céder la main en elle-même. Et nous percevons aussi le mou puisque nous sentons qu'il cède à la main en elle-même. Nous sentons le rugueux et le léger. Et il n'est pas nécessaire, en les percevant, de percevoir pareillement le chaud ou le froid, l'humide ou le sec, puisque selon Aristote nous ne percevrions pas de telles choses si ce que nous sentons était chaud, froid, humide, ou sec comme la main qui sent. Cependant, nous ne sentirions pas moins le dur et le mou, le rugueux et le léger. Et nous sentons une mouche bouger sur notre main, bien que nous ne jugions pas si elle est chaude. Et nous percevons et sentons l'air et le vent qui soufflent contre nous, bien qu'ils soient chauds comme nous. Et si quelqu'un bouge notre main ou notre pied, nous percevons qu'elle bouge ou qu'il bouge. Et lorsque tu sens une douleur dans les reins ou à la tête, tu ne juges en rien si c'est chaud ou froid, etc. Telle est la nature du toucher, à savoir sentir de tels mouvements, du fait que le milieu lui est conjoint, ou à un milieu qui nous est connaturel.

Donc, sur le sujet, on dirait que dans la verge virile est sentie une commotion d'esprits et de souffles enflammés, un flux de sperme et à l'extérieur d'autres frottements qui y contribuent. Et il n'est pas nécessaire de dire qu'il y a ici un autre sens que le toucher.

Mais l'argument demandait en outre : pourquoi de la sensation des mouvements de cette sorte dans ces membres suit un plaisir aussi intense, et que cela ne s'ensuit pas à partir de la sensation de telles choses dans les autres membres, comme dans la main ou dans le pied ? Pour résoudre ce doute, il faut noter ce qu'Aristote détermine au livre Ier de la *Rhétorique*, à savoir que le mouvement sensible dans une nature, à savoir qui convient à cette nature, est cause de plaisir, et que le plaisir suit naturellement de son appréhension [1]. De même à l'inverse, un mouvement sensible qui ne convient pas à la nature est cause de tristesse et la tristesse suit naturellement son appréhension. Donc dans un membre, quand un mouvement convient à sa nature, si celui-ci est senti, suit un plaisir ; mais dans un membre, quand le mouvement qui est senti ne convient pas à sa nature, un plaisir ne suit pas d'une sensation de cette sorte, ce qui apparaît puisque, si un homme a faim et boit, la descente de la nourriture et de la boisson par la bouche dans l'estomac est très délectable puisque cela convient à la nature. Mais quand nous sommes rassasiés, alors un tel mouvement ne nous est pas délectable mais abominable, puisqu'il ne convient pas à la nature. Maintenant, puisque engendrer son semblable est l'œuvre la plus naturelle dans les vivants, comme il est dit au livre II de ce traité, il s'ensuit que le coït et l'émission de sperme

1. Aristote, *Rhétorique*, I, 6, 1362 b 5-8, trad. M. Dufour, Paris, Les Belles Lettres, 1938, t. I, p. 95 : « Le plaisir aussi est un bien ; tous les êtres vivants en ont naturellement le désir ; les choses agréables et belles sont donc nécessairement des biens ; les premières sont productrices de plaisir [...] » ; *A. L.*, 31. 2, *Rhetorica*, Guillelmus de Morbeka translator : « et delectationem bonum esse ; omnia enim animalia appetunt ipsam natura ; quare et pulcra et delectabilia necesse esse bona ; hec quidem enim delectationis factiva [...] ».

et d'autres mouvements qui leur sont ordonnés, dans les membres dans lesquels ils sont ordonnés pour cela, et quand la nature l'exige, sont très délectables. Et de tels mouvements ne seraient pas délectables dans d'autres membres qui ne sont pas par nature ordonnés à cela.

Et il m'apparaît que, à partir de ce qui précède, quelqu'un qui prête une attention diligente peut résoudre tous les arguments qui ont été avancés au début de la question.

QUESTION 21

Est-ce que le sensible posé sur le sens produit une sensation, c'est-à-dire est senti ?

Et l'on soutient d'abord que oui, puisque plus un agent naturel est proche de ce qui pâtit, plus il peut agir sur lui. C'est pourquoi un sensible placé immédiatement sur l'organe du sens doit davantage produire en lui son image et une sensation.

De même la lumière est perçue par la vue, même si elle est reçue jusqu'au plus profond de l'œil.

De même si un homme se meut sur un bateau, d'après le mouvement du bateau il juge parfois que l'arbre se meut sur la rive, et ainsi il perçoit un mouvement, et ce n'est pas celui qui est dans l'arbre ou sur la rive puisque là il n'y a aucun mouvement. Donc il ne sent que le mouvement par lequel sa vue se déplace.

De même si on coupe une main ou des nerfs, on le sent intensément.

De même la douleur d'une maladie se sent sur toute l'étendue du corps.

De même souvent les oreilles nous paraissent sonner bien qu'il n'y ait pas de son à l'extérieur que nous entendions. Il apparaît donc que nous sentons un son qui est dans l'oreille.

De même si un œil est comprimé violemment, bien qu'il soit fermé il paraît scintiller [1], et ainsi une certaine lumière est sentie. Et elle n'est autre que celle qui est dans l'œil, donc etc.

L'opposé est patent d'après Aristote dans le chapitre sur le toucher, où il dit que « lorsque le sensitif est touché, ni ici – à savoir dans la vue, l'ouïe ou l'odorat – ni là – à savoir dans le toucher – ne se produira la sensation » [2]. Et nous expérimentons que la langue ne sent pas sa saveur, ni le cœur ou le foie leur chaleur, bien qu'elle soit très intense.

Il faut noter que l'âme sent par l'organe dans lequel elle est subjectivement. Mais cet organe corporel, qu'il soit externe ou interne, est sensible puisqu'il est chaud ou froid, etc. Il a même une certaine couleur, une saveur et une odeur, puisqu'il n'est pas un corps simple mais mixte, et ordonné selon une bonne répartition. Ainsi, si tu divises l'œil d'un cheval ou d'un bœuf, tu pourras sentir n'importe quelle partie par la vue et le toucher.

Il y a donc un doute : est-ce que l'âme qui sent par quelque organe sensitif sent cet organe ou encore les qualités inhérentes à cet organe ? Et on peut aussi se demander – puisqu'il est nécessaire que le milieu par lequel l'image sensible est transmise à l'organe sensitif soit immédiat à cet organe sensitif, ce qu'Aristote appelle être posé sur le sens – si ce milieu se rapportant ainsi

1. On voit des étoiles.

2. Aristote, *De l'âme*, II, 1, 423 b 21-22 : « Quand, d'ailleurs, l'organe sensoriel est touché, il ne peut y avoir de sensation ni là, ni ici. Ainsi quand on place un corps blanc contre l'extrémité de l'œil » ; *A. L.*, 12. 2 : « Ipso autem sensitiuo tacto neque ibi neque hic fiet utique sensus, ut si quis ponat corpus album in oculum ultimum ».

immédiatement à l'organe sensitif est senti par l'âme sensitive au moyen de cet organe, ou encore, si ce milieu était supprimé et que le sensible extérieur comme une pierre ou du fer, était posé immédiatement sur cet organe sensitif, s'il serait senti.

Et il me paraît devoir être dit avec Aristote que le sens ne sent pas les qualités de son organe, ni les qualités propres du corps naturellement immédiates à son organe. Et cette conclusion, pour autant qu'il s'agit d'une connaissance de fait, peut être prouvée par une induction expérimentale. En effet par la vue tu ne perçois pas la couleur de ton œil, ni même la couleur des paupières qui touchent ton œil. Et si l'on objecte qu'au contraire, puisque parfois il apparaît aux vieillards et à ceux qui ont des yeux faibles que se trouvent devant leurs yeux des taches noires qui, bien qu'elles paraissent voler dans l'air ne sont pourtant que dans l'œil, on répond que l'organe visuel n'est pas dans la surface extrême de l'œil, mais au plus profond de lui, comme il est écrit dans *Du sens et du senti* [1].

On peut donc s'exprimer de deux façons. D'une première manière, on dit que les fumées épaisses et noires qui sont à la surface extérieure de l'œil, ou qui en sont proches, sont senties par la pupille intérieure. Mais un milieu se trouve entre cette pupille extérieure et cette surface intérieure. On peut aussi dire d'une seconde manière que dans la surface de l'œil d'un vieillard se trouvent des veines trop subtiles, ayant déjà trop d'opacité terreuse, empêchant le rayon de lumière et l'image de la couleur d'être transmis

1. Aristote, *De la sensation et des sensibles*, 2, 438 b 8-10 : « Ce n'est pas en effet à la surface de l'œil que se trouve l'âme ou la fonction sensitive de l'âme, mais il est manifeste que c'est à l'intérieur » ; *A. L.*, 13. 2 : « Non enim in ultimo oculi anima aut anime sensitiuum est, sed manifestum quoniam interius ».

parfaitement à la pupille intérieure. Et comme nous percevons une ombre noire sur un mode privatif parce que le rayon de lumière n'est reçu dans l'œil que trop faiblement, de même nous percevons par l'œil du noir qui est contre ces veines opaques ou des pores pleins d'opacité, du fait que par ces opacités ou ces pores le rayon de lumière n'est pas transmis de l'objet extérieur jusque dans la profondeur de l'œil, si ce n'est plus faiblement que par d'autres parties plus subtiles de l'œil. Et ainsi nous percevons le noir non pas sur un mode positif, à savoir parce que nous verrions la noirceur, ou quelque chose qui serait dans notre œil, mais sur un mode privatif parce que nous ne voyons pas clairement l'objet lumineux ou illuminé à l'extérieur. C'est ainsi que nous jugeons ombré quelque chose de noir.

Ensuite comme il a été dit au sujet de la vue, ce doit être la même chose au sujet de l'odorat. Si en effet ton camarade mangeait de l'ail et toi non, alors tu sentirais très bien l'odeur de cet ail. Mais si tu manges de l'ail tu ne sens pas l'odeur parce que déjà l'odeur parvient non seulement spirituellement mais réellement à l'organe de ton odorat. Bien plus, il faut croire plutôt que l'organe de ton odorat n'est pas tout à fait sans odeur puisque c'est un corps mixte et cependant tu ne sens pas cette odeur.

Pareillement, la même chose est claire avec le goût, par lequel tu ne sens pas la saveur de ta langue, alors cependant qu'il faut croire qu'elle est elle-même savoureuse, parce que ou le nerf sensitif, ou du moins la chair qui lui est immédiatement superposée, n'est pas sans saveur et cependant tu ne sens la saveur d'aucun des deux.

Quelqu'un objectera cependant que souvent un malade ayant une langue infectée d'humeurs putrides, à propos de la nourriture qui est posée sur sa langue et qui est douce, juge qu'elle est amère. Et c'est parce qu'il sent l'amertume, et ce n'est que celle qui est réellement dans sa langue. Solution : il faut dire que ces humeurs qu'il sent ainsi amères sont à l'extérieur sur sa langue, bien qu'elles adhèrent à la langue, c'est pourquoi il faut parfois les enlever. Mais tu diras : pourquoi donc ne sont-elles pas senties continuellement mais seulement quand la nourriture est posée à l'extérieur ? Je réponds que ces humeurs sont visqueuses et tenaces. Mais un corps savoureux ne transmet pas beaucoup l'image de sa saveur s'il n'est pas divisé et pilé. Puisque donc le malade mastique la nourriture qu'il a prise, ces humeurs sont divisées avec cette nourriture et sont broyées, et alors elles transmettent davantage l'image de leur saveur amère dans la langue jusqu'aux nerfs sensitifs. C'est pourquoi cette amertume est alors plus sentie, et il y en a un signe manifeste, puisque si un malade déplace ces humeurs sans nourriture, soit en les raclant de la langue soit autrement, il sent de façon intense et abominable leur pourriture et leur amertume.

Ensuite, pareillement, la même chose est claire au sujet du toucher, puisque, comme on le disait, le cœur ne sent pas sa chaleur bien qu'elle soit très intense, ni le cerveau sa froideur. Bien plus, comme on le disait ailleurs [1], le toucher sent intensément la chaleur de l'eau quand quelqu'un entre dans le bain. Cependant, quand il est depuis longtemps dans le bain, et que l'organe du toucher à l'intérieur a été réellement chauffé, alors il ne sent ni sa chaleur ni la chaleur de la chair qui lui est conjointe ; et même pas non plus la chaleur de l'eau comme il la sentait au début, ce dont la cause a été exposée ailleurs [2].

1. *Questions sur l'âme*, II, qu. 11.
2. *Ibid.*

Si quelqu'un objecte que si tes pieds étaient très froids, ou ta main, ou d'autres de tes membres, tu sentirais bien cette froideur et tu en souffrirais. Je réponds que les nerfs sensitifs sont répandus dans tout le corps entre les parties de la chair et parmi les petits nerfs et les veines. Je dis donc que par les nerfs refroidis dans le pied nous ne sentons pas cette froideur extrême, et même pas non plus la froideur de la chair qui lui est immédiate, mais par les nerfs qui sont plus à l'intérieur du pied, qui ne sont pas autant refroidis, et par la chair qui en est proche, qui n'est pas autant refroidie, nous sentons la froideur des nerfs et de la chair extérieure qui sont plus refroidis. De là vient que parfois des hommes ont les pieds si refroidis à l'intérieur et à l'extérieur qu'ils disent quasiment ne plus les sentir. Et nous ne sentons tout à fait la chaleur et la froideur excessive des parties de notre corps que par ces parties qui ne sont pas refroidies ni réchauffées de cette façon.

Mais à propos de l'ouïe nous n'avons pas d'expérience aussi manifeste. Bien plus, il nous apparaît souvent que nous entendons le son qui est dans nos oreilles, et à son propos il faut dire que l'air, le feu ou de petits corps subtils qui parfois sont inclus dans les pores de corps plus gros mis en branle et agités, produisent un certain son faible. Ainsi parfois un pot en terre récent, si quelqu'un met son oreille à son orifice, semble résonner en raison de l'agitation des corps subtils qui restent dans les pores depuis la cuisson par le feu.

De même encore, par l'ébranlement de l'air qui est dans les tortuosités des oreilles est produit un petit son dont l'image est transmise à l'intérieur de l'organe, et cet organe, bien qu'il soit principalement aérien, n'est cependant pas de l'air puisque l'âme n'est pas destinée à informer l'air, l'eau ou un autre corps simple. Et ainsi ce son est entendu. Mais cet air, qui est ainsi dans les tortuosités des oreilles, est ébranlé ou agité par les esprits ou corps subtils s'échappant continuellement, par la chaleur intérieure, à travers les pores conjoints à cet air. C'est pourquoi dans les fièvres on entend davantage un tel son, puisque, en raison de la chaleur excessive, se produit souvent une dissolution et une exhalaison, et une agitation des esprits qui n'est pas naturelle.

Mais la cause finale pour laquelle la nature a ordonné qu'ainsi les sensibles seraient sentis non pas en étant posés sur les sens mais soient sensibles par leurs images spirituelles est que les qualités sensibles à proprement parler, selon leur être réel, sont opposées entre elles comme des contraires, comme les couleurs et les saveurs, la chaleur et la froideur et ont aussi une longue permanence dans les sujets dans lesquels elles sont reçues. Donc, lorsqu'une qualité serait sentie par son existence réelle sur le sens, le contraire ne pourrait pas être senti pendant longtemps, puisqu'il ne pourrait pas être reçu dans le sens jusqu'à ce que la première soit détruite. Et en plus de cela nous avons besoin de sentir les sensibles extérieurs pour rechercher ou fuir quelque chose, dont les qualités ne peuvent pas nous parvenir selon leur être réel, puisqu'un accident ne peut pas passer de sujet et sujet.

Pareillement, il n'était pas possible non plus que le sens sentît une disposition de son organe, puisque alors il serait toujours en acte second de sentir, et ainsi il serait occupé par une telle sensation si bien qu'il ne pourrait pas bien appréhender ni distinguer les choses extérieures. Et une telle sensation ne serait pas non plus utile puisque la sensation a été donnée aux animaux pour rechercher ou fuir ce qui convient ou disconvient. Or le sens n'est pas destiné à rechercher ou fuir une disposition propre de son organe ; donc il ne doit pas la sentir.

Mais il reste un troisième doute : si le milieu par lequel l'image sensible est transmise dans l'organe sensitif était éloigné, et que le sensible était immédiatement posé sur l'organe sensitif, est-ce que celui-ci sentirait ? Et beaucoup disent que non, puisque c'est ce qu'Aristote semble dire [1], et on semble en faire l'expérience puisque, comme dans le sens du toucher l'organe sensitif est un nerf qui est sous la chair, et que le milieu naturel est la chair posée sur le nerf, nous voyons que parfois les chirurgiens enlèvent du nerf ou de l'os la chair qui est posée dessus, et que les nerfs ou l'os ne sentent plus ce qui est posé dessus. C'est pourquoi certains ont pensé que ce n'étaient pas les nerfs qui étaient sensitifs, mais la chair ; cependant, puisque selon Aristote c'est l'inverse [2], alors si le nerf ne sent pas c'est parce que le milieu requis fait défaut.

Il me semble toutefois que, puisque nous posons que l'organe de l'œil, par lequel se fait la vision, est la pupille intérieure de l'œil couverte de plusieurs tuniques, comme l'établissent les anatomistes, et que nous considérons également qu'aussi bien une telle pupille que les tuniques supérieures sont diaphanes pour recevoir l'image de la lumière et de la couleur ; si donc ces tuniques supérieures étaient enlevées par la puissance divine, alors que la pupille et l'âme qui est en elle étaient conservées, ainsi que chacune de ses dispositions naturelles, et que par la même puissance

1. Voir Aristote, *De l'âme*, II, 7, 419 a 26 - b 3, sur le milieu, et II, 11, 423 b 20-21, cité *supra*, n. 2, p. 437.

2. Aristote, *De l'âme*, II, 11, 423 b 17-19, trad. p. 192 : « Et, en somme, il semble bien qu'il en aille de la chair et de la langue comme il en va de l'air et ou de l'eau en rapport avec la vue, l'ouïe et l'odorat : elles se trouvent, à l'égard de l'organe sensoriel, dans le même rapport » ; *A. L.*, 12. 2 : « Omnino autem uidetur caro et lingua, sicut aer et aqua ad uisum et auditum et olfactum se habent, sic se habere ad sensitiuum sicut illorum unumquodque ».

un corps lumineux était joint immédiatement à cette pupille, il me semble que rien ne ferait obstacle à que la pupille fût illuminée par ce corps lumineux, comme serait illuminé un autre diaphane. Et le rayon est l'image de la lumière, comme il a été dit ailleurs [1], par laquelle la lumière ou le corps lumineux est apte à être vu. C'est pourquoi il me semble que, dans le cas énoncé, rien ne ferait obstacle à ce que l'âme, grâce à cette image, cause la vision de la lumière.

Et ainsi je pense que si la chair, qui est milieu dans le cas du toucher, était plus chaude que le nerf qui est posé immédiatement sur elle, rien n'empêcherait que les images de la chaleur de la chair soient transmises dans le nerf, même spirituellement, avant que ce nerf soit chauffé par cette chair et rendu quasiment d'une chaleur semblable. Et ainsi rien n'empêcherait que, par ce nerf, nous sentions cette chaleur. Ainsi je pense que si les nerfs sensitifs étaient, par la puissance divine, dénudés de la chair qui les entoure, et que Dieu conservait en eux l'âme, la chaleur naturelle, les esprits et toutes les dispositions qu'ils ont par nature lorsque la chair les entoure dans sa disposition naturelle, par ces nerfs nous sentirions les choses chaudes et les froides posées immédiatement sur eux. Mais Dieu et la nature ont placé, autour de chaque organe sensitif, un corps immédiatement superposé connaturel à cet organe, et pareillement l'ont fait tel qu'il n'était pas destiné à produire dans l'organe une image sensible par laquelle se ferait la sensation s'il n'était pas mû ou altéré par quelque chose d'extérieur, afin qu'il n'y ait pas toujours continuellement une sensation occupant le sens et empêchant la perception des extérieurs, comme il a été dit avant. Ainsi la chair

1. *Questions sur l'âme*, II, qu. 9.

touchant immédiatement le nerf tactile est tellement connaturelle et similaire à ce nerf qu'elle ne l'altère que si elle est altérée par autre chose. Et encore la tunique enveloppant la pupille de l'œil est tellement semblable à elle, sans lumière ni couleur, qu'elle ne meut pas cette pupille si elle n'est pas mue par autre chose. Et il en va de même pour les organes des autres sens. Et ainsi il m'apparaît corrélativement devoir être conclu que non seulement le toucher et le goût ont un milieu connaturel par lequel ils sentent, mais encore aussi les autres sens. Et c'est ce que note bien Aristote dans *Du sens et du senti*, quand il dit « l'âme et le sensitif dans l'âme n'est pas en effet dans l'extrémité de l'œil, mais il est manifeste que c'est à l'intérieur » [1]. Mais les autres sens utilisent davantage que le toucher et le goût, avec leur milieu connaturel, un milieu extérieur et étendu au loin.

Il est maintenant facile de résoudre les arguments qui ont été avancés au début de la question.

Concernent le premier, on concède en effet qu'un agent approché du patient agit s'il est convenablement disposé, ceci à agir en lui, cela à pâtir de lui. Mais l'agent ne doit pas être semblable à ce qui pâtit, car alors l'action cesserait. Or pourquoi le nerf dénudé de chair ne sent-il pas ? C'est parce qu'émanent de lui une chaleur naturelle et des esprits, et qu'est détruit le rapport selon lequel l'âme était destinée à produire la sensation.

1. Aristote, *De la sensation et des sensibles*, 2, 438 b 8-10 : « Ce n'est pas en effet à la surface de l'œil que se trouve l'âme ou la fonction sensitive de l'âme, mais il est manifeste que c'est à l'intérieur » ; *A. L.*, 13. 2 : « Non enim in ultimo oculi anima aut anime sensitiuum est, sed manifestum quoniam interius ».

Au deuxième il a été répondu ailleurs que ce n'est pas le rayon qui est vu, mais la lumière ou le corps lumineux [1].

Au troisième il a aussi été répondu ailleurs [2] que par la vue nous ne percevons le mouvement que parce que nous percevons le visible passer pour l'œil d'une place à une autre, et ceci se produit si l'œil est mû et le visible en repos, autant qu'avec l'inverse.

À l'autre il a été répondu que par le toucher nous percevons le mouvement local qui se produit à côté de lui, et nous nous délectons s'il lui convient et nous attristons s'il lui disconvient. Donc nous ne nous délectons de rien dans la dissolution du continu.

À l'autre, concernant les oreilles qui résonnent, on en a parlé dans la position.

À l'autre, au sujet de l'œil qui scintille, je répond qu'Aristote a clairement résolu ce doute et en a enseigné la cause au début du livre *De sens et du senti* [3]. Que celui qui le veut aille voir là-bas. Et ainsi la question est éclaircie.

1. *Questions sur l'âme*, II, qu. 9.
2. *Questions sur l'âme*, II, qu. 12.
3. Voir Aristote, *De la sensation et des sensibles*, 2, 437 b23 - 438 a 5, trad. p. 68-70.

QUESTION 22

Est-ce que, en plus des sens externes, il faut poser un sens commun ?

Et l'on soutient que non, car ce n'est nécessaire ni en raison des sensibles propres, ni en raison des sensibles communs, puisque nous les connaissons tous par les sens externes.

De même, où serait son organe ? Il semble en effet qu'il devrait être dans le cerveau puisque vers lui semblent converger dans la tête la vue, l'ouïe, l'odorat, le goût et le toucher. Mais cela semble impossible puisque si l'on posait un tel sens commun, il faudrait dire que vers lui convergent tous les sens externes, ce qui ne semble pas possible si c'est dans la tête : comment parviendrait jusqu'à elle le toucher dans le pied ?

De même il faudrait que l'organe de ce sens commun soit destiné à recevoir les images de tous les sensibles des sens externes. Et ceci ne serait pas possible puisque, que ce soit dans le cerveau ou que ce soit dans le cœur, il n'y aurait pas là de diaphanéité ni de lumière, qui sont requis pour recevoir les images de la couleur, et il n'y aurait pas d'air qui devrait dominer pour recevoir les images des sons.

De même, tout sens qui est un doit être de façon approprié le sens d'un genre sensible et d'une opposition de contraires, comme semble le vouloir Aristote dans ce livre II et dans le livre IV de la *Métaphysique* [1]. Et il ne serait pas possible d'assigner quel serait ce genre et quelle serait cette contrariété ; donc etc.

Aristote établit l'opposé dans ce livre II [2].

Je pose une première conclusion, à savoir que, en plus des sens externes, il faut poser une autre faculté cognitive. Et je présuppose, me fondant sur la vingtième question, ce que nous devons comprendre par « sens externe » [3]. Cela étant supposé, on prouve la première conclusion, puisque le sens externe n'est pas perceptif de son acte. Cependant, quiconque voit ou entend, s'il fait attention, perçoit l'acte de voir ou d'entendre, puisque si on lui demandait s'il voit ou s'il entend, il dirait que oui ; il y a donc une faculté interne par laquelle il perçoit cela. Or la majeure de cet argument est concédée premièrement d'après l'autorité d'Aristote [4]. Deuxièmement parce qu'il est posé

1. Aristote, *De l'âme*, II, 11, 422 b 23, trad. p. 189 : « Chaque sens paraît, en effet, saisir une seule contrariété » ; *A. L.*, 12. 2 : « Omnis et enim sensus unius contrarietatis esse uidetur » ; *Métaphysique*, Γ, 2, 1003 b 20, trad. p. 147 : « De chaque genre qui est un il y a une seule sensation et une seule science » ; *A. L.* : « Omnis autem generis et sensus unus unius et scientia ».

2. Voir Aristote, *De l'âme*, III, 1, 425 a 13 : « Mais il ne saurait y avoir non plus, pour les sensibles communs, quelque organe sensoriel propre » ; *A. L.*, 12. 2 : « At uero neque communium potest esse sensitiuum aliquod proprium ».

3. *Questions sur l'âme*, II, qu. 20.

4. Voir Aristote, *Du sommeil et de la veille*, 455 a 16 et a 25, trad. p. 126-127 : « posons d'autre part qu'il y a une faculté commune qui les accompagne tous et par laquelle on sent que l'on voit et que

communément que le sens, puisqu'il est une faculté matérielle, ne réfléchit pas sur soi ou sur son opération en se connaissant ou en connaissant son opération. Troisièmement, parce qu'il a été dit que le sensible qui est dans l'organe du sens n'est pas senti, et la vision est dans l'organe de la vue ou dans la vue, donc elle n'est pas vue. L'argument vaut autant qu'il puisse valoir, car on parlera davantage de la réflexion dans le livre III [1].

La deuxième raison est que les sens externes ne conservent pas, du moins pas longtemps, les images sensibles en l'absence des sensibles. Donc ils ne jugent ou ne connaissent qu'en leur présence, ou du moins pas longtemps après. Mais nous percevons les ténèbres ou le silence en l'absence des sensibles, à savoir pendant que l'ouïe n'est mue par aucun son ni la vue par la lumière ou la couleur. Et il y a ce jugement parce que le sens interne peut percevoir un acte du sens externe ou son manque.

De même nous ne jugeons pas seulement sur un mode privatif. Bien plus encore, quand nous le voulons nous formons des fantasmes et nous imaginons des montagnes dorées, divers animaux et d'autres choses de cette sorte, bien que nous ne voyions, n'entendions ou ne touchions rien.

l'on entend […]. Il est clair que la veille et le sommeil sont une affection de cette faculté » ; *A. L.*, 15. 2. 1, *De somno et vigilia*, Guillelmus de Morbeka reuisor translationis Aristotelis (translatio « noua » – Anonymi saec. XII translationis recensio) : « est autem quedam et communis potentia que sequitur omnes, qua et quod videt et audit sentit […] manifestum igitur quoniam huius est passio vigilia et sompnus ». Buridan en fait la première raison pour poser l'existence d'un sens interne.

1. Voir *Questions sur l'âme*, III, qu. 9.

La troisième raison est que dans le sommeil, lorsque les sens externes sont fermés, en rêvant, des sensibles paraissent être dans notre champ de perspective, et il est nécessaire que ce soit par une puissance cognitive interne.

La quatrième raison est que nous posons une convenance et une différence entre les sensibles des différents sens externes. Nous jugeons en effet que ce blanc est doux, ou que ce rouge n'est pas doux mais amer. Et le chien, entendant son maître qui l'appelle, juge que celui qui appelle est son maître, et est celui qu'il voit, et par la vue il se dirige vers lui. Et s'il voit quelqu'un d'autre et non pas son maître, il juge que celui qui appelle n'est pas celui qu'il voit, donc il ne se dirige pas vers lui, mais il cherche ailleurs celui qui appelle. Mais composer ou diviser ainsi, ou poser une convenance et une différence entre des sensibles propres de divers sens externes ne se fait pas par l'un de ces sens externes, puisque aucun des deux ne connaît les deux [1]. Cela ne se fait pas non plus par les deux sens externes, dont l'un connaît une sorte de sensibles et l'autre connaît l'autre sorte, sans une autre faculté qui soit cognitive des deux, car lequel de ces deux sens formerait une copulative affirmative ou négative ? Et si l'on dit que l'âme est identique, cependant en lequel de ces organes externes forme-t-elle cette copulative ? Cela ne peut pas bien être assigné. Ainsi, si Socrate connaît une pierre et Platon du bois, et qu'aucun ne connaît les deux, alors ni l'un d'eux ni les deux ne savent assigner la différence entre la pierre et le bois.

Une deuxième conclusion est posée : cette faculté cognitive interne est un sens ou une faculté sensitive,

1. Aucun des deux sens ne connaît les deux genres de sensibles.

puisque nous posons que toute faculté cognitive est un sens ou un intellect. Or une telle faculté, dont il a été question dans la conclusion précédente, se trouve dans les bêtes, qui ne possèdent pas d'intellect. Car un chien, comme il a été dit, établit une convenance et une différence entre ce qu'il voit et ce qu'il entend. Et on constate aussi qu'il arrive aux bêtes de rêver et dans le sommeil, parfois, de bouger leurs membres ou de crier. Cependant, puisque le son vocal n'est pas sans imagination de signifier, comme il est établi dans le livre II de ce traité [1], et puisque aussi, au cours de la veille, les bêtes forment des fantasmes en l'absence des sensibles, si donc un chien est enfermé dans une chambre, lorsque son maître s'éloigne, il crie et se plaint. Donc une telle faculté cognitive est sensitive.

Une troisième conclusion est posée : il faut se donner un sens commun en plus des sens externes, c'est-à-dire qui n'est pas l'un des sens externes. Et ce sens mérite d'être appelé sens commun parce qu'il peut appréhender les sensibles propres de tous les sens externes et leurs actes. C'est ce que peut faire cette faculté sensitive interne, qui a été examinée dans les deux conclusions précédentes, puisqu'il lui revient de poser une différence entre tous ces sensibles propres des sens externes. Il faut donc noter que les intentions représentatives des sensibles sentis par les sens externes sont transmises des organes des sens externes à l'organe du sens commun, et avec cette représentation

1. Aristote, *De l'âme*, II, 8, 420 b 29-32, trad. p. 180 : « Tout son produit par un animal n'est pas, en effet, vocal [...]. Il faut, au contraire, un organe percuteur animé et qui s'accompagne d'une certaine représentation » ; *A. L.*, 12. 2 : « Non enim omnis animalis sonus est uox [...]. Set oportet animatum esse uerberans et cum ymaginatione aliqua ».

celle de ces sensations ; et par ces intentions nous jugeons voir ou entendre, avoir vu ou avoir entendu de telles choses.

Nous appelons souvent les intentions des « images sensibles »[1] parce qu'elles représentent les sensibles extérieurs. Cependant, pour faire la différence entre elles et les images des sensibles qui sont reçues dans les sens externes, beaucoup parmi les philosophes antiques les ont appelées « intentions ». Entre celles-ci et celles-là en effet il y a une grande et notable différence. En effet, l'image de la couleur ou de la lumière requiert la diaphanéité dans le sujet dans lequel elle est reçue, que ne requiert pas l'intention transmise dans le sens commun. Et de même les images acoustiques et les images olfactives requièrent diverses dispositions déterminées dans ce en quoi elles sont reçues, que ne requièrent pas ces intentions.

Mais de nouveau, ces images ne sont représentatives que des sensibles extérieurs. Or ces intentions représentent non seulement les sensibles mais aussi leurs sensations elles-mêmes. Et ces images sont produites dans leurs sujets sans connaissance préalable ; mais ces intentions sont produites à partir de ces sensations elles-mêmes comme les images à partir des objets extérieurs, et c'est pour cela qu'elles représentent ces sensations.

Ces choses-là étant vues, il faut répondre aux arguments qui ont été avancés.

Concernant le premier, il apparaît qu'il faut poser ce sens interne, et pour les sensibles propres et pour les sensibles communs, pour que nous les percevions en leur absence et pour les autres causes qui ont été dites.

1. Les termes latins sont *intentio* et *species sensibilis*.

À propos du deuxième argument, Aristote établit dans *Du sommeil et de la veille* [1] et *Des parties des animaux* [2], ainsi qu'Averroès dans le livre II de son *Colliget* [3], que cet organe du sens commun est dans le cœur ; on y reviendra plus tard.

Au troisième argument il a été répondu par la différence entre images et intentions.

Mais les autorités sur lesquelles est fondé le dernier argument sont à entendre des sens externes. Et si un genre doit être approprié au sens commun, ce sera le nom « sensible » comme à l'intellect le nom « intelligible », à la vue « visible », et ainsi de suite. Et ainsi la question est claire.

1. Aristote, *Du sommeil et de la veille*, 456 a 1-4 : « Nous avons précisé [...] que le principe de la sensation trouve son origine dans cette même partie de l'animal dont provient précisément le principe du mouvement.[...] En effet, tous les animaux sanguins ont un cœur et le principe du mouvement et de la sensation principale vient de cet organe » ; *A. L.* : « Quod quidem igitur sensus principium fit ab eadem parte animalibus a qua quidem et motus, determinatum est prius in aliis [...]. Omnia enim habentia sanguinem cor habent, et principium motus et sensus principalis hinc est ».

2. Aristote, *Les Parties de animaux*, II, 647 a 24-27, trad. P. Louis p. 24 : « Et puisque la faculté de sentir, celle de se mouvoir et celle de se nourrir se trouvent chez l'animal réunies dans la même partie du corps [...] » ; *A. L.* 17. 2. 4, *De partibus animalium*, Guillelmus de Morbeka translator Aristotelis : « Sensitive autem virtutis et moventis animal et nutritive in eadem particula corporis existente, quemadmodum in alteris dictum est prius [...] ».

3. Averroès, *Colliget*, II, c. 20, in *Aristotelis opera cum commentariis Averrois*, Venetiis apud Junctas, 1574, f° 30 K : « Et ibi [in libro *De anima*] declaratum est quod locus et radix habitationis sensus communis est cor ». Le texte a été traduit à Padoue en 1285 par Bonacosa, version utilisée et révisée pour les éditions de la Renaissance.

QUESTION 23

Est-ce qu'il faut, en plus du sens commun, poser d'autres sens internes ?

On soutient que oui, puisque lorsque Aristote avait traité, dans ce livre II, des sens externes et du sens commun, il a ensuite traité de la fantaisie comme d'une autre faculté [1]. Ainsi, il dit que celle-ci est autre que l'intellect et que le sens [2]. Cependant il estime qu'elle est cognitive, puisqu'il dit que la fantaisie est une certaine puissance selon laquelle nous discernons le vrai du faux, ou selon laquelle nous disons le vrai ou le faux [3]. Il dit aussi que la fantaisie est la faculté selon laquelle nous disons que quelque fantasme

1. Aristote, *De l'âme*, III, 3, 428 a 1 - 429 a 9, trad. p. 216-218.

2. Aristote, *De l'âme*, III, 3, 428 a 5, trad. p. 217 : « Dans ces conditions, on verra par ce qui suit qu'il ne s'agit pas du sens » ; 428 a 16 : « Mais en fait ce ne sera aucune non plus des dispositions qui prononcent toujours en vérité, comme la science ou l'intelligence » ; *A. L.*, 12. 2 : « Quod quidem igitur non sit sensus, manifestum ex hiis est » ; « At uero neque semper uera dicencium neque una erit, ut sciencia aut intellectus ».

3. Aristote, *De l'âme*, III, 3, 428 a 3, trad. p. 216 : « c'est une quelconque de ces dispositions, facultés ou états en vertu de laquelle nous exerçons notre discernement pour dire, soit le vrai, soit le faux » ; *A. L.*, 12. 2 : « una quedam est potencia harum aut habitus secundum quam discernimus aut uerum aut falsum dicimus ».

est produit en nous [1], cependant le fantasme est une connaissance actuelle, ce qui est patent puisque le rêve est une connaissance actuelle. Pourtant, dans *Du sommeil et de la veille*, Aristote décrit le rêve en disant que c'est un fantasme au cours du sommeil [2]. Il est donc manifeste que selon Aristote la fantaisie est une faculté cognitive. Mais alors, comme toute faculté cognitive est le sens ou l'intellect, et puisque Aristote dit que la fantaisie est autre que le sens et que l'intellect, il semble donc qu'il ne pensait pas à un sens quelconque, mais à ce sens commun dont il a traité juste avant. Et ainsi il est clair que la fantaisie doit être posée comme un autre sens interne, en plus du sens commun.

De même, outre le sens commun, il faut se donner des facultés de mémoire et de réminiscence, desquelles Aristote, après avec traité du sens commun et de fantaisie, fait un livre partiel en tant que facultés autres que le sens commun [3]. Et ces facultés sont cognitives, puisqu'en me rappelant je

1. Aristote, *De l'âme*, III, 3, 428 a 1, trad. p. 216 : « Il s'agit de la représentation en vertu de laquelle nous disons avoir une sorte d'apparition devant nous » – rappelons que R. Bodeus traduit *fantasia* par « représentation » et ici *fantasma* par « apparition » –; *A. L.*, 12. 2 : « Si igitur fantasia est secundum quam fantasma aliquod nobis fieri dicimus ».

2. Aristote, *Du sommeil et de la veille*, 2, 456 a 24-25, trad. p. 130 : « Certains se meuvent en dormant et font beaucoup de choses que l'on fait à l'état de veille, mais ils ne le font pas sans une image ni sans une certaine sensation » ; *A. L.*, 15. 2. 1, *De somno et uigilia*, Guillelmus de Morbeka revisor translationis (translatio nova) : « Moventur autem quidam dum dormiunt et faciunt multa que vigilantium sunt, non tamen absque fantasmate et aliquo sensu » .

3. Aristote, *De la mémoire et de la réminiscence*, trad. p. 105-120 ; *A. L.*, 14. 2, *De memoria et reminiscentia* (translatio « noua » – Iacobi Venetici translationis recensio) Guillelmus de Morbeka reuisor translationis Aristotelis secundum Aquinatis librum.

connais et je juge que j'ai écrit telles choses, que j'ai entendu ou vu telles choses, etc. Bien plus, la faculté de réminiscence, selon Aristote, est discursive et capable de syllogismes [1], ce qui ne se fait pas sans connaissance et sans jugement. Cependant, ces facultés ne sont pas l'intellect puisqu'il se trouve que les bêtes se rappellent. Donc ce sont des sens autres que le sens commun.

De même, outre les facultés dont on a parlé, on a coutume de poser l'imaginative, l'estimative et la cogitative. Bien plus, le Commentateur [2] et Avicenne [3] posent l'estimative dans les bêtes et la cogitative dans les hommes en plus du sens commun, comme des facultés supérieures et plus puissantes.

De même, Aristote place le sens commun dans le cœur [4], et pourtant les auteurs placent la fantaisie ou imaginative,

1. Dans la description du mouvement de la réminiscence (*De la mémoire et de la réminiscence*, 2, trad. p. 113 *sq*.), Aristote prend le modèle du syllogisme avant de prendre celui de la construction de figures mathématiques; en 452 a 17, p. 115, il parle de « moyen terme » (*medium* dans l'*Aristoteles latinus*).

2. Pour une présentation par Averroès de la cogitative parmi les sens internes, voir *Commentarium magnum*, III, comm. 6, en part. p. 415-417; *Colliget*, II, c. 20, *Aristotelis opera cum commentariis Averrois*, Sup. I, Venetiis apud Junctas, 1574, f° 30 F - 31 B.

3. Voir Avicenne, Avicenna latinus, *Liber de anima seu sextus de naturalibus*, IV, 1, éd. critique S. Van Riet, Louvain-Paris, Peeters-Brill, 1968, t. 2, p. 6-7 pour les animaux et p. 11 pour les hommes : « Videtur autem quod virtus aestimativa sit virtus cogitativa et imaginativa et memorialis, et quod ipsa est diiudicans ».

4. Aristote, *Du sommeil et de la veille*, 456 a 1-4, trad. p. 129 : « Nous avons précisé [...] que le principe de la sensation trouve son origine dans cette même partie de l'animal dont provient précisément le principe du mouvement.[...] En effet, tous les animaux sanguins ont un cœur et le principe du mouvement et de la sensation principale vient de cet organe »; *A. L.*, 15. 2. 1, *De somno et vigilia*, Guillelmus

l'estimative ou cogitative, et la mémoire dans le cerveau, c'est pour cela qu'ils disent qu'il y a dans le cerveau trois cellules, comme doivent le savoir les anatomistes. Et dans la cellule antérieure ils disent que se trouve la fantaisie, dans la postérieure la mémoire, et dans l'intermédiaire l'estimative ou cogitative. Ils disent que l'on en a un signe manifeste puisque, à cause d'une maladie dans la partie antérieure du cerveau ou de la tête, la fantaisie est lésée ou perdue, et à cause d'une maladie dans la partie postérieure, la mémoire est lésée ou perdue. Et, si cela est vrai, il faut concéder que la fantaisie, la cogitative et la faculté remémorative sont des facultés différentes du sens commun et différentes entre elles. Donc, en plus du sens commun, il faut poser d'autres sens internes.

On soutient l'opposé puisque tous les modes de nos connaissances peuvent être sauvegardés par les sens externes, par le sens commun et par l'intellect, puisque le sens commun est une faculté supérieure au sens externes, comme l'intellect à tout sens. Et la faculté cognitive supérieure est plus puissante et plus noble que les facultés

de Morbeka reuisor translationis Aristotelis (translatio « noua » – Anonymi saec. XII translationis recensio) : « Quod quidem igitur sensus principium fit ab eadem parte animalibus a qua quidem et motus, determinatum est prius in aliis […]. Omnia enim habentia sanguinem cor habent, et principium motus et sensus principalis hinc est ». Voir aussi *Les Parties de animaux*, II, 647 a 24-27, trad. P. Louis, p. 24 : « Et puisque la faculté de sentir, celle de se mouvoir et celle de se nourrir se trouvent chez l'animal réunies dans la même partie du corps […] » ; *A. L.* 17. 2. 4, *De partibus animalium*, Guillelmus de Morbeka translator Aristotelis : « Sensitive autem virtutis et moventis animal et nutritive in eadem particula corporis existente, quemadmodum in alteris dictum est prius […] » – passage déjà cités dans la question précédente.

inférieures, de sorte que tout ce que peut l'inférieure, la supérieure le peut aussi et elle peut autre chose en plus. Donc on peut dire que tout ce que nous connaissons au delà des sens externes, nous le connaissons par le sens commun, excepté les choses qui sont connaissables seulement par l'intellect. Donc c'est en vain que l'on poserait en outre un autre sens, et rien ne doit être posé en vain dans la nature, comme il est patent au livre III de ce traité [1].

De même, si l'on posait une puissance sensitive interne en plus du sens commun, elle serait supérieure au sens commun et plus noble que lui, comme le concèdent communément ceux qui posent l'estimative ou la cogitative. Mais c'est impossible puisque celle-ci doit être considérée comme la puissance sensitive suprême, la plus noble, qui se trouve dans l'organe le plus noble. Et tel est le sens commun, puisque Aristote dit qu'il est dans le cœur, lequel est assurément, comme il dit, l'organe le plus noble de l'animal [2].

De même, pourquoi serait posée une autre faculté cognitive en plus du sens commun et en plus de l'intellect ? En effet, ou elle serait posée pour composer, diviser, discourir ou tirer des images des choses sensibles qui ne sont pas senties à partir de celles qui sont senties – comme la brebis à partir de la couleur, de la forme et du mouvement du loup, tire une image d'inimitié et fuit –, ou pour juger

1. Aristote, *De l'âme*, III, 9, 432 b 21-23, trad. p. 242 : « Si donc la nature en fait rien en vain, ni ne néglige quoi que ce soit de nécessaire, sauf dans le cas des êtres atrophiés et celui des êtres incomplets » ; *Aristoteles latinus*, 12. 2 « Si igitur natura non facit frustra nichil neque deficit in necessariis, nisi in orbatis et inperfectis ».

2. Voir citations *supra*, n. 4, p. 456.

des choses passées sur le mode de la remémoration. Pour cela en effet, certains posent au dessus du sens commun une faculté estimative ou cogitative. Mais je montre que, pour aucune de ces raisons il n'est nécessaire de poser une telle faculté en plus du sens commun.

En premier lieu, en effet, il n'est pas nécessaire de la poser afin de composer et de diviser puisque, selon Aristote, le sens commun le fait, étant donné qu'il établit la convenance et la différence entre les sensibles propres des sens externes, comme il a été dit dans une autre question [1]. Et s'il peut ainsi composer et diviser, aucune raison efficace ne serait ajoutée pour laquelle, dans ce genre de complexions et à partir d'elles, il ne pourrait pas discourir. Il n'est pas requis non plus de poser une faculté sensitive au delà du sens commun, pour tirer des images ou intentions de choses qui ne sont pas senties à partir de celles qui sont senties, puisque nous dirions que c'est là la supériorité du sens commun sur les sens externes. En outre, ce n'est pas pour juger sur le mode de la remémoration puisque Aristote reconduit tout cela au sens commun dans le livre *De la mémoire et de la réminiscence*. Ainsi il dit « Tous ceux qui parmi les animaux sentent le temps, et en lui, ceux-là seuls parmi les animaux se remémorent, et en ce par quoi

1. Aristote, *De l'âme*, III, 2, 426 b 12-13, trad. p. 209 : « Mais dès lors que nous discernons aussi le blanc et le doux et chacun des sensibles par rapport à chaque autre, c'est qu'un moyen quelconque nous permet encore de saisir cette différence. Ce moyen est donc nécessairement un sens puisqu'il s'agit de différences sensibles » ; *A. L.*, 12. 2 : « Quoniam autem et album et dulce et unumquodque sensibilium ad unumquodque discernimus quodam, et sentimus quia differunt, necesse igitur sensu : sensibilia enim sunt » ; *cf.* Buridan, *Questions sur l'âme*, II, qu. 22.

ils sentent » [1]. Plus loin il dit : « mais il est nécessaire de connaître la grandeur et le mouvement par le même moyen que le temps » [2]. Or nous connaissons la grandeur et le mouvement par le sens commun, donc c'est par lui que nous connaissons le temps et par lui que nous nous souvenons.

De même Aristote semble toujours vouloir dire que les fantasmes servent immédiatement à l'intellect. Il dit en effet que quiconque intellige doit réfléchir sur des fantasmes [3]. Il ne dit pas « les pensées » ou « les estimations ». Il apparaît donc que parmi les facultés cognitives sensitives, la plus haute est celle à laquelle il revient de former les fantasmes, c'est-à-dire ces actes de connaître que nous appelons fantasmatiques [4]. Or cette faculté est le sens commun, comme il est clair d'après Aristote dans le livre *De la mémoire et de la réminiscence*,

1. Aristote, *De la mémoire et de la réminiscence*, 449 b 29-31, dans *Petits traités d'histoire naturelle*, trad. P.-M. Morel, Paris, GF-Flammarion, 2000, p. 106 : « Aussi les animaux qui perçoivent le temps sont-ils les seuls à se souvenir, et cela grâce à la faculté par laquelle ils exercent la sensation » ; *Aristoteles latinus*, 14. 2 : « Quare quecunque tempus senciunt et quo, hec sola animalium memorantur, et isto quo senciunt ».

2. Aristote, *De la mémoire et de la réminiscence*, 450 a 9, trad. p. 107 : « Mais que nous connaissions la grandeur et le mouvement par le même moyen que le temps, c'est une nécessité » ; *A. L.* 14. 2 : « Magnitudinem autem et motum cognoscere necesse quo et tempus ».

3. Voir Aristote, *De l'âme*, III, 8, 432 a 7, trad. p. 239 : « La spéculation implique nécessairement la vue simultanée de quelque représentation » : *A. L.* 12. 2 : « set cum speculetur, necesse simul fantasma aliquod speculari ».

4. C'est-à-dire ici imaginatifs ; mais il convient de garder la parenté entre *phantasma* et *phantasticus*.

où il dit aussi que le fantasme est une affection [1] du sens commun [2].

C'est pourquoi encore, puisque le sommeil et le rêve sont des affections du sens commun, comme c'est clair dans *Du sommeil et de la veille* [3], Aristote dit au même endroit que le rêve est un fantasme au cours du sommeil [4]. Donc il n'était pas dans l'intention d'Aristote qu'au dessus du sens commun il y eût quelque autre faculté sensitive. Et puisque de façon générale, que ce soit dans le livre *De l'âme* ou dans les *Petits traités naturels*, Aristote ne traite, en ce qui concerne les facultés de l'âme sensitive, que du sens commun, de la fantaisie, de la mémoire et de la réminiscence, du sommeil et de la veille, et que cependant il reconduit la connaissance remémorative, et même la connaissance imaginative et le rêve, au sens commun,

1. *Passio*.

2. Voir Aristote, *De la mémoire et de la réminiscence*, 1, 450 a 10, trad. p. 107 (suite du passage cité *supra*, évoquant la grandeur et le mouvement) : « Ainsi il est manifeste que la connaissance de ces choses relève de la faculté sensible première » ; *A. L.* 12. 2 : « Et fantasma communis sensus passio est ».

3. Voir Aristote, *Du sommeil et de la veille*, 455 a 16 et a 25, trad. p. 126-127 : « posons d'autre part qu'il y a une faculté commune qui les accompagne tous et par laquelle on sent que l'on voit et que l'on entend […]. Il est clair que la veille et le sommeil sont une affection de cette faculté » ; *A. L.* 15. 2. 1 : « est autem quedam et communis potentia que sequitur omnes, qua et quod videt et audit sentit […] manifestum igitur quoniam huius est passio vigilia et sompnus ».

4. Voir Aristote, *Du sommeil et de la veille*, 456 b 13, trad. p. 132 : « s'il est possible en effet que l'animal qui s'est évanoui se soit endormi, il se pourrait que l'image qu'il se représente soit aussi un rêve » ; *A. L.* 15. 2. 1 : « Hoc quidem igitur aliquam habet dubitationem : si enim contingat obdormire defectionem anime patientem, contingit utique sompnium esse et fantasma ».

comme il ressort de ce qui précède, il est manifeste qu'il ne fut jamais dans son intention qu'il y eût une faculté cognitive sensitive interne en plus du sens commun.

À propos de cette question, il y a et il y a eu des opinions diverses, comme cela apparaît clairement dans les arguments qui ont été rapportés, dans lesquels on touche également à plusieurs grandes difficultés. Une première difficulté est en effet la suivante : bien qu'il n'y ait pas de facultés cognitives sensitives en dehors des sens externes et du sens commun, faut-il cependant poser une autre faculté, conservatrice des images sensibles et des intentions en l'absence des sensibles et lorsque cesse tout acte de connaître ? Et s'il faut poser une telle faculté, alors il y a un deuxième doute : faut-il en poser une ou plusieurs ? Et il y a un troisième doute sur lequel on s'interroge : est-ce que, en plus des sens externes et du sens commun, il faut poser une faculté interne cognitive et sensitive ? Et si l'on n'en pose pas une autre, alors il y a un quatrième doute : pourquoi Aristote pose en les distinguant la faculté de fantaisie, le sens commun, la faculté remémorative et la faculté de réminiscence, et qu'il traite distinctement d'elles, alors qu'il semble poser toutes ces vertus cognitives parce qu'il arrive que l'on connaisse imaginairement, en se remémorant ou en se souvenant ? Le cinquième doute porte sur les organes de ces facultés : où sont-ils, quel que soit le nombre que l'on admette ?

À propos du premier doute il faut poser cette première conclusion : en plus du sens commun et de chaque faculté cognitive, il faut poser une faculté non cognitive, qui soit cependant conservatrice des images sensibles et des intentions. Je ne dis pas qu'elle soit autre du côté de l'âme, comme il a été dit ailleurs, mais du côté de l'organe et de l'opération. Cette conclusion est prouvée. Premièrement il apparaît que les images ou intentions sensibles sont conservées en nous en l'absence des choses sensibles, sinon nous ne pourrions pas nous rappeler certaines choses que nous avons vues ou entendues, ni rêver, ni non plus former des fantasmes.

Deuxièmement, il apparaît aussi que les images ou les intentions de cette sorte sont conservées lorsque cesse tout acte de connaître, puisque sinon, après la fin de tels actes de connaître, nous ne pourrions plus rêver ni nous rappeler, former des imaginations ou fantasmes, si ce n'est en recourant à des sensibles extérieurs alors que nous expérimentons le contraire. Mais il peut encore apparaître que des images et intentions de cette sorte, lorsque cessent ainsi les actes de connaître, ne sont pas conservées aussi dans les facultés cognitives, c'est-à-dire dans les organes en lesquels l'âme est à même de former un acte de connaître, puisque alors l'acte de connaitre ne cesserait pas, étant donné que rien ne semble manquer qui soit requis pour former un acte de connaître. En effet, la volonté libre n'a pas de place ici, puisqu'elle n'existe pas chez les bêtes. Cependant, puisqu'en nous elle ne passe pas à l'acte sans un acte de connaître, il est nécessaire d'admettre une telle faculté conservatrice, et l'organe dans lequel se fait cette conservation, en plus des organes dans lesquels la connaissance actuelle est à même d'être produite. Et si quelqu'un objectait que l'intellect, qui est cognitif, est aussi conservateur, puisque sans cela périraient les dispositions intellectuelles, je réponds qu'il sera traité de cela dans la cinquième question sur le livre III.

Quant au deuxième doute, à savoir est-ce qu'il faut poser une unique faculté de cette sorte ou plusieurs, je pose une deuxième conclusion, qui est qu'il faut en poser une seule, puisque le sens commun est un, vers lequel convergent toutes les images ou intentions des sensibles et les sensations des sens externes. Et s'il s'agit d'un sens unique, aucune raison ne saurait dicter pourquoi pareillement ne pourrait suffire une seule faculté, qui soit conservatrice de tout ce qui concerne cet unique sens commun. C'est pourquoi s'il n'y a pas d'autre faculté cognitive sensitive en dehors du sens commun, on ne doit pas poser non plus aucune autre puissance conservatrice. Mais plus loin nous établirons qu'il n'y a pas d'autre puissance cognitive sensitive en dehors du sens commun, etc.

Maintenant, au sujet du troisième doute il faut poser tout de suite une troisième conclusion à savoir que, outre le sens commun, il n'y a pas d'autre faculté cognitive sensitive interne. Et je la qualifie de « cognitive » puisqu'une connaissance actuelle est formée en elle. Il est manifeste que cette conclusion est dans l'esprit d'Aristote selon les arguments qui ont été énoncés plus haut à ce sujet. Car Aristote reconduit totalement le rêve, la remémoration et la fantaisie au premier sensitif [1], par lequel il entend le sens commun. Deuxièmement aussi parce que, même si Aristote n'avait rien dit de cela, cela paraît vrai par les arguments qui ont été avancés précédemment. En effet, comme on le disait, il n'apparaît aucune nécessité de poser

1. Voir Aristote, *Du sommeil et de la veille*, 454 a 22-24, trad. p. 123 : « Il n'est pas possible, en effet, qu'un animal qui ne posséderait pas la sensation dorme ou veille car ces affections se rapportent toutes deux à la sensation qu'exerce la faculté sensible première » ; *A. L.* 15. 2. 1 : « Similiter autem quod nichil est quod semper vigilet aut semper dormiat, set eisdem insunt animalium utreque passiones hee : neque enim si est animal habens sensum, hoc contingit neque dormire neque vigilare : utraque enim passio hec circa sensum primi sensitivi ».

une telle faculté en plus du sens commun. Et c'est manifeste si les arguments qui ont été avancés au début de la question sont résolus. Ils doivent donc être résolus immédiatement et par leur solution apparaîtra aussi ce qui a été soulevé dans le quatrième doute.

Au premier argument, il faut répondre que le nom « fantaisie » est utilisé en deux sens, et de manière équivoque, de même que le nom « fantasme ». Dans une première acception en effet « fantaisie » est pris pour une puissance conservatrice et non cognitive, de laquelle j'ai déjà parlé dans la première question ou le premier doute. Et elle est organiquement distincte du sens commun. Et le fantasme, qui est son acte inhérent à cet organe conservateur, est une image ou intention représentative d'une sensation faite préalablement dans le sens commun, et de la chose sentie, et cette intention a été déposée et produite dans cet organe par l'acte de sentir du sens commun. Et c'est cet acte qu'Aristote a aussi appelé du nom de « fantaisie ». Il disait en effet dans le livre II que la fantaisie est un mouvement produit, selon l'acte, à partir du sens [1]. Cela revient à dire que la fantaisie, c'est-à-dire l'acte de la fantaisie subsistant une fois que la sensation a cessé, est un mouvement, c'est-à-dire une image ou une intention imprimée dans l'organe conservateur à partir du sens, produit selon l'acte, c'est-à-dire par l'acte de sentir de ce sens, à savoir le sens commun.

1. Aristote, *De l'âme*, III, 3, 429 a 1-2, trad. p. 221 : « la représentation sera le mouvement qui se produit sous l'effet du sens en activité » ; *A. L.*, 12. 2 : « fantasia utique erit motus a sensu secundum actum facto ».

En une seconde acception, la fantaisie est prise pour le sens commun, qui a été nommé « sens commun » et « fantaisie » selon différentes raisons. Il est en effet appelé « sens commun » dans la mesure où, pour son acte de sentir, il est mû par des sens externes, sentant en acte. Et il est appelé « fantaisie » pour la raison qu'il est mû, pour l'acte de connaître, par des images ou intentions conservées dans l'organe. Et le fantasme, dans la mesure où il est un acte qui lui est inhérent, est la cognition actuelle à laquelle il est mû par de telles intentions conservées. Ainsi Aristote a proprement décrit le rêve comme un fantasme dans le sommeil. Il est vrai que, puisque le sens commun est ainsi dit « fantaisie » ou faculté « fantasmatique », parfois nous étendons largement le nom de « fantasme » pour signifier tout acte cognitif du sens commun. C'est ainsi en effet qu'il est entendu au sens large lorsqu'Aristote dit que quiconque intellige doit nécessairement réfléchir sur des fantasmes [1].

Ainsi donc il apparaît qu'Aristote dit à juste titre que la fantaisie diffère du sens commun puisque c'est absolument vrai de la fantaisie conservatrice. Mais si l'on parle de la fantaisie cognitive alors il veut dire que ces noms diffèrent selon la raison, bien qu'il s'agisse de la même chose. Et lorsque Aristote dit que la fantaisie est plus souvent fausse que le sens [2], il veut dire que plus souvent dans le sens commun la cognition, qui est proprement dite fantasmatique parce qu'elle se produit à partir des images conservées,

1. Voir citation, *supra*, n. 3, p. 460.

2. Aristote, *De l'âme*, III, 3, 428 a 17, trad. p. 217-218 : « la représentation (*fantasia*) peut être fausse » ; *A. L.* 12. 2. : « est enim fantasia et falsa » ; nous savons qu'au contraire le sens a toujours une forme de vérité : voir II, qu. 11 : « Est-ce que le sens peut se tromper à propos du sensible qui lui est propre ? ».

est fausse, mais que la cognition, qui est proprement appelée du nom de sensation, est produite à partir des sens externes sentant en acte.

À l'autre argument, qui s'appuie sur la puissance remémorative et de réminiscence, il faut répondre premièrement qu'à propos de la différence selon la raison entre la mémoire et la réminiscence, il faut voir le livre *De la mémoire et de la réminiscence* [1]. À la même faculté sont en effet attribués différents noms selon différentes opérations, ce qui apparaît manifestement par similitude avec le livre VI de l'*Éthique*, où Aristote dit que sont différentes la partie scientifique de l'âme, par laquelle elle spécule sur les choses nécessaires, et la partie ratiocinante par laquelle elle raisonne à propos des choses contingentes [2].

Alors, il faut dire au sujet de la faculté remémorative ou de la mémoire, comme de la fantaisie, que parfois le nom « mémoire » ou « remémorative » est pris pour une faculté conservatrice et non pas cognitive, et alors elle est

1. *De la mémoire et de la réminiscence*, *op. cit.*, *passim*.

2. Aristote, *Éthique à Nicomaque*, VI, 1, 1139 a 5-12, trad. Bodeus, p. 291 : « Mais maintenant la partie rationnelle [de l'âme] doit faire l'objet d'une distinction de même genre. Autrement dit il faut supposer deux parties rationnelles : l'une qui nous permet de considérer le genre de réalités dont les principes ne peuvent être autrement qu'ils ne sont, tandis que l'autre nous fait considérer ce qui peut être autrement. [...] On peut d'ailleurs appeler l'une la partie scientifique, l'autre la partie calculatrice » ; *A. L.*, 26. 3 : « Nunc autem de racionem habente secundum eundem modum dicendum, et supponantur duo racionem habencia, unum quidem quo speculamur talia encium quorum principia non contingunt taliter habere, unum autem quo contingencia [...]. Dicatur autem horum hoc quidem scientificum, hoc autem racionativum ». S'il peut s'appuyer sur cette dernière phrase d'Aristote, Buridan n'en accentue pas moins la différence entre des noms signifiant la même chose.

réellement la même que la fantaisie conservatrice ; parfois elle est prise pour une faculté cognitive, et elle est alors identique au sens commun ; et parfois le nom « mémoire » est pris pour un acte cognitif et remémoratif, et alors c'est un acte de ce même sens commun.

On demandera alors si nous devons faire une différence entre la fantaisie et la mémoire, pour autant qu'elles sont dites des facultés de l'âme. Je réponds que non, si c'est du point de vue de l'âme et de l'organe. Mais on pose une différence de raison, de par la diversité des œuvres car la faculté conservatrice dont on vient de parler est dite « fantaisie » dans la mesure où elle conserve les images et intentions des sensations et des choses senties. Mais dans la mesure où elle conserve avec cela l'intention d'un temps déterminé, appréhendé par le sens commun, elle est appelée faculté remémorative conservatrice. Et ainsi aussi le sens commun, dans la mesure où il juge des autres choses senties sans détermination du temps dans lequel elles étaient senties, est dit fantaisie et non mémoire. Mais pour autant qu'il juge avec la détermination du temps passé, dans lequel celles-ci étaient senties, il est appelé remémorative.

Mais à nouveau on demande pourquoi, après avoir traité de la fantaisie et du sens commun dans ce livre, Aristote fait un autre livre particulier, intitulé *De la mémoire et de la réminiscence*. Je réponds qu'il fait cela rationnellement puisque quelque chose de plus est requis pour l'acte de connaître par remémoration ou réminiscence que pour d'autres actes de connaissance imaginative [1]. Donc il fallait dans ce livre rendre manifeste que quelque chose de plus

1. *Actus cognoscendi phantasticos*.

est requis pour ces actes, et comment ces actes s'exercent par le sens commun et par la fantaisie, sans pour cela devoir poser en outre, comme beaucoup l'ont fait, d'autres facultés organiques. C'est donc cela qu'Aristote établit dans ce livre.

À l'autre argument qui s'appuie sur l'estimative et la cogitative, par l'autorité d'Avicenne, du Commentateur et de beaucoup d'autres commentateurs, il faut dire que, si ceux-ci ont cru que ces facultés diffèrent réellement du sens commun, ils n'ont pas pensé comme Aristote, et je les récuserai. Mais s'ils ont cru que des noms de cette sorte ne sont pas synonymes, ils ont fait une distinction à juste titre en appelant cette faculté sens commun, fantaisie et estimative. « Sens commun » pour la raison que j'ai dite, à savoir qu'elle est destinée à connaître tous les sensibles et les sensations des sens externes, et qu'elle est mue par de telles sensations des sens externes ; et elle est appelée « fantaisie » dans la mesure où pour de tels actes de connaître elle est mue par les intentions conservées, une fois que leur mouvement à partir des sens externes cesse ; et elle est appelée « estimative » pour la raison que, outre cela, elle est destinée à tirer, à partir des sensations et des sentis de cette sorte, des intentions et appréhensions de choses non senties, à savoir de l'amitié ou de la haine, de l'utile ou du nuisible, de ce qui convient ou de ce qui ne convient pas, de l'effrayant et du non effrayant, et de plusieurs autres appréhensions qui sont à même d'être suivies par un mouvement de l'appétit sensible. Mais le Commentateur ne distingue pas entre la cogitative et l'estimative, si ce n'est parce qu'il dit qu'une telle faculté, selon l'opération dont on vient de parler, est appelée « estimative » dans la mesure où elle se trouve dans les bêtes et « cogitative » dans le mesure où elle se trouve dans les hommes. C'est pourquoi il dit que la cogitative sert l'intellect et est plus noble que l'estimative.

Le dernier argument touche à une grande difficulté, à savoir quels sont et où se situent les organes de ces facultés, à savoir du sens commun et de la faculté conservatrice dont on a parlé. On pose donc à propos de cela une question particulière, qui sera la suivante.

QUESTION 24

Est-ce que l'organe du sens commun est dans le cœur ou bien dans le cerveau c'est-à-dire dans la tête ? Personne en effet ne le situe ailleurs.

Les médecins soutiennent qu'il est dans le cerveau et non dans le cœur, par l'autorité de Galien, d'Avicenne, de Platon et de beaucoup d'autres, qui disent qu'il est dans le cerveau, dans sa concavité antérieure [1]. Et ils disent qu'il y a de cela un signe suffisant, puisque lorsque la partie postérieure du cerveau est blessée, la mémoire est endommagée, lorsque la partie médiane est blessée, l'imagination est endommagée, et lorsque la partie antérieure est blessée, le sens commun est endommagé, ainsi que toute partie sensitive, comme on dit que cela arrive chez les frénétiques.

1. Cette opposition est un lieu commun de la littérature médicale et des textes philosophiques qui s'en inspirent. Voir Galien, *Ars medica*, c. X et XI ; *De usu partium*, VIII, 3-5, 1528 [BNF Gallica] p. 231-239 ; trad. Galien, *De l'utilité des parties du corps humain*, dans *Œuvres médicales choisies*, I, trad. C. Daremberg, éd. A. Pichot, Paris, Tel-Gallimard, 1994, p. 168-177 ; Avicenne, *Liber de anima seu sextus de naturalibus*, éd. S. Van Riet, vol. I, c. 5, vol. I, p. 87 : « Virium autem apprehendentium occultarum vitalium est fantasia que est sensus communis ; quae est vis ordinata in prima concavitate cerebri » ; Platon, *Phédon*.

De même, Aristote considère que le sommeil est une affection du premier sensitif, et par là il entend le sens commun [1]. Mais le sommeil est une affection du cerveau, ce qui est patent puisque, pour provoquer le sommeil ou la veille, tous les médecins appliquent des remèdes locaux près du cerveau, et aussi pour soigner le sens.

De même la fantaisie, ou faculté imaginative, est située dans le cerveau selon le Commentateur et Avicenne [2]. Or la fantaisie est immédiatement modifiée [3], et reçoit du sens commun les images qu'elle conserve. En effet, le moteur et le mû doivent être ensemble, comme on le lit dans le livre VII de la *Physique* [4]. Donc l'organe du sens commun doit, dans le cerveau, être conjoint à l'organe de la fantaisie ou de l'imagination.

De même les autres facultés internes, à savoir l'imaginative, la cogitative et la remémorative, sont placées

1. Aristote, *Du sommeil et de la veille*, 454 a 22-24, trad. p. 123 : « Il n'est pas possible, en effet, qu'un animal qui ne posséderait pas la sensation dorme ou veille car ces affections se rapportent toutes deux à la sensation qu'exerce la faculté sensible première » ; *A. L.*, 15. 2. 1 : « Similiter autem quod nichil est quod semper vigilet aut semper dormiat, set eisdem insunt animalium utreque passiones hee : neque enim si est animal habens sensum, hoc contingit neque dormire neque vigilare : utraque enim passio hec circa sensum primi sensitivi ».

2. Avicenne, citation *supra.* Averroès, *Colliget*, II, c. 20, f° 30 F : « Et virtutes cerebri, scilicet imaginativa et cogitativa et reminiscibilis et conservativa [...] ipsa tamen habent propria loca in cerebro ».

3. *Immutatur.* L'*immutatio* est une transformation sans mouvement physique.

4. Aristote, *Physique*, VII, 2, 243 a 3-4, trad. p. 360 : « Le moteur premier [...] est ensemble avec ce qui est mû [...]. En effet, cela est commun à tous les cas où il y a un mû et un moteur » ; *A. L.*, 7. 1 : « Primum igitur movens [...] est simul cum eo quod movetur [...]. hoc enim in omni moto et movente est ».

dans la tête d'après le Commentateur, Avicenne, Albert [1] et d'autres exégètes et commentateurs d'Aristote. Pourquoi ne faudrait-il pas dire de même du sens commun ?

De même, en particulier, le sens qui perçoit les qualités premières doit être par rapport à elles dans un état moyen, et être dénué des extrêmes, comme on le lit dans le livre II de ce traité [2]. Or le cœur n'est pas dans un tel rapport équilibré aux qualités premières, mais il est très chaud, au delà d'un rapport de cette sorte, comme on le concède communément. Et la raison le confirme puisque, comme la chaleur du cœur est beaucoup plus intense que la chaleur de la main, il est manifeste que la main sentirait manifestement en quelque chose une chaleur de degré similaire à celle du cœur. Cependant, le sens commun sent tout ce que sentent la main ou le pied ; donc, si le sens commun était dans le cœur, il s'ensuit qu'il sentirait quelque chose de pareillement chaud, ce qu'Aristote semble nier dans le livre II de ce traité.

De même on pose communément quatre organes [3] principaux dans les animaux parfaits, à savoir le cœur, le foie, le cerveau et les testicules ou membres génitaux [4].

1. Averroès, *loc. cit.* ; Avicenne, *loc. cit.* ; Albert le Grand, *De anima*, lib. III, tract. 1, cap. 3, dans A. Magni *Opera omnia*, ed. C. Stroick, O. M. I., Monasterii Westfalorum in aedibus Aschendorff, 1968, p. 168.

2. Aristote, *De l'âme*, II, 11, 424 a 3-5, trad. p. 194 : « Aussi ne sentons-nous pas ce qui est chaud ou froid, dur ou tendre au même degré que nous, mais bien les excès. Comme quoi le sens présente une sorte d'état moyen entre les contraires qu'on trouve dans les sensibles » ; *A. L.*, 12. 2 : « Vnde similiter calidum et frigidum, aut durum et molle non sentimus, set excellencias, tanquam sensu uelut medietate quadam existente eius que in sensibilibus contrarietatis ».

3. *Membra*.

4. Énumération fondée sur Galien.

Mais il ne semble pas qu'on doive attribuer la primauté à l'un plutôt qu'aux autres, si ce n'est du fait qu'en chacun d'eux s'enracine l'une des facultés principales de cet animal. Et cela ne peut être établi convenablement qu'en disant que dans le cœur se trouve la faculté vitale, dans le foie la faculté naturelle c'est-à-dire nutritive, dans le cerveau la faculté animale c'est-à-dire sensitive, et dans les testicules la faculté reproductrice, comme l'ont aussi établi ceux qui ont précédé Aristote.

De même le sens commun est entravé dans le sommeil, c'est pourquoi, en vue de son obstruction, tous les sens externes sont entravés. Ainsi Aristote, voulant prouver que le sommeil est une affection du sens commun, dit que, lorsque celui-ci est rendu impuissant, il est nécessaire que tous les sens particuliers deviennent impuissants, mais non l'inverse [1]. Mais il se trouve que dans le cœur rien n'est impuissant au cours le sommeil, puisque l'impuissance ou l'empêchement provient de la froideur ou de la diminution de chaleur. Mais dans le cœur cela n'arrive pas, au contraire au cours du sommeil la chaleur est renforcée en lui et près de lui, c'est aussi pourquoi la digestion se fait mieux au cours du sommeil que de la veille.

1. Aristote, *Du sommeil et de la veille*, 2, 455 a 33 - b 2, trad. p. 127 : « lorsque l'organe sensoriel qui est le maître de tous les autres et vers lequel tous les autres convergent subit une affection, tout le reste est nécessairement affecté aussi avec lui, alors que si l'un d'eux ne peut exercer sa puissance, il n'est pas nécessaire que lui ne puisse exercer la sienne » ; *A. L.*, 15. 2. 1 : « nam cum principale aliorum omnium sensiteriorum et ad quod tendunt alia patiatur aliquid, conpati necessarium et reliqua omnia, illorum autem cum aliquid inpotens sit non necesse est hoc inpotens fieri ».

Aristote établit l'opposé dans *Du sommeil et de la veille* [1], et dans le troisième livre *Des parties des animaux* [2]. Averroès s'efforce de le démontrer dans son *Colliget* [3]. Et Avicenne est aussi d'accord avec Aristote dans le premier livre du *Canon* [4].

Il faut noter que par « organe du sens commun » j'entends ce membre ou organe dans lequel, à titre de sujet,

1. Aristote, *Du sommeil et de la veille*, 456 a 1-4, trad. p. 129 : « Nous avons précisé […] que le principe de la sensation trouve son origine dans cette même partie de l'animal dont provient précisément le principe du mouvement.[…] En effet, tous les animaux sanguins ont un cœur et le principe du mouvement et de la sensation principale vient de cet organe » ; *A. L.*, 15. 2. 1, *De somno et vigilia* : « Quod quidem igitur sensus principium fit ab eadem parte animalibus a qua quidem et motus, determinatum est prius in aliis […]. Omnia enim habentia sanguinem cor habent, et principium motus et sensus principalis hinc est ».

2. Aristote *Les Parties de animaux*, II, 647 a 24-231, trad. p. 24 : « Et puisque la faculté de sentir, celle de se mouvoir et celle de se nourrir se trouvent chez l'animal réunies dans la même partie du corps […] et c'est le cœur chez les animaux sanguins » ; *A. L.* 17. 2. 4 : « Sensitive autem virtutis et moventis animal et nutritive in eadem particula corporis existente, quemadmodum in alteris dictum est prius […] in habentibus autem sanguinem cor tale est ». Aristote a cité et utilisé à plusieurs reprises ces passages dans les questions précédentes.

3. Averroès, *Colliget*, *Aristotelis opera cum commentariis Averrois*, Sup. I, Venetiis apud Junctas, 1574, f° 30 K : « Et ibi [in libro *De anima*] declaratum est quod locus et radix habitationis sensus communis est cor » ; voir aussi f° 24 I.

4. Avicenne, *Canon*, dans O. Cameron, *A Treatise on the Canon of Medicine of Avicenna*, incorporating a translation of the first book, London, Lurzac and C°, 1930. Avicenne admet diverses localisations pour différentes fonctions psychiques, mais l'origine du souffle vital, véhicule de la sensation et du mouvement a pour siège le cœur : voir livre I, § 140-141, p. 110-111 ; § 172, p. 124.

se forment les pensées de toutes les choses senties par les sens externes et leurs sensations. Et je dis avec Aristote que cet organe est le cœur dans les animaux ayant un cœur, ou un organe analogue au cœur dans ceux en lesquels il n'y a pas de cœur à proprement parler [1]. Et je prouve cela par des paroles communes à tous. Tous en effet disent communément qu'ils ont des affaires qui leur tiennent à cœur, pour lesquelles ils sont bien disposés, et qu'ils savent par cœur les choses qu'ils savent dire et déclamer sans livre. Et nous lisons dans l'Écriture sainte « aime le Seigneur, ton Dieu, de tout ton cœur », et on ne dit pas « de tout ton cerveau » ; et « je me confesse à toi, Dieu, de tout mon cœur ». Et l'amoureux dit que son cœur est auprès de l'aimée, et ainsi de suite. Et ceci est dit par tous, de manière quasi naturelle, on le dit en effet même sans raisonnement, et comme contraint par la vérité même.

De même il semble encore y avoir de cela une expérience remarquable : si quelqu'un est blessé gravement, ou est piqué soit au pied soit à la main, de sorte que peut-être, en raison de la douleur sous-jacente, à cause d'un abcès ou de quelque chose d'autre, il lui semble qu'il sente la douleur jusqu'au cœur et non au cerveau. Et les gens crient qu'ils sont piqués au cœur, et ainsi se produit un ébranlement du cœur et non du cerveau. Et si l'acte des sens ne s'accomplissait pas et ne se terminait pas au cœur, il n'y aurait pas de raison pour que, à partir d'une représentation au sens de quelque chose d'effrayant, le cœur soit affecté

1. Aristote, *Les Parties des animaux*, II, 647 a 30-31 : « C'est pourquoi, dans les animaux dépourvus de sang c'est l'équivalent du cœur qui joue ce rôle, et c'est le cœur chez les animaux sanguins » ; *A. L.*, 17. 2. 4 : « Propter quod quidem in non habentibus sanguinem animalibus proportionale, in habentibus autem sanguinem cor tale est ».

de terreur de façon si violente et soit ébranlé, et non le cerveau. Et bien plus, tous les mouvements des affections du sens ou de l'appétit sensitif se produisent manifestement près du cœur ou proviennent du cœur, comme de ce qui sent principalement.

De même, une autre expérience est que, dans la formation de l'embryon, la première partie qui nous apparaît être formée est le cœur, qui déjà, avant la formation apparente des autres membres, possède la vie et le sens ; en effet il se nourrit et croît. Et s'il est piqué, il est agité ; le sens ne dérive donc pas en lui d'un autre organe.

De même Averroès dans le livre II de son *Colliget* s'efforce de prouver cela, puisque lorsque la chaleur et les esprits se répandent vers les membres extérieurs, alors les sens particuliers peuvent exercer leur opération [1]. Et lorsque ils retournent vers l'intérieur, ceux-ci ne peuvent pas. Donc la première faculté sensitive est celle dont proviennent la chaleur et les esprits, et à laquelle ils reviennent. Et c'est le cœur, donc etc.

De même l'opération du sens résulte de la chaleur et des esprits. Mais l'empêchement des sens résulte du froid et du manque d'esprits. Or le cerveau est froid et sans esprits, si ce n'est ceux qui proviennent du cœur. Donc il n'y a d'opération du sens qu'à partir du cœur.

De même par l'action refroidissante du cerveau, empêchant l'action du cœur, se produit l'empêchement des sens. Il est donc manifeste que le cerveau, de par sa

1. Voir Averroès, *Colliget*, II, 21, f°s 31 M - 32 A : « et etiam exercitium sensuum est ex rebus quae refrigerant calorem naturalem propter sparsionem suam ad partes exteriores. Et quando refrigeratus, revertit ad partes interiores et diminuitur quantitas sua ».

propre complexion, n'a pas la nature de sentir si ce n'est par le cœur en tant que premier et principal organe sensitif.

De même Aristote, dans le livre III *Des parties des animaux*, soutient pour établir cela que comme il en est dans le grand monde [1], de même il doit être proportionnellement dans le petit monde, à savoir dans l'animal [2]. Or dans le grand monde nous ne posons pas plusieurs premiers principes, mais un seul, qui a puissance sur toutes les autres choses. Sinon, il ne pourrait y avoir d'ordre convenable dans le monde. Donc dans l'animal il faut poser un principe unique et un organe principal par lequel tous les autres ont leurs puissances. Et il ne convient pas que l'un soit premier principe d'une faculté, et un autre d'une autre ; ce serait en effet le désordre. Or le cœur est le principe de la vie dans tous les autres organes, comme tout le monde le concède communément. Ainsi il vit en premier et meurt en dernier, et il est formé en premier et envoie aux autres parties la chaleur vitale et les esprits. Donc pareillement il est le principe du sens, du mouvement, de la nutrition et des autres opérations.

De même, puisque le sens et l'appétit meuvent, il est nécessaire que dans le même organe se trouvent le principe du mouvement et le principe du sens. Mais dans le cœur

1. À savoir dans le monde, le *cosmos*.

2. Je n'ai rien trouvé de tel dans le livre III ; voir peut-être *Les parties des animaux*, I, 640 b 11-12 : « Voilà en effet comment [les anciens philosophes] se représentent la genèse du monde. Et ils expliquent de la même façon celle des animaux et des plantes » ; *A. L.*, 17. 2. 4 : « Sic enim et mundum generant. Similiter autem et circa animalium et plantarum generationem dicunt ». La formulation buridanienne en tout cas indique clairement l'origine du thème du macrocosme et du microcosme, qu'on trouve çà et là au Moyen Âge (en particulier, mais pas seulement, dans la littérature hermétique) mais qui devient surtout un lieu commun à la Renaissance.

se trouve le premier principe du mouvement, à savoir aussi bien du mouvement du pouls, d'où tous les organes reçoivent la chaleur et les esprits, que des mouvements par lesquels les autres affections de l'âme sont impulsées, comme il a été dit plus haut.

De même, si la puissance sensitive est dite plus noble que la puissance végétative, et son œuvre, à savoir sentir, plus noble que l'œuvre de la végétative, il s'ensuit que l'organe le plus noble et principal de l'animal doit être le principe de la sensation. Or le cœur est l'organe le plus noble et principal de l'animal, c'est pourquoi il est au milieu du corps, comme le roi est au milieu du royaume; donc etc.

De même, Aristote montre encore dans le livre III *Des parties de animaux* que le cœur est le principe des nerfs et des veines, et par conséquent du sang et des esprits, aussi bien sensitifs que vitaux [1]. C'est pourquoi il doit être considéré comme le principe corporel de la vie, du sens, du mouvement, et des autres opérations.

Mais ces expériences et le raisons rassemblées proviennent d'Aristote et des écrits d'autres auteurs; certaines sont probables et certaines semblent être nécessaires. Et beaucoup d'entre elles, bien qu'elles ne concluent pas manifestement que la sensation se fasse dans le cœur comme dans son sujet, concluent cependant nécessairement que le cœur est le principe de la chaleur et des esprits requis pour sentir. C'est ce que concluent à bon droit les arguments rapportés par Averroès dans son

1. Voir Aristote, *Les Parties des animaux*, III, 3, 665 b 9 - 666 b 1, trad. p. 76-78; *cf.* Jean Buridan, *De motibus animalium*, ed. F. Scott, H. Shapiro, *Isis*, 58 (1967), p. 553-552, en part. p. 549-551.

Colliget [1] et tous les arguments qui suivent. Mais tous les autres arguments précédents, ainsi que les expériences, semblent prouver nécessairement non seulement cela, mais encore que la sensation selon le sens commun se fait dans le cœur comme dans son sujet. Et je crois que cela doit être soutenu.

Pourtant, je ne crois pas que pour cela on doive tout à fait rejeter ce qu'ont dit beaucoup d'autres et de nombreux docteurs au sujet de la tête ou du cerveau. C'est pourquoi je veux poser cette conclusion : par nécessité le cerveau concourt, ou activement ou passivement, à ce que se produise une sensation dans le sens commun. Et on le prouve premièrement par le signe suivant : si la partie antérieure du cerveau est blessée, la sensation de tous les sens est empêchée, et par l'infirmité de cette partie du cerveau les hommes deviennent frénétiques et déments.

De même, en faveur de cela, il y a le signe suivant : ceux à qui l'on serre les veines dans le cou deviennent insensibles, comme dit Aristote dans *Du sommeil et de la veille* [2]. Et on ne voit pas pourquoi les pieds et les parties inférieures ne peuvent alors pas sentir si ce n'est parce que par une compression de cette sorte, le chemin du cerveau au cœur est obstrué, chemin par lequel il est nécessaire que toutes les images sensibles, par la médiation du cerveau, soient transmises au cœur, comme certains disent, ou que les esprits sensitifs soient transmis par le cerveau aux sens externes, comme d'autres disent.

1. Averroès, *Colliget*, II, c. 11 *sq*.

2. Voir Aristote, *Du sommeil et de la veille*, 2, 455 b 7 : « en outre, ceux dont les veines du cou sont comprimées deviennent insensibles » ; *A. L.* : « Amplius autem quibus in collo vene apprehenduntur insensibiles fiunt ».

De même, dans le sommeil, tous les sens externes deviennent impuissants à sentir. Mais pourquoi les pieds deviendraient impuissants à sentir dans le sommeil si le cerveau n'était pas requis, activement ou passivement, pour sentir ? Personne ne effet ne pourrait donner de cela une raison suffisante, car une impuissance de cette sorte se produit par le refroidissement, comme le veut Aristote, et un refroidissement intrinsèque, à savoir vers le cœur, comme dit Aristote [1]. Mais un refroidissement de cette sorte ne parvient pas aux pieds ni aux parties inférieures situées entre le cœur et les pieds. Bien plus, Aristote dit que les parties supérieures sont refroidies ainsi que les extérieures, mais que les intérieures et les inférieures sont chaudes [2]. Pourquoi donc les pieds ne sentiraient pas si ce n'est que de tous les sens externes, pour sentir, est requise une transmission des images sensibles vers la tête, et par l'intermédiaire de la tête, vers le cœur ? Nul ne pourrait en assigner une autre cause suffisante.

De même s'il y avait un chemin des images sensibles vers le cœur, sans la médiation du cerveau, et que l'âme, dans le cœur, par les images de cette sorte, était à même de former une sensation, il s'ensuivrait en tout cas que la

1. Aristote, *Du sommeil et de la veille*, 3, 457 a 34 - b 2, trad. p. 134 : « Par conséquent il est manifeste, d'après ce que nous avons dit, que le sommeil est une sorte de concentration vers l'intérieur et un reflux naturel de la chaleur » ; *A. L.*, 15. 2. 1 : « Quare manifestum ex hiis que dicta sunt quod sompnus est quidam conventus caloris intrinsecus et naturalis reciprocatio ».

2. Aristote, *Du sommeil et de la veille*, 3, 457 b 4-5 : « Ainsi, les parties hautes et les parties externes sont refroidies alors que les parties internes et les parties basses, comme la région des pieds et l'intérieur du corps, sont chaudes » ; *A. L.*, 15. 2. 1 : « Et superiora quidem infrigidantur et exteriora, interiora vero et inferiora calida, velud que circa pedes et que intrinsecus ».

montée des vapeurs depuis la nourriture vers la tête et leur retour n'empêcherait pas la sensation dans les pieds et dans les parties inférieures lors du le sommeil, choses qui sont toutes cependant expressément contraires à la détermination d'Aristote dans *De la veille et du sommeil*. Il me semble donc que tous les nerfs sensitifs de tous les sens externes sont répandus dans tout le corps et se rassemblent dans le cerveau, dans la première partie du cerveau, comme on le dira ensuite, et toutes les images des sensibles extérieurs sont transmises et rassemblées dans ce lieu par les organes des sens externes. Cependant, ici ne se produit pas de sensation comme dans un sujet, ni de jugement, mais de ce lieu du cerveau il y de nouveau un chemin vers le cœur par lequel ces images sont de nouveau transmises au cœur, dans lequel l'âme, par ces images, produit les sensations des sensibles dont ces images sont représentatives.

Et ainsi il me semble que toutes les opinions concorderaient, pour autant qu'elles se fonderaient sur des raisons probables, puisque toutes les apparences semblent pouvoir être sauvées par cette voie, et qu'il ne m'apparaît pas qu'elles puissent l'être par une autre. En effet, lorsque nous disons que l'organe du sens commun est dans le cœur, nous disons que c'est vrai parce que la sensation se fait dans le cœur comme dans un sujet. Mais lorsque d'autres disent que l'organe du sens commun est dans le cerveau, il ne disent pas vrai à proprement parler, mais ils disent vrai au sens où dans le cerveau il y a un organe vers lesquels toutes les images des sensibles venant des sens externes sont rassemblées et passent avant d'être portées vers le cœur, dans lequel la sensation se produit comme dans son sujet.

Et les arguments soutenant que le cerveau sert à sentir ne prouvent rien de plus. Ainsi en effet il est raisonnable que, si la première partie du cerveau est blessée ou malade, la sensation par le sens commun est empêchée, ou parce que l'image sensible ne peut pas parvenir au cœur ou parce qu'elle ne peut être transmise par cette partie du cerveau que de façon dispersée et désordonnée. Et c'est la même chose avec les arguments suivants.

Mais les arguments qui ont été avancés au début de la question semblent encore ne prouver rien de plus. C'est en effet de cette manière qu'était exposée l'autorité des médecins et d'autres. Ainsi encore dans le rêve il ne peut y avoir de sensation par les organes des sens externes puisque le chemin est obstrué à cause du refroidissement du cerveau, ou encore par des vapeurs grossières et indigestes qui montent du cœur et du foie vers le cerveau et reviennent de la tête vers le cœur, comme on le lit dans le livre *Du sommeil et de la veille* [1]. Et c'est encore pour cela que des remèdes locaux sont placés sur la tête afin de provoquer le sommeil ou réveil, pour que, en fermant ou en libérant les sens externes, ceux-ci puissent ou ne puissent pas apporter au cœur les images sensibles.

1. Aristote, *Du sommeil et de la veille*, 3, 456 b 18-23, trad. p. 132 : « le sommeil n'est pas toute impuissance de la faculté sensible, mais cette affection provient de l'exhalaison qui accompagne la nutrition. […] Or, en tout animal, la chaleur se porte nécessairement vers le haut, mais, quand elle est parvenue dans les lieux supérieurs, elle fait à nouveau demi-tour en masse et redescend » ; *A. L.*, 15. 2. 1 : « Set, ut diximus, non est sompnus inpotentia omnis sensitivi, set ex evaporatione circa nutrimentum passio fit hec […]. Calidum vero cuiusque animalium ad superiora natum est ferri : cum autem in superioribus locis fuerit, multum simul iterum revertitur fertur que deorsum, et revertendo propellit calorem ».

Mais il y a alors d'autres arguments qui s'interrogent sur les organes de la fantaisie, de la mémoire et de la cogitative. Et je réponds que, en raison de la différence cachée entre les organes de cette sorte et de la signification cachée de ce noms, nous utilisons ces noms de façon permissive ou équivoque. Et en plus des organes que nous disons être ceux des sens externes, je ne pose moi que trois organes qui concernent la sensation. L'un, le principal, est le cœur lui-même, dans lequel les sensations se font comme dans leur sujet au moyen de tous les sens externes. Et ainsi, pour la raison qui précède, il est le plus proprement appelé l'organe du sens commun. Un autre organe se trouve dans la partie antérieure de la tête ; vers lui et par lui sont assemblées et transmises vers le cœur toutes les images ou intentions des sensibles ou des choses senties par les sens externes, et par lui encore sont transmis tous les esprits sensitifs depuis le cœur vers les sens externes. Et de nombreux philosophes nomment aussi cet organe l'organe du sens commun, non pas parce que là se ferait la sensation comme dans un sujet, mais parce que, par sa médiation, se produit dans le cœur la sensation de tous les sensibles extérieurs.

Alors, rationnellement, il faut chercher à quoi la nature a ordonné cet organe. Est-ce qu'il n'aurait pas suffi qu'il y eût un chemin du cœur vers tous les organes externes, sans l'intermédiaire du cerveau et sans assemblage des images sensibles dans le cerveau ? On peut répondre que ce fut mieux de faire ainsi et non pas autrement, pour deux raisons. La première est que le cœur, en sentant des sensibles excessifs et suscitant des passions, souffre naturellement, et il est ébranlé et parfois bien accablé, comme dans la peur, la colère ou la tristesse. C'est pourquoi, pour qu'il ne soit pas trop grandement accablé, la nature a ordonné que les images provenant des sens externes ne soient pas transmises directement au cœur mais par l'intermédiaire du cerveau, afin que par là l'élan de la passion soit quelque peu empêché.

Une deuxième raison peut être assignée : lorsque au cours de la veille le cœur transmet et répand continuellement des esprits sensibles vers chaque sens externes, par une veille excessive il serait tellement dépouillé de cette sorte d'esprits qu'il mourrait s'il ne se reposait, non pas de l'opération de la végétative mais de l'émission des esprits sensibles vers les sens externes. C'est pourquoi la nature a ordonné qu'il y ait un chemin commun dans une telle expansion des esprits, qui puisse être fermé d'un seul coup afin que vers aucun sens externe ne fussent envoyés des esprits sensitifs. Et le lieu approprié à cette fermeture est le cerveau, par les fumées et les vapeurs qui montent de la nourriture vers la tête et qui, par la froideur du cerveau, sont épaissies et renvoyées vers les parties intérieures. Alors elles retournent vers le cœur et la chaleur et les esprits sensibles sont grandement régénérés ; et après le réveil, le cœur peut de nouveau les envoyer longtemps vers tous les organes sensitifs. Telle semble être la détermination d'Aristote dans le livre *Du sommeil et de la veille*.

Et certains appellent cet organe dont nous avons parlé, dans la partie antérieure de la tête, l'organe de l'imaginative puisque ici se trouve l'agrégation commune des images sensibles, qui sont appelées par certains « imaginations » des sensibles, puisqu'elles en sont représentatives. Et d'autres encore, n'entendant pas autre chose par imaginative et par fantaisie, appellent cet organe l'organe de la fantaisie, mais ce n'est pas bien proprement.

Un troisième organe se trouve dans la partie postérieure de la tête. Et le chemin du cœur vers cet organe est différent de celui qui va vers l'organe précédent, qui se trouvait dans la partie antérieure de la tête. Et par ce chemin sont transmis depuis le cœur toutes les images ou intentions des sensations produites dans le cœur. Et c'est ici qu'elles sont conservées quand la sensation a cessé dans le cœur. Et alors les sensations qui y sont conservées sont destinées à être retransmises vers le cœur, afin que le cœur appréhende grâce à elles les choses dont elles sont les représentations. Et ainsi se produisent en nous des apparitions alors que nous ne sentons rien par les sens externes. Et cet organe est parfois appelé fantaisie ou mémoire, comme il a été dit dans une autre question. Et il faut noter que parfois chacun de ces chemins est obstrué, à savoir tant celui qui va du cœur vers l'organe de la partie antérieure de la tête que celui qui va vers l'organe de la partie postérieure. Alors se produit en nous un sommeil sans rêve. Parfois le chemin vers l'organe de la partie antérieure de la tête est obstrué, tandis que l'autre chemin, qui va vers l'organe de la partie postérieure, reste d'une certaine manière ouvert, et alors se produisent des rêves puisqu'il ne peut pas encore se faire de sensation par les sens externes.

Quand donc on soutenait que le sens perceptif des premières qualités doit être avec elles dans une proportion équilibrée et être dépourvu de leurs extrêmes, je dis que ceci est vrai des sens externes qui reçoivent en premier les images de ces sensibles. Mais il y a d'autres images ou intentions différentes, qui sont transmises ensuite aux organes des facultés internes, et elles ne requièrent pas pour être reçues les mêmes dispositions que requéraient les premières, comme il a été dit ailleurs.

À propos du cinquième argument, qui concerne les quatre parties principales, Aristote dit que seul le cœur est le membre absolument principal, qui est principe du mouvement, du sens, de la vie, du sang, des veines, etc. Mais il s'aide du foie pour la nutrition, du cerveau pour la sensation, des testicules pour la génération du semblable.

Concernant le dernier argument, on répond que dans le sommeil le cœur ne devient pas impuissant quant à la nutrition ni quant à la génération de chaleur et d'esprit, au contraire il devient plus puissant. Mais il devient impuissant à envoyer des esprits sensibles vers les organes des sens externes en raison de la fermeture du chemin, et pour cette raison aussi il devient aussi impuissant à recevoir les images ou intentions des sensibles venant des sens externes. C'est pourquoi il devient aussi impuissant à sentir, à moins peut-être que ceci ne se fasse en rêvant grâce aux images conservées dans la fantaisie. Et ainsi encore tous les sens externes deviennent impuissants à sentir en raison du manque des esprits sensibles qui ne peuvent pas venir du cœur. Notez que nous appelons ces esprits « sensibles » non pas parce que nous les sentons mais parce que, grâce à eux, l'âme exerce instrumentalement son œuvre de sentir. Par conséquent il seraient peut-être mieux appelés « esprits sensitifs ». Mais nous avons l'habitude de parler ainsi, et les noms signifient à plaisir.

Mais il y a un dernier doute au sujet des cellules du cerveau. Pourquoi y a-t-il trois cellules, et où devons-nous assigner trois organes consacrés à leurs sensations ? Je réponds brièvement que l'organe antérieur vers lequel se rassemblent toutes les intentions des sens externes n'est pas au milieu de la première partie du cerveau, comme certains le pensent, mais est entre la première partie du cerveau et la deuxième. C'est ici en effet que le nerf sensitif est tendu du cœur vers le crâne, et ici il est divisé en plusieurs petits nerfs se dirigeant vers chaque organe des sens externes. Et de même encore un autre organe qui conserve, que nous appelons organe de la fantaisie ou de la mémoire, et il est entre les deux cellules postérieures du cerveau, lieu vers lequel se trouve aussi un chemin conduisant du cœur vers le cerveau. Mais comment ces trois cellules sont ordonnées dans la tête, cela doit être vu par l'anatomie. Certains en effet les divisent en antérieure, intermédiaire et postérieure. Certains disent que la première est grande et la postérieure petite, et divisée en partie droite et partie gauche. Mais acquérir une certitude à ce sujet relève d'un autre examen.

Et ainsi la question est éclaircie.

QUESTION 25

Sur ce deuxième livre, il reste à se demander si dans les organes extérieurs des sens se produit subjectivement une sensation actuelle, ou seulement la réception des images sensibles tandis que la sensation serait seulement dans le cœur.

On soutient que la sensation actuelle ne se fait que dans le cœur comme dans son sujet puisque, comme il est dit dans le livre *Du sens et du senti*, ceux qui font bien attention à autre chose ne voient pas ce qui est présenté devant leurs yeux, comme ceux qui pensent avec frayeur à quelque chose de terrible, ou qui entendent des sons délectables [1]. Et beaucoup, livrés à leur fantaisie, ne perçoivent pas ce qui leur est dit. Et on ne semble pouvoir rendre raison de cela autrement que parce que le cœur est occupé à autre chose, à quoi ils font ainsi attention. Donc il ne forme pas de sensation à propos d'autres choses. En effet puisque l'œil n'est pas occupé, pourquoi ne sentirait-il pas ce qui

1. Aristote, *De la sensation et des sensibles*, 447 a 15-16, trad. p. 96 : « C'est pourquoi nous n'avons pas la sensation de ce qui nous tombe sous les yeux lorsque nous nous trouvons réfléchir intensément, ou que la frayeur nous saisit, ou lorsque nus entendons un grand bruit » ; *A. L.*, 13. 2 : « propter quod delata sub oculis non senciunt, si fuerint uehementer in aliquid intendentes, uel timentes, uel audientes multum sonum ».

est présenté devant lui, étant donné que l'image de la chose visible est reçue en lui, puisqu'il est ouvert et diaphane, et que subsistent en lui l'âme et une complexion propre et qui convient ? Mais nous ne sentons pas, puisque la sensation ne se forme pas dans l'œil, et que le cœur est occupé à autre chose.

De même on a l'expérience qu'un petit caillou, sous deux droits croisés, paraît être deux, et sous les mêmes doigts qui ne sont pas croisés paraît n'être qu'un seul. Pareillement par deux yeux n'apparaît qu'une seule chose, sauf peut-être si on soulève un œil au dessus de sa place naturelle, ou en raison d'une maladie, en raison de la vieillesse ou d'une autre situation occasionnelle – dans ce cas en effet une seule chose apparaîtra bien comme étant deux. On semble ne pouvoir rendre raison de ces phénomènes que si ce ne sont ni l'œil ni le doigt qui jugent, puisque avant que se fasse le jugement deux images reçues dans les deux yeux ou dans les deux doigts sont unies à l'intérieur et sont transmises, unies, au cœur ou à l'organe du sens commun, où que nous le situions. C'est pourquoi la chose apparaît unique. Mais lorsque un des yeux est surélevé en dehors de sa place naturelle, ces images, à l'endroit de leur rassemblement, ne prennent pas la même place. C'est pourquoi dans le sens commun elles représentent la chose en divers places et lieux. Et ainsi, puisque deux doigts qui se suivent sont dans la main par leurs côtés naturellement proches l'un de l'autre, côtés selon lesquels le caillou est senti lorsque les doigts ne sont pas croisés, mais que les côtés des mêmes doigts qui ne se suivent pas naturellement l'un l'autre ne sont pas unis ainsi dans la main, côtés selon lesquels le caillou est senti par les doigts croisés, c'est pourquoi les images sensibles n'arrivent pas unies au sens commun, pour cette raison le caillou est jugé être deux cailloux, séparés selon le lieu et la place. Mais cela ne paraîtrait pas arriver si les jugements se faisaient à l'extérieur, dans les doigts ou les yeux. En effet le sens commun jugerait selon ce qu'exigent les jugements extérieurs [1], à savoir séparément, comme les jugements extérieurs seraient toujours séparés.

De même, dans le sommeil ou le rêve nous ne sentons rien parce que les images sensibles ne peuvent pas parvenir au sens commun. Mais nous sentirions si la sensation était à même d'être produite dans les organes extérieurs, puisque alors il ne serait pas requis que les images arrivent au sens commun, il suffirait qu'elle soient dans les organes extérieurs. Et ces images se produisent bien dans les organes extérieurs lors du sommeil comme lors de la veille. Puisque l'œil et la pupille sont diaphanes, rien n'empêcherait la lumière ou l'image de la couleur d'être transmises dans l'œil ou la pupille, si dans le sommeil la paupière restait levée, ou qu'elle était soulevée, ou si l'œil était sans paupière, comme chez beaucoup d'animaux qui ont les yeux durs, comme le dit Aristote [2]. Pareillement rien n'empêcherait dans le sommeil que les images de la chaleur soient transmises aux nerfs par la chair, conformément à ce qui a été dit ailleurs, à savoir que ces images des qualités premières sont transmises par l'air ou par l'eau. Et ainsi,

1. Il s'agit ici des perceptions externes.

2. Aristote, *De la sensation et des sensibles*, 5, 444 b 25-28, trad. p. 88 : « certains animaux ont des paupières et, lorsqu'elle ne se lèvent pas, ils ne peuvent pas voir, alors que d'autres, qui ont les yeux durs, n'en ont pas […] mais ils voient sur le champ, par l'organe qui chez eux en a la capacité » ; *A. L.*, 13. 2 : « quedam enim animalium habent palpebras, quibus non reuelatis minime possunt uidere ; que autem habent duros oculos non habent […] set uident a facultate existente illis statim ».

pour leur transmission, n'est pas requise une opération de l'âme, ni chaleur, ni esprits. Donc dans le sommeil elles sont transmises au nerf par la chair, à l'intérieur, comme dans la veille. Et il ne suffit pas de dire, pour échappatoire, que dans le sommeil les esprits et la chaleur ne peuvent pas être envoyés du cœur vers les organes extérieurs, donc que l'âme ne peut pas former en eux la sensation puisque pour cela il y a besoin des esprits naturels et de la chaleur naturelle.

Contre cela, il y a le fait que beaucoup de chaleur et de sang ne peuvent pas être envoyés par le cœur vers les pieds sans esprits, et que cependant de la chaleur et du sang sont envoyés vers le pieds dans le sommeil. Aristote dit en effet, et il en a l'expérience, que dans le sommeil, « les parties supérieures et extérieures, assurément, sont refroidies, et les parties intérieures et inférieures deviennent chaudes, comme les parties qui sont vers les pieds et à l'intérieur du corps » [1]. Aristote prononce ces paroles au sujet du sang, bien que ce ne soit pas de façon continue : certains animaux sont éveillés lorsque « le sang plus grossier et le plus pur ont été séparés, or le sang le plus ténu, certes, et le plus pur est celui qui est dans la tête, le plus dense et le plus troublé celui qui est dans les parties inférieures » [2];

1. Aristote, *Du sommeil et de la veille*, 3, 457 b 4-6, trad. p. 135 : « Ainsi, les parties hautes et les parties externes sont refroidies alors que les parties internes et les parties basses, comme la région des pieds et l'intérieur du corps, sont chaudes » ; *A. L.* : « Et superiora quidem infrigidantur et exteriora, interiora vero et inferiora calida, velud que circa pedes et que intrinsecus ».

2. Aristote, *Du sommeil et de la veille*, 3, 458 a 13-14, trad. p. 136 : « Or le sang le plus subtil et le plus pur se trouve dans la tête, alors que le sang le plus épais et le plus trouble se trouve dans les parties inférieures » ; *A. L.* : « est autem tenuissimus quidem sanguis et purissimus qui in capite, densissimus et turbidissimus qui in inferioribus partibus ».

« mais puisque après l'apport de nourriture le sang devient le plus mêlé, jusqu'à ce que soit séparé le sang le plus pur au dessus et le plus troublé dessous. Mais lorsque cela sera arrivé, on est réveillé » [1]. Telles sont les paroles d'Aristote dans *Du sommeil et de la veille*, d'où il ressort clairement que dans le sommeil et avant le réveil, ce sang-ci est envoyé dans la tête et celui-là dans les pieds, ce que nous voulions expliquer.

De même Aristote dit dans *Du sommeil et de la veille*, comme relevant de l'expérience, que ceux dont les veines du cou sont serrées deviennent insensibles [2]. Et il n'y aurait pas de cause rationnelle pour laquelle, à cause de cela, les pieds ne sentiraient pas, si l'âme était destinée à informer la sensation dans les pieds ; puisque, si la sensation était formée dans le pied, ou bien cela serait avant d'être formée dans le sens commun, après, ou en même temps. Si c'était avant, alors l'âme pourrait former cette sensation bien que, par cette constriction des veines, le chemin soit fermé soit ou bien le cerveau ou bien vers le cœur. Si l'on disait que

1. Aristote, *Du sommeil et de la veille*, 3, 458 a 21-24, trad. p. 137 : « C'est parce que le sang devient plus mêlé après l'apport de la nourriture que le sommeil se produit, jusqu'à ce que soit effectuée la séparation du sang, le plus pour allant vers les parties supérieures et le plus trouble vers les parties inférieures. Une fois que cela s'est produit, les animaux se réveillent, libérés du poids de la nourriture » ; *A. L.*, 15 : « Quia vero fit maxime sanguis post nutrimenti oblationem indiscretus sompnus fit, quoad secernatur sanguinis hoc quidem purissimum sursum, illud vero turbidissimum deorsum : cum autem hoc acciderit, expergiscuntur absoluta ex nutrimenti gravitate ».

2. Voir Aristote, *Du sommeil et de la veille*, 2, 455 b 7 : « en outre, ceux dont les veines du cou sont comprimées deviennent insensibles » ; *A. L.* : « Amplius autem quibus in collo vene apprehenduntur insensibiles fiunt ». Cette citation, comme la plupart de celles qui précèdent, ont déjà été exploitées dans la question précédente.

c'est après, cela paraîtrait irrationnel car cela serait en vain, puisque la sensation par le sens commun suffirait à tout cela et aussi puisque les images et intentions sont transmises des organes extérieurs vers le cœur, il n'est pas vraisemblable qu'elles doivent revenir. Mais si l'on dit que c'est en même temps, cela paraît de nouveau irrationnel puisque s'il ne peut pas y avoir de sensation dans le pied sans sensation dans le cœur, on ne peut rendre raison de cela que parce qu'une de ces sensations est cause de l'autre, et la cause est naturellement antérieure au causé. Donc elles ne se feraient pas en même temps, du moins naturellement.

De même les frénétiques, en raison de la mauvaise disposition dans le cerveau de l'organe intérieur vers lequel se rassemblent les images de tous les sensibles dans leur transmission vers le cœur ou vers le sens commun, perçoivent un serpent qui bouge, par l'image d'un bâton reçue dans l'œil, et par l'image d'un petit son reçue dans l'oreille, qu'il y a des diables qui hurlent. Ils ne jugeraient pas cette façon si le jugement se faisait dans l'œil ou dans l'oreille.

De même, dans tout le livre *Du sommeil et de la veille*, *De la mémoire et du souvenir*, Aristote appelé le sens commun ou son organe « le premier sensitif » [1]. Or il ne serait pas le premier sensitif, mais le dernier si les sensations étaient d'abord formées dans les organes des sens externes.

1. Voir Aristote, *Du sommeil et de la veille*, 3, 458 a 25-27 : « Nous avons donc dit quelle était la cause du sommeil, à savoir le reflux de la matière solide remontant en masse sous l'effet de la chaleur connaturelle vers l'organe sensoriel premier » ; *A. L.* : « Que quidem igitur causa dormiendi, dictum est, quia a corpulento quod sursum fertur per ingenitum calorem <reditio> subito ad primum sensiterium ».

On soutient l'opposé ainsi : si la sensation ne se produisait pas dans les yeux, dans les oreilles etc., on ne dirait pas bien et proprement que nous avons cinq sens externes. En effet un sens ou un organe n'est pas proprement dit sensitif s'il ne sent pas, même s'il recevait l'image de la chose sensible.

De même, dans le livre *Du sens et du senti*, Aristote dit qu'il est manifeste que ce n'est pas à l'extrémité de l'œil qu'est l'âme sensitive mais à l'intérieur dans le transparent appelé pupille [1]. Or si la sensation ne se faisait pas dans la pupille, comme elle ne se fait pas dans les tuniques extérieures de l'œil, on ne dirait pas à juste titre que ce n'est pas dans une tunique extérieure que se trouve l'âme sensitive, mais dans la pupille, puisque le même argument vaudrait pour chacune. En chacune en effet se trouverait l'image de la chose visible, et l'âme et la sensation dans chacune. Et Aristote dit la même chose du toucher dans le livre II du présent ouvrage : le tangible sensitif n'est pas la chair mais le milieu [2] ; mais le sensitif est constitué par les nerfs répandus sous la chair par tout le corps. Cependant, si la sensation ne se produisait pas en ces nerfs, ils ne seraient pas plus sensitifs que la chair puisque tout le corps, à savoir la chair et les nerfs, ne

1. Aristote, *De la sensation et des sensibles*, 2, 438 b 8-10 : « Ce n'est pas en effet à la surface de l'œil que se trouve l'âme ou la fonction sensitive de l'âme, mais il est manifeste que c'est à l'intérieur » ; *A. L.*, 13. 2 : « Non enim in ultimo oculi anima aut anime sensitiuum est, sed manifestum quoniam interius ».

2. Aristote, *De l'âme*, II, 11, 423 b 17-18, trad. p. 193 : « il semble bien qu'il en aille de la chair et de la langue comme il en va de l'air ou de l'eau en rapport avec la vue, l'ouïe et l'odorat » ; *A. L.*, 12. 2 : « Omnino autem uidetur caro et lingua, sicut aer et aqua ad uisum et auditum et olfactum se habent, sic se habere ad sensitiuum sicut illorum unumquodque ».

seraient que le milieu par lequel les images seraient transmises au véritable sensitif.

De même, dans le livre II *De l'âme*, Aristote demande ce qu'est saisir une odeur, en plus de pâtir d'une odeur [1]. Et il répond que c'est sentir [2]. Ainsi en effet, pour la même raison, voir est sentir, et pareillement entendre, etc. Et pourtant les sens externes entendent, sentent une odeur, etc., ce qui apparaît par Aristote dans *Du sommeil et de la veille*, disant qu'il est nécessaire selon n'importe quel sens qu'il y ait un acte qui lui soit propre, comme voir pour la vue, entendre pour l'audition et ainsi de suite, sur le même mode [3], donc les sens externes sentent et ils ne sentiraient pas s'il n'y avait en eux des sensations.

De même il a été dit dans les questions précédentes [4] que la lumière et la couleur ne suffisent pas pour produire leurs images, si ce n'est dans un sujet diaphane, et qu'il faut que des intentions, de nature tout à fait différente des images produites dans les yeux, soient transmises ensuite à l'organe du sens commun par une voie non diaphane ni illuminée, et que pour produire ces intentions est requise

1. Aristote, *De l'âme*, II, 12, 424 b 16-17, trad. p. 197 : « Qu'est-ce donc que saisir une odeur, en dehors du fait de subir quelque effet ? » ; *A. L.*, 12. 2 : « Quid igitur est odorare, preter pati aliquid ? »

2. Aristote, *De l'âme*, II, 12, 424 b 17, trad. p. 197 : « Eh bien, saisir une odeur, c'est avoir une sensation » ; *A. L.*, 12. 2 : « Aut odorare sentire est ».

3. Aristote, *Du sommeil et de la veille*, II, 455 a 13-16, trad. p. 126 : « Posons par ailleurs que chaque sens en particulier possède d'une part quelque chose de propre [...] (ainsi la vue possède-t-elle en propre le voir, l'ouïe l'entendre et chaque sens les autres facultés de la même manière) » ; *A. L.* : « Quoniam autem existit secundum unumquemque sensum hoc quidem aliquid proprium [...], proprium quidem velud visui videre, auditui autem audire, et aliis secundum eundem modum ».

4. Voir en particulier II, qu. 22.

une première action de l'âme sensitive, et même une vision actuelle dont ces intentions sont représentatives. Il est donc nécessaire qu'une première vision de cette sorte soit produite dans l'œil et non pas dans le sens commun.

Cette question m'apparaît assez difficile et l'intention d'Aristote me semble être que les sensations se font dans les organes externes des sens, comme dans les yeux, les mains et les oreilles. Mais nous ne nous percevons pas en train de sentir, si ce n'est par un acte formé dans le sens commun. Et il peut ainsi être répondu au premier argument qui était avancé au début de la question, selon lequel si nous sommes très attentifs à certaines imaginations, nous ne sentons pas par le sens commun ce qui est sous nos yeux ou les sons prononcés à voix haute près de nous, cependant nous les voyons et les entendons, en ignorant que nous les voyons et les entendons. C'est pourquoi, si l'on demande ensuite si nous avons vu ou entendu de telles choses, nous ne pourrons, en le sachant, dire que oui puisque l'acte est passé et que rien n'est resté dans la mémoire, étant donné que la fantaisie ne reçoit les intentions ou images qu'elle conserve que du sens commun. Ainsi, aussi intenses et fortes que soient la vision ou l'audition, jusqu'à la lésion de l'organe, si cependant le sens commun ne faisait pas attention à elles, une fois les objets éloignés, nous ne pourrions pas savoir ce que nous avons vu ou entendu.

Ensuite je crois aussi être de l'intention d'Aristote que, puisque dans le sommeil le chemin de transmission des intentions sensibles depuis les sens externes jusqu'au sens commun est obstrué, bien qu'alors nous sentions par les sens externes, cependant nous ne nous percevrions pas en train de sentir et, réveillés, nous ne nous souviendrions pas que nous aurions senti quelque chose, comme c'est le cas de ceux qui, en dormant, font des choses convenant à ceux qui sont réveillés. Il est vraisemblable en effet qu'ils sentent par les sens externes. Ainsi quelqu'un m'a dit qu'il a vu un homme qui faisait de nombreuses choses de façon très précise en dormant et qui, en allant et venant de cette façon, avait les yeux ouverts. Et il ne semble absolument pas possible que quelqu'un s'habille aussi précisément, se chausse, ouvre la porte et revienne au même endroit, comme on l'a raconté de certains, s'ils ne percevaient pas des vêtements, des souliers et d'autres choses par la vue ou par le toucher. Bien plus, ni nous ni eux ne pouvons faire cela en état de veille sans l'aide de la vue ou du toucher. Cependant, on dit que ces hommes, bien qu'ils se souviennent des rêves, ne se rappellent toutefois pas les choses qu'ils ont faites dehors. Et cela semble se produire par l'une de ces deux causes : la première est que les intentions des sensations extérieures ne parviennent pas au sens commun ni, par conséquent, à la fantaisie ; ou l'autre, qu'alors ces imaginations sont tellement fortes et occupant si fortement le sens commun, que si les intentions des sensations extérieures parviennent au sens commun, cependant celui-ci n'y fait pas attention, ou fait attention si faiblement que les images ou intentions ne sont pas formées dans la fantaisie.

D'autres disent que ces hommes ne se rappellent pas leurs actions puisqu'ils ne les sentent pas. Mais je ne pense pas que ce soit vrai, comme je l'ai dit. Et il ne vaut rien de dire que dans le sommeil tous les sens externes deviennent impuissants puisque, bien que cela soit vrai du sommeil parfait, cependant Aristote dit, et c'est vrai, que parfois ceux qui dorment partagent quelque chose de la veille [1].

1. Aristote *Des rêves*, 3, par exemple 460 b 28-32, trad. p. 147 : « Il est clair […] que les mouvement provenant des impressions sensibles – celles qui viennent de l'extérieur comme celles qui

Ainsi, comme je l'ai dit, il arrive à certains, dans le sommeil, de percevoir de quelque façon des sons, de la lumière, une saveur et le toucher, faiblement et comme de loin. Et c'est ce que quelqu'un peut répondre à celui qui pose la question.

De même, il me semble être de l'intention d'Aristote, d'Avicenne, d'Averroès et d'autres que, comme l'âme ne peut exercer le travail de nutrition sans chaleur et esprits nutritifs, de même elle ne peut exercer le travail de sensation sans esprit sensitifs, qui ne viennent aux sens externes que s'ils sont envoyés par le cœur. C'est pourquoi, puisque dans un sommeil parfait ils reviennent au cœur et ne peuvent être diffusés vers les sens externes en raison de l'obstruction du chemin, les sens externes ne peuvent pas sentir. C'est pourquoi aussi dans la veille, puisque les esprits sensitifs sont plus abondants dans leur source, à savoir dans le cœur, que dans les sens externes, les sensations sont faibles et imparfaites dans les sens externes mais elles sont parfaites et distinctes dans le cœur. C'est pourquoi nous n'acquiesçons absolument à une sensation produite dans les sens externes que si un jugement accompli dans le cœur est en accord avec elle.

Et par là est résolu un autre argument qui était énoncé au début de la question, au sujet des deux yeux et des doigts croisés. Le sens commun perçoit une seule chose puisque les intentions parviennent à lui unies, et qu'il n'y a pas de sensation faites dans les sens externes qui pourraient faire obstacle à ce jugement.

viennent du corps – se produisent non seulement à l'état de veille, mais aussi quand s'est produite cette affection qu'on appelle "sommeil" » ; *A. L.*, 15. 2. 2, *De insomniis*, Guillelmus de Morbeka reuisor translationis Aristotelis (translatio « noua », Anonymi saec. XII translationis recensio) : « Ex hiis itaque manifestum quoniam non solum in vigilando motus a simulacris fiunt et que extrinsecus et que in corpore sunt, set etiam quando fit passio hec que vocatur sompnus ».

Au troisième argument, on répond que dans le sommeil parfait ne se produisent pas de sensations dans les sens externes en raison du manque d'esprits sensitifs. À l'objection qui était faite contre cela, il faut dire que les esprits nutritifs et les esprits sensitifs sont différents et sont envoyés du cœur aux autres membres par des voies différentes. En effet, les esprits sensitifs son envoyés par le cerveau vers les organes extérieurs et, comme ils sont subtils, ils sont renvoyés vers le cœur par un petit obstacle. Mais les esprits nutritifs et vitaux sont envoyés avec le sang par les veines et surtout par les artères [1], c'est-à-dire celles qui ne passent pas par le cerveau pour aller vers les pieds et les mains.

Il faut répondre de la même façon au quatrième argument, car par une telle constriction des veines dans le cou, le chemin des esprits sensitifs est obstrué.

Quant à ce qui est soutenu à propos de la priorité, il faut dire que la sensation est faite dans le sens externe avant d'être faite dans le sens commun, mais elle est faible et imparfaite. C'est pourquoi nous avons besoin qu'elle soit parachevée dans le cœur

Au cinquième argument il est répondu que dans l'ensemble nous savons dans le jugement du sens commun, et que la sensation extérieure ne se produit en nous que pour présenter au sens commun les intentions représentatives des sensations.

Au dernier argument il faut répondre que le sens commun est dit « premier sensitif » non pas parce qu'en lui se formerait en premier la sensation, mais parce qu'il est premier par domination, puissance et causalité.

1. *Venae pulsatiles.*

LIVRE III

QUESTION 1

À propos du troisième livre du traité *De l'âme*, on doit chercher à résoudre certains doutes, et d'abord si l'intellect humain est une faculté qui pâtit de l'intelligible [1].

On soutient que non, puisque tout ce qui pâtit est mû, bien que l'inverse ne soit pas vrai, comme il est dit au livre Ier du traité *De la génération* [2]. Et « tout ce qui est mû est divisible », comme il est dit au livre VI de la

1. En commençant son commentaire du livre III par cette question, Buridan centre sa réflexion sur les chapitres d'Aristote consacrés à l'intellect qui pâtit et l'intellect qui agit (*De l'âme*, livre III, chap. 4 et 5). À bien des égards, cette question est un commentaire du chapitre 4.

2. Aristote ne semble pas formuler explicitement cela. Mais dans *De la génération et de la corruption*, I, 6, il évoque différentes façons d'être mû : voir 323 a 12-22 notamment 21-22, éd. et trad. M. Rashed, Paris, Les Belles Lettres, 2005, p. 32 : « il y a un sens où les choses susceptibles de mouvoir sont en contact avec les choses susceptibles d'être mues et un sens où elles ne le sont pas » ; *A. L.*, 9. 2, *De generatione et corruptione*, Burgundii transl. recensio, Guillelmus de Morbeka reuisor transl. Aristotelis : « Illud igitur manifestum, quoniam est quidem ut motiva mobilia tangunt, est autem ut non »

Physique [1]. Or l'intellect n'est pas divisible. Donc il n'est pas mû et ne pâtit pas.

De même, Aristote dit que « nécessairement il est impassible » [2]. Donc il ne peut pas pâtir.

De même, l'agent est plus noble que le patient, comme il est dit au livre III de ce traité [3]. Or des intelligibles tels que des pierres et du bois ne sont pas plus nobles que l'intellect. Donc ils n'agissent pas sur lui, et lui n'en pâtit pas.

De même, cela aurait pour conséquence que la puissance végétative serait plus noble que l'intellect, ce qui est faux. La conséquence est patente, puisque cette puissance est active relativement à son objet ; or agir est plus noble que pâtir ; une puissance dont l'acte est plus noble doit être jugée plus noble.

De même, il revient à la forme d'agir et à la matière de pâtir, comme il est dit au livre II du traité *De la génération* [4]. Or l'intellect est la forme de l'homme. Donc il lui revient d'agir et non pas de pâtir.

1. Aristote, *Physique*, VI, 4, 234 b 10, trad. p. 322 : « mais il est nécessaire que tout ce qui change soit divisible » ; *A. L.*, 7. 1, *Physica*, Iacobus Veneticus translator (transl. vetus) : « Quod mutatur autem omne necesse est divisibile esse ».

2. Aristote, *De l'âme*, III, 4, 429 a 14-15, trad. p. 222 : « ou bien [l'intelligence] consistera à subir quelque chose sous l'effet de l'intelligible ou bien elle sera une autre opération du même genre » ; *A. L.*, 12. 2, Guillelmus de Morbeka reuisor translationis Aristotelis secundum Aquinatis librum – De anima (translatio noua) : « aut pati aliquid utique erit ab intelligibili aut aliquid huiusmodi alterum ».

3. Aristote, *De l'âme*, III, 5, 430 a 18-19, trad. p. 228 : « Toujours en effet ce qui produit surpasse en dignité ce qui subit » ; *A. L.* : « Semper enim honorabilius est agens paciente ».

4. Aristote, *De la génération et de la corruption*, II, 9, 335 b 29-31, trad. p. 75 : « Car à la matière il appartient d'être affectée et mue

De même, l'agent et le patient doivent avoir une matière en commun, et au début être contraires, comme il est dit au livre Ier du traité *De la génération*[1]. Or tel n'est pas le cas pour l'intellect et les intelligibles. Donc, etc.

De même, la matière première est intelligible alors que l'intellect ne pâtit nullement d'elle, puisqu'elle n'est capable d'aucune activité. Et aussi, par le concept spécifique d'homme j'intellige tous les hommes, non seulement ceux que je vois mais aussi ceux qui sont à Rome et qui n'ont jamais affecté mes sens ni mon intellect. Il n'est donc pas nécessaire que l'intellect pâtisse de l'intelligible pour pouvoir l'intelliger[2].

De même, l'intellect n'est pas une faculté passive. La conséquence est claire par le lieu des dérivés[3]. L'antécédent est patent, puisque si intelliger consistait à pâtir, alors inversement être intelligé consisterait à agir. Et cela est manifestement faux : premièrement parce que la matière est intelligée, et elle n'agit pas ; deuxièmement parce que

tandis que mouvoir et agir appartiennent à une autre puissance » ; *A. L.* : « Materie enim pati et moveri, movere autem et facere alterius potentie ».

1. Voir généralement *De la génération et de la corruption*, I, 3, par exemple la conclusion 319 a 17-21.

2. On se situe dans le cadre d'une ontologie du singulier où il n'est pas envisageable qu'une nature commune affecte notre intellect.

3. Littéralement : le lieu des termes (ou choses) conjoints, *locus a coniugatis*. Voir à ce sujet *Summulae de locis*, 6, 2, p. 119. Mais le texte montre qu'il s'agit toujours de la relation d'un abstrait à son concret ou inversement (par exemple homme et humanité, blancheur et blanc, justice et juste) ; le *locus a coniugatis* fonde des argumentations telles que « la justice est bonne, donc le juste est bon ». Ici toutefois, la relation semble prise en un sens élargi : il s'agit de passer de l'actif au passif (de « intelliger » à « être intelligé »), et le prédicat lui-même doit subir la même conversion.

nous avons coutume de dire que l'intellection est une action immanente [1] ; troisièmement parce que « intelliger » est un verbe actif en grammaire et que pâtir ne doit pas être signifié par un verbe actif, ni agir par un verbe passif, parce que la grammaire ne serait pas une science vraie si elle ne s'accordait pas avec la nature des choses.

Aristote établit l'opposé dans le livre III : bien qu'il dise que l'intellect est en quelque façon impassible [2], il distingue cependant deux façons de pâtir. Et ilconcède que selon l'un de ces modesl'intellect pâtit de l'intelligible [3].

De même, Aristote dit que l'intellect « se rapporte aux intelligibles comme le sens aux sensibles » [4]. Et au livre de II ce traité, il dit qu'« il arrive au sens que quelque chose en lui soit mû et qu'il pâtisse » [5].

De même Aristote dit aussi que l'intellect « n'a pas de nature, si ce n'est d'être appelé "possible" », c'est-à-dire une puissance de recevoir et de pâtir, et qu'« il n'est pas en acte avant d'intelliger » [6]. Il dit ainsi que l'intellect,

1. L'action immanente s'oppose à l'action transitive, qui porte sur un objet extérieur.

2. Voir, n. 2, p. 502.

3. Cette affirmation renvoie à tout le raisonnement du chapitre 4 d'Aristote. Dans la détermination qu'il proposera plus loin, Buridan va expliciter comment il convient de comprendre ces différents sens de pâtir

4. Aristote, *De l'âme*, III, 4, 429 a 18, trad. p. 222 : « Et la relation du sensitif aux sensibles doit être celle de l'intelligence aux intelligibles » ; *A. L.* : « et similiter se habere, sicut sensitiuum ad sensibilia, sic intellectum ad intelligibilia ».

5. Aristote, *De l'âme*, II, 5, 416 b 33-34, trad. p. 159 : « Or la sensation réside dans le fait de recevoir un mouvement et d'être affecté » : *A. L.* : « sensus autem in moveri aliquid et pati accidit ».

6. Voir Aristote, *De l'âme*, III, 4, 429 a 21-22, trad. p. 222-223 : « elle ne peut même avoir la moindre nature, en dehors de celle qui

tout au moins l'intellect possible, « devient tout »[1] ; or devenir revient à pâtir, et d'une manière générale recevoir une disposition qui est inhérente revient en quelque façon à pâtir. Or nous disons que l'intellect reçoit les intellections et les dispositions intellectuelles. Donc, etc.

Cette question est facilement résolue par la solution d'Aristote ; « pâtir » se dit en effet de plusieurs façons.

Premièrement, au sens propre, « pâtir » est synonyme d'« être corrompu ». C'est ainsi que les contraires sont susceptibles de pâtir[2] les uns des autres. La froideur en effet pâtit de la chaleur, c'est-à-dire est corrompue, ou bien inversement. Voici donc une première conclusion : l'intellect humain n'est pas susceptible de pâtir de cette façon, puisque Aristote soutient qu'il est perpétuel. Ainsi, on peut comprendre en ce sens le passage[3] selon lequel l'intellect est nécessairement impassible.

En un deuxième sens, « pâtir » signifie communément la même chose que, pour un sujet, recevoir une disposition qui lui est inhérente, qu'elle soit substantielle ou accidentelle. Ainsi nous dirions que la matière pâtit lorsqu'elle reçoit une forme substantielle ou accidentelle, et le mur lorsqu'il reçoit la blancheur. Soit alors une deuxième conclusion :

consiste à être un possible. Par conséquent ce qu'on appelle l'intelligence de l'âme […] n'est effectivement aucune des réalités avant de penser » ; *A. L.* : « quare neque ipsius esse naturam ipsam, set aut quod possibilis. Vocatus itaque anime intellectus […] nichil est actu eorum que sunt ante intelligere ».

1. Aristote, *De l'âme*, III, 5, 430 a 14-15, trad. p. 228 : « Et c'est ainsi qu'il y a, d'un côté, l'intelligence caractérisée par le fait qu'elle devient toutes choses » ; *A. L.* : « et est huiusmodi quidem intellectus in quo omnia fiunt ».

2. *Sunt ad invicem passibilia.*

3. *Illa auctoritas*

l'intellect, tout comme le sens, est une faculté passive parce qu'il reçoit les intellections et les dispositions intellectuelles.

En un troisième sens, le sens de « passion » est restreint aux passions dommageables, affligeantes, ou corruptrices, comme il ressort du livre V de la *Métaphysique* [1]. Je vois donc comme troisième conclusion que l'intellect peut pâtir de passions affligeantes et dommageables, puisque l'intellect est la même chose que la volonté [2], et que la volonté peut s'attrister et recevoir des volitions qui lui sont tout à fait nocives, par lesquelles nous péchons et nous noircissons et corrompons totalement notre âme.

Mais s'agissant de la passion corruptrice, on peut faire une distinction : elle est dite corruptrice en deux sens. En un premier sens, parce qu'elle est corruptrice d'une disposition contraire, présente dans le sujet dans lequel elle est reçue ; en un second sens, parce qu'elle prédispose à la corruption du sujet qui la reçoit.

Au premier sens, donc, toutes les passions relatives aux qualités premières [3] sont dites corruptrices parce qu'il ne se produit pas dans quelque sujet un certain degré de chaleur sans que ne soit corrompu un certain degré de

1. Aristote, *Métaphysique*, Δ, 21, 1022 b 15-21, trad. p. 212.

2. Les deux sont la même chose (l'âme comme forme) considérée selon deux points de vue conceptuels différents ; ici, cette identité référentielle des deux termes « intellect » et « volonté » justifie l'attribution à l'un des prédicats de l'autre – mais cela suppose de faire abstraction des connotations particulières à chacun d'eux. Ce point est longuement développé dans les *Questions sur l'Éthique*, livre X, qu. 1 : « Est-ce que la volonté est plus libre que l'intellect ? », Parisiis, 1513, f°s 103ra-105vb.

3. Il s'agit ici, comme on le verra dans les réponses aux arguments initiaux, des qualités élémentaires telles que le chaud et le froid, le sec et l'humide.

froideur, et vice versa [1]. Je dis donc en guise de quatrième conclusion que le plus souvent l'intellect pâtit de passions qui ne sont pas corruptrices en ce sens ; en effet, bien que l'intellect reçoive au début des concepts simples aussi bien que composés, ou des raisonnements ou des dispositions intellectuelles, il n'est pas nécessaire que quelque chose se corrompe en lui.

Cependant il pourrait parfois arriver qu'il pâtisse d'une passion corruptrice en ce sens ; par exemple s'il arrivait que tu aies une opinion, et qu'une opinion contraire se produise en toi sous l'effet d'arguments contraires, il faut que la première opinion soit corrompue parce qu'il est impossible que des contraires se trouvent en même temps dans un même sujet. C'est la raison pour laquelle il est dit au livre IV de la *Métaphysique* qu'il est impossible d'assentir à l'opposé du premier principe [2].

En guise de cinquième conclusion, il faut dire que l'intellect humain n'est pas susceptible de pâtir d'une passion corruptrice au second sens, à savoir celle qui conduirait à sa corruption, parce qu'on le pose comme incorruptible.

1. Sur la variation quantitative des qualités (l'intension et la rémission des formes), voir Buridan, *Quaestiones super octo libros Physicorum Aristotelis*, III, qu. 2 à 5, éd. M. Streijger et P. J. J. M. Bakker, Leiden-Boston, Brill, 2016, vol. II, p. 15-59.

2. Aristote, *Métaphysique*, Γ, 3, 1005 b 22-25, trad. p. 153 : « C'est assurément le plus sûr de tous les principes, car il a la détermination qu'on a dite : il est en effet impossible à quiconque de concevoir que la même chose est et n'est pas » ; *A. L.* 25. 3. 2, *Metaphysica*, recensio et translatio Guillelmi de Moerbeka : « Hoc autem omnium firmissimum est principiorum ; habet enim dictam determinationem. Impossibile namque quemcumque idem existimare idem esse et non esse ».

Cela dit, nonobstant les conclusions précédentes, on pose une sixième conclusion, à savoir que l'intellect est une faculté active. On le prouve d'abord parce que dans l'homme, pour ce qui est de l'âme [1], l'intellect est la même chose que le sens et la faculté végétative, ainsi que je le suppose à présent [2]. Cependant tout le monde concède que la faculté végétative est une faculté active. Donc l'intellect et le sens le sont aussi.

De même, on montrera ensuite que dans l'homme la puissance qui meut selon le lieu est parfois l'intellect. Cependant toute puissance motrice est active.

De même, il faut nécessairement concéder que l'intellect doit intervenir de manière active lorsqu'il compose, divise, fait des syllogismes et des distinctions.

Et puisque l'on demandait si l'intellect est une faculté qui pâtit de l'intelligible, je pose donc une septième conclusion, à savoir que c'est le cas, puisque, de quelque manière qu'il pâtisse, l'intellect pâtit d'un étant, et tout étant est intelligible. Donc il pâtit de l'intelligible [3].

On pose une huitième conclusion : notre intellect intellige parfois bien des choses dont il n'a jamais pâti, comme le montrait l'argument sur la matière et les hommes vivant à Rome. C'est pourquoi on en déduit corollairement que si tout intelligible est appelé objet de l'intellect, alors

1. *Ex parte anime*. Le sens peut être considéré du côté du corps, ou bien de l'âme qui utilise un organe sensible.

2. Dans les questions sur le livre II, Jean Buridan a établi l'identité en l'animal de l'âme végétative et de l'âme sensitive, mais sa réponse avait des implications pour l'unicité de l'âme humaine et l'unité réelle des puissances désignées par des noms différents. Cette identité, ici présupposée, sera établie dans la question 17 sur le livre III.

3. Buridan refuse de considérer un « troisième royaume » ou domaine, purement intentionnel ou objectif au sens médiéval, qui serait distinct à la fois des actes de l'esprit et des choses extramentales.

tout objet de l'intellect n'est pas actif dans l'intellect, et l'intellect n'est pas non plus passif à l'égard de tous ses objets. Aussi l'intelligible et l'intellect ne se rapportent-ils pas universellement l'un à l'autre comme l'actif et le passif, mais comme le représentable et ce à quoi peut advenir une représentation – ce qu'Aristote a peut-être voulu indiquer au livre cinq de la *Métaphysique*, en posant la mesure et le mesurable comme le deuxième mode du relatif [1].

Il faut donc répondre aux arguments.

Au premier, on répond que l'indivisible n'est pas mû si l'on parle du mouvement en son sens le plus propre. Mais si l'on prend « être mû » au sens commun, comme équivalant à se rapporter différemment à quelque chose, selon l'antérieur et le postérieur, alors l'indivisible est bien mû. Il faut voir cela au livre VI de la *Physique* [2].

Cette autorité d'Aristote sur l'impassibilité de l'intellect vaut pour la première conclusion et pour la cinquième.

À l'autre, on répond que ce n'est pas tout agent qui est plus noble que son patient. En revanche il est vrai que pour toute action ou toute passion, il faut qu'intervienne un agent plus noble que le patient. On parlera davantage de cela lorsque l'on s'interrogera sur l'intellect agent [3].

À l'autre, on a dit que l'intellect est non seulement une puissance passive, mais aussi une puissance active.

1. Voir *Métaphysique*, Δ, 15, 1020b 26-31 : dans ce passage, Aristote traite ensemble le rapport de la mesure et le mesurable, le sens et le sensible, ce qui peut être su (*scibile*) et la science.

2. Voir Aristote, *Physique*, VI, 10, 240 b 8 - 241a15 ; Jean Buridan, *Questiones super octo Physicorum libros Aristotelis*, VI, qu. 7 : « Utrum omne quod mutatur est divisibile », Parisiis, 1509, f°s 99vb-100rb.

3. Voir *Questions sur l'âme*, III, qu. 10.

À l'autre, on peut répondre que, à proprement parler, c'est la matière et non pas la forme qui pâtit des actions et passions relatives aux qualités premières, dont il est question dans le livre *De la génération*. Mais si l'on parle des actions spirituelles, la forme peut non seulement agir, mais aussi pâtir.

À l'autre, pareillement, il faut répondre qu'Aristote parlait des actions et des passions relatives aux qualités premières.

Quant à l'autre argument, à propos de la matière et des hommes vivant à Rome, on y a répondu dans la solution.

À l'autre, je réponds qu'intelliger consiste à la fois à agir et à pâtir. Car l'intellect, en formant l'acte d'intelliger, agit en lui-même, et pâtit de lui-même. Et puisque intelliger consiste à agir, il n'est pas étonnant que cela soit signifié par un verbe actif, et pour cette raison aussi on dit à juste titre que l'intellection est une action immanente, c'est-à-dire interne à son agent. En revanche, quand on dit que si intelliger consiste à pâtir, être intelligé consisterait à agir, je nie la conséquence, parce que même si intelliger consiste à pâtir, ce n'est peut-être cependant pas pâtir de cela même qui est intelligé, comme par exemple intelliger la matière n'est pas pâtir de la matière. Aussi, il n'est pas requis non plus qu'être intelligé soit agir.

Mais on demandera pourquoi « être intelligé » est signifié par un verbe passif selon la grammaire, sinon parce qu'être intelligé consiste à pâtir. Je réponds que tous les noms et les verbes signifient à plaisir. C'est pourquoi pour une raison ténue nous pouvons signifier le fait de pâtir par un mot de genre actif, et le fait d'agir par un mot de genre passif, ou encore signifier par un terme de genre actif ou passif ce qui n'est ni agir ni pâtir, comme lorsque nous disons que Dieu s'intellige et s'aime, ou que Dieu est intelligé et aimé par lui-même [1]. Ainsi, puisque les gens ont peut-être cru que la sensation se produisait par l'envoi de quelque chose vers l'extérieur [2], c'est-à-dire que le sens agirait sur le sensible et que le sensible pâtirait, ils ont signifié le sentir par un mot actif et être senti par un mot passif, et de la même façon, communément, intelliger et être intelligé, en raison du rapport qu'entretient l'acte d'intelliger avec l'acte de sentir, et de même encore pour aimer et être aimé, désirer et être désiré, etc., puisque de tels actes découlent de l'acte d'intelliger ou de sentir.

1. Buridan refuse le parallélisme des modes de signifier (tels que le passif et l'actif, le masculin et de féminin), des modes d'intelliger et des modes d'être, parallélisme qui était à la base de la grammaire spéculative.

2. Certains textes antiques, et notamment l'*Optique* d'Euclide, défendent une théorie de vision fondée sur l'extramission, ou l'émission d'un rayon par l'œil. Cette thèse, de fait abandonnée sous l'influence conjointe d'Aristote et d'Avicenne, reste toutefois présente dans le débat sur la nature de la vision.

QUESTION 2

On demande, deuxièmement, s'il est nécessaire que l'intellect soit dénué de ce qu'il intellige [1].

On soutient que non par comparaison avec le sens. Car l'organe du toucher n'est pas dépourvu de chaud, de froid, d'humide et de sec, qu'il est capable de percevoir ; la langue n'est pas non plus sans saveur, ni l'œil sans couleur. Donc, etc.

De même, l'intellect peut intelliger n'importe quel étant, et il n'est pas dénué de tout étant. Ainsi il peut s'intelliger lui-même, et il ne peut être dénué de lui-même.

De même, Dieu s'intellige lui-même en premier, principalement et au plus haut point, alors qu'il n'est pas dénué de lui-même.

De même, l'auteur du *Livre des causes* dit que « l'intelligence est pleine de formes » [2], et il dit cela pour

1. Cette question, centrée sur les mêmes chapitres d'Aristote que la précédente, examine la théorie de l'intellect comme « table rase ». Voir Aristote, *De l'âme*, III, 4, 430 a 1, trad. p. 227 : « Et il doit en être comme sur un tableau où aucun dessin ne se trouve réalisé, ce qui est très précisément le cas de l'intelligence » : *A. L.* : « Oportet autem sic sicut in tabula nichil est actu scriptum, quod quidem accidit in intellectu ».

2. *Livre des causes*, IX, proposition 92, trad. sous la direction

indiquer qu'elle les intellige. Donc pour intelliger certaines choses il n'est pas nécessaire que l'intellect en soit dénué.

De même, on ne voit aucune nécessité à ce que l'intellect soit dénué de ce qu'il intellige, sinon parce que le récepteur doit être dénué de ce qu'il reçoit. Mais l'intellect ne reçoit pas les choses qu'il intellige ; en effet il ne reçoit pas la pierre, même s'il l'intellige. C'est pourquoi on ne voit pas la nécessité qu'il soit dénué de ce qu'il intellige.

Aristote semble indiquer le contraire par ces mots : « c'est pourquoi il est nécessaire, puisqu'il intellige tout, qu'il soit sans mélange », c'est-à-dire non mélangé avec les intelligibles [1]. Il en donne la raison lorsqu'il dit : « ce qui apparaît à l'intérieur empêchera ce qui est extérieur et lui fait obstacle » [2]. Et à ce propos le Commentateur ajoute que le récepteur « est nécessairement dénué de la nature du reçu » [3]. C'est pourquoi, puisque l'on a posé que

de P. Magnard, *La Demeure de l'être*, Paris, Vrin, 1990, p. 57 : « Toute intelligence est pleine de formes » ; « Omnis intelligentia plena est formis » (*ibid.*, p. 56).

1. Aristote, *De l'âme*, III, 4, 429 a 18-19 : « Dès lors donc qu'elle saisit tout, l'intelligence doit nécessairement être sans mélange [...] de manière à dominer son objet, c'est-à-dire de façon à pouvoir connaître » ; *A. L.* : « Necesse est itaque, quoniam omnia intelligit, inmixtum esse [...] ut imperet, hoc autem est ut cognoscat ».

2. Aristote, *De l'âme*, III, 4, 429 a 20 : « L'interférence de l'étranger crée, en effet, un obstacle et doit faire écran » ; *A. L.* : « Intus apparens enim prohibebit extraneum et obstruet ».

3. Averroès, dans *L'Intelligence et la Pensée*, Grand commentaire du *De anima* livre III, trad., intro. et notes Alain de Libera, Paris GF-Flammarion, 1998, p. 55 : « tout ce qui reçoit quelque chose est nécessairement dénué de la nature de ce qui est reçu » ; *Commentarium magnum in Aristotelis De anima libros*, éd. F. Stuart Crawford, Cambridge Mass., 1953, p. 385, l. 67-68 : « necesse est ut sit denudatum a natura recepti ».

l'intellect intellige toutes les formes matérielles, il s'ensuit que cette substance qui est l'intellect n'est pas l'une de ces formes, et qu'il n'est « ni un corps ni une faculté dans un corps », comme le dit le Commentateur [1].

Il faut noter qu'il existe un intellect qui intellige formellement par son essence, à savoir sans une représentation distincte de lui et sans une intellection distincte de lui. Cet intellect est l'intellect divin, et il s'intellige toujours lui-même de manière continue, au plus haut point et de façon principale. Il faut voir cela au livre XII de la *Métaphysique* [2].

Je dis donc en guise de première conclusion qu'un tel intellect n'est pas dénué de ce qu'il intellige à titre premier, principalement et au plus haut point, puisqu'il n'est pas dénué de lui-même.

Mais il est un autre intellect, à savoir l'intellect humain, qui n'intellige pas sans cesse parce qu'il n'intellige pas formellement par son essence mais par une intellection qui lui est ajoutée et lui est inhérente, comme l'accident est inhérent à son sujet. Et cet intellect ne possède pas sans cesse en lui cette intellection, car alors il intelligerait sans cesse. C'est pourquoi, nécessairement, il intellige nouvellement, et il reçoit cette intellection comme quelque chose de nouveau. Posons donc quelques conclusions à propos de cet intellect.

La deuxième conclusion est la suivante : il est nécessaire que l'intellect humain, avant qu'il intellige, soit dénué de toute intellection puisque, s'il avait quelque intellection

1. *Ibid.*, p. 53 : « car ce n'est ni un corps ni quelque chose existant dans le corps » ; *Comm. magnum*, 4, p. 383, l. 8-9 : « neque est corpus neque virtus in corpore ».

2. Voir *Métaphysique*, Λ, 9 sur l'intellect divin.

avant d'intelliger, il intelligerait par cette intellection, donc il intelligerait avant d'intelliger, ce qui implique contradiction.

La troisième conclusion est la suivante : il est nécessaire que cet intellect, avant qu'il intellige, soit dénué de toute image [1] intelligible, puisque, bien que sans image intelligible l'intellect ne suffise pas pour qu'ait lieu un acte d'intellection, avec elle cependant il est suffisant. Et lorsqu'il est en mesure de former sa première intellection, il la forme aussitôt. Il s'ensuit donc que l'intellect intelligerait toujours depuis le début de sa création, s'il possédait depuis ce moment-là une image intelligible – ce que nous supposons être faux. Donc, avant qu'il intellige pour la première fois, il était dénué d'image intelligible.

Mais contre cet argument quelqu'un dira peut-être qu'il n'est pas nécessaire, si une image intelligible existe dans l'intellect, que celui-ci intellige, parce qu'il peut ne pas y consentir ou se tourner vers autre chose par un acte libre de la volonté, et aussi parce que cette image se rapporte à l'intellection comme la disposition à l'acte, ou comme l'acte premier à l'acte second. Or la disposition peut être sans l'acte, et l'acte premier sans acte second. Cette image peut donc être sans une intellection actuelle. Mais pour l'instant je laisse cela de côté, puisque plus bas il sera largement question de ces images et de ces dispositions intellectuelles [2].

De là suit cette quatrième conclusion : il est nécessaire que l'intellect humain, avant qu'il intellige quelque chose, soit dénué de toute intellection et image intelligible, et de

1. *Species* ; en plus des images sensibles, Buridan pose la nécessité de représentations intelligibles, également désignées par le terme *species*.

2. Voir *Questions sur l'âme*, III, qu. 15.

manière générale de tout intelligible représentatif suffisant pour que, sans l'intervention d'aucune autre chose, l'intellect soit capable de former une intellection. Sans cela, en effet, il possèderait depuis le début de sa création cette intellection et il intelligerait, ce que l'on a supposé être faux [1].

Mais on ne voit pas encore si, grâce à cela, la question telle qu'elle était posée a trouvé une solution. On ne demandait pas en effet si l'intellect est dénué de toute intellection ou de toute image intelligible, par laquelle il intellige, mais s'il l'est de ce qu'il intellige [2]. Alors il faut indubitablement poser une cinquième conclusion : l'intellect peut intelliger ce dont il n'est jamais dénué, puisqu'il peut s'intelliger lui-même. Donc, etc.

Mais une sixième conclusion est manifeste : l'intellect est toujours et nécessairement dénué de bien des choses qu'il intellige, comme les corps célestes, le bois et les pierres.

Cependant nous n'en déduisons pas encore la thèse à laquelle semblent penser Aristote et le Commentateur, à savoir que l'intellect n'est pas une forme substantielle matérielle ni corporelle. C'est en effet ce qu'Aristote et le Commentateur semblent vouloir conclure du fait que l'intellect intellige toutes les formes matérielles et corporelles. De là, le Commentateur déduit que l'intellect n'est ni un corps ni une faculté dans un corps, et Aristote

1. Cela conduira à la théorie de l'intellect comme table rase, soutenue par Buridan.

2. Une question décisive en ce qui concerne le statut des représentations mentales, qui est posée depuis Thomas d'Aquin, est de savoir si les *species* sont représentations *par lesquelles* on pense une chose, ou des représentations *que l'on pense* à titre d'objet immédiat.

qu'il est sans mélange [1]. Mais bien qu'on puisse peut-être démontrer autrement son immatérialité [2], cependant celle-ci ne découle pas avec évidence du fait que l'intellect peut connaître toutes les formes matérielles, puisque ces argumentations ne semblent être fondées que sur le fait que le rapport de l'intellect aux intelligibles est comparable à celui du sens aux sensibles [3], et sur ceci que le sens ou l'organe sentant la couleur est nécessairement sans couleur, ou du moins sans tel degré de couleur, que ce qui sent le son est sans son [4], du moins selon tel degré, que ce qui sent la chaleur est sans chaleur, du moins selon tel degré,

1. Buridan revient au cœur du chapitre III, 4 d'Aristote, où celui-ci pose que l'intellect doit, pour appréhender toute forme, être lui-même dépourvu de forme particulière. Buridan ajoute la précision « forme matérielle » alors qu'Aristote ne parle que d'intelligible ; mais cela peut se justifier par le fait que ce développement prend place dans la réflexion sur l'intellect comme partie « séparable ». Voir *De l'âme*, III, 4, 429 a 17-20, cité plus haut (n. 1, p. 513) ; et Averroès, cité plus haut (n. 3, p. 513). Dans tout le passage qui suit, Buridan mêle ainsi la question de la table rase, ou de la pure puissance que doit être l'intellect, à celle de l'immatérialité.

2. Buridan n'admet l'immatérialité de l'âme intellective que sur la base d'arguments de foi.

3. Buridan refuse de s'en tenir à ce parallélisme qui, au Moyen Âge, conduit à faire de l'universel le seul objet de l'intellect ; car selon lui l'intellect se rapporte aussi aux choses individuelles du monde extra-mental.

4. Aristote, *De l'âme*, II, 7, 418 b 26, trad. p. 169 : « ce qui est susceptible de couleur, c'est l'incolore, tandis que ce qui est susceptible d'être bruyant c'est l'insonore » ; *A. L.*, 12. 2, Guillelmus de Morbeka reuisor translationis Aristotelis secundum Aquinatis librum *De anima* (translatio noua – Iacobi Venetici translationis recensio) : « Est autem coloris susceptiuum quod sine colore ; soni autem absonum ».

et ainsi de suite pour les autres sens [1]. C'est pourquoi Aristote affirme au deuxième livre de ce traité que nous ne sentons pas la chaleur absolument et le froid absolument, et aussi que ce qui est réceptif de la couleur doit être sans couleur, et ce qui réceptif du son sans son. Pour cette raison, donc, par analogie, Aristote et le Commentateur semblent conclure que l'intellect, du fait qu'il connaît toutes les formes matérielles directement et sans raisonnement, n'est pas une forme matérielle mélangée. Je dis « directement et sans raisonnement », puisqu'il est certain que l'intellect n'est pas nécessairement dénué de ce qu'il connaît par raisonnement, puisque c'est ainsi qu'il se connaît lui-même et connaît les dispositions ainsi que les actes qui lui sont inhérents [2]. Puisque donc l'intellect connaît directement et sans raisonnement le chaud et le froid, l'humide et le sec, et même selon un degré possible quelconque, il n'est pas possible qu'il ait en lui le chaud ou le froid, le sec ou l'humide. Cependant tout organe corporel et matériel est nécessairement tel, à savoir chaud ou froid, etc. Il semble aussi en suivre que l'intellect ne possède pas d'organe corporel ni de matière, de la puissance de laquelle il aurait été tiré et engendré.

Mais il me semble que même si cet argument ou cette déduction paraît valable, il n'est cependant pas démonstratif. Car bien que ce qu'on a dit soit vrai en ce qui concerne les sens externes, à savoir que ce qui sent le chaud ou le froid ne doit pas être chaud ou froid selon tel degré, et que

1. Aristote, *De l'âme*, II, 11, 424 a 3-4, trad. p. 194 : « Aussi ne sentons-nous pas ce qui est chaud ou froid, dur ou tendre au même degré que nous, mais bien les excès » ; *A. L.* : « Vnde similiter calidum et frigidum, aut durum et molle non sentimus, set excellencia ».

2. L'intellect ne se connaît pas par une présence immédiate à soi mais indirectement en réfléchissant sur son acte et ses objets.

ce qui sent la couleur ne doit pas être coloré, cependant il n'apparaît pas qu'on doive dire la même chose du sens commun ou de la faculté que le Commentateur appelle « cogitative » [1]. Car l'organe du sens commun, qu'il soit dans le cœur comme le soutient Aristote [2], ou qu'il soit dans le cerveau comme d'autres le posent, n'est pas composé de la même manière que la chair ou que le nerf de ton doigt, mais il est beaucoup plus chaud. Ainsi, si tu tues un porc et que tu l'ouvres aussitôt, tu sentiras dans son cœur ou dans son cerveau une chaleur plus intense que la chaleur de tes doigts. Donc par le toucher tu ne pourras pas sentir une chaleur d'un degré égal à la chaleur de l'organe du

1. Buridan va relancer le débat à partir d'une psychologie des facultés plus complexe que celle du traité *De l'âme*, en s'appuyant sur Avicenne et Averroès. Averroès présente la cogitative dans le commentaire 6, en opposant Aristote et Galien, mais surtout à propos de la connaissance de l'individu : voir *Comm. magnum*, III, 6, éd. Crawford, p. 415, l. 49-69. On rappellera toutefois que dans les *Petites traités naturels*, auxquels Buridan accorde beaucoup d'attention, Aristote défend un organe unique du sens commun – voir *infra*.

2. Voir Aristote, *Des parties des animaux*, III, chap. 4, 665 b 18-19 : « La position même [du cœur] est celle qui convient à un principe : il est placé vers le milieu du corps » ; *Aristoteles latinus*, 17. 2. 4, *De partibus animalium*, translatio Guillelmi de Morbeka : « Habet autem et positio ipsius principativum locum ; circa medium enim, magis autem in superiori quam inferiori et anterius quam posterius ». L'alternative entre cardiocentrisme et cérébrocentrisme est vive dans l'Antiquité. Alors qu'Hippocrate défend le rôle central du cerveau dans la pensée et la conscience, Galien fait du cœur le principe, tout en attribuant un rôle décisif de transformation au cerveau. Aristote aussi considère le cœur comme principe. Buridan semble se ranger du côté d'Aristote. Mais son objet ici n'est pas la pensée elle-même, donc l'intellect, mais l'organe du sens commun, afin d'en tirer argument sur le degré de chaleur et la présence ou non de formes qualitatives.

sens commun, de la fantaisie ou de la cogitative. Cependant, tout ce que le sens externe sent, que ce soit la vue ou le toucher, le sens commun, la fantaisie ou la cogitative peuvent le sentir. Donc le sens commun ou la cogitative peuvent sentir ou appréhender de la même manière le chaud et de la même manière le froid selon un certain degré. Ainsi, si l'on pose qu'il n'y a pas de faculté cognitive en dehors de la faculté que le Commentateur appelle « cogitative » ou qu'Aristote appelle « sens commun » [1], l'argument qui était donné ne conclut pas que l'intellect soit sans organe et sans complexion, pas plus qu'il ne le conclut pour le sens commun ou la faculté cogitative. On parlera aussi de cela plus largement dans ce qui suit.

Concernant les arguments.

Il me semble donc que les arguments en faveur de la première partie ne concluent pas contre ce qui a été dit [2], ni contre une conclusion démontrable, bien que peut-être certains concluent contre ce qu'il faut tenir par la foi. Et il ne me semble pas que les autorités en faveur de la seconde partie soient bien soutenues par des démonstrations, bien qu'elles puissent être soutenues par des arguments probables dont on parlera également ensuite.

1. Voir Aristote, *Du sommeil et de la veille*, 455 a 10-12, trad. P.-M. Morel p. 126; *De la jeunesse et de la vieillesse*, 468 a 28, trad. p. 174. Dans le traité *De l'âme*, en revanche, Aristote paraît nier qu'il y ait un sens propre aux sensibles communs : voir 425 a 29-30.

2. Corriger *contradicta* en *contra dicta*.

QUESTION 3

On se demande troisièmement si l'intellect humain est la forme substantielle du corps humain [1].

On soutient d'abord que oui, grâce à la définition de l'âme qui a été donnée au livre II de ce traité, dont Aristote dit qu'elle est la plus générale [2]. Elle convient par conséquent à l'âme intellective. En effet, il dit là que l'âme est « l'acte d'un corps etc. » [3] Or l'acte est la même chose que la forme. Donc, etc.

1. La réponse à cette question paraît aller de soi dans le contexte de l'aristotélisme. D'ailleurs toutes les positions évoquées dans cette question admettront en un certain sens que l'âme est forme. C'est dire qu'on refuse un dualisme extrême (qu'il soit ou non rapporté à Platon), qui n'insisterait que sur l'indépendance substantielle de l'âme. Cependant, la question se développe en une interrogation sur le statut de cette forme relativement au composé humain : s'agit-il d'une forme inhérente, d'une forme séparée, d'une forme séparable ? Dès la présente question, Buridan va mettre en place une topologie des positions possibles sur le statut de l'âme, qui sera le cadre de sa réflexion, et au delà des débats jusqu'à la fin du XVIe siècle.

2. Aristote, *De l'âme*, II, 1, 402 b 4-5, trad. p. 137 : « Et si l'on a besoin d'une formule qui s'applique en commun à toute âme, ce sera : la réalisation première d'un corps naturel pourvu d'organes » ; *A. L.* : « Si autem aliquod commune in omni anima, oportet dicere, erit utique actus primus corporis phisici organici ».

3. *Ibid.* ; cf. *De l'âme*, II, 1, 412 a 28, trad. p. 137 : « En conséquence, l'âme est nécessairement la réalisation première d'un corps naturel qui a potentiellement la vie » ; *A. L.* : « Unde anima est actus corporis phisici potencia uitam habentis ».

De même, l'intellect humain est une substance, et toute substance est matière, forme ou composé, ainsi qu'il est établi au livre II de ce traité et au livre VII de la *Métaphysique* [1]. Or l'intellect n'est ni matière ni composé. Donc il est forme, et il n'est pas la forme d'autre chose que du corps humain. Donc, etc.

De même, les différences spécifiques des espèces du prédicat « substance » ne doivent pas être tirées des accidents ni de caractères extrinsèques, mais de la substance de la chose, et non pas de la matière puisque celle-ci est de même sorte pour toutes les réalités engendrables et corruptibles. Donc c'est de la forme substantielle, à savoir de l'intellect auquel il appartient de raisonner, qu'est prise la différence spécifique de l'homme, à savoir « rationnel ». Donc l'intellect est la forme substantielle de l'homme.

De même, si l'intellect relève de la nature et de la substance de l'homme, il est nécessaire, puisqu'il ne relève pas de sa matière, qu'il soit sa forme substantielle. Or on soutient qu'il relève de la nature et de la substance de l'homme : premièrement, parce que sans cela la félicité humaine ne résiderait pas dans son opération, alors qu'Aristote explique le contraire aux livres I et X de l'*Éthique* [2] ; deuxièmement, parce que sans cela l'homme

1. Aristote, *De l'âme*, II, 2, 414 a 14-15, trad. p. 145 : « Il y a en effet trois façons d'entendre la substance [...], qui sont, respectivement, la forme, la matière et le composé des deux » ; *A. L.* : « Tripliciter enim dicta substancia, sicut diximus, quarum hoc quidem species, illud uero materia, aliud autem ex utrisque » ; *Métaphysique*, Z, 11, 1037 a 5-8, trad. p. 263 : « À l'évidence aussi, l'âme est la substance première, le corps est la matière, l'humain ou l'animal sont le composé des deux pris comme universels » ; *A. L.* : « Palam autem et quod anima quidem substantia prima, corpus autem materia ; homo uero aut animal quod est ex utrisque ut uniuersaliter ».

2. Voir Aristote, *Éthique à Nicomaque*, I, 6, 1098 a 3-17,

ne devrait pas être dit principalement intellect, ce qui s'oppose à ce qu'Aristote veut dire aux livres VI et IX de l'*Éthique* [1] ; troisièmement, parce qu'on ne dirait pas que l'homme intellige du fait que l'intellect intellige, alors que ce n'est pas autrement qu'on dit qu'il intellige ; quatrièmement, parce que sans cela l'homme ne serait selon sa substance qu'une bête, puisqu'il n'aurait pas en sa substance une âme intellective mais seulement une âme sensitive. Aussi ne devrait-il pas aimer l'intellect plus que le sens, ce qui va contre ce que dit Aristote aux livre IX de l'*Éthique* [2]. La conséquence est patente, parce qu'il semble que l'homme ne doive rien aimer plus que lui-même, du moins après Dieu.

On soutient le contraire par Aristote, qui dit au livre II de ce traité que rien n'empêche qu'une certaine partie de l'âme soit séparée, puisqu'elle n'est l'acte d'aucun corps [3]. Et il pense cela de l'intellect. Donc l'intellect n'est pas l'acte ou la forme du corps humain.

trad. p. 70-71 ; et *Éthique à Nicomaque*, X, 7 et 8, *passim*, trad. p. 524-534.

1. Aristote, *Éthique à Nicomaque*, VI, *passim*, *ad sensum* ; IX, 4, 1166 a 22-23 : « On peut croire que chaque individu est, du moins principalement, cette chose qui pense » ; *A. L.*, 26. 3 : « Videbitur autem utique intelligens unusquisque esse vel maxime ».

2. Voir Aristote, *Éthique à Nicomaque*, IX, 8, 1169 a 4-6, trad. p. 479 : « la différence est à la mesure de la distance qui sépare la vie rationnelle de la vie affective et dans l'objet du désir, ce qui est beau de ce qui paraît offrir de l'intérêt » ; *A. L.* : « et differens tantum quantum secundum racionem vivere aut[em] secundum passionem, et appetere [vel simpliciter] bonum vel visum conferre ».

3. Aristote, *De l'âme*, II, 1, 413 a 7-8 : « Mais, bien évidemment, en certaines autres parties, rien n'empêche la séparation, parce qu'elles ne sont réalisations d'aucun corps » ; *A L.* : « At uero secundum quasdam [partes] nichil prohibet [quod sint separabiles], propter id quod nullius corporis sunt actus ».

De même, il s'ensuivrait que l'homme serait perpétuel, ce qui est faux puisqu'il meurt. La conséquence est manifeste puisque semble être perpétuel ce dont la forme substantielle, qui fait être en acte ceci en particulier, est perpétuelle. Or Aristote pose que l'intellect est perpétuel; il dit en effet qu'il est séparé des autres choses comme le perpétuel du corruptible [1].

De même, la forme du corps humain n'est pas mélangée, c'est-à-dire n'est pas mêlée avec la matière et les complexions des qualités corporelles, alors que le corps humain est matériel et complexe [2]; pourtant Aristote dit qu'il faut que l'intellect soit « sans mélange », du fait qu'« il intellige tout » [3]. Et le Commentateur en l'expliquant dit expressément qu'il est nécessaire qu'il ne soit « ni un corps ni une faculté dans un corps » [4].

Cette question a été soulevée afin de distinguer les opinions portant sur l'intellect lui-même, de façon à voir sur quels points elles s'accordent et en quels points elles diffèrent, et l'on cherchera ensuite quelles sont leurs différences [5].

1. Aristote, *De l'âme*, II, 2, 413 b 26 : « Et il se peut que lui seul soit séparé, comme l'éternel du périssable » ; *A. L.* : « et hoc solum contingere separari sicut perpetuum a corruptibili ».

2. *Complexionale* : il a une complexion au sens médical du terme.

3. Aristote, *De l'âme*, III, 4, 429 a 18-19 : « Dès lors donc qu'elle saisit tout, l'intelligence doit nécessairement être sans mélange » ; *A. L.* : « Necesse est itaque, quoniam omnia ingtelligit, inmixtum esse ».

4. Averroès, *Grand commentaire*, III, comm. 4, dans *L'intelligence et la pensée*, trad. A. de Libera, Paris GF-Flammarion, p. 53 : « car ce n'est ni un corps ni quelque chose existant dans le corps » ; *Comm. magnum*, p. 383, l. 8-9 : « neque est corpus neque virtus in corpore ».

5. En raison de quoi elles diffèrent.

Je dis qu'il y a eu au sujet de l'intellect trois opinions très célèbres.

La première fut celle d'Alexandre [1], qui soutenait que l'intellect humain est une forme matérielle engendrable et corruptible, tirée de la puissance de la matière, étendue par l'extension de la matière, comme l'âme du bœuf ou du chien, et qu'elle ne demeure pas après la mort [2].

Une autre opinion fut celle d'Averroès, selon laquelle l'intellect humain est une forme immatérielle, inengendrée et incorruptible, si bien qu'elle n'est pas tirée de la puissance de la matière, ni étendue, et même qu'elle n'est pas multipliée par la multiplication des hommes, mais que l'intellect par lequel je pense, par lequel tu penses, et ainsi de suite, est unique pour tous les hommes [3]. Ainsi n'est-il pas une forme inhérente au corps. Averroès imaginait donc ceci : de même que Dieu est présent au monde dans son entier et à n'importe laquelle de ses parties, sans distance, sans être inhérent au monde ni à aucune partie du monde,

1. En l'absence d'une connaissance directe du traité *De l'âme* d'Alexandre, l'opinion de ce dernier est rapportée, depuis le XIIIe siècle, d'après l'exposé qu'en avait fait Averroès dans son *Grand commentaire*. Elle est devenue représentative d'une forme de matérialisme (Galien en représentant une autre forme) ; selon cette description, la forme est « éduite », tirée de la matière, et en partage certains caractères, notamment l'étendue. Voir Averroès, comm. 5 (sur 429 a 21-24), p. 387-413 ; *L'Intelligence et la Pensée*, p. 57-81.

2. La mortalité est une conséquence du statut de l'âme comme forme matérielle, entendue comme une forme dont l'être dépend de sa fonction de réalisation du composé.

3. Résumé de la doctrine averroïste, qui n'entre pas dans les détails et en particulier ne distingue pas l'intellect possible et l'intellect agent (seule la thèse de l'unicité et de la séparation de l'intellect *possible* étant propre à Averroès), et présentée en renversant les termes de la doctrine « alexandriste »

de même cet intellect se rapporte-t-il aux hommes, c'est-à-dire qu'il n'est inhérent à aucun d'eux, mais assiste chaque homme sans distance, bien qu'il soit indivisible [1].

La troisième opinion est la vérité de notre foi catholique [2], que nous devons croire fermement : l'intellect est la forme substantielle de l'homme, inhérente au corps humain, mais elle n'est pas tirée de la puissance de la matière ni étendue par son extension, et c'est pourquoi elle n'est pas engendrée de manière naturelle ni corruptible. Cependant elle n'est pas absolument perpétuelle, puisqu'elle a été créée nouvellement. Cela étant, elle est sempiternelle pour le temps à venir [3], de sorte que jamais elle ne sera corrompue ni annihilée, bien que Dieu puisse l'annihiler par sa puissance absolue.

Mais toutes ces opinions s'accordent sur une conclusion, qui fait l'objet de la présente question, à savoir que l'intellect humain est la forme substantielle du corps humain. Et c'est ce que semblent conclure suffisamment les arguments donnés au début de la question.

Les fidèles et le Commentateur seulement s'accordent aussi sur une deuxième conclusion, à savoir que l'intellect humain n'est pas une forme matérielle en ce sens qu'il serait tiré de la puissance de la matière ou étendu par l'extension de la matière.

1. La question de l'immanence de l'intellect au composé va être au centre des discussions. Chez Jean de Jandun, l'intellect est une *forma assistens*, une forme qui assiste (dans l'opération de pensée) et non une *forma essendi* (une forme qui donne l'être au composé humain).

2. Il est posé d'emblée que nous devons croire à cette opinion, et elle sera dite plus loin « absolument vraie » ; mais nous verrons qu'elle ne repose que sur des arguments de foi et non sur la raison naturelle.

3. *A parte post.*

Et cette conclusion, Aristote et le Commentateur semblent la démontrer par de nombreux arguments ; le premier d'entre eux est celui dont nous avons parlé dans la question précédente : puisqu'il intellige tout, il doit être sans mélange.

Le deuxième est qu'il est perpétuel, et qu'aucune forme tirée de la puissance de la matière n'est perpétuelle.

Le troisième argument est que s'il était matériel en ce sens, alors, pour exercer son opération propre, il aurait besoin d'une complexion déterminée de qualités tangibles au sein de la matière qui lui est sujette, ou dans l'organe par lequel il l'exerce, ce qui est faux.

La conséquence est patente, puisque toute forme matérielle en ce sens est la forme d'un élément simple, ou celle d'un corps mixte composé d'éléments. Si c'est la forme d'un élément simple, il est clair que cela implique une certaine complexion de qualités, comme le chaud et le sec pour le feu, le froid et l'humide pour l'eau, etc. Et si c'est la forme d'un corps mixte, alors selon le rapport des éléments dans le mélange cela implique pour lui-même un rapport des qualités. C'est la raison pour laquelle il est dit au premier livre du traité *Du ciel* qu'un mixte se meut selon la nature de l'élément dominant [1].

Mais la fausseté du conséquent est démontrée par Aristote. D'abord, quelle que soit, en tout cas, une telle complexion du corps ou de son organe – que le corps ou l'organe qui est sujet de l'intellect soit plutôt chaud que froid, plutôt humide que sec, ou le contraire –, le conséquent

1. Littéralement : déterminant. Voir Aristote, *Du ciel*, I, 2, 269 a 4-5 : « En effet, même si le corps est composé, son mouvement se fera selon ce qui domine » ; *A. L.*, 8. 2, *De caelo et mundo*, Guillelmus de Morbeka translator : « et enim si compositi fuerit, secundum predominans erit ».

ne pourrait être convenablement maintenu puisque l'intellect intellige le chaud comme le froid, l'humide comme le sec et réciproquement, selon chaque degré [1].

Deuxièmement, la même fausseté du conséquent est démontrée parce que toute forme impliquant ainsi pour soi-même une complexion de qualités tangibles peut pâtir d'une passion corruptrice ; et Aristote dit que l'intellect est impassible [2].

Troisièmement, on prouve encore la même chose parce que l'intellect ne pâtit pas de la même façon que le sens dans l'exercice de son opération. Le sens, en effet, parce qu'il exige un organe corporel et une certaine complexion de l'organe, est accablé par un sensible extrême, si bien que nous ne pouvons pas bien, après des sons très forts, entendre des sons faibles, ni percevoir de légères odeurs après des odeurs fortes. Or l'intellect n'est pas accablé de cette manière, parce qu'il n'intellige pas par un organe corporel. Aussi, après avoir intelligé un intelligible extrême, comme Dieu ou les Intelligences, il n'intellige pas moins les intelligibles infimes, mais même plus [3].

Le quatrième argument en faveur de la conclusion principale est que si l'intellect était tiré de la puissance de la matière et étendu, alors il ne pourrait recevoir quelque chose que de manière singulière et individuelle, comme

1. L'idée, répétée tout au long du chapitre 4 du texte aristotélicien, est que l'âme intellective ne doit avoir aucune forme pour les recevoir toutes ; en outre, pour avoir une qualité telle que le chaud ou le froid, elle devrait avoir un organe (voir 429 a 25-27).

2. Outre le sens général du paragraphe, Aristote mentionne l'impassibilité de l'intellect, qu'il distingue de celle de l'organe sensitif : *De l'âme*, III, 4, 429 a 29-30 : « Par ailleurs l'impassibilité du sensitif ne ressemble pas à celle de l'intellectif » ; *A. L.* : « Quoniam autem non similis sit inpassibilitas sensitiui et intellectiui [...] ».

3. Tout ce paragraphe est une paraphrase de 429 b 1-4.

le sens. Il ne pourrait donc rien connaître de manière universelle.

Le cinquième argument est qu'il ne pourrait recevoir que les choses étendues. Il ne pourrait donc pas connaître les indivisibles, comme Dieu et les Intelligences, ce qui est faux.

Le sixième argument est qu'une faculté étendue et corporelle ne peut pas réfléchir sur elle-même ni sur son opération. L'intellect ne pourrait donc pas se connaître et connaître son opération, tout comme le sens de la vue ou de l'ouïe ne connaissent pas leurs actes parce qu'ils ne peuvent pas réfléchir sur soi. C'est pourquoi Aristote conclut qu'il faut poser un sens commun pour connaître les actes des sens externes.

Il faut cependant noter que, bien que cette deuxième conclusion soit absolument vraie et qu'il faille la tenir fermement, et bien que les arguments apportés en sa faveur soient probables, il ne me semble pas qu'ils soient démonstratifs, qu'ils résultent de principes ayant une évidence si la foi est mise à part, à moins que Dieu, par une grâce spéciale passant outre le cours commun de la nature, ne produise en nous cette évidence, tout comme il pourrait rendre évident aux yeux de quelqu'un un article sur la Trinité ou l'Incarnation.

Voici donc, me semble-t-il, comment Alexandre aurait répondu à ces arguments [1].

Au premier il aurait répondu comme on l'a fait dans la précédente question.

Au deuxième, il aurait nié que l'intellect humain soit perpétuel comme l'intellect divin.

1. Il s'agit plus ici de répondre « à la manière d'Alexandre » que de citer ses textes ; car la position est en vérité celle de la raison qui s'en tiendrait à des principes purement naturels.

Au troisième, il aurait répondu ce que nous aurions dit du sens commun ou de la faculté cogitative. Quand on dit en effet « quelle que soit en tout cas cette complexion », il dirait que ce serait la complexion de l'organe du sens commun, de l'imagination ou de la cogitative, et il dirait que l'intellect est susceptible de passion de la même manière que le sens commun. Ainsi, il aurait aussi dit que, comme lorsque l'organe de la vue ou de l'ouïe est blessé nous ne pouvons pas bien voir ou entendre, de même si l'organe du sens commun ou de l'imagination est blessé nous ne pouvons pas bien intelliger ni raisonner. Mais pourquoi, après des intelligibles extrêmes, intelligeons-nous bien ceux qui sont infimes ? Cela tient au fait que nous les intelligeons – je parle de Dieu et des Intelligences – par raisonnement et discours. Or ce qui est connu de cette manière n'accable pas nos organes, à la manière dont les objets extérieurs peuvent les accabler.

Au quatrième argument, Alexandre aurait répondu qu'une faculté étendue peut bien se porter sur son objet de manière universelle, comme c'est le cas de l'appétit du cheval. Un cheval qui a soif, en effet, désire de l'eau, et non pas celle-ci ou celle-là de façon déterminée, mais indifféremment n'importe quelle eau. C'est pourquoi il boit celle qu'il trouve, quelle qu'elle soit [1].

Au cinquième, il répondrait que l'intellect intellige l'indivisible sur un mode privatif, comme le note Aristote au livre III de ce traité [2]. Et cela se fait en apposant une négation au concept de divisible.

1. Cet argument est également avancé dans les *Questions sur la Physique*, I, qu. 7, vol. I, p. 66, pour montrer que l'appétit sensible peut aussi viser une certaine universalité.

2. Aristote, *De l'âme*, III, 6, 430 b 20 : « Le point, par contre, et toute division ainsi que l'indivisible de ce genre, se donnent à voir

Au dernier, il répondrait que l'intellect ou le sens ne réfléchit pas à proprement parler mais intellige par raisonnement, ce que bon nombre de gens appellent intelliger par réflexion ; et la réflexion conviendrait plus proprement aux corps qu'aux substances séparées [1].

comme la privation » ; *A. L.* : « Punctum autem et omne diuisio etsic indiuisibile monstratur sicut priuatio ». Le concept de point a fait l'objet d'une controverse entre Jean Buridan et un autre maître, Michel de Montecalario : voir *Questio de puncto in* V. Zoubov, « Jean Buridan et les concepts du point au XIVe siècle », *Medieval and Renaissance Studies*, V (1961), p. 43-95 ; voir aussi J. Celeyrette, « La problématique du point chez Jean Buridan », *Vivarium*, XLII (2004), p. 86-108 ; et *Id.*, « La *Questio de puncto* de Michel de Montecalerio en réponse à Jean Buridan », *Archives d'histoire doctrinale et littéraire du Moyen Âge*, 75 (2008), p. 369-449.

1. Selon Buridan, le terme « réflexion » n'est appliqué aux opérations spirituelles qu'en un sens métaphorique ; en un sens propre, il s'applique aux corps ou à la lumière. Buridan ne l'emploie que pour nier toute appréhension directe de l'âme par elle-même.

QUESTION 4

On se demande, quatrièmement, si l'intellect humain est une forme inhérente au corps humain.

On soutient que oui, d'après l'autorité d'Alexandre et de la foi catholique [1].

On soutient l'opposé d'après l'autorité du Commentateur [2]. L'opinion du Commentateur fut que l'intellect n'est pas inhérent au corps mais qu'il l'assiste, à la manière dont Aristote pose que l'intelligence assiste l'orbe [3], ou Dieu le monde. On pose en effet que

1. Voir question précédente.

2. Voir question précédente

3. Voir Aristote, *Métaphysique*, Λ, 8, *passim*, par exemple 1073 a 34-36, trad. p. 395 : « Ainsi, il est évident qu'il y a autant de substances que de déplacements, éternelles par nature, immobiles par elles-mêmes et sans grandeur » ; *A. L.* : « Astrorum enim natura sempiterna substantia quedam ens, et mouens sempiternum et prius eo quod mouetur... ». Mais c'est chez les aristotéliciens radicaux puis chez Jean de Jandun que le modèle cosmologique devient décisif pour comprendre la noétique. L'âme intellective est au corps humain ce que l'intelligence est au ciel qu'elle meut. Ce schéma, déjà avancé par Siger de Brabant, permet de distinguer la forme inhérente, qui donne l'être, et un « opérateur intrinsèque », tel que l'intelligence par rapport au corps céleste qu'elle meut éternellement, sans lui donner l'être puisqu'il est toujours en acte ; voir Jean de Jandun, *Quaestiones super tres libros de anima*, III, qu. 5, où la distinction

l'intelligence est présente sans distance à l'orbe tout entier et à n'importe laquelle de ses parties, bien qu'elle soit indivisible et non inhérente, comme Dieu au monde dans sa totalité et à n'importe laquelle de ses parties [1]. Ainsi donc, le Commentateur dit que l'intellect humain, qui est indivisible et unique, est présent sans distance à n'importe quel homme, bien qu'il ne soit inhérent à aucun [2].

Et les arguments du Commentateur en faveur de cette thèse sont probables. Le premier est qu'aucune forme n'est inhérente à la matière si elle n'est pas tirée de la puissance de la matière. Mais, comme le dit le Commentateur,

entre deux sens de la forme, la « perfection donnant l'être au corps » et l'« opérant intrinsèque approprié au corps » est suivie d'une comparaison avec le moteur céleste : « et en ce sens l'intelligence céleste mouvant le ciel est dite être sa forme » (Venetiis, 1552, f° 58vb). Buridan ne reprend pas l'idée sigérienne d'opérant intrinsèque, mais il met en avant l'idée d'une forme qui « assiste » ; l'expression « forme assistante » fut mise en avant par Thomas Wylton pour le rapport de l'intellect agent à l'intellect matériel, puis elle se retrouve chez Jean de Jandun pour penser le rapport de l'intellect au corps. Ainsi qu'on l'a vu dans la question précédente, Buridan ne fait pas pour l'instant de différence entre le statut de l'intellect agent et celui de l'intellect possible.

1. Dieu n'est pas absent du système jandunien, à titre de moteur commun de toutes les intelligences. Mais on ne saurait prendre à la lettre le parallélisme ici suggéré. Buridan semble retenir un type de présence, que les théologiens disent *diffinitiva*, où quelque chose est présent tout entier en chacune des parties d'un tout ; mais ceci vaut tout autant pour la conception chrétienne de l'âme comme forme immatérielle inhérente. Un autre élément qui fonde la comparaison est celui d'une présence « sans distance » d'un élément qui toutefois n'est pas inhérent – puisque Dieu ne saurait être inhérent au monde. Cette dernière comparaison puise donc, de façon sans doute assez vague, à la tradition théologique depuis Thomas d'Aquin.

2. Voir *Commentarium Magnum*, éd. Crawford, p. 451, l. 219-220 : « dicimus quod intellectus continuatus nobiscum ».

l'intellect humain n'est pas tiré de la puissance de la matière [1]. Donc, etc.

Le deuxième argument est que l'intellect est unique pour tous les hommes, comme il dit [2] ; il est en effet perpétuel, et les choses perpétuelles ne sont pas multipliées par la multiplication des choses corruptibles. Mais ce qui est unique et indivis n'est pas inhérent à plusieurs choses séparées selon le lieu et distantes, comme le sont les corps humains. Donc, etc.

De même, l'intellect est posé comme indivisible aussi selon la foi, puisqu'il n'est pas étendu par l'extension de la matière, étant donné qu'il n'est pas tiré de la puissance de la matière [3]. Or un tel indivisible n'est pas inhérent à un sujet divisible, comme l'est le corps humain. Donc, etc.

Et cet argument peut se développer ainsi : si l'intellect, qui est indivisible, était inhérent à un corps divisible, il

1. Averroès, *Grand commentaire*, III, comm. 2, dans *L'Intelligence et la Pensée*, p. 651 : « n'étant pas matériel, il n'est pas mélangé au corps » ; *Commentarium magnum*, p 381, l. 13-14 : « non est materiale neque mixtum cum corpore omnino ». Voir question précédente, passage sur les points d'accord entre le Commentateur et la foi.

2. Cette question est longuement examinée par Averroès dans le commentaire 5. Buridan y reviendra dans la question suivante, livre III, qu. 5 : « est-ce qu'il y a un intellect unique par lequel intelligent tous les hommes qui intelligent ? ». Voir en part. Averroès, *Grand Commentaire*, dans *L'Intelligence et la Pensée*, p. 75 : « Puisque ce discours nous a conduit à penser que l'intellect matériel est unique pour tous les hommes […] », et p. 76 : « Et c'est de cette façon que nous pouvons dire que l'intellect théorétique est un en tous les hommes » ; *Comm. magnum*, III, comm. 5, p. 406, l. 575-576 : « quia opinati sumus ex hoc sermone quod intellectus materialis est unicus omnibus hominibus […] » ; p. 407, l. 594-596 : « Et ex hoc modo possumus dicere quod intellectus speculativus est unus in omnibus ».

3. L'âme intellective serait introduite (« infusée ») par Dieu dans le corps à un certain stade de sa formation.

faudrait ou bien qu'il soit inhérent à n'importe quelle partie de ce corps, ou bien à une partie et non à une autre [1]. Si l'on disait qu'il est inhérent à l'une et non à l'autre, cela semblerait erroné parce qu'on ne pourrait de manière satisfaisante déterminer à quelle partie et à quelle quantité il serait inhérent. Et si l'on disait qu'il est inhérent au corps dans son entier, c'est-à-dire à n'importe laquelle de ses parties, on voit, puisqu'il n'est pas divisible, que cela se fera selon tout ce qu'il est [2]. Et il semble en découler de nombreuses choses inacceptables [3].

La première est qu'une même chose, selon tout ce qu'elle est, serait à la fois mue et au repos ; et puisqu'être au repos consiste à ne pas être mû, une même chose serait à la fois mue et non mue, ce qui implique une contradiction. La conséquence est patente : posons que ton pied soit au repos et que ta main se meuve. Dans ces conditions, une même chose qui, selon tout ce qu'elle est, est dans ta main, est elle-même mue en fonction du mouvement de ta main, sans quoi elle ne serait pas continûment avec la main ni dans la main ; et de même ce qui est dans ton pied est au repos continûment dans ton pied, il demeure en effet continûment dans un même lieu, à savoir ce lieu qu'est le

1. Nous retrouvons ici le problème du mode de présence de l'âme au corps, déjà traité dans le livre II à propos de l'âme des plantes et des bêtes. Mais celle-ci était considérée comme étendue selon l'extension de la matière. Ici, on se situe par hypothèse (selon la positions du Commentateur) dans la perspective d'un intellect indivisible, ce qui accroît la difficulté.

2. *Secundum se totum*.

3. Le texte développe ici les contradictions qui semblent résulter de l'union d'un indivisible avec un corps divisible. Ces arguments ne sont pas présents chez Averroès mais reprennent des modes de raisonnements courants depuis le siècle précédent, et dont on a déjà eu des aperçus à propos de l'âme sensitive.

pied. Donc ton intellect, qui est identique à lui-même et indivisible, serait à la fois mû et au repos, puisqu'il se mouvrait dans la main et serait au repos dans le pied. Du reste l'absurdité augmente, puisqu'il s'ensuivrait qu'une même chose, selon tout ce qu'elle est, serait mue en même temps de mouvements contraires si tu bougeais l'une de tes mains vers la droite et l'autre vers la gauche, ou l'une vers le haut et l'autre vers le bas.

La deuxième chose inacceptable est qu'il s'ensuivrait qu'une chose serait distante de soi-même, ce qui est impossible. La conséquence est patente puisque la main est distante du pied ; c'est pourquoi ce qui, selon tout ce qu'il est, est dans la main est distant de ce qui, selon tout ce qu'il est, est dans le pied.

La troisième est qu'il s'ensuivrait que ton pied intelligerait, parce que ton intellect serait en lui selon tout ce qu'il est, si bien que l'intellection aussi serait en lui.

Quatrièmement il s'ensuivrait que ton pied serait un homme, puisque, comme la forme substantielle donne l'être en acte à un ceci déterminé, il faut que ce qui est composé d'un corps et de toute la forme substantielle humaine soit un homme en acte. Or tel serait ton pied, puisque l'intellect est la forme substantielle totale de l'homme.

Cinquièmement, il s'ensuivrait qu'une forme substantielle passerait d'un sujet à un autre sujet, ce qui semble absurde. La conséquence est patente puisque, en raison d'un changement, certaines parties du corps s'échappent tandis que d'autres adviennent ; c'est pourquoi le même intellect qui était au départ dans les parties qui se sont échappées serait ensuite dans celles qui sont advenues.

Cependant cette opinion du Commentateur est fausse.

Je soutiens donc la conclusion opposée, à savoir que ton intellect, par lequel tu intelliges, est inhérent à ton corps ou à ta matière. En premier lieu, cette conclusion doit être tenue fermement par la foi catholique. Deuxièmement, cette conclusion est aussi à soutenir par des raisons naturelles, en faisant abstraction de la foi catholique, si bien qu'un philosophe païen la soutiendrait. Je le prouve car je crois qu'un philosophie païen soutiendrait l'opinion d'Alexandre, dont on parlera plus loin [1].

Or il y a quelques raisons naturelles pour que l'âme humaine soit inhérente au corps humain.

La première et que sans cela elle ne relèverait pas de l'essence de l'homme, ou l'homme ne serait pas un par soi, et chacune de ces hypothèses semble absurde [2]. Ainsi, il a suffisamment été établi dans la question précédente que l'intellect doit relever, intrinsèquement, de la substance de homme.

La deuxième raison est que l'on devrait poser soit qu'il y aurait un intellect unique pour tous les hommes, soit qu'ils seraient plusieurs selon la pluralité des hommes. Mais chaque hypothèse apparaît inacceptable [3]. La première chose qui paraît inacceptable est que l'intellect soit posé comme unique, ainsi qu'on le verra plus tard [4]. Mais

1. On s'oriente ainsi vers une assimilation pure et simple de la position alexandriste avec la raison naturelle. Les autres positions (platonisme, averroïsme) sont philosophiquement disqualifiées, et seule la foi permet d'affirmer l'immortalité de l'âme.

2. La question de l'unité de l'homme en tant que composé psycho-physique restera au centre des débats jusqu'au XIVe siècle. Ce sera encore la principale raison qui conduira Pietro Pomponazzi a abandonner la lecture averroïste d'Aristote au bénéfice de celle d'Alexandre.

3. Si l'intellect n'était pas inhérent.

4. Voir *Questions sur l'âme*, III, qu. 5.

j'explique aussi que l'un ne doit pas être considéré comme le mien et l'autre comme le tien s'il ne sont pas posés comme inhérents. Posons en effet que A soit le mien et B le tien. Alors il faut qu'ils soient de même nature, et qu'il ne soient pas susceptibles de se mouvoir selon ton mouvement ou le mien puisqu'ils ne sont pas inhérents à nous. Donc l'intellect A ne serait pas plus proche de toi ou ne s'en rapprocherait pas plus, que l'intellect B, et pas plus de moi, ni l'inverse, avant que chacun de nous n'ait intelligé. C'est pourquoi la raison naturelle n'imposerait pas que A soit davantage le mien que le tien [1].

La troisième est proche de la précédente : soit l'intellect de Socrate se déplace de lieu en lieu avec Socrate, soit non. Si l'on dit que oui, cela ne semble pas dit naturellement, puisqu'il ne lui serait pas inhérent ; en effet on ne peut pas indiquer la manière dont cela se ferait, par toucher ou par impulsion, on ne pourrait pas dire en effet quel serait le lien de l'intellect avec le corps de Socrate, en raison duquel il se mouvrait en même temps que le corps de Socrate. Mais on ne pourrait pas dire cela, en particulier avant que Socrate connaisse quelque chose. Si toutefois l'on dit qu'il ne se meut pas de lieu en lieu avec Socrate, alors Socrate serait distant de son intellect, donc il ne pourrait pas intelliger par lui-même, à moins que l'on ne dise que cet intellect serait partout sans distance, comme nous le dirions de Dieu. Et alors il ne faudrait en poser qu'un, puisque ainsi il serait aussi proche de moi que de toi, en particulier avant que chacun de nous n'ait connu. Donc je pourrais

1. De telles objections à l'averroïsme, pour partie esquissées par Averroès lui-même afin d'y répondre, ont surtout été développées et examinées à l'époque de Jean de Jandun – voir par exemple Jean de Jandun, *Super tres libros de anima*, III, qu. 5, éd. cit. f°s 57rb-60va.

aussi bien que toi intelliger grâce lui, et ainsi ce serait un erreur que d'en poser un pour toi et un autre pour moi. C'est pour cela que le Commentateur a cru qu'il était unique, ce qui sera réfuté plus loin.

La quatrième raison est que la raison humaine, en faisant abstraction de la foi, ou bien même la foi, n'établissent pas que ton intellect existe avant que tu existes, à moins de le poser perpétuel et unique comme le voulait le Commentateur. Mais s'il était fait comme quelque chose de nouveau [1], soit ce serait sur le mode de la création, ce que la raison naturelle abstraction faite de la foi n'admettrait pas, soit ce serait sur le mode d'une génération naturelle, et alors il serait tiré de la puissance de la matière et lui serait inhérent. Tous en effet, aussi bien les fidèles que les autres, doivent assentir à cette conclusion aussi longtemps que l'homme vit en ce siècle [2]. Il faut par conséquent noter, me semble-t-il, en faisant abstraction de la foi et de l'action surnaturelle, que la raison naturelle établirait que suivent formellement les uns des autres les six prédicats suivants, ou bien leurs opposés : être inhérent à la matière, être tiré de la puissance de la matière, être étendu par l'extension de la matière, être multiplié et non unique en différents [3] corps séparés et distants, être engendré et être incorruptible [4]. Donc toutes ces propriétés sont posées par Alexandre à propos de l'intellect, et Averroès les nie toutes en même temps. Mais nous, nous posons par la foi que toutes ces choses ne se suivent pas nécessairement les unes les autres ;

1. *De novo*.

2. Sur cette terre.

3. Je corrige *divisis* en *diversis*.

4. Il y a donc une cohérence et une systématicité de la position alexandriste-matérialiste, comme il y en a une (bien qu'elle soit, d'un autre point de vue, sujette à critiques) de la position averroïste.

nous posons l'inhérence et la multiplication et nous nions l'éduction à partir de la puissance de la matière et l'extension. Et nous posons que cet intellect est produit sur un mode surnaturel, à savoir sur le mode de la création, et non sur le mode de la génération naturelle. Et il n'est pas proprement corruptible, je veux dire sur le mode naturel, mais annihilable, et cependant jamais il ne sera annihilé [1].

Mais aux arguments du Commentateur, la foi répondrait d'une façon et Alexandre d'une autre.

Concernant le premier, en effet, la foi nierait la majeure et Alexandre la mineure.

Concernant le second argument, aussi bien la foi qu'Aristote nieraient qu'il y ait un intellect unique pour tous les hommes, et de cela on parlera plus loin [2].

Concernant le troisième argument, Alexandre nierait que l'intellect soit indivisible, donc les inconvénients qui sont développés contre ceux qui posent qu'il est indivisible ne vaudraient pas contre lui. Mais la foi concède qu'il est indivisible.

C'est pourquoi, à la première objection, on répond que l'intellect n'est pas en même temps en mouvement et en repos, puisque s'ensuivrait une contradiction, comme cela a été développé plus haut. Mais on concède qu'en même temps il est mû dans la main et il est en repos dans le pied, et ce n'est pas une contradiction. Ainsi, on ne peut pas inférer « il est en repos dans le pied, donc il est en repos », puisqu'on ne peut pas inférer non plus « il ne se meut pas dans le pied, donc il ne se meut pas ». Mais quand on dit qu'il se mouvrait de mouvements contraires, on peut dire

1. Ces thèses, non évidentes voire contraires à la raison naturelle, sont prises comme point de départ pour défendre la position de la foi.

2. Voir *Questions sur l'âme*, III, qu. 5.

que c'est comme le corps du Christ dans l'hostie consacrée, lorsqu'un prêtre porte le corps du Christ à droite et un autre à gauche [1]. En effet, le corps du Christ ne se meut pas par soi, et ne se meut pas de mouvements contraires par un mouvement qui lui serait inhérent. Mais il n'est pas absurde que quelque chose soit ainsi dénommé se mouvoir de mouvements contraires, puisque de là il ne suivrait pas que des contraires soient en même temps dans la même chose, de même qu'il n'est pas absurde que la même chose soit en des lieux divers ou distants, ainsi qu'on l'établira dans la solution de l'argument suivant. Ainsi, il n'est pas inacceptable que la même chose se meuve en même temps vers ces lieux, puisque ces mouvements ne lui sont pas inhérents, et ne se rapportent pas à elle de façon commensurable.

Au deuxième argument, on répond qu'il n'est pas distant de soi puisqu'il n'est pas de manière commensurable dans la main et dans le pied, étant donné qu'il n'est pas étendu selon l'extension de la main ou du pied [2]. Et il n'est pas gênant que la même chose soit de façon non commensurable en divers lieux distants l'un de l'autre, même selon tout ce qu'elle est, bien que ce soit sur un mode surnaturel, comme le corps du Christ est au paradis et sur l'autel. En effet, le corps du Christ dans une hostie qui est sur l'autel n'est pas mesuré par la grandeur de l'hostie, mais est tout entier dans n'importe quelle partie de l'hostie : bien que ces parties soient distantes l'une de l'autre, ce n'est pas pour autant qu'il serait distant de lui-

1. Cet argument témoigne à nouveau de ce que la thèse d'une âme immatérielle, indivisible et immanente, ne se soutient qu'en acceptant des prémisses qui sont simplement objet de croyance.

2. La possibilité de mesure suppose un corps étendu et des parties distantes les unes des autres.

même. Et pareillement, en quelque sorte, l'intellect est dans la main et dans le pied, et dans aucun des deux de façon commensurable, puisqu'il n'est pas étendu dans l'un de ces membres.

À la troisième objection, on ne tiendrait pas pour inacceptable que ton pied intelligeât, à titre d'intelligeant [1] partiel mais non total. Mais on objectera : qu'est-ce qu'un intelligeant partiel ? Je réponds que l'on appelle « intelligeant partiel » ce qui est partie d'un autre intelligeant, et « intelligeant total » ce qui intellige alors qu'il n'est pas une partie d'un autre intelligeant. Ainsi par conséquent, ni l'intellect ni quelque partie de l'homme n'est intelligeant total, mais l'homme lui-même [2].

À la quatrième objection, on répondrait que selon une façon célèbre et commune de parler, rien n'est dit homme ou animal si ce n'est une substance totale, qui ne soit pas partie d'une autre substance. Et une substance n'est pas dite proprement un ceci déterminé, que ce soit par une forme substantielle ou autrement (et surtout dans les réalités organiques), si elle n'est une substance totale. Cela doit être davantage examiné ailleurs.

À la dernière, on répondrait que ce n'est pas de manière naturelle mais surnaturelle que l'intellect est inhérent au corps humain. Et il est certain que surnaturellement Dieu peut non seulement former quelque chose qui ne soit pas

1. Le latin est ici impossible à traduire de façon lisible sans s'éloigner trop du texte : *intelligens partiale* (ou *totale*) renvoie à ce qui intellige en acte, mais en n'étant que partiellement la source ou le sujet de cet acte, c'est-à-dire en requérant autre chose qui contribue à une telle intellection.

2. C'est donc l'homme qui pense et non pas l'âme. Le point est décisif pour comprendre la théorie de la connaissance ici présentée.

tiré de la matière, mais aussi séparer de la matière quelque chose qui en a été tiré, le conserver séparément, et le poser dans une autre matière. Pourquoi donc cela ne serait-il pas possible de l'intellect humain ?

QUESTION 5

On demande cinquièmement s'il y a un intellect unique par lequel intelligent [1] tous les hommes qui intelligent.

On soutient que oui, conformément aux arguments du Commentateur, dont le premier est que, selon Aristote, l'intellect est perpétuel, et aucune chose de cette sorte n'est multipliée selon la multiplication des choses corruptibles [2].

Le deuxième est que la cause de multiplication des individus dans une espèce n'est autre que la génération successive des individus pour que se perpétue la nature

1. En dépit de la lourdeur et du caractère barbare en français, nous choisissons de traduire *intelligere* par « intelliger » (et non pas « penser » qui pourrait convenir) afin de conserver le parallélisme avec « intellect ».

2. Buridan renvoie moins à une citation particulière qu'à tout un développement d'Averroès. Dans le long commentaire 5 (correspondant à *De l'âme*, III, 4, 429 a 21-24), le deuxième problème examiné est celui de savoir si l'intellect matériel est un en nombre dans tous les hommes individuels, et la question décisive est de savoir si les intelligibles sont multipliés par le nombre des hommes individuels, engendrables et corruptibles ; voir *Comm. magnum* p. 401, l. 424 *sq.* : « Questio autem secunda, dicens quomodo intellectus materialis est unus in numero in omnibus individuis hominum, non generabiis nec corruptiblis [...] hec quidem questio est valde difficilis » ; trad. p. 71 *sq.* : « Le deuxième problème, celui de savoir comment l'intellect matériel est un en nombre dans tous les hommes individuels et n'est ni engendrable ni corruptible [...] cette question est assurément très difficile et d'une extrême ambiguïté ».

sous une identité spécifique, puisque, en raison de la corruption, elle ne pourrait être sauvegardée sous l'identité matérielle. C'est ce que note Aristote au livre II de ce traité [1]. Puisque donc l'intellect n'est pas corruptible, il ne doit pas y avoir une multitude d'intellects dans la même espèce.

De même, dans les suppôts d'une même espèce, il n'y a de multitude qu'en raison d'une division quantitative, comme il est établi au Ier livre *Du ciel* [2] et au livre VII de la *Métaphysique* [3]. Si donc l'intellect est immatériel et inétendu, il s'ensuit qu'il n'y a pas une multitude d'intellects humains.

De même s'il était multiplié matériellement et individuellement, alors il ne pourrait recevoir que de façon désignée [4] et singulière, donc pas plus que le sens il ne pourrait appréhender universellement, ce qui est faux.

1. Aristote, *De l'âme*, II, 4, 415 b 4-7, trad. p. 152 : « rien, dans l'ordre du corruptible, n'est en état de conserver son identité et son unité numérique [...]. Et ce qui se conserve, ce n'est pas lui-même mais une réalité qui lui ressemble, l'unité non pas numérique mais spécifique » ; *A. L.* : « quod nichil contingit corruptibilium idem et unum numero permanere [...] et permanet non idem, set ut idem, numero quidem non unum, specie autem unum ».

2. Voir Aristote, *Du ciel*, I, 9, *passim*, où Aristote établit l'unicité du ciel à partir de sa forme et de sa matière.

3. Voir Aristote, *Métaphysique*, Z, *ad sensum*, notamment chap. 10-13. En liant la multiplication de la forme à l'étendue, on retrouve la thèse, défendue par Thomas d'Aquin et assez largement dominante, d'une multiplication par la matière.

4. *Signate*, terme qui évoque la *materia signata*. Rappelons que pour Thomas d'Aquin, c'est la *materia signata* (habituellement traduite par « matière désignée »), qui est principe d'individuation; elle est considérée « sous des dimensions déterminées », et peut donc être désignée par cette détermination (voir *L'Étant et l'Essence*, II, § 4, trad. A. de Libera et C. Michon dans *L'Être et l'Essence. Le vocabulaire médiéval de l'onto-théologie*, Paris, Seuil, 1996, p. 179).

De même, il s'ensuit que s'il était multiplié matériellement et individué, à l'infini on pourrait abstraire un concept universel de concepts singuliers, ou de plusieurs concepts de même raison, ce qui ne paraît pas acceptable. Déjà en effet il n'y aurait pas d'arrêt dans les prédicats, ce qui va contre Aristote dans le Ier livre des *Seconds Analytiques* [1]. La conséquence principale est patente puisque le concept de Socrate dans ton intellect et le concept de Socrate dans mon intellect seraient de même raison et divers en nombre. Or si de lui tu abstrais un concept universel, je pourrais le faire pareillement ; il y aurait en moi et en toi ces concepts universels de même raison et divers en nombre, et à cause de cela tu pourras à partir d'eux abstraire un autre concept qui leur soit commun, et moi de même. Et ainsi, on procéderait à l'infini.

De même, rien ne doit être posé en vain dans la nature, et cependant c'est en vain qu'existerait cette multitude, puisque tout pourrait être sauvegardé par un intellect unique. C'est ainsi que l'imaginait le Commentateur, à savoir que la nature intellectuelle, existant sans extension et sans grandeur, n'est déterminée à être dans aucun lieu ou site, donc elle peut être présente potentiellement et sans distance à de nombreux hommes séparés par le lieu et le site et distants l'un de l'autre, et elle peut opérer en eux ou avec eux [2]. En effet, comme nous disons qu'une

1. Aristote, *Seconds Analytiques*, I, 20, 82 a 20-21, trad. p. 167 : « Que donc les intermédiaires ne puissent pas être en nombre infini si la prédication s'arrête vers le bas et vers le haut, c'est clair » ; *A. L.*, 4. 1, *Analytica posteriora*, Iacobi Venetici translatio : « Quod quidem igitur media non contingit infinita esse, si in sursum et deorsum stent predicamenta, manifestum est ».

2. Averroès, *Grand commentaire*, livre III, comm. 5, trad. *L'Intelligence et la Pensée*, notamment p. 71-76 ; *Comm. magnum*, éd. Crawford, p. 401-407.

intelligence est présente à n'importe quelle partie de l'orbe qu'elle meut, et Dieu à n'importe quelle partie du monde, il en serait avec l'intellect humain comme avec une telle intelligence, pouvant agir de façon approchée en tout corps tel que le corps humain, opérant en lui et avec lui [1]. Et avec lui tout homme suffisamment prédisposé aura pu intelliger par lui, et opérer selon l'exigence d'une disposition préexistante en lui, puisqu'une telle nature intellectuelle n'est ni épuisable ni susceptible de passion, excepté la passion qui le dispose à agir ou à régir l'homme.

On soutient l'opposé par les arguments que le Commentateur s'objecte à lui-même [2] : puisque l'intellect humain est la forme substantielle de l'homme, donnant l'être à l'homme, il s'ensuit que je serais par ton être et toi par le mien, d'où il suivrait que j'existerais si tu existais. Plus, je serais formellement la même chose que toi, ce qui est absurde.

De même, j'intelligerais tout ce que toi, tu intelliges, et inversement puisque toute intellection qui serait dans ton intellect serait dans le mien. C'est pourquoi tout ce qui aurait lieu en moi aurait lieu en toi.

En raison des arguments qui ont été mentionnés, le Commentateur soutient qu'il y a un intellect unique par lequel tout homme intellige et peut intelliger. Et il résout les arguments qui lui sont opposés.

1. Voir plus haut l'exposé par Buridan de l'analogie cosmologique, telle qu'elle avait été mise en avant par les aristotéliciens de la fin du XIIIe siècle.

2. Averroès examine longuement les difficultés qui pourraient résulter de la position de l'intellect unique en s'appuyant sur Ibn Bajja (Avempace) : voir *L'Intelligence et la Pensée*, p. 71-73 ; *Comm. magnum*, p. 402-404, l. 449-499.

Il dit qu'en toi il y a une âme sensitive tirée de la puissance de la matière, qui est cependant d'une autre espèce que l'âme du cheval ou de l'âne, et beaucoup plus noble, par laquelle tu es en acte un homme et un animal, et un autre homme que moi, comme n'importe quelle partie d'un orbe céleste est en acte ce qu'il est intrinsèquement, et non par l'intelligence mais par une autre substance dans laquelle et avec laquelle l'intelligence est à même d'opérer [1]. C'est pourquoi une partie d'un orbe n'est pas par l'être d'une autre et n'est pas identique à une autre.

Et il ne s'ensuit pas que j'intelligerais tout ce que toi tu intelliges, puisque le Commentateur dit que je n'intellige que parce que cet intellect est conjoint à moi ou à mon âme sensitive, en recevant d'elle, ou de son acte cognitif

1. Voir *Grand commentaire*, en part. comm. 20 ; trad. *L'Intelligence et la Pensée*, p. 118. Selon Averroès, L'individu humain est constitué par une âme individuelle qui est unie au corps. Cette âme a en elle toutes les fonctions de nutrition, reproduction, sensation, mouvement, et les fonctions rudimentaires de la pensée qui sont celles de la puissance cogitative. Mais elle ne comprend pas les fonctions proprement intellectives. Jean de Jandun résume ainsi ce point, dans ses *Quaestiones super tres libros de anima*, III, qu. 5, éd. cit., f° 60ra : « homo distinguitur ab aliis per intellectum proprie dictum, tanquam per operans intrinsecum quod in operando unite se habet ad corpus secundum naturam, et per animam cogitativam distinguitur ab aliis sicut per formam constituente ipsum in esse substantiali specifico » : « l'homme se distingue des autres par l'intellect à proprement parler, en tant qu'opérant intrinsèque qui, en opérant, se rapporte au corps de façon unitaire ; et il se distingue des autres par l'âme cogitative comme par la forme qui le constitue dans son être substantiel spécifique ». La théorie de l'intellect comme forme intrinsèque opérante été formulée et léguée par Siger de Brabant. Elle est critiquée par Thomas d'Aquin dans la *Somme contre les gentils*, II, chap. 60, trad. p. 245-246.

ou cogitatif, une image intelligible [1]. Et peut-être serait-il plus probable de dire que je n'intellige rien si ce n'est parce que cet intellect est conjoint à moi en produisant en mon âme sensitive un acte d'intelliger lorsqu'elle a été disposée à le recevoir par un acte d'imaginer ou de cogiter [2]. Ainsi en effet on retrouverait l'opinion d'Alexandre, qui pose ensuite Dieu comme l'intellect agent.

Cependant, nous soutenons contre le Commentateur la conclusion selon laquelle l'intellect humain est une chose en moi et une autre en toi, premièrement parce que la foi catholique le soutient, deuxièmement aussi parce que la raison naturelle l'établirait si l'on faisait abstraction de la foi.

D'abord je pense que, en faisant abstraction de la foi catholique et de toute infusion surnaturelle de la connaissance d'une vérité en nous, notre raison naturelle prescrirait que l'intellect humain soit tiré de la puissance de la matière, et soit engendrable et corruptible [3], d'où l'on devrait conclure à une multitude d'intellects.

Deuxièmement, on inférerait la même chose par la raison naturelle, sur le mode précédent, du fait qu'il a été prouvé qu'il est inhérent au corps humain [4].

Troisièmement, parce que s'il était unique il s'ensuivrait que des opinions contradictoires seraient en même temps

1. Une telle représentation intelligible, requise pour l'acte d'intelliger, est toujours située dans une âme individuelle, celle qui a été évoquée plus haut comme la forme ou la perfection de tel ou tel homme singulier.

2. Un acte de la faculté cogitative.

3. Thèse capitale, qui pose la doctrine d'Alexandre comme celle qui est conforme à la raison naturelle. Cette théorie a été exposée dans la question précédente (III, qu. 4).

4. Voir question précédente.

dans un même sujet indivisible, ce qu'Aristote répute impossible au livre IV de la *Métaphysique*, parce qu'elles sont contraires l'une à l'autre [1]. La conséquence est patente, puisque mon opinion et ton opinion, qui portent peut-être sur des choses contradictoires, seraient subjectivement dans le même intellect qui serait indivisible.

Quatrièmement, parce que le même intellect serait en même temps heureux et malheureux, puisque la félicité consiste en une opération de l'intellect suivant une vraie spéculation sur les choses divines, et que la misère consiste dans une opération de l'intellect suivant une croyance erronée sur les mêmes choses, or un homme peut se fourvoyer alors qu'un autre est heureux.

Cinquièmement, comme le Commentateur s'objectait à lui-même, il s'ensuivrait que j'intelligerais tout ce que tu intelligerais [2]. En effet, la réponse au sujet de la conjonction [3] ne vaut pas, puisque si l'on disait que j'intellige du fait que l'intellect reçoit de moi une image intelligible, il faudrait dire que la couleur voit du fait que la vue reçoit d'elle une image visible [4].

1. Aristote, *Métaphysique*, Γ, 6, 1011 b 14-23, trad. p. 173.

2. Averroès, *Grand commentaire* dans *L'Intelligence et la Pensée* p. 71 : « d'où il sera nécessaire, si l'un de ces individus acquiert une certaine chose intelligible, que celle-ci soit acquise par la totalité de ces individus »; *Comm. magnum*, p. 402 : « unde necesse est, si aliquod istorum individuum acquisierit rem aliquam intellectam, ut illa acquiratur ab omnibus illorum ».

3. *Copulatio.*

4. Averroès avait introduit le rapport de la lumière, du diaphane et de la couleur comme comparaison du rapport de l'intellect agent, de l'intellect matériel et des formes intelligibles en puissance : voir *L'intelligence et la Pensée*, p. 79; *Comment. magnum*, p. 411, l. 697-402.

Cependant, il me semble que cette deuxième conclusion peut être posée, à savoir que si, faisant abstraction de la foi, quelqu'un procédait par la raison purement naturelle, sans infusion surnaturelle, cette raison établirait qu'il faut concéder les conditionnelles suivantes : « si l'intellect est perpétuel, il est unique pour tous les hommes », et « s'il n'est pas tiré de la matière, il est unique » [1]. Mais la foi, grâce à une infusion spéciale et surnaturelle, nie ces conditionnelles, posant qu'il est multiplié et que cependant il est perpétuel vers le futur, et qu'il n'est pas tiré de la puissance de la matière.

Il faut donc résoudre les arguments du Commentateur. Et à propos du premier d'entre eux, Alexandre nierait que l'intellect humain soit perpétuel, et la foi aussi dirait qu'il n'est pas perpétuel vers le passé, mais créé avec l'engendrement de l'homme.

Au deuxième argument, on répond que Dieu peut créer surnaturellement sans aucune matière ou même dans une matière de nombreuses formes ou substances de même raison et d'espèce dernière.

Et ainsi est résolu le troisième argument.

Concernant le quatrième, il a été dit plus haut que l'appétit sensitif, aussi multiplié, étendu et individué soit-il, peut désirer sur un mode universel [2]. C'est pourquoi l'on dirait que cela n'est pas impossible non plus de la puissance cognitive.

1. On a là l'expression la plus radicale de ce que suppose la seule raison naturelle : l'immortalité impliquerait logiquement l'unicité de l'intellect; donc puisque l'on refuse l'unicité, la mortalité est la position conforme à la raison naturelle, indépendamment de la foi.

2. Voir *supra*, III, qu. 3, réponse au 4e argument.

Au cinquième, on répond que l'on ne procède pas à l'infini en montant à des concepts plus communs. Au contraire, je peux tout de suite former un concept commun à toute substance, à toute qualité ou à toute action. Et je ne formerai pas de concept plus commun à moins de dire qu'il peut y avoir un concept commun à tout étant. De même, je peux former un concept commun à tout concept, à partir duquel est institué le nom « concept ». Et ainsi je concède que tu peux former un concept similaire, et chacun, à savoir le mien et le tien, est commun à tout concept, bien qu'il existe singulièrement. Et il ne peut pas y avoir de concept plus commun qui suppose seulement pour des concepts.

Au dernier, on répond que le Commentateur ne sauve pas correctement les apparences en posant un intellect unique, comme il apparaît par les arguments élevées contre lui. C'est pourquoi l'on ne conclura pas que l'on poserait une multitude en vain.

QUESTION 6

Sixièmement, à propos de la nature de l'intellect humain, on demande encore s'il est perpétuel [1].

Et l'on soutient que non, puisqu'il s'ensuit que l'homme serait perpétuel, ce qui est faux puisqu'il est engendré et qu'il meurt. La conséquence est patente, puisqu'une substance composée ne semble être corrompue que par la corruption de sa forme substantielle, et l'intellect est la forme de l'homme. Donc l'homme ne serait pas corrompu si son intellect n'était pas corrompu.

Ceci est encore confirmé au plus haut point si nous ne posons dans l'homme qu'une seule forme substantielle, à savoir l'âme intellective. Alors en effet, l'homme ne serait composé substantiellement que d'intellect et de matière première, qui est perpétuelle. Donc toutes les parties de l'homme seraient perpétuelles ; et les parties de l'homme

1. Le terme « perpétuel » est employé par Buridan comme synonyme d'« éternel », soit absolument (comme la matière du point de vue aristotélicien), soit *a parte post* (comme l'âme intellective du point de vue chrétien) ; c'est le terme que l'on trouve dans l'Aristote latin. Voir *De l'âme*, III, 5, 430 a 23, trad. p 239 : « Une fois séparée, d'ailleurs [l'intelligence] se réduit à son essence, et il n'y a que cela d'immortel et d'éternel » : *A. L.* : « Et hoc solum inmortale et perpetuum est ».

sont cet homme-ci [1] ; donc l'homme serait perpétuel. Ainsi [2], on argumenterait par un syllogisme expositoire de la manière suivante. Que l'intellect de l'homme soit A et sa matière B ; alors on argumente ainsi : ce A et ce B existeront toujours ; or ce A et ce B sont cet homme, puisque les parties constituent le tout ; donc cet homme existera toujours.

De même il s'ensuit que les intellects humains seraient en acte en nombre infini, ce qui est inacceptable [3]. La conséquence est patente puisque selon Aristote, qui considère le monde comme éternel, les hommes furent en nombre infini et chacun d'eux a eu son propre intellect, puisqu'il a été dit plus haut que les âmes intellectives ne sont multipliées que selon la multiplication des hommes. Donc en nombre infini furent les intellect humains qui tous sont encore, du fait qu'ils sont posés comme perpétuels. Donc ils sont maintenant en acte en nombre infini.

De même, il s'ensuit qu'après la mort l'intellect serait oisif, ce qui est absurde puisque rien ne doit être posé comme oisif dans la nature. La conséquence est patente, puisqu'il serait sans opération, étant donné que « rien

1. Une telle conception réductionniste du rapport entre tout et parties est souvent invoquée, voire adoptée, dans une perspective de parcimonie ontologique. Si le tout est plus que les parties pris ensemble, cela semble impliquer une certaine réalité de la relation.

2. Cette phrase et la suivante me paraissent développer l'argument précédent. Je préfère donc la leçon *unde* à *item*, qui suggère une argument différent.

3. Le nombre infini des âmes mortes est un argument usuel depuis les réflexions de Gazali sur l'infini. Couplé avec l'éternité du monde, des genres et des espèces, il paraît attester d'un infini en acte. En réalité, il sert surtout à illustrer les paradoxes qui semblent résulter inévitablement de la comparaison entre plusieurs infinis.

n'intellige sans fantasmes » comme le dit Aristote [1], et qu'après la mort il n'y a pas de fantasme puisque celui-ci requiert un organe corporel.

De même, Aristote dit dans ce livre III que « l'intellect passif est corruptible » [2], et celui-ci est l'intellect humain puisque intelliger c'est pâtir. Donc etc.

On soutient l'opposé d'après Aristote qui dit que « il est séparé des autres comme le perpétuel du corruptible » [3], et qu'il est « immortel, perpétuel et impassible » [4].

De même, s'il subsiste après la mort, il faut en conclure qu'il est perpétuel. Or il subsiste car sinon c'est en vain

1. Aristote, *De l'âme*, III, 5, 431 a 16, trad. p. 236 : « Aussi l'âme ne pense-t-elle jamais sans représentation [= image, fantasme] » ; *A. L.* : « propter quod nequaquam sine fantasmate intelligit anima » ; voir aussi 432 a 8-9. Le terme grec est φάντασμα. Ce sont des textes sur lesquels s'appuie Averroès, mais aussi tous les défenseurs de la thèse d'Alexandre d'Aphrodise, jusqu'à Pomponazzi.

2. Aristote, *De l'âme*, III, 5, 430 a 24-25, trad. p. 230 : « si cette essence est impassible, l'intelligence propre à subir les impressions est, elle, corruptible » ; *A. L.* : « quia hoc quidem inpassibile, passiuus uero intellectus corruptibilis ».

3. Aristote, *De l'âme*, II, 2, 413 b 24-26, trad. p. 143-144 : « Le cas de l'intelligence et de la faculté spéculative, cependant, n'est pas encore clair, mais il y a apparence que ce soit un genre d'âme différent. Et il se peut que lui seul soit séparé, comme l'éternel du périssable » ; *A. L.* : « De intellectu autem et perspectiua potencia, nichil adhuc manifestum est, set uidetur genus alterum anime esse et hoc solum contingere separari sicut perpetuum a corruptibili ».

4. Aristote, *De l'âme*, III, 5, 430 a 22-24, trad. p. 228-229 : « Et cette intelligence est séparée, sans mélange et impassible. [...] il n'y a que cela d'éternel et d'immortel » ; *A. L.* : « Separatus autem est solushoc quod uere est. Et hoc solum inmortale et perpetuum est ».

qu'Aristote se demanderait pourquoi nous ne nous souvenons pas après la mort [1]. Donc etc.

De même selon Aristote tout ce qui est engendré possède une matière, de la puissance de laquelle il a été tiré [2]. Or l'intellect ne possède pas de la sorte une matière. Donc il n'est pas engendré, et tout ce qui est inengendré est incorruptible et par conséquent perpétuel, comme il est patent au livre Ier *Du ciel* [3].

La vérité de cette question ressort des précédentes. Mais cette question a été soulevée pour que tous les aspects du problème soient compris en même temps. J'énumère d'abord les conclusions que quelqu'un poserait si, sans la foi catholique, il était guidé seulement par des raisons tirant leurs principes des choses sensibles, et recevant leur évidence par la nature des sens et de l'intellect, sans révélation surnaturelle particulière. Certaines de ces propositions sont hypothétiques, d'autres sont catégoriques.

La première est que si l'intellect est perpétuel vers le passé, il est perpétuel vers l'avenir, et inversement. C'est en effet ce qu'Aristote a pensé démontrer dans le livre Ier *Du ciel* [4].

1. Aristote, *De l'âme*, III, 5, 430 a 24, p. 230 : « nous avons, d'autre part, des défauts de mémoire » ; *A. L.*, « non reminiscimur autem ».

2. Voir Aristote, *Physique*, I, 7 ; I, 9, 192 a 25-34 ; *De la génération et de la corruption*, I, 3 ; *Métaphysique*, Z, 7, 1032 b 31 - 1033 a 1, trad. p. 249 : « Donc une partie quelconque existera nécessairement avant, c'est manifeste, car la matière est une partie puisqu'elle est un constituant et qu'elle vient à être la chose » ; *A. L.* : « quod quidem igitur pars ex necessitate existet, palam ; materia namque pars, inest enim et fit hec ».

3. Voir Aristote, *Du ciel*, I, 12, 281 b 26 - 282 a 4, trad. Dalimier-Pellegrin, p. 269-271.

4. *Ibid.*

La deuxième est que si l'intellect n'est pas perpétuel du côté du passé et du côté de l'avenir, il est engendré et corruptible, tiré de la puissance de la matière, étendu selon l'extension matérielle, et multiplié selon la multiplication des hommes. Car si l'intellect n'est pas perpétuel, il est produit, et la raison naturelle n'admettrait pas, sans la foi ou la révélation surnaturelle, que quelque chose soit produit sur le mode de la création, mais elle dirait que tout est produit sur le mode naturel de la génération à partir d'un sujet présupposé, de la puissance duquel la forme serait tirée par l'agent. Aristote s'est efforcé de démontrer cela au livre Ier de la *Physique* [1] et au livre VII de la *Métaphysique* [2]; et la raison naturelle prescrirait que toutes les choses dont on a parlé précédemment proviennent d'une génération de cette sorte.

La troisième conclusion est inférée de la deuxième en procédant de l'opposé du conséquent à l'opposé de l'antécédent, à savoir que si l'intellect n'est pas tiré de la puissance de la matière, il est perpétuel. Et pareillement, si l'intellect n'est pas étendu, il est perpétuel, et s'il n'est pas multiplié, il est perpétuel.

Quatrième conclusion : s'il n'est pas tiré de la puissance de la matière, il n'inhère pas à la matière. On le prouve, puisque s'il n'était pas produit, il serait perpétuel du côté du passé et du côté de l'avenir, comme il est patent d'après les conclusions précédentes. Et jamais la raison naturelle n'établirait qu'une forme perpétuelle inhère si elle n'inhère pas toujours à la même chose, comme certains l'ont posé

1. Aristote, *Physique*, I, 9, 192 a 25-34.

2. Aristote, *Métaphysique*, Z, 7, 1032 b 32 - 1033 a 1, cité *supra*, n. 2, p. 556.

au sujet des dimensions indéterminées [1]. Et la raison naturelle ne poserait jamais cela de l'intellect humain, puisque si l'intellect humain inhère à la matière ce n'est qu'à la matière de l'homme qui subsiste après la mort dans le cadavre ou dans la terre, et alors personne ne dirait que c'est à cette matière, à savoir à ce cadavre ou à cette terre, que l'intellect humain inhère.

La cinquième conclusion est que ces six propositions s'impliquent l'une l'autre : que l'intellect soit perpétuel, qu'il ne soit pas engendrable ni corruptible, qu'il ne soit pas tiré de la puissance de la matière, qu'il n'inhère pas à la matière, qu'il ne soit pas étendu selon l'extension de la matière, qu'il ne soit pas multiplié. Et pareillement ces six propositions qui leur sont opposées s'impliquent l'une l'autre, à savoir qu'il ne soit pas perpétuel, qu'il soit engendré et corruptible, qu'il soit tiré de la puissance de la matière, qu'il inhère à la matière, qu'il soit étendu et qu'il soit multiplié. En effet, cette conclusion dans sa totalité suit des précédentes.

La sixième conclusion est catégorique : l'intellect humain inhère au corps humain ou à la matière. Elle a été posé et prouvée antérieurement.

Une septième conclusion est inférée, qui était l'opinion d'Alexandre : il est engendrable et corruptible, tiré [2], étendu, inhérent et multiplié.

1. La théorie des dimensions indéterminées est d'origine averroïste, mais a fait l'objet de débats voire d'interprétations différentes tout au long du XIIIe et du XIVe siècle. Opposées à la quantité déterminée, elles marquent le fait que la matière est toujours le sujet de la quantité, mais que la détermination de cette dernière à telle quantité reste virtuelle; cependant, elles peuvent aussi faire de la matière une *materia signata* apte à recevoir et individuer une forme.

2. Tiré : sous-entendu « de la matière ».

Cependant, il faut dire avec fermeté et soutenir que ce n'est pas le cas que toutes ces conclusions soient vraies, puisqu'elles sont contraires à la foi catholique. Mais je pense que les conclusions opposées ne sont pas démontrables en faisant abstraction de la foi et d'une révélation surnaturelle particulière.

C'est pourquoi maintenant il faut exposer les conclusions ou propositions qui, sur ce sujet, doivent être soutenues selon la foi catholique. La première est que l'intellect humain n'est pas perpétuel du côté du passé, mais qu'il l'est du côté du futur.

La deuxième est que cet intellect n'est pas à proprement parler engendré par génération naturelle mais créé, et n'est pas à proprement parler corruptible par corruption naturelle, mais annihilable. Cependant il n'est pas annihilé.

La quatrième est qu'il est multiplié selon la multiplication des hommes.

La cinquième est qu'il est inhérent au corps humain ou à la matière aussi longtemps que l'homme vit, qu'il est séparable du corps et qu'il peut revivre, et qu'il revivra.

Et toutes les autorités, quelles qu'elles soient, qui sont opposées à ces conclusions doivent toujours être niées bien que nous ne puissions pas démontrer les propositions qui leur sont opposées.

Maintenant, pour finir, il faut dire comment on répondrait aux arguments qui ont été formulés au début de la question, pour autant qu'ils semblent œuvrer contre la foi.

Le premier argument était en faveur d'Alexandre, mais il nous est difficile de le résoudre. On dit en effet que la mort d'un cheval est purement et simplement la corruption du cheval, mais que la mort d'un homme n'est pas purement et simplement la corruption de l'homme, mais seulement la séparation d'une de ses parties d'avec l'autre. C'est pourquoi certains concèdent que cet homme-ci, à savoir Socrate, est perpétuel du côté du futur de telle sorte qu'il existera toujours, mais qu'il ne sera pas toujours un homme ou Socrate, puisque le nom « homme » ou « Socrate », bien qu'ils supposent seulement pour l'âme et le corps, connotent cependant que ces parties se rapportent l'une à l'autre de telle manière que celle-ci est inhérente à celle-là. Mais elles ne se rapporteront pas toujours l'une à l'autre de cette manière. C'est pourquoi, bien que cet homme soit toujours, il ne sera pas toujours un homme [1]. Et ainsi Socrate sera toujours mais ne sera pas toujours Socrate. Et ainsi nous dirions la même chose d'un cheval ou d'une pierre : Dieu peut en effet séparer la forme du cheval ou de la pierre de sa matière et la conserver séparément, et ce cheval ou bien cette pierre seraient encore, mais ne seraient pas un cheval ou une pierre.

Mais d'autres disent que la forme substantielle est la partie tout à fait principale d'une substance composée. C'est pourquoi un nom de substance comme « Socrate », « homme », « animal », « cheval », est institué pour signifier une substance composée. Cependant, c'est principalement en raison de la forme que ce nom est destiné à supposer pour ce qui est composé de cette forme et de la matière, pour le temps durant lequel cette forme est unie à cette matière, et seulement pour la forme quand celle-ci n'est pas unie à une matière. C'est la raison pour laquelle nous

1. On distingue classiquement la signification (signification directe et connotations) selon la place du terme ; ici, après le verbe, il « appelle » la détermination temporelle du verbe, tandis que ce n'est pas le cas s'il est placé avant (auquel cas, la signification recouvre les signifiés passés et futurs). Cette procédure dite « appellation de la forme » est classique dans la sémantique des termes (et différente de la théorie proprement buridanienne de l'appellation de raison). On la trouve mise en œuvre, par exemple, chez Albert de Saxe.

disons « Saint Pierre, prie pour nous », bien que celui-ci ne soit composé de matière et de forme. Et ainsi on concède non seulement que Socrate ou cet homme seront toujours, mais aussi qu'il seront toujours Socrate et cet homme [1].

D'autres encore disent que, bien que le nom soit institué en premier lieu pour signifier une substance composée, il est cependant transféré pour signifier la forme et pour supposer parfois pour elle, en raison de la grande primauté de celle-ci sur la matière. Ainsi Aristote aussi, au livre VIII de la *Métaphysique*, semble établir cela expressément ; il soulève en effet le doute suivant : « il ne faut pas ignorer que parfois on ne voit pas si le nom signifie une substance composée, ou l'acte ou la forme » [2] ; et il répond en disant « il sera en effet dit "animal" partout et en chacun, mais non selon une raison unique » [3]. Alors donc, pour autant que le nom « homme » signifie le composé, cet homme

1. Selon cette théorie, la distinction énoncée ci-dessus de vaut plus puisque le terme ne signifie pas les parties (à titre égal) en connotant leur union actuelle, mais signifie à titre premier la forme, qui est censée subsister après la dissolution du composé.

2. Aristote, *Métaphysique*, H, 3, 1043 a 29-31, trad. p. 286 : « Or il ne faut pas ignorer qu'il nous échappe parfois si le nom signifie la substance composée ou bien l'acte et l'aspect » – Tricot : « … l'acte ou la forme » ; *A. L.* : « Oportet autem non ignorare quia aliquando latet utrum significet nomen compositam substantiam aut actum et formam ».

3. Aristote, *Métaphysique*, H, 3, 1043 a 36-39, trad. p. 286, mais le texte est un peu différent : « Le mot "animal" s'appliquerait donc aussi dans les deux cas, non parce qu'il a une seule définition mais parce qu'il est relatif à une seule chose » ; mais le texte latin est tel que le cite Buridan, qui laisse cependant de côté l'analogie *ad unum* : « Erit autem utique et in utrisque animal, non ut una ratione dictum sed quasi ad unum ». Le texte de Buridan ne doit donc pas être lu comme une affirmation sur l'universel et les singuliers, mais sur l'équivocité (ou l'analogie) entre l'animal comme composé et l'animal comme partie rectrice, à savoir l'âme.

sera toujours, mais il ne sera pas toujours un homme, en raison de la connotation du terme, comme on l'a dit ; mais pour autant qu'il signifie la forme, l'homme sera toujours et il sera toujours un homme, et jamais il ne sera corrompu.

En fin de compte, nous disons que la détermination de ce doute concerne la métaphysique ou la faculté de théologie. Ainsi plusieurs théologiens ont soulevé cette question quodlibétique : est-ce que le Christ était un homme durant les trois jours, à savoir lorsque son corps sans âme était dans le sépulcre et son âme sans corps en enfer [1] ?

Concernant l'autre argument, Alexandre nierait l'éternité de l'intellect, et nous, par la foi, nous nierions l'éternité du monde du côté du passé et du côté de l'avenir, c'est pourquoi dans les deux cas ne s'ensuit pas une infinité d'intellects.

À l'autre argument, on répond qu'après la mort l'intellect intellige sans fantasme, ce qu'il peut faire par la puissance, la volonté et l'ordonnancement divins.

Au dernier on répond que par « intellect passif » Aristote entend la faculté imaginative ou cogitative. Celle-ci est corrompue, non pas absolument puisqu'elle est la même chose que l'âme intellective, mais de la façon suivante : parce que sont corrompues les dispositions naturelles par lesquelles elle était à même d'exercer l'acte de connaître, de penser ou d'imaginer. C'est pourquoi elle ne peut plus exercer l'acte vital sans lequel Aristote pensait que l'intellect humain n'intellige pas, ce que nous ne soutenons pas.

Les arguments opposés sont résolus ou sont niés selon ce qu'exige ce qui a été dit antérieurement.

1. En fait cette interrogation n'a pas seulement été le fait des théologiens, mais a été au XIIIe siècle, dans les *Sophismata*, la base de réflexions linguistiques et sémantiques sur la signification, la référence, et les déterminations temporelles

QUESTION 7

On demande septièmement si l'intellect possible est pure puissance de sorte qu'il ne soit pas un acte, comme ce n'est pas le cas non plus de la matière première.

On soutient que oui, d'après Aristote qui dit qu'il « n'a aucune nature, si ce n'est d'être appelé possible » [1].

De même il dit que « avant d'intelliger, il n'est en acte rien de ce qui est » [2].

De même il revient à l'acte d'agir et à la puissance de pâtir, comme on le lit dans le livre *De la génération* et au livre III de la *Physique* [3]. C'est pourquoi ce qui ne peut agir mais seulement pâtir n'est pas un acte, mais pure

1. Aristote, *De l'âme*, III, 4, 429 a 22-23, trad. p. 222-223 : « [l'intelligence] ne peut même avoir la moindre nature, en dehors de celle qui consiste à être un possible » ; *A. L.* : « Quare neque ipsius esse naturam neque unam, set aut hanc quod possibilis ».

2. Aristote, *De l'âme*, III, 4, 429 a 24, trad. p. 223 : « Ce qu'on appelle l'intelligence de l'âme [...] n'est effectivement aucune des réalités avant de penser » ; *A. L.* : « Vocatus itaque anime intellectus [...] nichil est actu eorum que sunt ante intelligere ».

3. Aristote, *Physique*, III, 3, 202 a 23-24, trad. p. 168 : « Il est en effet sans doute nécessaire qu'il y ait un certain acte de ce qui peut agir et un autre de ce qui peut pâtir, l'un étant l'action, l'autre la passion » ; *A. L.*, 7. 1, *Physica*, Iacobus Veneticus translator (translatio vetus) : « necessarium est enim fortassis esse quendam actum activi et passivi ; hoc quidem enim actio, illud vero passio ». Je n'ai pas trouvé de référence précise en *De la génération*, bien que l'idée soit présente en plusieurs chapitres (voir I, 7, I, 9...).

puissance. C'est le cas de l'intellect possible, puisque Aristote dit qu'il est tel en « devenant toutes choses », et l'intellect agent en « faisant toutes choses » [1]. Et ainsi l'intellect possible ne fait pas quelque chose, et l'intellect agent ne pâtit pas de quelque chose.

De même tout acte exerce activement quelque opération, et l'intellect possible n'exerce aucune opération, puisque si c'était le cas, en plus de lui, nous n'aurions pas besoin de l'intellect agent, ce qui va contre la détermination d'Aristote.

De même, la substance simple est ou bien acte pur ou bien puissance pure. Or l'intellect possible est une substance simple et il n'est pas un acte pur, puisqu'il est réceptif des images intelligibles et qu'il diffère de l'intellect agent. Donc etc.

De même, le Commentateur semble dire précisément que notre âme intellective est composée substantiellement de l'intellect possible et de l'intellect agent [2]. C'est pourquoi, puisque l'intellect agent est un acte, notre âme ne serait pas une par soi si l'intellect possible était aussi un acte [3],

1. Aristote, *De l'âme*, III, 5, 430 a 14-15 : « Et c'est ainsi qu'il y a, d'un côté l'intelligence caractérisée par le fait qu'elle devient toutes choses, et de l'autre, celle qui se caractérise par le fait qu'elle produit toutes choses » ; *A. L.* : « et est huiusmodi quidem intellectus in quo omnia fiunt, ille uero quo omnia est facere ».

2. Averroès, *Grand commentaire sur le livre III*, dans *L'Intelligence et la Pensée*, p. 75 : « C'est pourquoi il faut soutenir [...] qu'il y a dans l'âme deux parties d'intellect : l'une réceptrice [...], l'autre agente » ; *Comm. magnum*, p. 406, l. 556-557 : « Et ideo opinandum est [...] quod in anima sunt due partes intellectus, quarum una est recipiens, [...] alia autem agens ».

3. L'argument présuppose l'inhérence de l'intellect à notre âme, que Buridan estime acquise dans la question précédente. Dès lors, l'intellect agent et l'intellect possible seraient tous deux en nous.

parce que de plusieurs choses en acte on ne fait pas quelque chose d'un par soi.

On soutient l'opposé [1] puisque l'intellect possible est l'âme et que toute âme est acte, comme il est patent par la définition de l'âme ; donc etc.

De même, s'il était pure puissance, il ne différerait pas de la matière première, parce que les choses ne sont pas distinguées par la puissance mais par l'acte, comme il est dit au livre VII de la *Métaphysique* [2].

De même, ce qui inhère à autre chose et qui l'informe est son acte. Or l'intellect possible inhère au corps humain, selon ce qui a été dit plus haut ; donc etc.

Cette question a été formulée pour exposer certaines autorités. Et elle peut facilement être résolue selon la distinction de l'acte et de la puissance qui a été posée dans la première question du livre II. En effet, quelque chose est dit être un acte, ou en acte, en plusieurs sens.

Mais le raisonnement ne vaudrait pas, à la lettre, pour un adversaire averroïste.

1. La thèse selon laquelle l'intellect possible ou matériel (selon le terminologie averroïste) serait lui-même « une substance [...] subsistant par soi en acte » a été défendue au début du XIVe siècle par Thomas Wylton : voir *Quaestio de anima intellectiva*, éd. J.-B. Brenet dans *Les Possibilités de jonction. Averroès – Thomas Wylton*, Berlin-Boston, W. de Gruyter, 2013, p. 213.

2. Aristote, *Métaphysique*, Z, 13, 1039 a 5-7, trad. p. 269 : « ce qui est deux ainsi en état accompli n'est jamais un en état accompli, alors qu'il y aura une chose une à partir de deux en puissance [...], car l'état accompli sépare » ; *A. L.* : « Duo namque sic actu numquam sunt unum actu, sed si potestate duo fuerint, erunt unum, ut que dupla ex duobus dimidiis potestate ; actus separat ». C'est ἐντελέχεια qui est rendu dans la traduction française par « état accompli », et traduit dans la recension de Moebecke par *actus*.

Au premier sens, cela signifie la même chose qu'exister, et la puissance signifie la même chose que ne pas exister alors même qu'il n'est pas impossible que cela existe. Et de la sorte, l'intellect possible comme l'intellect agent, et la matière première comme la forme, sont dits des actes ou en acte. En revanche, en ce sens, l'intellect de l'Antechrist n'est pas un acte, ou en acte, mais il est une puissance, ou en puissance.

En un deuxième sens, on appelle acte une forme inhérente, et le sujet, relativement à cette forme, est appelé puissance, à savoir une puissance subjective. De la sorte, l'intellect possible est un acte de ce corps, et il est appelé puissance relativement aux intellections et aux dispositions intellectuelles. Et le Commentateur semble penser qu'en ce sens l'intellect agent est aussi un acte de l'intellect possible lui-même, à savoir un acte inhérent à lui, et que l'intellect possible est une puissance subjective à l'égard de l'intellect agent [1]. Et ainsi encore, le Commentateur pense qu'en ce sens l'intellect possible n'est pas l'acte de quelque chose puisqu'il n'inhère, croit-il, à aucun sujet [2]. C'est pourquoi il dit que c'est là ce que pensait Aristote, lorsque ce dernier dit que « celui-ci n'a aucune nature si ce n'est d'être appelé possible » [3]. Mais à ce propos il ne

1. Voir *Grand comm.*, dans *L'Intelligence et la pensée*, p. 166 : « Mais pour nous [...] il est manifeste que [...] le sujet des intelligibles théoriques et de l'intellect agent est unique et identique, à savoir l'intellect matériel » ; *Comm. magnum*, III, comm. 36, p. 499, l. 559-564 : « nos autem [...] manifestum est quod subiectum intellectorum speculativorum et intellectus agentis [...] est idem et unum, scilicet materialis ».

2. En effet, l'intellect possible n'est pas inhérent à l'âme humaine individuelle, et en tant que pure potentialité, il ne peut être l'acte d'aucun sujet, d'aucune matière.

3. Voir *supra*, n. 1, p. 563.

faut pas le croire, puisque l'on a dit plus haut que l'intellect inhère au corps, et plus loin on dira aussi que notre âme intellective n'est pas ainsi composée substantiellement de l'intellect agent et de l'intellect possible, mais qu'elle est une forme simple qui, selon une raison ou une autre, est dite intellect agent et intellect possible [1].

En un troisième sens on appelle acte une opération ou un mouvement relativement à ce qui opère, que cela soit actif ou passif. Or l'agent et le patient sont appelés des puissances, à savoir puissance active et puissance passive, à l'égard d'un tel mouvement ou d'une telle opération. Et en ce sens, il me semble que tout ce qui est autre que Dieu est son acte puisque c'est son opération. En effet, Dieu fait tout ce qui est autre que lui, soit en le produisant soit du moins en le conservant. Ainsi, en ce sens, Dieu est dit puissance suprême et non pas acte. Mais en ce sens l'intellect n'est l'acte de rien d'autre que de Dieu lui-même, puisqu'il ne dépend pas dans son être d'un autre opérant, ni pour la production ni pour la conservation. Il ne doit donc pas être dit mouvement ou opération de quelque chose d'autre. Mais je dis qu'en ce sens l'intellect [2] est bien une puissance active et une puissance passive ; il possède en effet de nombreuses opérations qu'il effectue ou qu'il reçoit, comme l'intellection, la composition, la division, le discours, etc. Et ses opérations sont aussi dans l'homme, comme la sensation, l'alimentation, l'augmentation, la diminution,

1. Buridan insistera sur l'unité, en nous, de l'intellect, qui n'est dit possible ou agent que selon des points de vue conceptuels différents.

2. Le texte latin dit *intellectus possibilis*, sans variante d'après l'apparat critique ; je pense toutefois qu'il vaut mieux comprendre « l'intellect », tout simplement. Tout le raisonnement vise à répéter que l'intellect est à la fois acte et puissance.

etc., si nous disons qu'il n'y a pas en l'homme d'autre âme que l'âme intellective [1].

En un quatrième sens on parle d'agent ou d'acte, relativement à ce qui pâtit ou est susceptible de pâtir, et ce qui pâtit est dit puissance à l'égard de ce qui est actif – c'est ce que l'on a dit dans la première question de ce livre. Et en ce sens l'intellect est l'acte du corps ; il agit en effet dans le mouvement local, comme il est dit dans ce livre III [2]. Il produit même dans le corps l'alimentation, la sensation, etc. Et il peut même à l'égard de lui-même être dit acte et puissance, puisqu'il produit en lui-même des concepts, des propositions et des discours. Et il peut lui-même être encore dit puissance à l'égard du fantasme ou de l'objet, comme on le dira plus loin.

Mais il faut noter en outre qu'on a l'habitude de dire qu'une puissance au deuxième sens, à savoir entendue comme le sujet de la forme qui lui est inhérente, a coutume d'être dite parfois en acte à l'égard de cette forme, à savoir quand elle la possède, et parfois en puissance seulement, à savoir quand elle ne la possède pas ; par exemple un mur est dit en acte par la blancheur, ou blanc en acte, quand la blancheur lui est inhérente, et il est dit en puissance de la blancheur, ou blanc en puissance, quand la blancheur ne lui est pas inhérente mais peut être en lui [3].

Et cette manière de parler est proche du premier sens, puisque celui-ci était dit selon que la chose existe ou

1. Cette âme est une à travers ses différentes puissances, qu'elles soient végétatives, sensitives, motrices ou intellectives. Voir *Questions sur l'âme*, II, qu. 4 et 5.

2. Aristote *De l'âme*, III, 10, 433 a 9-21, trad. p. 244-245.

3. Au terme de cette diversification des sens de la puissance, nous sommes donc très loin de l'équivalence posée par Aristote entre matière, puissance et passivité.

n'existe pas. En ce sens, je crois qu'Aristote, comparant l'intellect possible aux formes intellectuelles qui peuvent exister en lui, a dit qu'il n'est rien en acte avant d'intelliger car il n'est pas en acte par quelque forme ou disposition qui lui serait inhérente. Et c'est ainsi qu'il comprend qu'il « ne possède aucune nature », à savoir avant d'intelliger « si ce n'est d'être appelé possible », puisqu'il est « comme une tablette sur laquelle rien n'est écrit » [1].

Et il me semble que grâce à ce qui vient d'être dit apparaissent les solutions et les expositions des arguments qui ont été avancés au début de la question, que ce soit dans un sens ou dans l'autre. Il m'apparaît en effet que les arguments qui disent que l'intellect possible ne peut en rien agir mais seulement pâtir sont pris faussement. Et les autorités d'Aristote ont été suffisamment exposées [2]. Et il ne faut pas croire le Commentateur quand il contredit ce qui précède. Et bien que l'intellect, ou encore Dieu, soit une substance simple, il n'est pas gênant qu'il soit acte en un sens et puissance en un autre, ou encore à l'égard de choses diverses.

1. Aristote, *De l'âme*, III, 4, 430 a 1 : « Et il doit en être comme sur un tableau où aucun dessin ne se trouve réalisé » ; *A. L.* : « Oportet autem sic sicut in tabula nichil est actu scriptum ». L'image de la *tabula rasa* est courante dans tous les commentaires du traité *De l'âme* ; Buridan la reprend à son compte sans équivoque dans une perspective anti-innéiste : voir entre autres Jean Buridan *Questions sur les Seconds Analytiques*, I, qu. 3 : « Aristote soutient l'opposé dans le livre III *De l'âme*, disant que notre intellect est au début comme une table rase sur laquelle rien n'est écrit ».

2. La fonction de cette question a donc été, comme il était annoncé, de rendre compte des passages d'Aristote qui semblent impliquer l'existence d'un intellect possible distinct de l'intellect agent.

QUESTION 8

On cherche huitièmement si l'intellect intellige l'universel avant le singulier, ou inversement.

Et puisque à part notre âme, à savoir en dehors d'elle, il n'y a pas de cheval universel qui soit distinct d'un cheval singulier ou des chevaux singuliers, ni de pierre universelle en plus des pierres singulières, et ainsi de suite, comme nous le supposons d'après le livre VII de la *Métaphysique* [1], cette question doit être formulée à proprement parler ainsi : est-ce que l'intellect intellige la même chose ou les mêmes choses universellement, c'est-à-dire selon un concept commun, avant de les intelliger singulièrement, c'est-à-dire selon un concept singulier, ou inversement [2] ? Et si dans le cours de la question nous utilisons parfois les termes pris initialement, nous voulons cependant les utiliser au sens des mots que nous venons juste de préciser.

On soutient donc, premièrement, que nous intelligeons les choses universellement avant de les intelliger singulièrement, d'après l'autorité d'Aristote dans ce livre III, lorsqu'il

1. Aristote, *Métaphysique*, VII, 13, *passim* ; Buridan, *Qu. Metaph.*, VII, qu. 15 et 16, Paris 1518, f°s 50rb-52rb.

2. Il ne saurait être question à proprement parler d'intelliger l'universel, puisque celui-ci n'a pas d'existence comme tel, d'où la reformulation de la question. La singularité ontologique étant admise, la question de l'universel connaît ainsi un infléchissement vers la théorie de la connaissance.

dit « ou, comme la ligne brisée se rapporte à elle-même lorsqu'elle est étendue, de même l'être de la chair est distingué » [1]. Et Aristote distingue ici entre la chair et l'être de la chair, entre la grandeur et l'être de la grandeur. Il entend par « chair » et « grandeur » les singuliers, tandis que par « être de la chair » et « être de la grandeur » il entend les universels. Ainsi il veut dire que nous intelligeons directement l'être de la chair ou l'être de la grandeur, c'est-à-dire les universels, puisque par « direction », il entend en effet la ligne lorsqu'elle est étendue. Mais nous intelligeons de façon réfléchie [2] la chair et la grandeur, c'est-à-dire les singuliers. Or on voit bien que nous intelligeons d'abord ce que nous intelligeons directement, avant ce que nous intelligeons par réflexion. Donc nous intelligeons d'abord les universels.

De même, à propos de l'autorité d'Aristote qui précède, le Commentateur dit que l'intellect connaît l'universel par lui-même et le singulier au moyen du sens [3], à savoir,

1. Aristote, *De l'âme*, III, 4, 429 b 16-18, trad. p. 225 : « [...] en revanche, c'est une autre instance qui permet de juger de l'essence de la chair, une instance soit séparée soit disposée autrement, comme lorsqu'elle est étendue, la ligne brisée par rapport à elle-même » ; *A. L.* : « sensitiuo quidem igitur calidum et frigidum iudicat, et quorum ratio quedam caro. Alio autem, aut separato aut sicut circumflexa se habet ad se ipsam, cum extensa sit carni esse discernit » ; la lettre du texte d'Aristote est assez loin de ce que cite Buridan : Aristote souligne la différence entre la faculté sensitive et une « autre instance » qui perçoit l'essence de la chair ou de la ligne, sans qu'il soit directement question d'universalité ; et la traduction latine coupe différemment les phrases.

2. *Circumflexe* : de façon brisée, ou réfléchie.

3. *Grand commentaire*, III, 9, p. 90 : « En effet, il perçoit la forme par lui-même et il perçoit l'individu par l'intermédiaire du sens » ; *Comm. magnum*, p. 422, l. 49-50 : « comprehendit enim formam per se, et comprehendit individuum mediante sensu ».

comme beaucoup l'interprètent, par réflexion sur le sens. Or l'intellect doit intelliger ce qu'il intellige par soi avant ce qu'il intellige par quelque chose d'autre, ou par réflexion sur autre chose. Donc etc.

De même, au livre Ier des *Seconds Analytiques*, Aristote dit que « plus connu » et « plus connu pour nous » n'est pas la même chose [1]. Or les choses qui sont proches des sens sont les plus connues pour nous, et il dit que ce sont les singuliers ; et les plus connues de façon absolue sont celles qui sont les plus éloignées de sens, et il dit que ce sont « les plus hauts universels ». Donc bien que les singuliers soient plus connus pour nous, puisqu'ils sont connus originairement par les sens, dont la connaissance est première pour nous, cependant les universels nous sont plus connus dans l'absolu que les singuliers. Ensuite, nous ajoutons qu'on ne voit pas ce qu'Aristote peut appeler « plus connu dans l'absolu », sinon ce qui est connu par l'intellect, puisqu'il n'y a pas d'autre connaissance que le sens ou l'intellect. Donc l'universel est plus connu selon l'intellect, et il est connu en premier lieu. Et cette raison ou autorité, permettant d'inférer une telle conclusion, est

1. Aristote, *Seconds Analytiques*, I, 2, 71 b 33 - 72 a 5, trad. P. Pellegrin, Paris, GF-Flammarion, 2005, p. 69 : « Par ailleurs, "antérieur" et "mieux connu" ont deux sens. En effet, ce n'est pas la même chose que "antérieur par nature" et "antérieur pour nous", ni que "mieux connu" et "mieux connu pour nous". J'appelle antérieur et mieux connu pour nous ce qui est plus proche de la perception alors que ce qui est antérieur et mieux connu absolument en est le plus éloigné. Or ce qui est le plus universel est le plus éloigné, alors que les particuliers en sont le plus proche » ; *A. L.* : « Priora autem et notiora dupliciter sunt ; non enim idem primum natura et ad nos prius, neque notius et nobis notius. Dico autem ad nos priora et notiora proxima sensui, simpliciter autem priora et notiora que longius sunt. Sunt autem longiora quidem universalia maxime, proxima autem singularia ».

confirmée par Aristote dans le Ier livre de la *Physique*, où il dit que certains ont posé que les principes des choses naturelles sont ce qui est antérieur et plus connu « selon le sens », et il dit que ce sont les singuliers, et d'autres ce qui est antérieur « selon la raison », c'est-à-dire selon l'intellect, et il dit que ce sont les universels [1]. De là, en expliquant ce qu'est le plus connu par le sens et ce qu'est le plus connu par l'intellect, il dit « certes l'universel est plus connu par la raison, mais le singulier par le sens » [2] ; et il ajoute : « la raison en effet est assurément universelle, mais le sens particulier » [3]. C'est pourquoi Aristote estimait que les universels étaient plus connus selon l'intellect.

De même, selon Avicenne, l'objet premier et propre de l'intellect est l'étant dans toute sa généralité [4], puisque tout étant est intelligible, et l'objet premier de l'intellect doit être connu par lui en premier, et rien avant lui. Donc

1. Aristote, *Physique*, I, 5, 189 a 3-4, trad. p. 97 : « [...] certains prennent ce qui est plus connu selon la raison, comme on l'a dit auparavant, d'autres ce qui est plus connu selon la sensation [...] » ; *A. L.*, 7. 1 : *Physica*, Iacobus Veneticus translator Aristotelis (translatio uetus) : « et hi quidem notiora secundum rationem, sicut dictum est prius, illi autem secundum sensum ».

2. Aristote, *Physique*, I, 5, 189 a 5-6, trad. p. 97 : « l'universel en effet est connu selon la raison, et le singulier selon la sensation » ; *A. L.* : « universale quidem enim secundum rationem notum est, singulare autem secundum sensum ».

3. Aristote, *Physique*, I, 5, 189 a 7-8, trad. p. 97 : « car la raison porte sur l'universel alors que la sensation porte sur le particulier » ; *A. L.* : « ratio quidem universalis est, sensus autem particularis ».

4. Avicenne, *La Métaphysique du Shifa*, I, 5, trad. Georges C. Anawati, Paris, Vrin, 1978, p. 106 : « L'existant, la chose et le nécessaire sont tels que leurs intentions premières se dessinent dans l'âme d'un dessin premier » ; *Avicenna latinus, Liber de philosophia prima sive scientia divina*, I, 5, ed. S. Van Riet, Louvain-Leiden, Peeters-Brill, 1977, p. 31 : « res et ens et necesse talia sunt quod statim imprimuntur in anima prima impressione ».

l'intellect est destiné à intelliger en premier l'étant dans toute sa généralité, et celle-ci est le plus universel, donc etc.

De plus, Aristote dit explicitement dans le Proème de la *Physique* que les universels sont les plus connus pour nous, et puisque cela ne peut être selon le sens, il faut que ce soit selon l'intellect. C'est pourquoi il conclut en disant « il faut donc procéder des universels vers les singuliers » [1].

Et pour prouver que l'universel est plus connu pour nous, il donne trois raisons. La première se fonde sur une comparaison avec le sens : le tout sensible est plus connu que sa partie, donc pareillement le tout intelligible est plus connu à l'intellect que sa partie. « Or l'universel, dit-il, est un certain tout » relativement à ses singuliers, « en effet l'universel comprend beaucoup de choses à titre de parties » [2].

Une autre raison se fonde sur le fait qu'il est plus facile de connaître confusément que distinctement, il est en effet toujours difficile de distinguer une chose. Pour cette raison, il dit que la totalité du défini est plus connue que les parties de la définition [3]. Mais connaître universellement, c'est

1. Aristote, *Physique*, I, 1, 184 a 24-25, trad. p. 70 : « C'est pourquoi il faut aller des universels aux particuliers, car la totalité est plus commune selon la sensation, et l'universel est une certaine totalité » ; *A. L.* : « Unde ex universalibus in singularia oportet provenire ; totum enim secundum sensum notius est, universale autem totum quiddam est ; multa enim comprehendit ut partes universale ».

2. Aristote, *Physique*, I, 1, 183 a 26-27, trad. p. 71 : « [...] et l'universel est une certaine totalité ; en effet l'universel comprend plusieurs choses comme parties » ; *A. L.* : « universale autem totum quiddam est ; multa enim comprehendit ut partes universale ».

3. Voir Aristote, *Physique*, I, 1, 184 b 10-12, trad. p. 71 : « Mais d'une certaine manière c'est la même chose que subissent aussi les noms par rapport à la définition. En effet, c'est une certaine totalité qu'ils signifient, et de manière indéterminée [...] » (trad. p. 71) ;

connaître confusément, alors que connaître singulièrement c'est connaître distinctement et de manière déterminée.

La troisième raison est que « les enfants appellent d'abord tous les hommes "papa" et toutes les femmes "maman" » [1]. Et Avicenne montre de façon plus évidente la valeur probatoire de ce signe [2], à savoir que si Socrate s'approche et que tu le vois de loin, tu jugeras que c'est un corps, un animal ou un homme avant de pouvoir juger que c'est Socrate [3], et c'est aussi le cas pour l'intellect, autant que tu pourras raisonner. Ainsi, tu le conçois et tu portes un jugement à son propos selon le concept universel conformément auquel il est dit homme ou animal, avant de le faire selon le concept singulier conformément auquel il est dit Socrate. Mais si quelqu'un dit, comme on a coutume de le dire, qu'Aristote n'entend pas comparer ici l'universel au singulier de manière absolue mais relative, c'est-à-dire le plus universel et le moins universel [4], et

A. L. : « Sustinent autem idem hoc quodammodo et nomina ad rationem ; totum enim quiddam et indiffinitum significat ».

1. Aristote, *Physique*, I, 1, 184 b 12-14, trad. p. 71 : « Et les enfants supposent d'abord que tous les hommes sont des pères et toutes les femmes des mères » ; *A. L.* : « Et pueri primum appellant omnes viros patres et matres feminas, posterius autem determinant horum unumquodque ».

2. Le signe est ici à entendre comme le point de départ d'une inférence ou enthymème.

3. Voir Avicenne, *Liber primus naturalium, tractatus primus*, c. 1, éd. S. Van Riet, Louvain-la-Neuve-Leiden, Peeters-Brill, 1992, p. 11-17. Cette analyse sera longuement reprise plus avant dans la question.

4. Voir Nicole Oresme, *Quaestiones in Aristotelis De anima*, III, qu. 14, éd. B. Patar, 422 : « loquendo de conceptibus secundo modo [*scil.* hoc corpus, hic homo…], illi qui sunt universaliores de eadem re sunt priores tempore » ; « en parlant des universels au second sens, ceux qui sont le plus universels, à propos d'une même chose, sont antérieurs selon le temps ».

qu'il veut dire que les plus universels nous sont plus connus que les moins universels, de cela je conclurai alors ce qui est proposé, puisque de la position selon laquelle le singulier connu absolument serait connu en premier par l'intellect, il s'ensuit l'opposé de cette thèse d'Aristote, car ce qui est plus près du premier connu doit être connu avant et davantage que ce qui est plus loin. Or le moins universel est plus proche du singulier absolument que le plus universel, car l'espèce est plus proche de ses singuliers que son genre. Donc, si le singulier est absolument connu en premier, il s'ensuit que le moins universel est plus connu que le plus universel, et ceci est faux et contre la détermination susdite d'Aristote. Donc il ne faut pas poser que le singulier est absolument connu en premier.

De même, il semble à beaucoup que si l'intellect, par sa nature, en raison de son immatérialité, n'était pas destiné à intelliger d'abord universellement, on ne pourrait assigner une manière convenable selon laquelle il pourrait ensuite intelliger universellement. C'est pourquoi il n'intelligerait jamais universellement, ce qui est faux.

De même, il y a d'autres raisons et autorités grâce auxquelles beaucoup ont pensé que notre intellect intelligerait universellement avant d'intelliger singulièrement.

A l'opposé, cependant, on soutient qu'une chose doit être intelligée en premier de la façon dont elle est représentée en premier à l'intellect. Or en premier lieu elle est représentée à l'intellect singulièrement, par le sens ou par l'imagination qui ne reçoivent ou n'appréhendent que singulièrement. Donc etc.

De même, dans le Proème de la *Métaphysique* il est dit que « les plus universels sont pour nous les plus difficiles à connaître, parce que ce sont les plus éloignés des sens »[1]. Donc, selon un raisonnement par l'opposé, les choses qui sont les plus proches du sens sont les plus faciles à connaître, même pour l'intellect qui n'intellige pas sans la médiation des sens. Or les plus proches du sens sont les singuliers, comme il est dit au livre Ier des *Seconds Analytiques*[2]. Pareillement, dans le livre II de la *Métaphysique* nous lisons que les choses qui par soi sont les plus intelligibles et les plus connues véritablement, à savoir Dieu et les intelligences, sont aussi très difficiles pour nous, la difficulté de notre part venant de ce que notre intellect a besoin du sens pour comprendre et qu'elles ne sont pas sensibles[3]. Donc à l'opposé, les sensibles sont connus d'abord et plus aisément par l'intellect, et ils sont singuliers et non pas universels.

De même, les principes universels et indémontrables, s'ils ne devenaient pas immédiatement évidents dès qu'ils sont proposés à l'intellect, auraient besoin de devenir évidents par le sens, la mémoire et l'expérience, comme

1. Aristote, *Métaphysique*, A, 2, 982 a 23-25, trad. p. 76 : « et c'est presque ce dont il est le plus difficile aux humains d'acquérir la connaissance, le plus universel, car c'est ce qui est le plus éloigné des sensations » ; *A. L.* : « Fere autem et difficillima sunt ea hominibus ad cognoscendum que maxime sunt uniuersalia ; nam a sensibus sunt remotissima ».

2. Voir Aristote, *Seconds Analytiques*, I, 2, 72 a 4-5 (cité *supra*, n. 1, p. 572).

3. Aristote, *Métaphysique*, α, 1, 993a 30 - b 8, trad. p. 113 : « L'étude de la vérité est d'un côté difficile, de l'autre facile. [...] Peut-être aussi [...] la cause en est-elle non dans les choses mais en nous » ; *A. L.* : « De ueritate theoria sic quidem difficilis est, sic uero facilis [...]. Forsan autem et difficultate secundum duos existente modos, non in rebus sed in nobis est eius causa ».

on le lit au livre II des *Seconds Analytiques* [1] et dans le Proème de la *Métaphysique* [2], de sorte que l'intellect induirait un principe universel à partir de l'expérience. Or l'intellect ne pourrait induire ainsi un principe universel à partir de l'expérience s'il n'avait d'abord connu les choses qui tombent sous l'expérience, et ce sont les singuliers [3]. Il faut donc que l'intellect connaisse les singuliers, comme il est patent dans le Proème de la *Métaphysique*.

De même, puisque les choses intelligibles existent singulièrement en dehors de l'âme, et non pas universellement comme l'avait posé Platon [4], et puisqu'elles sont aussi connues singulièrement par le sens et par conséquent, au début, sont représentées singulièrement à l'intellect, si alors l'intellect ne les appréhende pas singulièrement, on ne voit pas comment il pourrait ensuite les appréhender singulièrement. Ainsi l'intellect n'appréhenderait jamais singulièrement, ce qui est faux. Donc etc.

1. Aristote, *Seconds Analytiques*, II, 19, 100 a 4 - 100 b 5.

2. Aristote, *Métaphysique*, A, 1, 981 a 6-7, trad. p. 5 : « L'art naît lorsque, d'une multitude de notions expérimentales, se dégage un seul jugement universel, applicable à tous les cas semblables » ; *A. L.* : « Fit autem ars cum ex multis experimentalibus conceptionibus una fit uniuersalis de similibus acceptio ».

3. Sur la théorie buridanienne de l'induction, voir *Questions sur les Premiers Analytiques*, II, qu. 20 ; *Questions sur la Métaphysique*, II, qu. 2, f° 9rb.

4. La doctrine des idées séparées avait été rapportée par Augustin. Mais dans le contexte des commentaires sur le traité *De l'âme*, voir surtout Averroès, *Grand Commentaire*, III, 18, dans *L'Intelligence et la Pensée*, p. 108 : « Et tous les dits d'Aristote sur ce sujet tendent à prouver que les universaux n'ont pas d'être en dehors de l'âme, contrairement à ce que soutenait Platon » ; *Comm. magnum*, p. 440, l. 96-97 : « Et omnia dicta ab Aristotele in hoc sunt ita quod universalia nullum habent esse extra animam, quod intendit Plato ».

Cette question contient plusieurs difficultés très grandes, à savoir : est-ce que le sens peut sentir universellement ou seulement singulièrement ? est-ce que l'intellect peut intelliger singulièrement ou seulement universellement ? d'où vient que l'intellect peut connaître universellement, alors que les choses n'existent que singulièrement ? et pourquoi le sens ne le peut-il pas ? Ensuite, même en posant que l'intellect puisse intelliger à la fois singulièrement et intellectuellement, reste la question sur laquelle on s'interrogeait : est-ce que l'intellect intellige universellement avant d'intelliger singulièrement ? comment intellige-t-il aussi bien singulièrement qu'universellement ? enfin est-ce qu'il intellige le plus universel avant d'intelliger le moins universel, ou inversement ?

Au sujet de la première question, il est apparu à certains que le sens, du fait qu'il possède une extension et un lieu déterminé dans l'organe corporel, ne peut par nature connaître universellement, mais singulièrement et de façon désignée [1]. Mais l'intellect, à l'inverse, puisqu'il est immatériel et inétendu et qu'il n'est pas limité à une place dans un organe, peut par nature connaître universellement et non pas singulièrement. Il existe en effet quasiment sur un mode universel, puisque selon le Commentateur il est indivisible en tous les hommes [2], ou que selon la foi il est un et indivisible en n'importe quelle partie du corps pris comme un tout.

1. *Signate*.

2. Averroès, *Grand comm.*, *L'Intelligence et la Pensée*, p. 74 : « Puisque ce discours nous a conduit à penser que l'intellect matériel est unique pour tous les hommes » ; *Comm. magnum*, III, 5, éd. Crawford p. 406, l. 575-576 : « quia opinati sumus ex hoc sermone quod intellectus materialis est unicus omnibus hominibus ».

Mais cette opinion semble défectueuse. Elle se trompe, en premier lieu, en posant que l'intellect ne peut comprendre singulièrement. Car de même qu'Aristote fut contraint de poser en plus des sens externes une autre faculté, à savoir le sens commun, du fait que nous percevons la convenance et la différence entre le blanc et le doux, que nous ne pouvons percevoir par les sens externes puisque aucun d'eux ne perçoit les deux, et puisqu'il faut que la faculté posant la convenance et la différence entre certaines choses les connaisse toutes les deux, de même, puisque nous posons une différence entre l'universel et le singulier, ou encore entre connaître universellement et singulièrement, il est nécessaire que nous posions une faculté qui connaisse les deux, ou des deux façons. Et s'il y a une telle faculté, alors tous admettront qu'il s'agit de l'intellect.

De même, par la faculté cognitive nous formons des propositions telles que « Socrate est un homme » et « toute pierre est Socrate », et par elle nous jugeons que la première proposition est vraie et que la seconde est fausse. Et il faut que la faculté formant de telles propositions, jugeant aussi leur vérité et leur fausseté, connaisse le prédicat, le sujet, la copule, et leurs signifiés. Donc il faut qu'une seule et même faculté, jugeant ainsi, connaisse Socrate singulièrement, à savoir selon le concept dont est tiré le nom « Socrate », et connaisse les pierres et les hommes universellement, à savoir selon le concept ou les concepts dont sont tirés les noms « homme » et « pierre ». Et cette faculté est l'intellect. Donc l'intellect connaît et juge universellement et singulièrement.

De même la prudence est une des vertus intellectuelles, comme il apparaît dans le livre VI de l'*Éthique* [1]. Et au

1. Aristote, *Éthique à Nicomaque*, VI, 5 trad. p. 302-308.

même endroit, Aristote établit qu'elle ne porte pas seulement sur les universels mais encore sur les singuliers. Donc etc.

Deuxièmement cette opinion ne semble pas être démontrable en faisant abstraction de la foi, dans la mesure où elle pose l'intellect immatériel et inétendu, comme on l'a dit plus haut [1].

Troisièmement cette opinion me semble se tromper en assignant la raison pour laquelle l'intellect connaît seulement universellement et le sens ne connaît que singulièrement : ce serait en raison de l'immatérialité et de l'inextension de l'intellect, et en raison de la matérialité et de l'extension du sens. Car même si l'on concédait que l'intellect soit inétendu et immatériel, et le sens étendu et matériel, on ne verrait cependant pas qu'il suive de là une telle diversité dans la manière d'appréhender, à savoir singulièrement et universellement ; c'est manifeste puisque Dieu au-dessus de moi est immatériel et inétendu, et pourtant il n'intellige pas sur un mode universel étant donné qu'un tel mode d'intelliger est confus et imparfait. Or Dieu n'intellige pas les choses imparfaitement et confusément, mais il intellige toutes choses distinctement et de manière tout à fait déterminée.

Derechef il apparaît qu'une faculté matérielle et étendue se porte bien vers son objet sur un mode universel, car l'appétit du cheval, en tant que faim ou en tant que soif, n'est pas tourné singulièrement vers cette avoine-ci ou vers cette eau-ci, mais vers n'importe laquelle indifféremment ; donc il prendrait n'importe laquelle qu'il trouverait en premier. Et l'intention naturelle ou l'appétit du feu pour chauffer ne se rapporte pas sur un mode singulier à ce combustible-ci ou à celui-là, mais indifféremment à tout

1. Voir *supra*, III, qu. 4.

ce qu'il pourrait chauffer; donc n'importe lequel qui se présente à lui, il le chauffera.

De même nos concepts, dans notre intellect, existent singulièrement et distinctement les uns des autres comme les couleurs et les saveurs dans les corps ; bien que de tels concepts n'aient pas en lui d'extension ni de lieu corporel, ils existent tous singulièrement.

Si donc nous voulons assigner une cause, quoique non suffisante, pour laquelle l'intellect puisse intelliger universellement, bien que les choses intelligées n'existent pas universellement et ne soient pas universelles, je dis que cette cause est la suivante : les choses sont intelligées non parce qu'elles seraient dans l'intellect, mais parce que leurs images, qui en sont des similitudes représentatives, sont dans l'intellect. C'est pourquoi il est dit au livre III *De l'âme*, « ce n'est pas la pierre qui est dans l'âme, mais l'image de la pierre » [1].

Nous admettons alors que les choses de même espèce ou de même genre qui existent singulièrement et diversement en dehors de l'âme, ont par leur nature une similitude ou convenance essentielle plus grande que celles qui sont de diverses espèces ou de divers genres. En effet, par la nature des choses, Socrate et Platon conviennent plus que Socrate et Brunel [2], même quant à leurs essences, et Socrate et Brunel conviennent encore plus que Socrate et cette pierre ; c'est patent parce qu'en eux se trouvent des accidents convenant naturellement à leurs essences, plus semblables et convenant davantage en ceux qui sont de même espèce ou de même genre que dans les autres. Et cette plus grande

1. Aristote, *De l'âme*, III, 8, 431 b 29 - 432 a 1, trad. p. 238 : « Car ce n'est pas la pierre qui se trouve dans l'âme mais sa forme » ; *A. L.* : « non enim lapis in anima est, set species ».

2. Nom d'un cheval.

convenance essentielle provient du fait que les choses qui sont de même espèce ou de même genre proviennent des mêmes causes, ou de causes plus semblables que les autres, parce que dans l'ordre des étants ils sont de même degré, ou de degrés plus proches les uns des autres que ne le sont les autres choses. Plus, ceux qui sont de même espèce dernière ont tellement de convenance essentielle que tu ne peux percevoir leur distinction que par une voie extérieure. Soient par exemple deux pierres semblables en grandeur, en figure, en couleur et autre accidents singuliers. Regarde maintenant l'une autant que tu puisses la considérer. Ensuite, lorsque tu t'éloignes, qu'elle soit enlevée et que l'autre soit posée à sa place. Alors, lorsque tu reviendras, tu jugeras que celle qui est maintenant posée ici est la même que celle que tu voyais auparavant. Et pareillement la couleur que tu jugeras être en elle sera la même couleur que celle que tu voyais avant, et de même pour la grandeur et la figure. Et tu n'auras pas d'autre moyen de savoir si celle-ci est la même pierre ou une autre. Et il en va de même pour des hommes : si tu les vois en même temps, tu jugeras qu'ils sont autres par l'altérité des lieux ou de leur place. Ensuite, je suppose que s'il y a des choses semblables entre elles, tout ce qui est semblable à l'une d'elles (selon ce par quoi elles sont semblables entre elles) est semblable à chacune d'elles. Par exemple, si A, B et C sont semblables selon la blancheur, puisqu'ils sont blancs, si D est semblable à A il faut qu'il soit semblable à B et à C. Donc, du fait que la représentation se fait par similitude, il s'ensuit pareillement que ce qui était représentatif de l'un sera indifféremment représentatif des autres, à moins qu'autre chose ne vienne y faire obstacle, comme on le dira plus loin. De cela on infère finalement que, puisque l'image et similitude de Socrate est dans l'intellect et a été abstraite des images des choses extérieures, elle ne sera pas plus la représentation de Socrate que de Platon et des autres hommes, et par elle l'intellect n'intelligerait pas plus Socrate que les autres hommes. Plus, par elle il intellige tous les hommes indifféremment en un seul concept, celui dont est tiré le nom « homme ». Et c'est cela, intelliger universellement.

Mais surgissent aussitôt deux doutes. Le premier est que, puisque l'intellect n'intellige les choses extérieures et intelligibles en premier lieu, comme les sensibles, que par les images qui en sont représentatives, pourquoi ne les intellige-t-il pas toujours universellement et jamais singulièrement ? Le second doute est : puisque le sens connaît aussi les choses par leurs similitudes, pourquoi ne les connaît-il pas universellement ?

Pour résoudre ces doutes, nous devons voir, à partir du livre VII de la *Métaphysique*, la manière de percevoir une chose singulièrement ; en effet, il faut les percevoir sur le mode de l'existant dans la perspective [1] de celui qui connaît [2]. C'est pourquoi en effet Dieu connaît, comme sur un mode singulier, toutes choses de façon tout à fait distincte et déterminée, car, par soi, il embrasse tout

1. Dans le champ de vision.

2. On pourrait renvoyer à Aristote, *Métaphysique*, Z, 15, 1040 a 2-3, trad. p. 272 : « En effet, les choses qui se corrompent sont inconnues de ceux qui possèdent la science quand elles échappent à leur sensation » ; *A. L.* : « Non enim sunt manifesta corrupta scientiam habentibus, cum a sensu abscesserint » ; mais en vérité la théorie buridanienne n'est pas présente telle quelle chez Aristote ; voir Jean Buridan, *Qu. Phys.*, I, qu. 7, vol. I, p. 68 : « ex eo aliquid percipitur singulariter, quia percipitur per modum existentis in prospectu cognoscentis » ; *Qu. Metaph.*, IV, 9, f° 19vb ; mais c'est surtout dans la présente question sur l'âme que Buridan expose en détail cette théorie.

parfaitement dans sa perspective. Donc puisque le sens externe connaît le sensible sur le mode de l'existant dans sa perspective, selon une certaine place, bien que parfois il juge faussement de cette place en raison de la réflexion des images, il le connaît singulièrement ou de manière désignée, comme ceci ou cela. Donc, bien que le sens externe connaisse Socrate, la blancheur ou le blanc, ceci ne se produit cependant que selon une image confuse, représentant avec la substance la blancheur, la grandeur et l'emplacement selon lequel elle apparaît dans la perspective du connaissant. Et le sens ne peut distinguer dans cette confusion s'il ne peut abstraire l'une de l'autre les images de la substance, de la blancheur, de la grandeur et de la place ; il ne peut percevoir la bancheur, la substance ou le blanc que sur le mode de l'existant dans sa perspective. Donc il ne peut connaître les choses dont on vient de parler que singulièrement.

De même, même si le sens commun recevait du sens externe les images avec une telle confusion, et qu'il ne pouvait dissiper cette confusion, par nécessité il appréhenderait sur un mode singulier. C'est pourquoi dans les songes nous jugeons que ceci ou cela nous paraît exister, et être ici ou là. De même encore, même si dans la faculté remémorative l'image venait du sens avec une telle confusion de place, la connaissance remémorative se fera en nous sur un mode singulier, bien que sur le mode du passé, et on jugera que c'était ceci ou cela, ici ou là. De là, je dis corrélativement qu'il faut estimer que tu ne peux pas intelliger Aristote sur un mode absolument singulier, puisque tu ne l'as jamais connu sur le mode de l'existant dans ton champ de perspective. Il est vrai que tu as connu singulièrement le mot « Aristote » ou le mot « homme » qui t'a été proposé, puisque tu l'entends sur le mode de l'existant dans le champ de ton ouïe. Mais tu ne connais pas la chose signifiée par ce nom sur un mode absolument et proprement singulier, puisque tu n'as jamais connu Aristote distinctement de Platon ou de Robert, si ce n'est par une description qui t'a été donnée par certains ; par exemple qu'Aristote fut un homme né en Grèce, disciple de Platon, conseiller d'Alexandre, qui a composé tels livres, etc. Mais cette circonlocution ne se fait pas selon un concept absolument singulier. Posons en effet, que ce soit vrai ou faux, qu'un autre homme eût de semblables caractères. Alors cette circonlocution conviendrait autant à celui-ci qu'à celui-là, et par un tel discours, tu n'intelligerais pas plus l'un que l'autre. Cependant, il est vrai que le nom « Aristote » a été créé par imposition pour le signifier selon un concept singulier, puisque, en le montrant dans leur champ de perspective, ils dirent « ceci, ou cet enfant, est appelé "Aristote" ». C'est cette doctrine qu'Aristote avait à l'esprit dans le livre VII de la *Métaphysique* quand il disait qu'on ne peut pas définir les singuliers [1], ni même en discourir par une description propre ; il faut en effet, comme il le dit, faire une circonlocution avec plusieurs noms, et ceux-ci seraient comme des convenances, qui conviendraient ou pourraient convenir à d'autres, si par exemple des singuliers semblables étaient engendrés. Ainsi, dit Aristote, « si quelqu'un te définit comme animal, il dira

1. Aristote, *Métaphysique*, Z, 15, 1040 a 4-5, trad. p. 272 : « […] et bien que les énoncés en soient sauvegardés à l'identique dans l'âme, il n'y en aura ni définition ni démonstration » ; *A. L.* : « et saluatis rationibus in anima eisdem, non erit nec diffinitio amplius nec demonstratio » ; voir plus généralement 1039 b 28 - 1040 a 7.

“capable de marcher”, ou “blanc”, ou quelque chose d’autre qui serait en un autre, etc. » [1].

Mais tu demandes si le nom « Aristote » n’est pas un nom singulier et individuel. Je réponds que le nom vocal ne doit être dit universel ou singulier que parce que lui correspond un concept universel ou singulier [2]. Or Porphyre a notoirement traité de trois types de singulier, à savoir « Socrate », « ce blanc » et « le fils de Sophronisque » [3]. Au sens le plus propre, « ce blanc », « celui qui vient », etc. ont des concepts singuliers qui leur correspondent, puisque l’adjectif démonstratif « ce » n’est ajouté droitement selon le mode de signifier que si l’on a une connaissance de la chose sur le mode de l’existant dans la perspective de celui qui connaît. Quant aux singuliers au sens où le sont « Socrate », « Platon », « Aristote », ils ont été proprement des singuliers ayant des concepts absolument singuliers leur correspondant, puisqu’ils ont été institués pour signifier des choses conçues sur le mode de l’existant dans le champ de perspective de ceux qui instituaient le nom ; ils disaient en effet « que cela, ou cet enfant, soit

1. Aristote, *Métaphysique*, VII, 15, 1040 a 13-14, trad. p. 272 : « Par exemple, si on te définissait, on dira animal maigre ou blanc ou autre chose qui appartiendra aussi à un autre » ; *A. L.* : « Et si quis te diffiniat, animal dicet gracile aut album aut aliquid aliud quod in alio sit ».

2. Dans ses *Sophismes*, Buridan insiste sur l’arbitraire radical avec lequel un nom est subordonné à un concept qui devient son signifié premier. Donc un terme vocal signifie sur un mode singulier si et seulement s’il est subordonné à un concept singulier, un acte par lequel je ne puis appréhender qu’un seul étant déterminé.

3. Porphyre, *Isagoge*, II, 14 : « On appelle “individu” Socrate, et ce blanc-ci, et le fils de Sophronisque qui s’en vient […] » (*op. cit.*, p. 9).

appelé du nom de “Socrate” ». Mais pour d’autres qui ne les ont pas vus, ces noms ne sont plus singuliers et n’ont pas de concepts correspondant absolument singuliers. Mais comme le dit Porphyre, ils sont dits singuliers par circonlocution, « à partir de propriétés [...] dont la collection ne sera jamais la même dans un autre » [1], ou n’a jamais été telle ; ainsi, par le nom « Aristote » nous intelligeons un Grec, très savant, disciple de Platon, etc. ; cette circonlocution est dite singulière, puisqu’elle ne convient qu’à un seul homme. Mais elle n’est pas singulière, parce qu’elle serait à même de convenir à d’autres ; il n’était pas impossible, en effet, qu’un autre fût tel. Mais lorsque je dis « cet homme », il est impossible qu’un autre soit cet homme.

L’autre sens des singuliers, comme « fils de Sophronisque », n’est pas proprement dit singulier, puisque l’énoncé « fils de Sophronisque » est immédiatement à même de convenir à plusieurs, si Sophronisque engendre un autre fils. Ce nom est dit singulier seulement parce que, de fait, il ne convient pas à plusieurs. Et il est manifeste que selon une telle locution ou intention impropre, les termes « soleil, « lune », etc., sont dits des termes singuliers, et cependant ce sont des termes spécifiques.

Je reviens donc au sujet, et je dis que lorsque l’intellect reçoit du fantasme l’image ou l’intellection de Socrate avec une telle confusion de grandeur et d’emplacement, faisant apparaître la chose sur le mode de l’existant dans la perspective de celui qui connaît, l’intellect l’intellige sur un mode singulier. Mais l’intellect peut distinguer dans cette confusion et abstraire un concept de substance ou de blancheur du concept d’emplacement, de sorte que la chose

1. Porphyre, *Isagoge*, II, 14 : « [...] chacun d’eux est constitué de caractères propres dont le rassemblement ne saurait jamais se produire identiquement dans un autre » (trad. cit. p. 9).

ne soit plus perçue sur le mode de l'existant dans la perspective de celui qui connaît, et alors ce sera un concept commun. Donc, lorsqu'a été extrait un concept de Socrate, faisant abstraction des concepts de blancheur, d'emplacement, et des autres accidents ou circonstances extérieures, alors il ne représentera pas plus Socrate que Platon, et ce sera le concept commun dont est tiré le nom « homme ». Et quelle que soit la faculté qui puisse faire une abstraction de cette sorte, que ce soit le sens ou l'intellect, elle peut connaître universellement. C'est pourquoi Alexandre pensait que cette faculté était en nous matérielle et étendue et cependant il concédait qu'en l'homme il fallait l'appeler intellect, en raison de sa noblesse surpassant les facultés cognitives des bêtes [1].

À partir de ce qui vient d'être dit, ce qu'il faut répondre à la question ressort clairement : il faut dire en effet que nous intelligeons singulièrement avant d'intelliger universellement, puisqu'une représentation confuse avec la grandeur, la place et d'autres caractères se produit dans l'intellect avant que celui-ci puisse distinguer et abstraire à partir de cette confusion.

Il reste alors à parler du dernier doute, à savoir est-ce que l'intellect intellige le plus universel avant le moins universel, ou inversement? De cela, j'ai parlé plus complètement dans le Proème de la *Physique*, où j'ai dit avec Aristote que nous intelligeons d'abord et plus facilement le plus universel [2]. Et cela vient de ce qui se

1. La position d'Alexandre est restituée par Averroès dans le Grand commentaire : voir *L'Intelligence et la Pensée*, p. 63-68; *Comm. magnum*, III, 5, éd. Crawford, p. 393-398.

2. Dans la première question sur la *Physique*, Buridan ne traite pas exactement ce problème, quoiqu'il examine le rapport entre propositions universelles et termes singuliers. Comme on l'a vu, c'est la question 7 sur le livre I qui traite en détail de ce problème.

passe du côté des sens puisque, comme on l'a dit, le singulier sensible est considéré de deux façons : l'un, que l'on a coutume d'appeler vague, comme « cet homme » ou « celui qui vient », et qui doit être appelé singulier absolument et proprement (néanmoins, il est appelé « vague » de façon conventionnelle puisqu'un mot semblable convient à plusieurs, selon diverses désignations) ; un autre que l'on a coutume d'appeler déterminé, comme « Socrate » etc., du fait qu'il est décrit par une collection de propriétés, déterminée cependant à un seul suppôt si bien que, de fait, elle n'est pas reçue dans un autre suppôt, comme le dit justement Porphyre [1].

Maintenant donc, il faut considérer qu'il n'est pas requis de connaître la chose singulièrement avant de la connaître universellement en tant que singulier déterminé – il est même difficile de connaître singulièrement de cette façon –, mais en tant que singulier vague. En effet, si Socrate qui vient est vu de loin, je juge que c'est un corps avant de juger que c'est un animal, et que c'est un animal avant de juger que c'est un homme, et que c'est un homme avant de juger que c'est Socrate, et ainsi, pour finir je l'appréhenderai selon le concept d'où est tiré le nom « Socrate ». Mais d'abord par le sens et ensuite par l'intellection nous saisirons [2] cet animal ou cet homme

1. Cette distinction entre deux manière d'appréhender le singulier, est reprise de la *Physique* d'Avicenne. Buridan ne fait pas que lui reprendre des éléments de psychologie de la perception (comme le faisaient également Nicole Oresme ou Albert de Saxe) il fixe ces deux sens des termes individuels (le singulier vague et le singulier déterminé), et cette distinction, reprise par Marsile d'Inghen, va devenir courante.

2. *Iudicabimus* ; quand il gouverne un terme simple et non une proposition, le verbe *iudicare* est traduit tantôt par « saisir » tantôt par « discerner ».

confusément avec sa place, avant de le faire universellement, en abstrayant l'animal ou l'homme de la représentation de la place où il est. Et alors, il faut noter que n'importe quel universel a son singulier vague qui lui correspond, comme « corps / ce corps », « animal / cet animal », « homme / cet homme ». Or pour le sens, il y a un individu vague plus universel avant un individu vague moins universel, car le sens discerne ce corps avant de discerner cet animal. C'est pourquoi, lorsqu'il abstrait, l'intellect saisit le plus universel avant le moins universel, comme le corps avant l'animal.

Cela étant vu, il faut répondre aux arguments contraires.

Au premier, on répond qu'Aristote, par « réflexion » [1], n'entendait pas la réflexion [2] de l'intellect sur le sens, comme certains l'ont imaginé ; personne en effet ne peut bien dire de quelle manière se ferait une réflexion de cette sorte. Mais par « réflexion », Aristote entendait le mélange et la confusion des images et des concepts [3] de substance, qualités, grandeur et place, comme il a été dit. Et par « extension » il entendait l'abstraction au sens indiqué plus haut.

A l'autorité du Commentateur, on répond donc que l'intellect intellige universellement par soi, puisque par sa nature et perfection il est ce qui peut abstraire au sens dit plus haut, alors que cependant il aura d'abord eu un concept singulier à partir duquel il convient que l'abstraction soit faite. Mais il intellige singulièrement par la médiation du sens, puisqu'il faut d'abord sentir singulièrement.

1. *Circumflexio*, terme qui reprend l'adverbe *circumflexe* : voir n. 2, p. 571.

2. *Reflexio*.

3. Corriger *conceptum* en *conceptuum*.

Concernant l'autorité d'Aristote au livre Ier des *Seconds Analytiques*, on concède que les singuliers sont plus connus pour nous selon l'intellect. Mais lorsque nous disons que les universels sont absolument plus connus, nous pouvons dire que c'est vrai en prenant les singuliers pour les moins universels ; ou encore, c'est vrai en comparant les universels aux singuliers déterminés et non aux singuliers vagues ; ou encore, on peut dire qu'il parle des universels par causalité, qui sont causes premières [1] ; ceux-ci en effet sont plus connus absolument selon leur nature et moins connus pour nous, à la façon dont cela doit être exposé dans le Proème de la *Physique*. Et on peut répondre de la même façon à l'autre autorité d'Aristote, dans le livre Ier de la *Physique*.

À l'autorité d'Avicenne il faut répondre que l'étant, dans toute sa généralité, est compris comme le premier objet de l'intellect non pas parce qu'il serait intelligé en premier, mais parce que la proposition « l'étant est intelligible » est vraie par soi et à titre premier, en tant qu'elle est formée de termes convertibles (comme « un homme est capable de rire »), puisque tout étant est intelligible et rien d'autre qu'un étant n'est intelligible, si nous prenons le terme « étant » dans toute sa généralité.

À l'autorité d'Aristote dans le Proème de la *Physique*, on répond qu'il prenait « singulier » pour « moins universel », et tout cela doit être traité davantage dans le Proème de la *Physique*. Et lorsque l'on dit que le moins universel est plus proche du singulier, absolument, que le plus universel, je le nierai du singulier vague ; en effet le

1. Voir par exemple Jean Buridan, *Questiones libri Porphyrii*, qu. 4, éd. Ryszard Tartarziński, *Przeglad Tomistyczny*, II (1986), qu. 4, p. 137-141, en part. p. 138.

terme « corps » se tient auprès du terme « ce corps » comme le terme « homme » du terme « cet homme ».

Au sujet du dernier argument, il a été dit dans son exposé comment nous intelligeons universellement lorsque nous avons d'abord intelligé singulièrement.

À propos des arguments ajoutées dans l'autre partie, il peut suffisamment apparaître comment elle procèdent, à partir de ce qui a été dit ici et dans le Proème de la *Physique*.

QUESTION 9

On demande, neuvièmement, si l'intellect humain peut s'intelliger [1].

Et l'on soutient d'abord que non, puisque le sens ne peut se sentir, donc l'intellect ne peut s'intelliger. La conséquence est patente, puisque l'intellect se rapporte aux intelligibles de la même manière que le sens se rapporte aux sensibles, comme dit Aristote [2]. Or l'antécédent est admis communément. Ainsi il apparaît qu'une raison d'Aristote pour prouver l'existence du sens commun en plus des sens externes est que nous percevons que nous voyons et entendons, et que nous ne percevons pas cela par les sens externes, c'est pourquoi il faut poser un autre sens commun interne par lequel nous percevons cela [3].

1. Voir Aristote, *De l'âme*, III, 4, 429 b 9, trad. p. 224 : « Et elle-même, d'ailleurs, est alors capable de se penser elle-même » ; *A. L.* : « Et ipse autem se ipsum tunc potest intelligere ».

2. Aristote, *De l'âme*, III, 4, 429 a 16-18, p. 222 : « Et la relation du sensitif aux sensibles doit être celle de l'intelligence aux intelligibles » ; *A. L.* : « et similiter se habere, sicut sensitiuum ad sensibilia, sic intellectum ad intelligibilia ».

3. Aristote, *De l'âme*, II, 2, 425 b 10-17, trad. p. 204-205. C'est le principal argument constamment avancé par Buridan pour poser l'exigence d'un sens interne en plus des sens externes (voir plus haut, questions sur le livre II).

Donc Aristote, dans cet argument, suppose que la vue extérieure ne perçoit pas qu'elle voit, ni l'ouïe qu'elle entend, et ainsi de suite. Donc il semble universellement vrai que le sens ne peut pas se sentir.

De même, si l'intellect s'intelligeait, il s'ensuivrait qu'il agirait sur lui-même et pâtirait de lui-même, du fait que l'intellect doit pâtir de l'intelligible comme le sens du sensible. Or le conséquent est impossible puisque, comme l'intellect est indivisible, il faut dire qu'il agirait et pâtirait sous le même rapport; et puisque l'agent agit selon qu'il est en acte, et que ce qui pâtit pâtit selon qu'il est en puissance, il s'ensuit que le même en tant que même et à l'égard du même, à savoir à l'égard de soi-même, serait en acte et en puissance. Et Aristote semble tenir cela pour impossible au livre III de la *Physique*; il dit en effet que bien que les mêmes choses soient en acte et en puissance « ce n'est cependant pas en même temps ou pas sous le même rapport » [1]. Et cela semble encore aller contre la définition de la puissance active et de la puissance passive que le même en tant que même agisse sur soi et pâtisse de soi, car, dans le livre IX de la *Métaphysique*, la puissance active est décrite comme « ce qui est principe de transformation en un autre, en tant qu'autre » et la puissance passive comme « principe de transformation par un autre, en tant qu'autre » [2].

1. Aristote, *Physique*, III, 1, 201 a 19-20, trad. p. 163 : « certaines choses sont les mêmes) à la fois en acte et en puissance, mais pas en même temps ou alors pas sous le même rapport » ; *A. L.* : « quedam eadem sunt et potentia et entelecheiai, non simul autem aut non secundum idem ».

2. Aristote, *Métaphysique*, Θ, 1, 1046 a 9-13, trad. p. 296 : « elles sont appelées puissances relativement à une unique puissance première qui est principe de changement dans autre chose, ou dans la même

De même il est dit au livre III de cet ouvrage que « quiconque intellige doit réfléchir [1] sur des fantasmes » [2]. Donc il n'y a pas d'intelligible qui ne soit représentable par un fantasme [3].

De même, « puisque la fantaisie est un mouvement venant du sens » [4], comme dit Aristote, il s'ensuit que quelque chose n'est pas représentable par un fantasme s'il n'est pas sensible. Or notre intellect n'est pas sensible. Donc il n'est pas non plus représentable par un fantasme, ni intelligible par nous.

De même, s'il pouvait s'intelliger, il s'ensuivrait qu'il s'intelligerait toujours, ce qui est faux. On prouve le contraire puisque l'intelligible est intelligé parce qu'il est représenté à l'intellect. Or rien ne peut se représenter plus que soi-même, puisque l'on est toujours présent à soi.

en tant qu'autre ; [...] le principe d'un changement passif par la même chose ou par autre chose » ; *A. L.* : « Quecumque autem ad eandem speciem, omnes principia quedam sunt, et ad primum unum dicuntur, quod est principium transmutationis in alio in quantum aliud est. Nam hec quidem patiendi potentia est, que in ipso patiente principium mutationis passiue ab alio in quantum aliud est ». Aristote n'élabore pas toutefois l'opposition entre puissance active et puissance passive, telle qu'elle a été thématisée au XIIIe siècle.

1. *Speculari.*

2. Aristote, *De l'âme*, III, 8, 432 a 8-9, trad. Bodeus, p. 239 : « La spéculation implique nécessairement la vue simultanée de quelque représentation » (Tricot : « L'exercice même de l'intellect doit être accompagné d'une image ») ; *A. L.* : « set cum speculetur, necesse simul fantasma aliquod speculari ».

3. *Phantasiabile.*

4. Aristote, *De l'âme*, III, 3, 429 a 1, trad. p. 221 : « la représentation sera le mouvement qui se produit sous l'effet du sens en activité » ; *A. L.* : « fantasia utique erit motus a sensu secundum actum facto ».

Donc s'il était intelligible par soi-même, il devrait toujours s'intelliger.

De même, rien ne s'intelligerait immédiatement et non par quelque chose d'autre qui serait présent à l'intellect. Et cela n'est pas concédé, au contraire Aristote semble même dire l'opposé. Il dit en effet « puisqu'il connaît ainsi les singuliers lorsqu'il a intelligé de nombreuses choses, de sorte qu'il est connaissant en acte, alors il n'est pas en puissance autrement qu'avant d'apprendre, et alors il peut s'intelliger lui-même » [1]. Mais si l'on dit qu'il ne s'intellige pas immédiatement, mais par la médiation d'autres choses intelligées antérieurement, alors il est très difficile de dire quelles sont ces choses intelligées antérieurement et en raison desquelles il peut être conduit à l'intellection de soi-même, et de quelle manière se fait une telle déduction.

De même, ou bien il s'intelligerait directement, et alors il intelligerait sans autre intellection préalable, ce qui est faux, ou bien il s'intelligerait médiatement par mode de réflexion sur soi et sur son opération, comme disent certains. Et cela semble être impossible, puisque ce qui est réfléchi ne semble être qu'un corps, ou quelque chose de corporel et d'étendu, et l'intellect n'est pas de cette sorte. Donc etc.

Aristote soutient l'opposé [2].

1. Le texte ne se trouve pas tel qu'il est cité ; voir sans doute Aristote, *De l'âme*, III, 4, 429 b 5-9 : « Alors que l'intelligence, quand elle a saisi un intelligible de haut niveau, ne saisit pas moins distinctement les choses qui sont d'un degré inférieur d'intelligibilité ; elle les saisit, au contraire, encore mieux » ; le texte de l'Aristote latin semble plus proche : *A. L.* : « Cum autem sic singula fiat ut sciens, dicitur qui secundum actum. Hoc autem confestim accidit cum possit operari per se ipsum ».

2. *Ibid.*

Et nous voulons apprendre et transmettre la science à son sujet [1], ce qui ne serait pas le cas si nous ne croyions pas que nous puissions l'intelliger.

De même, notre intellect peut former ou avoir en lui des concepts communs desquels sont tirés les termes « étant », « un », « acte », « substance », forme » etc., et par chacun de ces concepts nous le concevrons, bien que ce soit sans le différencier d'autres choses, du fait qu'il est lui-même étant, un, substance etc. Nous pouvons donc l'intelliger de plusieurs façons.

À propos de cette question, tout le monde admet que l'intellect humain peut s'intelliger lui-même, comme cela vient juste d'être argumenté. Mais il y a bien un doute sur la manière dont cela se fait. À ce propos, je pose donc quelques conclusions.

La première est que l'intellect humain n'intellige pas par son essence, c'est-à-dire sans avoir besoin d'autre chose qui soit représentatif, puisque alors il intelligerait toujours, et surtout lui-même, sans aucun discours, et rien avant lui-même, comme l'intellect divin [2]. Nous faisons l'expérience que c'est faux ; et c'est aussi contraire à la position d'Aristote. Il faut cependant concéder qu'il s'intellige et qu'il intellige d'autres choses subjectivement par son essence quand il intellige celles-ci, puisque par son essence il reçoit des intellections et se fait leur sujet.

1. Au sujet de l'intellect.

2. Cette thèse est essentielle : selon Buridan, il n'y a pas de présence immédiate et permanente de l'esprit à lui-même. À contre-courant de l'approche augustinienne et cartésienne, Buridan défend une approche de l'intellect par lui-même qui doit toujours être médiatisée par un acte dirigé vers un autre intelligible – voir ci-dessous la deuxième conclusion

Ainsi, c'est correctement que l'on dit « sa nature est [...] qu'il soit appelé possible » [1], et qu'il « est l'intellect pouvant devenir de toutes choses » [2]. Il faut aussi concéder qu'il intellige activement par son essence, puisque par son essence il agit pour former l'intellection, bien qu'il ne le fasse pas tout seul, c'est-à-dire qu'il n'intellige pas formellement par son essence mais grâce à une intellection acquise par lui et inhérente en lui. Quant à Dieu, c'est d'une autre façon qu'il intellige par son essence, puisque ce n'est ni activement ni subjectivement, mais formellement [3].

La deuxième conclusion est que l'intellect humain ne s'intellige pas avant d'intelliger autre chose. Au contraire, il a besoin d'intelliger autre chose avant de s'intelliger, puisqu'il n'est pas suffisant pour s'intelliger lui-même ou pour intelliger quelque chose d'autre sans le ministère des sens ; en effet, s'il suffisait à cela il s'intelligerait toujours lui-même par son essence, comme Dieu, et l'on a dit le contraire. Nous expérimentons en effet que pour intelliger, nous avons besoin d'un acte de sentir, ou selon le sens externe ou selon le sens interne, c'est pourquoi nous n'intelligeons rien quand nous dormons parfaitement, sans rêver. De cette façon en effet, nous avons besoin du sens

1. Aristote, *De l'âme*, III, 4, 429 a 2.1-22, trad. p. 222-223 : « De sorte qu'elle ne peut même avoir la moindre nature, en dehors de celle qui consiste à être un possible » ; *A. L.* : « Quare neque ipsius esse naturam neque unam, set aut hanc quod possibilis ».

2. Aristote, *De l'âme*, III, 5, 430 a 15, trad. p. 228 : « Et c'est ainsi qu'il y a d'un côté l'intelligence caractérisée par le fait qu'elle devient toutes choses » ; *A. L.* : « et est huiusmodi quidem intellectus in quo omnia fiunt ».

3. L'intellect humain peut être dit sujet au sens où on lui attribue un acte d'intellection qui lui est inhérent mais comme tel est distinct de lui, ce qui n'est pas le cas de l'intellect divin, qui intellige par sa forme même.

pour représenter à l'intellect les intelligibles par leurs images. Or le sens ne lui représente originairement que les sensibles, et il intellige d'abord ce qui lui est représenté d'abord. C'est pourquoi il intellige quelque chose de sensible avant quelque chose d'insensible. Et lui-même est insensible en raison de son immatérialité et de son indivisibilité. Donc il intellige quelque chose d'autre avant lui.

La troisième conclusion est que les gens du peuple et les petites vieilles intelligent facilement l'intellect lui-même, puisqu'ils peuvent facilement former des concepts communs dont sont tirés les noms « étant », « chose », « un », « quelque chose » et d'autres semblables, c'est-à-dire que par chacun d'eux est intelligé tout étant indifféremment, et par conséquent l'intellect humain. De même, la petite vieille intellige son intellect encore d'une autre façon, puisqu'elle expérimente et juge qu'elle sait et croit qu'aucun chien n'est un cheval, et que tout cheval qu'elle voit est plus grand qu'un chien. Donc elle se connaît sachant ou croyant cela. Or comme elle ne peut savoir ces universels que par son intellect, il se trouve qu'elle-même, sachant et croyant cela, n'est pas seulement un corps mais quelque chose composé d'un corps et d'un intellect, donc lorsqu'elle se connaît sachant cela, elle-même composée d'un corps et d'un intellect, elle connaît et le corps et l'intellect, bien que ce soit de façon confuse et non pas distincte.

La quatrième conclusion est que l'intellect s'intellige par une intellection qui lui est propre. Je dis « qui lui est propre », de sorte qu'elle suppose pour un intellect et qu'elle ne suppose pas pour quelque chose d'autre qu'un intellect. Cela se prouve facilement, puisque je peux former en moi le concept dont est tiré le nom « âme », sinon l'impositeur des noms, s'il n'avait pas eu un tel concept, n'aurait pas pu instituer la signification d'un tel nom. De même, je peux former le concept dont est tiré le nom « rationnel ». Et je puis, à partir de ces concepts, former une composition, sur le mode d'une détermination et d'un déterminable, et le concept lui correspondant sera le complexe « âme rationnelle ». Et ce concept suppose pour tout intellect humain et il ne suppose pas pour autre chose que pour un intellect, et par lui j'intellige indifféremment toute âme rationnelle, et par conséquent tout intellect humain.

Mais assurément il y a un doute plus grand : est-ce que je puis former un concept simple et non complexe, supposant pour tout intellect humain et pour rien d'autre ? Il est certain que je peux imposer à signifier un son vocal simple, qui suppose de la façon dite pour tout intellect humain, comme si nous convenions que le son « A » signifie pour nous exactement comme le complexe « intellect humain ». Mais il ne s'ensuit pas pour autant qu'il y ait de cette façon un concept simple ; en effet, ce n'est pas le cas qu'à tout terme vocal simple puisse correspondre un concept simple, comme avec le terme « vide » ou le terme « chimère » [1].

1. Le terme vocal « vide » a pour signifié immédiat un terme mental « lieu qui n'est pas rempli par un corps » – à ce titre, il signifie les corps (et les lieux qui sont aussi des corps), quoiqu'il ne puisse se référer à une ou plusieurs choses lorsqu'il est utilisé dans une proposition ; de même « chimère » signifie ultimement des queues de poisson, des ventres de femmes, etc. ; il ne signifie pas immédiatement un concept simple par lequel seraient conçues des chimères, mais un concept complexe qui signifie ultimement toutes ces choses qui ne peuvent être combinées en une chose réelle. Voir à ce propos Buridan, *Summulae de pratica sophismatum*, c. 1, soph. 4 et 5, éd. F. Pironet, Turnhout, Brepols, 2004, p. 14-18 ; concl. 5 et concl. 8, p. 21-24 ; trad. *Sophismes*, Paris, Vrin 1994, p. 49-55, p. 60-61, p. 63-65.

Je pose donc une cinquième conclusion : tu ne peux pas intelliger l'intellect humain par un concept propre, à savoir qui ne suppose pas pour autre chose que pour un intellect, sans discours, mais tu le peux par un discours [1]. Il est patent, en effet, que tu le peux par un discours puisque tu expérimentes que tu connais universellement, que tu apprends des conclusions universelles en faisant des syllogismes, et tu juges que cela ne peut se faire sans une puissance cognitive. Tu conclus donc qu'il y a en l'homme une puissance cognitive discursive, capable de connaître les universels. Or un tel concept dont est tirée l'expression complexe « puissance, en l'homme, capable de connaître les universels », suppose seulement pour l'intellect. Mais il est patent que cela ne peut être conçu par un concept propre sans discours, puisque l'on a dit dans la deuxième conclusion que l'intellect ne peut pas s'intelliger en premier, mais qu'il doit d'abord intelliger les sensibles. Et comme ces sensibles ne produisent pas une représentation propre, pour que l'intellect s'intellige, il apparaît que cela ne se fait que par un raisonnement discursif, parce que nous expérimentons en nous de telles opérations que nous jugeons ne pouvoir exister que par une puissance de cette sorte.

Mais on ne voit pas encore si nous pouvons concevoir l'intellect humain par un concept propre et simple ; c'est en effet très difficile à moins d'en parler comme des concepts substantiels des substances sensibles, que nous n'avons pas non plus sans discours. Le sens ne forme pas en effet de tels concepts, mais il saisit que c'est blanc ou

1. Ce discours est d'abord un complexe mental ; on peut lui subordonner le cas échéant un signe vocal simple, mais le concept sera toujours composé.

noir, grand ou petit, mû ou en repos. Or l'intellect, percevant que cela change de blanc en noir, de grand en petit, de place en place, infère que c'est autre chose que les dispositions de cette sorte. Et puisqu'un tel concept est encore complexe, l'intellect est apte, par nature, à former un concept absolu en le tirant des concepts d'accidents extérieurs. Et il s'agit là d'un concept substantiel d'après lequel est imposé présentement le nom « substance », et selon lequel ces accidents, des concepts desquels est tiré le concept substantiel, sont communs à plus ou à moins de choses. Le concept substantiel ainsi formé est aussi plus commun ou plus spécial, comme si à partir du sentir nous formons le concept général d'animal, et du raisonner le concept d'homme. Et il semble à beaucoup que nous ne pouvons pas avoir de tels concepts substantiels simples, puisque celui qui possède un tel concept ne peut le communiquer à quelqu'un qui ne le possède pas que par une description formée des accidents connus par ce dernier. Mais nous dirons qu'à partir de cette description l'intellect de ce dernier est apte à former un concept substantiel simple similaire. En effet, ce qui est inféré discursivement est une conclusion complexe. C'est pourquoi il faut ou bien posséder un concept simple à partir d'une représentation propre et immédiate, ou bien le former par la faculté de l'intellect à partir des conclusions complexes.

C'est là ce qu'on doit dire avec probabilité de cette question, qui du moins pourra éveiller certains pour examiner et trouver la vérité.

Les arguments qui ont été produits au début de la question seront résolus selon ce qui a été établi, dans la mesure où cela semblera expédient.

QUESTION 10

On demande dixièmement si, pour qu'un homme intellige, il est nécessaire que concoure activement un intellect agent, en plus d'un intellect possible [1].

Et l'on soutient que non, puisque de même que le sens se rapporte au sensible, etc. [2] Mais il n'y a pas à se donner un sens agent en plus d'un sens possible, à moins qu'il ne soit réceptif des sensations, puisque Aristote ne l'avait pas posé.

Deuxièmement, il s'ensuivrait que l'âme humaine serait substantiellement composée de parties de différentes natures, ce qui paraît faux, du fait qu'elle est une forme et qu'une forme doit être indivisible, selon l'autorité des *Six principes* [3]. La conséquence est patente puisqu'elle est

1. Voir Aristote, *De l'âme*, III, 5, 430 a 14-15, trad. p. 228 : « Et c'est ainsi qu'il y a [...] de l'autre celle qui se caractérise par le fait qu'elle produit toutes choses » ; *A. L.* : « ille [intellectus] uero quo omnia est facere ».

2. Aristote, *De l'âme*, III, 4, 429 a 16-18, trad. p. 222 : « Et la relation du sensitif aux sensibles doit être celle de l'intelligence aux intelligibles » ; *A. L.* : « et similiter se habere, sicut sensitiuum ad sensibilia, sic intellectum ad intelligibilia ».

3. Voir *Liber sex principiorum*, I, 1, *A. L.* 1. 6-7, Anonymus (liber perperam Gilberto Porretano attributus), I : « Forma vero est compositioni contingens, simplici et invariabili essentia consistens ».

substance, comme le veut Aristote, et l'intellect possible aussi est une substance, et il y aurait différentes substances puisque l'agent serait plus honorable que ce qui est passible, comme dit Aristote [1], donc différent de lui. Pourtant, ceux qui les posent estiment que les deux sont dans notre intellect ou dans notre âme, puisque Aristote dit « il est nécessaire que ces différences soient dans l'âme aussi » [2]. Donc il est manifeste que notre âme aurait en soi des parties substantielles de différentesnatures.

De même, si un agent et ce qui pâtit sont approchés l'un de l'autre, l'action doit suivre et aussi la passion. Or le fantasme est actif et l'intellect possible passif, et ils sont suffisamment rapprochés, sans que rien soit distant. Donc sans besoin d'autre chose l'action doit suivre dans l'intellect possible, et cela semble être l'intellection. Et c'est confirmé parce que c'est en vain que l'on poserait davantage de facteurs là où un nombre moindre suffirait. Mais, sans rien de plus qui agisse, nous pouvons dire que la passion que l'intellect possible reçoit du fantasme et du sens est l'intellection. Donc il ne faut pas dire qu'un autre agent est requis pour intelliger.

De même, si l'on posait cet intellect agent, alors à l'intellection concourraient deux agents par soi, de nature diverse, à savoir le fantasme et cet intellect agent. Et dans

1. Aristote, *De l'âme*, III, 5, 430 a 18-19, trad. p. 228 : « toujours en effet ce qui produit surpasse en dignité ce qui subit » ; *A. L.* : « Semper enim honorabilius est agens paciente ».

2. Aristote, *De l'âme*, III, 5, 430 a 13-14, trad. p. 228 : « Il faut donc que dans l'âme aussi se retrouvent ces différences » ; *A. L.* : « necesse et in anima esse has differencias ». Depuis Alexandre la question est posée de savoir si l'un ou l'autre de ces intellects n'est pas hors de l'âme humaine individuelle. Buridan défend la thèse de leur présence en l'âme individuelle.

un tel cas, où il y a des agents subordonnés, l'un doit agir sur l'autre. Donc ou le fantasme agirait sur l'intellect agent, ou inversement, ce qui ne paraît pas vrai car on ne pourrait pas bien dire ce que serait cette action.

De même, cet intellect agent ou bien connaîtrait ou bien non. S'il ne connaissait pas, alors il serait moins noble quel l'intellect possible, ce qui va contre Aristote. Et s'il connaissait, alors ou il connaîtrait toujours et par son essence, ou tantôt oui et tantôt non par la réception d'une image intelligible ou d'une intellection. Dans le second cas, alors il n'y aurait pas de différence entre lui et l'intellect possible. Dans le premier, alors nous aussi, par lui, nous intelligerions toujours du fait que si on le posait, il devrait être posé comme notre âme ou sa partie principale. Il faudrait donc que nous intelligions par son intellection. Or il est faux que nous intelligions toujours de cette façon.

Aristote établit l'opposé, et il dit que cet intellect agent « est séparable et impassible, sans mélange, substance étant en acte » [1], et plus digne que l'intellect possible, car comme il dit « l'agent est toujours plus digne que le patient, et le principe que la matière » [2].

Je m'exprimerai au sujet des noms concernant la puissance intellective de manière analogue à ce que j'ai dit au sujet des noms concernant la puissance sensitive [3]. Je dis donc que « intelligible » signifie la même chose que

1. Aristote, *De l'âme*, III, 5, 430 a 17 : « Et cette intelligence est séparée, sans mélange et impassible, puisqu'elle est substantiellement activité » ; *A. L.* : « Et hic intellectus separabilis et inpassibilis et inmixtus, substancia actu ens ».

2. Aristote, *De l'âme*, III, 5, 430 a 18-19, *supra*, n. 1, p. 605.

3. Voir *Questions sur l'âme*, II, qu. 9, début de la détermination.

« pouvant [1] être intelligé ». C'est pourquoi tout étant est dit intelligible parce que tout étant peut être intelligé. Mais « intellect » signifie la même chose que « pouvant intelliger », et il s'agit de l'homme, de la nature, de l'âme et du corps, de la façon qui a été exposée dans la question dont je viens de parler [2]. Toutefois, toute chose pouvant intelliger n'est pas dite intellect, mais il faut qu'il s'agisse d'une substance incorporelle, c'est-à-dire non étendue. « Intellect » signifie donc la même chose que « substance incorporelle pouvant intelliger ». Or on dit de l'intelliger comme on a dit proportionnellement du sentir : parfois intelliger n'est ni agir ni pâtir. Mais chez un homme normal [3], c'est la même chose qu'avoir une intellection qui lui est inhérente. Il n'en va pas de même pour Dieu, puisqu'il est lui-même son intellection. Mais cela n'importe en rien pour l'instant puisque cela concerne le livre XII de la *Métaphysique*.

Je pose donc quelques conclusions.

La première est que non seulement pour qu'un homme intellige, mais de façon générale pour que quelque chose le fasse, il est nécessaire que concoure, et même qu'agisse principalement l'intellect agent qui est Dieu lui-même,

1. Le texte comporte *posse* ; il faut sans doute entendre *potens*, comme on a plus bas *potens intelligere*.

2. *Questions sur l'âme*, II, 9.

3. *Adequatem* ; qu'est-ce que cela signifie ? Il ne faut sans doute pas y voir un critère biologique de normalité puisque le problème est le statut d'inhérence de l'intellection. On pourrait donc penser que l'on exclut des cas surnaturels d'infusion de telle ou telle pensée, ou bien de ravissement qui rendrait un homme momentanément semblable à un intellect séparé, encore que même dans ces cas-là, l'intellection n'est pas formellement identique à son sujet.

comme il est établi dans la *Métaphysique* [1]. Mais je veux encore dire quelques mots à ce sujet.

Il me semble donc maintenant que, à partir de la raison qu'Aristote donne dans le livre III de cet ouvrage [2], on peut conclure que cet intellect agent est Dieu (que son nom soit béni !) [3], et rien d'autre. En effet, selon les principes d'Aristote, la raison suivante peut être donnée : supposons en premier lieu que pour tout ce qui est produit naturellement, il faut qu'il y ait un sujet qui pâtisse et reçoive l'action d'un agent, et qu'il y ait un agent par lequel soit produite cette action. Donc lorsque l'intellect commence à intelliger, il est nécessaire qu'il y ait un sujet qui reçoive l'intellection, et c'est l'intellect humain, que nous appelons l'intellect possible ; et il est nécessaire qu'il y ait aussi un agent par lequel l'intellect possible devienne ce qui intellige [4] ainsi, et par lequel soit produite cette intellection.

Nous supposons, deuxièmement, qu'en toute action il est nécessaire que l'agent principal soit plus noble que le patient, et même que ce qui est produit dans sa totalité. J'appelle en effet agent principal, dans une action, ce par quoi provient activement l'action, sans concours d'un agent plus principal et plus noble que lui. Un agent non principal peut donc être moins noble que son patient ou que la totalité

1. Aristote, *Métaphysique*, Λ, 9.

2. Aristote, *De l'âme*, III, 5, 430 a 10-19, trad. p. 228.

3. Nous trouvons à quelques reprises dans ces questions l'expression « Deus benedictus », ce qui n'arrive pas à notre connaissance dans les autres textes de Buridan. Peut-être faut-il y voir une allusion *cum grano salis* à la bulle connue sous le nom de *Benedictus Deus* et promulguée par Benoît XII en 1336 au sujet du sort de l'âme humaine après la mort et de la vision béatifique – des questions que le philosophe se garde bien d'aborder. Quoi qu'il en soit, on doit noter que cette expression concerne toujours Dieu comme intellect agent ou comme donateur des formes !

4. *Intelligens*, participe présent substantivé.

de ce qui est produit, mais il est nécessaire que l'agent principal soit plus noble, du fait qu'un agent ne peut pas donner plus qu'il n'a, si ce n'est en vertu d'un agent concourant et ayant plus que lui. Il est donc impossible que ce qui est produit ou ce qui pâtit soit plus noble que son agent principal, et Aristote a noté cette supposition lorsqu'il a dit « toujours en effet l'agent est plus digne que le patient, et le principe que la matière » [1].

Troisièmement, je suppose d'après le livre VII de la *Métaphysique* que ce n'est pas seulement la forme qui est produite, ni seulement la matière sans sujet, mais que tout le composé est produit à partir de la matière et de la forme [2]. Donc quand notre intellect en vient à intelliger, ce n'est pas seulement l'intellect qui est produit, ni l'intellection, mais un composé d'intellect et d'intellection. Car il s'agit de quelque chose de composé et cela n'existait pas avant; et cela se produit quant à la fin [3]sous l'aspect de l'intellection, et quant au sujet sous l'aspect de [4] l'intellect.

On conclut de cela que pour qu'un homme se mette à intelliger [5], il est nécessaire que concoure activement quelque agent plus noble que ne l'est notre intellect (qui en cette production est passif et sert de matière), bien que ce soit le composé d'intellect et d'intellection qui soit le produit total. Et l'on ne peut pas assigner un tel agent plus

1. Voir *supra*, n. 1, p. 605.

2. Voir Aristote, *Métaphysique*, Z, 8, 1033 b 16-19, trad. p. 252 : « il est manifeste que ce qu'on appelle forme ou substance ne vient pas à être, mais que la substance composée qu'on désigne d'après elle vient à être » ; *A. L.* : « Palam igitur ex dictis quia quod quidem ut species aut ut substantia dicitur non fit, synodus autem secundum hanc dicta fit ».

3. *Terminative*.

4. Cette expression, par deux fois, traduit ici *ratione*.

5. *Fiat intelligens*.

noble, si ce n'est l'intellect divin. Donc, pour qu'un homme intellige, il est nécessaire qu'existe et que concoure activement cet intellect agent, à savoir Dieu. Et il semble, d'après ce qu'écrit Aristote, qu'il veuille lui-même conclure à cet intellect divin, puisqu'il lui assigne des conditions qui ne conviennent proprement à rien d'autre qu'à l'intellect divin, en disant que cet intellect « est séparable, impassible, sans mélange et substance étant en acte », et qu'il est « plus digne » (sous entendu : que notre intellect possible) ; et que « il est la même chose, selon l'acte, que la science de la chose » (à savoir que cet intellect est intellect, intelligé et intellection, science, su et sachant) ; enfin que « lui seul est vraiment séparé », et « immortel et perpétuel » [1]. Ces caractères ne conviennent donc pas bien à notre intellect. Et il ne faut pas opposer à cela qu'Aristote dit que « ces différences sont en l'âme » [2] puisqu'il ne dit pas « en notre âme ». On peut donc dire que l'intellect possible est l'âme, à savoir l'âme humaine, et que l'intellect agent est Dieu, à savoir l'âme du monde.

La deuxième conclusion est qu'il est nécessaire, outre l'intellect divin, qu'il y ait un autre intellect agent, de sorte que celui-ci se comporte activement pour former une intellection en nous, et que celui-ci est notre intellect. Et il en va de même du sens agent par rapport à la sensation.

1. Aristote, *De l'âme*, III, 5, 430 a 17-23 – cité *supra*. C'est ce qui avait conduit Alexandre a considérer que l'intellect agent était séparé. Buridan, quant à lui, loge l'intellect agent et l'intellect patient en l'âme individuelle, ou plutôt en fait deux aspects de l'intellect humain. Néanmoins, il est conduit à transposer certains traits de l'intellect agent tel qu'Aristote les expose à Dieu lui-même comme intellect agent.

2. Aristote, *De l'âme*, III, 5, 430 a 13-14, trad. p. 228 : « il faut donc nécessairement que, dans l'âme aussi, se retrouvent ces différences » ; *A. L.* : « necesse et in anima esse has differencias ».

Cela a été suffisamment expliqué dans la dixième question du livre II [1], pour ce qui est de composer, de diviser et d'abstraire, ou encore de tirer d'autres sensations et intellectionsà partir des premières sensations et intellections de premiers sensibles ou intelligibles, et à partir d'autres sensibles et d'autres intelligibles. Mais cela n'a pas été beaucoup démontré à propos des premières sensations et intellections. Il reste donc encore un grand doute : est-ce que notre intellect se rapporte activement à sa première intellection ou seulement passivement, et de même le sens à sa première sensation ?

Et à ce sujet, je penche en faveur de cette troisième conclusion : le sens ou l'âme sensitive se rapporte activement à sa première sensation, et proportionnellement l'intellect à sa première intellection. Ce n'est pas une démonstration, mais je m'en persuade facilement [2], d'abord parce que je pense que la couleur, de soi, n'a pas la puissance de produire plus que son image dans un sujet diaphane de même nature, que ce soit dans l'air, dans le ciel, dans l'œil ou dans une vitre, et ainsi dans les autres diaphanes. Elle n'a pas, en effet, la capacité de produire un effet beaucoup plus noble qu'elle sans un agent plus noble. Cependant, la sensation ou l'intellection est un effet beaucoup plus noble que l'est cette image sensible ou intelligible de la première sensation ou intellection. C'est pourquoi, outre cette image, est requis pour former la sensation ou l'intellection un autre agent plus noble, et l'on dit que celui-ci est l'âme sensitive en ce qui concerne la sensation, et l'âme intellective en ce qui concerne l'intellection.

1. Voir Jean Buridan, *Questions sur l'âme*, II, 10.

2. La leçon *faciliter*, présente dans un manuscrit, paraît plus appropriée que *debiliter*, retenu par les éditeurs.

Cependant, l'adversaire pourrait s'échapper en disant que cet agent plus noble est Dieu lui-même, et qu'il n'est pas nécessaire de poser un autre agent plus noble et lui-même produit, comme on le dirait à propos d'un animal produit à partir de la putréfaction [1].

Et il est difficile de détruire cette échappatoire de façon démonstrative. Il semble toutefois probable, puisque l'âme sensitive se rapporte activement aux sensations qui en découlent [2], et même à toutes, qu'il en va de même de l'intellect.

De même, les docteurs disent communément que les intellections et les sensations sont des actions immanentes, et l'on ne devrait pas le dire d'elles plus que des autres actions si ce n'est parce qu'elles restent subjectivement dans leurs agents. Or toute intellection reste subjectivement dans l'intellect. Il semble donc qu'il agisse pour toute intellection.

De même, cela ne semble pas être tout à fait arbitrairement que nous disons que le sens sent et que l'intellect agit par un terme à la voie active mais cela semble avoir une origine et une détermination dans la nature des choses [3]. Car ce qui est purement conventionnel ne se retrouve pas identique chez tous, comme ce qui est par nature. C'est de la même façon en effet que le feu brûle ici et chez les Perses, comme

1. Voir *Questions sur l'âme*, II, qu. 10, p. 268-269.

2. Voir *Questions sur l'âme*, II, qu. 10 sur le sens agent.

3. Buridan n'accepte aucunement un parallélisme des modes de signifier et des modes d'être, à la manière des grammairiens modistes ; le présent argument est donc assez faible en raison de l'arbitraire généralement reconnu aux formes verbales. Néanmoins, on peut voir dans l'usage d'un verbe à la voie active l'indice d'une activité, en raison de l'universalité de cet usage.

dit Aristote [1]. Et non seulement chez les Latins, mais chez tous, Hébreux, Grecs, Arabes, Français ou Allemands, tous disent par un mot et un mode de signifier de genre actif que le sens sent et que l'intellect intellige. Il semble donc que ce mode de signifier et cette manière de parler soient nés de la nature des choses, et cela ne semble être que parce que l'intellect et le sens agissent pour toutes leurs intellections ou sensations.

Même si cela n'est pas démontré, il m'apparaît toutefois qu'il n'y a pas d'arguments plus probables en sens contraire, et cela suffit pour notre propos puisque « l'acribie mathématique n'est pas à attendre en toutes choses », comme il est dit dans le livre II de la *Métaphysique* [2].

Il faut donc maintenant examiner, à propos des arguments qui, au début de la question, ont été apportés pour chaque partie, comment ils procèdent.

Au premier, on répond que l'on doit poser un sens agent, et cela a été dit dans le livre II [3].

Au deuxième, on répond que l'âme humaine est simple et non pas composée substantiellement. Et l'on dit que cet intellect agent, qui est plus noble que notre intellect possible, est l'intellect divin. Mais en ce qui concerne notre âme, c'est la même chose qui est appelée intellect possible,

1. Aristote, *Éthique à Nicomaque*, V, 10, 1134 b 26, trad. p. 261 : « Ainsi le feu, aussi bien ici que chez les Perses, provoque des brûlures, alors que les choses justes, on les voit changer » ; *A. L.*, 26. 3 : « quemadmodum ignis et hic et in Persis ardet. Iusta autem mota conspiciunt ».

2. Aristote, *Métaphysique*, α, 3, 995 a 15-16, trad. p. 118 : « L'exactitude rigoureuse des mathématiques ne doit pas être recherchée en tout » ; *A. L.* : « Acribologia uero mathematica non in omnibus est expetenda ».

3. *Questions sur l'âme*, II, qu. 10.

parce qu'elle reçoit en elle des intellections, et qui est appelée intellect agent parce qu'elle agit. Et l'on peut dire, selon une expression attributive, qu'elle est dite plus noble en tant qu'agent qu'en tant que patient, à savoir en tant que, lorsqu'elle agit, agit une chose plus noble, à savoir Dieu, et lorsqu'elle pâtit, rien ne pâtit qui soit plus noble qu'elle.

À l'argument suivant, il faut répondre que souvent ce qui est actif est approché de ce qui est passif et que l'action n'en découle pas. Le marteau est en effet actif vis à vis du fer, et cependant, s'il est posé sur le fer, il n'agit pas sur lui car fait défaut un autre agent, à savoir le forgeron ; et si celui-ci n'agit pas, le marteau ne peut pas agir. Et ainsi le fantasme n'agirait pas dans l'intellect si l'intellect lui-même et Dieu ne coagissaient pas, et même s'ils n'agissaient pas de façon plus principale que le fantasme. Et l'on a vu comment des raisons poussent, nécessairement ou avec probabilité, à poser un autre agent que le fantasme, et même d'autres agents. C'est pourquoi nous n'avons rien posé en vain.

À l'argument suivant, il faut répondre que Dieu agit dans notre intellect, dans le fantasme et dans l'intellection, et dans tout ce qui est produit ou qui est autre que Dieu, comme il était dit dans la septième question sur ce livre III [1]. Cependant, ce fantasme agit dans l'intellect agent, puisqu'il agit en l'intellect possible, qui est l'intellect agent.

Concernant l'autre argument, il est manifeste que l'intellect agent qui est Dieu connaît toujours par son essence, et notre intellect, qui est aussi agent, connaît par une intellection qui lui est ajoutée, comme l'intellect possible, qui est la même chose.

1. *Questions sur l'âme*, III, qu. 7, p. 567.

Mais l'autorité d'Aristote qui a été apportée en faveur de l'autre partie, avec son raisonnement conclut à cet intellect agent qui est Dieu (que son nom soit béni !), comme il était dit plus haut.

QUESTION 11

En raison d'une certaine opinion très ancienne et reprise par certains de nos jours, on demande, onzièmement, si l'acte ou la disposition intellectuelle sont la même chose que l'âme intellective, ou s'il s'agit d'une chose qui lui est ajoutée [1].

On soutient que c'est la même chose, puisque sinon il s'ensuivrait que l'intellect serait susceptible de passion et altérable, et même par une altération corruptrice, ce que nie Aristote [2]. La conséquence est prouvée, puisque l'intellect recevrait ainsi des dispositions qui lui seraient ajoutées, comme la matière, et parfois des dispositions contraires et corruptrices l'une de l'autre, comme des opinions contraires qui ne peuvent être en même temps

1. Dans cette question, Buridan critique une conception réductionniste radicale qui nierait toute distinction réelle entre l'acte et l'intellect lui-même. En ce qui concerne les modernes, on peut penser qu'il se réfère à Jean de Mirecourt, condamné en 1347 : voir *Chartularium universitatis Parisiensis*, n° 1147, « Articuli Johannis de Mirecuria... », art. 28 : « Quod probabiliter potest sustineri cognitionem vel volicionem non esse distinctam ab anima, ymo quod est ipsa anima », éd. H. Denifle aux. Æ. Chatelain, t. II, Parisiis, MDCCCLXXXXI, p. 611.

2. Aristote, *De l'âme*, III, 5, 430 a 17, p. 228 : « Cette intelligence est [...] impassible » ; *A. L.* : « Et hic intellectus [...] inpassibilis ».

dans le même intellect en raison de leur contrariété, comme on le lit dans le livre IV de la *Métaphysique* [1]. C'est pourquoi l'une est corruptrice de l'autre, comme c'est le cas des dispositions qui sont reçues dans la matière. Et si tu dis qu'une altération corruptrice qui ne convient pas à l'intellect est celle qui dispose à la destruction de son sujet et non pas seulement à la destruction de la disposition contraire, je répondrai que la matière ne serait alors pas plus susceptible de passion corruptrice que l'intellect, puisque aucune ne peut entraîner la destruction de la matière, étant donné qu'elle est incorruptible.

De même, Dieu, sans rien qui lui soit ajouté, intellige et sait toutes choses, du fait qu'il est similitude représentative de toutes choses. Ainsi, nous pourrions dire que l'intellect est une similitude représentative des étants, bien que ce ne soit pas de façon aussi parfaite que l'intellect divin. C'est pourquoi, en raison de cette imperfection, il a besoin du concours d'un autre agent, comme de fantasmes, pour devenir adéquatement [2] représentation et intellection des étants. Et puisqu'elles peuvent être sauvées ainsi, il n'est pas requis de poser une diversité ni une pluralité d'intellections et de dispositions dans l'intellect, puisque dans la nature rien ne doit être posé en vain. Et pourtant, nous poserions plusieurs choses en vain là où nous pourrions tout sauver avec moins de facteurs [3].

De même, l'intellect, l'intellection et la science ne sont pas, d'eux-mêmes, déterminés à être différents, c'est pourquoi s'ils se trouvaient en même temps en nous, il ne

1. Aristote, *Métaphysique*, IV, 3, 1005 b 25-34.

2. *Sufficienter*.

3. Si nous considérions que l'acte ou la disposition intellectuels étaient ajoutés à l'intellect lui-même.

faudrait pas estimer qu'ils diffèrent. C'est pourquoi c'est en vain que nous poserions une telle multitude, comme on l'a dit plus haut.

De même, comme nous posons que cette grandeur est la même chose que cette figure, et que parfois c'est une sphère, parfois un cube, parfois une pyramide, du fait que la grandeur est disposée d'une manière ou d'une autre, sans que la sphéricité ou la cubicité soient une chose ajoutée, et encore que ce bois et ces pierres tantôt sont une maison tantôt ne sont pas une maison, et comme encore beaucoup posent que ce mobile, du fait qu'il est disposé d'une façon ou d'une autre, est tantôt mouvement tantôt repos, parfois mouvement vers le bas parfois mouvement vers le haut, et cela sans que le mouvement soit une chose distincte de lui [1], de même, comme plus haut, c'est en vain que serait posée une telle multitude.

De même, si la disposition intellectuelle était autre que l'intellect, comme une chose qui lui serait ajoutée, alors cette disposition serait nouvellement engendrée dans l'intellect, c'est pourquoi elle serait aussi corruptible. Or il est impossible qu'elle se corrompe ; donc etc. La fausseté du conséquent s'explique puisque l'on ne pourrait pas assigner ce qui corrompt. Elle ne serait en effet pas corrompue par la corruption de son sujet, à savoir de l'intellect, puisqu'il est considéré comme perpétuel. Ni par la corruption [2] de l'acte d'intelliger, puisque l'on pose que la disposition subsiste longtemps après que l'intellection actuelle a cessé. Et elle n'est pas corrompue par son contraire

1. Cette position n'est pas partagée par Buridan, qui pose que le mouvement est une qualité distincte du mobile ; mais c'est celle des ockhamistes, et elle est reprise par Albert de Saxe.

2. Il convient de corriger *definitionem* en *corruptionem* (qui n'est cependant pas dans l'apparat critique).

car jamais peut-être ne se produira la disposition contraire, par exemple si quelqu'un avait la science d'une conclusion mathématique, peut-être abandonnera-t-il l'étude et ira sous les armes, et ne s'occupera plus jamais de cette discipline de sorte que jamais il n'acquerra une disposition contraire. Et elle n'est pas corrompue par l'interruption de l'acte de sentir ou d'imaginer, puisqu'ils s'interrompent lors d'un profond sommeil sans rêve, et que subsistent les dispositions intellectuelles. Et l'on ne voit pas à partir de quoi ou par quoi d'autre elle serait corrompue ; car si l'on dit qu'elle est corrompue par l'oubli, du fait qu'il n'y a plus d'assentiment, il apparaît que cela ne suffit pas puisque lorsque l'attention cesse, elle subsiste longtemps après. C'est pourquoi il apparaît qu'elle ne dépend pas nécessairement, pour sa permanence, de l'attention, parce qu'il n'est pas nécessaire qu'elle soit corrompue lorsque l'attention cesse.

On soutient l'opposé, puisque si c'était le même chose, il s'ensuivrait que nous n'aurions pas besoin de l'intellect agent, ce qui est contraire à la solution d'Aristote [1]. La conséquence est patente puisque pour comprendre ou savoir rien ne devrait être produit ; l'intellect en effet n'est pas produit maintenant si maintenant tu commences à intelliger ou si tu apprends, donc rien n'est produit qui soit l'intellect lui-même. Donc ni la science, ni de même encore l'intellect ne seraient produits. Donc rien ne serait produit, et ainsi rien ne serait producteur ou agent. C'est pourquoi il ne faut pas poser un intellect agent.

1. Aristote, *De l'âme*, III, 5, 430 a 14-16, trad. p. 228 : « Et c'est ainsi qu'il y a […] de l'autre celle qui se caractérise par le fait qu'elle produit toutes choses » ; *A. L.* : « ille [intellectus] uero quo omnia est facere ».

De même il s'ensuivrait que dès le moment de ta naissance tu possédais toute la science que tu possèdes maintenant, ce qui est faux puisque alors ce serait en vain que tu serais venu à l'école. La conséquence est patente puisque tu avais alors un intellect qui était dès ce moment tout ce qu'il est maintenant, car tu avais tout ce qu'est cet intellect qui est le tien, comme tu dis. Mais toute la science que tu as maintenant est, dis-tu, cet intellect qui est le tien. Donc toute la science que tu possèdes maintenant, tu la possédais dès ce moment-là.

De même, il s'ensuivrait que l'âme sensitive serait l'acte de sentir puisqu'il y a une proportion : « comme le sens se rapporte aux sensibles, de même l'intellect aux intelligibles » [1]. Mais le conséquent est faux puisqu'il y a bien un sens sans sensation, et que la sensation cesse alors que le sens subsiste, et il n'existe pas sans lui-même, ou sans ce qui est la même chose que lui.

De même par l'oubli tu perds ta science et non ton intellect. Et encore en sachant tu acquières la science et non l'intellect. Donc etc.

De même il s'ensuivrait que l'acte de considérer par l'intellect et la disposition intellectuelle seraient la même chose, ce qui est faux puisque par les actes sont engendrées les dispositions intellectuelles, et qu'une chose n'est pas engendrée à partir d'elle-même, que l'acte cesse alors que la disposition ne cesse pas, et que l'intellect est cause et principe, tant de l'acte que de la disposition.

De tels arguments en nombre quasiment infini pourraient encore être ajoutés.

1. *De l'âme*, III, 4, 429 a 16-18, trad. p. 222 : « Et la relation du sensitif aux sensibles doit être celle de l'intelligence aux intelligibles » ; *A. L.* : « et similiter se habere, sicut sensitiuum ad sensibilia, sic intellectum ad intelligibilia ».

Les opinions les plus anciennes reviennent souvent comme des nouveautés, et beaucoup s'amusent à les reprendre, parce qu'en raison de leur oubli ils paraissent dire des choses nouvelles et extraordinaires. De la sorte, ils sont volontiers écoutés par les jeunes gens puisque naturellement ceux-ci se délectent des choses nouvelles et extraordinaires, comme Aristote l'établit au livre I de la *Rhétorique* [1].

Certains ont donc repris l'opinion de quelques anciens, que je crois avoir été suffisamment invalidée en notre temps, si bien que personne ne se soucierait plus d'en débattre : en nous l'intellect et la science ne diffèrent pas mais l'intellect, l'intellection et la science sont la même chose, et chaque intellection qui est la tienne ainsi que toutes les dispositions intellectuelles par lesquelles tu intelliges, considères ou peut considérer sont tout à fait la même chose que ton intellect.

Les arguments les plus difficiles qu'ils apportent en faveur de cela sont ceux que nous avons posés au début de cette question. Et ils se fondent surtout sur le fait que nous pouvons tout sauver par une seule et même chose qui est disposée d'une manière ou d'une autre, comme on le disait du mouvement, de la figure et de la maison. C'est pourquoi, à cause de telles raisons, certains anciens ont posé que les accidents ne sont pas des étants distincts de leurs sujets, mais devraient être dits des « modes des substances », de sorte que la même chose ne serait pas seulement maintenant chaude et ensuite froide, mais encore, disposée d'une manière puis d'une autre, elle est maintenant chaleur et ensuite froideur, comme la même chose est maintenant sphérique et ensuite cubique. Ils ont soutenu

1. Aristote, *Rhétorique*, II, 12, 1389 a 3 - b 12, trad. vol. II, p. 91-92 ; *A. L.*, 31. 2, *Rhetorica*, translatio Guillelmus de Morbeka.

et soutiennent cette opinion, je pense, non pas parce qu'ils croyaient qu'elle était vraie, mais parce qu'il est difficile de réfuter démonstrativement ces arguments.

Ainsi, aux arguments énoncés plus haut et valant contre eux, ils répondent de la manière suivante.

Au premier, ils disent qu'il faut poser un intellect agent qui réalise l'intellection ou la science, non pas de telle sorte qu'il produise l'intellection ou la science, mais de telle sorte qu'il fasse que l'âme soit intellection ou science, puisqu'il fait qu'elle est disposée autrement qu'elle était disposée avant, comme on dirait que le maçon ne fait pas la maison, et ne fait pas quelque chose, mais fait que certaines choses soient une maison. Dc cette manière, tu fais en sorte que la cire qui était d'abord cubique soit sphérique, et cependant tu ne fais ni la cire, ni le sphérique, ni la sphéricité. Donc tu ne fais pas quelque chose, mais tu fais que quelque chose soit sphérique, ou sphéricité, ou sachant ou science, ou intellect ou intellection.

À l'autre, on répondrait que dès le moment de ta naissance toute science ou intellection que tu possèdes maintenant, tu la possédais déjà, et que cependant tu ne possédais aucune science ou intellection [1], de même que cette cire, la sphéricité qu'elle a, elle l'avait hier, mais elle n'avait pas la sphéricité.

À l'autre, on répondrait que l'âme sensitive, chaque fois qu'elle sent, est sensation. Et que sans sensation ce sens ne peut exister, et que cependant, ce sens peut exister

1. Dans tous ces passages, Buridan suppose implicitement que les termes n'ont pas la même connotation ou appellation, selon la place qu'ils ont dans la proposition. Ainsi, avant le verbe, « ma science » renverrait simplement au référent du terme, qui selon cette théorie, n'est autre que l'intellect lui-même (que je possède bien dès ma naissance); en revanche, après le verbe, le terme connoterait aussi telle ou telle disposition de cet intellect.

sans sensation [1]. Ainsi, chaque fois que ce sens a été ou sera, cette sensation a été ou sera. Cependant, souvent ce sens fut quand il n'y eut pas de sensation, et ce sens, subsistant en puissance, cesse d'être sensation. Mais cette sensation ne cesse pas d'être.

À l'autre, pareillement, on répond que jamais ma science, durant mon existence, je ne la perdrai, mais je perds bien ma science de la manière suivante : mon âme ne sera plus telle science. Et ainsi encore ma science, je ne l'ai pas acquise par l'étude, mais j'ai acquis ma science en ce sens que par l'étude, mon intellect, qui n'était pas science, est devenu science.

À l'autre, on répond qu'à partir de quelque chose disposé d'une certaine façon est produite [2] la même chose disposée autrement, comme une grandeur cubique à partir d'une grandeur sphérique, et une matière informée à partir d'une matière privée d'une certaine forme, et la matière informée est la même chose que la matière privée de cette forme. Donc de même qu'à partir de la cire qui n'était pas sphéricité, la cire est faite sphérique et sphéricité, de même à partir d'un intellect ignorant, est fait un intellect intelligeant et sachant, et intellection et science ; et ainsi encore, d'un intellect qui souvent devient acte d'intelliger, est produite la science. Donc ni l'acte ni la disposition ne sont produits ni ne cessent d'être, mais l'acte devient disposition. On dirait encore que l'intellect est cause et principe de l'acte et de la disposition au sens où l'intellect est d'abord naturellement avant d'être un acte ou une disposition, et puisque encore la nature de l'âme ou de l'intellect est

1. On applique la même procédure : « sans sensation » est dans un cas placé avant le verbe « être » (ou « exister »), dans l'autre après le verbe.

2. Corriger *sit* en *fit*.

antérieure et plus simple que la nature de l'acte ou de la disposition intellectuelle, comme on dirait que la grandeur serait cause et principe de la figure, et le mouvement du temps, et le mobile du mouvement lui-même bien que, ainsi, le mouvement et le temps soient la même chose, ou encore le mobile et le mouvement, comme beaucoup disent.

Cependant, nonobstant ces arguments, j'adhère fermement à l'opinion contraire, à savoir que, aussi longtemps que j'intellige et que je sais, mon intellect n'est ni intellection ni science ; au contraire, l'intellection et la science sont des dispositions [1] différentes de lui et qui lui sont inhérentes.

D'abord, j'adhère à cette conclusion par l'autorité de l'école de Paris et de l'Évêque qui, autrefois réunis en raison du danger de nombreuses fausses opinions disséminées à Paris, les condamnèrent. Et, à la demande de l'université, l'Évêque arrêta qu'elles ne seraient plus soutenues sous peine d'excommunication. Et celle-ci, à savoir que notre intellect serait la science ou l'intellection, fut l'une d'entre elles [2].

Deuxièmement, j'adhère à la conclusion susdite parce que la conclusion opposée peut être le principe d'une autre grande hérésie. Car on pourrait parler des autres accidents et de leurs sujets de la même manière que des dispositions [3] intellectuelles et de l'intellect, à savoir que l'eau chaude serait la même chose que la chaleur et l'eau froide que la

1. Ici, *dispositio* et non *habitus*. Le terme *habitus* impliquerait une stabilité que n'implique pas *dispositio*.

2. Jean Buridan ne fait pas allusion aux condamnations de 1277 mais, comme nous l'avons indiqué au début de la question, à la condamnation de Jean de Mirecourt en 1347.

3. Corriger *habentibus* en *habitibus*.

froideur, disposées d'une manière puis d'une autre. Et cela va déjà contre ce que nous soutenons au sujet du sacrement de l'Autel, où les accidents subsistent sans sujet. Donc la substance du pain, qui était blanche, grande et figurée [1], n'était pas la blancheur, la grandeur et la figure qui subsistent dans le sacrement, puisque ces choses-là subsistent et que la substance du pain ne subsiste pas. Le syllogisme suivant est donc valide : « cette substance du pain ne subsistera pas ; cette blancheur subsistera ; donc cette blancheur n'est pas cette substance du pain ».

De même, par des raisons semblables, ils [2] pourraient dire au sujet des formes substantielles, relativement à la matière, que la matière disposée d'une certaine façon est du feu, et que disposée d'une autre façon elle est de l'eau, de l'air ou une pierre [3]. Et telle fut l'opinion de Mélissus et de Démocrite, disant que toutes choses sont substantiellement une seule chose. En effet, ils n'étaient pas fous au point de croire que cet homme-ci est le même que celui-là, mais à propos des choses qui paraissent s'engendrer

1. D'une certaine figure.

2. Ceux qui soutiennent la position opposée à celle de Buridan.

3. Voir Aristote, *Métaphysique*, A, 4, 985 b 10-15, après avoir évoqué Leucippe et Démocrite, trad. p. 87 : « Et de même que ceux qui posent l'unité de la substance fondamentale génèrent les autres choses par les affections de cette substance, posant le rare et le dense comme principes des modifications, de la même façon ceux-ci affirment que les différences sont les causes des autres choses. Et ils disent que ces différences sont trois : la figure, l'ordre et la position » ; *A. L.* : « Et quemadmodum qui unum faciunt subiectam substantiam alia passionibus eius generant, rarum et spissum principia passionum ponentes, eodem modo et hii differentias causas aliorum esse dicunt. Has uero tres dicunt esse : figuramet ordinem et positionem ». À la fin du siècle Blaise de Parme exposera longuement cette doctrine en la présentant comme difficile à réfuter.

mutuellement, comme si de la terre A est faite l'eau B, et de l'eau B l'herbe C, et de l'herbe C le cheval D, et ainsi de toutes les choses engendrables et corruptibles, ils disent alors que le cheval D est la même chose que fut l'herbe, l'eau et la terre. En effet, la même matière qu'ils disaient être toute la substance fut d'abord terre, ensuite eau, herbe et cheval, disposée d'une manière et d'une autre. De tels propos sont très obscurs et dangereux ; ainsi en effet un âne fut une pierre et une pierre a toujours été, et jamais un cheval ou un homme n'a été engendré, bien que la matière devînt homme ou cheval. Ces propos sont suffisamment réfutés par Aristote [1] et par d'autres, et je ne veux aucunement y assentir.

De même, « être disposé ainsi et autrement » signifie la même chose que « être disposé sur un mode et sur un autre » [2]. Si donc l'intellect est maintenant une opinion et demain sera une opinion contraire, étant disposé sur un mode et sur un autre, ce mode-ci ne sera pas celui-là parce que ces modes ont été posée comme différents. Si donc les modes sont plusieurs et différents les uns des autres, et que l'intellect n'est pas ni ne sera autre mais toujours identique, il est nécessaire que l'intellect soit autre que ces modes, et autre que chacun d'eux. Alors, toutes les difficultés qu'on avait à propos de l'identité ou de l'altérité de ces opinions se retrouvent, et plus grandes encore, à propos de ces modes. Il est donc meilleur de s'en tenir tout de

1. Aristote, *Métaphysique*, A, 8, 988 b 22 - 989 a 19 ; et *passim*.

2. En passant de *aliter* à *alio modo*, littéralement « d'une autre manière », Buridan rend possible une interrogation sur le rapport de la substance à ses modes. Oresme avait considéré les accidents comme des *modi rerum* en leur conférant une forme d'autonomie. Mais la condamnation de Nicolas d'Autrécourt (également en 1347) a rendu la question délicate.

suite à l'altérité de ces opinions. Il est vrai que l'intellect a des opinions contraires, en étant disposé sur un mode puis sur un autre, même si ces modes sont ces opinions, de même aussi que Socrate, d'abord blanc puis noir, étant disposé sur un mode puis sur un autre, et ces modes sont la blancheur et la noirceur. Les accidents sont en effet des modes et des dispositions [1] des substances, selon la variation desquels la substance sous-jacente est disposée ainsi et autrement. En tout cas, être disposé [2] ainsi et autrement requiert quelque altérité, et il faut qu'elle soit donnée dans ce qui est proposé, et l'on ne peut la trouver qu'entre ces dispositions [3] elles-mêmes ou entre elles et l'intellect.

Tu objecteras qu'on argumenterait de la même façon à propos de la figure, disant qu'elle est distincte de la grandeur, alors que je soutiens l'inverse.

À cette objection, on doit répondre par ce que j'ai dit sur le livre II de la *Physique*, dans la question 3 [4].

Car en un sens, une chose peut être disposée d'abord ainsi et ensuite autrement relativement à quelque chose d'extrinsèque, sans aucune mutation en elle, par une mutation de cette chose extrinsèque. Ainsi, la colonne qui était d'abord à ma droite est ensuite à ma gauche.

En un second sens, une chose est dite être disposée ainsi et autrement parce que ses parties quantitatives changent de place l'une par rapport à l'autre selon un mouvement local. C'est ainsi en effet qu'une grandeur

1. *Dispositiones.*

2. *Se habere.*

3. *Habituum.*

4. Buridan, *Quaestiones super octo libros Physicorum Aristotelis*, II, qu. 3 : « Utrum figura sit res distincta a re figurata », vol. I, p. 256-263 ; « Est-ce que la figure est une chose distincte de ce qui est figuré ? »

devient d'une figure ou d'une autre. Et c'est là être disposé ainsi et autrement par l'altérité des parties entre elles et par une mouvement de ces parties par lequel elles deviennent situées autrement, et qui est encore autre que ces parties et que cette grandeur totale.

Mais si une chose était dite en un troisième sens être disposée d'abord ainsi et ensuite autrement, à savoir en faisant abstraction des choses extérieures et sans que ses parties ne changent de place l'une par rapport à l'autre, alors l'altérité désignée par « être disposé ainsi et autrement » ne pourrait être sauvegardée que par l'engendrement ou la corruption de quelque disposition qui lui soit inhérente et qui soit distinctc d'elle. Tel est le cas de l'eau, si elle est d'abord chaude et ensuite froide ; et de la matière, si elle est d'abord sous la forme de l'eau puis sous la forme du feu ; et de l'intellect, s'il a d'abord telle opinion puis l'opinion contraire. Car si un homme dort et que toute représentation lui venant par le sens est écartée, il serait encore disposé ensuite autrement qu'il l'était auparavant, ce qui ne peut être sauvegardé que par l'altérité de ces opinions, entre elles et relativement à l'intellect. Sinon, on ne pourrait pas montrer que toutes choses ne sont pas une seule chose, à la manière dont le pensaient Parménide et Mélissus, comme je l'ai dit plus haut.

Les autres arguments peuvent alors être facilement résolus.

Concernant le premier, il a été dit plus haut en quel sens l'intellect est susceptible de passion, et en quel sens il peut l'être d'une passion corruptrice. On peut encore ajouter que la matière est susceptible de passion, avec une passion corruptrice au sens où celle-ci dispose à la corruption de la substance, simple ou composée, mais non de la matière elle-même. Mais la passion par laquelle l'intellect pâtit ne dispose à la corruption d'aucune substance, simple ou composée.

Concernant le deuxième, le troisième et le quatrième, ils ont été résolu par ce qui a été dit puisque sans multitude [1] on ne peut sauvegarder que l'intellect soit disposé autrement qu'il l'était. Mais cela peut être sauvegardé au sujet de la figure et de la maison. Et Dieu n'est jamais ainsi disposé autrement de manière intrinsèque. C'est pourquoi, s'il n'est pas contradictoire en Dieu que l'intellect, l'intellection et la science soient la même chose, il ne s'ensuit pas que cela ne soit pas contradictoire en nous.

À l'autre, qui demandait comment est corrompue cette disposition intellectuelle, je réponds que ce doute ne nous est pas propre mais nous est commun à nous et à eux. Bien que, en effet, ils ne disent pas que notre science soit produite ou soit corrompue alors que l'intellect est permanent, cependant ils doivent dire que, l'intellect étant permanent, il se fait nouvellement science. Et la science est corrompue, cela veut dire qu'il cesse d'être science par l'oubli. Qu'ils disent donc par quoi ou comment la science cesse d'être, et nous dirons que par ce mode-ci ou ce mode-là, la science est corrompue en lui [2] et cesse d'être. Voyez ce que j'ai dit de cela au livre II, question 7, dans le 4 e et le 5 e doutes principaux [3].

1. Sans différence réelle, selon laquelle l'acte ou la disposition seraient numériquement différents de l'intellect.

2. En l'intellect.

3. *Questions sur l'âme*, II, qu. 7, p. 225-227.

QUESTION 12

Par suite on demande, à propos du chapitre sur les opérations de l'intellect, si toute intellection simple est vraie [1].

Et l'on soutient que non, puisque si tout concept simple était vrai, il s'ensuivrait que tout son vocal significatif correspondant à un concept simple serait également vrai puisque, dans un son vocal significatif ou dans une marque écrite, il n'y a de vrai ou de faux qu'en raison du vrai et du faux dans l'esprit. Or le conséquent est faux, ce que je prouve d'abord par Aristote, qui dit dans le livre I *De l'interprétation* « de même que l'intellection dans l'âme est parfois sans vrai ni faux mais que parfois il est nécessaire qu'elle soit l'un des deux, de même dans le son vocal; c'est en effet à propos de la composition et de la division qu'il y a vérité ou fausseté. Donc les noms ou les verbes, qui leur sont semblables [2], sont sans composition ou division

1. Voir Aristote, *De l'âme*, III, 6, 430 a 26, trad. p. 230 : « Donc, l'intellection des indivisibles a lieu dans les cas que ne concerne pas l'erreur » ; *A. L.* : « Indiuisibilium quidem igitur intelligencia in hiis est circa que non est falsum ». Cette question classique naît de la confrontation de deux principes : d'une part, une sorte d'infaillibilité du sens lorsqu'il est bien disposé, d'autre part la définition logique du vrai, qui l'assigne à une proposition et non à un élément simple.

2. Qui sont semblables aux pensées.

de l'intellect ; par exemple “homme” ou “blanc”, quand on n'ajoute rien, n'est en effet encore ni vrai ni faux » [1].

De même une phrase optative ou impérative, comme « Pierre, fais du feu ! » semblent devoir être plus vraies ou fausses qu'un simple mot comme « Pierre ». Cependant, dans le livre Ier *De l'interprétation*, Aristote dit que la phrase à l'optatif « n'est ni vraie ni fausse » [2].

De même, il s'ensuivrait que chaque personne qui dit ou conçoit en son esprit que Dieu n'existe pas dirait vrai, et aurait un concept vrai, ce qui semble ne jamais devoir être pensé. La conséquence est patente puisqu'il aurait un concept simple et proférerait un mot simple, parce que celui qui dit le tout dit une partie, que celui qui possède le

1. Aristote, *De l'interprétation*, I, 1, 16 a 10-16, trad. C. Dalimier, GF-Flammarion, 2007, p. 261 : « dans l'âme il y a parfois pensée indépendamment de vérité et de fausseté, mais parfois une pensée qui implique nécessairement l'attribution de l'une ou de l'autre ; il en va de même au niveau de la voix. En effet le vrai et le faux concernent une composition ou une séparation ; en eux-mêmes en effet, noms et rhèmes ressemblent à une pensée indépendante de toute composition ou séparation (ainsi *homme* ou *blanc*, sans aucun ajout : de fait ce n'est encore ni vrai ni faux) » ; *A. L* : « quemadmodum in anima aliquotiens quidem intellectus sine vero vel falso, aliquotiens autem cum iam necesse est horum alterum inesse, sic etiam in voce ; circa compositionem enim et divisionem est falsitas veritas que. Nomina igitur ipsa et verba consimilia sunt sine compositione vel divisione intellectui, ut “homo” vel “album”, quando non additur aliquid ; neque enim adhuc verum aut falsum est ».

2. Aristote, *De l'interprétation*, I, 4, 17 a 4-5, trad. p. 269 : « par exemple, la prière est une proposition (λόγος), mais elle n'est ni vraie ni fausse » ; *A. L.* : « ut deprecatio oratio quidem est, sed neque vera neque falsa ». La traduction française du grec est ici trompeuse : la prière est un énoncé (λόγος, *oratio* en latin) non déclaratif ; or seul un énoncé déclaratif (ἀποφαντικὸς) est dit *propositio* par les Médiévaux.

tout possède une partie [1], et que le simple est une partie du complexe.

De même, les termes « vide » et « chimère » n'ont pas quelque chose qui leur corresponde adéquatement dans la réalité. Donc ils ne supposent pour rien, et ainsi ils ne sont pas vrais mais plutôt faux, bien qu'ils soient simples et non complexes.

De même, le concept correspondant au terme « rose » est simple, et n'est pas vrai si l'on pose qu'aucune rose n'existe et que toutes furent annihilées, puisque alors ce concept n'aurait pas de correspondant dans la réalité.

De même les concepts syncatégorématiques [2] sont simples et ne sont pas vrais ; mieux, ils rendent souvent fausse une proposition qui sans eux serait vraie. De plus, ces concepts syncatégorématiques n'ont pas de correspondant extra-mental puisqu'il ne représentent rien d'extérieur en plus des représentations des concepts catégorématiques.

De même, tout vrai s'accorde avec le vrai, comme il est dit dans le livre Ier de l'*Éthique* [3]. Mais les contraires ne s'accordent pas entre eux. Ils ne peuvent donc pas être vrais. Cependant, des termes et des concepts simples sont bien contraires, comme le termes « blanc », « noir », « blancheur », « noirceur ». Donc ils ne sont pas tous vrais.

1. Dans l'esprit à titre de concept.

2. Termes qui n'ont pas de signification propre et déterminée mais modifient la signification ou la référence des autres termes dans une proposition, tels que les quantificateurs, les conjonctions, certains adverbes, etc.

3. Aristote, *Éthique à Nicomaque*, I, 8, 1098 b 10-11, trad. p. 74 : « Avec la vérité en effet toutes les données sont en accord » ; *A. L.* : « Vero quidem enim omnia consonant existencia, falso autem cito dissonat verum » ; le textes des *Auctoritates Aristotelis* est toutefois plus fort : « Omnia vera vero consonant » (éd. J. Hamesse, p. 233) ; c'est sous cette forme que cette thèse est le plus fréquemment citée.

De même, au livre V de la *Métaphysique* un homme est dit faux, et un denier est dit faux [1]. Pourquoi donc leurs concepts, qui semblent cependant être simples et non complexes, ne seraient pas faux ?

Aristote établit l'opposé dans ce livre III. Il dit en effet « des indivisibles, donc, l'intelligence en eux concerne assurément ce qui n'est pas faux » [2]. Et par « intelligence des indivisibles » il entend un concept simple, aucunement complexe. Il dit encore par la suite « le faux en effet est toujours dans la composition » [3].

Donc selon ces autorités, il apparaît qu'aucun concept simple n'est faux. Mais que chacun d'eux soit vrai, cela apparaît encore par une troisième autorité qui dit « assurément, tout langage qui énonce quelque chose de quelque chose, comme l'affirmation, est vrai ou faux. En revanche, ce n'est pas toute intellection, mais celle qui se rapporte à ce qui est selon ce qu'il avait à être, qui est vraie, et non pas celle qui comprend quelque chose de quelque chose, mais à la manière dont voir un objet propre de la vue est vrai ; par contre, qu'un homme soit blanc ou

1. Aristote, *Métaphysique*, Δ, 29, 1025 a 2-6, trad. p. 221 : « Quant à l'homme faux, c'est celui qui se sert de tels énoncés par goût et de propos délibéré [...], de même que nous affirmons aussi que toutes les choses qui produisent une représentation fausse sont fausses » ; *A. L.* : « Homo autem falsus qui promptus et electiuus talium rationum, non propter aliud aliquid sed propter id ipsum, et qui aliis talium factor rationum, sicut res dicimus esse falsas quecumque falsam faciunt phantasiam ».

2. Aristote, *De l'âme*, III, 6, 430 a 26, déjà cité *supra*, n. 1, p. 630.

3. Aristote, *De l'âme*, III, 6, 430 b 2, p. 231 : « L'erreur, en effet, implique toujours une composition » ; *A. L.* : « falsum enim in compositione semper est ».

non, cela n'est pas toujours vrai » [1]. Et il apparaît qu'il pense au concept simple lorsqu'il dit « ce qui se rapporte à ce qui est » et « non pas quelque chose de quelque chose ».

De même, au livre II de la *Métaphysique*, « comme chaque chose se rapporte à l'être, de même aussi à la vérité » [2], d'où il semble suivre que tout ce qui est est vrai. C'est pourquoi encore on dit au livre V de la *Métaphysique* : « en outre [3] "être" et "est" signifient le vrai, "non être" le non vrai » [4]. Mais toute intellection simple est vraie.

On [5] a coutume de dire que c'est une différence entre la science divine et la science humaine, que la science

1. Aristote, *De l'âme*, III, 6, 430 b 26-30, trad. p. 233-234 : « De son côté, l'énonciation consiste à dire quelque chose d'un sujet, comme l'affirmation, et elle est toujours vraie ou fausse. Mais ce n'est pas toujours le cas de l'intelligence. Au contraire, lorsqu'elle saisit ce qu'est une chose conformément à son essence, elle est vraie, sans dire quoi que ce soit d'un sujet. Il en va plutôt comme la vue, qui est vraie en saisissant son objet propre, alors que pour décider si l'objet blanc est un homme ou non, elle ne tranche pas toujours en vérité » ; *A. L.* : « Est autem dictio quidem aliquid de aliquo, sicut affirmatio, uera aut falsa omnis; intellectus autem non omnis, set qui est ipsius quid est secundum hoc quod aliquid erat esse uerus est, et non aliquid de aliquo, set sicut uidere proprii uerum est, si autem homo album aut non, non uerum semper ».

2. Aristote, *Métaphysique*, α, 1, 993 b 31-32, trad. p. 114 : « chaque chose a autant de vérité que d'être » ; *A. L.* : « unumquodque sicut se habet ut sit, ita et ad ueritatem ».

3. *Amplius*.

4. Aristote, *Métaphysique*, Δ, 7, 1017 a 31-32, trad. p. 194 : « En outre "être" et "il est" signifient que c'est vrai ; "ne pas être" signifie que ce n'est pas vrai, mais faux » ; *A. L.* : « Amplius esse et est significant quia verum, non esse autem quia non uerum sed falsum ».

5. Il et assez difficile de déterminer à partir de quel moment Buridan passe de l'exposé des argument *ad oppositum* à des explications qui permettent de résoudre la question. En tout cas ce

divine est cause de toutes les autres choses, et que la science humaine est causée par les autres choses. Et il en est de même pour le vouloir de Dieu et de l'homme.

Enfin, on dit encore que le bon se dit en tant qu'il est ordonné à la volonté ou à l'appétit, et inversement, et le vrai en tant qu'ordonné à l'intellect ou à la cognition, et inversement. Cependant, ils diffèrent grandement en Dieu et en l'homme, puisque, concernant Dieu, toute chose autre que lui est dite bonne du fait qu'elle est voulue par lui, et est dite vraie du fait qu'elle est intelligée par lui, et ainsi universellement, si Dieu intellige quelque chose et veut que cela soit, cela est, absolument parlant, et cela est vrai et bon ; et s'il l'intellige et veut que cela soit dans le futur, cela sera bon et vrai, et ainsi pareillement du passé et du possible, si en effet Dieu intellige et veut que quelque chose puisse être, cela peut être bon et vrai. Et ainsi, on dit tout à fait à juste titre que, comme une chose se rapporte à l'être, de même elle se rapporte à la vérité, et encore que, de cette façon, « bon » et « vrai » sont dits être égaux et se convertir avec « étant » [1]. Donc, ainsi, il faut concéder que tout concept simple, comme il est un étant, est bon et vrai.

Mais dans l'intellect et dans l'appétit humains, nous désirons parce que cela nous paraît bon, et en notre intellect, la vérité vient du fait que les choses intelligées ont avec nos concepts une certaine convenance, comme je l'ai dit

paragraphe et le suivant s'enchaînent, l'un concernant le vrai, l'autre le bien. Tout l'exposé qui suit recoupe largement des développements des *Questions sur la Métaphysique*, auxquelles Buridan renverra d'ailleurs un peu plus loin.

1. Équivalence posée depuis le XIIIe siècle par la théorie des « transcendantaux ».

dans ma logique [1], et comme cela doit être davantage expliqué dans la *Métaphysique* [2]. Il faut donc en premier lieu supposer ici que l'on ne doit attribuer la vérité et la fausseté au son vocal significatif que comme la santé à l'urine, à savoir comme significative de la santé [3]. En effet un son vocal n'est dit significatif que parce que le concept correspondant est vrai, et de même pour la fausseté.

Mais on expose d'une façon la convenance d'après laquelle une proposition est dite vraie, et d'une autre façon celle d'après laquelle un terme est dit vrai. Et ce n'est pas la même exposition dans toutes les propositions, mais elle est différente pour différentes propositions ; nous posons, selon une façon usuelle de parler, qu'une proposition affirmative d'inhérence et au présent est dite vraie du fait que, de quelque manière qu'elle signifie être, il en est ainsi – et à présent, je n'approuve ni ne réprouve cette façon de parler, on verra ailleurs une meilleure explication à ce propos [4]. Alors, une telle affirmative serait dite fausse du fait que ce n'est pas le cas que, de quelque manière qu'elle signifie être, il en est ainsi. Mais une négative serait dite fausse du fait que de quelque manière que l'affirmative

1. Voir Buridan, *Summulae de suppositionibus*, ed. R. Van der Lecq, Nijmegen, 1998, 4.1. 3, p. 11 : « Si enim propositio vocalis sit vera, hoc non est nisi quia significat mentalem veram proferentis » ; sur les conditions de vérité, voir *Sophismes*, chap. 2, « Les causes de vérité », trad. J. Biard, Paris, Vrin, 1988, p. 77-97 ; *Summulae de practica sophismatum*, éd. F. Pironet, Brepols, 2004, p. 34-49.

2. Voir Buridan, *In Metaphysicen questiones*, Parisiis, 1518, VI, qu. 6-8, f°s 37rb-39rb.

3. Littéralement : « significativement santé » ; voir *Summulae de suppositionibus*, 4.1. 3, p. 11.

4. Voir Buridan, *Sophismes*, II, concl. 1-14, trad. p. 83-96 ; *Summulae de practica sophismatum*, p. 38-46 ; *Tractatus de consequentiis*, I, 1, éd. Hubien, Louvain-Paris, 1976, p. 17-19.

qui lui est contradictoire signifie être, il en est ainsi ; mais elle serait dite vraie parce que ce n'est pas le cas que de quelque manière que l'affirmative qui lui est contradictoire signifie être, il en est ainsi. En effet, la cause de vérité d'une proposition est identiquement la cause de fausseté de sa contradictoire, et inversement, de sorte que, par la convenance ou la non-convenance des affirmatives aux choses conçues et signifiées, aussi bien les affirmatives que les négatives sont dites vraies ou fausses (bien que l'inverse ne soit pas le cas).

Donc la convenance d'après laquelle une proposition affirmative d'inhérence et au présent est dite être vraie serait que de quelque manière qu'elle signifie être, il en est ainsi. Et par la même convenance la négative qui lui est contradictoire serait fausse. Et par le manque d'une telle convenance dans l'affirmative, cette affirmative serait fausse, et la négative qui en est contradictoire serait vraie, de sorte que la négative serait à juger fausse selon la cause de vérité de l'affirmative qui en est contradictoire, et vraie selon la cause de sa fausseté [1].

Mais la convenance selon laquelle une proposition affirmative au futur est dite vraie serait que de quelque manière qu'elle signifie qu'il sera, il en sera ainsi ; au passé, que de quelque manière qu'elle signifie qu'il a été, il en a été ainsi ; au possible que de quelque manière qu'elle signifie qu'il puisse être, il peut en être ainsi. Et par ces convenances, les négatives contradictoires seraient fausses. Et du manque de telles convenances, les affirmatives seraient fausses et les négatives vraies. Je ne dis rien ici des hypothétiques, puisqu'il ne revient pas à cette science de spécifier de telles choses.

1. La cause de fausseté de l'affirmative correspondante.

Mais il apparaît assez, à partir de cela, que toute proposition est vraie ou fausse parce qu'il en est ainsi ou qu'il n'en est pas ainsi, quant à l'affirmative, et s'il en est ainsi elle est vraie et la négative fausse, et sinon alors c'est l'inverse. Et il apparaît encore que la même proposition peut être vraie et peut être fausse, comme « Socrate est un homme » ; il en est en effet ainsi quand Socrate existe et il n'en est pas ainsi quand Socrate n'existe pas. Il apparaît encore que tout vrai de cette sorte a un faux qui lui est contradictoire, et inversement, si les propositions sont formées [1].

Cependant, parmi les concepts qui ne sont pas des propositions mais des termes qui peuvent être mis comme sujets ou comme prédicats dans des propositions, la convenance d'après laquelle ils sont dits vrais est considérée selon qu'ils peuvent supposer pour quelque chose ou pour quelques choses ; et s'ils ne le peuvent pas, ils sont alors dits faux. Mais parmi de tels concepts, certains sont complexes, formés d'un déterminant et d'un déterminable, et d'autres simples. Aussitôt, d'après ce qui a été dit, il apparaît que certains complexes sont vrais et d'autres sont faux car le complexe « cheval capable de rire » ne suppose pour rien et « cheval non capable de rire » suppose pour quelque chose, et inversement « cheval capable de hennir » suppose pour quelque chose, et « cheval non capable de hennir » ne suppose pour rien [2].

Mais au sujet du concept simple, je dis qu'il ne peut pas être faux. Au contraire tous sont vrais, puisque tout

1. Si elles sont prononcées ou formulées mentalement.

2. Plus exactement, telle ou telle de ces expressions complexes est ou non susceptible de supposer si elle est utilisée dans une proposition.

terme de cette sorte peut supposer pour quelque chose puisque tout concept de cette sorte est concept de quelque chose. Par tout concept en effet, quelque chose est conçu ou quelques choses sont conçues, et si quelque chose est conçu il faut que cela soit, ait été, doive être ou puisse être. Et si cela est, alors ce concept ou le nom qui en est tiré suppose pour cela dans une proposition au présent en rapport au verbe « il est ». Si cela a été ou sera, alors il suppose pour cela dans une proposition au passé ou au futur, en rapport aux verbes « a été » ou « sera », et si cela peut-être, en rapport au verbe « peut être ». C'est pourquoi tout terme de cette sorte peut supposer pour quelque chose. Et cela peut encore être rendu manifeste par induction : en effet, on ne peut assigner aucun terme catégorématique simple tel qu'il pourrait, de la façon qui a été dite, supposer pour quelque chose, alors cependant qu'à ce terme ne correspondrait pas une complexion dans l'esprit, comme c'est le cas des termes « chimère » ou « vide », ainsi qu'on le dira davantage dans la question suivante.

Mais à cause des autorités qui ont été avancées en sens inverse, il faut noter que nul assentiment ou dissentiment ne suit d'un concept simple, ou encore d'un complexe qui n'est pas sur le mode de l'énonciation [1]. Mais un assentiment ou dissentiment peut suivre d'une proposition formée, et il n'y a aucune malice, ni spéculative ni pratique, à former une proposition fausse. Mais assentir au vrai et dissentir au faux est bien, tandis que l'inverse est mal. C'est ainsi qu'on doit comprendre ce qui est dit au livre VI de l'*Éthique*, à savoir que le vrai est une bonne intellection, et le faux une mauvaise [2]. Les hommes ne seront donc pas répréhendés

1. Une expression formulée à l'impératif ou à l'optatif.
2. Aristote, *Éthique à Nicomaque*, VI, 2, 1139 a 27-28,

s'ils forment des propositions fausses en n'y assentissant pas, mais s'ils les disent assentivement, puisque communément et vulgairement nous disons [1] que la vérité ou la fausseté consistent dans l'assentiment ou le dissentiment en raison de la bonté ou de la malice, d'un honneur ou d'un blâme. Nous n'appelons pas assentiment ou dissentiment les autres vérités ou faussetés, qui consistent dans la formation de concepts sans jugement, car rien n'est ici un bien recommandable ni un mal répréhensible. C'est pourquoi souvent nous restreignons les noms « vrai » et « faux » aux jugements avec assentiment ou dissentiment, ou aux concepts desquels doivent par nature suivre un assentiment ou un dissentiment. Les propositions mentales sont de cette sorte. C'est pourquoi, en les restreignant ainsi, ces noms s'accordent avec l'autorité d'Aristote dans le livre Ier *De l'interprétation*, à savoir que dans un concept simple il n'y a ni vrai ni faux [2], c'est-à-dire à quoi l'on doive assentir ou dissentir.

À partir de ce qui a été dit, il est patent que tous les arguments sont résolus, jusqu'à celui selon lequel tout vrai s'accorde avec le vrai, qui doit encore être développé ainsi : il n'y a pas d'assentiments à une proposition vraie qui soient contradictoires entre eux, puisque de tels assentiments pourraient se trouver en même temps dans le même intellect. Mais il n'en est pas de même d'un assentiment vrai ou

trad. p. 294 : « La pensée méditative, pour sa part, […] fonctionne bien ou mal en affirmant le vrai ou le faux » ; *A. L.* : « Speculative autem mentis […] bene et male verum est et falsum ». Buridan dit « bonus intellectus », mais il faut l'entendre au sens d'intellection et non au sens de la faculté.

1. Corriger *vocamus* en *dicimus*.

2. Voir Aristote, *De l'interprétation*, I, 1, 16 a 10-16, cité *supra*, n. 1, p. 631.

faux, c'est pourquoi des opinions contradictoires [1] ne peuvent pas se trouver en même temps dans un même intellect, comme il est dit dans le livre IV de la *Métaphysique* [2].

À propos du fait qu'un homme ou un denier sont dits faux, il apparaît que ce n'est que par une manière attributive de parler : parce qu'un homme profère souvent avec assentiment des propositions fausses et parce que nous pensons qu'un denier vaut deux oboles et que celui-ci ne les vaut pas [3].

1. Corriger *contradictiarum* en *contradictorias*.

2. Aristote, *Métaphysique*, Γ, 3, 1005 b 30-31, trad. p. 153 : « Il est manifestement impossible à la même personne de croire en même temps que le même est et n'est pas » ; *A. L.* : « impossibile simul existimare eundem esse et non esse idem ».

3. Il vaut en principe deux oboles mais cette pièce-ci ne les vaut pas.

QUESTION 13

Puisque Aristote établit comment il faut comprendre « point » [1], et que le nom « point » semble signifier un indivisible de grandeur et qu'il n'y a rien de tel, comme on doit le voir dans le livre VI de la *Physique* [2], on demande si le non-étant peut être intelligé.

On soutient que oui, puisque le point n'est rien. Je suppose en effet d'après le livre VI de la *Physique* [3]que rien n'est un indivisible en grandeur ayant une place, alors que tel serait le point s'il existait. Cependant, le point peut être intelligé, puisque Aristote, dans ce livre III, nous indique la manière de l'intelliger, en disant que « il est montré comme privation » [4].

De même, au livre Ier de la *Physique*, il est dit que la privation est par soi un non-étant [5], et cependant elle est

1. Aristote, *De l'âme*, III, 6, 430 b 20-21, trad. p. 223 : « Le point, par contre, et toute division, ainsi que l'indivisible de ce genre, se donnent à voir comme la privation » ; *A. L.* : « Punctum autem et omne diuisio et sic indiuisibile monstratur sicut priuatio ». *Cf.* Buridan, *In Metaphysicen Aristotelis questiones*, IV, 14, Parisiis, 1518, fos 23vb-24ra.

2. Aristote, *Physique*, VI, *passim*, notamment chap. 1.

3. *Ibid.*

4. Voir *supra*, n. 1.

5. Aristote, *Physique*, I, 8, 191 b 15-16, trad. p. 109 : « […] à partir de la privation, qui est par soi un non-étant […] » ; *A. L.* : « ex priuatione enim, quod est per se quod non est ».

intelligée, puisqu'on en enseigne la science dans le livre Ier de la *Physique*.

De même, nous pouvons intelliger Aristote ou l'Antéchrist, puisque nous en parlons souvent, et cependant ils n'existent pas. Ainsi encore, si j'avais la science des roses ou du tonnerre, je ne perdrais pas la science que j'ai d'eux si maintenant les roses ou le tonnerre cessaient d'exister. Je pourrais donc encore intelliger de telles choses, bien qu'elles n'existent pas.

De même, Aristote a pensé qu'il est impossible que le vide existe [1], et pourtant il a cru qu'il peut être intelligé, parce qu'il en enseigne la science, la définition et la démonstration. Ainsi encore nous disons que la chimère n'est rien, et cependant nous l'intelligeons parce que souvent nous parlons d'elle, et parce que nous avons institué le nom « chimère » pour la signifier.

De même, nous pouvons intelliger toutes les choses que nous pouvons imaginer. Cependant, nous pouvons imaginer des non-étants, comme une montagne dorée, un espace en dehors du ciel, et autres choses de cette sorte.

De même je comprends [2], mieux je sais qu'une chimère n'existe pas, et cependant qu'une chimère n'existe pas n'est rien [3]. De même [4], qu'un cheval ne soit pas un âne, et je saurais cela même si n'existaient aucun cheval ni

1. Aristote, *Physique*, IV, 8, 216 a 17 - b 9 (mais aussi les chapitres 8 et 9 qui suivent).

2. *Intelligo* ; je traduis ici par « comprendre » car l'objet est une proposition

3. *Chimeram non esse*, et non *quod chimera est* ; la proposition infinitive semble signifier un fait ou un état de fait – qui pour Buridan n'a aucune consistance ontologique. De telles expressions infinitives peuvent néanmoins être objet de verbes cognitifs. Je la traduis, autant que possible, par une expression avec un subjonctif.

4. Sous-entendu : j'intellige ou je sais.

aucun âne, mais qu'ils étaient tous annihilés. Alors pourtant, qu'un cheval ne soit pas un âne, cela ne serait rien. Et je comprends même qu'un homme soit un âne, ce que certains, cependant, disent n'être rien.

De même, le nom indéfini « non-étant » signifie, et cependant, tout ce qui est signifié par un nom peut être intelligé. Donc un non-étant est intelligé.

On soutient l'opposé puisque, au livre Ier des *Seconds Analytiques*, il est dit « on ne peut pas savoir le non-étant » [1]. Et au livre IV de la *Métaphysique* il est dit « celui qui n'intellige pas quelque chose d'un n'intellige rien » [2], et « étant et un se convertissent » [3]. Donc celui qui intellige un non-étant n'intellige rien. Et puisque de ne rien intelliger suit ne pas intelliger, si quelqu'un intelligeait le non-étant, il n'intelligerait pas. Et cela implique contradiction car l'intellect pâtit de l'intelligible, et rien ne pâtit du non-étant ; il faut que quelque chose soit représentatif de ce qui est intelligé, et on ne peut pas dire qu'il serait représentatif du non-étant.

1. Aristote, *Seconds Analytiques*, I, 2, 71 b 25 : « Il n'est pas possible d'avoir un savoir scientifique de ce qui n'est pas » ; *A. L.*, 4. 1 : « quoniam non est quod non est scire » ; recensio Guillelmi (*A. L.*, 4. 4) : « quoniam quod non est non est scire ».

2. Aristote, *Métaphysique*, Γ, 4, 1006 b 9-10, trad. p. 156 : « On ne peut rien penser si on ne pense pas une seule chose » ; *A. L.* : « Nichil enim contingit intelligere nichil intelligentem unum ».

3. Aristote, *Métaphysique*, Γ, 2, 1003 b 23-24, trad. p. 147 : « L'être et l'un sont la même chose et une seule nature, en ce qu'ils s'accompagnent l'un l'autre comme principe et cause » ; *A. L.* : « Si igitur ens et unum idem et una natura eo quod se ad inuicem consequuntur sicut principium et causa » ; Buridan est plus proche du texte des *Auctoritates* : « Ens et unum convertuntur » (éd. Hamesse p. 122).

De même, en prenant le nom « non-étant » comme indéfini, « le non-étant est intelligé » est une affirmative, et un tel sujet ne suppose pour rien. Et toute proposition affirmative de cette sorte, à savoir dans laquelle le sujet ne suppose pour rien, est fausse. Donc « le non-étant est intelligé » est fausse, de même que « le non-étant peut être intelligé ».

Plusieurs conclusions de logique, assez faciles, sont posées.

La première est qu'en prenant le nom indéfini « non-étant » matériellement, la proposition « le non-étant est intelligé » doit être concédée. C'est en effet intelliger un étant [1].

La deuxième conclusion est que si le sujet de cette proposition [2] est pris personnellement, et que le mot « non » est pris non pas indéfiniment mais négativement [3], alors la proposition « *non ens intelligitur* » (ce n'est pas le cas qu'un étant soit intelligé), c'est-à-dire « aucun étant n'est intelligé », doit être niée et est fausse, car elle contredit la proposition vraie « quelque étant est intelligé ».

La troisième conclusion est si le mot « non » est posé comme indéfinissant [4], la proposition « le non-étant est intelligé » est à concéder, puisque quelque chose [5] est

1. On peut penser au terme ou au concept « non-étant ».

2. Il paraît préférable de retenir la leçon *propositionis* et non *conclusionis*.

3. Non pas comme constituant un « nom indéfini » (non-étant), mais comme négation de la proposition.

4. Le sujet signifie alors de façon indéfinie tout ce qui n'est pas un étant ; on distingue la *negatio negans* et la *negatio infinitans*.

5. Je suggère d'ajouter quelque chose, *aliquid* (présent dans un manuscrit) ; en toute rigueur cependant, ce n'est pas *aliquid* (quelque chose) mais *aliqua* (certaines choses) qui sont signifiées.

signifié par le nom ; en effet une armée ou un peuple sont intelligés et cependant un peuple n'est pas un étant mais des étants. Je crois donc que la proposition « le non-étant est » est à concéder, puisqu'un peuple est ; de même que « le non-étant est un non-étant » puisqu'un peuple est un peuple. Et il s'agit d'une proposition affirmative vraie dont le sujet ne suppose pour aucun étant [1], mais cependant suppose pour des étants, comme « un peuple est ».

La quatrième conclusion est que quelque chose est intelligé qui n'est rien, à savoir qui n'est ni un étant ni des étants ; ainsi en effet, l'Antéchrist n'est rien, et cependant l'Antéchrist est intelligé. Cependant il faut nier les propositions « quelque chose n'est pas, qui est intelligé » et aussi « l'Antéchrist n'est pas, qui est intelligé », puisque si « l'Antéchrist » ne suppose pour rien, il faut que le relatif ne suppose pour rien. Or dans la proposition « l'Antéchrist n'est pas » le sujet ne suppose pour rien, et c'est une proposition vraie ; c'est pourquoi encore quand je dis « qui est intelligé », le relatif « qui » ne suppose pour rien. Donc la proposition, étant donné qu'elle est affirmative, est fausse, et ainsi la proposition totale est fausse. Elle équivaut en effet une copulative « l'Antéchrist n'est pas et il est intelligé », et la seconde partie de cette copulative est fausse puisque son sujet ne suppose pour rien. Mais il faudra concéder « l'Antéchrist est intelligé, qui n'existe pas », ou encore « l'Antéchrist est intelligé et il n'existe pas », du fait que dans cette proposition, « l'Antéchrist est intelligé », le sujet suppose pour quelque chose, bien que cela n'existe pas. En effet, le terme « est intelligé » étend la supposition du sujet au futur [2], et il ne pouvait pas étendre

1. Il ne suppose pas pour un étant en particulier.

2. L'*ampliatio* de la supposition est suscitée par un verbe signifiant un acte de l'esprit.

le relatif, dont l'antécédent n'est pas étendu. Donc la conséquence « l'Antéchrist n'est pas et l'Antéchrist est intelligé, donc l'Antéchrist n'est pas et il est intelligé » ne vaut pas. De même enfin, je concéderais « quelque chose qui n'est pas est intelligé » et je nierais « quelque chose est intelligé, qui n'est pas ». Il n'est pas nécessaire d'expliquer ici la différence entre ces propositions, mais je l'ai expliquée en logique [1].

La cinquième conclusion, la plus importante, est la suivante : d'un terme qui ne suppose pas pour quelque chose, ou pour quelques choses, ne se vérifie pas affirmativement le prédicat « est intelligé » ou « est pensé » ou « est connu », et ainsi pour d'autres prédicats. Cette conclusion me semble être un principe en logique, car sinon on ne pourrait assigner de cause pour laquelle seraient fausses les propositions « une chimère est un animal », « le vide est un lieu », « l'Antéchrist est un homme » et ainsi d'autres propositions semblables. En effet, de telles propositions ne sont fausses que parce que leurs sujets ne supposent ni pour quelque chose ni pour quelques choses. Et la cause de cette conclusion doit être assignée d'après la *Métaphysique*, à savoir que c'est seulement d'un étant relativement à un étant que la même chose est signifiée par « ceci est cela » et « ceci est la même chose que cela », et par « n'est pas la même chose » ou « est différent », comme on le lit dans le livre V de la *Métaphysique* [2].

En vue de résoudre les arguments, il faut noter que l'intellect, concevant d'abord les choses par des concepts

1. Voir Buridan, *Sophismes*, V, sophisme 3 « L'Antechrist est », trad. p. 174; *Summulae de practica sophismatum*, p. 103-104.

2. Voir Aristote, *Métaphysique*, Δ, 9, trad. p. 195-197; I, 3, p. 326-329.

simples, peut les assembler à la manière d'un déterminant et d'un déterminable, de telle sorte que ce complexe ne suppose pour rien, comme si, sans négation, il assemblait des termes qui ne peuvent pas supposer ensemble pour quelque chose, bien que chacun soit à même de supposer pour quelque chose, tels que « cheval susceptible de rire », ou « cheval qui est un chien », ou comme si, avec une négation, il assemblait des termes qui supposent nécessairement pour la même chose, tels que « homme non susceptible de rire » ou « cheval qui n'est pas un animal ». Et il est possible que pour désigner un tel concept complexe nous imposions un son vocal simple, comme le nom « vide » ou le nom « chimère ». Si donc tu demandes ce que j'intellige par l'expression complexe « homme susceptible de hennir », je dis que par là je n'intellige rien, et que je ne pourrais pas intelliger un homme susceptible de hennir, mais j'intellige tout homme par le concept d'homme inclus dans cette expression complexe, et de même toute chose capable de hennir. Et je compose ces concepts, de telle sorte que ce concept complexe ne suppose pour rien, pas plus que le son vocal significatif désignant ce concept complexe, qu'il s'agisse d'un énoncé ou d'un nom simple.

Alors, il est facile de répondre aux arguments.

Au premier, je réponds que tu dois me donner la description du nom « point », et alors je saurai te dire ce que tu dois intelliger par ce nom. Tu donnes donc la description suivante : « être indivisible ayant une position dans une grandeur » ; je dis alors que je n'intellige pas ni ne puis intelliger un point, mais par le nom « point », j'intellige indifféremment tout indivisible, et toute chose ayant une position, et toutes les grandeurs et les positions, en assemblant leurs concepts de sorte que ce complexe ne suppose pour rien. Lors donc qu'Aristote dit « un point est montré ou est intelligé comme une privation », cela doit être expliqué : c'est dire que le concept que désigne le nom « point » implique en soi un certain concept privatif.

Au deuxième, je réponds que la privation est un étant, puisqu'elle est elle-même la matière privée. Mais on verra cela au livre Ier de la *Physique* [1].

À l'autre, je réponds que lorsque j'intellige l'Antéchrist, j'intellige un certain étant : non pas cependant un étant qui est, mais un étant qui sera. Il a été dit en effet dans la logique que des verbes tels que « j'intellige », « je signifie », etc., étendent les termes avec lesquels ils sont construits à supposer pour les choses passées et futures, et même pour les possibles qui ne seront pas et n'ont pas été [2]. Donc, par le nom « rose » j'intellige des étants en nombre infini, à savoir des roses en nombre infini, même si aucune rose n'existe.

À l'autre, je réponds que l'on donne la définition nominale du nom « vide », comme « lieu non rempli par un corps ». Alors, par le nom « vide », je n'intellige pas le vide, s'il est impossible que le vide existe, mais j'intellige tous les lieux et tous les corps, par des concepts différents que j'assemble de telle sorte que ce complexe ne suppose pour rien. Et il en va de même pour « chimère » : en effet,

1. Voir Aristote, *Physique*, I, 9, 192 a 4-7, trad. p. 111 : « Nous […] disons que la matière et la privation sont différentes, et que l'une, la matière, est non-étant par accident alors que la privation l'est en soi, et que l'une, la matière, est d'une certaine manière presque une substance alors que la privation ne l'est pas du tout ».; *A. L.* : « Nos quidem enim materiam et privationem alterum esse dicimus, sed horum hanc quidem non esse secundum accidens, materiam, privationem autem per se esse ».

2. Voir Buridan, *Summulae de suppositionibus*, c. 6, p. 89-93.

si tu donnes sa définition nominale, à savoir « animal composé de membres desquels il est impossible qu'un animal soit composé », alors par le nom « chimère » n'est pas signifiée ou intelligée une chimère, mais un animal et des membres, par un concept complexe qui ne suppose pour rien.

À l'autre, je réponds que je n'imagine pas une montagne dorée ni un espace extra-céleste, mais une montagne et de l'or, un espace et le ciel, par des concepts que l'imagination assemble de telle sorte que ces complexes ne supposent pour rien.

À l'autre, je réponds que l'énoncé « qu'une chimère n'existe pas », ou « qu'un cheval ne soit pas un âne » peut être pris matériellement pour la proposition « une chimère n'existe pas » ou « un cheval n'est pas un âne », et alors je concède que j'intellige et sais « qu'une chimère n'existe pas » et « qu'un cheval ne soit pas un âne ». Mais si cet énoncé et ses termes sont pris significativement, alors qu'une chimère ne soit pas, cela n'est rien, et qu'un cheval ne soit pas un âne, cela n'est rien, donc je n'intellige pas et je ne sais pas le fait qu'une chimère n'existe pas et le fait qu'un cheval ne soit pas un âne.

À l'autre, je répond que le terme indéfini « non-étant » n'est pas signifié ni intelligé, mais tout étant est intelligé et signifié par ce terme conceptuel indéfini, qui, en raison de cette indéfinition, ne suppose pour aucun étant.

Les arguments opposés ne portent pas contre nous, et je ne les considère pas comme ayant grande valeur.

QUESTION 14

On demande, quatorzièmement, si le point est montré ou intelligé comme privation [1].

Et l'on soutient que non, puisque le point ou bien n'est rien ou bien est quelque chose. S'il n'est rien, alors il n'est pas intelligé, selon ce qui a été dit dans une autre question [2]. Et s'il est quelque chose, alors il doit être intelligé positivement, puisque tout étant est quelque chose de positif, et puisque, si le point est quelque chose, il est une grandeur, qui est intelligée positivement.

De même, le point est décrit comme ce qui est le principe de la ligne, ou la fin de la ligne, ou le terme auquel s'unissent les parties de la ligne. Et ces noms ne sont pas privatifs mais positifs. Donc il doit être intelligé positivement.

Aristote dit expressément le contraire : « Or le point, et toute division, et ainsi l'indivisible, est montré comme privation » [3]. Et il décrit le point comme ce qui n'a pas de

1. Voir Aristote, *De l'âme*, III, 6, 430 b 20-21, trad. p. 223 : « Le point, par contre, et toute division, ainsi que l'indivisible de ce genre, se donnent à voir comme la privation » ; *A. L.* : « Punctum autem et omne diuisio etsic indiuisibile monstratur sicut priuatio ». *Cf.* Buridan, *In Metaphysicen Aristotelis questiones*, IV, qu. 14, f°s 23vb-24ra.
2. Voir question précédente (III, qu. 13).
3. Citation *supra*, n. 1.

parties [1], et cette description est privative, en raison du mot « ne pas » ; ou il décrit le point comme un indivisible ayant une position dans la grandeur [2], et le nom « indivisible » est privatif. Donc etc.

Pour voir quel concept correspond au nom « point », il faut voir sa description nominale. On le décrit en effet d'une première manière : « Le point est un indivisible ayant une position dans la grandeur » ; d'une autre manière : « Le point est ce qui n'a pas de partie, ayant une position dans la grandeur ». Je considère ces descriptions comme équivalentes, car il est équivalent de dire « indivisible » et « ce qui n'a pas de partie ». On le décrit d'une autre manière : « Le point est le terme d'une ligne », ou « le point est le principe ou la fin d'une ligne ». Et ces descriptions coïncident également, puisque nous ne prenons pas ici « principe » et « fin » comme la cause, mais comme le terme premier ou ultime. Et si quelqu'un dit que cette description ne convient pas parce qu'elle ne convient pas aux points continuants, qui sont entre le premier terme de la ligne et le dernier, je dis qu'au contraire un point est continuant lorsque, bien qu'il ne soit pas le terme de la

1. Aristote, *Physique*, VI, 1, 231 a 26-27, trad. p. 307 : « Les extrémités des points ne sont ni une […] ni ensemble, car il n'y a aucune extrémité de ce qui est sans partie » ; *A. L.* : « Neque enim unum sunt ultima punctorum […], neque simul ultima; non enim est ultimum nichil inpartibilis » ; 231 b 3, p. 308 : « l'indivisible est sans parties » ; *A. L.* : « inpartibile indivisibile est ».

2. Aristote, *Physique*, VI, 1, 231 b 19-21, trad. p. 309 : « une grandeur, un temps, un mouvement sont tous composés d'indivisibles et se divisent en indivisibles, ou ce n'est le cas d'aucun d'entre eux » ; *A. L.* : « Eiusdem autem rationis est et magnitudinem et tempus et motum ex indivisibilibus componi et dividi in indivisibilia, aut nichil ».

ligne totale, il est le terme d'une ligne partielle ; il est en effet le principe d'une partie de la ligne totale et la fin d'une autre, puisque n'importe quelle partie d'une ligne est une ligne.

Il faut donc noter que selon la première manière de décrire le point, rien n'est ni ne peut être un point, comme on doit le voir dans le livre VI de la *Physique* [1]. Il ne peut donc pas être intelligé, ni ne peut être signifié par un nom, comme il est dit dans une autre question [2]. Telle est la première conclusion.

Mais selon l'autre manière de le décrire, le point est une ligne, le point est une surface, et le point est un corps, mais il n'est pas le corps dans sa totalité, ni la surface totale, ni la ligne totale. Le nom « point » suppose pour un corps, une surface et une ligne, et il connote qu'il y a un terme à cette ligne, au début ou à la fin. Et comme il n'y a pas de premier ou de dernier indivisible, il faut que ce soit la première partie ou la dernière partie de la ligne. Mais comment d'une même ligne il y a des premières et des dernières parties en nombre infini, je l'ai expliqué à propos du livre de la *Physique* : en tant que première moitié, premier tiers, premier quart, et ainsi à l'infini – et de même aussi pour les dernières parties [3]. Et n'importe quelle d'entre elles, pour la raison qu'elle est la première ou la dernière, est dite terme de la ligne, et est dite point. La deuxième conclusion sera donc que selon cette description du nom « point », un point peut être intelligé par l'intellect de façon purement positive, et être signifié par un terme purement

1. Aristote, *Physique*, VI, 1 ; *cf.* Buridan, *Qu. Phys.*, VI, qu. 1-4, Parisiis, 1509, f°s 93vb-98va.

2. Voir *Questions sur l'âme*, III, qu. 13.

3. Buridan, *Qu. Phys.*, VI, qu. 4, f° 97va-vb.

positif. Il est signifié en effet par le terme « étant » ou par les termes « quantité », « grandeur » ou « corps », et les concepts leur correspondant sont positifs et non pas privatifs.

Une troisième conclusion est posée : selon chacune des deux descriptions et significations du nom « point », le concept correspondant, c'est-à-dire pour la signification duquel a été imposé le nom « point », est d'une certaine manière privatif. On le prouve puisque j'appelle d'une certaine façon privatif tout concept qui contient en soi une négation, raison pour laquelle Aristote, dans le livre des *Premiers Analytiques*, appelle privatives les propositions négatives [1]. Ainsi encore un terme comme « infini » est parfois dit privatif. Ainsi encore, bien qu'un nom dit proprement privatif doive contenir un nom positif et une négation connotant le sujet dont le nom positif est apte par nature à être dit, comme « aveugle », n'ayant pas la vue qu'il est par nature apte à avoir, et « ignorant », destiné à savoir et ne sachant pas, parfois cependant nous parlons de nom privatif plus largement, à savoir sans connoter une telle aptitude, comme « incorruptible », « inengendrable », « indivisible », bien que cela ne soit pas apte par nature à être corruptible, engendrable, divisible. Et Aristote note expressément cela dans le livre V de la *Métaphysique*, en disant que « "privation" se dit en un certain sens, si une chose n'a pas quelque chose parmi ce qu'il est possible par nature de posséder, même si elle n'est pas elle-même

1. L'Aristote latin emploie souvent le terme *privativa* pour désigner une proposition négative : voir *Premiers Analytiques*, I, 2, *A. L.*, 3. 2, *Analytica priora*, Boethius translator Aristotelis secundum recensionem Carnutensem ; voir par exemple 25 a 6-7 : « universalium privativam quidem necesse est universaliter terminis converti » (25 a 6-7).

destinée à le posséder »[1]. Et il note encore la même chose dans le livre III de la *Physique* à propos du nom « infini » et du nom « indivisible »[2].

Cela étant supposé, on argumente ainsi : tout concept contenant une négation est en un certain sens privatif, bien que peut-être ce ne soit pas au sens propre. Or le concept dont est tiré le nom « point », que ce soit en ce qui concerne la première des significations indiquées, ou en ce qui concerne la seconde, contient une négation. Donc etc. La majeure est supposée. La mineure est expliquée d'abord quant à la première description. Il est manifeste en effet que « indivisible » est dit comme « non divisible ». Ensuite à propos de la seconde description, il est manifeste que quelque chose est dit principe ou fin d'une ligne, ou terme, parce qu'il est intelligé comme première ou dernière partie. Ce n'est pas la première partie parce qu'elle serait antérieure à toutes les autres, puisqu'en ce sens aucune partie n'est la première partie d'une ligne. Ainsi en effet les premières parties de la ligne sont en nombre infini, à savoir la première dixième partie, la première centième, la première millième, etc. Et il apparaît manifestement que cette exposition contient une négation.

1. Aristote, *Métaphysique*, Δ, 22, 1022 b 22-24, trad. p. 212 : « Privation se dit, en un sens, si on ne possède pas une des choses qu'il est naturel de posséder, même s'il n'est pas dans sa propre nature de la posséder » ; *A. L.* : « Priuatio dicitur uno quidem modo, si non habet aliquid natorum haberi, et si non ipsum sit aptum natum habere » ; Aristote donne comme exemple la privation de la vue pour une plante ; *cf. Catégories*, 10, 12 a 26 - 13 a 36 sur la privation et la possession.

2. Aristote, *Physique*, III, 5, 204 a 7-34.

À ce propos, les écoliers ont demandé incidemment si une sphère posée sur un plan la toucherait selon un point [1]. À cela je réponds que, d'après la première description, il faut nier qu'elle le touche selon un point, puisque si elle le touchait, ce serait selon quelque chose, et le point n'est rien. Mais pour ce qui est de la seconde description, je pose la conditionnelle « si elle le touche, elle le touche selon un point », puisqu'elle le touche selon sa dernière partie, à savoir selon sa dernière moitié, selon sa dernière centième partie, selon sa millième, et ainsi à l'infini. C'est pourquoi elle le touche non seulement selon un point, mais selon une infinité de points puisque c'est selon des dernières parties en nombre infini, en divisant la sphère selon des cercles parallèles entre eux et au plan.

Mais alors tu demandes catégoriquement si elle le touche [2]. Je réponds d'une manière ou d'une autre selon que l'on donne une description ou l'autre du mot « toucher » lorsque l'on propose sa définition nominale, qu'il faut présupposer dans toute doctrine. Puisque donc Aristote dit dans le livre V de la *Physique* : que deux corps se touchent, signifie la même chose que le fait que leurs parties ultimes soient ensemble [3] ; et que l'on ne peut exposer « ensemble » comme « en un même lieu », car il y aurait alors pénétration

1. Cette question, en référence à Aristote, *De l'âme*, I, 403 a 10-15, trad. p. 83, est devenue un classique, depuis Albert le Grand jusqu'à Blaise de Parme, donnant parfois lieu, comme chez ce dernier, à de véritables petits traités physico-mathématiques sur le contact.

2. Si on peut affirmer par une proposition catégorique et non plus par une hypothétique, que la sphère touche le plan.

3. Aristote, *Physique*, V, 3, 226 b 23, trad. p. 286 : « Je dis ensemble selon le lieu toutes les choses qui sont dans un lieu unique premier » ; *A. L.* : « Simul quidem igitur dicuntur hec esse secundum locum, quecumque in uno loco sunt primo ».

des corps, mais comme « proches », et que derechef « proches » est exposé comme ce qui est ou bien tel qu'il n'y a pas d'autre corps intermédiaire, ou bien tel qu'il est impossible de les approcher davantage sans qu'il y ait pénétration ou compression de l'un d'eux ; si donc tu parles selon cette seconde exposition, je dis que la sphère et le plan se touchent. Et si tu donnes la première exposition, je dis qu'ils ne se touchent pas. Par exemple, si tu posais dans l'air un étant sphérique sur un étant plan, alors entre eux il y aurait de l'air, et entre n'importe quelles parties d'eux, puisque l'air de droite atteindrait l'air de gauche, car s'il y avait des points indivisibles comme certains imaginent, ces airs ne seraient distants que par un point indivisible, qui ne ferait pas être distantes les parties réunies à lui. Et puisqu'il n'y a pas d'indivisible dans la sphère ou dans le plan, et qu'entre n'importe quel indivisible de cette sphère et de ce plan il y a de l'air intermédiaire, il s'ensuit qu'il n'y a pas quelque chose de l'un qui toucherait quelque chose de l'autre de telle sorte qu'il n'y aurait pas de corps intermédiaire, à savoir de l'air.

A propos des arguments avancés au début de la question, il apparaît qu'ils ne portent pas contre ce qui a été dit, si l'autorité d'Aristote est expliquée comme il se doit.

QUESTION 15

On demande quinzièmement si l'intellect conserve les images intelligibles lorsque cesse l'intellection en acte.

On soutient que non puisqu'il convient de parler proportionnellement du sens et dc l'intellect [1]. Or dans les sens, la puissance cognitive ne conserve pas les images sensibles lorsque cesse la sensation actuelle ; au contraire, pour les conserver d'autres puissances non cognitives sont posées, telles que la fantaisie et la faculté remémorative. Donc dans l'intellect, qui est une puissance cognitive, l'image n'est pas conservée non plus. Donc etc.

De même, que l'image intelligible [2] subsiste et qu'il n'y ait pas d'intellection actuelle, cela semble impliquer une contradiction, puisque si existent les causes suffisantes de l'intellection actuelle, de la manière dont elles sont suffisantes, il faut que se produise une intellection. Or l'image intelligible, avec l'intellect possible, l'intellect agent et Dieu, suffisent à constituer ou produire une

1. Aristote, *De l'âme*, III, 4, 429 a 18, trad. p. 222 : « Et la relation du sensitif aux sensibles doit être celle de l'intelligence aux intelligibles » ; *A. L.* : « et similiter se habere, sicut sensitiuum ad sensibilia, sic intellectum ad intelligibilia ».

2. Le texte latin contient *intellectualis*, ce qui est possible ; néanmoins, il est plus cohérent avec les phrases qui suivent de dire ici « intelligible ».

intellection, puisque si les sensibles et les fantasmes sont requis, ce n'est que pour causer l'image intelligible dans l'intellect. Donc etc.

Ou l'on forme l'argument suivant : une même puissance n'est pas réceptive d'une image suffisante pour connaître, et conservatrice de la même image sans intellection, puisque dans ce cas on aurait les causes suffisantes de celle-ci sans l'effet, et nous aurions besoin en outre des sens externes et du sens commun, de la fantaisie ou de la mémoire. Mais l'intellect reçoit une image qui suffit pour intelliger et connaître en acte. Donc etc.

De même, nous n'aurions pas besoin de fantasme pour réitérer l'acte d'intelliger, comme pour la réitération du sentir par la sensation nous n'avons pas besoin des sens externes. Cependant cela semble faux, puisque Aristote dit que celui qui intellige une chose quelconque « doit nécessairement réfléchir sur des fantasmes » [1]. Et nous ne pouvons pas intelliger lorsque nous dormons sans rêver, parce qu'il n'y a pas de fantasmes en acte.

De même, comme cette image peut être engendrée nouvellement à partir de rien, de même elle peut être détruite par oubli ou autrement. Cependant, on ne peut dire comment elle serait détruite si sa nature pouvait subsister lorsque l'intellection cesse, puisqu'elle ne serait pas corrompue par la corruption du sujet, étant donné que l'intellect est posé comme perpétuel ; et elle ne serait pas corrompue par son contraire, puisqu'elle n'a pas de nature contraire – comme l'image du blanc et l'image du noir

1. Voir Aristote, *De l'âme*, III, 8, 431 a 15-16, trad. p. 236 : « Aussi l'âme ne pense-t-elle jamais sans représentation » (trad. Tricot, p. 191 : « C'est pourquoi jamais l'âme ne pense sans image ») ; *A. L.* : « propter quod nequaquam sine fantasmate intelligit anima ».

n'ont pas de contrariété dans l'intellect, puisqu'elles peuvent être en lui en même temps – ; et elle ne serait pas corrompue par la suppression de ce qui la conserve puisque ni l'intellection actuelle, ni le fantasme actuel, ni la sensation actuelle, ni le sensible ne sont ce qui la conserve, du fait qu'elle peut subsister lorsque ceux-ci sont supprimés ou disparaissent. Puis donc que les autres subsistent, on ne voit pas comment elle pourrait jamais être corrompue.

On soutient l'opposé, puisque si cette image intelligible ne subsistait pas dans l'intellect lorsque cesse l'intellection, il s'ensuivrait que l'intellect [1] subsisterait autant, et de la même manière qu'avant, en puissance d'intelliger, ce qui va contre Aristote et aussi contre la raison, puisque si, en celui qui dort, rien ne reste de l'intellect de celui qui sait, alors une fois réveillé celui-ci ne pourrait pas, plus que quelqu'un qui commencerait nouvellement à apprendre, déduire les conclusions qui sont à déduire de nombreux raisonnements, ce qui est faux.

De même, il est certain que les dispositions intellectuelles telles que les sciences, les arts et les prudences subsistent. Et elles ne subsistent pas sans éléments représentatifs des choses intelligées, qui semblent n'être rien d'autre que les images intelligibles, une fois les intellections terminées. Donc etc.

Des même, du côté des sens, les images sensibles sont conservées lorsque cessent les sensations ; donc pareillement les images intelligibles sont conservées dans l'intellect. La conséquence est patente puisque le rapport est semblable, que la nature ne doit pas moins être soucieuse de la partie

1. *Intellectus*, peut vouloir dire « intellect » ou « intellection » au sens de ce qui est intelligé – mais chez Buridan le plus souvent « intellect ».

intellectuelle que de la partie sensuelle mais davantage, et que nous ne nous rappelons pas moins des autres choses intelligées que de celles qui ont été senties auparavant. Et même si les choses intelligées sont telles qu'elles ne peuvent pas tomber sous le sens, comme Dieu, les intelligences et les conclusions universelles, j'ai expérimenté que souvent aussi, dans les songes, de telles choses me reviennent et sont appréhendées.

Je pose quelques conclusions qui en découlent.

La première est que, si l'intellection actuelle cesse, quelque chose est déposé dans l'intellect par cette intellection car sinon nous n'aurions aucune disposition intellectuelle stable [1] ; en effet celles-ci ne sont engendrées que par des actes d'intelliger et de considérer. Et ainsi nous serions autant en puissance qu'avant d'intelliger, particulièrement à propos des choses qui n'ont pas d'image dans la fantaisie. Donc nous aurions besoin d'un long discours, comme nous en avions besoin pour apprendre, ce qui est manifestement faux. Et de telles choses qui sont ainsi déposées dans l'intellect par les actes d'intelliger et de considérer, nous les appelons des dispositions intellectuelles [2].

La deuxième conclusion est que cette disposition ne relève pas de la nature ou espèce de l'intellection, tout en différant d'elle seulement selon le plus ou moins intense, comme certains disent, de sorte que quand elle est intense, ce serait une intellection et quand elle est plus faible, elle

1. *Habitus*.

2. Dans tout ce raisonnement, comme c'est le plus souvent le cas, Buridan a en vue un *habitus*, c'est-à-dire dire une disposition mentale qui a une certaine stabilité et qui subsiste une fois l'acte terminé ; *habitus* traduit le grec *hexis*.

ne serait plus dite intellection mais disposition [1]. On prouve [2] cette conclusion puisque lorsqu'il n'y a pas d'acte d'intelliger il y a une disposition faible en celui qui a peu étudié, c'est pourquoi elle est vite annihilée s'il ne persiste pas dans l'étude. Mais en celui qui a longtemps étudié, la disposition est déjà forte, et plus difficilement modifiable ou anéantissable, même s'il n'y a pas d'intellection actuelle.

De même, posons avec l'adversaire que l'intellection soit une forme intense de dix degrés de même raison, et que la disposition déposée soit une forme intense de cinq degrés, toujours de même raison que les degrés de la forme plus intense. Donc, lorsque cesse l'intellection actuelle, cinq degrés de cette formc intense sont détruits, et on voit que rapidement et facilement, presque instantanément, une telle intellection cesse. C'est pourquoi rapidement et facilement ces cinq degrés sont détruits. Cependant, les cinq autres degrés qui restent ne sont pas détruits rapidement mais restent longtemps et sont difficilement modifiables. Mais de cette différence entre les cinq qui restent et les

1. Malgré certaines expressions ambiguës, Buridan refuse cette thèse qui voit entre l'intellection et la disposition une simple différence de degré. Les tenants de cette position ne sont pas identifiés avec certitude. Cependant, Nicole Oresme pourrait être ici visé par Buridan. En effet, il pose que pour tout acte ou mouvement de l'âme une qualité est « acquise ou intensifiée (*intenditur*) » ou bien est « diminuée (*remittitur*) ou perdue ». La 4e conclusion de la question 10 concerne l'*habitus* : « la disposition est cette même similitude qui est appelée *species*, en connotant cependant une plus grande force et aussi qu'elle incline l'intellect, car ce n'est pas avec n'importe quelle intensité qu'elle peut incliner l'intellect » (« habitus est illa eadem similitudo quae vocatur species, connotando tamen maiorem firmitatem et etiam quod inclinat intellectum, quia non quantumlibet intensa potest intellectum inclinare » (Nicole Oresme, *Quaestiones in Aristotelis de anima*, éd. cit., III, qu. 10, p. 389).

2. Argument avancé par l'adversaire.

cinq qui sont détruits, nul ne peut assigner de cause pour laquelle ils sont posés, entre eux, de même raison [1], ce qu'aucun intellect n'établit de lui-même. Donc la position de notre adversaire était fictive et fausse.

La troisième conclusion est que cette disposition [2], ainsi laissée dans l'intellect par l'acte d'intelliger, n'est pas l'image intelligible, ni de même nature ou de même sorte qu'elle. Or j'appelle ici image intelligible celle qui, au moyen du sens, est dans l'organe de la fantaisie ou la cogitative, ou bien dans l'intellect, et sans laquelle l'intellect ne peut pas intelliger pour la première fois les choses senties ou imaginées, comme le sens externe ne peut sentir sans image causée par l'objet dans l'organe de ce sens. Ainsi exposée, cette conclusion est prouvée parce qu'il est nécessaire que cette image précède l'intellect, mais ce n'est pas le cas de la disposition. Comme celle-ci est causée par l'intellection, de même l'image est causée dans l'esprit par l'acte de la fantaisie ou de la cogitative, ou est cet acte même, or ce n'est pas le cas de la disposition, mais il faut que celle-ci soit dans l'intellect au moyen de l'intellection [3] ; et cette image n'est une représentation que des sensations [4] ou des imaginations, puisqu'elle est causée par eux sans aucune intellection qui précède. Or les dispositions font partie de ce qui ne tombe pas sous le sens ou l'imagination,

1. Ce sont des degrés sur une même échelle, comparables entre eux (*ad invicem*).

2. Dans tout ce paragraphe, « disposition » traduit, comme c'est généralement le cas, *habitus.* Mais nous verrons dans la discussion de cette conclusion qu'il convient d'introduire une distinction entre l'*habitus* et une manière d'être transitoire nommée *dispositio.*

3. Reconstruction conjecturale car la construction du texte latin ne m'apparaît pas clairement.

4. *Sensuum*, des sens ; mais il faut entendre « des sensations », comme ce qui est reçu par les sens.

à la manière des choses non sensibles comme par exemple Dieu et les intelligences.

Mais on objectera à ce propos que si nous avons des représentations intellectuelles stables de ce qui ne tombe pas sous le sens ou l'imagination, comment donc Aristote peut-il dire qu'il est nécessaire que toute personne qui intellige réfléchisse sur des fantasmes ?

Je réponds qu'il dit juste, puisqu'il faut d'abord intelliger les choses senties et les fantasmes, et à partir d'eux parvenir, par un raisonnement déductif, à la connaissance d'autres choses. L'intention d'Aristote, comme la vérité, me paraît donc être que l'intellect humain, aussi habitué soit-il à tous les arts et à toutes les sciences, ne peut pas dans cette vie, naturellement, former un acte d'intelliger sans le sens interne, à savoir la fantaisie ou la cogitative en son acte second, à savoir en connaissant, parce que personne n'intellige si les sens aussi bien internes qu'externes sont entravés par un sommeil profond, à savoir sans rêve, ou par la maladie. C'est comme s'il était nécessaire que l'acte de cogiter [1], ou l'intellection causée par lui dans l'intellect, coagisse avec l'intellect pour la formation de l'intellection, comme il est nécessaire que l'image causée par l'objet sensible dans l'organe du sens coagisse avec le sens pour la formation de la sensation, comme il a été dit dans le livre II [2]. Puisque donc l'intellect a été actualisé par de premières intellections, il est capable de considérer en acte toutes les choses qui ont été déduites à partir de ces premières intellections ou d'autres semblables, et dont les dispositions ont subsisté en lui. Et ainsi apparaît à nouveau

1. *Cogitandi*, donc un acte de la cogitative.

2. *Questions sur l'âme*, II, qu. 25.

une grande différence entre les images intelligibles et les dispositions intellectuelles.

De même, en s'interrogeant d'une certaine manière sur la nature et l'essence des images intelligibles de cette sorte, on argumente contre la troisième conclusion susdite de la manière suivante : cette image intelligible, selon la description ou l'interprétation posée plus haut, ou bien est la première intellection elle-même, ou bien est un autre disposition [1] qui précède cette première intellection. Si l'on dit qu'elle est cette intellection, alors par la deuxième conclusion il apparaît que cet *habitus* n'est pas cette image intelligible, et n'est pas de même nature qu'elle. Et si l'on dit que c'est une disposition [2] antérieure, alors cet *habitus* [3], que [4] l'on suppose être déposé et causé par l'intellection, sera encore plus éloigné d'elle.

Et de même, si cette image était la même chose que cet *habitus*, il faudrait qu'elle subsiste lorsque cesse l'intellection, car l'*habitus* subsiste. Mais ces deux points

1. Disposition traduit ici *dispositio*. C'est pourquoi dans les paragraphes qui suivent je laisse exceptionnellement le terme *habitus* non traduit au lieu de la traduction habituellement préférée par « disposition », car Buridan distingue *habitus* et *dispositio*.

2. *Dispositio*.

3. Bien que Buridan utilise alternativement le terme de *dispositio* et celui d'*habitus*, ici la différence entre les deux n'apparaît pas immédiatement ; mais il faut se rappeler que la conclusion débattue distinguait *species* et *habitus*. Ici donc, la *dispositio* désigne la *species* dont on se demande si elle est ou non indentique à l'*habitus* produit par l'intellection et qui subsiste après elle. Plus loin, le texte opposera clairement, conformément aux *Catégories* d'Aristote, l'*habitus* qui est déjà stabilisé et la *dispositio* qui est une manière d'être transitoire.

4. Je propose ici de corriger dans le texte latin *quae* en *qui*, car il me semble que l'antécédent ne peut être que l'*habitus* et non pas l'image ou dispisition (qui n'est pas déposée par l'acte).

ne peuvent être compatibles, à savoir qu'elle subsiste et qu'elle soit la même chose que cet *habitus*. Je le prouve : ou bien elle subsisterait dans l'organe corporel de la fantaisie ou de la cogitative, corporellement et extensivement, ou bien elle subsisterait dans l'intellect seul, de sorte qu'elle ne serait pas tirée de la puissance de la matière, ni étendue selon l'extension d'un organe corporel, pas plus que ne l'est l'intellect. Si elle subsistait de la première manière, à savoir corporellement et extensivement, alors elle différerait de l'*habitus* intellectuel et même de l'intellection actuelle, qui ne se tiennent pas étendues de la sorte, si l'intellection doit différer de la sensation et l'*habitus* intellectuel de l'*habitus* sensible. Mais si l'on dit que cette image subsiste dans notre intellect de la seconde manière, à savoir de façon inétendue et non pas en tant que tirée de la puissance de la matière, une fois qu'a cessé l'intellection, cela implique contradiction. Cela implique en effet que l'intellection cesse, puisque l'on dit « une fois qu'a cessé l'intellection », et que l'intellection ne cesse pas. On prouve cela, à savoir qu'il est impossible que cette image subsiste dans l'intellect sans intellection, puisque rien d'autre n'est considéré comme requis pour la formation d'une intellection, que notre intellect et l'agent universel, qui est Dieu, et cette image qui est une représentation de la chose intelligée ou à intelliger, et d'autres choses requises pour l'existence de cette image. Dire en effet qu'autre chose serait requis pour intelliger apparaît être une fiction tout à fait superflue. Toutes ces choses subsistent si cette image subsiste dans l'intellect, puisque ne semble manquer alors ni l'approximation ni une autre circonstance. Il semble donc impossible que cette image subsiste dans l'intellect et que l'intellection ne subsiste pas.

Certains veulent toutefois soutenir que cet argument n'est pas nécessaire, puisque la puissance intellective est libre et il n'est pas inévitable qu'une puissance libre, lorsque tous les éléments requis sont réunis pour causer l'acte auquel elle se rapporte librement, produise cet acte ; mais elle peut, ces éléments étant donnés, produire l'opposé, ou différer et ne produire ni cet acte ni l'opposé.

Mais à ce propos, je dis que cette liberté n'a lieu que dans les actes volontaires ou dans d'autres qui suivent les actes volontaires, comme on doit le voir dans livre trois de l'*Éthique* [1]. Mais aucun acte volontaire ne peut concourir dans les premières intellections qui doivent être formées, puisque la volonté ne se porte par vers l'inconnu d'après une connaissance intellectuelle, et que rien n'était déjà intelligé lors de la formation de la première intellection. Donc la volonté n'a pas lieu d'être ici, selon la raison par laquelle elle est dite « volonté ».

Mais alors, assurément, restent des doutes : quelle chose est cette image intelligible ? En quoi est-elle comme en son sujet, de la puissance duquel elle est tirée ? Comment [2] devient-elle active ? Et à quoi sert-elle ?

En ce qui concerne le premier doute soulevé, quelle chose est cette image intelligible, je dis que pour répondre à ce doute, il faut connaître préalablement ce qu'il en est de son nom. Et posons qu'une image de cette sorte n'est ni un *habitus* intellectuel ni une intellection actuelle, mais qu'elle est un acte ou une disposition [3] provenant du sensible

1. Voir Aristote, *Éthique à Nicomaque*, III, 5, trad. p. 49-50, où Aristote précise sur quoi l'on peut délibérer.

2. Littéralement : à partir de quoi ?

3. Une manière d'être transitoire. On verra plus loin que l'image intelligible ne subsiste pas une fois que cesse l'intellection.

au moyen du sens, requis ou requise dans l'esprit, ou nécessaire à la formation de la première intellection, à savoir celle que quelqu'un peut former sans qu'elle provienne d'une autre intellection [1]. Il m'apparaît alors que celle-ci est un acte de connaître par la fantaisie ou la cogitative, ou de quelque autre nom qu'on la nomme, qu'Aristote appelle fantasme, acte qui est assurément étendu et tiré de la puissance de l'organe corporel, ou bien que c'est une intellection actuelle, causée en acte dans l'intellect et tirée de la puissance de celui-ci, sans extension. Tout le monde doit concéder cette disjonctive, puisque « il est nécessaire que quiconque intellige réfléchisse sur des fantasmes ». Mais quelle partie de cette disjonctive est vraie ? Il me semble meilleur, pour se prémunir contre un nombre excessif d'étants, que suffise ce fantasme, c'est-à-dire cette connaissance actuelle. Puisque, en effet, il a été dit au livre II que les sensations actuelles sont reçue subjectivement tant dans l'âme que dans le corps, et sont tirées de chacune de ces puissances [2], il me semble que par cette connaissance ou appréhension actuelle, l'intellect est suffisamment en acte pour pouvoir avec elle former en lui une intellection actuelle, qui ne serait pas déjà reçue dans le corps, en tant qu'elle serait tirée de sa puissance, mais seulement dans l'intellect. Il est donc patent que ce fantasme, c'est-à-dire cette appréhension actuelle, se rapporte proportionnellement à l'intellection comme l'image causée par l'objet dans l'organe du sens est dite se rapporter

1. Buridan justifie clairement dans cette question la pluralité des instances requises pour le procès total de connaissance : acte, image et disposition (*habitus*). Dans la suite de ce paragraphe, toutefois, il mettra une limite à cette multiplication, rappelant l'exigence d'économie.

2. *Questions sur l'âme*, II, qu 9, 6 e concl., p. 257.

à la sensation. C'est ainsi que je comprends la phrase d'Aristote selon laquelle « les fantasmes sont comme les sensibles »[1] de l'âme intellective, parce que sans fantasme, l'âme n'intellige jamais, et que sans image sensible causée par l'objet dans l'organe du sens, le sens externe ne peut pas former de sensation, de même l'intellect ne peut non plus former d'intellection sans le fantasme susdit.

Ainsi donc, ce qu'est cette image intelligible, qui détermine immédiatement l'intellect, est clair ; et en quoi elle est reçue subjectivement : dans le composé d'âme et de corps de la faculté cogitative. Quoi que cela fût, cela a été vu dans le livre II[2], dans lequel il a aussi été vu comment[3] elle devient active. Et il apparaît aussi à quoi elle sert, à savoir universellement pour former toutes les intellections, car lorsque cessent les fantasmes de cette sorte, cesse toute intellection actuelle. En effet, comme l'âme ne peut produire aucune œuvre de la puissance végétative sans chaleur, de même elle ne peut exercer aucune œuvre de l'intellect sans fantasme de cette sorte, c'est-à-dire sans appréhension actuelle de la cogitative.

Je dis en outre, à la suite de la troisième conclusion déjà posée, que l'image intelligible susdite, c'est-à-dire cette appréhension de la fantaisie[4], ne subsiste pas lorsque toute intellection cesse, quoique des images et intentions

1. Aristote, *De l'âme*, III, 8, 432 a 17, trad. p. 239 : « Les contenus de la représentation sont, en effet, comme des données du sens, sauf qu'ils sont sans matière » (Tricot, p. 197 : « Les images sont comme des sensations, sauf qu'elles sont immatérielles ») ; *A. L.* : « fantasmata autem sicut sensibilia sunt preter quod sunt sine materia ».

2. *Questions sur l'âme*, II, qu. 22.

3. À partir de quoi.

4. Littéralement : cette appréhension fantastique ou fantasmatique (*phantastica*).

des sensibles et des sensations subsistent bien dans la fantaisie ou la mémoire, comme il a été dit dans le livre II [1]. On prouve cette conclusion puisque si ces appréhensions de la fantaisie subsistaient, tous les éléments requis pour la formation des premières intellections subsisteraient ; donc il faudrait que ces intellections subsistent, puisqu'il est nécessaire, lorsque les causes suffisantes pour quelque effet sont posées, de la manière dont elles sont suffisantes, que cet effet soit posé. Cependant, comme il a été dit, pour former des premières intellections de cette sorte, ne concourt pas un acte volontaire.

Et pour en finir avec ce sujet, quelqu'un pourrait demander comment, par conséquent, l'intellect peut composer, diviser, et discourir.

Je dis que l'intellect, actualisé par plusieurs appréhensions premières et simples, peut déjà avec ces fantasmes qui subsistent, saisir d'autres concepts, soit affirmativement soit négativement. Cela étant fait, il peut derechef assembler et ordonner en syllogisme plusieurs de ces propositions et inférer d'autres conclusions qui s'ensuivent. Et il peut librement se porter d'une considération à une autre, laisser celle-ci et suivre celle-là, dont il s'était occupé avant, car dans de tels actes la volonté intervient librement. Et puisque, sans les fantasmes ou appréhensions de la fantaisie mentionnés plus haut, l'intellect ne peut exercer d'autres actes parmi ceux qu'on a mentionnés, Alexandre a cru qu'il n'y avait en l'homme de puissance de l'âme, ou d'âme, que matérielle et étendue, et que notre âme exercerait tous les actes que nous attribuons à l'intellect, dans l'organe que nous assignons à la faculté de la cogitative.

1. *Questions sur l'âme*, II, qu. 23.

Cela étant vu, il faut considérer les arguments énoncés au début de la question.

Au premier, on répond que dans l'organe selon lequel l'âme exerce un acte de connaître ou de penser, n'est pas conservée une image sensible lorsque la sensation cesse. Mais dire qu'une disposition est conservée n'est pas éloigné du vrai, car l'organe pour sentir et pour appréhender semble être le même. Et pourtant subsistent des dispositions dans l'appétit sensitif, que beaucoup disent être des vertus ou des vices moraux. Cet argument ne va donc pas contre ce qui a été déterminé plus haut.

Et tous les autres arguments qui ont été avancés dans la première partie sont aussi résolus d'avance, sauf le dernier. Mais le dernier argument, bien qu'il ne conclue pas contre ce qui a été déterminé, pourrait cependant être pareillement introduit au sujet de la disposition intellectuelle qui ne subsisterait pas, puisqu'il semble que l'on ne pourrait pas indiquer comment elle pourrait ensuite être corrompue, ni par quoi. Mais on a suffisamment parlé de cela dans le livre II [1].

Concernant les arguments qui ont été développés en faveur de la deuxième partie [2], il faut dire que le premier prouve bien que des dispositions intellectuelles sont laissées et subsistent dans l'intellect.

Au deuxième, il faut répondre que les dispositions intellectuelles subsistent sans autres éléments représentatifs. Et même, par les actes de jouer de la cithare sont produits et subsistent dans la main des dispositions inclinant à bouger les doigts rapidement et dans le bon ordre.

1. Voir peut-être *Questions sur l'âme*, II, 18, à l'occasion du 4e doute, p. 385-386.

2. Il s'agit des arguments *ad oppositum*.

Au troisième argument, il a été répondu dans le deuxième livre de cet ouvrage comment des images ou des intentions subsistent dans la fantaisie ou dans la mémoire [1]. Mais cet argument soulève une difficulté : comment nous rappelons-nous des autres intellections qui ne tombent pas sous la fantaisie ? Et il m'apparaît que cette difficulté ne toucherait pas Alexandre qui ne pose pas, comme nous le faisons, un intellect immatériel, mais estime qu'une puissance matérielle est à l'œuvre dans toutes nos connaissances. Et ainsi il dirait que la mémoire matérielle conserve les intentions de toutes nos connaissances. Mais nous pouvons dire que l'intellect peut intelliger et sur le mode du passé et sur le mode du futur, comme il le peut sur le mode du présent. Et de quelque manière qu'il intellige en composant avec un certain temps, une disposition est laissée en lui, inclinant à intelliger de nouveau et à composer avec ce temps. L'intellect avec les fantasmes est aussitôt à même d'intelliger tout ce qu'il a déjà intelligé dans une chose, et à quoi il est disposé [2]. En effet, lorsque, à un autre moment, il a perçu que tel jour il intelligeait A, il peut aussi intelliger combien de temps aura passé depuis ce jour. Il peut inférer que deux années sont passées depuis qu'il a intelligé A une première fois.

En revanche, comment nous sentons, intelligeons ou nous rappelons après la mort et sans corps, il ne convient pas à cette discipline de le déterminer [3].

1. *Questions sur l'âme*, II, qu. 23.
2. *Habituatus*.
3. Buridan laisse ces questions au théologien.

QUESTION 16

On demande seizièmement si l'intellect humain peut intelliger plusieurs choses en même temps.

On soutient que non, puisqu'il est dit au livre IV de la *Métaphysique* [1] « celui qui n'intellige pas une chose n'intellige rien », et dans les *Topiques* [2] « il arrive de savoir plusieurs choses, mais on ne peut en intelliger qu'une seule ».

De même, comme la matière première se rapporte aux formes substantielles, de même l'intellect aux intellections ; en effet, comme la matière est parfaite par la forme substantielle [3], de même l'intellect par l'intellection. Mais la matière ne peut pas avoir en même temps plusieurs formes substantielles ; donc etc.

1. Aristote, *Métaphysique*, Γ, 4, 1006 b 10-11, trad. p. 156 : « on ne peut rien penser si on ne pense pas une seule chose » ; *A. L.* : « Nichil enim contingit intelligere nichil intelligentem unum » – mais il convient de restituer *nisi* au lieu du second *nichil* dans le texte de Guillaume de Moerbeke ; *cf. Auctoritates Aristotelis*, p. 90 : « Qui non unum intelligit, nihil intelligit ».

2. Aristote, *Topiques*, II, 10, 114 b 34-35, trad. J. Brunschwig, Paris, Les Belles Lettres, 2002, p. 56-57 : « s'il est possible de savoir plusieurs choses, il ne l'est pas d'avoir plusieurs choses présentes à l'esprit » ; *A. L.*, 5. 1, *Topica*, Boethius translator : « contingit enim plura scire, intelligere autem non ».

3. La forme est perfection, acte qui *parfait* la matière.

De même, il est dit dans le livre *Du sens et de la senti* [1]que d'une faculté il n'y a qu'un seul usage en même temps. Or intelliger, ou l'intellection, c'est l'usage de l'intellect lui-même ; donc etc.

De même, puisque l'intellect est indivisible, vers quoi qu'il se tourne il s'y tourne totalement [2]. Donc il n'est pas possible que, s'il se convertit à intelliger quelque chose, il se convertisse en même temps à intelliger autre chose.

De même, s'il n'est pas impossible à deux intellections d'être en même temps dans un intellect, pour la même raison ce n'est pas impossible à trois, à cent, ni à mille ; c'est de cette façon en effet qu'Aristote argumente dans le livre IV de la *Physique* [3] au sujet de la pénétration des corps. C'est pourquoi il conclut que s'il pouvait y avoir deux corps qui se pénètrent, il pourrait ainsi y en avoir une infinité. Et ainsi le monde entier pourrait être dans un grain de mil. Donc pareillement nous dirons que s'il était possible

1. Aristote, *De la sensation et des sensibles*, 7, 447 b 20, trad. P.-M. Morel, p. 98 : « Il n'est donc pas possible que l'on perçoive deux choses en même temps par une seule sensation » ; *A. L.*, 13. 2, *De sensu et sensato*, Guillelmus de Morbeka reuisor translationis Aristotelis secundum Aquinitatis librum (transl. nova, anonymi saec. XII, sive Nicolai, translationis recensio) : « Non ergo contingit duo simul sentire uno sensu ».

2. Le verbe *convertire* est traduit quand c'est possible par « se tourner vers » ; sinon, par « se convertir à ».

3. Aristote, *Physique*, IV, 6, 213 b 9-11, trad. p. 228 : « Mais si cela est possible, même la chose la plus petite recevra la plus grande ; car la grande chose c'est beaucoup de petites, de sorte que s'il était possible qu'il y ait plusieurs choses égales au même endroit, ce serait aussi le cas pour plusieurs choses inégales » ; *A. L.* : « Si autem hoc contingit, et parvissimum accipiet maximum ; multa namque parva magna sunt ; quare si magna equalia contingit in eodem esse, et multa inequalia ».

d'avoir en même temps deux intellections, de même il serait possible d'en avoir cent ou mille, ce qui paraît faux.

De même, comme toutes les intellections sont du même genre [1] – de la qualité, de l'action ou de la passion, ou d'un autre genre –, j'argumente ainsi : si plusieurs intellections pouvaient être en même temps dans le même intellect, ou elles seraient d'une même espèce et distinctes en nombre, ou elles seraient de diverses espèces dans un même genre. Mais je montre que chacune de ces hypothèses est impossible. En ce qui concerne la première, il est dit au livre V de la *Métaphysique*, que sont dits divers par l'espèce « tous les étants qui, dans une même substance, ont une différence » [2] ; de là, on a l'habitude d'inférer que ne peuvent se trouver en même temps dans un même sujet plusieurs accidents différant seulement par le nombre. Mais en ce qui concerne la seconde, il est dit au livre X de la *Métaphysique* [3] que « être différent par l'espèce, c'est

1. Au sens des « genres de l'être », c'est-à-dire des catégories.

2. Aristote, *Métaphysique*, Δ, 10, 1018 b 1-7, trad. p. 198 : « On appelle autres par la forme toutes les choses qui, appartenant au même genre, ne sont pas subordonnées l'une à l'autre, toutes celles qui, étant dans le même genre comportent une différence et toutes celles qui comportent une contrariété dans leur substance. [...] toutes les choses qui, étant dans la même substance, comportent une différence » ; *A. L.* : « Diuersa uero specie dicuntur quecumque eiusdem generis existentia non sub inuicem sunt, et quecumque in eodem genere existentia differentiam habent, et quecumque in substantia contrarietatem habent. [...] quecumque in eadem substantia entia differentiam habent » – c'est l'Aristote latin qui introduit l'expression *diversa specie*.

3. Aristote, *Métaphysique*, I, 8, 1058 a 17-18, trad. p. 340 : « Voici donc ce qu'est l'être des choses différentes par l'espèce : c'est être dans le même genre et contenir une contrariété » ; *A. L.* : « Hoc enim est diuersis esse specie : in eodem genere entia contrarietatem habere, entia indiuidua ».

pour des étants dans un même genre avoir une contrariété ». Et il apparaît là, par la démonstration d'Aristote, que les différences qui divisent le genre en ses espèces doivent être contraires, et que les contraires ne peuvent pas exister en même temps dans un même sujet. Il apparaît donc que des intellections d'espèces diverses ne peuvent pas être en même temps dans le même intellect.

On soutient l'opposé suivant le Commentateur, au livre III du traité *De l'âme*, disant que dans une proposition universelle l'intellect intellige des choses en nombre infini [1] ; donc plusieurs en même temps.

De même Aristote dit que dans ce qui est vrai ou faux, il y a une certaine composition des actes d'intelliger [2]. Si donc le vrai ou le faux est une composition ou complexion des actes d'intelliger, c'est-à-dire des intellections, il faut que celles-ci soient en même temps dans l'intellect, sans cela l'intellect ne pourrait pas composer, diviser et poser des convenances et différences entre plusieurs.

Brièvement, dans cette question, je pose de nombreuses conclusions faciles.

La première est qu'il arrive que l'on sache plusieurs choses par un seul concept, et même que l'on intellige en

1. Averroès, *Grand comment.*, III, c. 19, *L'Intelligence et la Pensée*, p. 110 : « dans les propositions universelles, nous jugeons par l'intellect de choses infinies en nombre » ; *Comment. magnum*, p. 441, l. 37-38 : « iudicamus per ipsum res infinitas in numero in propositione universali ».

2. Aristote, *De l'âme*, III, 8, 432 a 11, trad. p. 239 : « le vrai ou le faux constituent un tissu de concepts » (trad. Tricot : « Il faut une combinaison de notions pour constituer le vrai ou le faux ») ; *A. L.* : « complexio enim intellectuum est uerum aut falsum ». Buridan reprend à l'Aristote latin le terme *intellectuum*, génitif pluriel du nom *intellectus* ; mais il passe ensuite à *intellectionum*, de sorte que la traduction par « intellection » donnerait une phrase tautologique.

même temps une infinité, puisque par le concept dont est pris le nom « pierre », j'intellige toutes les pierres, non seulement présentes mais encore passées, futures et possibles. Et puisqu'il n'y a pas de raison pour que j'intellige plutôt celle-ci que celle-là, ou bien je n'en intellige aucune, ce qui est absurde, ou bien toutes. Et ainsi, le Commentateur dit à juste titre que par une proposition universelle nous comprenons des choses en nombre infini [1], et même aussi par un terme universel ou commun.

La deuxième conclusion est qu'il arrive que l'on intellige plusieurs choses en même temps selon différents concepts, sinon nous ne pourrions pas former et connaître des propositions telles que « un homme n'est pas un âne », « un homme et un âne sont deux choses ».

La troisième conclusion est qu'il arrive que l'on intellige la même chose en même temps par plusieurs intellections, sinon nous ne pourrions pas former des propositions telles que « un homme est un animal », « un homme est capable de rire », « tout étant est identique à soi » ; en effet, il n'y a pas de complexion et de composition dans l'esprit sans éléments simples à partir desquels est fait ce complexe.

La quatrième conclusion est que dans notre intellect peuvent se trouver en même temps plusieurs concepts tout à fait semblables, de sorte qu'ils diffèrent seulement numériquement, sinon nous ne pourrions pas former et connaître des propositions telles que « un homme est un homme », « un homme et un homme sont des animaux », ou encore « un homme, un homme et un homme sont trois hommes ». Et il apparaît encore qu'en cela réside la différence entre de tels concepts intellectuels et des formes matérielles, du moins celles selon lesquelles il y a proprement altération, à savoir que si deux blancheurs ou

1. Voir *supra*, n. 1, p. 676.

deux chaleurs sont dans le même sujet et selon la même partie de celui-ci, cela fait une seule blancheur ou une seule chaleur. Mais il n'est pas nécessaire, dans notre intellect, de confondre ainsi les concepts, à savoir que si deux concepts sont de même raison, cela fasse un seul concept. Et je pense que la nature a ordonné cela pour raisonner, car on ne pourrait pas former un syllogisme mental si n'importe lequel de ces termes n'était pas pris deux fois sans que ces occurrences soient confondues.

La cinquième conclusion est qu'en notre intellect peuvent se trouver en même temps plusieurs concepts complexes disparates, soit contraires soit contradictoires, sinon nous ne pourrions pas former une proposition hypothétique composée à partir d'eux, d'où il suit corrélativement que nulles propositions ne sont contraires l'une à l'autre, par une contrariété qui serait une incompatibilité à être en même temps dans le même sujet. La contrariété qui est attribuée aux propositions est une incompatibilité à être vraies en même temps.

La sixième conclusion est qu'il est impossible que l'intellect accorde son assentiment et son dissentiment en même temps à une même proposition, ou encore accorde son assentiment en même temps à chacune de deux propositions contradictoires entre elles, s'il y a pour lui une contradiction évidente. Car assentir est croire qu'il en est ainsi, au sens correct, et dissentir est croire qu'il n'en est pas ainsi. Et ces croyances sont contraires et incompatibles, non seulement en ce qui concerne le fait d'être vraies en même temps, mais encore en ce qui concerne le fait d'être en même temps dans un même sujet. Sans cela en effet, quelqu'un pourrait penser [1] l'opposé du

1. *Opinari*.

premier principe, ce qui va contre Aristote [1] et contre une vérité éprouvée. Je concède cependant que quelqu'un peut en même temps assentir à deux contradictoires vocales ou écrites, parce qu'il croit peut-être qu'elles ne sont pas contradictoires ; par exemple, beaucoup pensent que la proposition « en manquant de l'un et de l'autre de tes deux yeux, tu peux voir » [2] est vraie, puisqu'en n'ayant pas le droit tu peux voir, et en n'ayant pas le gauche tu peux voir, et ainsi ils croiraient indubitablement que la proposition « en ayant l'un de tes deux yeux tu peux voir » est vraie. De là on infère ce corollaire que la proposition et l'assentiment ou le dissentiment à son égard ne sont pas la même chose, puisque, alors que la même proposition subsiste, l'homme peut passer de l'assentiment au dissentiment [3]. On ne pèche pas en formant en son esprit la proposition « Dieu n'existe pas », mais on pècherait gravement si on lui donnait son assentiment. Car nulles propositions n'ont d'incompatibilité mutuelle à se trouver en même temps dans le même sujet. En revanche, l'assentiment et le dissentiment en ont.

1. Aristote, *Métaphysique*, Γ, 3, 1005 b 30-32, trad. p. 153 : « il est manifestement impossible à la même personne de croire en même temps que le même est et n'est pas ; en effet, celui qui se tromperait sur ce point aurait en même temps des opinions contraires » ; *A. L.* : « impossibile simul existimare eundem esse et non esse idem ; simul enim habebit contrarias opiniones qui de hoc est mentitus ».

2. *Neutrum oculorum tuorum habendo*, littéralement « en n'ayant aucun de tes deux yeux », proposition fausse, mais ici l'interlocuteur comprend, comme en un sens divisé, « en n'ayant pas l'un, tu peux voir, et en n'ayant pas l'autre, tu peux voir ».

3. Thèse essentielle de la théorie buridanienne de la science ; celle-ci est une disposition mentale, un assentiment portant sur une proposition et non pas la proposition elle-même.

La septième conclusion est qu'il est impossible que le même intellect ait en même temps des opinions contradictoires s'il y a pour lui une contradiction évidente, puisque l'opinion est une disposition avec assentiment [1] ; en effet, nous donnons notre assentiment à tout ce dont nous avons une opinion, si cela nous est proposé. Ainsi, Aristote dit bien que des opinions contradictoires sont contraires et incompatibles, non seulement quant à la vérité, mais encore quant à l'être en même temps dans le même sujet [2].

La huitième et dernière conclusion est que dans l'intellect peuvent se trouver en même temps davantage de connaissances dispositionnelles [3] que de connaissances actuelles. Et cela veut dire beaucoup plus de dispositions intellectuelles que d'intellections. Tu as en effet les dispositions intellectuelles de mille conclusions, aussi bien en mathématiques qu'en logique ou en sciences naturelles ou autres. Et cependant n'importe qui expérimente qu'il fait mieux et plus facilement attention, en acte, à une chose ou deux qu'à six ou à dix, et qu'il ne peut pas en considérer distinctement en même temps cent ou mille.

Les arguments qui ont été proposés au début de la question sont résolus. Car le proposition « celui qui n'intellige pas une seule chose n'intellige rien » est vraie

1. *Habitus assentivus*.

2. Aristote, *Métaphysique*, Γ, 3, 1005 b 29-31, trad. p. 153 : « Et si l'opinion qui soutient la contradictoire est l'opinion contraire à une opinion, il est manifestement impossible à la même personne de croire en même temps que le même est et n'est pas » ; *A. L.* : « contraria uero est opinio opinioni que contradictionis, palam quod impossibile simul existimare eundem esse et non esse idem ».

3. *Notitiae habituales* : des dispositions (*habitus*) à connaître.

selon la valeur des mots [1], puisque « étant », « un » et « quelque chose » sont équivalents, comme on peut le voir au livre IV de la *Métaphysique* [2]. On peut donc inférer « il n'intellige pas quelque chose d'un, donc il n'intellige pas un étant, et il n'intellige pas quelque chose ». Et « rien » et « pas quelque chose » sont équivalents. On peut donc inférer « il n'y a pas quelque chose d'un qu'il intellige, donc ce n'est rien qu'il intellige ». Et si Aristote avait à l'esprit un autre sens, cela doit être vu dans le livre IV de la *Métaphysique*, où il énonce cette autorité. Mais dans les *Topiques* [3], Aristote donne cette proposition seulement à titre d'exemple, et des exemples on n'exige pas de vérification, comme lui-même le dit au livre Ier des *Premiers Analytiques* [4]. Et il n'y a pas de probabilité de cette proposition, ni qu'il arrive que l'on connaisse beaucoup plus de choses en même temps plutôt qu'une à une, comme le disait la dernière conclusion.

À l'autre argument, on répond que si la matière ne peut pas avoir en même temps plusieurs formes substantielles, elle peut cependant avoir en même temps plusieurs formes accidentelles, et les intellections sont des formes accidentelles.

1. La *virtus sermonis* est chez Buridan la valeur par défaut d'un mot, quand il n'est pas utilisé d'une façon qui en déplace intentionnellement le sens. Cette *virtus* est communément acceptée au sein d'une communauté donnée.

2. Aristote, *Métaphysique*, Γ, 2, 1003 b 24, trad. p. 147 : « L'être et l'un sont la même chose et une seule nature » ; *A. L.* : « Si igitur ens et unum idem et una natura ».

3. Aristote, *Topiques*, II, 10, 114 b 34-35 : voir citation, n. 2, p. 673.

4. Buridan cite à plusieurs reprises ce principe, avec le même renvoi (voir par exemple *Summulae de praedicamentis*, c. 2, p. 23) ; toutefois, je n'ai pas trouvé de référence précise qui y corresponde.

À l'autre, on répond que d'une faculté ou d'un instrument, il n'y a qu'un seul usage parfait de soi si l'un des ces usages est un empêchement pour un autre. Il peut cependant y avoir plusieurs usages imparfaits en même temps, dont l'un, ou dont plusieurs, sont requis pour l'usage final; par exemple, nous n'utilisons pas en même temps la langue pour goûter parfaitement et pour parler parfaitement, mais quelqu'un peut l'utiliser imparfaitement pour les deux en même temps. Et encore nous nous servons parfois de l'inspiration ou de l'expiration en même temps pour le refroidissement de la chaleur naturelle et pour la parole, mais plus parfaitement pour le refroidissement sans parler qu'en parlant. Nous nous servons aussi en même temps du poumon pour l'expiration et pour la parole, et la parole n'est pas arrêtée en raison de l'expiration puisque l'expiration est requise par l'expression parfaite de la parole et ordonnée à elle. Ainsi donc, puisque les concepts simples sont requis pour la composition et ordonnés à elle, l'acte de rassembler est parfaitement compatible avec les concepts simples. Mais l'intellect ne peut pas former plusieurs complexions disparates et les considérer aussi parfaitement qu'il pourrait à l'égard d'une seule. Il peut cependant en considérer imparfaitement deux, et encore moins parfaitement trois, et enfin le nombre pourrait croître de sorte qu'il ne pourrait aller au delà, comme il a été dit.

À l'autre, on peut répondre d'abord que ce n'est pas une façon propre de s'exprimer que de dire que l'intellect se tourne [1] vers ce qu'il intellige. Mais si nous acceptons cette façon de parler, alors c'est comme si l'on disait que quelle que soit la connaissance par laquelle nous connaissons Dieu, nous le connaissons totalement puisqu'il est indivisible. Il est en effet vrai que nous le connaissons

1. *Convertit se*.

totalement puisque nous le connaissons selon la totalité de ce qu'il est, au sens où il n'y a rien en lui que nous ne connaissons pas. Mais non pas totalement, parce que nous pouvons le connaître autrement et par une autre connaissance. Ainsi donc l'intellect se convertit totalement à intelliger une chose, puisque c'est selon tout ce qu'elle est, mais non pas totalement au sens où encore avec cela il se tourne vers autre chose.

À l'autre, on répond que puisque l'homme est d'une puissance finie, il ne s'ensuit pas, s'il peut lever en même temps deux pierres d'un pied, qu'il pourrait en lever cent ou mille. Et ce n'est pas semblable à la pénétration des corps, puisque lorsqu'un homme peut lever une pierre ou que l'intellect peut former une intellection, c'est par une puissance active. Et c'est ainsi encore que par une puissance de résistance de la grandeur une autre grandeur ne peut entrer en elle, si ce n'est qu'en la divisant elle peut entrer entre ses parties. Mais si une grandeur pouvait entrer dans une autre en la pénétrant, ce serait en raison d'un manque de cette puissance de résister. Et si toute grandeur manquait d'une telle puissance de résister, toutes pourraient également se pénétrer, aussi bien que deux. On pourra se demander quelle chose est cette puissance et si elle est infinie. Je crois que cette puissance n'est autre que la nature de la grandeur, bien que les noms diffèrent selon la raison. Et je dis encore que ce n'est pas une puissance infinie, car la puissance divine la surpasse ; en effet une grandeur pourrait être pénétrée par une autre grandeur grâce à la puissance divine. Cependant, cette puissance est telle qu'aucune puissance naturelle ne peut la surpasser au sens où, s'il se trouvait quelque puissance qui lui soit extrinsèque, elle pourrait entrer en elle sans qu'elle soit divisée.

À la dernière on répond que cette autorité selon laquelle sont dits divers par l'espèce « tous les étants qui, dans une même substance, ont une différence » est formée selon une manière impropre de parler puisque par « substance » elle entend le genre, du fait qu'il est prédicable essentiellement de ses espèces, et elle entend parler des différences essentielles de ce genre. Elle veut donc dire que tous les termes constitués sous un même genre par des différences essentielles de ce genre diffèrent par l'espèce dans ce genre. Pareillement une autre autorité, qui dit que tout genre est divisé en ses espèces par des différences contraires ou opposées, est fausse en parlant de l'opposition selon laquelle il serait impossible que l'un sc vérifie et s'affirme véridiquement de l'autre. Car dans les continus, toute paire est un triplet, et toute grandeur est un nombre, et toute ligne est un corps. Mais il y a contrariété au sens impropre où il est impossible aux différences essentielles d'un genre, ou encore aux espèces constituées par elles, d'être prédiquées l'une de l'autre essentiellement.

Et ces autorités, ainsi exposées, ne contiennent aucune opinion opposée à ce qui a été dit avant.

QUESTION 17

On demande, dix-septièmement, s'il y a dans l'homme une âme intellective autre que l'âme sensitive [1].

Et l'on soutient que oui, puisque l'âme sensitive, dans tout acte qui est le sien, a besoin d'un organe corporel. Et elle est étendue, divisible et engendrable, puisque dans le livre II de cet ouvrage Aristote dit que « le premier changement de ce qui est sensitif se fait par ce qui engendre » [2]. Et elle est aussi corruptible, puisqu'il est dit au livre III que nous ne nous souvenons pas après la mort parce que l'intellect passif, c'est-à-dire la fantaisie qui

1. Aristote, *De l'âme*, III, chap. 9 à 11. Le propos de Buridan vise essentiellement à soutenir la thèse de l'unicité de l'âme, qui n'a été établie que de façon partielle dans le livre II puisque l'âme intellective n'y était pas prise en compte. Mais il porte implicitement contre la théorie averroïste selon laquelle ce serait une âme sensitive sous sa forme la plus haute, à savoir la cogitative, qui serait proprement la forme immanente de l'homme, l'intellect lui étant conjoint dans l'opération d'intellection. Cette lecture d'Averroès se fonde sur le *Grand Commentaire sur le traité de l'âme*, III, comm. 20, trad. p. 122-123 ; *Comm. magnum*, p. 454.

2. Aristote, *De l'âme*, II, 5, 417 b 16, trad. p. 163 : « Mais, avec le sensitif, le premier changement est produit par l'auteur de la génération » ; *A. L.* : « Sensitiui autem prima quidem mutatio fit a generante ».

relève de l'âme sensitive, est corrompu [1]. Or à l'âme intellective conviennent toutes les conditions opposées. Donc elles sont distinctes.

De même, les jugements de l'âme sensitive et de l'âme intellective sont contraires, comme à propos de la grandeur du soleil [2], et leurs appétits sont contraires et s'opposent ou se contrarient, comme on le voit d'après le livre Ier et le livre III de l'*Éthique* [3]. Or cela ne se produirait pas s'il s'agissait de la même âme.

De même, il s'ensuivrait qu'un homme ne se nourrirait pas, ce qui est faux. La conséquence est patente puisque la nutrition ne se produit pas sans une génération substantielle partielle ; il faut en effet que la nourriture soit convertie en substance de ce qui est nourri. Cependant en l'homme rien n'est engendré substantiellement : pas la matière, puisqu'elle est inengendrable et incorruptible ; l'âme intellective ne serait pas engendrée non plus dans la nutrition, ni l'une de ses parties puisqu'elle est indivisible ; ni quelque autre forme substantielle puisque ceux qui posent que l'âme intellective est distincte de l'âme sensitive ne posent pas dans l'homme une autre forme substantielle que cette âme intellective elle-même.

1. Aristote, *De l'âme*, III, 5, 430 a 23-25, trad. p. 229-230 : « Une fois séparée [...] nous avons [...] des défauts de mémoire parce que, si cette essence est impassible, l'intelligence propre à subir les impressions est, elle, corruptible et que, sans elle, on ne pense rien » ; *A. L.* : « Non reminiscimur autem, quia hoc quidem inpassibile, passiuus uero intellectus corruptibilis, et sine hoc nichil intelligit ».

2. Argument sceptique classique contre le témoignage des sens : le soleil apparaît à l'œil beaucoup plus petit que ne le juge l'intellect.

3. Aristote, *Éthique à Nicomaque*, I, 13, 1102 b 13 - 1103 a 3, trad. p. 96-98 (sur la partie irrationnelle et la partie rationnelle de l'âme). Dans le livre III, chap. 10, à propos du courage, Aristote établit qu'on peut craindre quelque chose et néanmoins l'affronter parce que la raison le veut (voir 1115 b 12-13).

De même il s'ensuivrait que ce ne serait pas le cas que toute génération soit la corruption de quelque chose d'autre et inversement, alors qu'on lit l'opposé dans le livre Ier *De la génération*[4]. La conséquence est patente, puisque dans la nutrition de l'homme l'aliment est substantiellement détruit, et cependant rien n'est engendré substantiellement de lui, comme il vient d'être dit.

De même, comme on l'a déjà dit, ceux qui ne posent pas en l'homme une âme intellective autre que son âme sensitive, ne posent pas non plus en l'homme d'autre forme substantielle que l'âme intellective.

Mais de cette opinion suivent de nombreuses absurdités.

La première est que tout homme serait perpétuel parce qu'il n'aurait pas d'autres parties que la matière première et l'âme intellective, qui sont perpétuelles, et que le tout, à savoir l'homme, est ses parties. Donc ce tout, à savoir l'homme, serait perpétuel.

La deuxième absurdité est qu'à la mort de l'homme rien ne serait substantiellement corrompu : ni la matière, ni la forme, ni par conséquent le composé qui est fait de la matière et de la forme. Cependant, quelque chose est engendré substantiellement, comme le cadavre, ou de quelque autre nom qu'on l'appelle. Ou la matière subsisterait sans forme substantielle, ce qui ne doit pas être concédé.

4. Aristote, *De la génération et de la corruption*, I, 2, 318 a 23-25, trad. p. 15 : « Dès lors, si le changement doit être sans terme, n'est-ce pas plutôt du fait que la corruption de ceci est la génération d'autre chose, et la génération de ceci est la corruption d'autre chose » ; *A. L.*, 9. 2, *De generatione et corruptione*, Guillelmus de Morbeka reuisor transl. Aristotelis (Burgundi translatio recensio) : « Quocirca propter huius corruptionem alterius esse generationem et huius generationem alterius esse corruptionem indefinientem necesse est transmutationem esse ».

Et alors s'ensuivrait cette absurdité, allant contre Aristote au livre Ier *De la génération*, à savoir que ce ne serait pas le cas que toute génération de quelque chose soit la corruption d'autre chose [1].

La troisième absurdité est qu'il s'ensuivrait que ton père ne t'a pas engendré, ni rien de ta substance, puisqu'il n'a engendré ni ta matière ni ton âme intellective – au contraire celle-ci est créée par Dieu. Cependant rien d'autre ne fait partie de ta substance. Il s'ensuivrait en outre qu'il n'y aurait pas en l'homme de puissance nutritive, ni la puissance d'engendrer son semblable, ce qui est faux puisqu'Aristote dit que « l'homme, avec le soleil, engendre l'homme » [2].

De même il s'ensuivrait qu'un âne, en engendrant un âne, exercerait une opération plus noble qu'un homme engendrant un homme, ce qui semble absurde. La conséquence est patente puisque l'âne engendrerait une substance plus noble, à savoir l'âme sensitive, alors que l'homme n'engendrerait que des accidents puisque seul Dieu crée, engendre, et donne l'âme intellective.

De même on pourrait argumenter comme on le faisait dans la quatrième question du livre II à propos de l'âme végétative et de l'âme sensitive dans l'animal [3].

On soutient l'opposé, comme on argumentait dans cette quatrième question du livre II *De l'âme*, à savoir d'abord par l'autorité du Commentateur dans *La Substance de*

1. Voir citation *supra*.

2. Aristote, *Physique*, II, 2, 194 b 13, trad. p. 127 : « Car c'est un homme qui engendre un homme, et aussi le soleil » ; *A. L.* : « Homo enim et hominem generat ex materia et sol ».

3. Voir *Questions sur l'âme*, II, qu. 4, arguments « quod non », p. 177-179.

l'orbe [1]; deuxièmement, parce que l'homme serait plusieurs choses animées; troisièmement, parce que l'homme ne serait pas quelque chose d'un par soi; quatrièmement, parce que l'âme intellective serait une forme accidentelle; cinquièmement, parce que l'homme serait composé d'une bête et d'un intellect; sixièmement, parce que l'âme végétative dans le cheval serait plus noble que l'âme intellective en l'homme. Et on peut voir là toutes ces raisons et aussi d'autres qui convergent avec, comme le fait que l'on poserait en vain plusieurs âmes si tout pouvait être sauvé par une âme unique.

Dans cette question, je pose cette conclusion : il n'y a pas dans l'homme une âme intellective autre que l'âme sensitive, mais il s'agit de la même. Cela se prouve comme cela a été prouvé dans le livre II à propos de l'âme sensitive et de l'âme végétative dans l'animal [2].

Et je peux ajouter des raisons théologiques qui en la matière, pour moi, font grandement foi. L'une d'elles est que le fils de Dieu a assumé l'humanité dans sa totalité et son intégralité. C'est pourquoi, comme l'âme sensitive fait partie de l'intégralité de l'homme, il l'a assumée. Et il n'a rien perdu de ce qu'il a assumé. Donc dans la mort il ne l'a pas perdue, et ainsi dans la mort elle n'a pas été corrompue. Cependant, ceux qui disent qu'elle est substantiellement distincte de l'âme intellective disent qu'elle est corrompue dans la mort. Donc etc.

1. Averroès, *De substantia orbis*, dans *Aristotelis opera cum Averrois commentariis*, Venetiis apud Junctas, MDLXII, t. IX, f° 3 K-L : « Unum enim subiectum habere plus quam unam formam est impossibile ».

2. *Questions sur l'âme*, II, qu. 4.

De même l'auteur des *Psaumes* dit : « tu ne permettras pas que ton saint (c'est-à-dire le Christ) connaisse la corruption » [1] ; et cependant il aurait subi la corruption si son âme sensitive avait été corrompue dans la mort.

Donc, j'imagine que comme Dieu assiste le monde en totalité et en chacune de ses parties, principalement et sans distance, de même d'une certaine façon l'âme humaine assiste le corps humain en totalité et sans distance [2]. Ils diffèrent cependant, puisque Dieu n'est pas une forme inhérente au monde tandis que l'âme informe le corps humain et lui est inhérente. Et cette âme est dite intellective dans la mesure où elle est destinée à intelliger, sensitive dans la mesure où elle est destinée à sentir, végétative dans la mesure où elle destinée à nourrir, et motrice selon le lieu dans la mesure où elle destinée à mouvoir localement le corps, comme on l'a dit ailleurs [3].

Ainsi donc on peut répondre aux arguments.

Au premier, on répond que la même âme qui est sensitive et intellective utilise en tout acte de sentir qui est le sien un organe corporel, mais non en son acte d'intelliger. Et l'on nie qu'en l'homme l'âme sensitive soit étendue. Mais elle informe bien la matière corporelle et étendue, et elle a un acte de sentir qui est coextensif à l'organe corporel, comme il a été dit ailleurs [4]. On concède aussi qu'en l'homme l'âme sensitive est engendrée, c'est-à-dire créée par Dieu, et que les dispositions du corps requises pour sentir sont engendrées naturellement et tirées de la puissance

1. *Psaumes*, 16, 10.

2. L'âme humaine est ainsi présente au corps tout entière en tout et tout entière en chaque partie. Cette thèse est simplement illustrée par l'analogie classique avec la présence de Dieu au monde.

3. *Questions sur l'âme*, II, qu. 4.

4. *Questions sur l'âme*, II, qu. 9.

de la matière. Et l'on nie que l'âme sensitive de l'homme soit corrompue à la mort. Mais les dispositions corporelles requises pour sentir naturellement sont bien corrompues.

Concernant l'autre argument qui se fonde sur les jugements et appétits contraires, nous en parlerons dans une autre question.

Concernant l'autre, qui parle de la nutrition, on répond que comme l'âme intellective est engendrée dans la matière autrement que les autres formes (puisqu'elle n'est pas tirée de la puissance de la matière mais qu'elle est infusée d'une certaine manière surnaturelle), de même par conséquent il y a en l'homme un mode de nutrition autre que dans les autres vivants. En effet, il y a ici et là convenance et différence. Il y a en effet convenance puisque dans les deux cas la forme substantielle de l'aliment est corrompue, et dans la matière de l'aliment la forme substantielle, ou une partie de la forme substantielle du vivant qui est dit être nourri, commence à être. Et ainsi dans les deux cas quelque chose est produit, non pas absolument mais relativement, à savoir selon une prédication de troisième adjacent [1] puisque la matière est informée par une forme par laquelle elle n'était pas informée avant, à savoir par l'âme ou par une partie de l'âme. Mais il y a bien une différence, puisque dans les bêtes quelque chose de la forme substantielle est engendré, si bien qu'avant cela n'était pas, mais en l'homme rien d'autre que la forme substantielle, à savoir l'âme, n'est produit dans la matière, c'est-à-dire commence à être dans une matière en laquelle auparavant elle n'était pas. Et cela suffit à la nutrition puisque ainsi sont sauvées les quantités du corps, les formes

1. Une prédication *de tertio adiacente* est de la forme « A est B », à la différence d'une prédication *de secundo adiacente* telle que « A est ».

des membres et les autres dispositions qui conviennent à toutes les opérations de l'âme.

À l'autre argument on répond qu'il ne faut pas dans toute génération d'une forme substantielle qu'une autre soit corrompue absolument. Mais il faut que toute matière perdant une forme substantielle devienne une autre substance, et en en recevant une elle en perd une autre, s'il ne s'agit pas d'une opérations miraculeuse. Ainsi, en effet, une matière n'a pas en même temps plusieurs formes substantielles, et ne reste pas un temps sans forme substantielle.

Concernant l'autre argument, on concède qu'il n'y a pas en l'homme plusieurs formes substantielles mais une forme unique.

Et alors on répond aux absurdités qui semblent aller contre cela.

À la première, à savoir que l'homme serait perpétuel, il est répondu dans la sixième question de ce livre III [1].

À la deuxième, il a été dit comment il faut que la génération d'une chose soit la corruption d'une autre et inversement.

À la troisième, il me semble devoir être dit que dans la génération substantielle d'un homme, d'un cheval ou d'un âne, le père n'agit pas à proprement parler. Car je pose qu'aussitôt après l'émission de sperme, le père meurt : le fétus n'en sera pas moins engendré, et pourtant ce qui est corrompu ou annihilé n'agit plus. Et le père n'agirait pas plus s'il vivait que s'il était mort. C'est pourquoi dans la génération substantielle d'un animal, dans le temps où celui-ci est engendré substantiellement, le père n'agit en rien. Donc il n'est pas dit père parce qu'il produirait

1. Voir *supra*, p. 555-562.

proprement et substantiellement le fils, mais parce qu'il a produit la semence et il a émis ce qui agit et détermine la génération du fils, ou substantiellement ou par disposition. Ainsi, non seulement dans la génération de l'homme mais encore dans la génération du cheval, ni le cheval ni le sperme du cheval n'engendrent proprement et principalement un cheval ; ce n'est pas en effet le cheval car peut-être est-il mort, ni le sperme du cheval car il est d'une plus petite forme d'être [1], et ne peut pas donner plus que ce qu'il a. Mais ce qui engendre principalement, c'est le donateur des formes, qui est Dieu (que son nom soit béni !). Le père et le sperme sont comme des agents instrumentaux, disposant instrumentalement la matière pour recevoir ces âmes. De là, en ce sens et non pas en un autre, il me semble que l'homme engendre l'homme, et le cheval le cheval.

Et l'on répond pareillement à l'autre argument qui dit que l'âne effectue une opération plus noble en engendrant un âne que l'homme en engendrant un homme. Il apparaît en effet que cela est faux, puisque aucun d'eux n'est l'engendrant principal produisant l'âme, mais chacun émet de lui-même la semence, laquelle avec la chaleur naturelle de la mère, dispose la matière à recevoir l'âme. Or ce qui dispose à recevoir une âme intellective est beaucoup plus noble que ce qui dispose à recevoir l'âme d'un âne. C'est pourquoi aussi la semence de l'homme est plus noble, et d'une action plus noble, que la semence de l'âne.

1. *Minoris entitatis*.

Question 18

On demande, dix-huitièmement, si dans un homme un appétit est contraire à un autre appétit. Et je ne prends pas ici « appétit » pour la puissance appétitive de l'âme, mais pour l'acte d'appéter [1]. Et je n'entends pas chercher s'il est possible que dans un même homme adviennent successivement des appétits contraires, puisque de ceci l'on ne doute pas. Mais on doute qu'il soit possible qu'il y ait simultanément dans le même homme des appétits contraires.

On soutient que c'est le cas, d'après Aristote qui dit dans ce troisième livre : « mais que les appétits soient mutuellement contraires, cela arrive quand la raison et la concupiscence sont devenus contraires » [2]; et dans le premier livre de l'*Éthique* aussi, quand il dit : « le mouvement des incontinents est orienté vers les contraires » [3],

1. *Actu appetendi*. L'acte de désirer ou appéter (terme vieilli).

2. Aristote, *De l'âme*, III, 10, 433 b 5-6, trad. p. 247 : « Or c'est un fait que les appétits peuvent aussi se contrarier mutuellement, que cela se produit quand la raison et les désirs sont contraires » ; *A. L.* : « Quoniam autem appetitus fiunt contrarii ad inuicem, hoc autem accidit cum ratio et concupiscencie contrarie fuerint ».

3. Aristote, *Éthique à Nicomaque*, I, 13, 1102 b 21, trad. p. 97 : « c'est en effet en sens contraire que vont les impulsions des incontinents » ; *A. L.* : « ad contraria enim motus incontinencium ».

c’est-à-dire des inclinations et des appétits contraires. Et il y a une raison à cela puisque si aussi bien le continent que l’incontinent n’avaient pas des appétits contraires, il s’ensuivrait que le continent ne différerait pas de celui qui est simplement tempérant, et que l’incontinent ne différerait pas de celui qui est simplement intempérant, ce qui est faux, comme on peut le voir dans le septième livre de l’*Éthique* [1]. La conséquence est patente puisque le continent ne diffère de celui qui est simplement tempérant que par le fait que le tempérant s’écarte de la volupté malhonnête sans inclination vers le contraire; tandis que le continent ne le fait pas sans une inclination vers le contraire. Et de façon semblable, l’intempérant ne diffère de l’incontinent que parce que l’intempérant poursuit ce qui est honteux sans déplaisir tandis que l’incontinent le suit mais avec déplaisir en raison de la honte [2]. Et ainsi, l’incontinent a dans le même acte du plaisir et du déplaisir, qui sont des

1. Aristote, *Éthique à Nicomaque*, VII, 6, 1148 a 16-17, trad. p. 366 : « Toutefois si [l’incontinent et le tempérant, le continent et le tempérant] ont le même domaine, en revanche, ils n’ont pas la même attitude. Au contraire, les uns décident ce qu’ils font, mais les autres non » ; *A. L.* : « hii sunt quidem circa hec, set non similiter sunt, set hii quidem eligunt, hii autem non eligunt ». Le tempérant s’écarte du mal sans inclination vers lui, et s’en tient à ce que lui dicte la droite raison, tandis que le continent, quant à lui, résiste à l’inclination contraire ; *a contrario* donc, l’incontinent cède à l’appétit sensible alors qu’il use habituellement de la droite raison ; l’intempérant, est en revanche enclin à s’en écarter.

2. La *complacentia* (ou son contraire la *displacentia*) est la première réaction de la volonté face à un objet ; elle éprouve nécessairement un sentiment de plaisir ou de déplaisir, mais n’est pas pour autant contrainte d’accepter cet objet comme objet de volonté et se porter vers lui. La *complacentia*, mouvement de la volonté, ne doit évidemment pas être confondue avec la *delectatio*, plaisir sensible évoquée dans la question 20 sur le livre II.

appétits contraires. Et il en est ainsi de l'acte volontaire mixte, comme il est patent dans le troisième livre de l'*Éthique* [1]. En effet, un marchand, au moment d'une tempête, jetant ses marchandises à la mer afin que lui et les autres ne soient pas submergés, a dans cet acte du plaisir et du déplaisir, qui sont des appétits contraires. En effet, il est certain que, dans cet acte, il a un grand et intense déplaisir en raison du dommage, de telle sorte peut-être qu'inévitablement il s'en désole. Mais aussi, il ne ferait pas un tel acte si cela ne lui plaisait pas, puisque faire ou ne pas faire sont en son pouvoir.

De même les appétits animaux adviennent en nous au moyen d'une connaissance (en effet, en cela ils diffèrent des appétits naturels [2]), c'est pourquoi il est rationnel que,

1. Aristote, *Éthique à Nicomaque*, III, 1, 1110 a 9-11, trad. p. 132 : « Et une situation semblable se produit encore dans le cas de cargaisons jetées par dessus bord dans les tempêtes : à voir en effet les choses simplement, personne, dira-t-on, ne se débarrasse de son plein gré de sa cargaison, mais pour son propre salut et celui du reste de l'équipage » ; *A. L.* : « Tale autem aliquid accidit et circa eas que in tempestatibus eiecciones. Simpliciter quidem nullus esset voluntarius. In salute autem sui et aliorum omnium, intellectum habentes ».

2. L'inclination naturelle est une tendance instinctive sans aucune représentation ; l'appétit animal suppose au contraire une représentation. Voir Jean Buridan, *Questiones super decem libros Ethicorum*, I, qu. 5, Parisiis, 1513, f° 5rb : « Dicendum quod triplex est appetitus, scilicet naturalis, sensitivus et intellectivus. Naturalis est inclinatio cuiuscumque potentia naturalis, sive active sive passive, ad actum sibi proprium et convenientem, quam quidem inclinationem habet ex natura sibi propria absque preveniente cognitione ; et sic intellectus inclinatur ad intelligere etiam antequam intelligat et voluntas ad velle etiam antequam velit. Appetitus sensitivus est inclinatio in rem sensatam mediante iudicio sensus de eius bonitate vel malicia. Appetitus autem intellectivus qui vocatur proprio nomine volitio, seu voluntas pro volitione accepta, est inclinatio in rem intellectam mediante iudicio intellectus de eius bonitate vel malitia ».

si dans un homme se trouvent en même temps des connaissances contraires et des jugements contraires, en lui puissent aussi se trouver en même temps des appétits contraires. Mais on voit que des connaissances contraires, qu'elles soient complexes ou simples, comme des propositions contraires et des termes contraires, peuvent se produire en même temps dans un homme, sinon nous ne pourrions pas former une proposition hypothétique à partir de catégoriques contraires. Bien plus aussi, adviennent en nous des apparences [1] contraires et des jugements contraires : par exemple que selon la vue, le soleil t'apparaisse de la taille d'un pied, quoique selon la raison tu saches qu'il est plus grand que toute la terre ; de même en croisant les doigts, une pierre te paraîtra double, et selon la vue tu sais qu'elle est unique ; et pour chaque partie d'une question tu as souvent des arguments probables, dont chacun produit une apparence de vérité, jusqu'à ce que tu obtiennes la solution.

De même à propos d'une certaine chose qui nous est montrée à présent, il serait possible qu'elle doive être acceptée et recherchée, si elle ne conduisait pas à un dommage futur ; mais en raison d'un dommage futur elle doit être rejetée et fuie. Puisque donc l'intellect considère ce futur, et les sens seulement le présent, il est rationnel que l'homme en même temps juge selon les sens que cette chose doive être recherchée, et que selon l'intellect il juge qu'elle doive être fuie. Et ceci, Aristote le signale de le troisième livre de ce *Traité*, en disant que « l'intellect ordonne de résister en raison du futur, alors que la

1. L'*apparentia* est ce qui nous apparaît, non pas comme opposée à la vérité, mais comme apparition ou phénomène. Un peu plus bas, Buridan expliquera comment se rapportent l'un à l'autre apparence, jugement et proposition.

concupiscence ordonne en raison de l'immédiat. En effet, il semble que ce qui est bon immédiatement est délectable absolument et absolument bon »[1].

On soutient l'opposé puisque si des appétits contraires ou des jugements contraires se trouvaient en même temps dans un homme, il suivrait que les contraires seraient en même temps dans le même sujet et selon le même aspect, ce qui est contre-nature et contre la condition des contraires. Et la conséquence est patente, puisque ces appétits et ces jugements seraient dans l'âme, qui est une et indivisible, selon ce qui a été déterminé auparavant.

Il faut noter que, bien que nous prenions parfois « apparence » au sens large, en tant que communément elle s'étendrait à toute connaissance, cependant, quand on prend le terme au sens propre, une grande différence doit être posée entre la proposition, l'apparence et l'assentiment. Tu peux en effet former la proposition ou l'apparence qu'il en est ou qu'il n'en pas ainsi, par exemple que les astres sont pairs, puisque tu n'as aucun argument en faveur de cette partie-ci ou de l'autre, qui soit à même de causer une apparence à propos d'une partie, plutôt que de l'autre. Et enfin, l'apparence peut aussi être sans assentiment. En effet, pour quiconque se regarde dans un miroir, son image apparaît au fond du miroir quoique nous sachions qu'il

1. Aristote, *De l'âme*, III, 10, 433 b 7-10, trad. p. 247 : « L'intelligence, en effet, commande de se réfréner à cause de l'avenir, tandis que le désir opère en raison de l'immédiat, car l'agrément immédiat lui paraît et simplement agréable et bon simplement du fait qu'il ne voit pas l'avenir » ; *A. L.* : « intellectus quidem enim propter futurum retrahere iubet, concupiscencia autem propter ipsum iam ; uidetur enim quod iam delectabile et simpliciter delectabile et bonum simpliciter, propterea quod non uidetur quod futurum ».

n'en est pas ainsi. Donc, nous ne donnons pas notre assentiment à ces apparences mais nous leur refusons. Et celui qui touche une pierre en croisant les doigts, selon le toucher il lui advient bien l'apparence qu'il y a deux pierres, et pourtant il sait véridiquement qu'il n'y en a pas deux. Ainsi, également, les arguments probables pour l'intellect en faveur des parties opposées produisent en même temps les apparences de propositions contraires, mais nous ne donnons pas notre assentiment aux deux. On a dit aussi dans la question 16 de ce troisième livre [1] que les propositions ne sont pas dites contraires parce qu'il serait incompatible qu'elles soient en même temps dans un même sujet, mais parce qu'il est incompatible qu'elles soient vraies en même temps. Mais les assentiments à ces propositions contraires seraient contraires non seulement parce qu'il est incompatible qu'elles soient vraies en même temps, mais aussi parce qu'il est incompatible qu'ils soient en même temps dans un même sujet. C'est pourquoi un homme peut avoir en même temps des propositions contraires, mais il ne peut pas avoir en même temps des assentiments contraires, que ce soit selon des concepts divers, ou selon les sens et l'intellect. Mais les apparences de propositions contraires sont dites aussi contraires, soit parce qu'elles portent sur des propositions contraires, soit parce que si elles étaient indépendantes, elles seraient aptes à produire des assentiments contraires. Or, elles ne peuvent pas les produire en même temps dans le même sujet ; ainsi, bien que la lumière du soleil reçue dans l'air soit calorifère, et qu'une certaine autre influence du ciel reçue dans le même air soit frigorifère, cependant, elles ne peuvent pas en même temps réchauffer et refroidir la même chose.

1. *Supra*, p. 678-679.

Je dirai donc que les apparences ne sont pas contraires parce qu'il est incompatible qu'elles soient en même temps dans le même sujet, mais elles sont dites contraires comme les propositions, à savoir parce qu'il est incompatible qu'elles soient vraies en même temps ; ou bien elles sont dites contraires parce qu'elles produisent des assentiments contraires, comme on l'a dit de la lumière et de la puissance frigorifère. C'est pourquoi rien n'empêche que dans un même homme il y ait en même temps des apparences contraires selon l'intellect. Si donc tu veux appliquer le nom « jugement » aux apparences, je dis qu'il est possible que des jugements contraires se trouvent en même temps dans le même sujet. Mais si tu veux restreindre ce nom à l'assentiment, je dirai que c'est impossible.

Maintenant, il faut en venir à l'appétit. Et je dis que, l'appétit n'est pas consécutif à la simple formation d'une proposition, mais il est consécutif à l'apparence que c'est bon ou mauvais, à chercher ou à fuir, et encore plus à l'assentiment. Mais l'appétit qui est consécutif à l'apparence que c'est bon est appelé amour ou plaisir, et celui qui est consécutif à l'apparence que c'est mauvais est appelé haine ou déplaisir. Et on a coutume de dire que ces appétits sont les premiers mouvements de l'appétit lui-même, et ils ne sont pas contraires au sens où il serait incompatible qu'ils soient en même temps dans le même sujet, pas plus que les apparences auxquelles ils sont consécutifs. De là, il est manifeste que celui qui jette ses marchandises à la mer a dans cet acte un grand déplaisir en raison de l'apparence du dommage, et pourtant il lui plaît en raison de l'apparence de son salut et de celui des autres. Mais ces actes d'appétits, à savoir le plaisir et le déplaisir à propos du même sujet, on les appelle des contraires de façon attributive, puisqu'ils sont consécutifs à des apparences contraires (parce que je pense que ceci est bon et que cela est mal), ou encore parce qu'ils seraient à même, s'ils étaient indépendants, de produire des appétits vraiment contraires, comme on va le voir tout de suite.

Je dis donc qu'est consécutif à l'assentiment, ou au jugement de ceux qui assentissent, un autre acte d'appétit, qui n'a pas proprement de nom qui lui soit attribué, mais que l'on a coutume d'appeler appétit efficace, puisque de lui suit aussitôt une recherche ou une fuite actuelle, s'il ne se trouve pas quelque chose pour l'empêcher, ou un défaut des instruments requis pour le mouvement de recherche ou de fuite. Par exemple, si un homme donne son assentiment de façon déterminée au fait que A doit être recherché par lui, aussi surgit un appétit efficace dont suit la recherche. Et cet acte d'appétit, certains l'appellent « acceptation » [1]. En effet, les noms signifient à plaisir. Et de la même façon, si un homme donne son assentiment de façon déterminée au fait que A doit être fui par lui, aussitôt s'ensuit un appétit efficace en vue de fuir, que certains appellent « rejet ».

Mais ces propos doivent être nuancés relativement à la volonté, puisque l'on peut passer à un tel acte en raison de sa liberté, bien que par l'intellect on doive juger avec assentiment que A est bon et doit être recherché, ou est mauvais et doit être fui. Mais l'appétit qui n'est pas libre se précipite aussitôt dans la recherche, selon ce qui doit être déterminé ailleurs [2].

1. Sur ces différents actes de la volonté, voir Buridan, *Qu. Eth.*, III, qu. 3.

2. Sur les différents appétits (naturel, sensible et intellectuel) voir Buridan, *Questions sur l'Éthique*, livre I, qu. 4, f° 5vb, cité *supra*; voir également dans le livre VII les questions sur l'incontinence, notamment la question 8, où la volonté apparaît comme pouvant suspendre le mouvement naturel ou sensitif.

Je dis donc que, relativement au même objet, l'appétit efficace qui accepte, en tant qu'il est à même de produire un agrément avec l'assentiment, et l'appétit efficace qui rejette, en tant qu'il est à même de produire un désagrément avec l'assentiment, sont vraiment contraires l'un à l'autre et il n'est pas possible qu'ils se trouvent en même temps dans un homme ou un intellect.

Et il apparaît que selon ces propos, les arguments ajoutés ici et là au début de la question concluent à leur manière.

QUESTION 19

On demande dix-neuvièmement si la nature fait quelque chose en vain, ou si parfois elle est en défaut dans les choses nécessaires [1].

Et on soutient qu'elle fait quelque chose en vain, puisqu'elle fait parfois un sixième doigt sur une main, doigt qui est vain puisqu'il n'est d'aucune utilité. Au contraire, il serait plus utile et meilleur qu'il y en ait seulement cinq.

De même, est dit vain ce qui est ordonné à une fin qu'il n'atteint pas. Or la nature fait de nombreuses choses ainsi, puisque souvent elle fait des pieds qui ne marcheront jamais, des yeux qui ne verront jamais, et ainsi de suite. Donc etc.

1. Cette question, qui semble loin du sujet principal du livre III, est soulevée à l'occasion d'un passage du chapitre 9, 432 b 21-22, trad. p. 242 : « Si donc la nature ne fait rien en vain, ni ne néglige quoi que ce soit de nécessaire, sauf dans le cas des êtres atrophiés et dans celui des êtres incomplets » ; *A. L.* : « Si igitur natura non facit frustra nichil, neque deficit in necessariis, nisi in orbatis et inperfectis ». L'adage selon lequel « la nature ne fait rien en vain » est devenu représentatif d'un finalisme un peu simpliste ; en réalité, on voit dans les arguments qui suivent que la complexité de la nature est prise en compte. Buridan expose plus précisément les liens entre cause efficiente et cause finale dans sa *Physique*.

De même, la nature fait en vain les vers, les araignées et autres choses de cette sorte, puisque celles-ci nuisent plus qu'elles ne sont de quelque utilité. C'est pourquoi nous nous efforçons de les tuer, autant que nous le pouvons.

De même, la nature est souvent en défaut dans les choses nécessaires, puisque par exemple elle ne fait pas de pieds ou de tibias à un homme, et souvent en raison du manque de ce qui est nécessaire un fœtus ne peut parvenir à son terme, au contraire il meurt dans l'utérus.

De même, Aristote concède dans le livre II de la *Physique* que dans les opérations de la nature des erreurs arrivent [1]. Or, celles-ci proviennent soit d'un superflu, soit d'un manque. Si donc c'est d'un manque, alors elle manque dans les choses nécessaires. En effet, on appelle « nécessaire » ce sans quoi quelque chose ne peut pas bien se comporter (puisqu'il n'est pas question ici du nécessaire absolument [2]). Mais si c'est une erreur provenant du superflu, alors c'est vain, du fait que c'est du superflu.

1. Aristote, *Physique*, II, 8, 199 b 1-4, trad. p. 153 : « Si donc parmi les produits de l'art il en est dans lesquels ce qui est correct est en vue de quelque chose, et si pour ceux qui sont erronés ils ont été entrepris en vue de quelque chose qui a été manqué, il devrait en aller de même dans les réalités naturelles ; c'est-à-dire que les monstres sont des erreurs par rapport à cet en vue de quelque chose » ; *A. L.* : « Si igitur sunt quedam secundum artem in quibus quod recte fit propter aliquid fit, in quibus autem peccatur alicuius quidem gratia esse argumentatur sed fallit, similiter utique et in phisicis, et monstra sunt peccata illius quod propter aliquid est ».

2. Comme Buridan va le préciser plus bas, l'interrogation ne peut pas en effet porter sur ce qui est nécessaire absolument, c'est-à-dire ce qui ne peut pas ne pas être (à supposer qu'il y en ait en dehors de Dieu) ; elle porte sur ce qui est nécessaire pour que quelque chose existe ou accomplisse une opération.

De même, le hasard est la même chose que la nature, comme on le lit dans le livre II de la *Physique* [1], et cependant du hasard proviennent le manque dans les choses nécessaires et l'abondance dans les choses superflues. Donc, etc.

Aristote affirme l'opposé ici [2] et dans le premier livre du *Traité du Ciel*. En effet, il dit : « Dieu et la nature ne font rien en vain » [3].

Il faut noter que nous avons coutume de qualifier quelque chose de « vain » de deux façons : en un sens, parce qu'il n'est d'aucune utilité ni d'aucune bonté, soit absolument, soit pour nous ; en un autre sens, parce qu'il est ordonné à une fin et qu'il ne l'atteint pas.

Il faut noter aussi que, ici, nous ne nous interrogeons pas sur le nécessaire absolument, à savoir ce qui ne peut pas ne pas être, ou qui ne peut se comporter autrement, puisqu'il est manifeste qu'un tel nécessaire ne peut faire défaut. Mais nous nous interrogeons sur ce qui est nécessaire pour une utilité sans laquelle une chose ne peut pas être bien, ni bien se comporter. Par exemple, nous dirions que les pieds et les yeux sont nécessaires à l'homme afin de marcher et de voir, puisque sans eux il ne peut pas bien marcher ni voir.

1. Aristote, *Physique*, II, 6, 198 a 5-6, trad. p. 144 : « Mais puisque la spontanéité et le hasard sont causes des choses dont soit la nature soit l'esprit pourraient être responsables, quand l'un des deux est cause de ces choses par accident » ; *A. L.* : « Quoniam autem sunt casus et fortuna cause quorum utique aut intellectus fiat causa aut natura, cum secundum accidens causa aliqua fiat horum ipsorum ». Voir Buridan, *Quaestiones super octo libros Physicorum*, II, qu. 10, vol. I, p. 316-321 : « Utrum casus et fortuna sint causae agentes ».

2. Voir *supra*, citation, n. 1, p. 703.

3. Aristote, *Du ciel*, I, 4, 271 a 33, trad. p. 93 : « or le dieu et la nature ne font rien en vain » ; *A. L.* : « Deus autem et natura nichil frustra faciunt ».

Mais de ceci quelqu'un inférera aussi que la nature est grandement en défaut dans les choses qui nous sont nécessaires, puisqu'elle ne nous donne pas de vêtements et de chaussures, ni de nourriture et de maison, sans lesquels pourtant nous ne pouvons pas bien vivre. Bien plus, il est requis que nous achetions de telles choses, et pourtant elle ne nous donne pas d'argent pour les acheter.

Solution : il faut dire qu'elle nous donne des membres, la sensation, la raison, et toutes les forces par lesquelles nous pouvons acquérir de telles choses pour nous-mêmes, excepté si l'on en est privé [1]. Cela doit suffire. Et cela n'est pas être en défaut dans les choses nécessaires. Mais si nous qui sommes vigoureux et complets, nous ne voulions pas agir en vue d'acquérir de telles choses, et que par là nous vivions mal et dans le manque, ce manque serait de notre fait, et non de celui de la nature, et il faudrait nous l'imputer.

Maintenant, donc, il faut poser des conclusions

La première est que rien n'est complètement et absolument vain, étant donné qu'il n'est rien qui ne soit bon, puisque voulu par Dieu. En effet, il n'est rien qui ne soit produit ou conservé par Dieu. Et Dieu, par son intellect et sa volonté, produit et conserve tout ce qu'il produit, ainsi que tout ce qui est ordonné à une fin, à savoir à Dieu qui est la cause finale de toutes choses. Et toutes choses atteignent d'une certaine façon cette fin, puisque les choses naturelles atteignent cette fin qui est Dieu, s'assimilant à lui [2]. Et tout étant, autant qu'il a d'être, participe par similitude à Dieu lui-même, qui est pleinement et à titre premier. Ainsi donc, Dieu ne fait rien en vain puisqu'il ne

1. On peut être privé accidentellement de tel ou tel membre, organe ou faculté utiles à la vie.

2. Autant qu'il est en leur nature.

fait rien qui ne soit bon. En effet, il ne fait rien qui ne soit ordonné par finalité à lui et qui ne l'atteigne par assimilation, de la façon que l'on a dite auparavant.

La deuxième conclusion est que de nombreuses choses sont pour nous vaines et superflues [1], puisque de nombreuses choses sont mauvaises pour nous et ne sont d'aucune utilité, comme les vices, les infirmités, et les choses de cette sorte, ou puisqu'elles sont destinées à être ordonnées par nous à des fins appropriées auxquelles nous ne les ordonnons pas, comme le paresseux le fait pour les forces corporelles, et l'avare pour l'argent. Bien plus, l'habileté, ainsi que l'âme elle-même et le corps, seraient en vain pour nous si nous ne les ordonnions pas à des actes vertueux. Beaucoup de nos opérations sont souvent faites par nous en vain, aussi, du fait que nous ne pouvons pas parvenir à la fin à laquelle nous les avions ordonnées ; par exemple si je vais au marché seulement pour acheter du blé et que je ne trouve rien, alors cette sortie ou cette marche sont vaines pour moi. Ainsi donc, nous faisons de nombreuses choses en vain, soit parce qu'elles ne sont pas bonnes pour nous mais mauvaises, soit parce que nous ne parvenons pas à la fin pour laquelle nous les faisons.

La troisième conclusion est que non seulement en nous, mais aussi dans les autres choses naturelles, nous trouvons de nombreuses choses vaines et superflues, puisqu'elles ne conviennent pas entre elles, mais disconviennent, comme la chaleur pour l'eau et une pluie trop forte pour le blé, ou puisqu'elles ne parviennent pas à la fin à laquelle tendait la nature, par exemple si les fleurs, en raison du froid, sont

1. Le texte porte ici *tamen*, « cependant », auquel je ne vois pas de sens ; Buridan fait suivre son affirmation de deux explications (ou illustrations) possibles.

détruites et ne viennent pas à fructification ; et de la même façon, la formation du fœtus dans l'utérus, s'il ne vient pas à la vie ; et plusieurs choses de cette sorte. Donc, ainsi, il est manifeste que la nature fait beaucoup de choses en vain, pour elle et pour celui qui possède telle nature.

La quatrième conclusion est que la nature est souvent en défaut dans les choses nécessaires, de sorte qu'elle fait de nombreux corps naturels auxquels manquent des membres ou certaines dispositions qui seraient requis ou requises pour être bien, ou pour la permanence de ce qui en découle, par exemple si elle faisait un homme sans pieds ou sans yeux, ou si elle faisait un fœtus sans le mener à vivre jusqu'à la naissance en raison d'un manque, comme on l'a expliqué auparavant.

La cinquième conclusion est celle qu'entend Aristote selon moi : aucune nature agente dépourvue de connaissance ne produit quelque chose de vain ou de superflu, ou quelque chose de défectueux selon sa propre espèce, à moins que ceci ne provienne d'un défaut ou d'une inaptitude de ses dispositions instrumentales, ou d'une disposition inappropriée de la matière, ou du concours d'autres agents ou d'empêchements extrinsèques. Et la cause en est que en agissant, elle est dirigée par un Dieu infaillible et prévoyant [1], comme on doit le voir dans la *Métaphysique* [2]. Et en raison

1. Littéralement : connaissant (par opposition à la nature « aveugle »).

2. Aristote, *Métaphysique*, A, 2, 983 a 8-9, trad. p. 78 : « En effet, de l'avis de tous, le dieu est au nombre des causes et il est un certain principe, et le dieu, lui seul ou lui surtout, pourra posséder une telle science » ; *A. L.* : « deus enim uidetur causarum omnibus esse et principium quoddam, et talem aut solus aut maxime deus habet » ; voir Buridan, *Qu. Metaph*, XII, 13, f°s 75rb-76rb : « Utrum Deus intelligat se omnia alia a se ».

de ces causes, il se produit des erreurs [1] dans les opérations de la nature, des monstruosités et des manques, comme on doit le voir dans le second livre de la *Physique* [2].

Il faut noter qu'en cela l'action de la nature sans connaissance diffère de l'action humaine par l'intellect et la volonté. En effet, souvent, en agissant nous péchons puisque nous jugeons de façon erronée. Et ceci se produit communément dans le jugement malicieux ; en effet, il corrompt le jugement de la raison et conduit à mentir à propos des principes pratiques, comme on le soutient dans le livre VI de l'*Éthique* [3].

Concernant les arguments ajoutés au début de la question, il apparaît qu'ils ne concluent pas contre nos propos. Et Aristote non plus n'a pas dit de façon absolue que la nature ne fait rien vain, et n'est pas en défaut dans les choses nécessaires, mais il a ajouté « si ce n'est dans les êtres incomplets » [4].

1. *Peccatum*.
2. Voir *supra*, n. 1, p. 704.
3. Aristote, *Éthique à Nicomaque*, VI, 13, 1144 a 34-35, trad. p. 339 : « car la méchanceté pervertir et produit l'erreur [Tricot : induit en erreur] concernant tout ce qui sert de point de départ à l'action » ; *A. L.* : « pervertit enim malicia et mentiri facit circa practica principia » – c'est l'Aristote latin qui introduit le terme « mentir ».
4. Voir *supra*, n. 1, p. 703.

QUESTION 20

On demande, vingtièmement et pour finir, si la puissance motrice animale selon le lieu est végétative, sensitive, intellective, ou appétitive, ou si elle est une autre puissance de l'âme en plus de celles-ci [1].

Et on soutient qu'elle n'est pas végétative, puisque alors elle conviendrait aux plantes, ce qui est faux puisque les plantes restent toujours au même lieu, fixées à la terre, à moins qu'on ne les en retire par violence.

Mais certains chicanent en disant que, bien que les plantes aient une âme motrice, cependant elles ne se meuvent pas parce que leur font défaut les instruments requis pour le mouvement, comme des pieds, des ailes, ou d'autres de cette sorte.

Contre cette chicane, on objecte qu'une nature parfaite en son espèce ou en son genre, et qui n'est pas empêchée, ne fait pas quelque chose en vain, et n'est pas en défaut dans ce qui est nécessaire [2]. C'est pourquoi dans aucune chose naturelle, considérée selon l'espèce tout entière, on ne trouve de manque dans les choses nécessaires, ni

1. Aristote, *De l'âme*, III, 9, 432 a 17-19, trad. p. 240 : « mais, concernant le principe moteur, la question de savoir quelle partie de l'âme peut bien remplir cette fonction est une question qui mérite examen » ; *A. L.* : « de mouente autemquid forte anime sit, speculandum est ».

2. Voir la discussion de la question précédente.

d'abondance des les superflues, bien que cela se trouve en certains suppôts [1]. Or, s'il y avait une puissance motrice dans les plantes, celle-ci serait vaine dans tout le genre des plantes, puisqu'elle ne pourrait pas effectuer l'opération à laquelle elle est ordonnée selon une cause finale, et il y aurait dans tout le genre des plantes un manque dans ce qui est nécessaire, à savoir dans les instruments requis pour l'action de cette puissance, en l'occurrence pour le mouvement local. Donc etc.

On soutient l'opposé puisque chaque fois que chez les animaux toutes les autres puissances de l'âme cessent leurs opérations à l'exception de la puissance végétative, comme dans le cas d'un sommeil parfait [2], on constate des mouvements locaux des membres principaux, comme le mouvement du cœur pour le pouls, et celui du poumon pour la respiration. Ces mouvements se font donc au moyen de la puissance végétative.

Ensuite on soutient que cette puissance motrice n'est pas la puissance sensitive, puisque alors il s'ensuivrait qu'on la trouverait chez tous les animaux, ce qui est faux puisqu'il y a des animaux, comme les huîtres et les moules, qui considérées selon leurs espèces tout entières, sont sans mouvement et fixés à la terre par des racines comme les plantes.

De même, les hommes continents se meuvent contre le jugement des sens, comme si donc un tel mouvement n'était pas par soi un acte de la puissance sensitive [3].

1. Certains individus de cette espèce.

2. Sans rêve.

3. Dans la question 18 sur ce livre III, Buridan, à la suite d'Aristote, a souligné que la continence se distingue de la tempérance en ce que la première implique un appétit sensible pour un mal auquel la raison résiste.

Mais on soutient l'opposé puisque c'est à tous les animaux et seulement à eux que convient la puissance sensitive. C'est pourquoi ce qui est propre aux animaux doit être attribué à la puissance sensitive. Or le mouvement local, par soi, portant successivement vers les parties contraires, est propre aux animaux. En effet, cela convient à tous les animaux, par exemple de marcher, tantôt ici tantôt là. Bien plus, dans le cas des animaux moins parfaits et fixés à la terre, comme les huîtres et les moules, il leur convient de se mouvoir tantôt en se dilatant et en s'ouvrant, tantôt en se contractant et en se fermant. Et ceci ne convient pas à d'autres choses qu'aux animaux.

Ensuite, on soutient qu'il ne s'agit pas de la puissance intellective, puisque, alors, elle ne conviendrait pas aux bêtes, mais seulement aux hommes, ce qui est faux.

De même, l'incontinent se meut selon le jugement des sens, délaissant le jugement de la raison et de l'intellect, comme si l'intellect n'était pas ce qui donne lieu à de tels mouvements.

On soutient l'opposé à propos des continents qui se meuvent contre le jugement des sens, et qui agissent selon la raison. Et surtout les vertueux, qui sont les hommes les plus nobles et les plus excellents, font tout avec raison et ne font rien contre elle. Et une dénomination doit être faite absolument à partir de ce qui est principal et plus noble.

Enfin, on soutient qu'il ne s'agit pas de la puissance appétitive, puisque l'appétitive n'est rien d'autre que l'intellective s'il s'agit de l'appétit intellectuel, ou la sensitive s'il s'agit de l'appétit sensuel. En effet, Aristote dit que « l'appétitive et la fugitive ne diffèrent pas l'une de l'autre, ni de la sensitive » [1]. Mais on a montré que cette

1. Aristote, *De l'âme*, III, 7, trad. p. 235 : « Il n'y a pas de différence entre les facultés d'appétit et d'aversion; elles ne se

puissance motrice n'est ni sensitive ni intellective. Donc, etc.

On soutient l'opposé d'après le livre IX de la *Métaphysique*, où il est dit que « ce qu'il désire de façon principale, il le fera »[1].

En commençant autrement qu'Aristote commence ici, disons qu'il se trouve que les êtres animés et leurs membres se meuvent de mouvements fort différents[2] et fort nombreux : en premier lieu, selon la contrainte de l'élément déterminant – en effet, si un animal était en hauteur sans être retenu, il tomberait en bas comme une pierre ; en deuxième lieu, il peut être traîné et poussé par violence ; en troisième lieu, aussi, il est altéré par un élément extrinsèque, par exemple s'il est chauffé par le feu. Et il est manifeste que ces mouvements ne sont pas attribués aux puissances de l'âme. Enfin, les êtres animés sont mus par le mouvement de la nutrition et de la croissance, auxquelles de nombreux types de mouvements concourent, comme l'absorption des aliments, la décoction des aliments, l'assimilation des aliments par les membres, la digestion par altération, et la conversion de la nourriture en substance de celui qui est nourri. Et de tels mouvements sont attribués à l'âme selon la puissance végétative. Mais parmi les animaux des espèces plus parfaites, le cœur est mû par un mouvement de dilatation et de contraction afin de transmettre les esprits vitaux à travers tout le corps, et une même

distinguent ni l'une de l'autre ni de la faculté sensitive » ; *A. L.* : « Et non alterum appetitiuum et fugitiuum neque ab inuicem neque a sensitiuo »

1. Aristote, *Métaphysique*, Θ, 5, 1048 a 12-13, trad. p. 303 : « En effet, quel que soit celui des deux contraires qu'on désire, après en avoir décidé on le produira » ; *A. L.* : « Quod enim desiderabit principaliter, hoc faciet ».

2. Lire *diversis* au lieu de *divisis*.

impulsion a lieu à travers chaque membre. Et ce mouvement est attribué à la puissance végétative puisqu'il se produit quand nous dormons et que nous n'en avons pas connaissance, comme quand nous en avons connaissance.

Il est vrai cependant que parfois ce mouvement est de quelque façon empêché : soit il est retardé, soit il est accéléré par des appréhensions sensitives causant des passions de l'appétit sensitif, telles que la colère, la peur, le plaisir, la tristesse, et d'autres de cette sorte. Et de ce point de vue, ce mouvement est bien attribué à la puissance sensitive et à la puissance appétitive qui concourent à l'opération de la végétative.

Ensuite, dans le cas des animaux sanguins, certaines parties se meuvent en vue du refroidissement du cœur, comme les branchies chez les poissons et le poumon chez les animaux qui respirent. Et ce mouvement est attribué à la puissance végétative, puisque ce mouvement est en nous-mêmes quand nous dormons et que nous ne connaissons rien. Mais cependant, la puissance cognitive et l'appétitive peuvent diversifier ce mouvement, et la nature nous a donné ceci afin de vociférer [1] comme nous le voulons, de même aussi que nous bougeons les lèvres, les dents et la langue par les sens et l'appétit sensitifs afin de manger et de parler.

De même, les animaux fixés à la terre et vivants par des racines se meuvent par les sens et l'appétit au moyen d'un mouvement de dilatation et de contraction. En effet, s'ils appréhendent quelque chose qui leur convient, ils

1. Vociférer, littéralement porter la voix : c'est le terme employé par Buridan pour caractériser l'expression de la faculté langagière qui caractérise l'homme : voir *Summulae de propositionibus*, I. 1 4, p. 14.

s'ouvrent en vue de l'entourer, et s'ils appréhendent quelque chose qui ne leur convient pas, ils se ferment en vue de le repousser.

Quant aux autres bêtes, elles se meuvent par les sens et l'appétit sensitif d'un lieu à un autre qui en est distant. Et alors ces bêtes, par les sens et l'appétit sensitif, meuvent aussi des nerfs et des membres, par les mouvements requis pour le déplacement de ces mêmes animaux d'un lieu à l'autre. De là, divers organes corporels sont requis en vue de divers mouvements, comme les pieds pour marcher et les ailes pour voler, organes dont on doit traiter plus particulièrement dans le livre *Sur les animaux* [1].

Mais les hommes exercent ces mouvements parfois par les sens et l'appétit sensitif, parfois non mais par l'intellect et la volonté. En effet, le plus souvent ils suivent le jugement des sens comme les bêtes, en ne raisonnant presque pas. Et parfois, tout en raisonnant, ils délaissent le jugement de la raison et suivent les sens, comme le font les incontinents ; mais parfois, délaissant le jugement des sens ils suivent la raison, comme le font les continents et les vertueux. Ainsi, il apparaît qu'un homme, par de tels mouvements, n'est pas mû toujours par les sens et l'appétit sensitif, ni toujours par l'intellect et l'appétit intellectif, mais toujours par celui-ci ou par celui-là.

Et puisqu'Aristote, dans ce troisième livre, entendait traiter du mouvement local animal de cette sorte, à savoir d'un lieu à un autre lieu éloigné, on peut conclure rationnellement que dans tout mouvement animal de cette sorte, selon le lieu, la puissance motrice est la puissance

1. Voir Aristote, *Des parties des animaux*, IV, 12, 694 a 26 - b 12, trad. P. Louis, Paris, Les Belles Lettres, 2002, p. 156 ; *A L.*, 17. 2. 4, *De partibus animalium*, transl. Guillelmus de Moerbeka.

cognitive et la puissance appétitive [1]. Et puisque la faculté cognitive et la faculté appétitive sont mues par le connaissable et le désirable, pour cette raison Aristote conclut enfin que le premier moteur de l'animal, selon le lieu, est le connaissable et le désirable [2]. Ensuite, quand un homme est mû selon la raison et l'intellect, Aristote montre aussi quelle raison le meut et laquelle ne le meut pas, en disant que la raison spéculative ne meut pas, puisqu'elle ne conclut pas qu'il faut faire ou ne pas faire quelque chose, qu'il faut rechercher ou fuir quelque chose. Ensuite, la raison universelle pratique ne meut pas non plus. Par exemple quand on argumente : il faut toujours bien agir, lorsque en désirant on agirait justement [3] ; or agir justement, c'est bien agir correctement ; donc il faut agir justement. Moi, je ne suis pas mû par cet argument. Mais la raison pratique qui descend aux singuliers est celle qui meut [4]. Par exemple, si j'argumente ainsi : un fiévreux

1. Aristote, *De l'âme*, III, 10, 433 a 13, trad. p. 244 : « Ce sont donc là ensemble les deux principes de nature à imprimer le mouvement local : l'intelligence et l'appétit » ; *A. L.* : « Vtraque ergo hec motiua secundum locum, intellectus et appetitus ».

2. Aristote, *De l'âme*, III, 10, 433 a 21, trad. p. 245 : « Il n'y a donc qu'une seule chose à jouer au départ un rôle moteur : c'est l'objet de l'appétit » ; *A. L.* : « Vnum igitur mouens, quod appetibile ». Mais dans tout le passage (433 a 13-30) Aristote combine l'objet de l'appétit avec la représentation d'un bien ou d'une apparence de bien – de façon plus complexe que le résumé donné ici par Buridan.

3. Le passage ne me semble pas très clair.

4. Aristote, *De l'âme*, III, 10, 434 a 17-20 trad. p. 251 : « Du reste il faut distinguer, d'une part, l'idée qui exprime le général et, d'autre part, celle qui exprime le particulier. La première dit qu'on doit accomplir tel genre d'action, et la seconde que ceci constitue maintenant ce genre d'action et que moi, j'ai la qualité pour l'accomplir. Par conséquent cette dernière opinion suffit pour imprimer le

assoiffé doit boire une tisane ; je suis un fiévreux assoiffé, et ceci est une tisane ; aussitôt je serai poussé à boire, si rien ne m'en empêche. Et s'il faut en dire davantage à ce sujet, qu'on voie le livre VII de l'*Éthique* [1].

Et d'après ce que l'on a dit avant, on voit comment procèdent les arguments qui se trouvaient au début de la question.

Et ainsi c'est la fin de ce troisième livre, et par conséquent de toutes les questions sur cet ouvrage.

mouvement, pas l'opinion générale » ; *A. L.* : « Quoniam autem hec quidem uniuersalis existimatio et ratio, alia uero particularis (hec quidem enim dicit quod oportet talem tale agere, hec autem quod hoc quidem tale et ego talis), iam hec mouet opinio, non que uniuersalis ».

1. Voir par exemple Aristote, *Éthique à Nicomaque*, VII, 4 ; *cf.* Buridan, *Super decem libros Ethicorum*, Parisiis, 1513, VII, qu. 8, f°s 44vb-45vb : « Est-ce que la volonté se porte nécessairement vers ce qui est conclu par la raison pratique ? »

BIBLIOGRAPHIE

Textes d'Aristote cités

De l'interprétation, trad. C. Dalimier, GF-Flammarion, 2007.

Catégories, trad. P. Pellegrin et M. Crubellier, Paris, GF-Flammarion, 2007

Seconds Analytiques, trad. P. Pellegrin, Paris, GF-Flammarion, 2005.

Topiques, trad. J. Brunschwig, 2 vol., Paris, Les Belles Lettres, 1967 et 2007.

Rhétorique, trad. M. Dufour, puis M. Dufour (†) et A. Wartelle, Paris, Les Belles Lettres, 3 volumes, 1931, 1938 et 1989.

Physique, trad. P. Pellegrin, Paris, GF-Flammarion, 2000.

Du ciel, trad. C. Dalimier et P. Pellegrin, Paris, GF-Flammarion, 2004

Météorologiques, trad. P. Louis, Paris, Les Belles Lettres, 1982, rééd. 2002.

De la génération et de la corruption, éd. et trad. M. Rashed, Paris, Les Belles Lettres, 2005.

De l'âme, trad. R. Bodeus, Paris, GF-Flammarion, 1993.

Petits traités d'histoire naturelle, trad. P.-M. Morel, Paris, GF-Flammarion, 2000.

Les parties de animaux, trad. Pierre Louis, Paris, Les Belles Lettres, 2002.

Métaphysique, trad. M.-P. Duminil et A. Jaulin, Paris, GF-Flammarion, 2008.

Éthique à Nicomaque, trad. R. Bodeus, Paris, GF-Flammarion, 2004.

Les Politiques, trad. P. Pellegrin, Paris, GF-Flammarion, 2015.

*Volumes de l'*Aristoteles latinus *utilisés*

Le texte latin est référencé, lors des premières occurrences, par le numéro dans la série *Aristoteles latinus* Nous avons utilisé quand c'était possible les éditions imprimées, le reste du temps l'édition en ligne de Brepolis online.

Aristoteles latinus I, 6-7, *Categoriarum supplementa*, *Porphyrii Isagoge*, transl. Boethii, *Anonymi fragmentum vulgo vocatum « Liber sex principiorum »*, ed. Laurentius Minio-Paluello, adiuv. Bernardo G. Dod, Bruges-Paris, Desclée de Brouwer, 1966.

– II, 1-2, *De interpretatione vel Periermeneias*, transl. Boethii, ed. Laurentius Minio-Paluello ; transl. Guillelmi de Moerbeka, ed. G. Verbecke, rev. Laurentius Minio-Paluello, Desclée de Brouwer, Bruges-Paris, 1965.

– III, 1-4, *Analytica priora*, transl. Boeethii (recensiones duae), transl. anonyma, pseudo-Philoponi aliorumque scholia, Bruges-Paris, Desclée de Brouwer, 1965.

– IV, 1-4, *Analytica posteriora*, translatio Iacobi, Anonymi sive « Ioannis », Gerardi et recensio Guillelmi de Moerbeka, ed. Laurentius Minio-Paluello et Bernardis G. Dod, Bruges-Paris, Desclée de Brouwer, 1968.

– V, 1-3, *Topica*, translatio Boethii, Fragmentum recensionis alterius et translatio anonyma, ed. Laurentius Minio-Paluello, adiuvante Bernardus G. Dod, Bruxelles-Paris, Desclée de Brouwer, 1969.

– VII, 1, *Physica*, transl. Iacobus Veneticus translator (translatio vetus) : Brepolis online.

– VIII, 2, *De caelo et mundo*, Guillelmus de Morbeka translator : Brepolis online.

– IX, 2, *De generatione et corruptione*, Burgundii transl. recensio, rev. Guillelmi de Moerbeka (translatio nova) : Brepolis online.

– XII, 2, Guillelmus de Morbeka reuisor translationis Aristotelis secundum Aquinatis librum *De anima* (translatio noua – Iacobi Venetici translationis recensio) : Brepolis online.

– XIII, 2, *De sensu et sensato*, Guillelmus de Morbeka reuisor translationis Aristotelis secundum Aquinitatis librum (transl. nova, anonymi saec. XII, sive Nicolai, translationis recensio) : Brepolis online.

– XIV, 2, *De memoria et reminiscentia* (translatio « noua » – Iacobi Venetici translationis recensio) Guillelmus de Morbeka reuisor translationis Aristotelis secundum Aquinatis librum : Brepolis online.

– XV, 2, 1, *De somno et vigilia*, Guillelmus de Morbeka reuisor translationis Aristotelis (translatio noua, Anonymi saec. XII translationis recensio) : Brepolis online.

– XV, 2, 2, *De insomniis*, Guillelmus de Morbeka reuisor translationis Aristotelis (translatio noua, Anonymi saec. XII translationis recensio) : Brepolis online.

– XVI, 2, *De longitudine*, Guillelmus de Morbeka reuisor translationis Aristotelis (Iacobi Venetici translationis recensio) : Brepolis online.

– XVII, 2, 4, *De partibus animalium*, translatio Guillelmi de Morbeka : Brepolis online.

– XVII, 2, 5, *De generatione animalium*, translatio Guillelmi de Moerbeka, ed. H. J. Drossart Lulofs, Bruges-Paris, Desclée de Brouwer, 1966.

– XXV, 3, *Metaphysica, lib. I-XIV*, recensio et translatio Guillelmi de Moerbeka, ed. G. Vuillemin-Diem, 2 vol., Leiden-New York-Köln, Brill, 1995.

– XXVI, 4 (= XXVI. 3 dans Brepolis online), *Ethica Nicomachea,* praef. Renatus Antonius Gauthier, translatio Roberti Grosseteste, recensio recognita (= Guill. de Morbeka reuisor transl. Aristotelis secundum exemplar Parisiacum), Leiden-Bruxelles, Brill-Desclée de Brouwer, 1974.

– XXIX, 2, *Politica*, Guillelmus de Morbeka translator Aristotelis : Brepolis online.

– XXX, 1-2, *Rhetorica*, transl. anonyma sive vetus et transl. Guillelmi de Moerbeka, ed. B. Schneider, Leiden, Brill, 1978.

Auteurs médiévaux cités

ALBERT DE SAXE, *Expositio et quaestiones in Aristotelis Physica ad Albertum de Saxonia attributae*, éd. B. Patar, Louvain-la-Neuve - Louvain - Paris, Éditions de l'institut supérieur de Philosophie-Éditions Peters, 1999.

Auctoritates Aristotelis, un florilège médiéval, éd. J. Hamesse, Louvain-Paris, Publications universitaires - Béatrice Nauwelaerts, 1974.

AVERROÈS, *Commentarium magnum in Aristotelis de anima libros*, rec. F. Stuart Crawford, Cambridge, Mass., The Mediæval Academy of America, 1953 ; Averroès, *L'Intelligence et la Pensée*, Grand commentaire du *De anima*, livre III, trad. A. de Libera, Paris, GF-Flammarion, 1998.

– *De Physico auditu*, dans *Aristotelis opera cum Averrois commentariis*, Venetiis apud Junctas, MDLXII, vol. IV

– *De caelo*, dans *Aristotelis Opera cum Averrois commentariis*, Venetiis apud Junctas, MDLXII, vol. V.

– *Metaphysicorum libri XIIII*, dans *Aristotelis Opera cum Averrois commentariis*, Venetiis apud Junctas, MDLXII, vol. VIII.

– *De substantia orbis*, dans *Aristotelis Opera cum Averrois commentariis*, Venetiis apud Junctas, MDLXII, vol. IX.

– *Colliget*, dans *Aristotelis opera cum commentariis Averrois Cordubensis*, Venetiis apud Junctas, MDLXXIV, supp. 1.

AVICENNE, *Liber de anima seu sextus de naturalibus*, éd. S. Van Riet, intro. G. Verbecke, Louvain - Leiden, Peeters - Brill, 2 volumes, 1972 et 1968.

– *Liber primus naturalium*, éd. S. Van Riet, Louvain-la-Neuve - Leiden, Peeters-Brill, 1992.

– *Liber de philosophia prima sive scientia divina*, éd. S. Van Riet, Louvain, Peeters, 3 vol., 1977, 1980 et 1983.

BOÈCE DE DACIE, *L'Éternité du monde*, dans *Thomas d'Aquin et la controverse sur l'éternité du monde*, trad. sous la dir. de C. Michon, Paris, GF-Flammarion, 2004.

JEAN BURIDAN, *Questio de puncto* in V. Zoubov, « Jean Buridan et les concepts du point au XIVe siècle », *Medieval and Renaissance Studies*, V (1961), p. 43-95.

– *De differentia universalis ad individuum*, éd. S. Szyller, *Przeglad Tomistyczny*, III (1987).
– *Summulae de predicabilibus*, éd. L. M. De Rijk, Nijmegen, Ingenium Publishers, 1995.
– *Summulae in praedicamenta*, éd. E. P. Bos, Nijmegen, Ingenium Publishers, 1994.
– *Summulae de suppositionibus*, éd. R. Van der Lecq, Nijmegen, Ingenium Publishers, 1998.
– *Summulae de locis dialecticis*, ed. N. J. Green-Pedersen, Turnhout, Brepols, 2013.
– *Summulae de practica sophismatum*, éd. F. Pironet, Turnhout, Brepols, 2004 ; *Sophismes*, trad. J. Biard, Paris, Vrin, 1993.
– *Questiones libri Porphyrii*, ed. R. Tatarzyński, *Przeglad Tomistyczny*, II (1986).
– *Quaestiones in duos Aristotelis libros Posteriorum Analyticorum* transcr. inéd. H. Hubien.
– *Tractatus de consequentiis*, éd. Hubien, Louvain-Paris, 1976.
– *Quaestiones super octo libros Physicorum Aristotelis (secundum ultimam lecturam)*, éd. M. Streijger, P. J. J. M. Bakker, 2 volumes : libri I-II et libri III-IV, Leiden-Boston, Brill, 2015 et 2016.
– *Questiones super octo Physicorum libros Aristotelis*, Parisiis, 1509.
– *Quaestiones super libros de generatione et corruptione Aristotelis*, ed. M. Streijger, P. J. J. M. Bakker et J. M. M H. Thijssen, Leiden-Boston, Brill, 2010.
– *De motibus animalium*, ed. F. Scott and H. Shapiro, *Isis*, 58 (1967), p. 533-552.
– *Quaestiones in Aristotelis de caelo*, éd. B. Patar, Louvain-la-Neuve - Louvain - Paris, Institut supérieur de philosophie-Peeters, 1996.
– *Quaestiones in Aristotelis "De anima" secundum tertiam sive ultimam lecturam* dans John Buridan, *Questions on Aristotle's "De anima" (third and final redaction)* Latin text and English translation, edited by G. Klima (general editor), Book I edited and translated by P. Hartman, Book II edited by P. G. Sobol

and translated by G. Klima, Book III edited and translated by J. Zupko, Cham, Switzerland, Springer, 2019.

– [*dub.*], B. Patar, *Le Traité de l'âme de Jean Buridan [de prima lectura]*, Louvain-la-Neuve - Longueuil, Éditions de l'Institut supérieur de Philosophie-Éditions du Préambule, 1991 ; *Commentaire et Questions sur le Traité de l'âme*, trad. B. Patar, Longueuil, Les Presses Philosophiques, 2004.

– *In Metaphysicen Aristotelis questiones*, Parisiis, 1518.

– *Quaestiones super decem libros Ethicorum*, Parisiis, 1513.

JEAN DE JANDUN, *Quaestiones super tres libros de anima*, Venetiis, 1483 [BNF : Gallica].

JEAN PECHAM, *Perspectiva communis*, éditée dans David C. Lindberg, *John Peckham and the Science of Optics*, The University of Wisconsin Press, Madison-Milwaukee-London, 1970.

NICOLE ORESME, *Quaestiones in Aristotelis de anima*, éd. B. Patar, Louvain-la-Neuve - Louvain - Paris, Éditions de l'Institut supérieur de Philosophie - Éditions Peeters, 1995.

PORPHYRE, *Isagoge*, texte grec et latin, trad. A. de Libera et A. Segonds, Paris, Vrin, 1998.

RAOUL LE BRETON, *Questiones super librum de anima*, III, dans W. Fauser, *Der Kommentar des Radulphus Brito zu Buch III De anima*, Münster, 1974.

– *Questiones super librum de* anima, I et II, éd. S. De Boer dans « Radulphus Brito's Commentary on Aristotle's *De anima* », *Vivarium*, 50 (2012), p. 245-353.

SIGER DE BRABANT, *Quaestiones in tertium de anima, De anima intellectiva, De aeternitate mundi*, éd. B. Bazán, Louvain-Paris, Publications universitaires - Béatrice Nauwelaerts, 1972.

Themistii Paraphrasis, *in* Gérard Verbeke, *Thémistius. Commentaire sur le traité de l'âme d'Aristote*, Louvain - Paris, Publications universitaires de Louvain - Éditions Béatrice Nauwelaerts, 1957.

THOMAS D'AQUIN, *Sentencia libri de anima*, Sancto Thomae de Aquino *Opera omnia*, t. XLV, Roma-Paris, Commissio leonina-Vrin, 1984.

– *Questiones disputatae de anima*, Sancti Thomae de Aquino *Opera omnia* t. XXIV-1, Roma, 1996.

– *Questio disputata de spiritualibus creaturis*, ed. J. Cos, Sancti Thomae de Aquino *Opera omnia*, t. XXIV-2, Roma-Paris, Commissio leonina-Éditions du Cerf, 2000 ; *Les créatures spirituelles*, trad. J.-B. Brenet, Paris, Vrin, 2010.

– *Summa contra gentiles*, Sancti Thomae Aquinitatis *Opera omnia*, t. XIII, Romae, typis Riccardi Garroni, 1918 ; trad. C. Michon, Paris, GF-Flammarion, 1999.

– *Summa theologiae* pars prima, Sancti Thomae Aquinitatis doctoris angelici *Opera omnia*, t. V, Roma, 1889 ; trad. qu. 75 et 76 par J.-B. Brenet dans Thomas d'Aquin, *L'Âme et le Corps*, Paris, Vrin, 2017.

– *Contre Averroès [L'unité de l'intellect contre les Averroïstes]*, trad. A. de Libera, Paris, GF-Flammarion, 1994.

THOMAS WYLTON, *Quaestio de anima intellectiva*, trad. J.-B. Brenet, avec reprise de l'éd. de L. O. Nielsen, C. Trifogli et G. C. Trimble, dans J.-B. Brenet., *Les possibilités de jonction. Averroès – Thomas Wylton*, Berlin-Boston, W. de Gruyter, 2013, p. 206-317.

Bibliographie critique sélective

BAKKER, Paul J. J. M., (éd.), *L'Étude de l'âme entre physique et métaphysique : perspectives grecques, arabes et latines de l'Antiquité à la Renaissance*, Turnhout, Brepols, 2008.

BAKKER, Paul J. J. M., DE BOER, Sander W., LEIJENHORST, Cees (eds), *Psychologie and Other Disciplines. A Case of Cross-Disciplinary Interaction (1250-1750)*, Leiden-Boston, Brill, 2012.

BAKKER, Paul J. J. M., et BENEDUCCE Chiara, « John Buridan and Blasius of Parma on the Localization of the Common Sense », *in* Chr. Grellard (éd.), *Miroir de l'amitié*, Paris, Vrin, 2017, p. 285-308.

BERNDT, Michael, *Johannes Buridan : Studien zu seinem Leben, seinen Werken und zur Rezeption seiner Theorien im Europa des spät Mittelalters*, PhD Dissertation, 2 Bände, Freie Universität Berlin, 1985.

BIARD, Joël, « L'être et la mesure dans l'intension et la rémission des formes (Jean Buridan, Blaise de Parme) », *Medioevo*, XXVII (2002), p. 415-447.

– « Le système des sens dans la philosophie naturelle du XIVe siècle (Jean de Jandun, Jean Buridan, Blaise de Parme), dans *Micrologus* X (2002), « I cinque sensi », Firenze, Sismel, Edizioni del Galluzzo, p. 335-351.

– « Le sens actif selon Jean Buridan », dans *Corpo e anima, sensi interni e intelletto dai secoli XIII-XIV ai post-cartesiani e spinoziani*, a cura di Graziella Federici Vescovini, Valeria Sorge e Carlo Vinti, « Textes et études du Moyen Âge » 30, Turnhout, Brepols, 2005, p. 227-246.

– « Diversité des fonctions et unité de l'âme dans la psychologie aristotélicienne (XIVe-XVIe siècles) », *Vivarium*, 46 (2008), p. 342-367.

– *Science et nature. La théorie buridanienne du savoir*, Paris, Vrin, 2012.

– « Le nominalisme au Moyen Âge tardif », *in* F. Amerini et L. Cesalli (eds.), *Universals in the Fourteenth Century*, Pisa, Edizioni della Normale, 2017, p. 5-36.

BRENET, Jean-Baptiste *Transferts du sujet*, Paris, Vrin, 2003.

– « Âme intellective, âme cogitative : Jean de Jandun et la *duplex forma propria* de l'homme », *Vivarium*, 46 (2008, p. 318-341.

– « Siger de Brabant et la notion d'*operans intrinsecum* : un coup de maître » ; *Revue des sciences philosophiques et théologiques*, 97 (2013), p. 3-36.

– *Les possibilités de jonction. Averroès - Thomas Wylton*, Berlin-Boston, W. de Gruyter, 2013.

– « Alexandre d'Aphrodise ou le matérialiste malgré lui : la question de l'engendrement de l'intellect revue et corrigée par Averroès », *in* P. J. J. M. Bakker (éd.), *Averroes'Natural Philosophy and its Reception in the Latin West*, Leuven, Leuven University Press, 2015, p. 37-67.

CELEYRETTE, Jean « La problématique du point chez Jean Buridan », *Vivarium*, XLII (2004), p. 86-108.

– « La *Questio de puncto* de Michel de Montecalerio en réponse à Jean Buridan », *Archives d'histoire doctrinale et littéraire du Moyen Âge*, 75 (2008), p. 369-449.

DECAIX, Véronique, « La conception buridanienne de la mémoire dans les *Parva naturalia* », *in* Chr. Grellard (éd.), *Miroir de l'amitié*, Paris, Vrin, 2017, p. 308-327.

DE BOER, Sander W., *The Science of the Soul. The Commentary Tradition on Aristotle's* De anima, *c. 1260-c. 1360*, Leuven, Leuven University Press, 2013.

KLIMA, Gyula, « John Buridan on the Acquisition of Simple Substance Concepts », *in* R. Friedman & S. Ebbesen, *John Buridan and Beyond : Topics in the Language Sciences 1300-1700*, Copenhagen, Royal Danish Academy of Sciences and Letters, 2004, p. 17-32.

– « The Essentialist Nominalism of John Buridan », *The Review of Metaphysics*, 58 (2005), p. 739-754.

– (ed.), *Questions on the Soul by John Buridan and Others*. A Companion to John Buridan's Philosophy of the Mind, Cham, Springer, 2017. [Cet ouvrage, destiné à accompagner la publication de l'édition critique des *Questiones de anima* contient 17 contributions toutes consacrée à la psychologie ou la théorie de la connaissance]

– *John Buridan*, Oxford, Oxford University Press, 2009.

LAGERLUND, Henrik, « Making Aristotle Modern. John Buridan on Psychology and Language », *in* P. J. J. M. Bakker and J. M. M. H. Thijssen (eds.), *Mind, Cognition and Representation*, Ashgate, 2007, p. 69-85.

LIBERA, Alain de, « Formes assistantes et formes inhérentes. Sur l'union de l'âme et du corps du Moyen Âge à l'Âge classique », *Archives d'histoire doctrinale et littéraire du Moyen Âge*, 81 (2014), p. 197-248.

– « Logique et anthropologie : averroïsme et platonisme selon Buridan et Nifo », *in* Chr. Grellard (éd.), *Miroir de l'amitié*, Paris, Vrin, 2017, p. 329-352.

MARSHALL, Peter, « Parisian Psychology in the Mid-Fourteenth Century », *Archives d'histoire doctrinale et littéraire du Moyen Âge*, 50 (1983), p. 101-193.

MOODY, Ernst Adison, « Empiricism and Metaphysics in Medieval Philosophy », *Philosophical Review*, 67 (1958), p. 145-163 ; repris dans *Studies in Medieval Philosophy, Science and Logic*, Berkeley, University of California Press, 1975, p. 287-304.

PATTIN, Adrien, *Pour l'histoire du sens agent. La controverse entre Barthélémy de Bruges et Jean de Jandun. Ses antécédents et son évolution.* Étude et textes inédits, Leuven, University Press, 1988.

PLUTA, Olaf, *Kritiker der Unsterblichkeitsdoktrin in Mittelalter und Renaissance*, Amsterdam, Verlag Grüner, 1986.

– « How Matter Becomes Mind : Late Medieval Theorics of Emergence », *in* H. Lagerlund (ed.), *Forming the Mind. Essays on the Internal Senses and the Mind/Body Problem from Avicenna to the Medical Enlightment*, Dordrecht, Springer, 2007, p. 149-168.

SOBOL, Peter, « Sensations, Intentions, Memories and Dreams », *in* J. M. M. H. Thijssen & Jack Zupko, *The Metaphysics and Natural Philosophy of John Buridan*, Leiden-Boston-Köln, Brill, 2001, p. 182-198.

SPRUIT, Leen, *Species intelligibilis. From Perception to Knowledge*, vol. I : Classical Roots and Medieval Discussions, Leiden-New York-Köln, Brill, 1994.

THIJSSEN, J. M. M. H., « Buridan, Jean (John) », *in* N. Koertge (ed.), *New Dictionary of Scientific Biography*, Detroit, 2008, vol. I, p. 446-448.

ZAVALLONI, Roberto, *Richard de Mediavilla et la controverse sur la pluralité des formes*, Louvain, Éditions de l'Institut supérieur de Philosophie, 1951.

ZOUBOV, Vassili, « Jean Buridan et les concepts du point au XIVe siècle », *Medieval and Renaissance Studies*, V (1961), p. 43-95.

ZUPKO, Jack, « What is the Science of the Soul ? A Case Study in the Evolution of Late Medieval Natural Philosophy », *Synthese*, 110 (1997), p. 297-334.

– *John Buridan. Portrait of a Fourteenth Century Master of Arts*, Notre Dame Indiana, University of Notre-Dame Press, 2003.

– « On Buridan's Alleged Alexandrianism », *Vivarium*, 42 (2004), p. 43-57.

– « John Buridan on the Immateriality of the Intellect », *in* H. Lagerlund (ed.), *Forming the Mind : Essays on the Internal Senses and the Mind/Body Problem from Avicenna to the Medical Enlightenment*, Dordrecht, Springer, 2007, p. 59-92.

– « Self-Knowledge and Self-Representation in Later Medieval Psychology », *in* P. J. J. M. Bakker and J. M. M. H. Thijssen (eds.), *Mind, Cognition and Representation*, Ashgate, 2007, p. 87-107.

– « Horse Sense and Human Sense : The Heterogeneitey of Sense Perception in Buridan's Philosophical Psychology », *in* S. Knuuttila et P. Kärkkainen (eds), *Theories of Perception in Medieval and Early Modern Philosophy*, Springer, 2008, p. 171-186.

– « John Buridan and Nicole Oresme : Two Mid-Fourteenth Century Views on the Species of Thought », *in* Chr. Grellard (éd.), *Miroir de l'amitié*, Paris, Vrin, 2017, p. 253-270.

TABLE DES MATIÈRES

INTRODUCTION par Joël BIARD 7
La science de l'âme 10
Définition, unité et mode de présence de l'âme au corps 23
Théorie de la perception 33
L'intellect 47
Conclusion 71

JEAN BURIDAN

QUESTIONS SUR LE TRAITÉ *DE L'ÂME* D'ARISTOTE

LIVRE I

Qu. 1 : « Est-ce que le sujet propre de la science contenue dans le livre *De l'âme* est l'âme, le terme « âme », le corps animé, quelque chose d'autre, ou rien ? » 83
Qu. 2 : « Est-ce que toute connaissance est au nombre des biens, autrement dit est-ce que toute connaissance est bonne ? » 93
Qu. 3 : « Est-ce que la science compte parmi les biens qu'il faut honorer ? » 102
Qu. 4 : « Est-ce que la science de l'âme est au nombre des plus difficiles ? » 110

Qu. 5 : « Est-ce que l'universel n'est rien ou bien est-il postérieur aux singuliers ? » 119
Qu. 6 : « Est-ce que les accidents contribuent pour une grande part à la connaissance de ce qu'une chose est ? » 130

LIVRE II

Qu. 1 : « Est-ce que toute âme est un acte substantiel ? » 141
Qu. 2 : « Est-ce que toute âme est l'acte premier d'un corps organique ? » 155
Qu. 3 : « Est-ce que la définition de l'âme dans laquelle il est dit que l'âme est l'acte substantiel premier d'un corps physique organique ayant la vie en puissance est bonne ? » 168
Qu. 4 : « Est-ce que dans un animal l'âme végétative et l'âme sensitive sont la même ? » 177
Qu. 5 : « Est-ce que les puissances de l'âme sont distinctes de l'âme elle-même ? » 189
Qu. 6 : « Est-ce que les puissances de l'âme doivent être distinguées par les actes ou par les objets ? » 201
Qu. 7 : « Est-ce que toute l'âme est en n'importe quelle partie du corps animé ? » 210
Qu. 8 : « Est-ce que dans les vivants l'œuvre la plus naturelle consiste à engendrer quelque chose de semblable à soi ? » 231
Qu. 9 : « Est-ce que le sens est une faculté passive ? » ... 246
Qu. 10 : « Est-ce qu'il est nécessaire, pour sentir, qu'il y ait un sens agent ? » 264
Qu. 11 : « Est-ce qu'un sens peut se tromper à propos du sensible qui lui est propre ? » 278
Qu. 12 : « Est-ce que les sensibles communs sont des sensibles par soi ? » 292

Qu. 13 : « Est-ce que le nombre, la grandeur, la figure, le mouvement et le repos sont des sensibles communs et par soi ? »........ 302
Qu. 14 : « Est-ce que la couleur est l'objet propre de la vue ? »........ 319
Qu. 15 : « Est-ce que, afin de voir les couleurs, un rayon de lumière est requis en raison de la couleur ou du milieu ? » 326
Qu. 16 : « Est-ce que, quand je parle, c'est le même son qui est entendu par chacun de vous ? » 334
Qu. 17 : « Est-ce que l'odeur est transmise réellement par le milieu, ou bien spirituellement ou intentionnellement ? »........ 342
Qu. 18 : « Est-ce que les images des qualités sensibles, proprement et par soi, sont engendrées et transmises instantanément dans le milieu ou dans l'organe ? » .. 354
Qu. 19 : « Est-ce que le toucher est formé d'un seul sens ou de plusieurs ? » 410
Qu. 20 : « Est-ce qu'il y a seulement cinq sens externes ? » 419
Qu. 21 : « Est-ce que le sensible posé sur le sens produit une sensation, c'est-à-dire est senti ? »........ 436
Qu. 22 : « Est-ce que, en plus des sens externes, il faut poser un sens commun ? » 447
Qu. 23 : « Est-ce qu'il faut, en plus du sens commun, poser d'autres sens internes ? » 454
Qu. 24 : « Est-ce que l'organe du sens commun est dans le cœur ou bien dans le cerveau, c'est-à-dire dans la tête ? »........ 471
Qu. 25 : « Est-ce que dans les organes extérieurs des sens se produit subjectivement une sensation actuelle, ou seulement la réception des images sensibles tandis que la sensation serait seulement dans le cœur ? »........ 489

LIVRE III

Qu. 1 : « Est-ce que l'intellect humain est une faculté qui pâtit de l'intelligible ? » 501
Qu. 2 : « Est-ce qu'il est nécessaire que l'intellect soit dénué de ce qu'il intellige ? » 512
Qu. 3 : « Est-ce que l'intellect humain est la forme substantielle du corps humain ? » 521
Qu. 4 : « Est-ce que l'intellect humain est une forme inhérente au corps humain ? » 532
Qu. 5 : « Est-ce qu'il y a un intellect unique par lequel intelligent tous les hommes qui intelligent ? » 544
Qu. 6 : Est-ce que l'intellect humain est perpétuel ? 553
Qu. 7 : Est-ce que l'intellect possible est pure puissance de sorte qu'il ne soit pas un acte, comme ce n'est pas le cas non plus de la matière première ? 563
Qu. 8 : Est-ce que l'intellect intellige l'universel avant le singulier, ou inversement ? 570
Qu. 9 : Est-ce que l'intellect humain peut s'intelliger ? 594
Qu. 10 : Est-ce que, pour qu'un homme intellige, il est nécessaire que concoure activement un intellect agent en plus d'un intellect possible ? 604
Qu. 11 : Est-ce que l'acte ou la disposition intellectuelle sont la même chose que l'âme intellective, ou s'agit-il d'une chose qui lui est ajoutée ? 616
Qu. 12 : Est-ce que toute intellection simple est vraie ? 630
Qu. 13 : Est-ce que le non-étant peut être intellligé ? 642
Qu. 14 : Est-ce que le point est montré ou intelligé comme privation ? 651
Qu. 15 : Est-ce que l'intellect conserve les images intelligibles lorsque cesse l'intellection en acte ? 658
Qu. 16 : Est-ce que l'intellect humain peut intelliger plusieurs choses en même temps ? 673
Qu. 17 : Est-ce qu'il y a dans l'homme une âme intellective autre que l'âme sensitive ? 685

Qu. 18 : Est-ce que dans l'homme un appétit est contraire à un autre appétit ? 694
Qu. 19 : Est-ce que la nature fait quelque chose en vain, ou est-elle parfois en défaut dans les choses nécessaires ? 703
Qu. 20 : Est-ce que la puissance motrice animale selon le lieu est végétative, sensitive, intellective, ou appétitive, ou est-elle est une autre puissance de l'âme en plus de celles-ci ? 710

BIBLIOGRAPHIE 719

TABLE DES MATIÈRES 731

Achevé d'imprimer le 31 juillet 2019
sur les presses de
La Manufacture - Imprimeur – 52200 Langres
Tél. : (33) 325 845 892

N° imprimeur : 190839 - Dépôt légal : août 2019
Imprimé en France